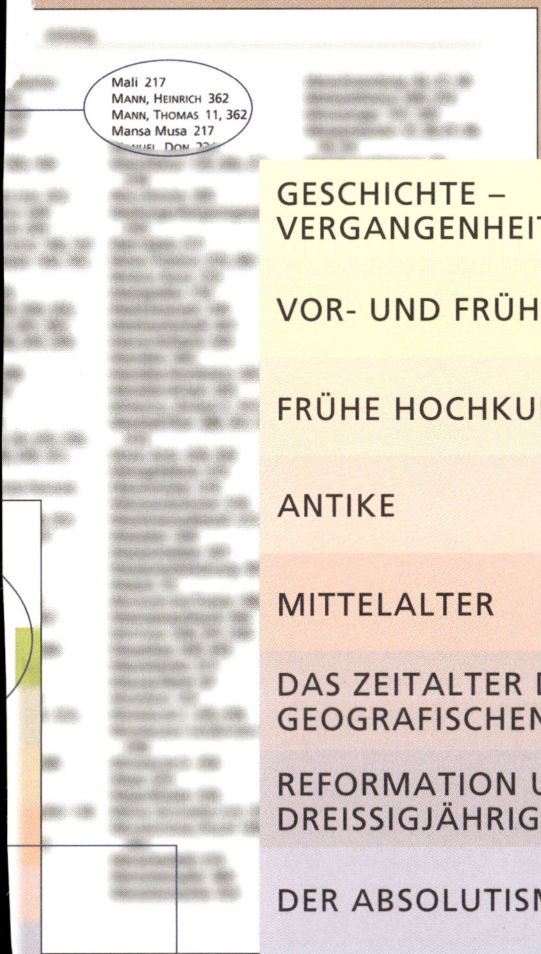

Mit diesem Zeichen in der Randspalte sind zusätzliche **Informationen** gekennzeichnet, zu den blauen Textteilen gibt es auf der DVD-ROM ausführliche Artikel.

Halbfett gesetzte Texte sind im **Register** zu finden.

GESCHICHTE – VERGANGENHEIT UND WISSENSCHAFT 1

VOR- UND FRÜHGESCHICHTE 2

FRÜHE HOCHKULTUREN 3

ANTIKE 4

MITTELALTER 5

DAS ZEITALTER DER GROSSEN GEOGRAFISCHEN ENTDECKUNGEN 6

REFORMATION UND DREISSIGJÄHRIGER KRIEG 7

DER ABSOLUTISMUS IN EUROPA 8

VON DER FRANZÖSISCHEN REVOLUTION BIS ZUM DEUTSCHEN KAISERREICH 9

IMPERIALISMUS BIS ZUR ZERSCHLAGUNG DES NATIONALSOZIALISMUS 10

DIE WELT NACH DEM ZWEITEN WELTKRIEG 11

ANHANG A

In der Reihe „Basiswissen Schule“ sind erschienen:

5. bis 10. Klasse

Biologie (376 Seiten)
ISBN 978-3-411-71483-4

Chemie (320 Seiten)
ISBN 978-3-411-71473-5

Deutsch (288 Seiten)
ISBN 978-3-411-71592-3

Englisch (320 Seiten)
ISBN 978-3-411-71961-7

Mathematik (392 Seiten)
ISBN 978-3-411-71503-9

Physik (360 Seiten)
ISBN 978-3-411-71463-6

7. Klasse bis Abitur

Astronomie (272 Seiten)
ISBN 978-3-411-71491-9

Geografie (416 Seiten)
ISBN 978-3-411-71612-8

Geschichte (464 Seiten)
ISBN 978-3-411-71582-4

Kunst (400 Seiten)
ISBN 978-3-411-71971-6

Literatur (464 Seiten)
ISBN 978-3-411-71602-9

Musik (352 Seiten)
ISBN 978-3-411-71981-5

Politik (464 Seiten)
ISBN 978-3-411-04702-4

Technik (264 Seiten)
ISBN 978-3-411-71522-0

Wirtschaft (288 Seiten)
ISBN 978-3-411-71533-6

Abitur

Biologie Abitur (464 Seiten)
ISBN 978-3-411-04612-6

Chemie Abitur (464 Seiten)
ISBN 978-3-411-04592-1

Englisch Abitur (360 Seiten)
ISBN 978-3-411-71951-8

Mathematik Abitur
(464 Seiten)
ISBN 978-3-411-71742-2

Physik Abitur (464 Seiten)
ISBN 978-3-411-71752-1

Die GPI e. V. hat die Reihe „Basiswissen Schule“ von 2002 bis 2006 jährlich mit der Comenius Medaille für exemplarische Bildungsmedien ausgezeichnet.

Der Software-Preis GIGA-MAUS der Zeitschrift „Eltern for family“ wird verliehen für empfehlenswerte Familiensoftware und Onlineangebote.

Der deutsche Bildungssoftware-Preis „digita“ wird verliehen für E-Learning-Produkte, die didaktisch und technisch herausragend sind.

Das Internetportal von „Basiswissen Schule“ www.schuelerlexikon.de erhielt 2004 das Pädi-Gütesiegel als empfehlenswertes Internetangebot für Jugendliche.

Detaillierte Informationen zu den einzelnen Bänden unter **www.schuelerlexikon.de**

Duden
Basiswissen Schule

Geschichte

2., aktualisierte Auflage

Duden Schulbuchverlag
Berlin · Mannheim · Leipzig · Wien · Zürich

Herausgeber
Prof. Hans-Joachim Gutjahr †

Autoren
Dr. Gerd Fesser
Dr. Hermann Fromm
Prof. Hans-Joachim Gutjahr †
Dr. Reinhard Hoßfeld
Dr. Sonja Huster
Dr. Detlef Kattinger
Dr. Detlef Langermann
Hendrik Margull
Dr. Barbara Preuß
Sieglinde Stropahl
Dr. Günter Wehner
Dr. Helmut Willert

Die Autoren der Inhalte der beigefügten DVD sind im elektronischen Impressum auf der DVD aufgeführt.

Bibliografische Information der Deutschen Nationalbibliothek
Die Deutsche Nationalbibliothek verzeichnet diese Publikation in der Deutschen Nationalbibliografie; detaillierte bibliografische Daten sind im Internet über http://dnb.ddb.de abrufbar.

Redaktion Dr. Sonja Huster, Dr. Detlef Langermann
Reihengestaltung Britta Scharffenberg
Umschlaggestaltung Hans Helfersdorfer
Umschlagabbildung Jens Kalaene, picture-alliance/ZB, Frankfurt
Layout Dieter Ruhmke
Grafiken, Karten Katrin Bahro, Karl-Heinz Bergmann, Bibliographisches Institut & F. A. Brockhaus AG, Gabriele Lattke, Manuela Liesenberg, Dieter Ruhmke
Druck und Bindung Těšínská tiskárna, Český Těšín
Printed in Czech Republic

F E D C

ISBN 978-3-89818-071-9 (Duden Schulbuchverlag)
ISBN 978-3-411-71582-4 (Dudenverlag)

Inhaltsverzeichnis

1 Geschichte – Vergangenheit und Wissenschaft ... 9
1.1 Geschichte und Geschichtsforschung ... 10
1.1.1 Geschichte – ein mehrdeutiger Begriff ... 10
1.1.2 Geschichtswissenschaft und Geschichtsschreibung ... 10
1.1.3 Grundlegende Erkenntnisse über den Geschichtsprozess ... 13
1.2 Geschichtliche Denk- und Arbeitsweisen ... 14
1.2.1 Geschichtliche Quellen und ihre Bedeutung ... 14
1.2.2 Methoden und Arbeitsweisen im Geschichtsunterricht ... 19
1.3 Zeitrechnung ... 24

2 Vor- und Frühgeschichte ... 25
2.1 Menschwerdung und Vorgeschichte ... 26
2.1.1 Die Menschwerdung ... 26
2.1.2 Gliederung der Vor- und Frühgeschichte ... 30
2.2 Der Mensch in der Steinzeit ... 31
2.2.1 Der Mensch in der Altsteinzeit ... 31
2.2.2 Der Mensch in der Jungsteinzeit ... 34
2.3 Der Mensch in der Bronze- und Eisenzeit in Europa ... 38
2.3.1 Der Mensch in der Bronzzeit ... 38
2.3.2 Der Mensch in der Eisenzeit ... 41

3 Frühe Hochkulturen ... 45
3.1 Mesopotamien ... 46
3.1.1 Bedingungen für die Herausbildung der Hochkultur ... 46
3.1.2 Die Hochkultur der sumerischen Stadtstaaten ... 48
3.1.3 Die Großreiche der semitischen Völker ... 50
3.1.4 Die Metropole Babylon ... 55
3.2 Ägypten ... 57
3.2.1 Bedingungen für die Herausbildung der Hochkultur ... 57
3.2.2 Wirtschaft und Gesellschaft ... 59
3.2.3 Herrschaft der Pharaonen ... 62
3.2.4 Religion der Ägypter ... 64
3.2.5 Leistungen der Ägypter ... 65
3.3 Das alte Israel ... 69
3.3.1 Phasen und Epochen der Geschichte Altisraels ... 69
3.3.2 Einwanderung und Bildung des Stammesverbandes ... 70
3.3.3 Der Staat Israel entsteht – SAUL, DAVID, SALOMO ... 71
3.3.4 Reichsteilung, Fremdherrschaft und Diaspora ... 73
3.3.5 Die Entstehung des israelitischen Monotheismus ... 74
3.4 Die Hochkulturen Asiens ... 76
3.4.1 Die Dynastien Chinas ... 76
3.4.2 Die Indus- oder Harappa-Kultur ... 82

4 Antike ... 89
4.1 Griechenland ... 90
4.1.1 Die griechische Frühzeit ... 91
4.1.2 Das klassische Griechenland ... 97
4.1.3 ALEXANDER DER GROSSE und der Hellenismus ... 110
4.2 Das Römische Reich ... 115

4.2.1 Römische Königsherrschaft und Republik ... 116
4.2.2 Die römische Kaiserzeit ... 127
4.2.3 Der Untergang des Römischen Reiches ... 135

5 Mittelalter ... 139
5.1 Das Mittelalter als geschichtliche Epoche und Begriff ... 140
5.1.1 Der Übergang von der Antike zum Mittelalter ... 140
5.1.2 Periodisierung des Mittelalters in Europa ... 145
5.2 Byzantinisches Reich ... 147
5.2.1 Die Entstehung des Byzantinischen Reiches ... 147
5.2.2 Blütezeit des Byzantinischen Reiches ... 148
5.2.3 Niedergang des Byzantinischen Reiches ... 150
5.3 Reiche der Araber ... 151
5.3.1 MOHAMMED und der Islam ... 151
5.3.2 Die Entstehung und Entwicklung des Kalifats ... 153
5.3.3 Leistungen der muslimischen Kultur ... 155
5.4 Frankenreich ... 157
5.4.1 Das Reich der Merowinger ... 157
5.4.2 Das karolingische Reich ... 159
5.4.3 Die fränkischen Reiche nach der Teilung ... 165
5.4.4 Grundstrukturen der Verfassung im Fränkischen Reich ... 168
5.5 Hochmittelalter – Konflikte zwischen Kaiser, Papst und Kirche ... 177
5.5.1 Anfänge des Deutschen Reiches ... 177
5.5.2 Kirchensystem ... 179
5.5.3 Kreuzzüge ... 188
5.6 Spätmittelalter und der Aufschwung der Städte ... 197
5.6.1 Vom Interregnum zum „Hausmachtkönigtum" ... 197
5.6.2 Das Leben in der Stadt ... 198
5.6.3 Stellung der Juden in den mittelalterlichen Städten ... 203
5.6.4 Kaisermacht und Fürstenmacht ... 204

6 Das Zeitalter der großen geografischen Entdeckungen ... 209
6.1 Renaissance und Humanismus in Europa ... 210
6.1.1 Das neue Weltbild ... 210
6.1.2 ERASMUS VON ROTTERDAM ... 214
6.2 Europäer „entdecken", erforschen und erobern die Welt ... 215
6.2.1 Portugal sucht einen Seeweg nach Indien ... 215
6.2.2 Reiche Afrikas ... 217
6.2.3 Das portugiesische Weltreich ... 219
6.2.4 Spanien auf dem Weg zur Weltmacht ... 221
6.2.5 Vernichtung altamerikanischer Hochkulturen ... 225
6.2.6 Die Niederlande suchen einen Seeweg nach Indien ... 227
6.2.7 Engländer und Franzosen erkunden und besiedeln Nordamerika ... 228
6.2.8 Westeuropäer entdecken Russland, Russland erobert und erkundet Sibirien ... 230
6.2.9 Entdeckungen in Australien und Ozeanien ... 231
6.2.10 Die wissenschaftliche Erforschung Amerikas und die historische Entwicklung in der Natur ... 232

7 Reformation und Dreißigjähriger Krieg 233
7.1 Die Krise der katholischen Kirche im Spätmittelalter 234
7.1.1 Die Kirche bestimmt das Leben der Menschen 234
7.1.2 Missstände in der Kirche und Kritik 235
7.2 MARTIN LUTHER und die Reformation 236
7.2.1 LUTHERS Kampf gegen die Missstände der Kirche 236
7.2.2 Der Reichstag zu Worms 238
7.2.3 LUTHER auf der Wartburg 238
7.3 Soziale Unruhen 241
7.3.1 Ritteraufstände 241
7.3.2 Der Bauernkrieg 242
7.3.3 MÜNTZER, LUTHER und das Himmelreich auf Erden 245
7.3.4 Die Wiedertäufer 246
7.4 Folgen der Reformation 247
7.4.1 Landesfürstliche Kirchenpolitik 247
7.4.2 Der Kampf zwischen den protestantischen Ständen und dem Reich 248
7.4.3 Der Augsburger Religionsfrieden 249
7.4.4 Katholische Reform und Gegenreformation 251
7.4.5 Glaubensspaltung und Glaubenskämpfe in Westeuropa 253
7.5 Der Dreißigjährige Krieg 1618–1648 256
7.5.1 Konfessionelle Gegensätze 256
7.5.2 Der Krieg mündet in einen europäischen Machtkampf 258
7.5.3 Der Westfälische Frieden von 1648 261

8 Der Absolutismus in Europa 263
8.1 Der Absolutismus in Frankreich 264
8.1.1 LUDWIG XIV. – ein König im Zeichen der Sonne 264
8.1.2 Wirtschaft 266
8.1.3 Großmachtpolitik und Vorherrschaftsstreben in Europa 267
8.2 Aufgeklärter Absolutismus 268
8.2.1 Die Aufklärung 268
8.2.2 Der Absolutismus in Preußen 271
8.2.3 Der Absolutismus in Österreich-Ungarn 275
8.2.4 Der Absolutismus in Russland 277
8.2.5 Streit und Krieg und Tradition – europäische Konflikte im 18. Jahrhundert 280
8.2.6 Das Barock in Europa: Lebensweise, Baukunst und Musik 283
8.3 Die Englische Revolution und die Entstehung der Vereinigten Staaten von Amerika 285
8.3.1 Der Kampf zwischen Krone und Parlament 285
8.3.2 Europäische Kolonialreiche in Amerika 289
8.3.3 Vom Bündnis zum Bundesstaat – die Entstehung der Vereinigten Staaten von Amerika 290
8.3.4 Zwischen Sklaverei und Vernichtung – die Ureinwohner Nordamerikas 291

9 Von der Französischen Revolution bis zum Deutschen Kaiserreich ... 293
9.1 Die Französische Revolution 1789 ... 294
9.1.1 Ursachen der Revolution ... 294
9.1.2 Der Weg vom absoluten Königtum zum Verfassungsstaat .. 297
9.1.3 Die erste Phase der Revolution ... 297
9.1.4 Die zweite Phase der Revolution ... 299
9.1.5 Die dritte Phase der Revolution ... 301
9.1.6 Auswirkungen der Revolution in Europa ... 302
9.2 Die gesellschaftlichen und politischen Veränderungen in Europa bis 1848 ... 303
9.2.1 Gründung des Rheinbundes ... 303
9.2.2 Das Ende des Heiligen Römischen Reiches Deutscher Nation, Umgestaltung der deutschen Landkarte ... 303
9.2.3 Der Frieden von Tilsit ... 304
9.2.4 Die preußischen Reformen ... 305
9.2.5 Die Befreiungskriege ... 306
9.2.6 Der Wiener Kongress und die Neuordnung Europas ... 308
9.2.7 Weltweite Unabhängigkeitskämpfe ... 311
9.3 Die industrielle Revolution ... 315
9.3.1 Großbritannien auf dem Weg zur Weltmacht ... 315
9.3.2 Europas und Deutschlands Industrialisierung ... 316
9.3.3 Anfänge moderner Landwirtschaft ... 316
9.3.4 Soziale Probleme der industriellen Entwicklung ... 317
9.4 Revolutionen in Europa 1848/49 ... 318
9.4.1 Die Februarrevolution in Frankreich ... 318
9.4.2 Liberale Bewegung und Revolution in Österreich ... 318
9.4.3 Die bürgerlich-demokratische Revolution in Deutschland ... 318
9.4.4 Das gewaltsame Ende der Revolution ... 320
9.4.5 Die Niederwerfung der europäischen Revolutionen ... 321
9.5 Die Folgen der bürgerlich-demokratischen Revolution in Deutschland ... 322
9.5.1 Die Außenpolitik Preußens ... 322
9.5.2 Zwei Wege zur nationalen Einheit – Preußens Ringen um die Vorherrschaft ... 322
9.5.3 Der Nationalstaat – eine ökonomische und politische Notwendigkeit ... 322
9.5.4 Die internationale Lage ... 322
9.5.5 Der Norddeutsche Bund – seine politische und ökonomische Entwicklung ... 323
9.5.6 Die Herausbildung einer Arbeiterpartei ... 324
9.6 Der Deutsch-Französische Krieg – die Gründung des Deutschen Reiches ... 326
9.6.1 Ursachen des Krieges ... 326
9.6.2 Frankreich – Die Dritte Republik ... 326
9.6.3 Die Pariser Kommune und ihr Scheitern ... 327
9.7 Das Deutsche Kaiserreich bis 1890 ... 328
9.7.1 Die Reichsverfassung ... 328
9.7.2 Die innenpolitische Entwicklung ... 329
9.7.3 BISMARCKS Außenpolitik ... 332

10 Vom Imperialismus bis zur Zerschlagung des Nationalsozialismus 333
10.1 Imperialismus – der Kampf der Großmächte um Macht und Einfluss in der Welt 334
10.1.1 Die drei Weltmächte vor dem Ersten Weltkrieg 334
10.1.2 Internationale Politik im Zeitalter des Imperialismus 337
10.2 Das Deutsche Kaiserreich ab 1890 340
10.2.1 Deutsche Innenpolitik nach dem Sturz BISMARCKS 340
10.2.2 Die Expansionspolitik Deutschlands 341
10.3 Der Erste Weltkrieg und seine Folgen 344
10.3.1 Das Schlachtfeld Europa 344
10.3.2 Die innenpolitische Situation während des Krieges 347
10.3.3 Die Revolutionen in Russland und Deutschland 349
10.3.4 Veränderungen der Welt nach dem Ersten Weltkrieg 353
10.4 Die Weimarer Republik 354
10.4.1 Die Weimarer Verfassung 354
10.4.2 Parteien und Regierungen 355
10.4.3 Der Versailler Vertrag 357
10.4.4 Die Anfangsjahre der Republik 358
10.4.5 Die „Goldenen Zwanziger" 361
10.4.6 Leistungen der Kultur- und Sozialpolitik 362
10.4.7 Leistungen in Wissenschaft und Technik 364
10.4.8 Die Endphase der Weimarer Republik 365
10.5 Nationalsozialistische Diktatur und Zweiter Weltkrieg 366
10.5.1 Gründe für die Machtübertragung durch HINDENBURG 366
10.5.2 Ideologie und Machtstruktur des Nationalsozialismus 366
10.5.3 Innenpolitische und außenpolitische Ziele 371
10.5.4 Verfolgung der Juden und ihre systematische Ermordung . . 373
10.5.5 Widerstand gegen die nationalsozialistische Diktatur und Anpassung in Deutschland 376
10.5.6 Der Weg in den Zweiten Weltkrieg 378
10.6 Der Zweite Weltkrieg 379
10.6.1 Die weltpolitische Entwicklung 379
10.6.2 Der Verlauf des Zweiten Weltkrieges und die Herausbildung der Antihitlerkoalition 380
10.6.3 Widerstand gegen die deutsche Besatzung und das Völkermorden 383
10.6.4 Deutschland nach der Befreiung 1945 384

11 Die Welt nach dem Zweiten Weltkrieg 385
11.1 Die Umgestaltung der Welt nach 1945 386
11.1.1 Gegensätze innerhalb der Antihitlerkoalition und der Beginn des Kalten Krieges 386
11.1.2 Neue gesellschaftliche und politische Verhältnisse 389
11.1.3 Kriege und politische Krisen im Zeichen des Kalten Krieges 402
11.2 Die Teilung Deutschlands und ihre Überwindung 405
11.2.1 Gegensätzliche Entwicklungen in den Besatzungszonen . . . 405
11.2.2 Die Konstituierung der beiden deutschen Staaten 415
11.2.3 Die Rolle Berlins in der Deutschland-Politik 418

11.2.4 Das geteilte Deutschland bis 1969 421
11.2.5 Die Überwindung der deutschen Zweistaatlichkeit 430
11.3 Die Welt nach der Auflösung der Blöcke 436
11.3.1 Die Veränderung ökonomischer und politischer Verhältnisse 436
11.3.2 Der Zerfall des Ostblocks und die Folgen 440

A Anhang 443
Register 444
Bildquellenverzeichnis 463

1

GESCHICHTE – VERGANGENHEIT UND WISSENSCHAFT

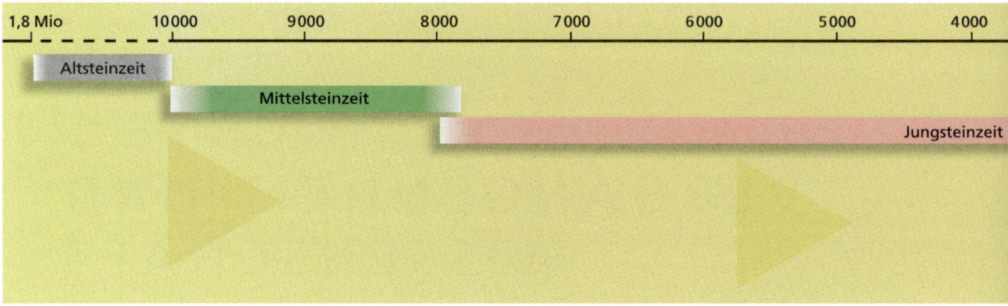

1.1 Geschichte und Geschichtsforschung

1.1.1 Geschichte – ein mehrdeutiger Begriff

Dem ursprünglichen Wortsinne nach bedeutet der Begriff **Geschichte** (mhd. *geschiht*, ahd. *gisciht*) Geschehnis, Ereignis oder Aufeinanderfolge und Ablauf von Ereignissen.

Der Begriff **Geschichte** wird sowohl in der Wissenschaft als auch umgangssprachlich in unterschiedlichem Sinne gebraucht.

- **Geschichte im weitesten Sinne** ist der Ablauf und Zusammenhang des gesamten vergangenen Geschehens in Raum und Zeit. So verstanden zählen zur Geschichte die Erdgeschichte, die Naturgeschichte und die Menschheitsgeschichte.
- Geschichte im engeren Sinne ist der Entwicklungsprozess oder die **Geschichte der Menschheit.** Damit ist die Gesamtheit der Veränderungen der menschlichen Gesellschaft gemeint, wie sie durch das Denken und Handeln Einzelner oder gesellschaftlicher Gruppen in unterschiedlicher Art und Weise in der Vergangenheit erfolgte und sich in der Gegenwart fortsetzt. In dieser Bedeutung wird der Begriff Geschichte am häufigsten verwendet.
- **Geschichte als Begriff der Literaturwissenschaft** ist die mündliche oder schriftliche, in einen logischen Handlungsablauf gebrachte Schilderung eines tatsächlichen oder erdachten Geschehens oder Ereignisses – eine **Erzählung.**
- **Weitere Bedeutungen des Begriffs Geschichte:** Er steht sowohl für die **Geschichtswissenschaft** als auch die **Geschichtsschreibung,** aber auch für das Unterrichts- und Studienfach Geschichte.

Der eingebürgerte sinnverwandte Gebrauch des Begriffs Geschichte macht es erforderlich, immer aus dem Textzusammenhang zu erschließen, in welchem Sinne er jeweils benutzt wird.

Die **Rekonstruktuion der Vergangenheit der Menschheit** ist Gegenstand des Geschichtsunterrichts in der Schule und dieses Buches.

1.1.2 Geschichtswissenschaft und Geschichtsschreibung

Mit der Herausbildung und Entwicklung der **Geschichtswissenschaft,** die ihre eigene Geschichte hat, überwanden die Menschen in einem langen und komplizierten **Erkenntnisprozess** ihre anfänglichen mythischen Vor-

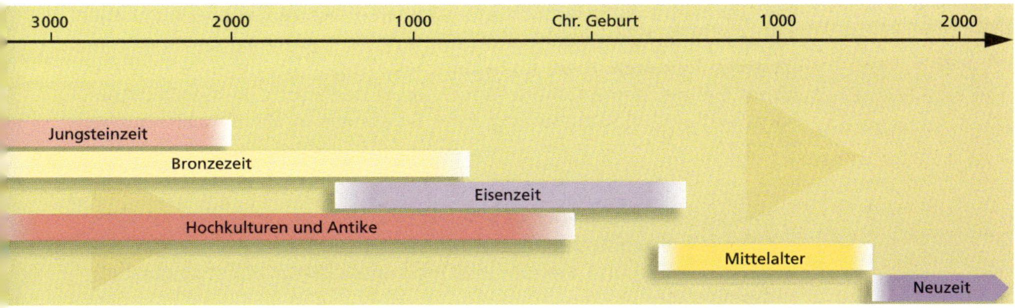

stellungen über ihren Werdegang. An ihre Stelle trat mehr und mehr gesichertes Wissen.
Dieser Prozess ist jedoch noch längst nicht abgeschlossen. Er wird fortdauern, so lange die Menschheit existiert und also Geschichte stattfindet. Außerdem veranlassen aktuelle Ereignisse die Menschen immer wieder, sich mit der Geschichte zu beschäftigen, um aus der Betrachtung der Vergangenheit Ansätze für Problemlösungen der Gegenwart zu finden. Grundsätzlich besteht darüber hinaus gleichsam ein stetes Bedürfnis der Menschen, immer mehr und Genaueres darüber zu erfahren, woher sie kommen, was sie eigentlich sind, und zu ermessen, wohin sie gehen könnten.
Insofern ist die Geschichte der Menschen ein fortdauernder Prozess der Verständigung über sich selbst, menschlicher Selbsterkenntnis und Identitätsstiftung.

Der große deutsche Romanschriftsteller **THOMAS MANN** hat in einem eindrucksvollen Bild die Geschichte mit einem unerschöpflichen Brunnen verglichen, auf dessen Grund man wahrscheinlich nie gelangen wird.
Zitat:
„Tief ist der Brunnen der Vergangenheit. Sollte man ihn nicht unergründlich nennen? ... Da denn nun gerade geschieht es, daß, je tiefer man schürft, je weiter hinab in die Unterwelt des Vergangenen man dringt und tastet, die Anfangsgründe des Menschlichen, seiner Geschichte, seiner Gesittung, sich als gänzlich unerlotbar erweisen und vor unserem Senkblei, zu welcher abenteuerlichen Zeitenlänge wir seine Schnur auch abspulen, immer wieder und weiter ins Bodenlose zurückweichen. Zutreffend aber heißt es hier ‚wieder und weiter'; denn mit unserer Forscherangelegentlichkeit treibt das Unerforschliche eine Art von foppendem Spiel: es bietet ihr Scheininhalte und Wegesziele, hinter denen, wenn sie erreicht sind, neue Vergangenheitsstrecken sich auftun, wie es dem Küstenjäger ergeht, der des Wanderns kein Ende findet, weil hinter jeder lehmigen Dünenkulisse, die er erstrebte, neue Weiten zu neuen Vorgebirgen vorwärtslocken."

(THOMAS MANN, Joseph und seine Brüder 1, Fischer Verlag, Frankfurt 1967, S. 5)

HERODOT, griech. Geschichtsschreiber (485 v. Chr. bis um 425 v. Chr.)
Gilt als „Vater der Geschichtsschreibung". Obwohl er als Kind seiner Zeit auch an Mythen und Legenden glaubte, gilt er wegen seines Strebens nach historischer Wahrheit, nach Ordnung und Verarbeitung von Nachrichten als Begründer einer kritischen Geschichtsschreibung.

Die Geschichte als tatsächliches Geschehen in der Vergangenheit existiert für uns nur im Bewusstsein: als Erinnerung noch lebender Zeitzeugen der jüngsten Vergangenheit, als Widerspiegelung in Kunstwerken verschiedener Genres, hauptsächlich jedoch vermittelt durch die **Geschichtswissenschaft** und die Darstellung ihrer Ergebnisse in der **Geschichtsschreibung.**

Die **Geschichtswissenschaft erforscht** die Vergangenheit der menschlichen Gesellschaft von den Anfängen bis zur Gegenwart. In der **Geschichtsschreibung** werden die Ergebnisse dieser Forschungsarbeit **dargestellt.**

Grundlagen der Geschichtswissenschaft sind Überlieferungen und Zeugnisse der Vergangenheit aller Art, man nennt sie **historische Quellen.**
Gegenstand der Geschichtswissenschaft ist das gesamte vergangene Geschehen in der Entwicklung der Menschheit.
Ziel geschichtswissenschaftlicher Forschung ist es, die geschichtlichen Tatbestände möglichst genau festzustellen und historische Zusammenhänge und Entwicklungen zu erkennen bis hin zur Erkenntnis von Tendenzen, typischen Erscheinungen oder Besonderheiten in der geschichtlichen Entwicklung. In ihrer Entwicklung erfolgte eine **Aufgliederung** und **Spezialisierung** der Geschichtswissenschaft.

strukturelle Gliederung	räumliche Gliederung	zeitliche Gliederung
• Wirtschaftsgeschichte • Sozialgeschichte • politische Geschichte • Kulturgeschichte • Parteiengeschichte • Rechtsgeschichte • Kirchengeschichte • Geschichte der Arbeiterbewegung und der Gewerkschaften • Geschichte technischer Entwicklungen • Hobbygeschichte: Vereinsgeschichte Familiengeschichte • Frauengeschichte	• Weltgeschichte (Geschichte der Menschheit in ihrer Gesamtheit) • Geschichte geografischer Großräume (afrikanische Geschichte, osteuropäische Geschichte, ...) • Nationalgeschichte (Geschichte einzelner Staaten und Völker) • Landes-, Regional- oder Heimatgeschichte (Geschichte des raumgebundenen Teilgeschehens innerhalb der Nationalgeschichte)	• Vor- und Frühgeschichte • Geschichte des Altertums • Geschichte des Mittelalters • Geschichte der Neuzeit • Zeitgeschichte

Bei der Deutung und Wertung geschichtlicher Ereignisse spielen die **Geschichtsphilosophie** und die Geschichtsauffassung eine bedeutende Rolle. In diesem Zusammenhang ist die Frage nach der „Wahrheit" in der Geschichtswissenschaft und Geschichtsschreibung ein besonderes Problem. Aufgrund unterschiedlicher Möglichkeiten historisches Geschehen zu deuten, gibt es keine Objektivität in der Geschichtsschreibung.

Für eine umfassende Geschichtsbetrachtung ist die Aufdeckung der Multikausalität bedeutsam. Die unterschiedlichen Betrachtungsweisen (Multiperspektivität) geschichtlicher Vorgänge berücksichtigt die Geschichtswissenschaft, indem sie Aussagen verschiedener historischer Personen heranzieht.

1.1.3 Grundlegende Erkenntnisse über den Geschichtsprozess

Jede Generation findet bei ihrem Eintritt in die Geschichte bestimmte Verhältnisse und Umstände vor, die sie sich nicht aussuchen kann. Durch ihre Tätigkeit verändern die Menschen das jeweils Vorgefundene.

Der **ständige Wandel** in allen Bereichen der Gesellschaft ist das wichtigste **Merkmal** der Geschichte.

Besonders das vergangene 20. Jahrhundert legt dafür Zeugnis ab. Vieles, was heute in **Wissenschaft** und **Technik** selbstverständlich ist, schien zu Beginn dieses Jahrhunderts reine Utopie zu sein – oder es war überhaupt nicht denkbar, wie die Computer- und Gentechnologie zeigen.

Den **Flugversuchen** der Brüder Wright folgte (Orville, 1871–1948; Wilbur, 1867–1912) – gemessen an den großen Zeiträumen der Menschheitsgeschichte – verhältnismäßig schnell der Sprung zum Mond. Die Erforschung des Planeten Mars befindet sich in ihren Anfängen (Marssonden)

Die wirtschaftlichen, gesellschaftlichen und geistig-kulturellen Veränderungen in der Geschichte sind keine Naturereignisse. Sie werden von den Menschen selbst gemacht. Diese sind sowohl Nutznießer als auch Opfer geschichtlicher Entwicklungen.

Die Menschen sind **Schöpfer** ihrer eigenen Geschichte und beeinflussen damit auch die gesellschaftlichen Verhältnisse, unter denen sie leben und wirken.

Es gibt in der Geschichte keine vorher bestimmten Ziele. Deutungen der Geschichte im Sinne einer wie auch immer begründeten Erwartung eines vorgegebenen Endzustandes, auf den die Geschichte zusteuert, wie etwa in religiösen Offenbarungen oder marxistisch-leninistischer Geschichtsauffassung, sind wissenschaftlich nicht vertretbar.

1.2 Geschichtliche Denk- und Arbeitsweisen

1.2.1 Geschichtliche Quellen und ihre Bedeutung

Die Kenntnisse der Geschichte beruhen auf einer Vielzahl und ständig zunehmenden Anzahl bestimmter **Zeugnisse** von vergangenen Taten und Ereignissen, den **Geschichtsquellen.**

Überreste und Traditionen werden in Primär- und Sekundärquellen eingeteilt.

Quellen sind historisches Material, das Aufschluss über die Vergangenheit ermöglicht. Die Quellenkunde unterscheidet **Überreste** und **Traditionen.**

Ohne das Studium von **Quellen** sowie ihre umfassende Auswertung sind keine **Geschichtswissenschaft** und keine **Geschichtsschreibung** möglich.
Zur Prüfung und Wertung von Quellen dienen je nach dem Charakter der Quelle bestimmte **historische Hilfswissenschaften,** z. B. die **historische Geografie,** die **Numismatik** (Münzkunde), die **Chronologie** (Zeitkunde), die **Urkundenlehre** u. a. m.
Die geschichtlichen Quellen können nach unterschiedlichen Gesichtspunkten in verschiedene Gruppen eingeteilt werden.

Für die neuste Geschichte besitzen Überreste wie Ton-, Foto- und Filmdokumente sowie Interviews mit Zeitzeugen einen bedeutenden Quellenwert.

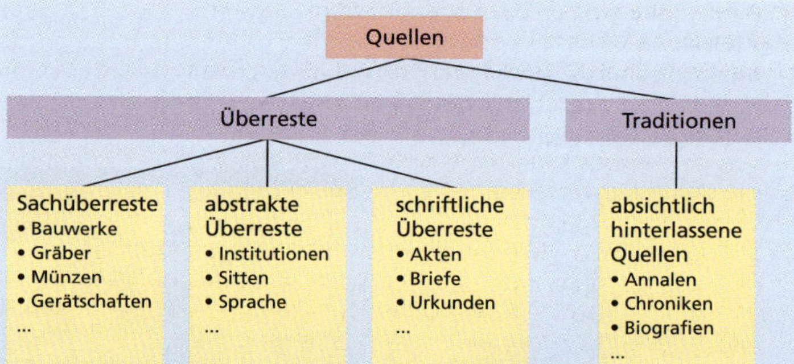

Schriftliche Überreste

Schriftliche Überreste können sein:

Bedeutung/Merkmal	**Beispiel**
Urkunden	
Die **Urkunde** ist eine schriftliche Erklärung, häufig in Form eines Vertrages, meist über eine rechtliche Angelegenheit zwischen zwei oder mehreren Seiten. Sie kann ein bestehendes Recht bekräftigen oder aber auch einen neuen Rechtszustand herbeiführen. Zu den Urkunden zählen auch Testamente, Königs- und Papsturkunden. Häufig handelt es sich auch um dispositive Urkunden (Willenserklärung des Ausstellers; Geschäftsurkunden; z. B. Charta der Vereinten Nationen). Urkunden gibt es seit der Antike (etwa seit 600 v. Chr.). Sie können in einfacher, aber auch sehr feierlicher Form verfasst sein. Im Alten Testament wird eine der ersten Urkunden (Kaufbriefe) erwähnt: „(Jeremia Kapitel 32, Vers 8–14) Kaufe doch meinen Acker in Anatot, der im Lande Benjamin liegt; denn dir kommt es zu, ihn zu erwerben und einzulösen; kaufe du ihn! Da merkte ich, daß es des HERRN Wort war und kaufte den Acker von Hanamel, meines Oheims Sohn, in Anatot, und wog ihm das Geld dar, siebzehn Lot Silber. Und ich schrieb einen Kaufbrief und versiegelte ihn und nahm Zeugen dazu und wog das Geld dar auf der Waage nach Recht und Gewohnheit." Meist sind sie durch ein **Siegel,** einen **Stempel** und/oder eine **Unterschrift** beglaubigt, damit ihre Rechtsgültigkeit nicht angezweifelt werden konnte. Oft wurden sie in Kanzleien von Königen, Fürsten oder Städten ausgestellt und an öffentlichen Stellen, meist in Archiven, aufbewahrt. Urkunden sind eine äußerst wertvolle Quelle. Ein Bauer kann durch eine Urkunde von einem Richter feststellen lassen, dass ein bestimmtes Stück Land seit langer Zeit ihm gehört. Ebenso kann eine Urkunde verfügen, dass dieses Land dem Bauern neuerdings zugeteilt wird und in seinen Besitz übergeht.	Urkunde der Ersterwähnung Köpenicks am 10. Februar 1209  Bodenreformurkunde 

Bedeutung/Merkmal	**Beispiel**
Gesetze	
Gesetze geben Auskunft über die Einstellung der Gesellschaften jener Zeit zu Eigentum, Schaden, Erbe usw. Sie zeigen auch, wie Verfehlungen geahndet wurden. **Gesetze** können in unterschiedlichster Form überliefert sein, z. B. als zunächst nur mündlich überliefertes Recht (später schriftlich aufgezeichnete germanische Gewohnheitsrechte), als Inschrift in einer steinernen Gesetzesstele (Codex HAMMURAPI), als Niederschrift auf Pergament und Papier (viele mittelalterliche und neuzeitliche Gesetzestexte, wie der Sachsenspiegel 13. Jh.) oder als Druckerzeugnisse, wie das Grundgesetz der Bundesrepublik Deutschland oder Gesetzessammlungen (Gesetzblätter der jeweiligen Bundesländer o. a.). Bei der Arbeit mit Gesetzen ist ebenfalls zu berücksichtigen, dass sie meist die Interessen ihrer Schöpfer oder Auftraggeber verkörpern.	Der Sachsenspiegel 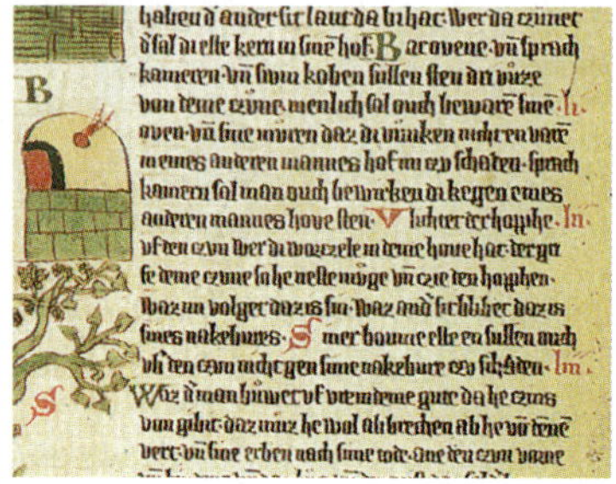 Das Grundgesetz 
Annalen, Chroniken, Biografien, Berichte	
Annalen (lat. annus = Jahr) sind Jahrbücher und stellen meist eine Folge von Ereignissen oder auch nur ein Ereignis selbst in zusammenhängender, erzählender Form dar. Deshalb werden sie auch oft **erzählende Quellen** genannt. **Annalen** waren bereits in der römischen Geschichtsschreibung bekannt. Sie sind nach Jahren geordnete, kurze Aufzeichnungen, meist aus dem religiösen Leben eines Klosters oder einer Abtei.	Im **Mittelalter** waren **Annalen** ein wichtiges Hilfsmittel, um zu bestimmen, auf welchen Tag das Osterfest fiel. Annalen haben ihren **Aussagewert** meist für ihren Entstehungsort, wobei die Auswahl der Ereignisse sehr klein ist. Meist muss man über **lateinische** Sprachkenntnisse verfügen, um Annalen erschließen zu können.

Bedeutung/Merkmal	**Beispiel**
Annalen, Chroniken, Biografien, Berichte	
Die **Chronik** ist die im Mittelalter und im 16. und 17. Jh. am meisten verbreitete Form der Geschichtsschreibung. Chroniken berichten zusammenhängend über größere Zeitabschnitte. Sie versuchen, einen Zusammenhang zwischen Ereignissen und Zeitabschnitten zu geben bzw. den Zusammenhang zwischen den Ursachen für bestimmte Ereignisse und ihren Folgen herzustellen. Abhängig vom Gegenstand der Darstellung unterscheidet man u. a. Welt-, Kaiser-, Papst-, Bischofs-, Kloster-, Städte-, regionale, lokale u. a. Chroniken. Im Mittelalter waren auch gereimte Chroniken verbreitet. Die **Biografie** erfordert ein besonders hohes Maß an Menschenkenntnis und Kenntnis der Lebensumstände des zu Beschreibenden. Das ist auch bei der Auswertung von Biografien zu berücksichtigen, ebenso die Entstehungsumstände, d. h., in welchem Verhältnis der Biograf zur beschriebenen Persönlichkeit stand usw. **Berichte** Berichte sind sachliche Wiedergaben eines Geschehens oder Sachverhalts.	 
Tagebücher, Briefe	
Tagebücher sind autobiografische Zeugnisse. Nach den Regeln der Quellenkunde gehört der **Brief** der Form nach seit dem **Mittelalter** zu den Urkunden. Briefe vermitteln vielfach eine sehr persönliche Sicht auf Ereignisse und Tatsachen. Um einen **Brief** auszuwerten, sind wie bei allen schriftlichen Überresten **Hintergrundinformationen** notwendig. Diese ermöglichen es, den Brief besser in die Entstehungsumstände einzuordnen.	

Sachüberreste

Gebäude, Ruinen, Denkmale, Kunstwerke, Bodenfunde, Werkzeuge und Geräte, Gegenstände des täglichen Bedarfs, aber auch Münzen, Wappen, Siegel usw., die für Historiker einen Aussagewert haben, sind Sachüberreste.

Auf Burgen wehen heute noch, besonders zu mittelalterlichen Burgfesten, Fahnen mit dem Wappen der Burgherren.
Bauwerke wie die Zipser Burg oberhalb der Gemeinde Spisske Podhradi/Slowakei sagen etwas über die Baukunst, die technische Entwicklung, aber auch den Reichtum, die Sorge um den Schutz der Burgherren vor eventuellen Angreifern aus.

Zur Erschließung dieser Quellen sind Grundkenntnisse anderer Wissenschaften notwendig, beispielsweise der Kunstgeschichte, um Kunststile einzuordnen. **Bilder, Fotografien, Karten** gehören ebenso zu den **Sachüberresten.** Sie sind Momentaufnahmen des Geschehens oder sagen etwas über geografische Vorstellungen der Menschen aus jener Zeit aus.

Für die Vorgeschichte sind Bodenfunde die wichtigsten Quellen.

Eine Sitte ist z. B. die *Walz,* d. h. die Wanderung der Handwerksgesellen, die heute eine Wiederbelebung erfährt. Gebräuche und Sitten haben ihren *Ursprung* meist im **Mittelalter,** oft sogar noch in **heidnischer Zeit.**

Bodenfunde werden in Fundbeschreibungen festgehalten. Sie sind eine wertvolle Ergänzung zu schriftlichen Überresten. Bei richtiger Einordnung bereichern sie das Bild vom Alltagsleben der Menschen zu früheren Zeiten, von ihren kulturellen und handwerklichen Leistungen. Ein bedeutender Fund in Deutschland waren in jüngster Zeit die Keltengräber am Glauberg/Hessen.

Abstrakte Überreste

Zu den abstrakten Überresten zählen die **Sprache,** einschließlich **Sprichwörtern** und **Redewendungen,** wie auch bestimmte **Sprachentwicklungen, sowie Sitten und Gebräuche.**

Warum wird in Norddeutschland oft „ick", statt „ich" gesprochen? Warum gibt es im Norden Deutschlands niederdeutsche Quellen, in anderen Bereichen aber nicht? Durch die zweite Lautverschiebung, die etwa im 6. Jh. einsetzte, trat eine Spaltung in Ober- und Mitteldeutsch ein. Das Niederdeutsche blieb beim alten Lautstand der Konsonanten. Es lebt in der Gegenwart als Plattdeutsch fort.
Was bedeuten bestimmte Sprichwörter und Redewendungen, z. B. „den Stab über jemanden brechen" für „jemanden verurteilen"? So wurde früher über dem Kopf eines zum Tode Verurteilten vom Richter vor der Hinrichtung der sogenannte Gerichtsstab zerbrochen und ihm vor die Füße geworfen.

1.2.2 Methoden und Arbeitsweisen im Geschichtsunterricht

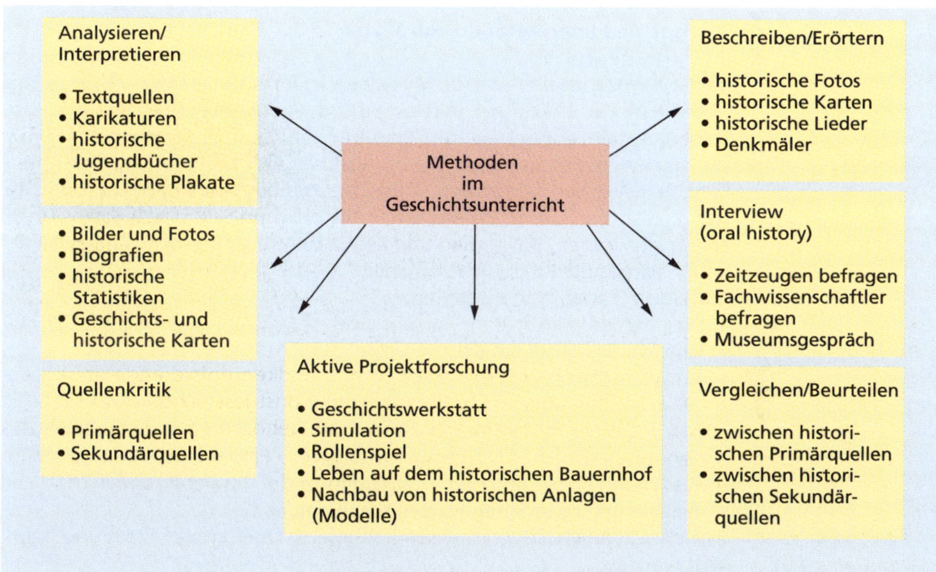

Analyse und Interpretation von Bildern und Fotos

Die **Analyse historischer Quellen** beantwortet Fragen nach **geschichtlichen Ereignissen und Sachverhalten** sowie die nach **geschichtlichen Personen.** Auch die Frage nach den **Ursachen und Folgen** geschichtlicher Abläufe ist zu klären. Die **Beurteilung und Bewertung** geschichtlicher Abläufe erfolgt möglichst aus unterschiedlichsten Perspektiven.
Das **Interpretieren von Bildern und Fotos** schließt das Erkennen unterschiedlichster Bildarten (Fresken, Buchmalerei, Ölgemälde, Fotografie, Montage, Zeichnungen, Karikaturen, Plakate usw.) sowie ihre Einordnung in geschichtliche Epochen und Kulturen ein. Bilder können Aufschluss geben über den Alltag, die Kleidung, gebräuchliche Werkzeuge, Jagdzeremonien, Bauweisen, Denkweisen.

Die **Bildsprache** vergangener Epochen ist für spätere Generationen nicht immer genau nachvollziehbar. So hatten Bilder im Mittelalter auch die Aufgabe, Botschaften, Mahnungen, Warnungen etc. der nicht lesenden Bevölkerung sinnlich zu vermitteln.

Bei der Analyse eines Bildes sind folgende Fragen zu klären:

Wer war der Maler/Fotograf?

In welchem gesellschaftlichen Umfeld lebte er?

Was sagt das Bild aus (Erschließen des Bildinhaltes: Thema, Art und Weise der künstlerischen Umsetzung)?

Welche Wirkungsabsicht verfolgte der Bildschöpfer bzw. dessen Auftraggeber?

Analyse und Interpretation von Texten

Texte werden zuallererst für Menschen in ihrer Zeit verfasst (Überreste: Gesetzestexte, Urkunden, Akten, Edikte, Protokolle, Manifeste, Briefe, Reden, Augenzeugenberichte). Darüber hinaus gibt es Texte, die auch für die Nachwelt geschrieben sind (beabsichtigte Überlieferung, Tradition, Geschichtsbücher, Biografien, Augenzeugenberichte, Herrscherberichte usw.). Während Gesetzestexte einen historischen Fakt darstellen, enthalten Briefe, Reden, Biografien und Memoiren Auslegungen zeitgeschichtlicher Vorgänge durch ihre Verfasser.
Folgende Fragen sind zu stellen:
- Wer war der Autor?
- Wie sah das gesellschaftliche Umfeld des Autors/Urhebers aus?
- An wen richtete sich der Text?
- Welchen Aussagewert hat die Textquelle?
- Aus welchem Blickwinkel berichtet der Text? Und gibt es Quellen, die den geschichtlichen Vorgang aus anderer Perspektive wiedergeben?
- Wann und unter welchen Umständen ist der Text entstanden?
- Welche geschichtlichen Folgen hatte der Text?

In einem zweiten Schritt müssen analysierte Quellen bewertet und beurteilt werden.
Ältere Texte wurden in einer heute nicht mehr verständlichen Sprache verfasst. Man muss sie deshalb z. T. an die heutige Sprache anpassen bzw. nicht mehr übliche Wörter übersetzen.

Oral History

Oral History („erzählte Geschichte“) ist Erfahrungsgeschichte. Durch Befragen von Zeitzeugen wird die subjektive Erfahrung einzelner Menschen erfasst. Dabei geht es um die Erinnerungen der Befragten unter Beachtung bestimmter Entstehungsbedingungen. Zur Oral History werden gerechnet **Erinnerungsinterviews** und **autobiografische Zeugnisse (Tagebücher).**
Zeitzeugen unterliegen stets auch Wertewandlungen, denen bei der Beurteilung dieser Quellen Rechnung getragen werden muss. Sie werden

unmittelbar nach einem geschichtlichen Ereignis andere Aussagen treffen als zehn, zwölf oder fünfzehn Jahre später. So urteilt ein Schüler, der 1989 12 Jahre alt war, über sein Leben in der DDR:

> „... der Zusammenhalt untereinander und die Kameradschaftlichkeit waren in der DDR viel mehr ausgeprägt als jetzt. Das ist sicherlich auch durch die ‚Pioniere' und die ‚FDJ' zu erklären, aber man war eben eine große Gemeinschaft. Jetzt ist es eher so, dass jeder für sich selber das Beste will, ohne Rücksicht auf andere – nur immer ‚ICH'. Diese Veränderung hat man auch in meiner Klasse gemerkt – wie alle immer mehr nur für sich lernen; man macht keine Hausaufgaben zusammen, lässt andere nicht seine Ausarbeitungen einsehen oder tauscht sich mit ihnen aus ..." (STEFAN DRESSLER, 1998)

Quellenkritik

Die Aussage von Bildern und Texten muss überprüft werden.
Bilder und Texte können
- Mittel politischer Propaganda,
- Ergebnis von Manipulationen (Bildverfälschung z. B. durch Retusche, Verherrlichung von Herrscherpersönlichkeiten) sein.

Die **Quellenkritik einer Fotografie** enthält Fragen nach
- dem Fotografen,
- Inhalt des Fotos,
- der ästhetisch-künstlerischen Gestaltung,
- Umständen der Aufnahme,
- Zweck der Aufnahme,
- Zeitpunkt der Aufnahme,
- Überlieferung.

Ein Bildausschnitt kann die Aussage einer Fotografie verändern:

Das **quellenkritische Betrachten einer Karikatur** fragt nach
- dem Thema der Grafik,
- dem Druckort und dem Erscheinungsdatum,
- dem Grafiker,
- der dargestellten Situation,
- dem politischen/gesellschaftlichen Problem,
- den abgebildeten Figuren/Personen,
- der Symbolik und Metaphorik einzelner zeichnerischer Elemente.

Der unten gezeigte Stich stellt die Deputation der preußischen Nationalversammlung vor dem König FRIEDRICH WILHELM IV. während der Revolution von 1848 dar.
Deutlich ist auf dem Bild die lockere Haltung der Deputierten zu erkennen. Einige aus der Gruppe wenden sich dem König (links im Bild) zu, andere blicken stolz entschlossen geradeaus. Ein Deputierter verneigt sich vor dem Monarchen, der, sich hochmütig von der Gruppe abwendend, den Raum verlassen will. Der Stich drückt die Verächtlichkeit und Nichtachtung des Königs gegenüber den Deputierten aus.

Am 8. November 1848 verlegte der König die Preußische Nationalversammlung nach Brandenburg. Zwei Tage später wurde Berlin durch Militär besetzt. Am 15. November fand die letzte Sitzung in Berlin statt. Sie wurde durch das Militär gesprengt. Am 5. Dezember erließ der König eine Verfassung, die seine eigenen Machtpositionen nicht verringerte. Die Revolution war damit gescheitert.

Die **Quellenkritik** (kritische Untersuchung eines Textes) beschäftigt sich mit
- der Zeit und dem Ort der Entstehung einer Quelle,
- dem Autor,
- der Version einer Quelle,
- der Echtheit von Dokumenten bzw. Zweck einer Fälschung,
- dem Vergleich mit anderen Quellen.

Den „Sturm auf die Tuilerien" am 10. August 1792 schildern zwei Augenzeugen völlig anders:

Madame JULIEN am 10. August 1792 an ihren Mann:	J. E. BOLLMANN am 12. August 1792 an seinen Vater:
„Die Nacht war ohne Ereignisse vorbeigegangen. Die große Frage, die auf dem Spiel stand, mußte viele Menschen und, sagte man, die Faubourgs herbeiziehen; darum hatte man in die Tuilerien viele Nationalgarden berufen. Die Nationalversammlung hatte auch dreifache Wache … Die Marseiller verbanden sich brüderlich mit den Pariser Garden. Man hörte die Rufe: Es lebe der König! Im Faubourg rief die Nation: Es lebe die Nation! Mit einem Mal werden alle Fenster im Schloss von Schweizern besetzt und sie geben urplötzlich eine Salve auf die Nationalgarde ab. Die Tore des Schlosses öffnen sich, dahinter starrt es von Kanonen, die ihre volle Ladung auf das Volk abschießen. Die Schweizer verdoppeln sich. Die Nationalgarde hatte kaum so viel Munition, um zwei Schuß abzugeben, sie hat eine Menge Verwundete; das Volk flieht; dann sammeln sich alle in Wut und Verzweiflung. Die Marseiller sind lauter Helden, die Wunder der Tapferkeit verrichten. Man stürmt das Schloß. Die Gerechtigkeit des Himmels ebnet alle Wege, und die Schweizer büßen den niedrigen Verrat, dessen Werkzeuge sie sind, mit Tod jedweder Art. Die ganze königliche Familie, der Spielball einer blutgierigen Sippe, hatte sich in einem günstigen Augenblick in die Nationalversammlung geflüchtet … Heute, am 10. August, sollte die Gegenrevolution in Paris ausbrechen. Immer töricht, wie sie sind, glaubten unsere Widersacher, daß die Korruption der Führer eines Teils der Nationalgarde, gestützt von den Royalisten mit ihren Schweizern und allen Lakaien der Tuilerien, die Sache machen und den waffenlosen Sansculotten Schrecken einjagen werden. Sie sind niedergeschmettert, das Glück hat sich gewendet, und in weniger als zwei Stunden ist der Louvre gestürmt und der Sieg entschieden."	„Um 9 Uhr morgens … zogen die bewaffneten Haufen, sich gebärdend wie rasend Tolle, … gegen die Tuilerien zu … Ich kam noch vor Ankunft der Horde in den Garten der T. Ich sah einen großen Haufen von braven Schweizern und Nationalgardisten sich langsam vom Schlosse weg gegen die Nationalversammlung hin bewegen. Der brave Röderer, Generalprokurator des Departements, unfähig, zur Ruhe noch etwas zu wirken, hatte den König gebeten, sich mit den Seinigen in die Mitte der Nationalversammlung zu begeben … Der brave Röderer … sagte, er habe der Schweizergarde … Befehl gegeben, nicht anzugreifen… Bald darauf hörte man die ersten Kanonenschüsse … Ich war immer in der Nähe des Gefechts … Die Horde von Pikenträgern und Föderierten war gegen das Schloss gezogen und hatte die Schweizergarde aufgefordert, es zu übergeben. Diese hatte sich geweigert. Die Föderierten feuerten, die Schweizer feuerten wieder. Auf beiden Seiten ladete man die Kanonen mit Mitraille (Kartätschen). Die Schweizer, kaum tausend Mann, verließen sich auf die Unterstützung der Nationalgarde, aber diese ließ sie schändlicherweise im Stich … Die armen Schweizer … , überwältigt von der Menge, streckten endlich das Gewehr … Nachdem sie sich ergeben hatten, fiel man jämmerlich über sie her, zwanzig über einen … Ich habe Szenen gesehen, worüber die Menschheit schauderte … auf dem Schlosse ist jetzt alles zuunterst zuoberst gekehrt … Der König ist an demselben Tage seiner Amtsverrichtung entsetzt, seine Einkünfte sind eingezogen worden, denn kein Mensch in der Nationalversammlung wagte der herrschenden Partei zu widersprechen. Der Pöbel schwärmt noch wütend in den Straßen umher … Man fürchtet noch mehr Ausschweifungen, denn man ist des Pöbels nun gar nicht mehr Meister. Zucht und Ordnung ist verloren …"

1.3 Zeitrechnung

Geschichte findet in der Zeit statt. **Geschichtsforschung** und **Geschichtsschreibung** erfordern einen linearen, messbaren, objektiven **Zeitbegriff.**

Wer den ersten **Kalender** schuf, ist nicht mehr bekannt. Sicher aber ist, dass der Kalender von besonderen Personen erstellt wurde – heute würden wir sie als Medizinmänner, Schamanen, Priester oder Gelehrte bezeichnen. Sie sind die Urheber der heutigen modernen Zeitrechnung.

Die Zeitrechnung ist eine wesentliche Voraussetzung für die sichere Bestimmung der **Zeitpunkte** von Ereignissen oder von **Zeitabschnitten** (Perioden, Zeitalter) im Geschichtsverlauf. Ohne Zeitbegriff wäre eine **Periodisierung** der Geschichte nicht möglich.
Wesentliches Mittel zur Einteilung (Messen) der Zeit ist der **Kalender.**
Die Entstehung des Kalenders ist eine der interessantesten Leistungen der Menschheit. Die ersten Kalender entstanden vermutlich mit der Sesshaftwerdung der Menschen, denn wer Ackerbau betreibt, darf z. B. den Aussaat- und Erntetermin nicht verpassen.

Der **jüdische Kalender** setzt beispielsweise mit der vermuteten Weltschöpfung ein, die nach unserer Zeitrechnung 3761 v. Chr. stattgefunden haben soll.
Der **römische Kalender** dagegen beginnt seine Zählung mit der sagenhaften Gründung Roms im Jahre 753 v. Chr.
Die **islamische Zeitrechnung** setzt mit der Flucht Mohammeds von Mekka nach Medina im Jahre 622 n. Chr. ein.
Der römische oder **julianische** Kalender setzte sich schließlich durch und war in den meisten Ländern verbreitet.

Die genaue **Berechnung eines Kalenders** erfordert besondere Kenntnisse der **Mathematik** und der **Natur.** Es entwickelten sich verschiedene Typen von Kalendern z. B.
- Mondkalender,
- Sonnenkalender,
- Mischkalender.

Der verbreitetste Kalender war der julianische, benannt nach JULIUS CAESAR. Er erfuhr erst im Jahre 1582 unter Papst GREGOR XIII. eine Korrektur. Dieser **gregorianische** Kalender ist mit geringen Abweichungen heute noch in der Mehrzahl der Länder gültig.

Unsere **Zeitrechnung** hat die Einheiten der Natur übernommen. Eine Umdrehung der Erde um sich selbst ist **ein Tag,** der Umlauf des Mondes um die Erde ist **ein Monat** und der Umlauf der Erde um die Sonne ist ein Jahr. Um ein konkretes **Datum** festzulegen, bedarf es eines Bezugspunktes. In unserer Zeitrechnung dient hierzu die **Geburt Christi,** welche mit dem Jahr 1 gleichgesetzt wird.

Der Zusatz bei Jahreszahlen „n. Chr." bedeutet demnach nach der Geburt Christi und der Zusatz „v. Chr." bedeutet vor Christi Geburt.
Die Zeitangabe „13. Jahrhundert n. Chr." umfasst die Jahre 1201 bis 1300 n. Chr.
Die Zeitangabe „8. Jahrhundert v. Chr." bedeutet 800 bis 701 v. Chr.
Die Gründung Roms 753 v. Chr. erfolgte im 8. Jahrhundert v. Chr.
Der Beginn der Reformation LUTHERS in Wittenberg 1517 n. Chr. heißt, sie begann im 16. Jahrhundert n. Chr.

Es ist auffällig, dass die gemeinhin als Zeitenwende bezeichnete Geburt von JESUS auf das Jahr 1 gelegt wird und zur Kennzeichnung des Umbruchs von der Zeit vor und nach Christi keine „Null" auftaucht. Die Erklärung dafür liegt darin, dass die mittelalterlichen Mönche, die Kalender schufen, wie ihre Zeitgenossen die „Null" nicht kannten.

VOR- UND FRÜHGESCHICHTE

2

(von ca. 2,5 Mio. Jahren bis 700 v. Chr.)

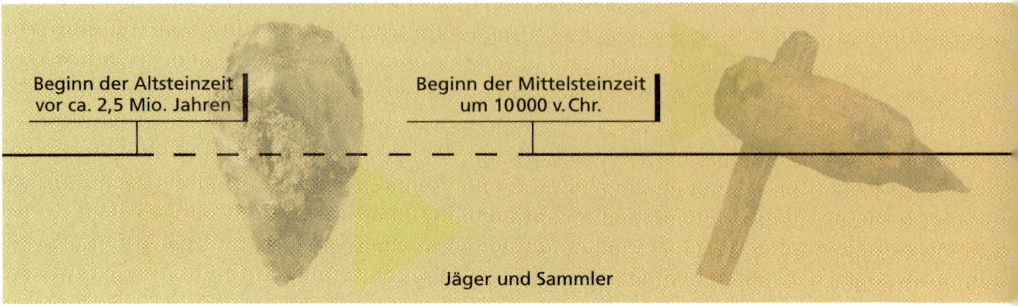

2.1 Menschwerdung und Vorgeschichte

2.1.1 Die Menschwerdung

Bis zum Anfang des 20. Jh. waren **Fossilfunde,** mit denen man eine Verwandtschaft der Menschen mit den Affen beweisen konnte, noch selten. Die wenigen Funde ließen sich noch schwer erklären.

Man kann nach dem derzeitigen Stand der Wissenschaft davon ausgehen, dass Mensch und Schimpanse am engsten miteinander verwandt sind. Die Aufspaltung der Entwicklungslinien zum Gorilla, Schimpansen und Menschen von einem gemeinsamen Vorfahren her dürfte vor etwa 6 bis 8 Millionen Jahren erfolgt sein.

Stammbaumschema des Menschen

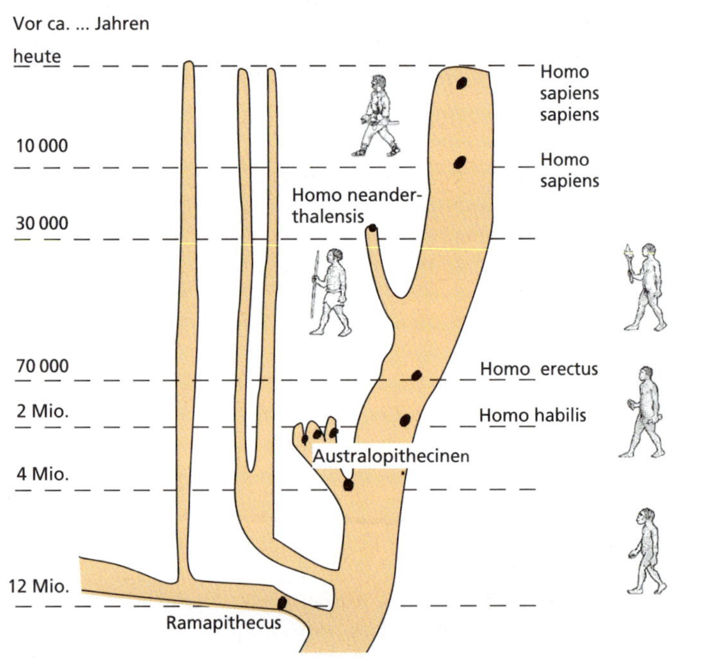

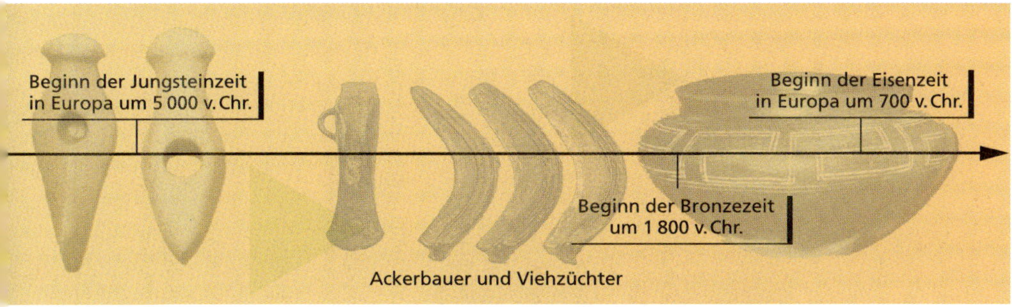

Der älteste Mensch, der außerhalb Afrikas gefunden wurde, lebte in der heutigen Republik Georgien. 2001 wurde in Dmanasi ein Schädel gefunden, der fast wie ein Homo habilis ausgesehen haben könnte.

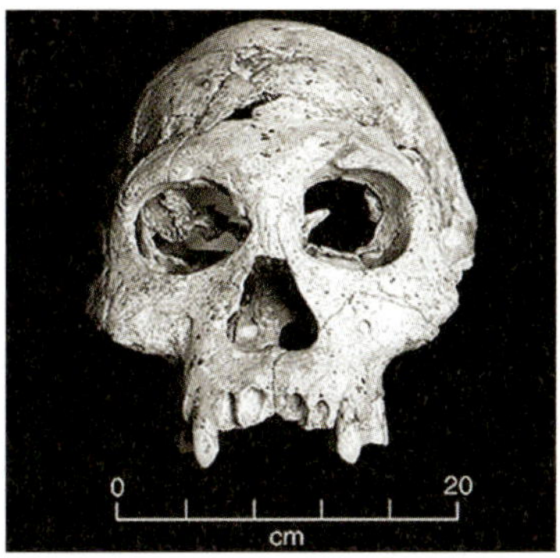

„Der älteste Mensch, der außerhalb Afrikas gefunden wurde, ähnelt zur Überraschung der Fachwelt kaum dem Homo erectus, der lange Zeit als erster Wanderer zwischen den Kontinenten galt. ... Nach unserer Rekonstruktion sah dieses Wesen fast aus wie der affenähnliche Homo habilis, ein 1,4 bis 2,4 Millionen Jahre alter Hominide (Menschenartige) ..."
(aus: National Geographic, August 2002)

Seit den 60er-Jahren des 20. Jh. haben intensive Feldforschungen, vor allem in Afrika, zu vielen hundert Funden von Vor- und Frühmenschen geführt.

Die Menschwerdung vollzog sich in der Einheit von biologischer und kultureller Evolution.

Unter **Evolution** ist die natürliche Entstehungsgeschichte der Organismen zu ihrer heutigen Vielfalt zu verstehen.

Die **biologische Evolution** umfasst alle genetisch bedingten Veränderungen, während es sich bei der **kulturellen Evolution** um die Herausbildung von **Traditionen** und deren Weitergabe von Generation zu Generation handelt.

Die **kulturelle Evolution** vollzog sich anfangs äußerst langsam, seit etwa 80 000 Jahren jedoch beschleunigt. Kultur ist ein Artmerkmal des Menschen. Zur Kultur zählen Kunst, Wissenschaft, Technik, Sittlichkeit und Religion. Funde von Werkzeugen, die Art ihrer Verwendung, die Herstellung von Kleidung, Formen der Tier- und Menschendarstellungen legen Zeugnis ab über die Entwicklung der menschlichen Kultur. Die biologische oder genetische Entwicklung der Menschen äußerte sich in
- der Zunahme der Leistungsfähigkeit des Gehirns,
- der Fähigkeit zur sprachlichen Kommunikation,
- dem aufrechten Gang und der Greifhand mit beweglichem Daumen.

Zu den **Traditionen** zählen die zunehmenden Fähigkeiten und Fertigkeiten wie Bearbeitung von Steinen und anderen Materialien, Entwicklung der Sprache, der Schrift ...

Wesentliche Etappen der Menschwerdung

Übergang vom Tier zum Mensch

Australopithecus (Affenmensch)	lebte vor etwa 4,4 Mio. Jahren **Fundorte:** Afrika
Körperbau	**Lebensweise**
• Größe: 120 bis 150 cm • Gewicht: 35 bis 45 kg • kein Kinn, vorstehendes Gebiss, dicke Überaugenwülste • Hirnvolumen: ca. 500 cm^3 • aufrechter Gang  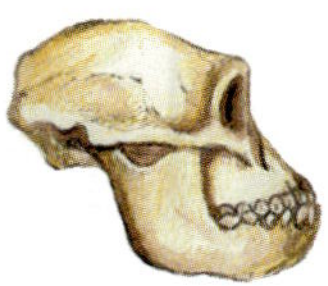	**Lebensraum:** Savanne und Waldnähe **Nahrung:** fast ausschließlich Pflanzen **Behausung:** keine **Sprache:** keine, aber Lautäußerung unterstützt durch Gesten **Feuer:** nein **Werkzeuge:** kaum bearbeiteter Stein, Knochen, Hornteile, Holz

Homo-habilis-Gruppe **(Urmensch)** (geschickter Mensch)	lebte vor etwa 2,4 bis 1,6 Mio. Jahren **Fundort:** Olduvai-Schlucht/Ostafrika
Körperbau	**Lebensweise**
• Größe: ca. 160 cm • Gewicht: 35 bis 55 kg • Kein Kinn, kleineres Gebiss, dicke Überaugenwülste • Hirnvolumen: ca. 500 cm^3 • aufrechter Gang  	**Lebensraum:** Savanne und Waldnähe **Nahrung:** Pflanzen, jagdbares Wild (Fleisch wird eine neue Nahrungsgrundlage) **Behausung:** Höhlen, Felsvorsprünge **Sprache:** entwickelt sich, aber sehr langsame Sprachgeschwindigkeit **Feuer:** bekannt **Werkzeuge:** Geröllgeräte, einfache Feuersteinwerkzeuge **Mythen/Religion:** erste Anzeichen von Kopfjägerei und Kannibalismus

Menschwerdung

Homo-erectus-Gruppe (Frühmensch) (aufrecht gehender Mensch)	lebte vor etwa 1,5 Mio. bis 40 000 Jahren **Fundorte:** Turkansee/Ostafrika, Dmanisi/Georgien, Java, Europa
Körperbau	**Lebensweise**
• Größe je nach Rasse: 125 bis 180 cm • Gewicht: 50 bis 70 kg • Kinn in Ansätzen vorhanden, kleineres Gebiss, noch Überaugenwülste • schlanker Körperbau • Hirnvolumen: ca. 700 cm^3 bis über 1 500 cm^3 • vollständig aufrechter Gang 	**Lebensraum:** Afrika, Asien, Europa **Nahrung:** Pflanzen, jagdbares Wild, Fisch **Behausung:** Höhlen, erste Hütten leben in Horden als Jäger und Sammler **Sprache:** Herausbildung des Sprechmuskels (Pharynx), dadurch Weiterentwicklung der Sprache **Feuer:** bekannt **Werkzeuge:** Steinwerkzeuge, Speere, Schaber, Hausgeräte **Mythen/Religion:** Bestattungen, Kulthandlungen, Verehrung von Tieren **Anfänge der Kunst:** Funde in China und auf Java

Heutiger Mensch

Homo-sapiens-Gruppe (Jetztmensch) (wissender Mensch)	lebte vor etwa 150 000 bis 35 000 Jahren **Fundort:** Cro-Magnon/Frankreich, Oberkassel bei Bonn, Tschechien
Körperbau	**Lebensweise**
• gefundene Skelette sind dem modernen Menschen sehr ähnlich. • geringe bis keine Überaugenwülste • steile Stirn • deutliches Kinn • großwüchsig • Hirnvolumen: ca. 1200 cm^3 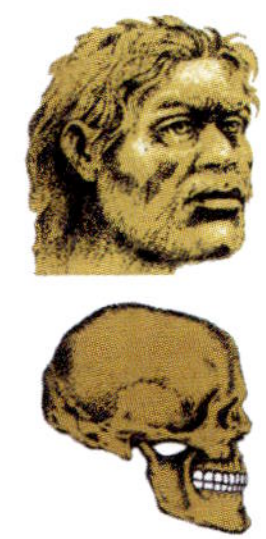	**Lebensraum:** Afrika, Asien, Europa **Nahrung:** Pflanzen, jagdbares Wild, Fisch **Behausung:** Höhlen, Hütten, Zelte, Pfahlbauten; leben in Horden als Jäger und Sammler **Sprache:** Ausprägung der Sprache **Feuer:** bekannt **Werkzeuge:** Steinwerkzeuge sehr verfeinert, Speere, Schaber, Hausgeräte, Kleidung wurde hergestellt, Keramik **Mythen/Religion:** Bestattungen, Kulthandlungen, Verehrung von Tieren **Anfänge der Kunst:** Höhlen- und Felsmalerei, Kultgegenstände aus Stein, Elfenbein u. a.

2.1.2 Gliederung der Vor- und Frühgeschichte

Vorgeschichte: Geschichte der Menschheit von den Anfängen bis zum Einsetzen schriftlicher Quellen.
Frühgeschichte: der im geschichtlichen Verlauf jeweils auf die Vorgeschichte folgende Zeitabschnitt, für den neben archäologischen Funden auch schriftliche Überlieferungen und sonstige historische Quellen (Sprachdenkmäler, Ortsnamen, Münzen u. a.) zur Verfügung stehen.

Die Zeitalter setzten in den verschiedenen Regionen der Erde zu unterschiedlichen Zeiten ein. Das erschwert die Periodisierung der Vor- und Frühgeschichte. So begann die Eisenzeit in Asien bereits um 1500 v. Chr., während sie in Europa erst um 700 v. Chr. einsetzte.

Die **Vorgeschichte** gliedert sich in das **Steinzeitalter** (Altsteinzeit, Mittelsteinzeit, Jungsteinzeit) und das **Metallzeitalter** (Kupferzeit, Bronzezeit, Eisenzeit). In die Altsteinzeit fällt die Entwicklung zum Homo sapiens sapiens, dem wissenden Menschen.

Die Übergänge zwischen den Zeitaltern sind fließend. Dabei werden die Zeitalter nach dem vorherrschenden ver- und bearbeiteten Material bezeichnet. Vor der Bronzezeit war das Kupfer für einen relativ kurzen Zeitabschnitt das bestimmende Material. Deshalb findet man in der Periodisierung der Metallzeiten auch die Kupferzeit.
Beginn der einzelnen Zeitalter nach der Altsteinzeit:

	Beginn in Asien	**Beginn in Europa**
Jungsteinzeit	um 8000 v. Chr.	um 5000 v. Chr.
typischer Gegenstand		
Kupferzeit	um 4000 v. Chr.	um 3000 v. Chr.
typischer Gegenstand		
Bronzezeit	um 3500 v. Chr.	um 1800 v. Chr.
typischer Gegenstand		
Eisenzeit	um 1500 v. Chr.	um 700 v. Chr.
typische Gegenstände		

2.2 Der Mensch in der Steinzeit

2.2.1 Der Mensch in der Altsteinzeit

Die Altsteinzeit (Paläolithikum) umfasst in der menschheitsgeschichtlichen Epoche den längsten Abschnitt. Diese Zeit reicht 2,5 Mio. Jahre zurück und endete regional verschieden um 10000/8000 v. Chr.

Die **wirtschaftliche Grundlage** der Menschen in dieser langen Epoche waren die **Jagd** und das **Sammeln.**

Die ersten Werkzeuge der Menschen waren bearbeitete Steine. Daher hat diese Epoche auch ihren Namen. Die ersten Menschen lebten gemeinsam in Horden.

Das Leben in der Horde als Jäger und Sammler

Unter **Horde** wird eine wandernde Gruppe, das kann ein **Stamm** oder eine **Sippe** sein, verstanden. Diese Menschengruppe hatte einen gemeinsamen **Lagerplatz.**

Die Menschen lebten in enger Verbundenheit mit der Natur und waren in hohem Maße von ihr abhängig.

Mitglieder einer Horde beim Bearbeiten von Steinen und Kämmen von Fellen (Rekonstruktion).

Wichtigste Waffe und vielseitiges Werkzeug war der **Faustkeil.** Er ist das kennzeichnende Werkzeug der Steinzeit.

Stamm = Verbände, die gemeinsame Traditionen ausbilden, mehrere Sippen

Sippe = Verband mehrerer Familiengemeinschaften, die einen gleichen Stammvater haben

Familie = Gruppe aller miteinander verwandten Personen

Eine **Horde** umfasste etwa 15 bis 20 Menschen. Günstige natürliche Unterstände bildeten erste Behausungen. Das waren Höhlen, Felsvorsprünge oder einfacher Wetterschutz aus Zweigen und Laub. Den größten Teil der Zeit verwandten die Menschen für die Nahrungssuche.

Der Faustkeil bestand in den meisten Fällen aus Feuerstein oder Quarzit (Bild links). Mit der Zeit wurde die Bearbeitung der Steine immer feiner. Funde von fein bearbeiteten Feuersteinsplittern (sogenannten Mikrolithen) und Steinbeilen weisen auf zunehmende Fertigkeiten und Steinkenntnisse hin (Bild rechts).

Nach seinem Fundort in Frankreich wird der Faustkeil auch **Abbeville** genannt. Der Faustkeil wurde durch Schlag, Druck und Absplitterung aus Steingeröllen gewonnen und verarbeitet.

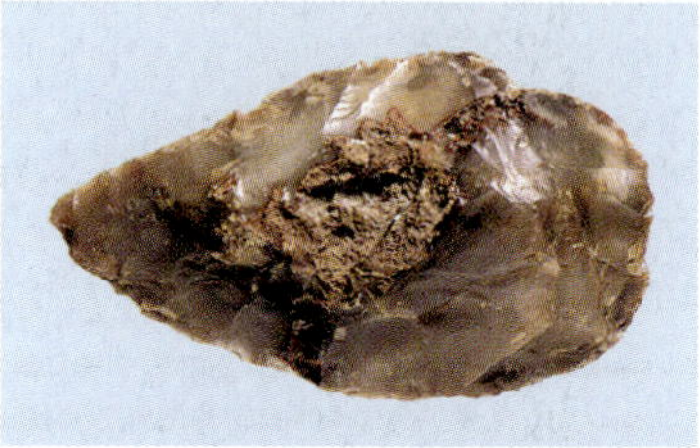

Mit den besseren Geräten konnten die Menschen auch ihre Jagdmethoden verfeinern.

In offenen Graslandschaften war die **Treibjagd** die bestimmende Methode. Zu solchen Jagden waren Zusammenarbeit, Planung, Absprache und ein Führer nötig, um den Erfolg zu sichern. Nebenstehende Rekonstruktion veranschaulicht die Zusammenarbeit nach erfolgreicher Jagd.

Anfänge von Religion und Kunst

Kulthandlung = eine an feste Vollzugsformen gebundene, meist religiöse Handlung
Ritual/Ritus = religiöser Brauch in Worten, Handlungen und Gesten

> Alles, was der Mensch sich nicht erklären konnte, siedelte er in einer **Glaubens-, Mythen-** und **Sagenwelt** an. Es entstanden Geschichten von Göttern, von der Entstehung des Kosmos, des Menschen oder eines Volkes. Damit verbunden entwickelten sich bestimmte **Kulthandlungen** und **Riten.**

Mythen sind der Versuch der Menschen, sich die Schöpfung der Erde, der Natur und des Menschen zu erklären und zugleich zu bewahren. Sie stellen auch Antworten auf Fragen dar, die an die Vergangenheit gerichtet werden. In allen Mythen wurden erst Himmel und Erde gleichsam als Bühne geschaffen, die mit Pflanzen, Tieren und Menschen belebt wurde. Es war ein einfaches Umsetzen der jeweils eigenen Weltbetrachtung. Dazu bedurfte es zunächst keiner Götter. Mithilfe von Tieren, mit denen sich die naturnahen Menschen verbunden fühlten, verbanden sie ihren Glauben an Lebensmächte oder Geister. Mythen fanden z. B. ihren Ausdruck in Jagdritualen. Diese waren zugleich Regeln, welche beachtet werden mussten, um die Jagdkultur für kommende Generationen zu erhalten. Sie kommen vielfach in Höhlenzeichnungen zum Ausdruck.

Bestattungszeremonien widerspiegelten auch mythische Vorstellungen und Anfänge religiösen Denkens. Die Toten wurden an eigens bestimmten Stellen einer Höhle bestattet und mit farbiger Erde bedeckt. Blumen und Schmuck wurden ihnen ins Grab mitgegeben. All diese Rituale deuten darauf hin, dass sich die Menschen Gedanken machten um Dinge, die über die Sicherung des Alltagslebens hinausgingen.
Den **Religionen** ging der Glaube an Lebensmächte oder Geister und der Glaube an die Verwandtschaft mit einem Naturgegenstand oder Tier **(Totemismus)** voraus. Bei Naturvölkern in Südamerika oder Afrika leben diese Vorstellungen z. T. noch heute fort. Allen diesen Vorstellungen gemein ist das Sichhinwenden an eine überirdische Macht. Unter Religion versteht man einen ganz bestimmten Bezug zwischen einer überweltlichen Gottheit oder mehreren Göttern und den Menschen. Dieser Bezug wird bestimmt durch das Glaubensbekenntnis und die Gottesverehrung.
Eine hohe **Kunstfertigkeit** zeigte sich in den **Höhlenzeichnungen.** Sie stellten wahrscheinlich eine Art **Jagdzauber** dar. Um sich einen Jagderfolg zu sichern, wurden Tiere kunstvoll an die Felswände gemalt und symbolisch mit Beschwörungsformeln getötet. Diese religiösen Handlungen nennt man **Schamanismus.** Besonders in Frankreich und Spanien wurden im vergangenen Jahrhundert Höhlenzeichnungen entdeckt. Berühmt wurden vor allem die **Höhlenmalereien von Lascaux** in Südfrankreich. Sie entstanden in der Zeit zwischen 31 500 und 17 000 v. Chr.

Ein historisch späteres Beispiel für einen Mythos ist das **Gilgameschepos,** das vor etwa 4000 Jahren in altbabylonischer Zeit geschrieben wurde.

Die Originalhöhle („**Lascaux**" genannt) wurde im Jahr 1940 von vier Jugendlichen entdeckt und ist seit 1963 für die Allgemeinheit geschlossen. Sie darf täglich nur noch von maximal fünf Personen besucht werden. Ursache für diese Zugangsbeschränkung war die Zerstörung der Malereien durch die Atemluft zu vieler Besucher.

Kleine **Frauenfigürchen** aus der Altsteinzeit deuten auf den Glauben an die **Fruchtbarkeit,** die wahrscheinlich den Fortbestand der Gruppe sichern sollte.

Die Venus von Willendorf ist eines der bekanntesten archäologischen Fundstücke der Altsteinzeit. Die Figur entstand um 25 000 v. Chr. Sie besteht aus Kalkstein und ist 11 cm hoch. Die Figur stellt eine beleibte, unbekleidete Frau dar. Der Kopf hat kein Gesicht, die Frisur besteht aus parallelen Lockenreihen, an den Handgelenken hat sie gezackte Armreifen. Am selben Ort wurden, aus Mammutstoßzahn gefertigt, eine möglicherweise unvollendete Frauenstatuette mit 22,5 cm Höhe und ein ovaler Körper von 9 cm Höhe gefunden.

Kultfigur aus der Steinzeit – die Venus von Willendorf

All diese Funde deuten auf den Beginn religiösen Denkens hin.

2.2.2 Der Mensch in der Jungsteinzeit

Vom Jäger und Sammler zum Ackerbauer und Viehzüchter

In der **Jungsteinzeit,** dem Neolithikum, vollzog sich eine der größten Umwälzungen der Menschheitsgeschichte. Sie ist durch eine tief greifende Veränderung der **Lebensweise** der Menschen gekennzeichnet, den Übergang von **Jägern** und **Sammlern** zu **Ackerbauern** und **Viehzüchtern.**

Die Jungsteinzeit währte in Europa von etwa 5000 bis 3000 v. Chr. Die **Vervollkommnung der Steinwerkzeuge** und die **Sesshaftwerdung der Menschen** kennzeichnen die Jungsteinzeit. Der Übergang von der Altsteinzeit zur Jungsteinzeit wird als **Mittlere Steinzeit** bezeichnet. Dieser Abschnitt wird nicht näher als historischer Entwicklungsabschnitt beschrieben.

Mit der Verfeinerung und Verbesserung der **Werkzeuge** und Waffen konnten die Menschen mehr Tierarten jagen. Sie bereicherten die Nahrungsgrundlage. Die Steine wurden mit Sand und härteren Steinen glatt geschliffen, wurden durchbohrt, sodass Beile und Äxte hergestellt werden konnten, wie die in der Abbildung dargestellten Funde zeigen.

Diese neuen Geräte gestatteten es, Bäume zu fällen und zu bearbeiten. Ausgehöhlte Stämme, sogenannte **Einbäume,** wurden als Boote zum Fischfang genutzt. Auch das führte zu einer Bereicherung der Nahrung und schränkte die Wanderungen nach neuen Nahrungsquellen ein.

Wichtige Neuerungen vollzogen sich, wie Ziegelbau, Steinschliff, Keramik, Töpferscheibe ...

Am Ende der Jungsteinzeit hatten die Menschen aus Feuerstein Sicheln geschaffen, aus Astgabeln Hacken und einfache Holzpflüge hergestellt. Auf Reibesteinen konnten sie Getreide zermahlen und einfache Holzwebstühle dienten zur Herstellung von Textilien aus Schafwolle und den Fasern des Flachses. Diese Entwicklung ging einher mit der schrittweisen Veränderung der **Lebensweise.**

Lebensweise in der Jungsteinzeit

In Europa setzte diese Entwicklung etwa 2400 v. Chr. ein.

Der **tief greifende Wandel** in der **Lebensweise** der Menschen in der Jungsteinzeit vollzog sich durch den Übergang zur **sesshaften** Lebensweise auf der Grundlage von **Ackerbau** und **Viehzucht.**

Dieser Übergang vollzog sich zuerst in Kleinasien (um 5000 v. Chr.), im Zweistromland und Syrien. Dieses frühgeschichtliche Siedlungsgebiet wird auch als „Fruchtbarer Halbmond“ (Karte) bezeichnet. Bodenfunde von hier belegen ein erstaunliches Kulturniveau.

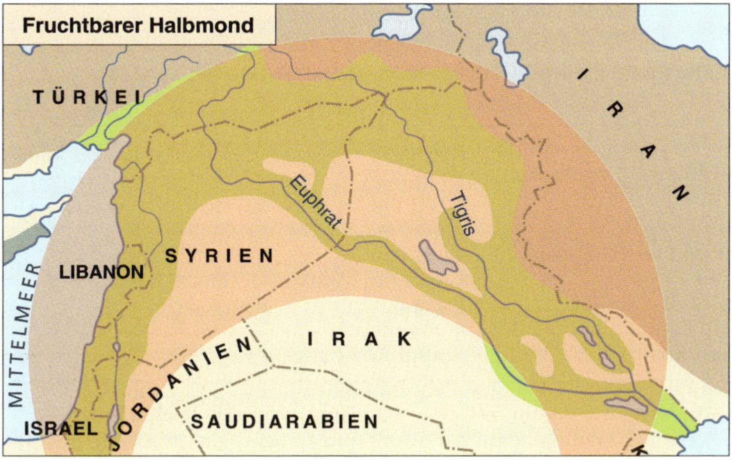

Hierher waren die Menschen gewandert aufgrund der zunehmenden Trockenheit großer Gebiete (von der Sahara bis zur Kirgisensteppe), um in den Flussoasen zu siedeln. Die Menschen konnten nicht mehr durch Jagen und Sammeln ihre Nahrung sichern. Sie begannen, wilde Pflanzen anzubauen und Tiere zu züchten.

So wurden nicht nur Körner von wild wachsenden Getreidepflanzen gesammelt, sondern diese wurden nun auf Ackerflächen ausgesät. Wölfe, wilde Ziegen, Schafe, Schweine, auch Rinder begann man zu zähmen und später zu züchten. Diesen Prozess nennt man **Domestikation.** Es entwickelten sich erste Haustiere und Kulturpflanzen. Die Menschen lernten, dass gewisse Böden sich besonders für den Anbau einzelner Pflanzenarten eigneten, dass der Boden bearbeitet und bewässert werden musste, um höhere Erträge zu erzielen. Die Bodenbearbeitung, die Aussaat, Bewässerung, Ernte zwangen die Menschen, sesshaft zu werden. Aus Flechtwerk, Holz und Lehm errichteten sie ihre Hütten und auch Vorratsspeicher für ihre Nahrungsmittel.

Mit dem **Ackerbau** und der **Viehzucht** änderte sich die **Lebensweise.** Man spricht in diesem Zusammenhang vom Übergang von der **aneignenden Wirtschaft** zur **erzeugenden Wirtschaft.** Die Herausbildung dieser neuen Wirtschaftsform mit ihren weitreichenden Folgen für die Entwicklung der Menschheit wird auch **neolithische Revolution** genannt.

Eines der ersten Haustiere war der gezähmte Wolf. Wölfe wurden in der Nähe der Menschen toleriert, da sie sich für den Menschen nützlich machten. Sie waren Fleischspender und Pelzlieferant, „Gesundheitspolizei" sowie Alarmauslöser bei Gefahr. Die Domestikation des Wolfes begann mit der Zähmung der Jungtiere. In der Folgezeit beeinflusste der Mensch über viele Wolfsgenerationen dessen Verhalten, Aussehen sowie Gestalt. Aus dem „gezähmten Wolf" entwickelte sich der Hund.

Neolithikum = Jungsteinzeit

aneignende Wirtschaft	erzeugende Wirtschaft
Leben in Horden mit gemeinsamem Lagerplatz	Leben in Siedlungen bis hin zu Städten
Treibjagden Sammeln von essbaren Pflanzen, Vogeleiern, Kleinlebewesen ... Fischfang Faustkeil = wichtigstes und vielfältigstes Werkzeug	Ackerbau Viehzucht Fischfang Töpferei Weberei Werkzeug-, Waffen-, Schmuckherstellung Handel
beginnende Spezialisierung	starke Arbeitsteilung

Die Menschen waren mit der Umstellung von der **aneignenden Wirtschaft** zur **erzeugenden Wirtschaft** nicht mehr ausschließlich mit der Nahrungsmittelerzeugung beschäftigt. Im Laufe der Zeit wendeten sich immer mehr Menschen anderen Arbeiten zu (Töpferei, Weberei, Herstellung von Werkzeugen, Waffen oder Schmuck usw.). Ackerbau und Viehzucht und die sich in diesem Zusammenhang immer stärker ausprägende **Arbeitsteilung** führten zur Entwicklung von **Großfamilien,** die in Dörfern siedelten, später in mit Mauern befestigten Städten. Das waren Zentren des Zusammenlebens unter den Bedingungen der arbeitsteiligen Produktion.

Erste beschriebene Tontafeln mit Wirtschaftsaufgaben aus dieser Zeit wurden in Uruk gefunden (↗ S. 48).

Nicht überall und zur gleichen Zeit vollzogen sich diese Veränderungen. So besiedelten Ackerbauern erst ab dem 3. Jt. v. Chr. Südosteuropa. Von dort drangen sie über die Flussgebiete der Donau nach Mitteleuropa vor. Nach Norddeutschland gelangte die Ackerbaukultur etwa im 2. Jt. v. Chr.

In Norddeutschland zwischen Rhein und Weichsel sowie in Südskandinavien ist die älteste Ackerbaukultur als **Trichterbecherkultur** bekannt. Die charakteristischen Gefäßformen gaben ihr den Namen. Die Menschen der Trichterbecherkultur lebten in rechteckigen Pfostenhäusern, die oft mit einem Wall oder Palisaden befestigt waren.

Die Trichterbechergefäße waren teilweise bereits aus Kupfer gefertigt.

Herausbildung sozial differenzierter Gesellschaften

Im Zusammenhang mit der Sesshaftwerdung entstanden erstmals **Gesellschaften,** die sich in Gruppen und Schichten gliederten.

Durch das sich sehr stark entwickelnde **Handwerk** wurden altbekannte Gegenstände, wie Steinwerkzeuge oder Schmuck, mit mehr Sorgfalt und neuen Verfahren hergestellt. Neue Fertigkeiten, wie das **Töpfern,** bildeten sich heraus und die Nutzung von **Metallen.** Aus dem regional begrenzten Handel entwickelten sich bereits frühe Formen des Fernhandels. In einem Zeitraum von mehreren Jahrtaausenden entstanden mit der **Sesshaftwerdung** der Menschen **allmählich dörfliche** und **städtische Siedlungen.**

> Durch das Zusammenleben der Menschen in sich entwickelnden **Dorf-** und **Stadtanlagen** veränderte sich die **Lebensweise** der Menschen weiter. Sie wurden unabhängiger von der Natur. Gleichzeitig verstärkte sich die **Abhängigkeit** voneinander.

Aus der Jungsteinzeit sind nur wenige Siedlungen bekannt. Mit dem Übergang zur Bronzezeit in Europa (etwa 1800–700 v. Chr., ↗ S. 30) aber entstanden in zunehmendem Maße (beginnend in Südosteuropa) neben befestigten **Höhensiedlungen** auch **Flachland-** und **Seeufersiedlungen.** Diese lagen vor allem im Alpenvorland und an den schweizerischen Seen. **Pfahlbausiedlungen** stammen überwiegend aus der Jungsteinzeit.

Pfahlbausiedlung

Flachland- und Höhensiedlungen wurden durch Gräben, Wälle und Palisadenzäune mit Toren befestigt. Diese Anlagen dienten dem Schutz der Bewohner vor Überfällen.
Die **Siedlungen** bestanden aus Holzhäusern, zunächst Rundbauten, später wurden rechteckige Häuser gebaut. Sie wurden mit Lehm verputzt und mit gegerbten Fellen und Häuten sowie gewebten Matten wohnlich gemacht. Fußböden aus Holzdielen dienten in ebenerdigen Häusern der Isolierung gegen Nässe.

In anderen Teilen der Welt begann die Anlage von städtischen Siedlungen sehr viel früher. So entwickelten sich bereits vor mehr als 5000 Jahren in **Mesopotamien** in dem fruchtbaren Land zwischen den Flüssen Euphrat und Tigris die ersten **städtischen Siedlungen.** Es entstanden Städte wie Ur, Lagasch, Uruk und Eridu. Hier lebten die Menschen in fest gemauerten Häusern aus Lehmziegeln. Sie bauten zum Teil riesige, stufenförmige Tempel. Diese frühen **städtischen Hochkulturen** (↗ S. 55, 82 ff.) waren auch die Basis für weitreichende Erfindungen und andere Neuerungen. Mesopotamische Töpfer erfanden um 3500 v. Chr. als Erste das **Rad** und bauten Wagen zum Transport ihrer Waren.

Ausgrabungen in **Jericho** erbrachten stadtähnliche Siedlungen, die bis in die Mittelsteinzeit um 8000 v. Chr. zurückreichen.
Diese **Stadtsiedlung** gilt als die älteste der Welt und war stark befestigt. Unter den Funden waren auch Gegenstände jungsteinzeitlichen Ahnenkults, z. B. aus Lehm modellierte, verzierte Schädel.

i **Jericho** wird als Vorstufe der städtischen Hochkultur bezeichnet.

2.3 Der Mensch in der Bronze- und Eisenzeit in Europa

2.3.1 Der Mensch in der Bronzezeit

Die Geschichte der **Metallverarbeitung** reicht über 6000 Jahre zurück. Sie war in der Vor- und Frühgeschichte so wichtig, dass neben der Kupferzeit zwei weitere geschichtliche Epochen nach Metallen benannt wurden: die **Bronzezeit** und die **Eisenzeit.**

> Die **Bronzezeit** (ca. 1800–800 v. Chr.) ist die auf die Jungsteinzeit folgende frühgeschichtliche Epoche. In dieser Epoche diente überwiegend Bronze als das bevorzugte Material zur Herstellung von Geräten, Waffen und Schmuck.

Die **Bronzezeit** bildete sich in Europa regional unterschiedlich früh heraus. Die Übergänge von der Jungsteinzeit zur Bronzezeit sind fließend. Vielerorts kam vorwiegend noch reines Kupfer zum Einsatz.
Europäische Zentren der Kultur der Bronzezeit waren vor allem die Bergbaugebiete in Siebenbürgen, Tirol, Mitteldeutschland, Spanien, England, Irland und der tschechische Teil des Erzgebirges. Die Verwendung der **Bronze** war für die Menschen ein wesentlicher **technischer Fortschritt.** Bronze war härter als Kupfer und ließ sich auch leichter schmelzen.

Das Ursprungsgebiet für die **Erzverarbeitung** war der Vordere Orient. Dort war **Kupfer** im 4. Jahrtausend das bestimmende Metall und etwa ab 2500 v. Chr. Bronze. Von **Mesopotamien** drang die Kenntnis von Bronze über den Kaukasus und Anatolien nach Ägypten und von dort in den ägäischen Raum. **Kreta** wurde für die westeuropäischen Kulturen ein wichtiges Zentrum, das weit ausstrahlte. (↗ S. 92 ff.)

Bronze: Sammelbegriff für Legierungen des Kupfers mit anderen Metallen. Weil Zinn wie kein anderes Metall die Härte und Festigkeit steigert, herrschen Zinnbronzen vor.
Die Erfindung von Bronze ist wahrscheinlich dem Zufall zu verdanken. Später entwickelte sich eine ausgereifte Bronzemetallurgie.

Kultur: Gesamtheit der geistigen und künstlerischen Lebensäußerungen, der geschaffenen charakteristischen Leistungen einer Gemeinschaft oder eines Volkes während einer bestimmten Epoche.

Herausbildung verschiedener Kulturen

Die Bronzezeit führte in Europa zur Herausbildung verschiedener Kulturen. Es entstanden **Kulturgroßräume** mit stark gegliederter Gesellschaft.

Die wichtigsten Kulturen	
Aunjetitzer Kultur (um 1800–1500 v. Chr.)	**Siedlungsgebiet** Sie erstreckte sich von Mitteldeutschland über Böhmen und Niederösterreich. Diese Kultur hatte weitreichende Handelsbeziehungen, war sie doch Durchgangsgebiet der Handelswege vom Mittelmeer zum Norden. **Kennzeichnend sind einheitliche Keramik und Bestattungsriten** (Flachgräberfelder, Hockergräber in der Mehrzahl). In Mitteldeutschland sind aus dieser Zeit die ersten Fürstengräber bekannt wie das Hügelgrab von Leubingen mit einem reichen Goldfund. Es wurde ein hoher Stand der Bronzeverarbeitung erreicht. Eine nahestehende Kultur ist die **Glockenbecher-Kultur** in Bayern (Straubing), benannt nach der vorherrschenden Form der Gefäße. 

Die wichtigsten Kulturen

Hügelgräber-Kultur (um 1500–1300 v. Chr.)

Siedlungsgebiet
Das Siedlungsgebiet war begrenzt durch die Maas, die Seine, die Alpen, die Oder und Niedersachsen.

Bestattungszeremonie
Die Toten wurden unter Grabhügeln mit Beigaben von Schmuck und Waffen bestattet.

Wirtschaft
Wichtigste wirtschaftliche Grundlage war die Viehzucht.

Urnenfelder-Kultur (um 1300–700 v. Chr.)

Siedlungsgebiet
Das Gebiet erstreckte sich von der mittleren Donau nach Süden, nach Polen, Mitteldeutschland (Lausitzer Kultur) sowie nach Westfrankreich, Mittelitalien, Nordspanien.

Bestattungszeremonie
Diese Zeit wurde in Europa nach der Sitte benannt, die Toten zu verbrennen und in Urnen zu bestatten.

Siedlungsform
befestigte Höhensiedlungen, Seeuferrandsiedlungen, umfangreiche Dorfsiedlungen.

Wirtschaft/Verkehr
Herstellung von Bronzeblechgeschirr, Waffen, Schmuck. Typisch ist bronzenes Pferdegeschirr.
Gütertausch über weite Teile Mitteleuropas.
Es entwickelte sich zunehmend eine arbeitsteilige Wirtschaft mit Handwerkern, Händlern, Ackerbauern und Viehzüchtern.

Religion
Der **Sonnenkult** verbreitete sich.

Die wichtigsten Kulturen

Urnenfelder-Kultur (um 1300–700 v. Chr.)

Ausbreitung der Urnenfelder-Kultur

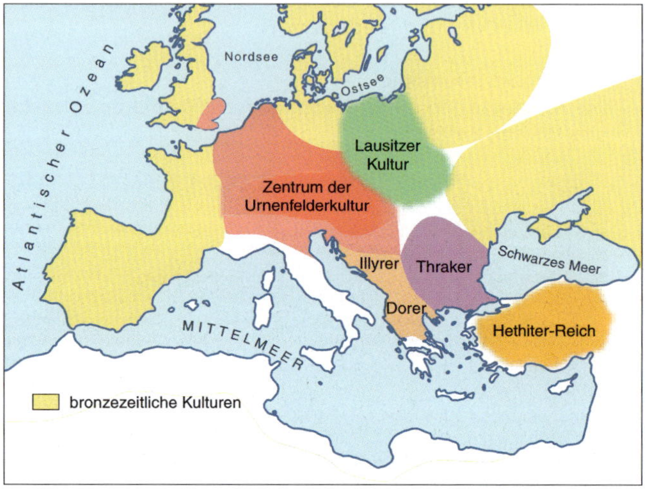

Nordischer Kreis (um 1500–1300 v. Chr.)

Sie erstreckte sich über Norddeutschland und Skandinavien.
Siedlungsform: Befestigte dörfliche Siedlungen. Die Bewohner lebten in Rechteckhäusern mit Vorhalle.

Wirtschaft
Kunsthandwerkliche Produktion trat gegenüber einer uniformen Produktion zurück. Gegossene Bronzegefäße hatten eine hohe Qualität.
Bestattungszeremonie
Als Grabform nahmen die Brandbeisetzungen zu. Vorherrschend war aber noch der Tumulus (= Hügelgrab).

Einfluss der Bronzezeit auf die Lebensweise der Menschen

Bronzezeit

Religion und Bestattungszeremonien
- Sonnengott
- Hügelgrab, Urnengrab

Siedlungsformen:
- großflächige regionale Gruppen in befestigten Siedlungen

Technik:
- Gusstechnik
- Hieb- und Stichschwert
- Pferdegeschirr
- Haushaltsgeschirr

Gesellschaftliche Entwicklung:
Konzentration von Macht und Kaufkraft führen zur Herausbildung einer sozialen Oberschicht, kriegerischen Anführern und Herren

Ausprägung der Arbeitsteilung:
- Bergbau
- Handwerk
- Handel
- Ackerbau
- Viehzucht
- Fischfang

In allen Kulturkreisen gab es – bei unterschiedlicher zeitlicher und gegenständlicher Ausprägung sowie regionaler Verschiedenheit – wesentliche Fortschritte in nahezu allen Bereichen der Gesellschaft und der Menschen.

2.3.2 Der Mensch in der Eisenzeit

Die **Eisenzeit** ist das in der Frühgeschichte auf die Bronzezeit folgende **Zeitalter.** Sie begann in Europa um 700 v. Chr. Ihr Ende überschnitt sich mit den Anfängen des **Römischen Reiches** (↗ S. 116). Es wurde allgemein Eisen zur Herstellung von Waffen und Geräten verwendet.

In **Anatolien** wurden bereits 2500 bis 1500 v. Chr. Waffen aus Eisen hergestellt. Der Eisengebrauch breitete sich von dort nach Europa, Asien und Afrika aus. In China begann er um 800 v. Chr.

Eine entscheidende Voraussetzung für den Übergang zu dieser neuen frühgeschichtlichen Epoche waren zahlreiche **Eisenvorkommen,** die zur Bildung von Eisenhütten und Verarbeitungsstätten führten.

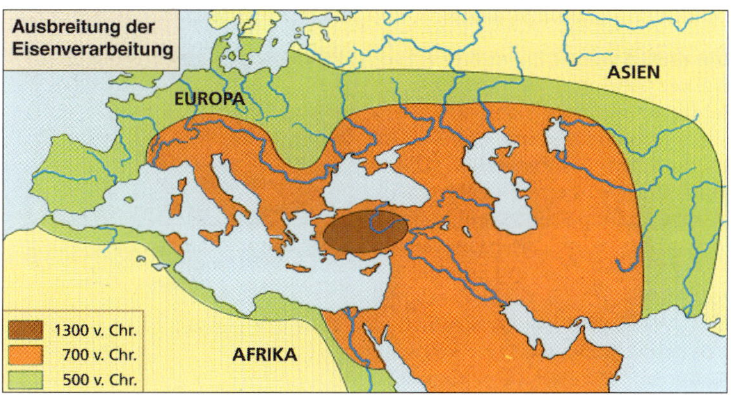

Der **Übergang** zur vorwiegenden Verwendung von **Eisen** war hauptsächlich dadurch bedingt, dass Eisen gegenüber der Bronze drei wichtige **Vorteile** aufwies:

- Es ergab schärfere und haltbarere Schneiden bei Werkzeugen und Waffen.
- Es musste nicht mit einem anderen Metall kombiniert werden.
- Die Eisenerzvorkommen waren weit verbreitet.

In frühgeschichtlicher Zeit war es nicht möglich, so hohe Schmelzofentemperaturen zu erzeugen, dass Eisen zum Guss in Hohlformen geschmolzen werden konnte. Die Eisenstücke wurden nach dem Schmelzen aus der Schlacke genommen, erneut erhitzt und zu den gewünschten Gegenständen oder Formen gehämmert. Um Eisen herzustellen, benötigte man über Jahrhunderte beträchtliche Mengen an Feuerholz und große Erzlager und -vorräte (↗ S. 39).

Das produzierte **Eisen** wurde zur **Herstellung** von Nägeln, Werkzeugen, Waffen, Pferdeausrüstungen, Schmuck (in geringem Maße), Kochgeräten und zahlreichen Kultgegenständen verwendet.

La-Tène-Kultur leitet sich aus den Funden von La Tène her. Hier fand man aus der Zeit 3. bis 1. Jh. v. Chr. Bauten, Skelette, eine große Anzahl von Waffen, Wagenteilen, Sensen, Drehmühlen und anderes Gerät.
Im 1. Jh. v. Chr. änderte die Aare ihren Lauf und es kam zu einer Hochwasserkatastrophe. Bauten, Geräte u. a. sind dadurch konserviert geblieben.

Nach einem Gräberfeld bei Hallstadt im Salzkammergut (Österreich) wird die frühe Eisenzeit in Europa (etwa 650 bis 500 v. Chr.) auch **Hallstattzeit** genannt. Die zweite wichtige Produktion nach der von Eisen war die Salzgewinnung (Salzbergbau bei Hallstatt und Dürnberg).
Die voll entwickelte Eisenzeit (um 500 v. Chr. bis zum Abschluss der Epoche) wird in der Geschichtswissenschaft auch als La-Tène-Zeit oder **La-Tène-Kultur** bezeichnet.

Eisenproduktion und gesellschaftliche Verhältnisse bei den Kelten

Unter den **Kelten** versteht man eine größere Gruppe europäischer Volksstämme mit gemeinsamen sprachlichen und kulturellen Merkmalen. Mit der **Eisenproduktion** gewannen sie großen Einfluss auf Europa.

Die Kelten stellten auch sehr dekorativen Glasschmuck her.

Die **Kelten** waren talentierte Handwerker und mutige Kämpfer. Es fehlte ihnen jedoch der erforderliche politische Zusammenhalt, um später dem wachsenden Druck Roms und der germanischen Volksstämme standhalten zu können.
So wurden sie im 1. Jh. bereits in damals entlegene Gebiete Europas zurückgedrängt, u. a. in die Bretagne, nach Wales und Irland. Hier haben sich **keltische Dialekte** und keltische Kultur bis heute erhalten können.

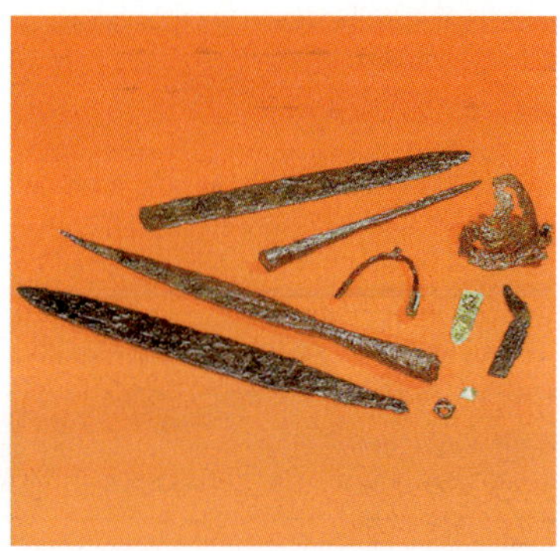

Siedlungsformen

Die Kelten lebten vor allem als Hirten und Bauern in Stämmen. Sie siedelten ab dem 2./1. Jh. v. Chr. in größeren Stadtanlagen, dem **Oppidum.** Die Siedlungen lagen in früherer Zeit meist auf Anhöhen oder geschützten Landzungen. Ausgedehnte Mauern und Wälle umgaben sie. Im sogenannten Oppidum hatten die Verwaltung und Rechtsprechung ihren Sitz. Außerdem wurden dort Handwerksprodukte hergestellt und Handelsgüter getauscht.

Kelten („die Tapferen", „die Erhabenen" oder die „Hohen"), griech. Keltoi, lat. Celtea, auch Galli, Galatae. Ein aus spärlichen antiken schriftlichen Überlieferungen, aus archäologischen Befunden und sprachwissenschaftlichen Forschungsergebnissen erschlossenes, uneinheitliches Volk, das große Teile West-, Mittel-, Südosteuropas und Kleinasiens bewohnte.

Produktion und Handel

Im Oppidum war die **Eisenproduktion** bestimmend.
Die Eisenverhüttung erfolgte in etwa 1 m hohen Verhüttungsöfen, die mit einem Gemisch von Eisenerz und Holzkohle gefüllt waren. Zangen, Hämmer, Meißel und andere Handwerkszeuge keltischer Schmiede sind Zeugnisse für die Be- und Verarbeitung von Eisen. Außerdem prägten Waffen-, Grob- und Feinschmiede die arbeitsteilige Wirtschaft. Neben der Metallherstellung und der Landwirtschaft bestimmten die Töpferei, das Glashandwerk, die Stellmacherei und Wagenherstellung sowie die Textilproduktion wesentlich den Alltag.

Schnitt durch einen keltischen Verhüttungsofen

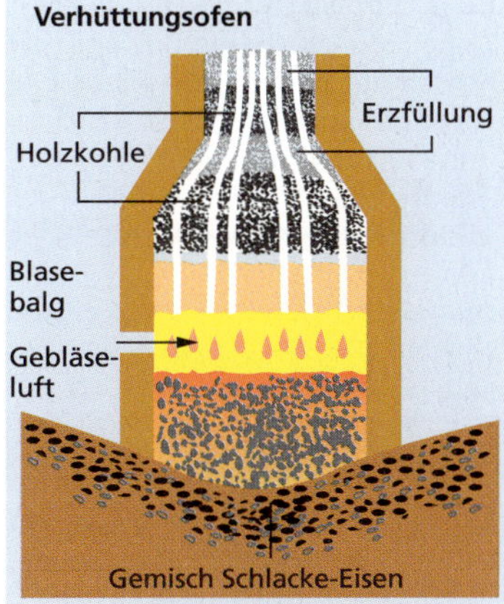

Um 1 kg Eisen herstellen zu können, benötigte man 10 kg Holzkohle. Für 10 kg Holzkohle wurden 50 kg Holz gebraucht.

Ausgrabungsfunde zeugen außerdem von einem ausgedehnten **Fernhandel.** Vor allem Metalle wie Kupfer, Zinn und Eisen beherrschten den keltischen Handel. Die Bergwerke in Hallein und Hallstatt im östlichen Alpenraum lieferten Salz, das ein wesentliches Exportgut war. Bernstein und Pelze erhielten die Kelten durch Tauschhandel mit den Germanen im Ostseeraum. Aus dem Mittelmeerraum erwarben sie griechischen Wein und kunstvolle Vasen.

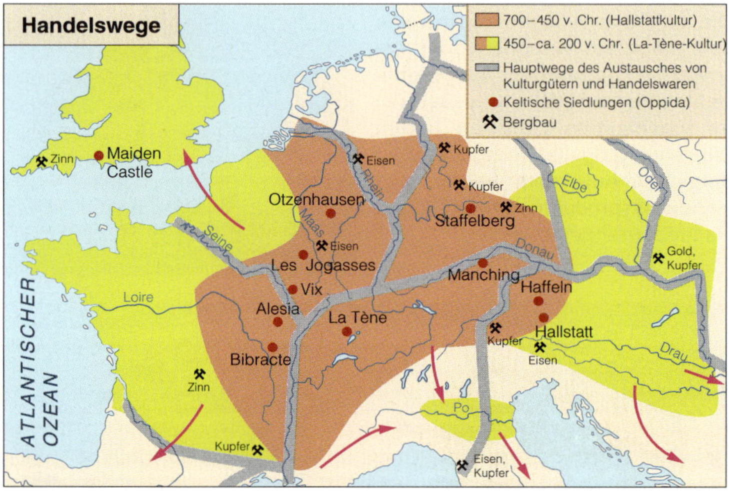

Gesellschaftliche Struktur

Viele Anzeichen deuten darauf hin, dass es bei den Kelten zunächst eine relativ straffe Organisation der Gesellschaft in Form von **Stammesgemeinschaften** gab, die die Verteilung von Gütern und Arbeitskräften ermöglichte. Zu den Neuerungen in den keltischen Kerngebieten gehörten die Herausbildung einer zuvor unbekannten **Adelsherrschaft** und die Anlage befestigter, stadtähnlicher Siedlungen als **Stammeszentren** mit eigener Münzprägung und spezialisierten Werkstätten.
Nach einem Bericht von JULIUS CAESAR gab es bei den Kelten eine dreischichtige Gesellschaftsstruktur:
- eine Ritterschaft,
- die Druiden (Priester) und
- als dritte Schicht das Volk.

Die Abbildung zeigt die Stele eines keltischen Fürsten vom Glauberg/Hessen. Sie stellt das Standbild des Verstorbenen dar.

Großen Einfluss auf das Alltagsleben der Kelten hatten die **Priester,** die Druiden. Die Druiden leiteten die Erziehung, ihnen oblag auch die Rechtsprechung. Ihr Wissen war geheim und durfte nur mündlich überliefert werden. Das Volk konnte zwar zur Volksversammlung zusammenkommen, war aber meist vom Adel (Ritterschaft) abhängig und ihm zum Gehorsam verpflichtet.

FRÜHE HOCHKULTUREN | 3

(7000 v. Chr. – 221 v. Chr.)

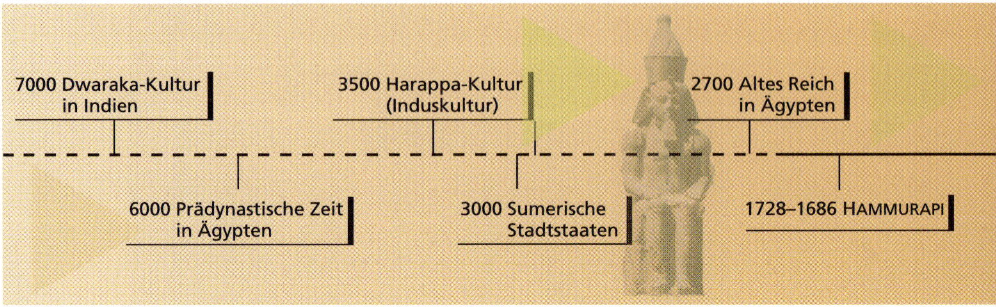

3.1 Mesopotamien

3.1.1 Bedingungen für die Herausbildung der Hochkultur

v. Chr.		
ca. 3000 bis 2400	Sumerische Stadtstaaten	Bewässerungs- und Stadtkultur, Keilschrift, rivalisierende Tempelstädte, Ausbildung von Monarchien
ca. 2340 bis 2170	Reich von Akkad	Territorialstaatsbildung SARGONS von Akkad, erstes Weltreich der Geschichte, Vergottung des Königs
ca. 1900 bis 1595	Altbabylonisches Reich	HAMMURAPI (1728–1686), Unterwerfung Mesopotamiens durch Babylon, Gesetzeswerk „Codex Hammurapi"
ca. 1800 bis 1074	Alt- und mittelassyrisches Reich	SCHAMSCHIADAD I. (1749 – 1717), Eroberung und Umwandlung der Handelsstadt Assur zur Hauptstadt eines expandierenden Territorial- und Militärstaats, Kultureinfluss Babyloniens
ca. 966 bis 608	Neuassyrisches Reich	Palastbauten in den Residenzstädten Assur und Ninive, rücksichtslose und brutale Expansion, Eroberung Babylons, Vorstoß ASSARHADDONS (681 – 669) nach Ägypten
ca. 587 bis 538	Neubabylonisches Reich	Babylon wird Weltstadt: Ausbau und Befestigung durch NEBUKADNEZAR II. (605 – 562), Ischtar-Tor
seit 538	persische, hellenistische und parthische Herrschaft	Allmählicher Niedergang der babylonisch-mesopotamischen Kultur und Tradition, Rückgang der akkadischen Sprache und der Keilschrift, griechischer Kultureinfluss

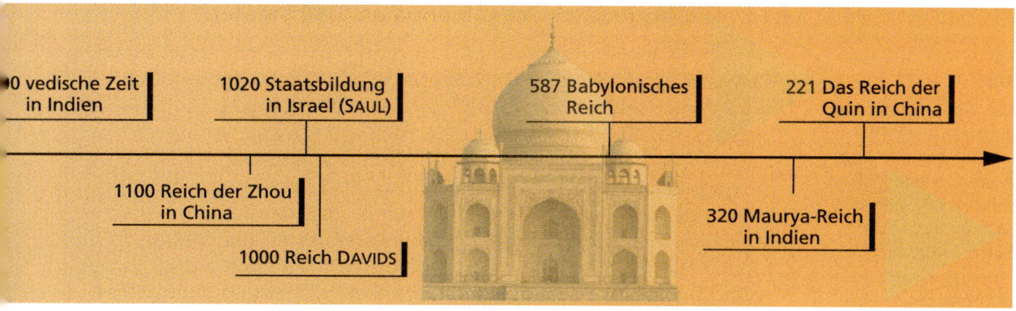

Geografische Bedingungen und Entstehung der Hochkultur

> Die geografischen Entstehungsgrundlagen der sumerisch-mesopotamischen Hochkultur waren das trocken-warme, dem Pflanzenwachstum sehr förderliche Klima Südmesopotamiens und das dort ganzjährig zur künstlichen Bewässerung verfügbare Euphratwasser.

Mesopotamien, griech. meso = mittel, zwischen; potamoi = die Flüsse. Gemeint ist das Land zwischen den Flüssen Euphrat und Tigris.

Das historische Mesopotamien umfasste das Gebiet zwischen den Flussläufen von Euphrat und Tigris, das die Flüsse im mittleren und südlichen Teil als Fremdlingsflüsse durchziehen. Das erlaubte im hügeligen Norden einen ertragsarmen Regenfeldbau, im Süden war nur Bewässerungslandwirtschaft in den Flussoasen möglich. Beide Flüsse treten ca. 100 km nördlich Bagdads in die flachen Schwemmlandebenen des historischen Babyloniens und Sumers ein. Die Frühjahrsschneeschmelze in den anatolisch-iranischen Randgebirgen ließ sie im Schwemmland alljährlich für einige Wochen großflächig über die Ufer treten. Das erforderte Deichbauten zum Hochwasserschutz und Bewässerungsanlagen für die lange Trockenperiode. Dafür besaß die Umgebung des Euphrats eine erheblich höhere Lagegunst. Den Euphrat speisten nur wenige Nebenflüsse am Oberlauf. Daher war er frei von den durch Starkregen im iranischen Zagros-Gebirge ausgelösten zerstörerischen irregulären Hochwasserwellen, die oberer und unterer Sab sowie der Dijala im reißenderen Tigris verursachten. Dank geringerer Fließgeschwindigkeit hatte sich der Euphrat anders als der Tigris nur unwesentlich in das Schwemmland eingetieft. Das erleichterte den Bau weit ins Binnenland führender Zweigkanäle. Die an ihnen entstehenden künstlichen Bewässerungssysteme und -oasen waren Ausgangspunkt und **Voraussetzung der Hochkultur.** Die Anhebung des Grundwasserspiegels in den Bewässerungsoasen barg allerdings das Risiko der Bodenversalzung durch kapillaren Wasseraufstieg. Um die langfristige Nutzbarkeit des Bewässerungslandes zu garantieren, bedurfte es daher einer auch die Entwässerung einschließenden Wasserwirtschaft.

Nordmesopotamien weist kalte Winter und heiße Sommer auf, Südmesopotamien sehr heiße Sommer und mildere Winter. Nordmesopotamien erhält bis zu 400 mm Niederschlag pro Jahr, der Süden unter 200 mm.

3.1.2 Die Hochkultur der sumerischen Stadtstaaten

Die **Sumerer** zählen weder zur semitischen noch zur indogermanischen Völkerfamilie. Ihre Herkunft ist unsicher. Manche Forscher vermuten eine Beziehung zu den Trägern der **Indus-Hochkultur.**

Einwanderer vom Volk der **Sumerer** schufen in Südmesopotamien die älteste **Hochkultur** der Geschichte. Der Übergang zur Hochkultur begann um 3400 v. Chr. Ihre volle Entfaltung mit eigener Schrift war um 2800 v. Chr. abgeschlossen. Anders als in Ägypten handelte es sich um eine ausgeprägte **Stadtkultur.** Die Städte waren genetisch und funktional **Tempelstädte.** Politisch, ökonomisch und gesellschaftlich dominierten zunächst die Priester des lokalen Stadtgottes. Staatlich zersplittert blieb Sumer politisch ohne Bedeutung. Seine Kultur beeinflusste weite Gebiete des Nahen Ostens und prägte **Mesopotamien** für Jahrtausende.

Im regenarmen **Mittel-** und **Südmesopotamien** waren künstliche Bewässerungssysteme Ausgangspunkt und Voraussetzung der **Hochkultur.** Die von Sumpf und Wüste weiträumig getrennten Bewässerungsoasen speiste je ein vom Euphrat abzweigender Hauptkanal. Die Verteilung übernahm ein über 100 km sich zu den Parzellen hin extrem verästelndes System.

Die teilrestaurierte Zikkurat von Dur Kurigalzu. Gut erkennbar sind die sieben Ziegelschichten zur Verbesserung der Statik mit eingefügten Schilfmattenschichten.

Effektive und gerechte Verteilung des knappen Wassers durch Priester verhalf diesen an der Hauptkanalwurzel zu konkurrenzloser Autorität. **Tempel** als regionale Wirtschafts- und Verwaltungszentren einer stark arbeitsteiligen Gesellschaft sind in **Sumer** seit 5000 Jahren nachweisbar. Zur Registrierung und Verteilung der in Tempelmagazinen gelagerten landwirtschaftlichen Produkte dienten bereits Vorläufer der Keilschrift.

Zum Schutz von Tempel und Stadt besaß die Stadt **Uruk** in Sumer bereits um 2700 v. Chr. starke Mauern mit 900 Türmen. In Uruk lebten 30 000 bis 50 000 Menschen. Seine Bewässerungsoase umfasste 76 abhängige Dörfer.

Beterstatuette aus Mari, 2900–2460 v. Chr. (Damaskus, Nationalmuseum). Die Augen sind mit Muscheln und Lapislazuli eingelegt.

Die Macht der Stadtelite dokumentierten weit sichtbare Tempel auf künstlichen Terrassenhügeln. Daraus entwickelte sich die für Mesopotamien typische Lehmziegel-Zikkurat. Der **Tempel** besaß anfangs den gesamten Grundbesitz im Stadtstaat.

Die von einem Tempel gekrönte Stufenpyramide der Zikkurat (Tempelturm) war die dem Kult dienende Nachbildung des zentralen kosmischen Berges aus dem sumerisch-babylonischen Weltbild.

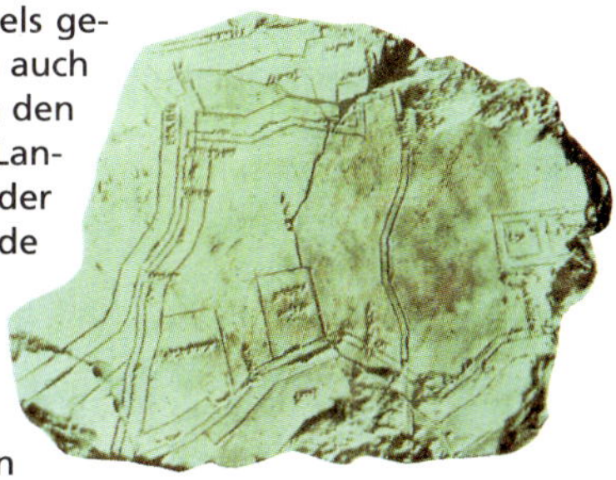

Zum Wirtschaftskomplex des Tempels gehörten neben Priestern und Bauern auch Werkstatt- und Handelspersonal. In den **Tempelwirtschaften** wurden alle Landesprodukte gesammelt und wieder verteilt. In ihnen wurden Tausende von Personen beschäftigt. Sie erhielten, ihrem sozialen Rang entsprechend, Nahrungsrationen aus den Magazinen. Teile der Äcker wurden als Dienstland vergeben oder verpachtet. Die Priesterschaft markierte ihre Eigentumsansprüche mit speziellen **Rollsiegeln.** Dieses Herrschaftsinstrument ermöglichte eine Kontrolle ohne Anwesenheit der Kontrolleure.

Der älteste (ca. 3300 Jahre alte) Stadtplan. Keilschrifttafelfragment des maßstabsgerechten Grundrisses von Nippur

Rollsiegel sind die bemerkenswertesten Produkte des sumerisch-babylonischen Kunsthandwerks. In die zylinderförmigen Seitenflächen der walzenartigen Siegel waren zumeist religiöse Szenen eingeschnitten. Durch Abrollen auf dem Ton von Krug- oder Türverschlüssen hinterließen sie unverwechselbare und zugleich in beliebiger Zahl herstellbare Abdrücke.

> Bis 2500 v. Chr. löste das **Königtum** die Priester in den Stadtstaaten als politische Macht ab. Inhaber ursprünglich zeitlich begrenzter, durch Wahl besetzter Heerführerämter konnten ihre Stellung in Zeiten wachsender Rivalität und militärischer Konflikte unter den Städten dauerhaft und vererbbar etablieren.

Tempel und Königspalast bildeten nach 2500 v. Chr. konkurrierende Doppelspitzen. Paläste unterhielten Wirtschaftsbetriebe wie Tempel. Der König vereinte in der sich differenzierenden Gesellschaft die Funktion von Oberpriester, Heerführer, Richter und Gesetzgeber. Er organisierte Bewässerung, Kanal- und Mauerbau. **Sumerische Königsgesetze** waren fortschrittlich und milde. URAMMU von Ur löste um 2100 v. Chr. traditionelle Körperstrafen wie Verstümmelung durch Geldbußen ab. URUKAGINA von Lagasch betätigte sich um 2350 v. Chr. als erster bekannter Sozialreformer.

Königtum und **König** (lugal = sumerisch: großer Mann) sind im Vergleich zur **Tempelaristokratie** eine relativ späte Erscheinung in Sumer. Die Sumerer hielten sie für „vom Himmel herabgekommen".

> Sumer war zwar eine kulturelle Einheit. Die Überwindung der staatlichen Zersplitterung gelang jedoch nicht aus eigener Kraft.

Südmesopotamiens Geografie mit seinen isolierten Bewässerungsoasen behinderte eine territorialstaatliche **Reichsbildung.**
Im Streit von ca. 12 großen Stadtstaaten vergleichbarer Stärke um die Vorherrschaft herrschte lange ein relativ stabiles Gleichgewicht. Gekämpft wurde mit Infanteriephalangen und schweren vierrädrigen Streitwagen. Um 2350 v. Chr. unterwarf LUGALZAGGESI von Umma die übrigen Stadtstaaten für wenige Jahre. Steigender äußerer Druck verhinderte aber eine dauerhafte Reichsbildung.

Mit Wildeseln (Onager) bespannter zweiachsiger sumerischer Kampfwagen (Ausschnitt der sogenannten Standarte von Ur)

3.1.3 Die Großreiche der semitischen Völker

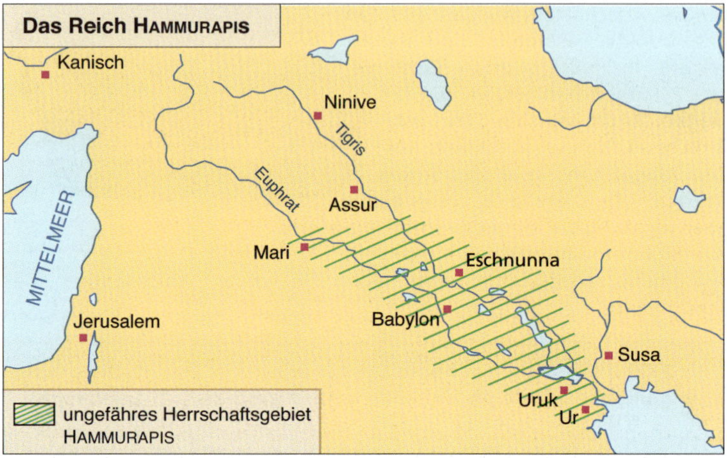

Das Reich von Akkad

Die genaue Lage **Akkads** konnte von der Forschung bis heute nicht bestimmt werden. Es dürfte im Raum des heutigen Bagdad und des antiken Babylon zu lokalisieren sein.

Seit ca. 3000 v. Chr. drangen vom Reichtum der Hochkultur angezogene ostsemitische Nomaden in Süd- und Mittelmesopotamien ein. Um 2340 v. Chr. errichteten sie ein Reich mit der Hauptstadt **Akkad.** Der Dynastiegründer **SARGON** unterwarf ganz Sumer. Durch rasche Ausdehnung seiner Herrschaft bis in die Nachbarregionen Mesopotamiens errichtete er **das erste Großreich der Geschichte.** Erfolgreiche Integration von Sumerern und Semiten führte zu einer einheitlichen mesopotamischen Kultur.

Mit der Garnisonsstadt Akkad errichtete SARGON einen neuen Residenz- und Stadttyp. Hier war die Garde des neuen, aus Semiten rekrutierten stehenden Heeres stationiert. Seine professionellen Söldner kämpften mit flexibler Beduinenkampftechnik und leichter Bewaffnung aus Wurfspeer, Pfeil und Bogen. Sie waren den unbeweglichen schwer bewaffneten Sumerern überlegen. Eine weitere Säule seiner Macht war ein gewinnreiches Seehandelsmonopol für Akkad. Der gesamte Handel Mesopotamiens mit Arabien und Indien wurde vom König kontrolliert und besteuert.

Stele SARGONS II.

Als **Großkönige** versuchten SARGON und seine Erben ihr Reich zum **Territorialstaat** zu formen. Titel wie **„Herr der vier Weltgegenden"** und „König der Könige" verkündeten ihren Machtanspruch. Die dauerhafte Integration des 1000 km durchmessenden Reiches misslang jedoch. Herrscher unterworfener Städte wurden gegen Großkönigsverwandte ausgetauscht. Die Vizekönige ließen sich von alten Lokaltraditionen und -eliten zu eigenem Macht- und Unabhängigkeitsstreben verführen.

Die Proklamation des Großkönigs zum Gott und der damit verbundene Anspruch auf die Tempelländereien trieb die städtischen Priester endgültig in die Opposition. Immer wieder erschütterten Aufstände ganzer Städtekoalitionen das Reich. Es überdauerte nur 150 Jahre. SARGONS Weltherrschaftsidee blieb und fand in Mesopotamien immer neue Nachahmer.

> Trotz Unterwerfung blieb Sumers Einfluss in Architektur, Agrar- und Bewässerungstechnik, Schrift, Ökonomie, Gesellschaft, Religion und Wissenschaft Mesopotamiens prägend. Akkadisch setzte sich, bereichert mit vielen sumerischen Lehnwörtern, im Alltag durch. Sumerisch überdauerte als Gelehrtensprache der neuen bikulturellen Elite.

Assyrien

> Das extrem militarisierte **Assyrien** erreichte die mit Abstand größte territoriale Ausdehnung eines antiken semitischen Großreichs. Materielle Triebfeder der Expansion waren Assurs geringe Wirtschaftskraft und die Bedeutung von Tribut und Beute für König und Volk. Ideologisch entsprang Assurs Imperialismus dem Selbstverständnis der Könige als Vollstrecker der **Weltherrschaft** des Reichsgottes Assur.
> Im Zenit seiner Macht eroberte **Assur** 671 v. Chr. Ägypten. Wenige Jahrzehnte später verschwand es nach einem beispiellosen implosionsartigen Zusammenbruch (614–608 v. Chr.) fast spurlos aus der Geschichte.

Phasen der Assyrischen Geschichte

Assyriens Geschichte beginnt mit dem Sesshaftwerden semitischer Nomaden am oberen Tigris. Bis 1800 v. Chr. blieb Assur ein Fernhandelsstadtstaat. Die Eroberung durch eine Nachbardynastie machte es zur Hauptstadt eines expansiven Flächenstaates.
Die Wirtschaftsbasis des rohstoffarmen, dünn besiedelten Landes war risikoreicher, ertragsarmer Regenfeldbau. Daraus entsprang die Bedeutung von Beute und Kriegen. Sie entarteten zu gigantischen Plünderungen. Heere schleppten wie Karawanen Gefangene, Vieh, Metallprodukte, Bauholz, Textil- und Luxusgüter nach Assur. Der Löwenanteil des Königs floss in monumentale Festungs- und Repräsentationsbauten.

Reich und Volk erhielten ihren Namen von der um 2700 v. Chr. gegründeten, nach ihrem Lokalgott benannten Stadt Assur.

Der **Heerbann** wurde alljährlich zur Unterstützung des stehenden Heeres aufgeboten. Die Stärke des Militärs beruhte auf Vielseitigkeit: Reiterei und verbesserte Streitwagen stärkten die Offensivkraft. Kameltruppen operierten gegen unruhige Nomaden. Pioniere perfektionierten Flussüberquerungen und Festungskampf.

Jeder Reichsangehörige war alljährlich zur Dienstleistung oder zur Heeresfolge verpflichtet. Tatsächlich wurden zum **Heerbann** nur die Angehörigen des assyrischen Reichsvolkes aufgeboten. Für Heerbanndienst stand kein fester Sold zu.

> **Assurs** Kriegsführung und Herrschaftspraxis waren äußerst brutal. Zerstörungen, Tributpflicht und Deportationen schürten den Hass der Unterworfenen.

Besiegte Staaten wurden als Vasallen tribut- und dienstpflichtig. Verträge banden sie ewig an Assur. Assyrische „Berater" kontrollierten sie. Bei Ungehorsam drohten drakonische Strafen und Einsetzung assyrischer Provinzgouverneure. Provinzen drückten Steuer- und Dienstpflicht. Massendeportationen Besiegter sollten Aufstände verhindern und Kernassyriens Bevölkerung und Wirtschaft stärken. Königstraßen, königlicher Post- und Geheimdienst sowie strategisch platzierte Garnisonen sicherten Assurs Herrschaft.

Obwohl **Babylon** und Sumer die **Kultur** der assyrischen Oberschicht stark beeinflussten, blieb zwischen Assyrien und Südmesopotamien ein starkes Kulturgefälle. Gesetze und Sitten der Assyrer waren archaisch und unbarmherzig.

Hofkultur, -kunst und Architektur der Könige Assyriens orientierten sich an **Babylon.** Ohne Beispiel in Mesopotamien war ein 280 m langer und 22 m breiter Aquädukt. Er war Teil einer über 50 km langen Flussableitung zur Wasserversorgung der Residenz Ninive und ihrer Parks. Die Palastbibliothek besaß auf über 22 000 Keilschrift-Tontafeln die größte Literatursammlung Mesopotamiens.

Keilschrift – Grundlage von Großreichsbildung und Hochkultur

Die **Keilschrift** ist nach den dreieckigen (keilförmigen) Abdrücken benannt, aus denen in der entwickelten sumerisch-babylonischen Schrift die bedeutungstragenden Zeichen zusammengesetzt wurden. Diese Abdrücke wurden mit einem Griffel aus geschnittenem Schilfrohr in das weiche Schreibmaterial Ton gepresst. Der wurde nach Fertigstellung der Texte zu dauerhaften Tontafeln gebrannt.

Die Anfänge der Keilschrift liegen an der Wende vom 4. zum 3. vorchristlichen Jahrtausend. In dieser Zeit ergab sich die Notwendigkeit, komplexe Sachverhalte so festzuhalten, dass sie auch später noch erkannt und überprüft werden konnten. Nach einer Vorstufe, in der „Zählsteine" und entsprechende Symbole verwendet wurden, gelangte man relativ rasch zu einer Aufzeichnung von Zahlen und Gegenständen. Da im Schwemmland Babyloniens Ton in Fülle vorhanden war, boten sich als Beschreibmaterial Tontafeln an, die man nach der Beschriftung trocknen ließ. Wegen der Empfindlichkeit der Tontafeln müssen wir allerdings davon ausgehen, dass der allergrößte Teil der Keilschrifturkunden, die einmal bestanden haben, nicht mehr erhalten ist. Dennoch sind viele Hunderttausend Texte in Keilschrift erhalten geblieben.
Die frühen Zeichen, die eine Art Bilderschrift darstellten, erwiesen sich schon bald als recht unpraktisch. Auf dem Ton ließen sich mit dem Griffel, der in der Regel aus Rohr bestand, runde Linien schlecht ziehen. Man vereinfachte deshalb die Zeichen dadurch, dass man Rundungen in Striche auflöste, die dann, mit dem Rohrgriffel in den Ton gezogen, an der

Stelle, an der der Griffel ansetzte, eine stärkere Vertiefung als am Ende erhielten. Dadurch entstand die typische Nagel- oder Keilform, der die Schrift ihren heutigen Namen verdankt. Die einzelnen Schriftzeichen sind in der Regel aus mehreren Teilen zusammengesetzt, wobei lediglich drei Typen vorkommen: ein senkrechter Keil, ein waagerechter Keil und ein Winkelhaken. Die Köpfe der waagerechten Keile schauen in der klassischen Form der Keilschrift, wie sie seit der Mitte des 3. Jt. üblich gewesen ist, nach links, da die Schriftrichtung von links nach rechts verlief. Gelegentlich, in der Frühzeit vielleicht öfter, wurde auch von oben nach unten geschrieben.

HAMMURAPI, König eines Großreichs und Gesetzgeber

König HAMMURAPI von Babylon (1728–1686 v. Chr.) ist einer der historisch bedeutendsten Herrscher Mesopotamiens. Unter der Herrschaft des 6. Königs von **Babylon** stieg die Stadt von der Bedeutungslosigkeit zur unangefochtenen Metropole des von HAMMURAPI neu geeinigten Mesopotamien auf. Seine besondere historische Leistung ist das nach ihm benannte Gesetzeskorpus des **Codex Hammurapi.**

Babylon, griech. Variante des akkadisch/babylonischen Stadtnamens: Bab Ili = Gottestor, biblisch: Babel)

Babylons Weg zur Hegemonie war HAMMURAPIS diplomatischem Geschick ebenso geschuldet wie dessen militärischer Machtentfaltung. HAMMURAPI instrumentalisierte in der Tradition SARGONS von Akkad Babylons geostrategische Lagegunst zur Kontrolle des für Sumer lebenswichtigen Euphratwassers. Sein wichtigster Bau war der Kanal „Hammurapi ist der Reichtum der Völker". Er stabilisierte und garantierte die Wasserversorgung wichtiger sumerischer Städte im Süden Babylons und machte sie von Babylon abhängig.

Hoch differenzierte Palastwirtschaft

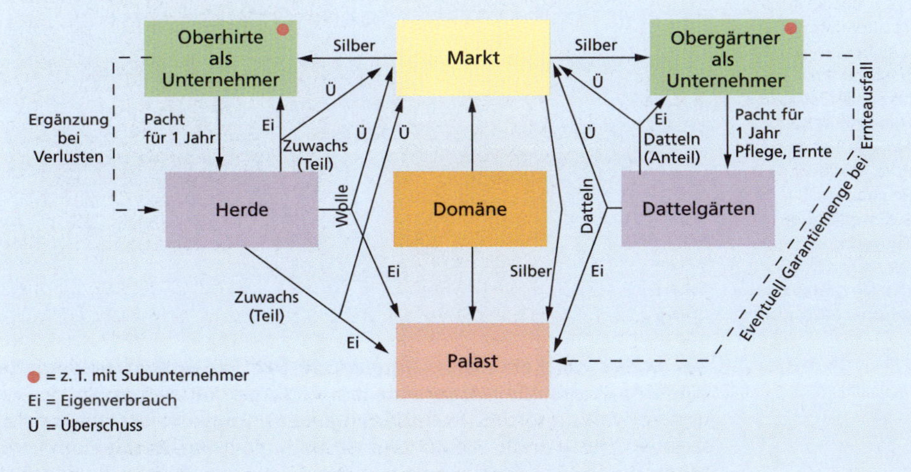

Die Wirtschaft Mesopotamiens kennzeichnete zu HAMMURAPIS Zeit bereits eine weitgehende Privatisierung der Palast- und Tempelwirtschaften.

Pacht-Unternehmer bewirtschafteten gegen Vorschusszahlung Palastländereien, -gewässer und -herden. Gewinn zogen sie aus erwirtschafteten Überschüssen. Ihr Risiko waren Verluste, z. B. durch Raubtiere oder Naturkatastrophen. Privatunternehmer führten auch die öffentliche Projekte wie Kanalbau und -instandhaltung durch. Die Entfaltung des Privatsektors sorgte für gesellschaftliche Dynamik und Differenzierung. Zunehmende Komplexität von Wirtschaft und Gesellschaft schuf ständig neue Rechtsprobleme. Das erhöhte den Bedarf nach umfassender **Gesetzgebung.**

Die 2,25 m hohe Basaltstele mit den Gesetzestexten HAMMURAPIS wurde 1902 etwa 200 km von Babylon entfernt in Susa (Südwestiran), der Hauptstadt des alten Reiches von Elam, gefunden. Dorthin dürfte sie 1165 v. Chr. als Kriegsbeute gelangt sein.

HAMMURAPI, der König der Gerechtigkeit, bin ich.
- Wenn jemand in ein Haus ein Loch einbricht, so soll man ihn vor jenem Loche töten und einscharren.
- Wenn jemand den unerwachsenen Sohn eines andern stiehlt, so wird er getötet.
- Wenn jemand einen andern im Streite schlägt und ihm eine Wunde beibringt, so soll er schwören: „Mit Wissen habe ich ihn nicht geschlagen“, und den Arzt bezahlen.

Der Begriff Codex war zu HAMMURAPIS Zeit unbekannt. Er bezeichnet in der lateinischen Sprache eine echte Gesetzessammlung in Buchform, wie sie das spätantike Römische Reich kannte. Die Einteilung in Paragrafen kennt HAMMURAPIS Text nicht. Sie ist das Werk moderner Historiker.

Inhalte des Codex Hammurapi

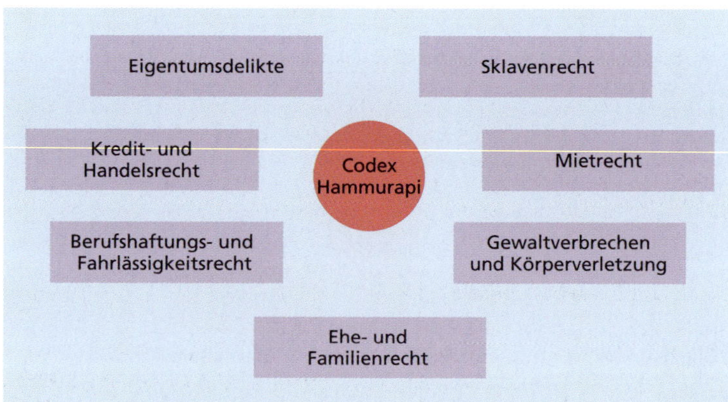

Der **Codex** war kein *echtes Gesetzbuch.* Die 280 Paragrafen enthalten eine Urteilssammlung zu verschiedensten Gegenständen des Straf-, Zivil- und Verwaltungsrechts. Rechtskundige der Königskanzlei stellten sie zusammen. Neu war die Vollständigkeit der Sammlung und das Ziel, Betroffenen durch Veröffentlichung in allen Teilen des Reiches ihr Recht zugänglich zu machen. Das Medium der öffentlich aufgestellten Keilschriftstele mit beispielhaften Urteilen schränkte Richterwillkür ein. Sie dokumentiert **HAMMURAPIS** Verständnis vom Königtum: Gemäß dem sumerisch-akkadischen Ideal vom guten Hirten sah er sich als Beschützer der Schwachen.

In der Praxis schützte **HAMMURAPIS** Recht die Schwachen nur teilweise vor den Mächtigen. Rechtsgleichheit war Mesopotamien fremd. Dieselbe Tat konnte höchst unterschiedlich bestraft werden. Entscheidend war die soziale Stellung der Täter.

Sklaven strafte das Gesetz z. B. viel härter als Freie, Zivilisten härter als Soldaten. Das Strafrecht HAMMURAPIS beherrschte der Talion, das altertümliche **Prinzip der Wiedervergeltung.**

Das Prinzip der Wiedervergeltung kommt am eindeutigsten in der berühmten biblischen Formel: „Auge um Auge, Zahn um Zahn" zum Ausdruck.

Ausgewählte Beispiele von HAMMURAPIS Gesetzen

Fall/Delikt	**Folgen/Strafe/Regelung**
Brechen von Knochen eines Freien	Brechen der entsprechenden Knochen des Täters
Brechen von Knochen eines Sklaven	Erstattung des halben Kaufpreises an den Besitzer
Ohrfeigen eines Freien durch Sklaven	Abschneiden der Ohren des Täters
Tod des Besitzers beim Hauseinsturz	Hinrichtung des Baumeisters
Nichtanerkennung der Adoptiveltern	Herausreißen der Zunge des Adoptivsohns
Heirat ohne Ehevertrag	Ungültigkeit der Ehe

Der Codex Hammurapi ist der älteste überlieferte Rechtstext.

3.1.4 Die Metropole Babylon

Babylon verdient als erste Großstadt der Geschichte das Prädikat Weltstadt. Noch an der Peripherie der damals bekannten Welt des Nahen Ostens galt es als die Verkörperung von Stadt und **Stadtkultur.** Seine Hochblüte erlebte es als Hauptstadt des Neubabylonischen Reiches unter König NEBUKADNEZAR II. (605–562 v. Chr.). An bebauter Fläche, Bevölkerungsgröße, Baumonumenten und Urbanität übertraf es alle Städte seiner Zeit. Reichweite der Beziehungen und der Bekanntheitsgrad der Metropole blieben lange Zeit unübertroffen.

Die biblische Sage von der babylonischen „Sprachverwirrung" dürfte auf das Erleben der von NEBUKADNEZAR deportierten 50 000 Judäer zurückzuführen sein.

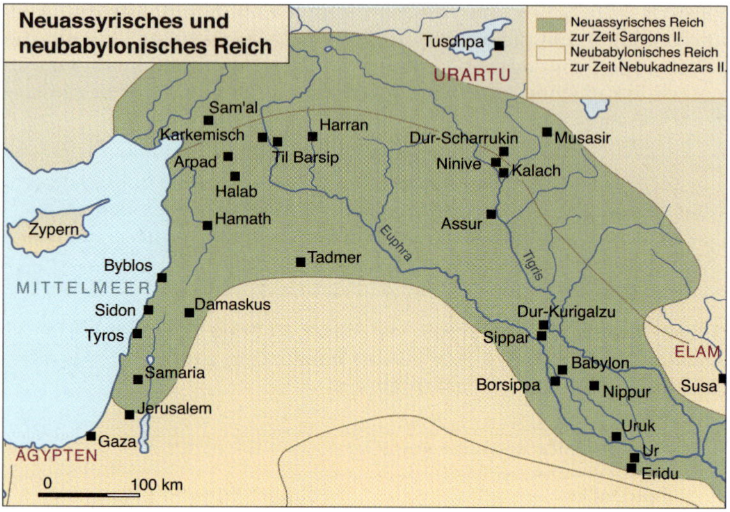

Zikkurat = Haus der Verbindung von Himmel und Erde. Der eigentliche Marduk-Tempel Esangila lag im südlich anschließenden Teil des Tempelkomplexes. Die Zikkurat hinterließ auch in der biblischen Sage vom **„Turmbau zu Babel"** ihre Spuren.

Babylon beherbergte allein zwei der **„sieben antiken Weltwunder".** Ein mindestens 18 km langer doppelter Mauerring umschloss 8 km^2 Stadtfläche. Den Stadtkern schützte eine weitere innere Dreifachmauer mit vorgelagertem 80 m breitem Graben. Eine über 120 m lange steinerne Euphratbrücke verband auf sieben Pfeilern aus behauenen Natursteinen und Ziegelsteinfüllung Alt- und Neustadt.

Die 92 m hohe siebenstufige **Lehmziegel-Zikkurat** war das gewaltigste Bauwerk Mesopotamiens und galt als Weltwunder. Ihre Grundfläche maß 92 x 92 m, ihre Höhe maß 92 m. Das „Etemenanki" genannte Gebäude krönte der Hochtempel des Stadtgottes Marduk.

Das zweite **antike Weltwunder** war ein von den Assyrern „Grüner Berg", von den Griechen „Hängende Gärten der Semiramis" genanntes System von vier auf unterschiedlichen Höhenniveaus angelegten dachgartenartigen Terrassen.

Babylon hatte ab 600 v. Chr. mehrere 100 000 Einwohner. Die Stadt war der kosmopolitischste Ort der Zeit. Deportierte Judäer und Iraner, arabische und indische Händler, griechische Touristen und Söldner dürften zur sprichwörtlich gewordenen babylonischen Sprachverwirrung beigetragen haben.

Semiramis ist die griechische Version des Namens der assyrischen Königin SAMMURAMAT, die nach 811 v. Chr. mehrere Jahre die Regentschaft für ihren unmündigen Sohn ADADNIRARI III. führte. Die **Hängenden Gärten** dürften aber Bauten NEBUKADNEZARS II. von Babylon sein.

Babylons Wirtschaft war anders als in den meisten Städten **Mesopotamiens** überwiegend nichtagrarisch. Zum Dienstleistungssektor gehörte ein funktionierendes Bankgewerbe.

Die Stadtanlage war bewusst gegliedert und gestaltet. Vom Ischtar-Tor zum Marduk-Tempel verlief achsenartig die Prozessionsstraße. Mit ihrer Anlage wurden erstmals Auf- und Grundriss einer Stadt bewusst gestaltet. Sie diente bei Ausfahrten des Königs der Inszenierung von Macht und Pracht.

3.2 Ägypten

3.2.1 Bedingungen für die Herausbildung der Hochkultur

Phasen und Epochen der altägyptischen Geschichte

v. Chr.		
ca. 6000 bis 3000	Prädynastische Zeit (Frühgeschichte)	Sesshaftwerdung, Entwicklung von Bewässerungslandwirtschaft und differenziertem Handwerk in vielen unabhängigen Regionen des Niltals
ca. 3000 bis 2700	Thinitenzeit (Eintritt in die Geschichte)	Reichseinigung und Staatsorganisation durch in Thinis residierende Könige Oberägyptens; Entwicklung von Hieroglyphenschrift und Hochkultur
ca. 2700 bis 2160	Altes Reich	Hauptstadt: Memphis an der Grenze Ober- und Unterägyptens; Bau der Pyramiden als Königsgräber
ca. 2160 bis 2040	Erste Zwischenzeit	Reichszerfall: soziale und wirtschaftliche Destabilisierung, Kämpfe rivalisierender Gaufürsten
2040 bis 1797	Mittleres Reich	Von Theben aus erneute Reichseinigung durch die Herrscher Oberägyptens, Kultivierung des Fajum, Vorherrschaft über Vorderasien und Nubien
1797 bis 1543	Zweite Zwischenzeit	Nach erneutem Reichszerfall: Fremdherrschaft der Hyksos über Unterägypten
1543 bis 1075	Neues Reich	Wiederherstellung der Reichseinheit durch Oberägyptens Könige; Amun von Theben wird Reichsgott; Königsgräber im „Tal der Könige“ bei Theben
1075 bis 30	Spätzeit	Unabhängigkeitskämpfe und wechselnde Fremdherrschaften (Libyer, Kuschiten, Perser, makedonische Ptolemäerdynastie) und Invasionen (Assyrer); steigender griechischer Kultureinfluss seit 332 v. Chr.

Die **geografische Voraussetzung** der altägyptischen Staats- und Kulturentwicklung war die Fruchtbarkeit der periodisch überfluteten Flussoase des Nils.

Altägypten umfasste die Flussoase des Nils von den Stromschnellen bei Assuan im Süden bis zur Mündung im Norden. Der Nil durchfließt hier die Ostsahara. Hohe Jahresdurchschnittstemperaturen (Kairo 21 °C, Luxor 24 °C) lassen ganzjähriges Pflanzenwachstum zu, aber sehr geringe Niederschläge (Kairo 24 mm, Luxor 1 mm im Jahr) ermöglichen eine Landwirtschaft nur bei Bewässerung mit Nilwasser. So nannte schon der griechische Historiker HERODOT Ägypten das „Geschenk des Nils". Oberägypten bestand aus der etwa 650 km langen, aber nur zwischen 2,5 und 20 km breiten Niltalaue, das nördlich Kairos gelegene Unterägypten aus dem 160 km langen (in der Antike), von fünf Flussarmen fächerförmig durchzogenen, an der Küste über 200 km breiten Delta.

Wichtige Stätten Altägyptens

Die Dreiecksform der Nilmündung erinnerte schon antike griechische Besucher an den dreieckigen Buchstaben Delta ihres Alphabets. Die Mündungsform des Nil wurde namengebend für alle vergleichbaren Flussmündungen mit hoher Sedimentlast, niedrigem Gefälle, niedriger Fließgeschwindigkeit und dementsprechender hoher Sedimentablagerung.

Die Hauptquellflüsse, der in Ostafrika (Viktoriasee) entspringende Weiße und der das äthiopische Hochland entwässernde Blaue Nil, vereinigen sich im Sudan bei Khartum. Bis zum Bau des Assuandamms (Inbetriebnahme am 21. Juli 1970) steuerte die Hochwasserwelle des Blauen Nils den jahreszeitlich stark schwankenden Nilabfluss von Juni bis August. Der Normalabfluss von 120 m^3/s schwillt durch monsunale Starkregen in Äthiopien für einige Wochen auf bis zu 6 000 m^3 an. Riesige Sümpfe im Sudan dämpfen und „filtern" dagegen die Hochwasser des Weißen Nils und garantieren seinen stetigen ganzjährigen Abfluss. Abtragung im Quellgebiet des Blauen Nils sorgt für hohe mineralreiche Sedimentfracht des Hochwassers. In Ägypten überflutete die Nilschwemme alljährlich die gesamte Talaue und lagerte dabei 1–3 m schwarzen Ton als mineralreichen Dünger ab.

> Die Notwendigkeit, die Bewässerung und Speicherung gerecht und effizient zu organisieren, führte am Nil zur Entstehung regionaler Machtzentren. Auseinandersetzungen der regionalen Machthaber untereinander und mit räuberischen Nomaden förderten einen Konzentrationsprozess der Macht, der in der staatlichen Einigung Ägyptens mündete.

Mit Laufveränderungen, Abtragung und Ablagerung gestaltete die Nilschwemme das Tal alljährlich um. Wurde die Talaue im Oktober wieder trocken, waren Felder und Dorffluren für die Aussaat völlig neu anzulegen und zu markieren. Dazu bedurfte es übergreifender Organisation

und Kooperation. Zwischen den Jahren variierten die Hochwassermengen und damit die Ernten erheblich. Um Hungersnöten vorzubeugen, speicherten die Bauern Überschüsse. Seit ca. 3500 v. Chr. nutzten sie die künstliche **Bassinbewässerung.** Sie gestattete eine Ausweitung der Ackerflächen und -erträge, erhöhte aber wie die Vorratswirtschaft den Regelungsbedarf.
Als Folge entstanden immer größere regionale Zusammenschlüsse. An ihrer Spitze standen Gaufürsten in zentralen Orten. Sie stützten sich auf kleine Beamtengruppen und übernahmen zugleich die Abwehr von Überfällen, zu denen die Reichtümer des Niltals **Nomaden** provozierten. In ihren Residenzen entfalteten sich Handwerk und Arbeitsteilung. Die Gauherren rivalisierten jedoch auch untereinander. Bei diesen Auseinandersetzungen kam es zunächst zur Bildung zweier getrennter Reiche in Ober- und Unterägypten und schließlich nach 3100 v. Chr. zur gewaltsamen Reichseinigung durch die Könige Oberägyptens.

Bei der Bassinbewässerung wurden Teile des Nilhochwassers zur Verwendung in der Trockenzeit in künstlichen Staubecken zurückgehalten.

Nomaden sind nicht sesshafte Tierzüchter der Savannen, Steppen und Wüsten. Die zunehmende Wüstenbildung in der Nachbarschaft des Niltals erhöhte seit 3500 v. Chr. den Druck der Wanderhirtengruppen auf die Dörfer der Sesshaften im Tal.

3.2.2 Wirtschaft und Gesellschaft

Ägypten besaß eine hochgradig arbeitsteilige und durch strenge Vorschriften geregelte **Staatswirtschaft.** Die wirtschaftliche Grundlage stellte die Landwirtschaft dar. Die Macht des Königtums entsprang dem Zugriff auf Agrarerträge und die Arbeitskraft. Das Gesellschaftssystem war durch eine starke Rangfolge der Ämter gekennzeichnet. Dadurch herrschte eine starre, krasse soziale Ungleichheit. Es bevorzugte die königlichen Beamten **(Schreiber).**

Die Einigung Ägyptens unter einem zentralen Königtum bewirkte eine dramatische Veränderung in Wirtschafts+- und Bodeneigentum.

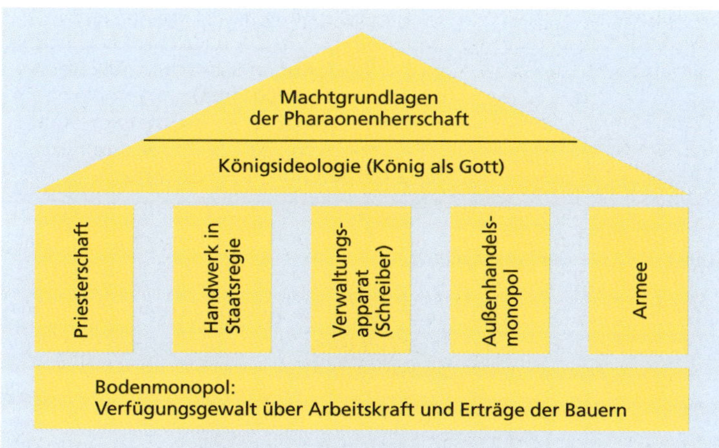

Die Ackerflächen wurden zu Staatseigentum. Auf dieser Grundlage beanspruchte der König Ernteerträge und Arbeitsleistung der Bauern. Im

Die **Domänen** umfassten je ein Dorf mit seiner Flur (ca. 25–50 Aruren = 6,9–13,8 ha). Sie führten bis zu 50 % der Ernte an die Speicher ab.

Gegenzug erhielten sie wie Handwerker und Beamte Rationszuteilungen aus den Königsspeichern. Das Land wurde in königliche **Domänen** eingeteilt, die die Grundversorgung sicherten.

Staatliche Grundversorgung mit Konsumgütern in Altägypten	
periodisch, im Ideal tägliche Lieferung	Brot, Bier, Datteln, Fisch, Gemüse, Hülsenfrüchte
periodisch (meist monatlich)	Getreide
periodisch in großen, z. T. jährlichen (nicht bedarfsdeckenden) Intervallen	Kleidung, Schuhwerk
Staatliche Zusatzversorgung mit Konsumgütern in Altägypten	
episodisch bei besonderen Anlässen (hohe religiöse Feste usw.)	Fleisch, Feigen, Honig, Wein

Seit 2500 v. Chr. erhielten Königsverwandte, Beamte und Tempel aus der Königsdomäne ausgesonderten Boden (und Bauern) zur Versorgung. Beides war veräußer- und vererbbar. Obwohl die Eigentümer hohe Abgaben entrichteten, schwächte die Entwicklung das Königtum. Im Neuen Reich stieg der Tempel des Reichsgottes Re von Karnak zum größten Landbesitzer auf. Seine Priesterschaft gewann starken politischen Einfluss.

Bevölkerung und Wirtschaft im Neuen Reich (um 2500 v. Chr. geschätzt)

Bevölkerung insgesamt:	4,5 Millionen
Nutzfläche insgesamt:	6 Millionen Aruren (1 650 000 ha)
Getreideernte pro Jahr:	ca. 45 Millionen Sack (ca. 7 Milliarden Liter bzw. 4 200 000 t) Davon Abgaben an Speicher von Staat, Tempel usw.: 22,5 Millionen Sack bzw. 2 100 000 t

Diese Getreideerntemenge entspricht 105 000 beladenen Güterwagen, die eine Länge von 1 344 km ergeben. Das ist die Entfernung etwa von Berlin nach Budapest.

Knickpyramide der Gesellschaft

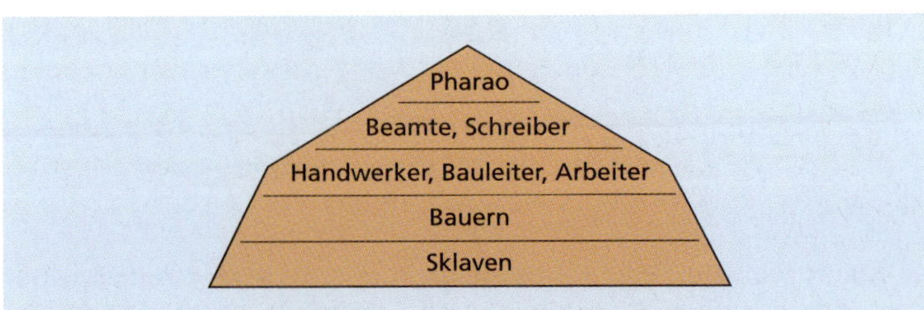

Bauern waren als arbeitspflichtige **Hörige** an die Domäne gebunden. Freiheit galt nur im Privatleben. Sie konnten jederzeit umgesiedelt und zur **Zwangsarbeit** verpflichtet werden. Ihre Arbeitsleistung und -zeit unterlagen strenger Kontrolle. Das gesellschaftliche Ansehen der Bauern war gering.
Auch das Handwerk befand sich in Staatshand. Arbeiter wurden z. T. in vorgeschriebenen Orten kaserniert. Leistungen waren genau festgelegt. Werkzeuge stellte der Staat. Lohn zahlte er als Versorgungsration. Sozial rangierten Handwerker, allen voran Kunsthandwerker, weit vor den Bauern.
Fronarbeiter in Ziegeleien, Minen und Steinbrüchen stellten die unterste soziale Schicht. Sie waren meist nomadische Einwanderer. Bei Fluchtversuchen drohte ihnen wie Kriegsgefangenen und Verbrechern **Versklavung.** In solchem Fall musste der Käufer die Sklaven beschützen und ernähren.

Nomaden und Halbnomaden aus den Randwüsten baten bei Hungersnöten um Aufnahme in Ägypten. Bei Bereitschaft zur Fronarbeit wurde ihnen die Aufnahme gewährt.

Auch der **Außenhandel** wurde durch den Staat kontrolliert. Ägypten benötigte Einfuhren von Bau- und Schiffbauholz, Pferden, Waffen und Streitwagen für die Armee. Für den Bedarf von Königshof und Oberschicht importierte es Luxuswaren jeder Art. Exportiert wurden Getreide und Gold aus königlichen Minen. Das königliche Schatzhaus rüstete Handelskarawanen und -flotten aus. Es übernahm Verteilung und Verkauf der Waren. **Minen und Steinbrüche** waren ebenfalls im Besitz des Staates.

> Wirtschaft und Gesellschaft blieben Jahrtausende fast unverändert. Kennzeichen waren eingeschränkte Freiheit, strenge Kontrolle, Strafen und Lenkung. Preise und Löhne waren fest. Dafür bot das System in „Normalzeiten" Sicherheit und existenzsichernde Mindestversorgung.

Markt gab es nur vereinzelt. Gehandelt wurden vom Eigenkonsum abgesparte Überschüsse aus Staatszuteilungen. Handwerker durften in der Freizeit privat arbeiten und verkaufen. Freie Kleinunternehmer wie Friseure oder Wirte kannte nur der Dienstleistungssektor.

Die Bürokratie der Staatswirtschaft hatte immer wieder mit Versorgungsproblemen zu kämpfen. Die wurden für Handwerker leicht existenzbedrohend. Um 1150 v. Chr. entfachte eine Versorgungskrise den ersten geschichtlich fassbaren **Streik** in der Königsnekropole von Theben.

Die Arbeiter legten aus Protest zweimal monatelang die Arbeit nieder. Das erzwang die Lieferung des ausstehenden Lohnes durch den Wesir des Pharao RAMSES III.

Schreiber bildeten aufgrund ihrer privilegierten Arbeit, Versorgung und Macht die Spitze der Gesellschaft. Für sie gab es Eliteschulen. Faktisch standen sie nur Schreiberkindern offen. Unter staatlicher Aufsicht nahmen hohe Beamte Schüler als „Söhne" in ihre Haushalte auf. Absolventen dieser Eliteschulen erwarteten nach langjährigem Erlernen der **Hieroglyphenschrift** (↗ S. 66) und längerem Verwaltungs„praktikum" große Karrieren. Die besten Chancen boten sich Mitschülern des Kronprinzen in der Palastschule.
In Altägyptens Gesellschaft herrschte der Mann. Rechtsstellung, Ansehen und Freiheit der Frau übertrafen aber die in anderen orientalischen Kul-

Ehe und Kinderzeugung galten als Pflicht. Pflicht der Kinder war es, die Eltern im Alter zu versorgen sowie die Betreibung des Totenkults, von dem die Existenz der Eltern im Jenseits abhing.

turen. Die Frau konnte ihren Partner frei wählen und sich ebenso wieder scheiden lassen. Nach einer Heirat durfte sie ihren persönlichen Besitz behalten, hatte aber auch das Recht, vom Mann versorgt zu werden. Sie konnte selbstständig beruflich tätig sein.
Trotzdem blieb ihr gesellschaftlicher Platz meist Familie und Haushalt. Haushalte umfassten nur Eltern und heranwachsende Kinder. Bei Vornehmen zählten Zöglinge und Diener dazu.

Die Frau hatte in Ägypten, gemessen an anderen antiken Kulturen, eine vergleichsweise emanzipierte Stellung.

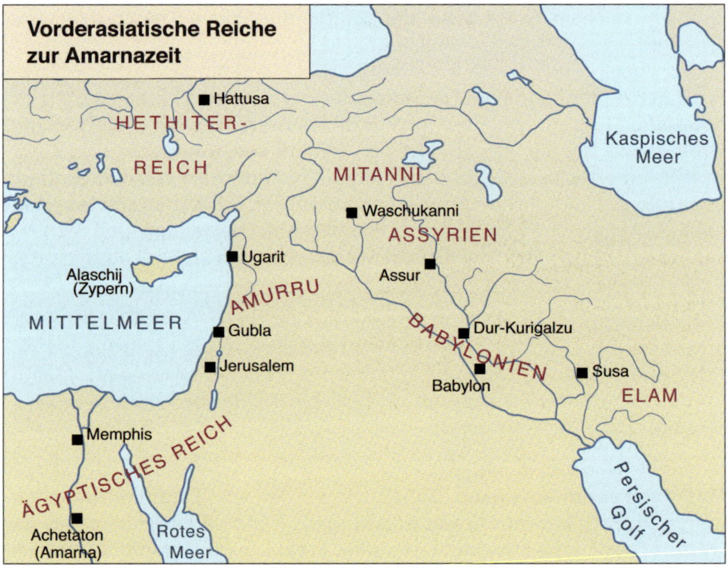

3.2.3 Herrschaft der Pharaonen

Durch **Inkarnation** (lat. = Fleischwerdung) nimmt ein göttliches Wesen menschliche Gestalt an.
Die Maat als Weltordnung wurde von den Ägyptern in kosmischen Rhythmen und Kreisläufen gedacht: Nilschwelle und Niedrigwasser, Aussaat und Ernte, Tag und Nacht, Geburt und Tod ... Naturgesetz, Gesellschaftsordnung und Recht waren Teilaspekte der Maat.

Vom Beginn der **ägyptischen Hochkultur** bis zum Ende der staatlichen Eigenständigkeit war der König (Pharao) absolutes Zentrum von Staat, Gesellschaft und Religion. Er galt als lebender Gott. Als oberster Priester, Heerführer, Gesetzgeber und Richter garantierte er die Weltordnung gegen die Chaosmächte. Durch einen hierarchischen Verwaltungs- und Beamtenapparat wurde seine Macht bis auf die Dorfebene herunter wirksam.

Der König (Pharao als Bezeichnung für den ägyptischen König leitet sich vom altägyptischen Per-aa = großes Haus, der Bezeichnung des königlichen Palastes, ab) galt als irdische Verkörperung des Himmelsgottes Ho-

rus und Sohn des Totengottes Osiris. Seine Hauptaufgabe war die Bewahrung der Weltordnung Maat. Als Kultherr übte er wichtige Rituale persönlich aus. Die übrigen Kulthandlungen übertrug er Priestern. Dem ordnungsgemäßen gesellschaftlichen Zusammenleben dienten Gesetzgebung und Rechtsprechung.
Das Ausland galt als Bereich des Chaos. Daher war der König verpflichtet zur Ordnung durch Krieg und Eroberung.
Die Vielfalt der Regierungsaufgaben führte zur Ausbildung einer differenzierten **Verwaltung.** Das wichtigste Amt des Premierministers bekleidete der **Wesir.**

Wesir als Bezeichnung für den höchsten Beamten des Pharaos ist kein ägyptisches Wort, sondern dem Arabischen entnommen. In arabisch-islamischen Monarchien war der Wesir Stellvertreter des Kalifen bzw. Emirs.

Die ägyptische Zentralverwaltung

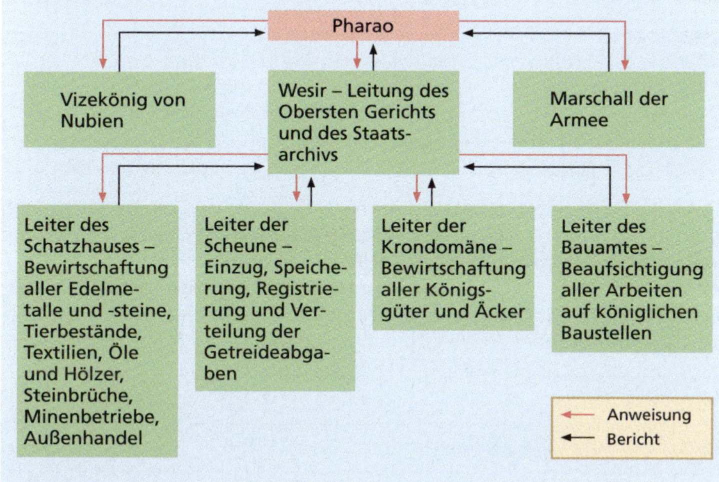

Die ägyptische Regionalregierung

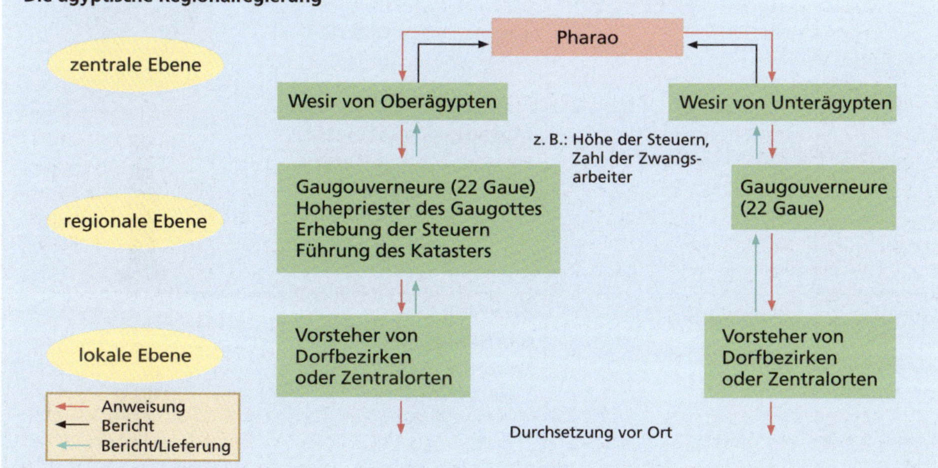

Entstehung, Qualität und Funktion des Königtums spiegeln die Herrschaftsinsignien wider. Die wichtigsten Machtsymbole waren Krummstab und Geißel, Hirtenwerkzeuge zum Antreiben und Aussondern. Stierschwanz am Gürtel, Pantherfellumhang und Ziegenhaarzeremonialbart sollten dem König magische Tierkräfte verleihen. Die Reichseinigung, die symbolisch bei jeder Thronbesteigung wiederholt wurde, symbolisierte die aus weißer Krone Oberägyptens und roter Krone Unterägyptens zusammengewachsene Reichskrone. Die Wappentiere und Schutzgötter beider Reichsteile, Oberägyptens Königskobra und Unterägyptens Geier, schützten den König auf Kronen und Stirnringen.

Polytheismus: Vielgötterei, Verehrung einer Vielzahl persönlich gedachter Götter

3.2.4 Religion der Ägypter

Ägyptens **Religion** war polytheistisch. Sie besaß eine ausgeprägte **Jenseitsorientierung**. Im Zentrum religiöser Praktiken und religiösen Denkens stand die Sicherung eines Weiterlebens nach dem Tode. Götter galten als menschengestaltige und tierköpfige Mischwesen.

Wichtige ägyptische Götter waren weiterhin: Seth, Anubis, Thot, Sobek, Chnum, Nut, Geb.

Ägyptens Götterwelt umfasste unzählige regional und einige reichsweit verehrte Gottheiten. Der landesweite Kult der Hauptgötter war Ergebnis bewusster **Religionspolitik** nach der Reichseinigung. Zum höchsten Gott stieg Re von Theben auf. Besonders wichtig war der Totengott Osiris. Der Mythos seiner Ermordung und Wiederbelebung war Basis aller Hoffnung auf Überwindung des Todes und ewiges Leben.

Ausgewählte Götter Ägyptens

Name	Merkmale	Funktion	Bild
Osiris	menschengestaltig, grünhäutig mit Königsinsignien Krummstab und Geißel	Totenrichter und Herr des Totenreichs, repräsentiert Auferstehung, ewiges Leben und den Jahreszyklus der Natur	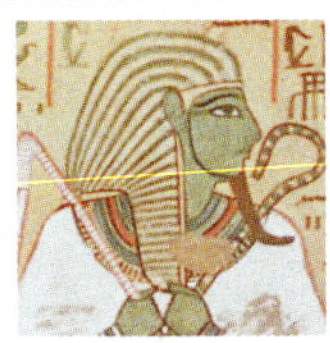
Isis	menschengestaltig mit Kuhhörnern und Sonnenscheibe	Muttergöttin, Schwester und Gattin des Osiris, Mutter des Horus	
Horus	falkenköpfig	im König Mensch gewordener Himmelsgott, Sohn und Rächer seines Vaters Osiris	

Berufspriester versahen den täglichen Tempelkult.

Amenophis IV. (Echnaton) und Königin Nofretete revolutionierten 1351 bis 1334 v. Chr. die Religion. Sie erklärten den Sonnengott Aton zum allein existierenden Gott. Nach Echnatons Tod erzwangen Volk und entmachtete Priester die Restauration der alten Götter.

Die Büste der Nofretete kann im ägyptischen Museum in Berlin bewundert werden. Sie zeugt von der hohen Kunstfertigkeit der Ägypter. Die Büste diente in einem Atelier der Residenz Amarna als Vorlage für die Serienproduktion von Abbildungen.

Das Jenseits galt als ewige Parallele zum irdischen Leben. Zur **Ewigkeitsvorsorge** gehörten gut ausgestattete Gräber als Totenwohnung und mumifizierte Körper als Seelenträger. Dabei wurden der Leiche zunächst die inneren Organe entnommen. Wasserentzug mittels Natron und Balsamierung mit gummi- und parfumölgetränkten Leinenbinden bewirkten anschließend eine dauerhafte Konservierung der Körperhülle.
Die Organe wurden in vier besonderen Gefäßen, den Kanopen, separat konserviert. Die **Mumien** wurden schließlich in Sarkophage gebettet. Die über 70-tägige Mumifizierung endete mit der „Wiederbelebung" durch eine Mundöffnungszeremonie. Die war die Voraussetzung für die Rechtfertigung im Totengericht. Darin prüfte Osiris die Taten der Verstorbenen. Das Bestehen der Prüfung garantierte ewiges Leben. Missetätern drohte die Vernichtung.

3.2.5 Leistungen der Ägypter

Kulturleistungen
erste Schriftsysteme
Hieroglyphen

Bauleistungen
Pyramiden
Tempel
Bewässerungsanlagen

Leistungen der Ägypter

wissenschaftliche Leistungen

Astronomie	**Geografie**	**Mathematik**	**Medizin**
Planeten	Seeweg um Afrika	Bruchrechnung	Augenheilkunde
Fixsterne	Kartografie	Prozentrechnung	Frauenheilkunde
Sternbilder		Geometrie	Heilmittel auf
Sonnenjahr		(Flächenberechnung)	pflanzlicher Basis

Hieroglyphenschrift

Das für Ägyptens Hochkultur charakteristische hochkomplexe Zeichensystem der **Hieroglyphenschrift** entstand vor über 5 000 Jahren. Es diente von Beginn an als effektives Herrschafts- und Verwaltungsinstrument. Die Hieroglyphenschrift umfasst etwa 800 Bildzeichen (z. B. Tiere und Gegenstände).

Die Hieroglyphenschrift entstand zunächst als rein piktografisches System. Jedes Zeichen repräsentierte den dargestellten Gegenstand (Piktogramm). In der entwickelten Hieroglyphenschrift standen Zeichen auch für Tätigkeiten, Ideen (Ideogramme) oder Laute (Phonogramme). Wie Hieroglyphen konkret zu lesen waren, zeigten Zusatzmarkierungen. Fehlende klare Schreibvorschriften erschwerten die Lesbarkeit. Zeichen konnten von links nach rechts und umgekehrt sowie von oben nach unten und umgekehrt angeordnet werden.

Hieroglyphen und ihre möglichen Bedeutungen:

Hieroglyphe	piktografische Bedeutung	ideografische Bedeutung	phonetische Bedeutung
	Brot	Ortsbestimmung	t
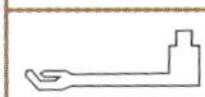	angewinkelter Arm	Beamter	a
	Korb	Herr	k
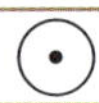	Sonne	Sonnengott	re
	Skarabäus	verwandeln	hpr
	Sandalenriemen	leben	anch
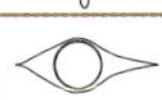	Auge	sehen	ir

Die Verwaltung entwickelte für ihre Sachtexte schon sehr früh aus Hieroglyphen eine einfache Kursivschrift. Die **hieratische Schrift** erlaubte schnelles Schreiben mit Tinte auf den unkomplizierten und preiswerten Schreibstoffen Papyrus und Ton. Seit 700 v. Chr. setzte sich eine noch weiter standardisierte und vereinfachte Schrift in der Verwaltung durch. Mit dieser **demotischen Schrift** gelang fast ein stenografisches Schnellschreiben.

Im Zuge der **Christianisierung** ging die Kenntnis der Hieroglyphen verloren. Erst 1822 gelang dem Franzosen JEAN-FRANÇOIS CHAMPOLLION mit dem **„Stein von Rosetta"** ihre erneute Entschlüsselung.

Hieroglyphen, griech. hieroglyphikos grammata = Heilige Zeichen. Von den Griechen für das ihnen fremde ägyptische Schriftsystem benutzter Begriff. Er knüpft an das äyptische Verständnis der Schrift als magische „Gottesworte" an. Schreiben und Schrift standen unter dem Schutz des Gottes Thot.

Hieratische Schrift, griech. hieros = heilig. Die hieratische Schrift wurde nach der Einführung des Demotischen nur noch für religiöse Texte verwendet.

Demotische Schrift, giech. demos = das Volk. Die demotische Schrift wurde zur eigentlichen Alltagsschrift Ägyptens. Sie blieb noch viele Jahrhunderte nach der Eroberung Ägyptens durch Alexander die Schrift der einheimischen Bevölkerung. Unter den hellenistischen Königen der Ptolemäer-Dynastie und unter römischer Herrschaft bediente sich die Staatsverwaltung in Ägypten griechischer Schrift und Sprache.

Der „Stein von Rosetta" enthielt in hieroglyphischer, demotischer und griechischer Schrift einen Text des Königs PTOLEMÄUS I. (323–282 v. Chr.). CHAMPOLLION entdeckte das hieroglyphische Pendant der griechischen Fassung des Königsnamens Ptolemäus in der Königskartusche. Das erlaubte die Bestimmung des Lautwerts der betreffenden Hieroglyphen.

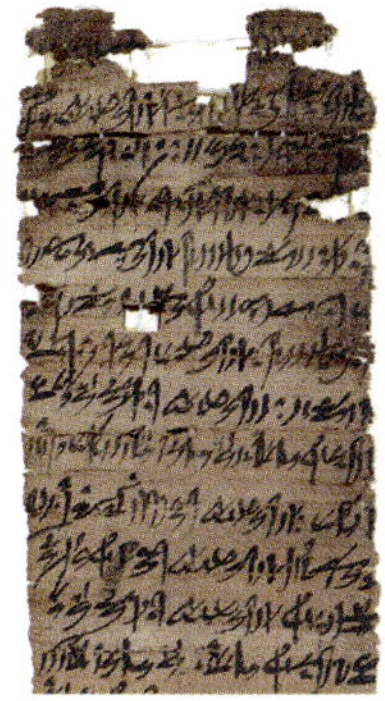

Demotische Bauinschrift vom Satet-Tempel

Die Pyramiden

Die monumentalen Königsgrabbauten der großen Pyramiden stellen die bekanntesten Zeugnisse und Leistungen der ägyptischen Hochkultur dar.

Pyramiden waren die Königsgräber vom Beginn der 3. Dynastie des Alten Reiches bis zum Ende des Mittleren Reichs. Die Pyramidenform steht in engster Verbindung mit der Idee des Aufstiegs des verstorbenen Königs zum Himmel. Die klassische Pyramide wurde innerhalb weniger Jahrzehnte über die Zwischenform der Stufenpyramide aus rechteckigen, bankähnlichen Grabbauten (Mastaba) entwickelt. Den Höhepunkt des Pyramidenbaus markierte die um 2600 v. Chr. errichtete **Cheopspyramide** bei Gizeh.
Eine Pyramide bildete mit einem am Nil gelegenen Taltempel und einem östlich der Pyramide errichteten Totentempel einen Gesamtkomplex. Im Taltempel wurde der König mumifiziert und auf die Bestattung vorbereitet. Im Totentempel wurden täglich die für das Wohlergehen des Königs im Jenseits erforderlichen Kulthandlungen vollzogen.
Der Bau einer Grabpyramide begann beim Regierungsantritt eines Königs. Erbaut wurden die Pyramiden von Fronarbeitern und zusätzlichen Bauern, die in der Trocken- und Überschwemmungszeit Zwangsarbeit leisteten. Die technischen und logistischen Leistungen des Pyramidenbaus sind erstaunlich. Für große Pyramiden mussten Millionen tonnenschwere Blöcke gebrochen, transportiert und bearbeitet werden. Tausende Arbeiter waren jahrzehntelang mit Nahrungsmitteln zu versorgen. Die Bauten wurden exakt nach den Himmelsrichtungen ausgerichtet. Bei den rechten Winkeln am Bau gelang die Minimierung der Abweichung auf maximal 2 Bogenminuten. Das entspricht schärfsten heutigen Normen.

Das Wort Pyramide ist wahrscheinlich altägyptischen Ursprungs. Es gelangte über das griechische und das lateinische „pyramis" in die deutsche Sprache.

Die **Cheopspyramide** hat eine Höhe von 146,6 m. Ihre Seitenlängen betragen 230,4 m.
Sie wurde aus 2 300 000 Kalkstein- und Gneisblöcken à 2,5 t (einzelne bis 80 t) errichtet.
Ca. 36 000 Steinmetz- und Bauarbeiter und ca. 10 000 Steinbrucharbeiter arbeiteten etwa 20 Jahre an diesem Bauwerk.

Wissenschaftliche Leistungen

Ägypten kannte keine von der Religion emanzipierte Wissenschaft. Natur, Religion, Gesellschaft und Staat galten gleichermaßen als dem allgegenwärtigen Prinzip der **Maat** (↗ S. 63) unterworfen. Erkenntnisse der ägyptischen „Universalwissenschaft" sollten die Ordnung des Kosmos in allen Bereichen gewährleisten bzw. optimieren.

Ägyptens frühe Wissenschaft systematisierte und katalogisierte Beobachtungen von Natur und Gesellschaft. Grundlage der Wissensbewahrung war die Schrift. Sie erkannte gefühlsmäßig Zusammenhänge und Gesetze. Zum Teil entwickelte sie Theorien. An Ägyptens Erkenntnisse knüpfte vielfach die Wissenschaft der Griechen an.

Mathematik und ihre Anwendung

Mathematik war Schlüsselwissen der ägyptischen Hochkultur. Sie fand Anwendung in Bau-, Vermessungs-, Kataster- und Steuerwesen, Astronomie und Zeitrechnung. Ägypter rechneten im Dezimalsystem. Spezielle Hieroglyphen standen für die Einer, Zehner, Hunderter usw.

Grundlage für die **Flächenberechnung** war die exakt definierte, reichsweit gültige Elle. Die Ellenlänge betrug 52,5 cm. 10 000 Quadratellen ergaben das Standardflächenmaß Arure (0,275 ha). Wichtigstes Geometerinstrument war das 100-Ellen-Knotenseil.

Mathematiker kannten Beweisverfahren und eine erstaunlich präzise Näherung der Zahl Pi. Sie beherrschten Bruch- und Potenzrechnung, Winkel-, Flächen- und Körperberechnung, z. B. von Pyramidenstümpfen. Flächenberechnung fand jedes Jahr nach der Nilschwelle zur kompletten Neuvermessung und -einteilung aller Felder Anwendung.

Mathematik wurde nicht nur im Pyramiden- und Tempelbau angewandt. Wasserbauingenieure realisierten Staudamm- und Kanalprojekte mit Schleusenanlagen. Dazu zählt eine 45 m breite künstliche Verbindung von Mittelmeer und Rotem Meer.

Astronomie

Astronomen errechneten das **Sonnenjahr** auf 365 Tage. Die fehlenden 6 Stunden glich kein Schaltjahr aus.

Sie unterschieden Planeten und Fixsterne. Den Eintritt der Nilschwelle bestimmten sie durch Beobachtung des Sternes Sirius.

Der griechische Historiker HERODOT (um 490–425 v. Chr.) bezweifelte die Glaubwürdigkeit der ägyptischen Quellen. Er glaubte nicht, dass die Flotte während einer Westkursfahrt die Sonne mittags an Steuerbord (in Fahrtrichtung rechts) gehabt haben sollte. Genau das aber spricht für (mindestens) eine **Äquatorpassage** und eine längere Fahrt auf der Südhalbkugel.

Medizin

Ägyptens Ärzte waren im Altertum berühmt und gefragt. Sie waren z. B. auf Parasitenbefall, Wund-, Darm-, Augen- oder Frauenheilkunde hoch spezialisiert. Ihnen standen genaue Kataloge von Krankheiten und ihren speziellen Therapien zur Verfügung. Heilungserfolge beruhten auf empirisch gewonnener Kenntnis von Heilpflanzen und -mitteln.

Geografie

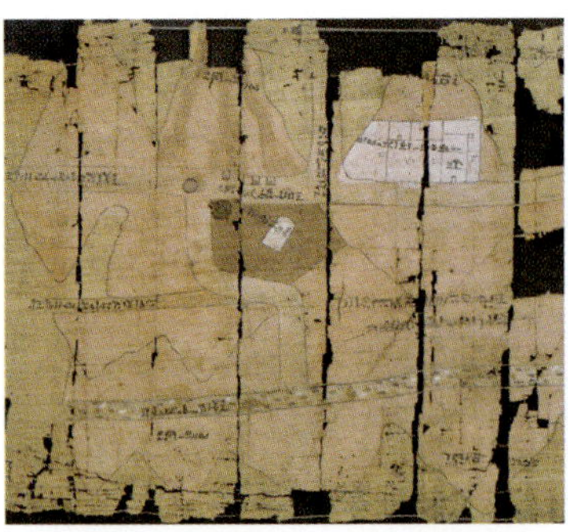

2 000 Jahre vor den Portugiesen umfuhren Phönizier im Auftrag Ägyptens Afrika. Die dreijährige Fahrt führte 37 000 km vom Roten Meer über das Kap der Guten Hoffnung und die Straße von Gibraltar zur Nilmündung. Vom geografischen Niveau Ägyptens zeugt die älteste bekannte Landkarte. Das über 3 000 Jahre alte hieratisch beschriftete Papyrusfragment zeigt die Lagesituation einer Goldmine.

3.3 Das alte Israel

3.3.1 Phasen und Epochen der Geschichte Altisraels

v. Chr.		
ca. 1400 bis 1200	Besiedlung	Einwanderung und Sesshaftwerdung von Stämmen und Sippenverbänden nach Kanaan, Übernahme des Jahwe-Kultes vom Sinai; Übergang zum Ackerbau
ca. 1200 bis 1020	Richterzeit	Zusammenwachsen der Jahwe verehrenden Stämme zum Volk Israel, Richter führen Stammesaufgebote in Auseinandersetzungen mit kanaanäischen Stadtstaaten
ca. 1020 bis 1000	Staatsbildung	Wahlmonarchie SAULS über die nördlichen Stämme (Israel), Abwehrkämpfe gegen die Philister
ca. 1000 bis 926	Großreich	DAVID: Vereinigung Israels und Judas, Eroberung Jerusalems, Unterwerfung der Nachbarstaaten SALOMO: Tempelbau, kulturelle Blüte, feste Staatsorganisation, älteste Schriften des Alten Testaments
ca. 926 bis 587	Getrennte Reiche	Zerfall in Teilstaaten: Juda (mit Stamm Benjamin und Jerusalem) unter der Dynastie DAVIDS, Israel (721 v. Chr. Untergang) mit wechselnden Hauptstädten und Dynastien, Prophetie und Durchsetzung des Monotheismus, Abhängigkeit von Assur und Ägypten
ca. 587 bis 539	Babylonisches Exil	Untergang Judas, Tempelzerstörung, Deportation der Elite nach Babylon, Stabilisierung als Gesetzes- und Schriftreligion
539 bis 168	Persische und hellenistische Herrschaft	Wiedererrichtung des Tempels, religiöse Autonomie in Palästina, Diasporajudentum außerhalb Palästinas, Übersetzung des Alten Testaments ins Griechische
168 bis 63	Hasmonäerzeit	Wiedererlangung der staatlichen Unabhängigkeit im Makkabäeraufstand, Hasmonäer als Hohepriester und Könige
ab 63	Römische Herrschaft	Rom herrscht durch Klientelfürsten, prächtiger Ausbau des Tempels durch HERODES, im jüdischen Aufstand (66–70 n. Chr.) Zerstörung Jerusalems und des zweiten Tempels, danach direkte Herrschaft Roms

3.3.2 Einwanderung und Bildung des Stammesverbandes

Von ca. 1400 bis 1200 v. Chr. ließen sich semitische Stämme in mehreren Schüben im Gebiet zwischen dem Fluss Jordan und dem Mittelmeer (Kanaan) nieder. Diese Kleintiernomaden gingen mit der Sesshaftwerdung schrittweise zu Waldrodung und Ackerbau über.
Die fruchtbaren Ebenen beherrschten zunächst die militärisch, ökonomisch und kulturell überlegenen einheimischen kanaanäischen Stadtstaaten.

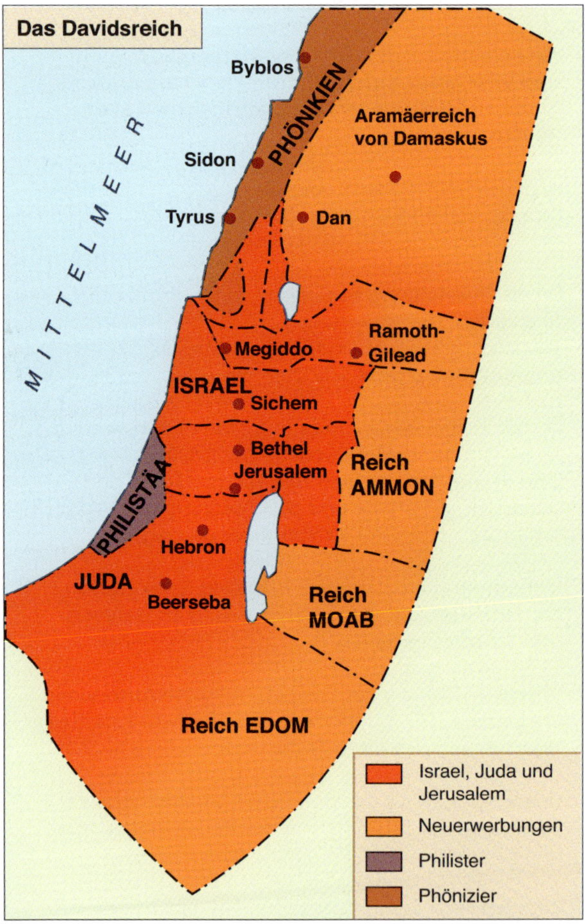

Ägyptische Quellen erwähnen im 14. Jh. v. Chr. nach Kanaan eindringende Nomaden. Dahinter ist die **erste Einwanderungswelle** der sogenannten **Lea-Stämme** zu vermuten. Sie trafen dort auf die ebenfalls zur semitischen Sprach- und Völkerfamilie gehörenden Kanaanäer, von denen sie den Kult des kanaanäischen Götterkönigs **El** übernahmen. Nach ihm nannte sich der Verband bald „Israel" (Gott El kämpft).

Die ab 1200 v. Chr. einwandernden **Rahel-Stämme** brachten den Kult des auf dem Sinai verehrten Berg- und Vulkangottes **Jahwe** und die (im Kern historische) Erinnerung an eine Flucht aus Ägypten, den **Exodus,** mit.

Mittelpunkt dieses „Urerlebnisses" war das erfolgreiche Entkommen nomadischer Fronarbeiter vor ägyptischen Streitwagen. Bei der Entstehung des Rahel-Verbandes spielte die historische Person **Mose** eine wichtige Rolle. Rahel- und Lea-Stämme wuchsen mit den unbedeutenderen **Silpa- und Bilha-Stämmen** unter dem Namen „Israel" zu einem Volk mit gemeinsamer Religion und Kultur zusammen.

Die dominanten Rahel-Stämme setzten den Kult Jahwes im Gesamtverband durch. Ursprünglich separate Überlieferungen der Stämme verschmolzen zu einer Geschichte und lieferten die Basis eines stammesübergreifenden Zusammengehörigkeitsgefühls. Das stärkte eine künstliche Abstammungsgemeinschaft: Fiktive namengebende Ahnen der Stämme wurden als Kinder des „Erzvaters" Jakob zu einer Familie verbunden. Bei Bedrohung verteidigte sich die Stämme-Familie gemeinsam.

Identitätsstiftung und Zusammengehörigkeitsstärkung durch Traditionszusammenführung: Die Verknüpfung der Erz- und der Stammesväter

Name	Siedlungsraum	Stammeszugehörigkeit	vermutliche historische Rolle	Rolle in der Tradition Gesamtisraels
Abraham	Raum Hebron	vermutlich Juda	Häupter von Landnahmegruppen	Projektion in ferne, rein nomadische Vergangenheit vor der Landnahme, Versippung zu vier Generationen einer Familie. (Isaak = Sohn Abrahams, Jakob = Sohn Isaaks, Ruben, Juda, Joseph, Gad usw. = Söhne Jakobs)
Isaak	Beersheba (Nord- und Südnegev)	vermutlich Simeon		
Jakob	Beth-El (Gebirge Juda) Pni-El (Ostjordanland) Sichem (Geb. Samaria)	vermutlich Ruben		
Ruben, Juda, Joseph, Gad usw.				

3.3.3 Der Staat Israel entsteht – Saul, David, Salomo

Sauls Heerbannkönigtum über Israel

Im 11. Jh. v. Chr. wurde der lockere Verband der israelitischen Stämme durch die **Philister** existenziell bedroht. Unter dem äußeren Druck errichtete der Aufgebotsführer Saul um 1020 v. Chr. eine Königsherrschaft.

Israels Stämme übertrugen im Kriegsfall **„Richter"** genannten Anführern spontan und auf Zeit die Führung übergreifender Heerbannaufgebote. Saul aus dem Stamm Benjamin behauptete diese Stellung auf Dauer und erreichte seine Wahl zum König über die nördlichen Stämme. Er suchte, neben den lockeren Stammesstrukturen festere staatliche Institutionen und königliche Machtmittel zu etablieren. Das gelang aber nicht.

Seeschlacht Ramses III. gegen an Federhelmen erkennbare „Seevölker"

Das Volk der Philister besiedelte ab 1200 v. Chr. die Küstenebene des heutigen Staates Israel. Der Bund der 5 mächtigen Stadtstaaten der Philister übte starken Druck auf Israels Stämme aus. Nach dem 2. jüdischen Aufstand benannte Rom 135 n. Chr. die Provinz Judäa in Palästina um. Dieser Name ist die griech. Form des aramäischen Wortes „P(e)listain" und des hebräischen „P(e)listim".

Um 1000 v. Chr. fiel er in der Schlacht von Gilboa mit großen Teilen des Heerbannes gegen die Philister.

Die Philister zählten zu diesen von Ägypten mit Mühe abgeschlagenen Invasoren, die möglicherweise auch das Ende des mykenischen Griechenlands verursachten. Auf Initiative Ägyptens siedelten die Philister um 1200 v. Chr. in Palästinas Küstenebene. Im Besitz von Eisenwaffen, waren sie für die nur über Bronzetechnologie verfügenden Israeliten furchtbare Gegner. Das illustriert z. B. die Goliath-Geschichte des Alten Testaments (1. Kg.).

DAVID (ca. 1000 v. Chr. – ca. 960 v. Chr.) – Gründer eines Großreichs

Im Süden begründete SAULS Konkurrent DAVID ein Königtum über den Stamm Juda. Nach der Ermordung von SAULS Sohn und Nachfolger ISCHBAAL erkannten auch die Nordstämme DAVIDS Königtums an. Israel und Juda bildeten eine Personalunion. Die Festigung der Königsmacht erlaubte DAVID die Errichtung eines weit über Palästina hinausgreifenden Großreichs.

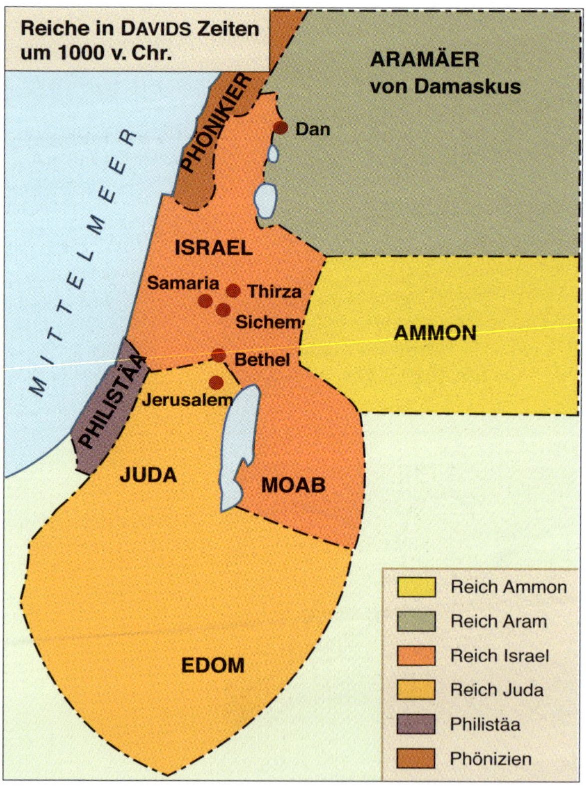

DAVID begann seine Karriere als Söldnerführer im Dienst der Philister. Bei Gründung und Ausdehnung seiner Herrschaft stützte er sich auf seine Söldner als Kern eines stehenden professionellen Heeres. Damit gelang die Eroberung der stark befestigten Kanaanäerstadt **Jerusalem.** DAVID erhob sie zur Hauptstadt. Hierhin überführte er den besonders von den Nordstämmen hoch verehrten, dem Gott Jahwe heiligen Kultgegenstand der **Bundeslade.** Die Bundeslade war ein leicht beweglicher Gegenstand aus nomadischer Zeit. Im sogenannten „Zelt der Begegnung" hatte sie als Thron des unsichtbaren Gottes Jahwe gedient. Die Bundeslade wurde auf dem Berg Zion aufgestellt.
Sie sollte die Nordstämme an den König und die Hauptstadt binden (Altes Testament, 2. Buch Samuel, 6. Kapitel [Vers 6.1–6.19]).
Der Aufbau einer auf Schriftlichkeit gegründeten Verwaltung stärkte die Macht und die Effektivität der Königsherrschaft.

SALOMO (ca. 960 v. Chr.–926 v. Chr.) – Blüte und Krise

Unter DAVIDS Nachfolger SALOMO blühte das Reich kulturell. Die Residenz Jerusalem und die Oberschicht profitierten von königlicher Macht- und Prachtentfaltung. Dies wurde mit steigender Belastung der breiten bäuerlichen Bevölkerung erkauft.

SALOMO baute Jerusalems Palastbezirk aus. Daneben errichtete er einen prächtigen Tempel für Gott Jahwe. Dessen Allerheiligstes nahm die Bundeslade auf. Als irdischer Sitz des Gottes Israels wurde Jerusalem mit dem Berg **Zion** zur **Heiligen Stadt** des Judentums.

Festungsstädte mit Streitwagengarnisonen sicherten SALOMOS innere und äußere Macht. Der Bau einer Handelsflotte und eines Hafens am Roten Meer förderte Handel und Königseinnahmen. Steigende Kosten für Armee, Bauten und Hofhaltung belasteten primär die Nordstämme. Sie mussten Frondienste leisten. Ihr Gebiet wurde in 12 jeweils einen Monat zur Versorgung des Königs verpflichtete Distrikte aufgeteilt. Ein Aufstand unter der Führung des Beamten JEROBEAM scheiterte jedoch.

„Jerusalem", „Tempel Salomons" (Rekonstruktion)
Das islamische Heiligtum des Felsen„doms" bezeichnet mit großer Wahrscheinlichkeit den Platz des salomonischen Tempels.

3.3.4 Reichsteilung, Fremdherrschaft und Diaspora

Nach SALOMOS Tod zerbrach die Personalunion von Israel und Juda. Die Nachbarvölker gewannen die Selbstständigkeit zurück. An die Stelle des Großreichs traten zwei schwache und miteinander rivalisierende Teilstaaten. Beide gerieten unter den Druck der Großmächte Ägypten und Assur.

In den Stämmen Juda und Benjamin sowie in Jerusalem konnte sich DAVIDS Dynastie mit SALOMOS Sohn REHABEAM souverän durchsetzen und bis zur Zerstörung des **Südreiches Juda** 587 v. Chr. ungefährdet behaupten. REHABEAMS Weigerung, Steuern und Frondienst der Nordstämme zu reduzieren, provozierte deren Abfall. Sie erhoben den nach Ägypten geflohenen JEROBEAM zum König des eigenständigen **Nordreiches Israel.** JEROBEAM baute zwei mit Jerusalem konkurrierende Jahwe-Tempel in Dan und Bethel. Das trug ihm die Feindschaft der Priesterschaft Jerusalems ein. Die Toleranz seiner Nachfolger hinsichtlich der Verehrung anderer Götter rief heftige Kritik jahwetreuer Propheten hervor. Beides schwächte Israels Monarchie. Damit verbundene häufige Königsstürze und Dynastiewechsel und das lange Fehlen einer mit Jerusalem vergleichbaren Hauptstadt behinderten eine dauerhafte Stabilisierung.

„Schwarzer Obelisk" SALMANASSARS III. von Assur.
Die Spalte enthält Israels Tributpflicht.

721 v. Chr. vernichtete die Großmacht Assur das Nordreich und deportierte die Bevölkerung.
Judas Könige ließen sich um 600 v. Chr. in eine Konfrontation mit der neuen Großmacht Babylon ein. Sie hofften auf die Uneinnehmbarkeit des unter Jahwes göttlichem Schutz stehenden Jerusalem. Sich selbst sahen sie im Zeichen des nun voll ausgebildeten Monotheismus (von griech. monos = ein, eins und Theos = Gott)) als irdische Werkzeuge des weltbeherrschenden Gottes Jahwe. 587 v. Chr. eroberte Babylon Jerusalem. Es deportierte Königshaus, Priesterschaft und Oberschicht nach Mesopotamien und zerstörte Jahwes Tempel.

Das Ende des Südreichs beendete für Jahrhunderte die israelitische bzw. jüdische Staatlichkeit. Es bedeutete aber nicht das Ende der Geschichte des im Südreich lebenden Volkes. Es überdauerte Exil und Fremdherrschaft als einzigartige Religionsgemeinschaft. Aus den jahwetreuen Einwohnern des Staates Juda entstand das Volk der Juden.

Die Makkabäer entstammten einer ländlichen Priesterfamilie, die sich an die Spitze eines Aufstands stellte. Sie gründeten als neue Dynastie eine unabhängige Herrschaft über Jerusalem und weite Teile Palästinas.

Persiens Sieg über Babylon 539 v. Chr. brachte den exilierten Juden das Heimkehrrecht. Persien förderte den Neubau des Jerusalemer Tempels. Die Juden erhielten in Palästina weitgehende Autonomie. Im 2. Jh. gelang den nationalreligiösen jüdischen Makkabäern nochmals die Errichtung eines unabhängigen jüdischen Reiches in Palästina. Erst Rom beendete dessen Selbstständigkeit.
Nicht alle Juden kehrten aus Babylon zurück. Im Hellenismus verließen sogar viele Juden freiwillig Palästina. Zentrum der jüdischen Diaspora (griech.: Zerstreuung) war Alexandria in Ägypten. Diaspora-Juden übernahmen die griechische Sprache, bewahrten aber ihre Religion und die Bindung an Jerusalem.

3.3.5 Die Entstehung des israelitischen Monotheismus

Die Ausbildung des israelitischen **Monotheismus** ist ein komplizierter, ca. 1 000 Jahre dauernder Vorgang. Er begann vor der Besiedlung Kanaans und kam erst kurz vor dem Untergang Judas (587 v. Chr.) zum Abschluss. Die erste Phase stand im Zeichen der Absorption anderer Götter durch den Gott Jahwe. Anschließend erfolgte in Israel die Durchsetzung Jahwes zum einzigartigen Universalgott. Der christliche und islamische Monotheismus wurzeln in dem Israels.

Israels Vorfahren verehrten ortsungebundene Götter von Sippen- und Stammesführern (Gott ABRAHAMS, Gott ISAAKS usw.). Sie wurden z. T. als unsichtbar verstanden oder als Teraphim, leicht transportable Familiengötterfiguren, mitgeführt.
Von den Kanaanäern übernahmen die Lea-Stämme Ernte- und Jahreszeitenfeste sowie Kult und Heiligtümer des Götterkönigs El. Dabei verschmolzen die alten Familiengötter zunächst mit El zu einem einzigen Gott. Die spätere Durchsetzung des unsichtbaren Jahwe als Gott des Ge-

samtvolkes Israel führte zur Gleichsetzung Jahwes und Els. Aus El wurde schließlich eine andere Bezeichnung Jahwes. Die ursprünglich kanaanäischen Feste erhielten im Zusammenhang mit Jahwes Anerkennung als Gott des Volkes Israel völlig neue Bedeutungen. Sie wurden zu Erinnerungsritualen für die Zeit vor der Landnahme.

Ursprung und gewandelte Bedeutung von Festen in Israels Religion		
Fest	**Ursprung**	**neue Bedeutung im Jahwe-Glauben**
Passah (Pessach)	Nomadischer Ritus beim Frühlingsweidewechsel: Bestreichen der Zeltpfosten mit Blut zum Schutz der Erstgeburten vor dem Wüstendämon Pazuzu („Würger")	Fest der Verschonung der israelitischen Erstgeburten vor dem Auszug aus Ägypten bei der letzten der sieben „biblischen Plagen" Jahwes für Ägypten
Massot (Fest der ungesäuerten Brote):	Kanaans Frühjahrserntedankfest zum Beginn der Getreideernte (Gerste)	Fest der Erinnerung an den Auszug aus Ägypten (weil beim überstürzten Aufbruch Zeit zum Säuern des mitgenommenen Brotteigs fehlte)
Shavuot (Wochenfest)	Kanaans Sommererntedankfest zum Abschluss der Getreideernte	Fest der Erinnerung an den Erhalt des Gesetzes (Gebote) Jahwes während der Wüstenwanderung
Sukkoth (Laubhüttenfest)	Kanaans Herbstfest der Oliven-, Feigen- und Weinlese, bei der auf den Feldern Hütten errichtet wurden	Fest der Erinnerung an den Auszug aus Ägypten (weil Israel dabei leicht bau- und aufgebbare Laubhütten bewohnte)

Propheten und Jerusalemer Jahwe-Priester bekämpften die von Israels und Judas Königen lange tolerierte Verehrung „fremder" Götter und die uralten ländlichen Jahwe-Höhenheiligtümer. Dort verehrten die Bauern Gott repräsentierende Kultsteine (Mazzeben) und -pfähle (Ascheren). Jahwes Verehrung in der Mazzebe widersprach der Lehre von seiner Unsichtbarkeit und der Forderung nach Bildlosigkeit. Ascheren waren noch anstößiger. Aschera galt als Göttin an Jahwes Seite. Ende des 7. Jahrhunderts verbot König JOSIA die Höhenheiligtümer. Im Buch **Deuteronomium** erhielt der Jahwe-Glauben unter JOSIA klare verbindliche Vorschriften und Gebote.

Deuteronomium, griech. = zweites Gesetz. Das Deuteronomium ist das 5. Buch Mose der Bibel.

Die Durchsetzung der ausschließlichen Verehrung Jahwes war ein wichtiger Meilenstein auf dem Weg zum Monotheismus. Die weitere Konsequenz der Verneinung der Existenz jeglicher „fremden" Götter markierte den Übergang zum reinen Monotheismus. Jahwe galt in Israel als einziger allmächtiger Gott, der vom Berg Zion Welt und Völker lenkte. Judas Untergang verstanden Propheten als Strafe Jahwes an seinem ungehorsamen Volk.

„Ihr solltet nichts dazutun zu dem, was ich euch gebiete, und sollt auch nichts davon tun, auf daß ihr bewahrt die Gebote des Herrn, eures Gottes, die ich euch gebiete" (Deuteronomium 4.2).

3.4 Die Hochkulturen Asiens

3.4.1 Die Dynastien Chinas

Dynastie	Teildynastie	v. Chr.
XIA (Hjsa)		2100–1600
SHANG-YIN		1600–1100
ZHOU	Xi (westliche) Zhou	1100–771
	Dong (östliche) Zhou	770–256
	Chungin (Frühlings- und Herbstperiode)	770–476
	Zhanguo (streitende Reiche)	475–221
QIN		221–207
HAN	Xi (westliche) Han	206–24 n.Chr.
	Dong (östliche) Han	25–220
DIE DREI REICHE	Wei	220–265
	Shu	221–263
	Wu	222–280
JIN	Xi (westliche) Jin	265–316
	Dong (östliche) Jin	317–420
SÜDLICHE DYNASTIEN	Song	420–479
	Qi	479–502
	Liang	502–557
	Chen	557–589
NÖRDLICHE DYNASTIEN	Bei (nördliche) Wei	386–534
	Dong (östliche) Wei	534–550
	Xi (westliche) Wei	535–557
	Bei (nördliche) Qi	550–577
	Bei (nördliche) Zhou	577–581
SUI		581–618
TANG		618–907
DIE FÜNF DYNASTIEN	die spätere Liang	907–923
	die spätere Tang	923–936
	die spätere Jin	936–947
	die spätere Han	947–950
	die spätere Zhou	951–960
SONG	die nördliche Song	960–1127
	die südliche Song	1127–1279
LIAO		916–1125
JIN		1115–1234
YUAN		1271–1368
MING		1368–1644
QING		1644–1911

Anfänge der chinesischen Zivilisation

Die Abbildung von Yu dem Grossen, dem Begründer der Xia-Dynastie, stammt aus der Quing-Zeit.

Das Territorium des heutigen Chinas war schon in der Altsteinzeit (10 000 v. Chr.) besiedelt. Bereits im 5./4. Jt. v. Chr. kultivierten die Menschen in China den Reis. Die sogenannte **Hemudu-Kultur** kannte Verfahren, wie man Holzgefäße durch das Aufbringen von Lackschichten gegen verschiedene Umwelteinflüsse resistent machen konnte. So konnte keine Feuchtigkeit ins Holz eindringen, es gelang, die Gefäße auf 100 Grad Celsius zu erhitzen.
Etwa zeitgleich zur Harappa-Kultur (Indus-Kultur), zur Kultur von Mohenjo-Daro, der vermutlich ältesten Stadtsiedlung der Welt, von Jericho und der alten Siedlungen Mesopotamiens hat sich hier eine Hochkultur entwickelt.

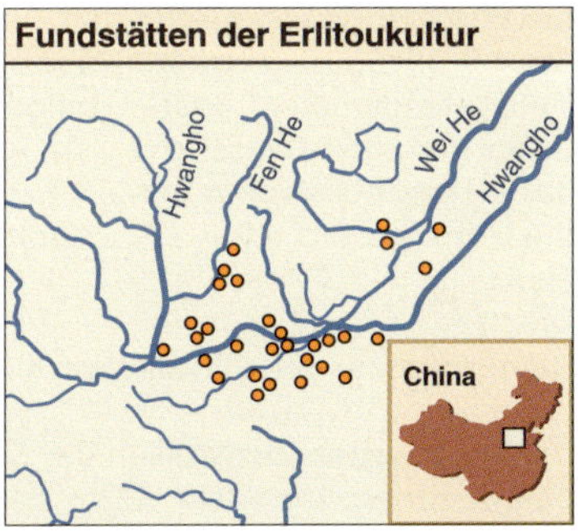

Auf Konfuzius geht die Einteilung der **Dynastien der chinesischen Frühzeit** zurück. Er benutzte dafür den Begriff **San-dai** („drei Dynastien"): Ins 21. Jh. v. Chr. fällt die **Xia-Dynastie** (21.–16. Jh. v. Chr.), deren Existenz aber nicht bewiesen ist. Archäologisch lässt sich die ins 19. Jh. v. Chr. fallende **Erlitou-Kultur** nachweisen, die an den drei Flüssen Hwangho (Gelber Fluss), Wei He und Fen He vorherrschte. In jene Zeit fallen wichtige kulturelle Leistungen: Man war in der Lage, wichtige Flüsse zu regulieren und für die **Bewässerung der Felder** nutzbar zu machen, man baute **große Städte** mit **Tempeln** als Lebensmittelpunkte. Begründer der Xia-Dynastie war der konfuzianischen Überlieferung nach Yu der Grosse. In dieser Zeit wurden auch die bisher **ältesten Schriftzeichen Chinas** entwickelt, die jedoch nur in Form von **Orakelknochen** belegt sind. Die meisten dieser auch als „Drachenknochen" (longgu) bezeichneten Funde stammen jedoch aus der **Shang-Dynastie** (16.–11. Jh. v. Chr.). Die Shang stürzten die Xia. Ihr Stammgebiet lag unweit der Xia-Residenz Yangcheng. Aus dieser Zeit stammen **frühe Bronzefunde,** Pferde- und Streitwagen. Auch die **Seide** war bereits bekannt.

Orakelknochen nennt man Schildkrötenpanzer oder Schulterblätter von Rindern, in die Schriftzeichen eingeritzt waren. Man benutzte die Knochen, um ein Jagdglück oder den Willen der Götter vorherzusagen. Dazu wurden sie nach dem Beschriften von der Innenseite her erhitzt, sodass im Panzer Risse entstanden, aus denen dann das Orakel gelesen wurde.

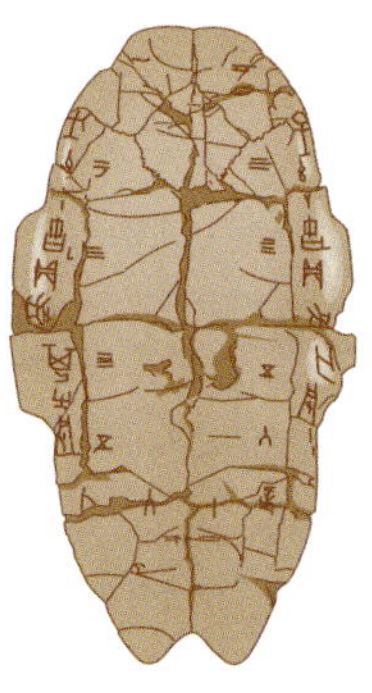

Organisation des frühen chinesischen Staates

Die Shang-Dynastie besaß bereits eine entwickelte Herrschaftsstruktur. Während in der Zhengzhou-Periode (16.–14. Jh. v. Chr.) die Thronfolge

über die Brüder der Könige geregelt war, legte man in der Anyang-Periode (13.–11. Jh. v. Chr.) die Vater-Sohn-Thronfolge fest. Der König vereinte die weltliche und geistliche Macht in seiner Person. Er ernannte seine Ratgeber, Statthalter und Heerfürsten, die meist aus der eigenen Familie stammten.
In der Shang-Zeit galten verstorbene Herrscher als vergöttlichte Wesen und nahmen ihren Platz neben Naturgöttern und Naturgeistern innerhalb der frühen chinesischen Religion ein. Es gab also bereits ein ausgeprägtes Jenseits-Denken. Oberster Gott der Shang-Zeit war ein „di" oder „shangdi" („Gott in der Höhe"). Der **Priesterkönig** war religiöses Oberhaupt. Er befragte in einem religiösen Zeremoniell (Orakel) Ahnen und Götter und er bestimmte die Opfergaben (Menschen-, Tier- und Pflanzenopfer).

Bei einer Opferhandlung konnten 100 Schafe, 100 Schweine, 100 Hunde, bis zu 1 000 Rinder geopfert werden.

Die **zhongren** waren an Grund und Boden gebunden (in der Landwirtschaft tätige Leibeigene), aber auch die Bediensteten am Königshof und in den Städten. Sie wurden aber auch als Soldaten des Königs eingesetzt.

Der chinesische Staat stützte sich wirtschaftlich auf die Königsländereien (Domänen), die von Leibeigenen („zhong" bzw. „zhongren" = „die Vielzahl der Menschen") bewirtschaftet wurden. Es dominierte der Anbau von verschiedenen Hirsearten, Sojabohnen, vereinzelt Weizen, Gerste und Reis. Zhongren wurden auch bei der Förderung, dem Transport und der Verhüttung von Kupfer und Zinn zu Bronze eingesetzt. Den eigentlichen Bronzeguss erledigten dagegen Handwerker („duogong" = „die vielen Handwerker", später „baigong" = „die hundert Handwerker").
Unter der Zhou-Dynastie (11. Jh. v. Chr.–221 v. Chr.) prägte sich in China der Lehensfeudalismus heraus. Perioden dieser dynastischen Zeit waren die frühe westliche (bis 771 v. Chr.) und die späte östliche (bis 221 v. Chr.) Zhou.

Herausbildung des chinesischen Kaisertums

Die Zhou hatten als Vasallen der Shang die Macht durch eine Rebellion übernommen. Um 1045 v. Chr. siegten die Zhou unter WUWENG („der kriegerische König") in der entscheidenden Schlacht gegen die Shang in Muye. Priester-König DI XIN wurde getötet, sein Sohn WUGENG wurde Vasall der Zhou.

Einer der Gründe, warum die Shang gestürzt wurden, mag in der unvorstellbaren Grausamkeit gelegen haben, mit der sie das Land regierten. So soll der letzte Shang-König ZHOU XIN den Sohn des Zhou-Königs WENWANG, der am Shou-Hofe als Geisel lebte, getötet und aus seinem Leichnam eine Suppe bereitet haben, die er dann WENWANG vorsetzte. Dieser, nichts ahnend, aß die Speise. ZHOU XIN wollte mit seiner Tat lediglich beweisen, dass WENWANG nicht als Weiser gelten konnte.

Unter den **westlichen Zhou** (bis 770 v. Chr.) wurden große Teile des „shijing" („Buch der Lieder") geschaffen, der ältesten Sammlung chinesischer Poesie.

Die Hauptstadt Hao befand sich bis zum Jahre 770 v. Chr. südwestlich vom heutigen Xi'an.
Seit den Zhou galt der König als der Tianzi („Sohn des Himmels"). Hierunter verstand man seither einen Herrscher, der als Priester-König zwi-

schen Himmel (Ahnen, Götter) und Erde (Volk) vermittelte. Das sicherte ihm die Macht über „das, was unter dem Himmel" (Tanxia), also auf der Erde ist. Der irdische Herrscher verpflichtete sich, die Rituale zu Ehren des Himmels zu vollziehen und die seit der Zeit YU DES GROSSEN (Xia-Dynastie) verehrten neun heiligen Opfergefäße der Erdgottheiten („She") zu bewahren. Der König war also nicht mehr gottgleich, sondern lediglich Vertreter und Ausführender göttlichen Willens.
Streitigkeiten innerhalb der Teilreiche der Zhou-Dynastie führten nach dem Tode WUWENGS dazu, dass nahe der heutigen Stadt Luoyang die Hauptstadt der **östlichen Zhou** gegründet wurde, die sich als Hauptstadt des Reiches bis ins Jahr 249 v. Chr. halten konnte.
Die Kämpfe zwischen den Vasallenstaaten führten zu zwei entscheidenden Perioden innerhalb der Geschichte der Zhou: **Frühlings- und Herbst-Periode** (Chunqiu) nannte KONFUZIUS die Zeit zwischen 722 und 481 v. Chr. Er bezeichnete damit die Blüte und den beginnenden Zerfall seines Idealstaates der Zhou. Die Vasallenstaaten kämpften um die Vorherrschaft im Land, die Könige waren nur noch formell in ihrem Amt. Von den vielen kleineren Staaten überlebten schließlich sieben, die gegeneinander stritten. Deshalb wurde dieser Epoche der Name **Chan-Guo-Zeit (streitende Reiche)** gegeben, aus der das erste chinesische **Kaiserreich der Quin** hervorging.

Wichtige kulturelle Leistungen der Zhou-Zeit

Wichtige kulturelle Leistungen fallen in die Zeit der Zhou-Dynastie:
So wurde die chinesische Schrift weitgehend zu ihrer heutigen Form entwickelt. Es kam zu einem Aufblühen der Literatur, der Künste und der Philosophie.

Die Zeit der Zhou-Dynastie brachte die sogenannte Epoche der **„Hundert Schulen"** hervor. Die großen chinesischen Philosophen KONFUZIUS (KONG FUZI, 551–479 v. Chr.), LAOTSE (LAOZI, ca. 400 v. Chr.) und MENZIUS (MENGZI, 372–289 v. Chr.) begründeten ihre philosophischen Schulen, die alle bis heute einen Einfluss auf das chinesische Denken haben.
Die wichtigsten Schulen der chinesischen Philosophie sind der Konfuzianismus, der Daoismus (nach LAOZI), der Mohismus (nach MO DI), die Schule der Legalisten, MENGZIS Weiterentwicklung konfuzianistischer Gedanken und die Schule von XUNZI.
Die wichtigsten philosophischen Bücher sind: „Yi Jing" (I Ging, ‚Buch der Wandlungen') des KONFUZIUS, „Sun Zi Bing Fa" (‚Strategie des Sun Zi'), „Dao De Jing" (Tao Te King, ‚Buch vom Dao und De', ‚Das Buch vom Dao und von der Tugend') des LAOTSE, das „Zhuang Zi" (‚[Werk des] ZHUANG ZI, auch CHUANG-TZU, 369–286 v. Chr.) sowie das dem LIE ZI (LIE-TZU, ca. 3. Jh. v. Chr.) zugeschriebene „Lie Zi" ([Werk des] LIE ZI).
Neben der Philosophie blühte die Wissenschaft. So führte man in China 1 000 Jahre früher als in Indien das Dezimalsystem in die Mathematik ein. Die traditionelle chinesische Medizin entwickelte sich. Die Aufzeichnungen in dem medizinischen Buch „Huang Di Nei-Jing" („Buch des Gelben Kaisers zur Inneren Medizien") stammen aus dieser Periode. Dabei handelt es sich um ein Zwiegespräch des Gelben Kaisers (HUANG-DI) mit dem Arzt QI BO.

Ausprägung des chinesischen Kaisertums

Die Abbildung zeigt QUIN SHI HUANG-DI, der Erste Erhabene Göttliche, den ersten chinesischen Kaiser.

Unter der Zhou-Dynastie waren die stärksten Vasallen die Han, Zhao, Chu, Yan, Qin und Qi. Das Reitervolk der Qin aus dem Nordwesten Chinas errang unter den Kämpfenden der streitenden Reiche eine Vorrangstellung.

221 v. Chr. stürzte der Qin-König ZHENG (256 v. Chr.–210 v. Chr.) den letzten Zhou-König und bestieg als **erster Kaiser Chinas** den Königsthron. Er nannte sich seitdem QUIN SHI HUANG-DI, der Erste Erhabene Göttliche. Diesen Titel **(Huang-Di)** übernahmen alle anderen Herrscher nach ihm. HUANG-DI zerschlug die Einzelstaaten und begründete den Qin-Einheitsstaat. Er führte eine Reihe von Reformen durch. So vereinheitlichte er Maße, Gewichte und die Schrift. Er führte einen einheitlichen Kalender für das Großreich ein.

Die Chinesen selbst bezeichnen ihr Land als **Zhonghua** (Reich der Mitte). Das chinesische Schriftzeichen dafür ist ein Rechteck mit einer Zäsur in der Mitte.

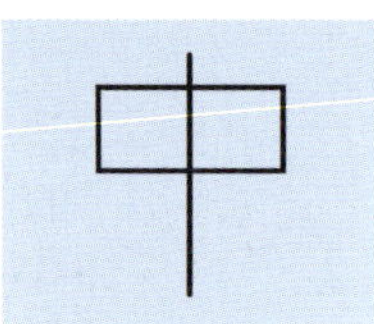

Das Rechteck symbolisiert die Erde, die man sich damals als regelmäßig geformtes flaches Land vorstellte.

Gebietsreform des QUIN SHI HUANG-DI

Zentralregierung

- drei „Großwürdenträger" („san-gong")
- Kanzler („cheng-xiang")
- „Großzensor Sekretär" („yhshi-dafu")
- „Großer Feldherr" („tai-wei")

30 Regierungsbezirke

1 000 Kreise („xian")

Das Prinzip dieser Zentralregierung wurde von allen nachfolgenden Dynastien übernommen. Das reformierte Strafrecht bestimmte, dass alle **Menschen vor dem Gesetz** gleich seien. Allerdings führte HUANG-DI drakonische Strafen ein. So wurden kleine Vergehen schon mit Zwangsarbeit oder Verbannung bestraft. Die Quin führten brutale Hinrichtungsmethoden und Körperverstümmelungen ins Strafrecht ein.

> Die Epoche des ersten chinesischen Kaisertums wird nach dem Volk der Quin die Zeit der **Qin-Dynastie** (249–210 v. Chr.) genannt. Sie lieh vielen Völkern auch die Bezeichnung für das Land China.

In die Zeit der Quin-Dynastie fallen auch gewaltige Bauvorhaben. So wurden weit reichende Kanal- und Straßennetze errichtet. Die Quin ließen auch die Große Chinesische Mauer errichten. Dazu wurden, zum Schutz gegen nördliche Angriffe, die in den Vasallenstaaten angelegten Wälle zu einem großen Mauernkomplex zusammengefügt. Der Bau der Mauer kostete einer Million **zhongren** (leibeigenen Bauern) das Leben.

Der Überlieferung nach soll QUIN SHI HUANG-DI besonders tyrannisch geherrscht haben. So soll er die philosophischen Schulen verboten und 400 Anhänger des KONFUZIUS bei lebendigem Leibe begraben lassen haben. Sein Grabmal, das 1974 entdeckt wurde, beinhaltet die unterschiedlichsten Grabfiguren.
Eine komplette Armee von ca. 6 000 lebensgroßen Terrakotta-Soldaten, jede Figur mit individuellem Gesicht, kunstvoll nachgeahmten Uniformen und 2 000 kostbaren Bronzewaffen, sowie Pferde und Streitwagen wurden gefunden.

Der erste chinesische Kaiser starb 210 v. Chr. Seinem Nachfolger gelang es nicht, die bald ausbrechenden Unruhen im Lande erfolgreich niederzuschlagen. Es begann die 400 Jahre währende Han-Dynastie (210 v. Chr.–220 n. Chr.), als LIU BANG, Abkömmling eines Bauern, 207/206 v. Chr. die Hauptstadt des Reiches eroberte und 202 v. Chr. den Kaiserthron bestieg.

Der Konfuzianismus

Der Konfuzianismus, seit der Han-Dynastie (206 v. Chr. – 220 n. Chr.) Staatsreligion, hat als philosophisches System den größten Einfluss auf China gehabt. Er wirkt als Übermittler der ältesten chinesischen Kultur bis heute fort und regelt die Verhaltensnormen in den zwischenmenschlichen Beziehungen.

In den frühen chinesischen Philosophien wurden zwei Grundfragen abgehandelt:
- Welchen Platz hat der Mensch im Universum? (Sinn des Lebens)
- Wie finden die Menschen eine soziale Ordnung und Harmonie?

Die Kernfrage nach der Harmonie des Universums, des Kosmos, der die Natur und die Menschenwelt erfasst, wird dahingehend beantwortet, dass die Ordnung in der menschlichen Welt genau der Ordnung in der Natur entspricht. Ziel allen Strebens muss die absolute Tugend sein. Daraus ergibt sich das Grundgerüst des Konfuzianismus:

die fünf fundamentalen menschlichen Beziehungen	die fünf Kardinaltugenden	die drei sozialen Pflichten
Vater – Sohn Fürst – Untertan Mann – Frau älterer Bruder – jüngerer Bruder Freund – Freund	1. Menschlichkeit 2. Rechtlichkeit und Wohlwollen 3. Anstand und Sitte 4. Klugheit 5. Zuverlässigkeit	– Loyalität (Untertanentreue) – Pietät (kindliche Verehrung der Eltern und Ahnen) – Höflichkeit

Der Konfuzianismus ist neben dem Taoismus und dem Buddhismus eine der bedeutendsten philosophischen Richtungen in China und Ostasien. Dabei wurde es traditionell selbstverständlich, dass die drei Religionen nicht nur nebeneinander existierten, sondern miteinander. Kaiser XIAOZONG der südlichen Song-Dynastie (1163–1189) sagte: „Der Buddhismus ist für den Geist zuständig, der Taoismus für den Körper und der Konfuzianismus für die Gesellschaft."

3.4.2 Die Indus- oder Harappa-Kultur

Kultur	Zeitraum
Dwaraka-Kultur	7000–4000 v. Chr.
Harappa-Kultur	3500–1500 v. Chr.
vedisches Indien	1500–600 v. Chr.
Beginn des Buddhismus	600–320 v. Chr.
Marya-Reich	320–187 v. Chr.
Kuschan-Reich	um 100 v. Chr.–200 n. Chr.
Gupta-Dynastie	320–500 n. Chr.
Vordringen des Islam	ab 712 n. Chr.
Mogul-Reich	1526–1857

Der Begriff Indus-Kultur leitet sich ab vom Indus-Tal in Pakistan, wo seit den 20er-Jahren des 20. Jh. die Reste bedeutender Städte ausgegraben werden, deren kultureller Entwicklungsstand sehr hoch und einheitlich war. Nach dem Fundort Harappa im Indus-Tal wird sie auch als Harappa-Kultur (3500–1500 v. Chr.) bezeichnet.

Forscher glauben, im Golf von Cambay eine Hochkultur entdeckt zu haben, die noch 4000 Jahre älter ist als die Harappa-Kultur. Sie gehen davon aus, dass bereits 7000 v. Chr. mit der Dwaraka-Kultur die erste menschliche Hochkultur der Welt existierte.

Weitere bedeutende Fundorte sind Mohenjo-Daro, Amri, Chanhu-Daro und Kot Diji.

1922 war man eher zufällig auf die Reste einer sehr alten Zivilisation gestoßen, als man nach Spuren des Alexander-Feldzuges (334–323 v. Chr.) suchte.

Das Gebiet des Indus-Tales war seit rund 500 000 Jahren von Menschen besiedelt. Seit 8000 v. Chr. (Jungsteinzeit) gab es sesshaft gewordene Bauern und Viehzüchter. Etwa 4000 v. Chr., so vermuten Historiker, nutzten die Menschen des Indus-Tales erstmals Wasserfahrzeuge für den

Fischfang und zur Flussüberquerung. Um 2000 v. Chr. wurden bereits bestehende Städte mit großen Bauwerken durch einfache Behausungen überbaut, bereits entwickelte Techniken und Erfindungen nicht weiter genutzt. So hat es nachweisbar in Harappa und Mohenjo-Daro eine entwickelte Schrift gegeben, es wurden hochwertige Keramiken gefertigt und es gab eine erstaunlich fortgeschrittene Architektur. Straßen waren angelegt, Befestigungssysteme entwickelt und große Stadtanlagen mit perfekter Kanalisation gebaut worden. Mohenjo-Daro wurde auf einer künstlichen Plattform sehr planvoll errichtet. Rund 40 000 Menschen lebten dort. Wasser entnahm man aus bis zu 20 Meter tiefen, mit Ziegeln gemauerten Brunnen.

Das Verschwinden der Harappa-Kultur ist nicht auf Naturkatastrophen oder vernichtende Schlachten zurückzuführen. Dafür fanden sich bei den Ausgrabungen keine Belege.

Man trieb Handel, sogar Fernhandel per Schiff, und hatte bereits eine streng verwaltete Stadtgemeinschaft. Die Gesellschaft war stark arbeitsteilig organisiert. Ob der Staat durch Könige oder Priester regiert wurde, lässt sich nicht mit Sicherheit sagen. Das Land könnte von einem Priesterkönig regiert worden sein. Dafür sprächen gefundene Artefakte, wie figürliche Plastiken aus Stein und Terrakotta. Möglich ist jedoch auch eine Regierung durch bürgerliche Selbstverwaltung, da man keine großen Königsgräber, Tempel und Paläste fand.

Büste eines „Priesterkönigs", gefunden in Mohenjo-Daro.

Über die **Lebensweise der Menschen** geben nur gegenständliche Funde Auskunft:
Handwerker produzierten
- Geräte aus Metall (vor allem für den kultischen Bereich),
- Geräte aus Flint (Feuerstein),
- Keramik,
- Metall (Bronze),
- Holzboote,
- Kleidung (Textilspinnerei),
- hölzerne Karren,
- Kunsthandwerk (Gold, Silber, Bronze),
- Schmuck aus Karneol, Lapislazuli, Kristall, Achat und anderen Steinen. Schmuck wurde unter anderem bis nach Mesopotamien exportiert. So fanden Forscher im Grab der mesopotamischen Königin PUABI (um 2500 v. Chr.) Karneolschmuck aus dem Indus-Tal.

Kanalisation in Mohenjo-Daro (Provinz Sind, Pakistan) um 2600–1800 v. Chr.

Die Bauern lebten in umliegenden kleineren Siedlungen. Sie produzierten vor allem:
- Weizen,
- Reis,
- Baumwolle.

Fast 2 000 Jahre vor den griechischen Stadtstaaten scheint sich im Indus-Tal eine von Bürgern geschaffene Demokratie entwickelt zu haben.

Indien in vedischer Zeit

Veden,
Sanskrit = Wissen, vgl. lat. vidi = ich habe gesehen. Die Veden wurden in Sanskrit verfasst, einer Sprache, die aus dem Arischen entstand und sich bis zum heutigen Hindu entwickelte.

Etwa 1500 v. Chr., rund 500 Jahre nach dem Verschwinden der Harappa-Kultur, wurde Nordwestindien durch arische Stämme erobert. Nach den heiligen Schriften (Veden), die kurz danach entstanden, nennt man diese Zeit der indischen Geschichte auch die vedische Zeit.

Die Arier ließen sich zwischen Hindukusch und dem Pandschab (Fünfstromland) nieder. Später dehnten sie ihr Siedlungsgebiet nach Osten aus bis hin zum Ganges. Dieses große Gebiet wurde zum Zentrum vedischer Kultur. Die großen indischen Epen „Rigveda" und „Mahabharata" haben dort ihre Schauplätze.

Zwei Theorien

Arier, von Arya, bedeutete ursprünglich „gastfreundlich", später fand eine Bedeutungsverschiebung zu „Edler" statt.

Die halbnomadischen Arier wanderten nachweislich aus Kleinasien nach Indien ein, wo sie die einheimische Bevölkerung wegen der Benutzung von Bronzewaffen schnell besiegen konnten. Zur **Religion und Staatsbildung** der Arier gibt es unterschiedliche Auffassungen in der historischen Literatur. Zum einen wird behauptet, die halbnomadischen Eindringlinge hätten neben ihrer **Sprache und Schrift** auch das Glaubensgerüst des späteren **Hinduismus** mitgebracht. Die Arier hätten sich an die Spitze der Kultur gestellt. Sie sollen die an einen Fruchtbarkeitskult glaubenden „Dasas" (die Urbevölkerung) nicht als gleichberechtigt in ihre Gesellschaft integriert haben, sondern sie gemeinsam mit deklassierten Ariern als den vierten Stand der vedischen Gesellschaft („Shudra") betrachtet haben. „Dasa" wurde später die Bezeichnung für „Sklave" oder „Diener".

Die frühindische (vedische) Ständegesellschaft lebt heute im indischen Kastensystem weiter.

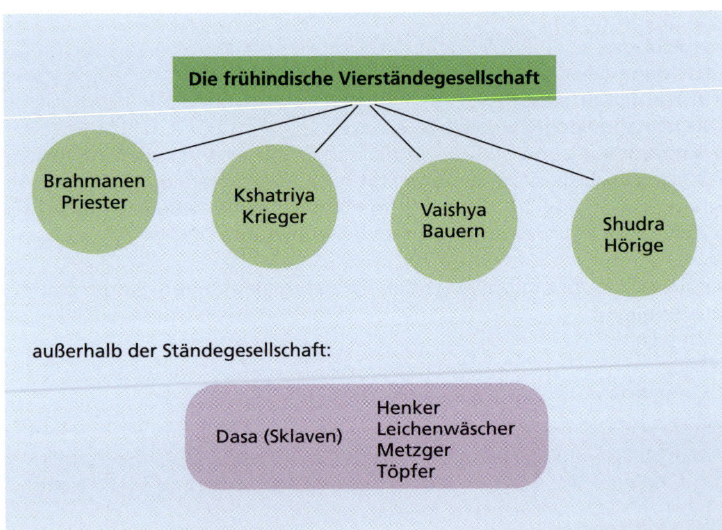

Die frühindischen Stände waren noch nicht erblich, d. h., die Stände konnten gewechselt werden. Die Zugehörigkeit zu einem Stand hing vom Wissen und Können des Einzelnen ab. Ehen konnten zwischen Angehörigen unterschiedlicher Stände geschlossen werden. Speiseverbote (Unreinheit von Lebensmitteln) galten nur für Brahmanen und nur für Opferrituale. Niemand wurde aus seinem Stand mit Gewalt hinausgestoßen.

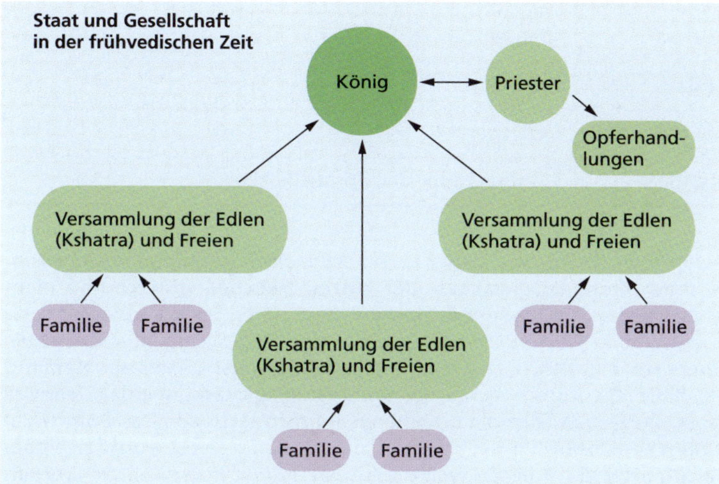

Eine andere Theorie geht davon aus, dass die Arier die bereits höher entwickelte Indus-Kultur für sich nutzten. Demnach übernahmen sie das Wirtschaftssystem, die Schrift und das Glaubensgerüst (Veden) von den Einheimischen, übersetzten die (oft mündlich überlieferten) heiligen Schriften, die Veden, lediglich in ihre Sprache. Indische Wissenschaftler gehen davon aus, dass die Veden um 3500 v. Chr. entstanden sind, also bevor die Arier in Nordindien einfielen. Für diese Theorie spricht auch, dass für halbnomadisch lebende Völker keine Notwendigkeit besteht, sich einer Schrift zu bedienen. Erst wenn gezielter Bewässerungsbau, eine extensiv betriebene Wirtschaft und florierender Handel ausgeprägt sind, ist eine Schrift vonnöten. Bis in die spätvedische Zeit lebten die Stämme jedoch in Dörfern und betrieben Ackerbau und Rinderzucht. Städte waren in vedischer Zeit unbekannt, Fernhandel unwahrscheinlich. Als Zahlungsmittel dienten Rinder. Wozu hätten Arier die Schrift gebraucht?

Arbeitsteilung in vedischer Zeit

Viehzüchter	Bauer	Handwerker
Rinderzucht oft nomadischer Viehzüchter	Anbau von Reis, Gerste, Hirse, Weizen, Hülsenfrüchten, Kürbis, Sesam	Keramik, Wagenbau, Kupfergefäße, Messer, Pfeile, Speere, Hämmer, Äxte u. a. Werkzeuge, Kunsthandwerk (Schmuck)

Vedische Religion

Die wichtigsten vedischen Götter	
Indra	Gott des Firmaments und Quelle der Fruchtbarkeit
Surya	Sonnengott
Ushas	Morgenröte
Agni	Feuergott
Mitra	Vertragsgott
Varuna	Eidgott, Hüter der Unsterblichkeit

Der Priester (**Brahmane,** daher auch die Bezeichnung für den frühen Hinduismus: **Brahmanismus**) war der Mittler zwischen Göttern und Menschen. Anders als in anderen Hochkulturen hatte der König in der vedischen Zeit keine religiöse Funktion. Seine Bedeutung im Opferritual wuchs nur allmählich, je stärker die Bedeutung der Götter abnahm und die Rolle des Königs durch die Brahmanen gestärkt wurde. Denn im Laufe der Zeit wurden die Brahmanen immer mächtiger. Das Opferritual trat ins Zentrum religiöser Handlungen. Das Opfer selbst wurde zu einem Machtmittel der Priester, weil die Rituale immer komplizierter wurden und den wichtigsten Platz in der vedischen Gesellschaft einnahmen.
Offenbar aus vorvedischer Zeit gelangte um 500 v. Chr. eine neue Form der Religiosität in das vedische Glaubensgerüst. Man begann, an den Kreislauf von Wiedergeburten (Seelenwanderung) und Erlösung aus ihm zu glauben. Der Mensch wird so lange wiedergeboren, bis seine Seele durch Ekstase aus diesem Kreislauf erlöst wird und so ins Reich der Götter gelangt. Nur durch richtiges und gutes Handeln (Karma) kann der Mensch in der nächsten Inkarnation (Wiedergeburt) besser werden. Zu einem guten Handeln gehört die Pflichterfüllung (Dharma) innerhalb der Kaste:

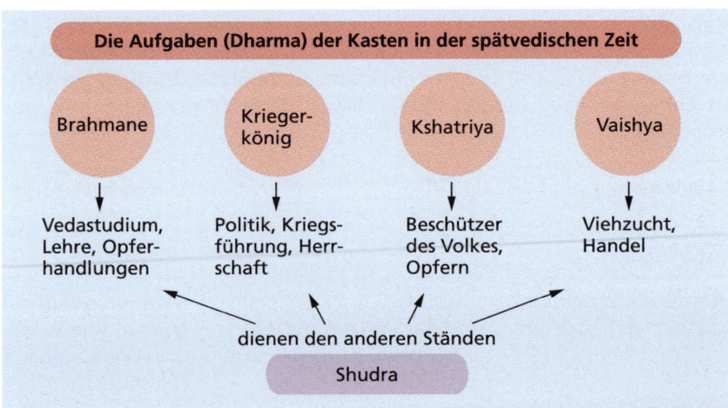

Eine besondere Rolle im neuen Denken des **Hinduismus** nahm das Verhältnis zwischen Brahman und Atman ein. Brahman wird gemeinhin als Weltseele definiert, Atman stellt dagegen die Einzelseele dar. Weltseele und Einzelseele wurden nun als eine Einheit gesehen. Mit dem Verhältnis Atman zu Brahman beschäftigen sich vor allem die **Upanishaden.**
Die hinduistische Religion ist keine einheitliche. Es gibt verschiedene Richtungen, die sich an den verehrten Hauptgöttern orientieren. Die wichtigsten hinduistischen Götter sind: Brahma, Vishnu, Shiva, Krishna, Ganesh.

Gegenwärtiger Anteil des Hinduismus gegenüber anderen Religionen in Indien:
Hindu-Religionen 83 %
Muslime 11 %
Christen 2–3 % (davon 60 % Katholiken)
Sikhs 2 %
Buddhisten 1 %
Jainas 0,5 %
Parsen 120 000
Juden 12 000

Buddhismus

Um 500 v. Chr. forderte Gautama Siddharta (560 v. Chr.–480 v. Chr.) eine Überwindung des Kastenwesens. Seine Lehre verkündete, dass Erleuchtung und Weisheit lediglich durch die Vervollkommnung der menschlichen Seele zu erreichen sind. Sein Religionsname lautet Bhagavat Tathagata Buddha.
Buddha verkündete die „vier edlen Wahrheiten“:

1. Das Leben ist voll von Leiden **(Dukkha).**
2. Das Leiden entsteht, weil Gier, Hass und Verblendung Begehren (Tanha) erzeugen.
3. Das Leiden kann überwunden werden: Erlöschen die Ursachen (das Begehren), erlischt das Leiden.
4. Der Weg dorthin ist der **Edle Achtfache Pfad:** richtige Gesinnung, richtiges Denken, richtiges Reden, richtiges Handeln, richtige Lebensführung, richtiges Streben, richtiges Aufmerken und richtige Versenkung.

Nach ihrem Religionsstifter nennt man diese Religion **Buddhismus.** Sie ist eine Religion ohne Gott. Toleranz gilt als Grundprinzip.
Die Meditation in ihren verschiedenen Spielarten wurde auch durch Mahavira Vardhamana (599 v. Chr.–527 v. Chr.), den Begründer des Jainismus, als Weg zur eigenen Vervollkommnung angesehen. Zudem herrscht innerhalb dieser Religion absolutes Tötungsverbot. Die Jainisten sind strenge Vegetarier. Sie erkennen wie die Buddhisten kein göttliches Wesen an. Götter sind nur auf einen höheren Bewusstseinsstand gelangte Lebewesen.

Maurya-Reich (ca. 320 v. Chr.–187 v. Chr.)

Zwischen 512 v. Chr. und 325 v. Chr. wurde Nordindien zunächst von den Persern, später von den Makedoniern (Alexander der Grosse) erobert. Alexanders Zeitgenosse Chandragupta Maurya bildete gegen Ende des 3. Jh. v. Chr. das erste indische Großreich. Er hatte mithilfe seines Ratgebers Kautalya, der später sein Minister wurde, den Nanda-König von Magadha (Süd-Bihar) gestürzt und so seine Herrschaft begründet.
Chandraguptas Sohn Bindusara vergrößerte das Reich um den gesamten Subkontinent. Ihm folgte Ashoka der Grosse (286 v. Chr.–231 v. Chr., Thronbesteigung um 269/268 v. Chr.).
Nach einer blutigen Schlacht in der Nähe von Bhubaneswar eroberte Ashoka das Königreich von Kalinga. Ganz erschüttert vom Massaker, soll

Ashokas Wappensiegel bildet vier Löwen ab, gemeinsam mit dem Chakra (das Rad) ist es heute das Staatssiegel Indiens.

250 v. Chr., auf dem 3. Buddhistischen Konzil in der Maurya-Hauptstadt Pataliputra (heute Patna), wurde beschlossen, Missionare in verschiedene Gebiete des Subkontinents und in die Nachbarländer zu entsenden, um den Buddhismus zu verbreiten.

er sich daraufhin entschieden haben, auf jegliche Gewalttätigkeit zu verzichten.
ASHOKA erhob den Buddhismus zur Staatsreligion und gründete über 80 000 buddhistische Klöster. Von hier aus gelangte der Buddhismus nach ganz Asien. Sein Einfluss reichte zeitweilig von Afghanistan bis nach Südindien und im Osten bis nach China.
Während der Regierungszeit ASHOKAS war eine Hochblüte der Kunst zu beobachten. ASHOKA war eines der wenigen weltlichen Oberhäupter, die ganz Indien vereinigen konnte.
ASHOKA ließ Steintafeln mit den Lehren des Buddhismus aufstellen. Seine buddhistischen Friedensgesetze ließ er auch in die sogenannten **Ashoka-Säulen** einmeißeln.

Edikte des Kaisers ASHOKA (auch PRIYADÁRSIN = „der Humane")

- Tierschutz (Tötungsverbot von Tieren)
- Medizinische Fürsorge für Menschen und für Tiere
- Rundreisen der Beamten „zum Zwecke der Unterweisung ihrer Untergebenen in den sittlichen Pflichten (dhamma)"
- Die Proklamation des moralischen Gesetzes („Gut ist Gehorsam gegen Mutter und Vater. Gut ist Gabenspenden an Freunde, Bekannte und Verwandte, an Brahmanen und Büßer. Gut ist es, lebende Wesen nicht zu töten. Auch das Unterlassen von Schmähungen gegen Andersdenkende und das Meiden von Streit ist gut.")
- Beamtete Hüter des Rechtes und der Moral (sind „damit beschäftigt, dem moralischen Gesetz Geltung zu verschaffen, den rechten Lebenswandel zu fördern")
- Toleranz (der König ehrt alle religiösen Vereinigungen als gleichwertig)
- Unparteiliche Gerichtsbarkeit (Richter sollen bei der Rechtsprechung frei sein von Zorn, Grausamkeit, Scheu vor wiederholter Anstrengung, Trägheit und Ungeduld.)

Ashoka-Säule

Um 200 v. Chr. zerfiel das Großreich der Maurya. Über dreihundert Jahre wechselten sich in Indien verschiedene Dynastien in vielen Kleinstaaten ab. So eroberten die Skythen 25 n. Chr. – 45 n. Chr. Nordindien.
Um 100 v. Ch. entwickelte sich das **Kuschan-Reich.** Die Kuschan waren ein nomadisches Reitervolk, das von den Xiongnu (viele vermuten, es handele sich hierbei um die Hunnen) aus ihren angestammten Siedlungsgebieten vertrieben worden waren. Das Kuschan-Reich erstreckte sich im 1. und 2. Jh. n. Ch. von der unteren Ganges-Ebene bis zum Aralsee nach Sin kiang. Die Kuschan nahmen den buddhistischen Glauben an. Man förderte Kunst und Kultur. Angeregt durch griechische Kunstwerke, entstanden wertvolle Denkmäler der sogenannten **gräkobuddhistischen Kultur**. Erstmals wurde nun auch der BUDDHA von Bildhauern dargestellt.

Das weltberühmte Tadsch Mahal, das SHAHJAHAN (1627–1665) als Mausoleum für seine Lieblingsfrau erbauen ließ, ist das eindrucksvollste Werk der Mogul-Architektur.

Das erste muslimische Sultanat entstand zu Beginn des 13. Jh. Ein einzigartiges Nebeneinander verschiedener Religionen erlebte Indien zur Zeit des sogenannten Mogul-Reiches (1526–1857).

ANTIKE 4

(1600 v. Chr.–395 n. Chr.)

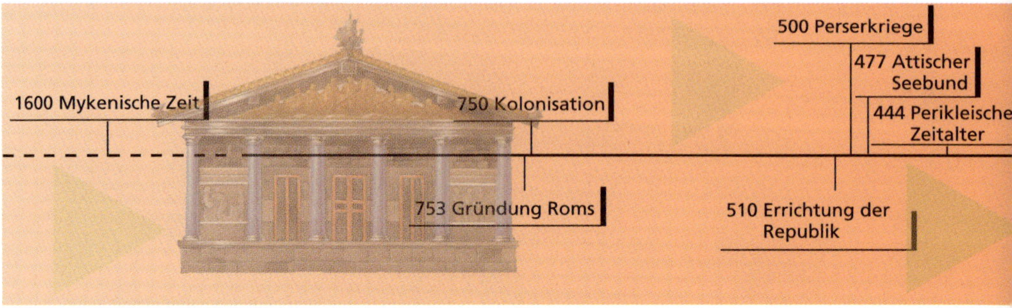

4.1 Griechenland

v. Chr.	
um 2000 bis um 1200	Eindringen indoeuropäischer Stämme von Norden her: Frühgriechen • Mykenische Zeit (ca. 1600–1200 v. Chr.) • Kreta (um 2000–1400 v. Chr.)
um 1200 bis um 1000	Dorische Wanderung
um 1000 bis um 750	Dunkle Jahrhunderte; Entstehung einer Vielzahl von Städten
um 750 bis 500	Griechische Kolonisation: Die Griechen breiten sich im Mittelmeergebiet und am Schwarzen Meer aus.
500 bis 404	• 500–479 v. Chr. Perserkriege • 477 v. Chr. Attischer Seebund, Attisches Seereich • 443–429 v. Chr. Zeitalter des Perikles • 431–404 v. Chr. Peloponnesischer Krieg
338 bis 323	Vorherrschaft Makedoniens • 336–323 v. Chr. ALEXANDER DER GROSSE • Weltreich ALEXANDERS
323 bis 1. Jh.	• Diadochenreiche (Nachfolgerreiche des Alexanderreiches) • Hellenismus

4.1.1 Die griechische Frühzeit (um 3000–1000 v. Chr.)

Das **Territorium** des **alten Griechenland** umfasste **vier Bezirke:**
- den südlichen Teil der Balkanhalbinsel (= kontinentales Griechenland)
- fast alle Inseln des Ägäischen Meeres
- Kreta
- einen schmalen Küstenstreifen Kleinasiens.

Die Landschaft des alten Griechenland unterschied sich in vielem von den Stromlandschaften Ägyptens und Mesopotamiens. Sie wird stark vom

Meer geprägt. Es gibt mehr als 3 000 Inseln im Ionischen und Ägäischen Meer. Tief ins Land greifende Buchten kennzeichnen die meist felsigen Küsten des Festlandes. Das Landesinnere weist schroffe Geländeformen auf mit hohen Erhebungen (Pindos 2637 m, Olymp 2917 m). Hebungen und Senkungen führten zur starken Kammerung des Reliefs. Es entstanden fruchtbare abgeschlossene Beckenlandschaften.
Diese Landschaft beeinflusste entscheidend die wirtschaftliche und politische Entwicklung der Griechen mit.

Die Griechen lebten von **Ackerbau, Viehzucht** und **Fischfang.** Außerdem entwickelten sich **Handwerk** und **Handel.** Die Nähe zum Meer und die zahlreichen Inseln hatten zur Folge, dass die **Seefahrt** schon früh Bedeutung erlangte. Sie war eine wichtige Voraussetzung für den Handel und führte auch zu Kontakten mit den Völkern des Alten Orient.

Besiedlung Griechenlands

Griechenland war bereits in der Altsteinzeit bewohnt, wie Funde aus dem 4. und 3. Jt. v. Chr. belegen.

Um die Wende vom 3. zum 2. Jahrtausend v. Chr. kamen Völker aus Kleinasien und besiedelten die südliche Balkanhalbinsel. Sie betrieben Ackerbau und Viehzucht und begründeten die ersten festen Siedlungen. Auch die Kenntnis der **Metallgewinnung** und **-verarbeitung** breitete sich vom Orient her aus. Die Griechen bezeichneten die Urbevölkerung später als **Karer** und **Leleger.**
Die griechische Frühzeit ist nur durch **Ausgrabungsfunde** und mythologische **Überlieferungen** rekonstruierbar. Erst seit ca. 100 Jahren wurde durch die Ausgrabungen an drei sagenumwobenen Orten der Beweis der frühen Besiedlung Griechenlands erbracht.

SCHLIEMANN-Grabmal

HEINRICH SCHLIEMANN legte **Troja,** die Burgen von **Mykene** und **Tiryns** frei. ARTHUR EVANS fand den Palast des **Minos** in **Knossos** auf Kreta.

Kulturen Kretas und Mykenes

König Minos, griechische Sagengestalt. Als Sohn des Zeus und der Europa war er in Knossos König von Kreta. Wegen seiner Gerechtigkeit herrscht er als Totenrichter in der Unterwelt neben seinem Bruder Rhadamanthys.

Kreta nahm innerhalb Griechenlands durch seine insulare Lage eine andere Entwicklung als das griechische Festland. Die indoeuropäische Wanderung von 2500 bis 1600 v. Chr. machte zunächst vor Kreta halt, sodass die vorgriechische Urbevölkerung ihre Eigenheiten lange Zeit erhalten konnte. Durch den friedlichen Seeverkehr mit den Ländern des Ostmittelmeeres kam Kreta schon früh mit den Hochkulturen des Alten Orients in Berührung und wurde durch sie beeinflusst.

Auf Kreta entstand die **erste europäische Hochkultur,** die nach dem legendären König Minos als **minoische Kultur** bezeichnet wird.
Zentrum der minoischen Welt waren die gewaltigen Palastanlagen in **Knossos,** Phaistos und Malia.

Die Paläste, im Bild die Palastanlage von Knossos, dienten sowohl kultischen als auch wirtschaftlichen Zwecken. An der Spitze stand ein König. Um einen Zentralhof herum gruppierten sich Wohn- und Repräsentationsräume, Werkstätten, Lagerräume und Heiligtümer.
Der Palast von Knossos hatte eine Fläche von 20 000 m^2. 1 500 Räume, Gänge und Säle, die verwirrend in mehreren Stockwerken angeordnet waren, **Malereien** an den Wänden, komfortable Bäder, **Wasserleitungen, Abwassersysteme** u. v. m. zeugten vom materiellen Wohlstand und einer hohen Kultur der Bewohner Kretas. Die Paläste, Städte und Siedlungen waren unbefestigt, was auf eine ungefährdete Königsherrschaft schließen lässt.

Mit einer mächtigen **Flotte** beherrschte **Kreta** den gesamten östlichen Mittelmeerraum und schützte mit ihr die Insel vor äußeren Feinden. **Krieg** spielte im Leben der Bewohner eine untergeordnete Rolle.

Griechische Stämme dringen in den ägäischen Raum

Das Gebiet des heutigen Griechenlands wurde in der Frühzeit von mehreren **Wanderungsbewegungen** indoeuropäischer Völker, den Frühgriechen erfasst.

1. Indoeuropäische Wanderung

1900 v. Chr. drangen **griechische Stämme** der **Achäer** und etwas später der **Ioner** vom Norden her auf die Balkanhalbinsel. Sie unterwarfen die Urbevölkerung, passten sich jedoch bald der höher stehenden bäuerlichen Kultur der einheimischen Bevölkerung an.

Die griechischen Stämme gewannen die **Vorherrschaft** über die Balkanhalbinsel. Um 1450 v. Chr. eroberten sie **Kreta** und beendeten damit die kretische Vormachtstellung im Mittelmeerraum.

Mykenische Kultur

Die **kretisch-minoische Kultur** lebte in der Kultur der Griechen weiter fort. Den Namen erhielt sie nach ihrem Zentrum **Mykene.** Die Palastanlagen dieser Burg zeigten klar das kretische Vorbild, z. B. in der Vielzahl von ineinander gehenden Räumen und Gängen. Es gab jedoch auch Unterschiede zwischen beiden Kulturen. Die mykenischen Burgpaläste waren im Gegensatz zu den unbefestigten Palästen von Kreta von **massiven Mauern** umgeben, die 5–10 m dick waren. Die Bewohner rechneten ständig mit Angriffen von Feinden. Anders als auf Kreta herrschte hier

1939 wurden im Palast von Pylos 600 Tontafeln mit mykenischer Schrift entdeckt. 1952 gelang es dem Engländer VENTRIS, diese zu entziffern. Er stellte dabei fest, dass die **Silbenschrift** ein altertümliches Griechisch war, und erbrachte damit den Beweis, dass die Mykener tatsächlich Frühgriechen waren.

ein kriegerischer Geist. Die Mykener besaßen eine für ihre Zeit hoch stehende **Waffentechnologie:** Schwerter, Dolche, Rüstungen und Helme wurden aus harter Bronzelegierung hergestellt.

Mykenischer Burgpalast

Löwentor

Die **Keramik** war praktisch, aber wenig kunstvoll. Ein einheitliches mykenisches Reich gab es nicht. Von den Burgpalästen aus beherrschten Kleinkönige das Umland. Der mächtigste der achäischen Fürsten war der König von Mykene, dem die Landschaft von Argolis gehörte. Er übte vermutlich die Oberherrschaft über weite Teile Mittelgriechenlands aus.

2. Indoeuropäische Wanderung

Die Folge der Zerstörung der mykenischen Kultur war das sogenannte **„Dunkle Zeitalter“** (dark age), das 300 Jahre andauerte. „Dunkel“ deswegen, weil in dieser Periode wenig an Kultur hinterlassen wurde, was Archäologen finden und interpretieren konnten.

Um 1200 v. Chr. kam es erneut zu einer **Wanderungsbewegung** indoeuropäischer Völker, in deren Zuge die **Dorer,** ein weiterer griechischer Stamm, auf die Balkaninsel vordrangen. Sie zogen bis Mittelgriechenland. Die dort ansässigen Achäer und Ioner wurden unterdrückt oder vertrieben. Ein Teil wanderte nach Kleinasien und auf die ägäischen Inseln aus. Die **Dorer** waren ein sehr kriegerisches Volk, das auf einer niedereren Kulturstufe stand als die Mykener (Achäer und Ioner).
Sie zerstörten auf ihren Wanderungen die mykenische Kultur. Die Palastwirtschaft verschwand, Kunst und Schriftlichkeit gerieten in Vergessenheit.

Zu Beginn des 1. Jt. v. Chr. fanden die **Dorer** endgültig ihren **Siedlungsplatz** auf der **Peloponnes.** Damit fand die Wanderungsbewegung ihr Ende. Die Griechen wurden sesshaft. Eine neue Staats- und Lebensform bildete sich heraus, die **Polis.**

Grundlagen der griechischen Kultur

Griechenland war kein einheitliches großes Reich, wie es Ägypten war.

Durch die geografische Lage begünstigt, entstanden in Tälern und Buchten viele kleine **Stadtstaaten.**

Trotz dieser territorialen Zersplitterung und über alle Gegensätze hinweg fühlten sich die Griechen als ein Volk und grenzten sich bewusst von den Nichtgriechen, die sie als Barbaren bezeichneten, ab. Die Griechen verband eine **gemeinsame Sprache** und **Schrift** und die **gleiche Götter- und Sagenwelt.**

Götter- und Sagenwelt

Die Griechen verehrten eine Vielzahl von Göttern **(Polytheismus).** Nach ihren Vorstellungen hatten die Götter menschliche Gestalt und waren auch in ihrem Verhalten den Menschen sehr ähnlich.

Die Götter unterschieden sich jedoch von den Menschen durch ihre ewige Jugend, Schönheit und Unsterblichkeit. Die Götter lebten nach dem Glauben der Griechen auf dem Gipfel des höchsten Berges in Griechenland, auf dem ca. 3 000 m hohen **Olymp.**
Um die Gunst der Götter zu erringen:
- brachte man ihnen Opfer, baute ihnen prachtvolle **Tempel,** in denen man ihnen opferte und sich an sie wenden konnte (z. B. Zeus-Tempel in Olympia, Apollon-Heiligtum in Delphi, Parthenon-Tempel in Athen),
- veranstaltete man ihnen zu Ehren Feste und sportliche Wettkämpfe (z. B. Olympische Spiele, Fest des Dionysos).

Zeus-Tempel in Athen

Geringer als die Götter, doch weit über den Menschen standen die **Heroen** (= Helden). Sie stammten von den Göttern ab, waren zwar nicht unsterblich wie diese, besaßen aber übermenschliche Kräfte. Die berühmtesten Heroen waren: Prometheus, Herakles, Theseus, Achill.

Vieles, was wir über die Vorstellungen der Götter und der Heroen der Griechen wissen, stammt aus Sagen. Diese wurden von Generation zu Generation mündlich weitergegeben und seit dem 8. Jh. v. Chr. mit der Entwicklung der Schrift aufgezeichnet.

Delphi

Ein besonderes Ansehen in der gesamten griechischen Welt erlangte **Delphi** mit dem **Heiligtum Apollons** (Bild rechts). Es stellte den Mittelpunkt der antiken Welt dar. Apollon, Gott der Heilkunst und der Musen, verfügte auch über zukunftsweisende Kräfte. Menschen

Barbaren = Menschen, die unverständliche Laute sprachen.
Die Griechen bezeichneten sich als **Hellenen** und ihr Siedlungsgebiet als **Hellas.**
(Die Bezeichnung Griechen stammt von den Römern. Griechen, lat. graeci)

Die **griechische Schrift** entwickelte sich im 8. Jh. v. Chr. aus der phönikischen Buchstabenschrift. Durch das Einfügen von Vokalen entstand die erste vollständige Lautschrift, die später Vorbild für das lateinische Alphabet wurde.

Die wohl bedeutendsten Überlieferungen stammen von HOMER, einem Dichter, der im 8. Jh. v. Chr. gelebt hat. In zwei Epen (Sing.: Epos = Heldengedicht), der **Ilias** und der **Odyssee,** berichtete er über die olympische Götterwelt, vom Kampf um Troja und den Irrfahrten des Odysseus. Sie galten allen Hellenen als geschichtliche Wahrheit und begründeten so die **kulturelle Einheit** der Griechen mit.

Die Griechen nannten die Tempelanlagen, in denen man den Rat der Götter einholte, **Orakel.**

Die **Olympischen Spiele** dauerten ursprünglich drei Tage und wurden nur in einer Kampfart, dem Wettlauf, ausgetragen. Später wurden sie auf fünf Tage ausgedehnt und auch das Wettkampfprogramm wurde erweitert. Sportarten wie Ringkampf, Diskus- und Speerwurf, Wagenrennen kamen hinzu.
Erst 1500 Jahre später, 1894 wurden die ersten Olympischen Spiele der Neuzeit auf Anregung PIERRE DE COUBERTINS ins Leben gerufen und 1986 fanden die ersten Olympischen Spiele der Neuzeit in Athen statt.

aus allen Teilen Griechenlands kamen zum **Orakel von Delphi,** um bei wichtigen Vorhaben die Zustimmung bzw. den Rat der Götter einzuholen.

Olympia

Olympia, im Nordosten der Peloponnes, galt als Symbol für den antiken Sport überhaupt. Hier fanden alle vier Jahre die berühmtesten Spiele der Antike zu Ehren des Göttervaters Zeus statt.

Freie unbescholtene Griechen aus allen Teilen des Landes nahmen teil. Während der Wettkämpfe herrschte in ganz Griechenland Frieden. Die Sieger wurden mit einem Ölzweig vom Baum des Herakles geehrt. 393 n. Chr. wurden die **Olympischen Spiele** durch den christlichrömischen Kaiser THEODOSIUS (↗ S. 138) als heidnische Spiele verboten.

Das alte olympische Stadion von 1896

Griechische Kolonisation

Zwischen 750 und 550 v. Chr. wanderten die Griechen aus den verschiedensten Stadtstaaten des Festlandes (Mutterstädte) und Kleinasiens aus und gründeten neue Ansiedlungen, **Kolonien.**

Wichtige **Mutterstädte** waren Korinth, Megara, Sparta und Milet. (Milet soll allein über 80 **Tochterstädte** gegründet haben.)
SOKRATES (um 479–399 v. Chr., griechischer Philosoph) beschrieb das Ergebnis der Kolonisation mit folgenden Worten: „Wir sitzen um unser Meer wie die Frösche um den Teich."

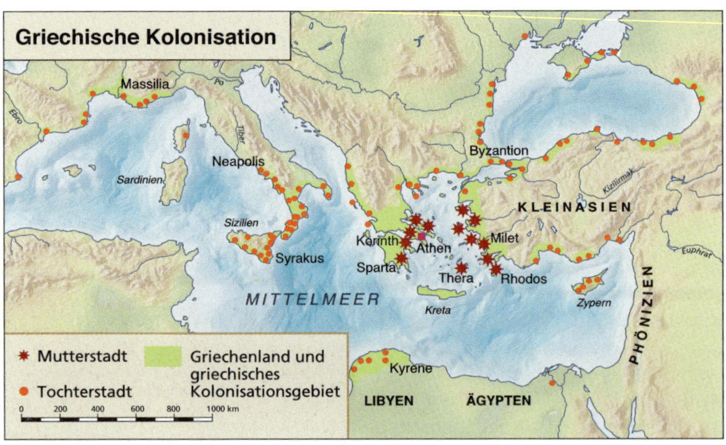

Ursachen der Kolonisation

> Vermutliche Hauptursache für die **Kolonisation** war der **Mangel** an **Ackerboden.**

Ein rapides **Bevölkerungswachstum** seit dem 8. Jh. v. Chr., **Missernten** und **Erbteilung** des landwirtschaftlichen Bodens verschärften die wirtschaftliche Not.
Politische Streitigkeiten, Abenteuerlust und auch die Suche nach neuen **Handelsplätzen** waren weitere Ursachen.
Die Suche nach neuem **Siedlungsland** wurde in der Regel von der Stadt organisiert oder sogar erzwungen. Sie gab den Kolonisten Schiffe, Waffen und einen Expeditionsleiter. Vor der Auswanderung holte man sich beim **Orakel von Delphi** göttliche Zustimmung und Ratschläge.
Die Landnahme erfolgte oft gewaltsam. Alle neu gegründeten Kolonien waren wirtschaftlich und politisch unabhängig von ihren Mutterstädten, blieben aber durch die gemeinsamen Traditionen der Bürger mit den Mutterstädten eng verbunden.

Das väterliche Erbe wurde gleichmäßig unter allen Söhnen verteilt, was zwangsläufig zur steten Verkleinerung des Ackerlandes führte. Diese Kleinbauern konnten von den geringen Erträgen nicht mehr leben.

Folgen der Kolonisation

- Die griechische **Sprache** und **Kultur** breiteten sich über große Teile des Mittelmeerraumes aus.
- Bedeutende Niederlassungen, wie **Byzanz** am Bosporus, **Syrakus** und **Messina** auf Sizilien, **Tarent** und **Neapel** in Unteritalien wurden Ausstrahlungspunkte griechischer Kultur.
- Aufschwung des Handels und der Wirtschaft
- Ausländische Stilrichtungen fanden Eingang in die griechische Kunst (geometrischer Stil).

4.1.2 Das klassische Griechenland (um 1000–300 v. Chr.)

Herausbildung der Polis

> Die Griechen bezeichneten ihren Stadtstaat als **Polis.** Zur Polis gehörten eine **städtische Siedlung** als Zentrum, das **landwirtschaftlich genutzte Umland** und seine **Bewohner.**

Polis, griech. polis (Sing.), poleis (Plur.) = Stadtstaat

Kleine einst selbstständige Dörfer, die meist um einen befestigten Burgberg entstanden waren, schlossen sich zu Gemeinschaftssiedlungen, zu **Poleis,** zusammen. Die geografischen Bedingungen (↗ S. 92) Griechenlands begünstigten die Herausbildung der Kleinstaaten.
Die herrschende Schicht war zunächst der **Adel.** Adelig waren Geschlechter, die seit vielen Generationen über einen ausgedehnten Landbesitz verfügten und damit Macht und Reichtum besaßen.
Sie bekleideten die wichtigsten Ämter, z. B. Richter, Feldherr, Priester.
Die Bewohner einer Polis waren in verschiedene *soziale Gruppen* unterteilt:

Rivalitäten, Machtkämpfe und Bündnisse kennzeichneten das Nebeneinander der Poleis. Im 5. Jh. v. Chr. gab es auf dem Boden des heutigen Griechenlands **250 selbstständige Stadtstaaten** von unterschiedlicher Größe und Struktur.

Bewohner einer Polis

- Bürger
- Metöken (Fremde)
- Sklaven

Demos, griech. demos = Volk; Volksgemeinde eines altgriechischen Stadtstaates. Heute bezeichnet Demos den kleinsten staatlichen Verwaltungsbezirk in Griechenland.

Politisches Mitspracherecht war an das **Bürgerrecht** gebunden. Die Bürger bildeten den **Demos,** das Volk. Voraussetzung war lange Zeit der Grundbesitz.

In **Sparta** blieb diese Einschränkung stets bestehen, während sich in vielen anderen Poleis die politische Gleichheit durchsetzte. Diese galt nur für Männer; Frauen, Metöken und Sklaven waren vom Bürgerrecht ausgeschlossen. Die Bürger einer Polis waren in noch kleinere Gemeinschaften, die Stämme (Phylen), eingegliedert.
Für alle **Poleis** galten folgende Merkmale:

Polis

- kleines, „überschaubares" und „überhörbares" Landgebiet
- innen- und außenpolitisch selbstständig (Autonomie), wirtschaftlich unabhängig (Autarkie)
- konnten sich verteidigen oder Ansprüche militärisch durchsetzen

Athen

Athen liegt auf der Halbinsel Attika in einer Ebene und war ein idealer Platz für ein **Machtzentrum.** Athen war der mächtigste griechische Stadtstaat. Es war dichter besiedelt als andere griechische Städte und das Zentrum der Künste und Wissenschaften. Schutzherrin der Stadt war **Athene,** die Göttin der Weisheit und des Krieges. Die **Akropolis,** zunächst eine starke Festung, wurde später zur geheiligten Stätte mit wichtigen Tempeln und Heiligtümern. Etwa im 8. Jh. v. Chr. wurde die Herrschaft eines Königs **(Monarchie)** von der Adelsherrschaft **(Aris-**

Die Ausdehnung Athens im 6. Jh. v. Chr.

tokratie) verdrängt. Die Aufgaben des Königs übernahmen jetzt neun adlige Beamte **(Archonten).** Sie verwalteten die Polis, waren oberste Priester, Heerführer, Leiter der Regierung und für Recht und Gesetz zuständig. **Archonten** konnten nur Männer aus den reichsten Adelsfamilien werden. Sie wurden für ein Jahr von der Volksversammlung der Adligen gewählt. Nach Ablauf ihrer Amtszeit traten die Archonten in den **Areopag** (Adelsrat) ein.

Aristokratie, griech. aristokratía = Herrschaft der Besten. Die Herrschaft wird von einer Minderheit (meist Adel) im Staat ausgeübt.

In der Frühzeit wurde Athen von Königen regiert, die ihren Sitz auf der **Akropolis,** dem Burgberg von Athen, hatten. Die Könige dehnten im 10. Jh. v. Chr. ihre Herrschaft über die Halbinsel aus.

Akropolis in Athen

Athen geriet in eine Krise

Im 7. Jh. v. Chr. kam es zu einer wirtschaftlichen und sozialen Krise in Athen. Die Herrschaft der **Aristokratie** geriet ernsthaft in Gefahr.
Gründe für die Krise:

Der **Adelsrat** tagte auf dem Hügel des Kriegsgottes Ares in der Nähe der **Akropolis.** Er überwachte die Beamten und war zugleich das oberste Gericht. Dieser Gerichtshof konnte auch die Todesstrafe aussprechen.

1. **Bevölkerungswachstum,** Mangel an fruchtbarem Boden und Erbteilungen führten zu Verkleinerungen des bäuerlichen Grundbesitzes. Der Boden konnte seine Bebauer oft nicht mehr ernähren, viele Bauern verarmten. Bei *Missernten* waren die Bauern gezwungen, Schulden aufzunehmen und ihr Land zu verpfänden.
   Wer nicht in der Lage war, die Schulden zurückzuzahlen, geriet in **Schuldknechtschaft,** d. h., er musste seine Arbeitskraft dem adligen Grundherrn zur Verfügung stellen oder wurde als Sklave verkauft.
   Die Gegensätze zwischen den armen Bauern und den reichen Adligen wuchsen so an, dass eine gewaltsame Auseinandersetzung drohte.
2. Die Ausweitung der griechischen **Siedlungsgebiete** im Ergebnis der **Kolonisation** und die Übernahme der **Münzprägung** von den Lydern (Kleinasien) führte zu einem Aufblühen von Handel und Handwerk. Viele Kaufleute und Handwerker wurden wohlhabend. Während ihre wirtschaftliche Bedeutung für die Polis wuchs, blieben sie weiterhin von der politischen Mitsprache ausgeschlossen.
3. Anstelle der berittenen adligen Einzelkämpfer, die bis in das 7. Jh. v. Chr. die **Hauptstreitmacht** der Griechen bildeten, traten jetzt Bauern, städtische Handwerker und Kaufleute als schwer bewaffnete Fußsoldaten **(Hopliten).** Sie trugen die Hauptlast in den Kämpfen und forderten jetzt auch ein **politisches Mitspracherecht.**

Hopliten, griech. hoplítes = Schildträger. Es war ein schwer bewaffneter Fußsoldat (Bild links).

Die Unzufriedenheit der Bürger Athens führte zu Unruhen, es drohte ein Bürger-krieg zwischen Arm und Reich.

Die Strafen des DRAKON für auch nur kleine Vergehen waren sehr hart. So wurden selbst geringfügige Diebstähle mit dem Tod bestraft, deshalb spricht man bis heute von „drakonischen Maßnahmen", wenn Strafen unangemessen hoch sind.

Einige Adlige erkannten die Gefahr und bestimmten aus ihrer Mitte **624 v. Chr. DRAKON** zum Archonten.
Er versuchte die bäuerliche Unzufriedenheit zu bekämpfen, indem er mehr Rechtssicherheit schuf. Dem Adel entzog er das Recht auf Blutrache. Die Ursachen der Krise löste er nicht.

Reformen des Solon

594 v. Chr. berief der Adel SOLON, einen Mann aus vornehmem altadligem Geschlecht, zum ersten Archonten mit außerordentlichen Vollmachten. Er sollte als Schiedsrichter die Konflikte zwischen Arm und Reich abbauen und eine **dauerhafte Ordnung** schaffen, die eine größere Gerechtigkeit in der Polis ermöglichte.

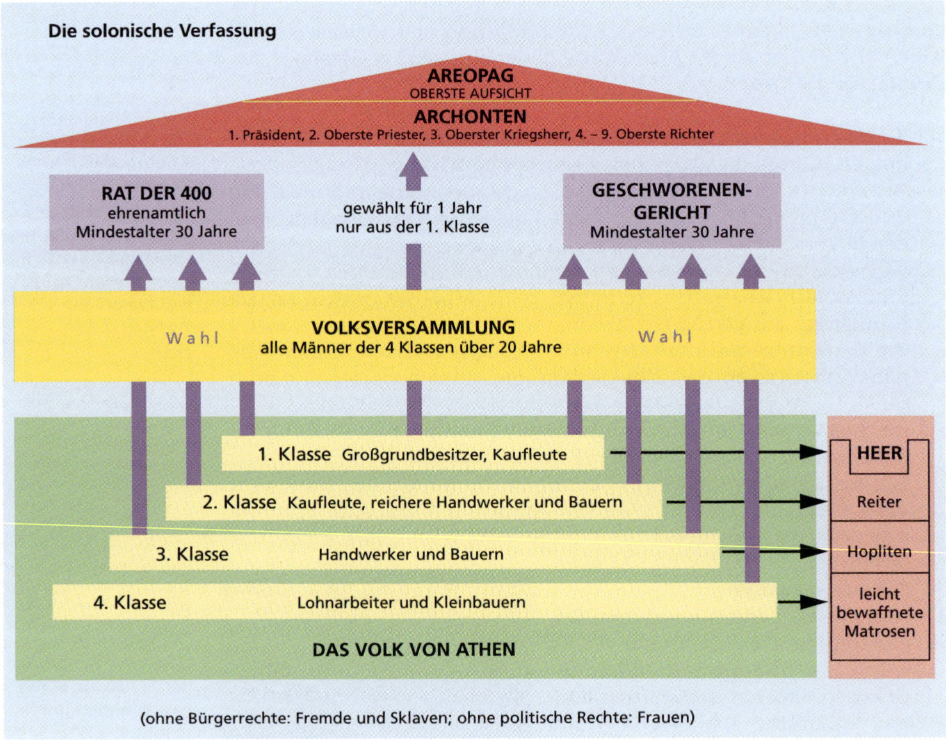

Maßnahmen des SOLON:
- Aufhebung der **Schuldknechtschaft,** das heißt, kein Gläubiger durfte von seinem Schuldner verlangen, dass dieser mit seiner Person für die Schulden haftet. Die Bauern erhielten ihr verpfändetes Land zurück. Ihre Schulden wurden gestrichen.
  Die Bauern, die ins Ausland als **Schuldsklaven** verkauft wurden, wurden auf Staatskosten zurückgekauft und erhielten ihre alten **Bürgerrechte.**

Mit diesem Gesetz linderte SOLON die schlimmsten Auswüchse der sozialen Not auf dem Land. Eine Neuaufteilung des Bodens erfolgte nicht, sodass der Adel seine beherrschende Stellung behielt.

- Neuordnung des politischen Lebens. Um dem Staat eine dauerhafte Ordnung zu geben, beteiligte SOLON alle Bürger Athens an den öffentlichen Angelegenheiten. Dazu teilte er die Bevölkerung nach ihrem Vermögen in 4 Klassen ein. Jede von ihnen hatte entsprechend ihrem Besitz unterschiedliche politische Rechte und Pflichten **(Timokratie).** Wohlhabende Bürger hatten größere Rechte als Arme. Ohne politische Rechte blieben die Metöken, Fremde, Frauen und Sklaven.

Timokratie, griech. Vermögensherrschaft. Staatsform, in der die Rechte der Bürger nach ihrem Vermögen bemessen werden.

Durch die politische Mitwirkung des Volkes in der **Volksversammlung,** dem **Volksgericht** und dem Rat der 400 wurde die Macht des Adels begrenzt. Aus der aristokratischen Herrschaftsform wurde eine **Timokratie,** eine Herrschaft nach dem Vermögen.

Tyrannis des PEISISTRATOS

Die Reformen SOLONS konnten die Ursachen der Krise nicht lösen. Die Spannungen zwischen Adel und übrigen Bürgern wurden nicht überwunden.

Tyrannis = Form einer Alleinherrschaft; man bezeichnete ursprünglich jeden Alleinherrscher, der kein König war, als Tyrann.

Es kam zu erneuten Unruhen in Athen, an deren Spitze sich 561 v. Chr. **PEISISTRATOS,** ein Adliger stellte. Mit Unterstützung der unzufriedenen Bauern erhob er sich zum Alleinherrscher und errichtete eine **Tyrannis** in Athen.

PEISISTRATOS ließ die solonische Verfassung bestehen, besetzte aber die Ämter mit seinen Anhängern. Er förderte Handel und Gewerbe.

Nach seinem Tod 528 v. Chr. überließ PEISISTRATOS die Herrschaft seinen beiden Söhnen. Diese herrschten mit Grausamkeit und Gewalt. 510 v. Chr. vertrieben die Athener den letzten Tyrannen mithilfe der Spartaner.

Unter der Herrschaft des PEISISTRATOS erlebte Athen einen allgemeinen Aufschwung, von dem vor allem die **Mittelschicht** profitierte.

Reformen des KLEISTHENES

KLEISTHENES knüpfte an die Reformen SOLONS an und gab dem Volk weitere politische Mitspracherechte, indem er eine Neueinteilung der attischen Bevölkerung (Phylenordnung) vornahm und die Verfassung reformierte. KLEISTHENES teilte die attischen Bürger in 10 neue Phylen ein. Diese setzten sich jeweils aus Stadt-, Küsten- und Landbewohnern zusammen.

Phylen, ursprünglich für die Stammesverbände der Oberschichten altgriechischer Staaten verwandte Bezeichnung

Mit der neuen **Phylenordnung** entzog KLEISTHENES dem Adel seine Machtbasis. Dieser verlor dadurch seine Gefolgschaft. Die Einteilung der Bevölkerung in **Vermögensklassen** behielt er bei. Aufgrund der neuen Phylenordnung wurde auch die **solonische Verfassung** reformiert.

Neuerungen der **Verfassung**

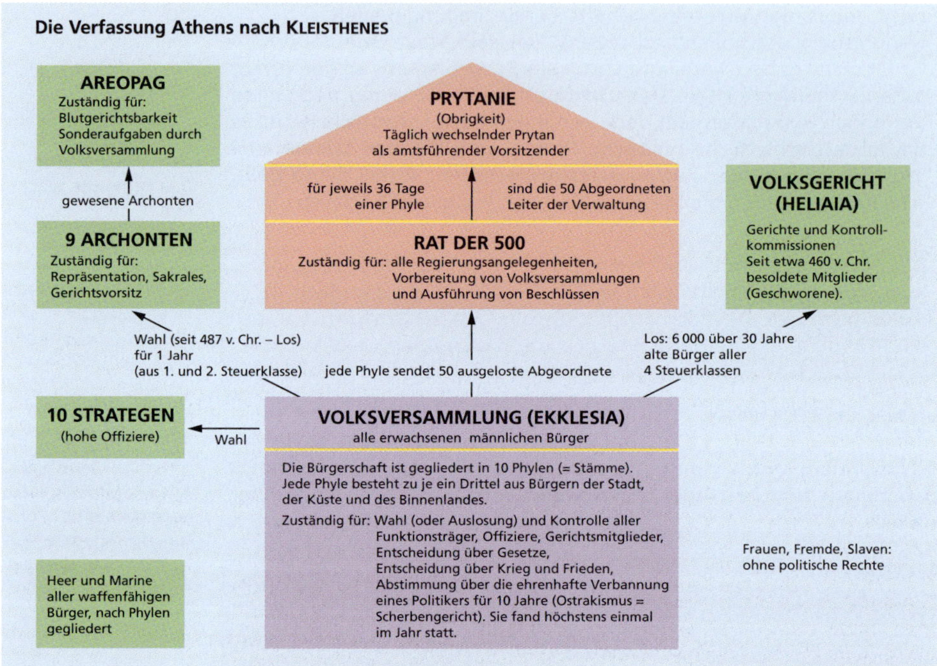

Ostrakismos = Scherbengericht; wurde durchgeführt, um die Wiederkehr einer Tyrannis zu verhindern. Die Namen der Politiker, von denen man annahm, dass ihre Macht für die Polis gefährlich war, wurden auf eine Tonscherbe (Ostrakon) geschrieben. Der Politiker, dessen Name am häufigsten eingeritzt war, musste die Stadt verlassen.

Die Bedeutung der Volksversammlung wuchs, obwohl KLEISTHENES die eigentliche Macht übertragen wurde. Jeder Bürger Athens konnte nun über alle wichtigen politischen Fragen mit abstimmen.

Die Reformen KLEISTHENES stellten einen entscheidenden Meilenstein auf dem Weg zur attischen **Demokratie** dar.

Sparta

Die Entstehung Spartas war ein Ergebnis der Dorischen Wanderung. Im 11. Jh. v. Chr. drangen dorische Stammesverbände auf die Peloponnes vor und siedelten im fruchtbaren Eurotastal. Die Bewohner der Region hießen **Spartiaten.**
Am Rande der Stadt siedelten die Dorer, die sogenannten Umwohner, die **Periöken.** Die vordorisch unterworfene Bevölkerung wurde zu unfreien besitzlosen Sklaven, zu **Heloten.**

Sparta war neben Athen die bedeutendste **Polis.** Sie nahm innerhalb Griechenlands eine Sonderstellung ein.

Fünf Dörfer, die wahrscheinlich von den Frühgriechen gegründet und von den Doren erobert wurden, schlossen sich zur Polis Sparta zusammen.

Im 8. Jh. v. Chr. eroberten die Spartiaten das fruchtbare Messenien jenseits des Taygetos-Gebirges und verfügten damit über ein größeres zusammenhängendes Territorium. Im Gegensatz zu den meisten griechischen Poleis hatten die Spartiaten nur **ungünstigen Zugang zum Meer.**

Um ihren Herrschaftsanspruch über die Messenier dauerhaft sichern zu können, musste Sparta **militärische Stärke** zeigen. Das gesamte Zusammenleben änderte sich. Die Spartiaten entwickelten eine neue Kampfweise, die **Hoplitenphalanx.**

Sparta wurde zu einem **Kriegerstaat.**

Im 7. Jh. v. Chr. gab nach antiker Überlieferung der sagenhafte König LYKURGOS Sparta eine **Verfassung.** In Wirklichkeit war sie jedoch das Ergebnis eines langwierigen Prozesses.

In der Mitte des 6. Jh. v. Chr. stand fast die ganze Peloponnes unter dem Einfluss Spartas. Anstelle der Eroberungspolitik schloss Sparta jetzt Bündnisse mit den Poleis auf der Peloponnes. Im 530 v. Chr. gegründeten **Peloponnesischen Bund** übte Sparta die Vorherrschaft aus. Sparta wurde die stärkste **Landmacht** in Griechenland.

Bevölkerungsstruktur und politische Ordnung Spartas

Die Bevölkerung Spartas gliederte sich in drei soziale Gruppen, die scharf voneinander getrennt waren, die **Spartiaten,** die **Periöken** und die **Heloten.**

Spartiaten **2 %**	• Nachkommen des einstigen dorischen Stammesadels • herrschende Schicht = alle waffenfähigen Männer über 30 Jahre (= Vollbürger) • Aufgaben: Leitung des Staates, Erhaltung einer ständigen Kriegsbereitschaft • lebten von den Abgaben der Heloten in der Stadt Sparta
Periöken **20 %**	• persönlich frei, aber ohne politische Rechte • waren im Umland der Stadt Sparta angesiedelt • lebten von Ackerbau, Handwerk und Handel • verwalteten ihre Orte selbstständig • waren zur Heeresfolge verpflichtet

Heloten **78 %**	• Staatssklaven, unfrei und rechtlos, Eigentum des Staates • entstammten der in den Kriegen unterworfenen Bevölkerung • bearbeiteten das Land der Spartiaten wirtschaftlich eigenständig und mussten die Hälfte der Ernteerträge an die Spartiaten abliefern • im Kriegsfall wurden sie als Waffenträger eingesetzt

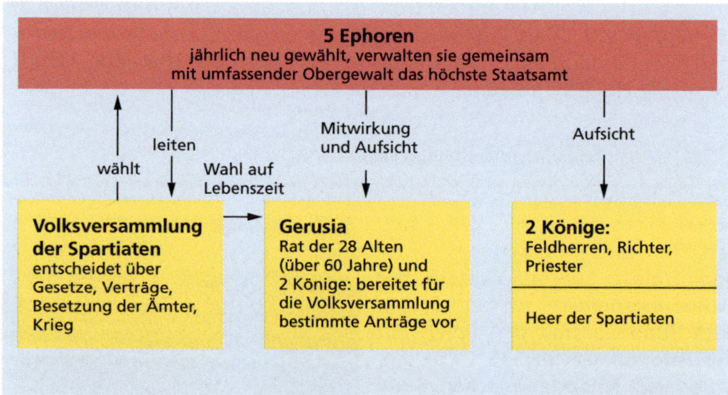

> Die **Verfassung** Spartas blieb über mehrere Jahrhunderte bestehen. Sie garantierte der Minderheit der Spartiaten, die sich als „Gleiche" bezeichneten, die Herrschaft über die Periöken und die Heloten.

Lebensweise der Spartiaten

Das Leben der Spartiaten war durch ständige **Kriegsbereitschaft** bestimmt. Da sie nur 2 % der Bevölkerung ausmachten und in ständiger Furcht vor einem Aufstand der zahlenmäßig überlegenen Heloten (fast 80 %) lebten, waren sie stets wachsam.

Gipfel des Taygetos-Gebirges, das das Landschaftsbild von Sparta beherrscht.

Sparta glich einem großen Heerlager. Ein Familien- und Privatleben gab es nicht. Der Staat bestimmte über das Leben eines jeden Einzelnen von Geburt an. Nur gesunde kräftige Neugeborene konnten am Leben bleiben; schwächliche dagegen wurden nach der Geburt auf Beschluss der Ältesten getötet und in eine Schlucht am Taygetos geworfen. Bis zum 7. Lebensjahr durften die Kinder in ihrer Familie bleiben. Danach erhielten die *Jungen* eine **staatliche Gemeinschaftserziehung,** die bis zum 30. Lebensjahr andau-

erte. Diese war ganz auf militärische Bedürfnisse ausgerichtet. Gehorsam, Härte, Bedürfnislosigkeit, Ausdauer waren wesentliche **militärische Tugenden.** Ihre Kost war einfach, jeglicher Luxus verboten. Ab dem 20. Lebensjahr waren die Spartiaten zum Kriegsdienst verpflichtet und mit 30 Jahren Vollbürger ihrer Polis.
Auch die *Mädchen* erhielten eine strenge körperliche Ausbildung. Sie sollten zu kräftigen Frauen werden, die später gesunde Kinder zur Welt bringen sollten.

Perserkriege

Um 550 v. Chr. begannen die Perser, die im Süden des heutigen Iraks lebten, ein *Großreich* aufzubauen. Unter KYROS und seinem Sohn KAMBYSES eroberten sie die Gebiete der **Hochkulturen:** Mesopotamien, Ägypten und Kleinasien (↗ S. 46 ff., 57 ff.).

Auch die Bewohner der Griechenstädte an der kleinasiatischen Küste (größtenteils ionische Gründungen) wurden zu persischen Untertanen.
Der Großkönig DAREIOS I. (522–486 v. Chr.) gab dem Reich eine straffe Verwaltung. Er teilte es in 20 Verwaltungsbezirke auf, die je einem Satrapen (Statthalter des Königs) unterstanden. Ein gut ausgebautes Straßennetz (2 683 km lang), die Einführung einer einheitlichen Währung und eine für alle gültige Amtssprache und Schrift trugen dazu bei, das Riesenreich besser zu verwalten. Der Großkönig forderte von seinen Untertanen unbedingten Gehorsam. Diese Haltung führte zum Widerstand der Griechenstädte in Kleinasien. Sie verstanden sich nicht als Untertanen eines Herrschers.
Im Jahre **500 v. Chr. erhoben** sich die **ionischen Griechenstädte** unter Führung Milets, um sich von der persischen Herrschaft zu befreien. Die Unterstützung aus dem **Mutterland** war sehr gering, nur **Athen** und **Eretria** sandten Hilfe. So endete der **Aufstand** nach anfänglichen Erfolgen mit einer verheerenden Niederlage der kleinasiatischen Griechenstädte.
494 v. Chr. machten die Perser **Milet** dem Erdboden gleich und verschleppten die Bevölkerung als Sklaven. Überall wurden wieder persische Herrscher eingesetzt. Die unterworfenen Völker zahlten jährlich Steuern an den Großkönig, behielten aber ihre Freiheit und konnten weiter nach ihren Sitten leben und ihre Religion ausüben.

Großkönig DAREIOS I.

Die Perser duldeten zwar religiöse Toleranz, jedoch keine politische Selbstständigkeit.

Der **Ionische Aufstand** war der Auslöser für die **Perserkriege.** Die Perser sahen nun in Griechenland eine Gefahr, die ihre Herrschaft über die Meerengen und die Ägäis bedrohen konnte.

König DAREIOS wollte sich mit dem Feldzug gegen Athen und Eretria an den Städten rächen, die sich im ionischen Aufstand gegen das Perserreich gestellt hatten. 490 v. Chr. kam sein Heer in der Ebene von **Marathon** an und wurde hier von den Athenern geschlagen. 480 v. Chr. zog die persische Armee unter König XERXES erneut gegen Griechenland. In der Schlacht bei den **Thermopylen** wurden die Griechen besiegt. Die Wende brachte die Seeschlacht bei **Salamis.**

Mit dem Sieg des Landheeres **479 v. Chr.** in der **Schlacht von Platäa** unter Führung Spartas und dem **Seesieg bei Mykale** wurde der erneute Vorstoß der Perser abgewehrt. Die Griechen konnten ihre Freiheit behaupten.

Der Attische Seebund

Die griechischen Städte hatten im gemeinsamen Kampf diesen Sieg gegen die Perser errungen. Doch schon kurze Zeit später zerfiel das Bündnis. **Sparta** war mit den erreichten Ergebnissen zufrieden und zog sich aus dem Bündnis zurück, um sich wieder auf die Sicherung seiner eigenen Interessen auf der Peloponnes zu konzentrieren. **Athen** wollte den Kampf gegen die Perser fortsetzen, denn die Perser beherrschten noch Kleinasien und hatten Stützpunkte auf den Inseln.

477 v. Chr. wurde der **Attische Seebund** gegründet, in dem sich Küstenstädte und Stadtstaaten der Ägäis-Inseln zusammenschlossen.

Alle Mitglieder leisteten einen jährlichen Beitrag. Sie stellten Schiffe zur Verfügung oder zahlten eine festgelegte Geldsumme, mit der der Flottenbau und der Unterhalt der Flotte finanziert wurden. Die **Bundeskasse** wurde zunächst auf **Delos** aufbewahrt, wo auch die **Bundesversammlung** tagte.

Das Seebündnis erhielt eine straffe Organisation.
Die Bundesgenossen waren zunächst gleichberechtigt. Athen stellte das mit Abstand größte Flottenkontingent und übernahm im Bund die politische und militärische Führungsrolle. Jahr für Jahr lief die Flotte des Seebundes aus, um die Griechenstädte in Kleinasien von persischer Besatzung zu befreien. Unter Führung des attischen Feldherrn KIMON eroberten sie nach und nach die verlorengegangenen Gebiete zurück. Der Krieg wurde bis **449 v. Chr.** geführt.

Im **Kalliasfrieden** (Name des Verhandlungsführers der Athener) 449/448 v. Chr. fand der Krieg sein Ende.

Athen nutzte seine Überlegenheit, um seine Vormachtstellung weiter auszubauen und eine strenge Herrschaft einzuführen.
- Wer aus dem Bund austreten wollte, wurde gewaltsam unterworfen und bestraft (470 Naxos, 463 Thasos).
- 454 v. Chr. wurde die Bundeskasse von Delos nach Athen überführt.
- Entscheidungen über die Verwendung der Bundesmittel traf die athenische Volksversammlung.
  So wurden Bundesgelder für den Aufbau Athens (Neubau der Akropolis) verwendet.

Aus den ehemals gleichberechtigten **Bündnispartnern** wurden **tributpflichtige Staaten.** Sie mussten die Machtstellung Athens anerkennen und wurden gegebenenfalls dazu mit Waffengewalt gezwungen.

Perikleisches Athen – Politik und Wirtschaft

Im Ergebnis der **Perserkriege** kam es zum weiteren Ausbau der Demokratie in Athen.

Ab 462 v. Chr. vollzog sich unter den adligen Politikern EPHIALTES und PERIKLES eine **Verfassungsreform,** mit der das Werk KLEISTHENES' fortgesetzt wurde und zum Ausbau der **Demokratie** in Athen führte.
Maßnahmen waren:
- Die Einführung von **Tagegeldern** (Diäten) für den Rat der 500 und das Volksgericht (später auch für die Volksversammlung) ermöglichte nun auch den ärmeren Bürgern, sich aktiv am politischen Leben zu beteiligen.
- Dem **Areopag** wurde die Aufsicht über die Beamten und sein Vetorecht gegen Beschlüsse der Volksversammlung entzogen. Er war nur noch für die Blutgerichtsbarkeit verantwortlich.
- **Archont** konnte man nur noch durch Losentscheid werden, damit verlor dieses Amt seine Attraktivität für ehrgeizige Politiker. Auch die Bürger aus der 3. Klasse wurden zu diesem Amt zugelassen.

PERIKLES
(nach 500 v. Chr. bis 429 v. Chr.) gelang es durch seine überragenden rhetorischen Fähigkeiten immer wieder, die Bürger von seiner Politik zu überzeugen. So konnte er über Jahre die Innen- und Außenpolitik Athens maßgeblich bestimmen.

Die Vorrechte des Adels waren endgültig beseitigt.
Die **Volksversammlung** war nun die wichtigste Institution der **Verfassung.** Sie tagte 40 mal im Jahr.

In der Volksversammlung wurden alle wichtigen Entscheidungen getroffen und jeder attische Bürger, ob arm oder reich, hatte die gleiche Stimme. Athen befand sich auf dem Höhepunkt der Demokratie. Trotzdem blieb die attische Demokratie auch unter PERIKLES die Herrschaft einer **Minderheit** über eine **Mehrheit.** Frauen, Metöken und Sklaven waren von der politischen Mitbestimmung ausgeschlossen.

PERIKLES wurde von 444 bis 430 v. Chr. jährlich erneut zum Feldherrn gewählt. Er besaß das Vertrauen der Volksversammlung. PERIKLES wurde zum bedeutendsten Staatsmann in Athen. In seiner Zeit erlebte Athen innenpolitisch die Vollendung der demokratischen Verfassung, außenpolitisch seine **größte Machtentfaltung** und eine **Blüte der Kultur.** Die

Blütezeit Athens wurde daher auch als **Perikleisches Zeitalter** bezeichnet.

> Die wirtschaftliche Basis Athens bildete die **Landwirtschaft.** 75% der attischen Bürger besaßen ländlichen Grundbesitz.

330 v. Chr. konnte z. B. nur die Hälfte der Bevölkerung mit einheimischem Getreide versorgt werden.

Die meisten Bewohner waren Kleinbauern. Der Mangel an fruchtbaren Böden und die ständig zunehmende Bevölkerung waren mit Ursache dafür, dass die heimische landwirtschaftliche Produktion den Bedarf an Grundnahrungsmitteln für die attische Bevölkerung nicht deckte.

> Die Bewohner der Stadt lebten vorwiegend von **Handwerk** und **Handel.**

Die Handwerker stellten in meist kleinen Familienbetrieben Gebrauchsgüter und künstlerische Gegenstände her. Attika war reich an Tonlagern, sodass sich schon früh die **Töpferei** entwickelte. Andere Gewerbe, wie das Schmiedehandwerk, erfuhren in den langen Kriegen ihren Aufschwung, man brauchte Waffenschmiede, Schildmacher u. v. m.
Mit dem Ausbau der Flotte in den Perserkriegen vermehrte sich die Zahl der Werften.
Eine weitere wichtige Rolle für die attische Wirtschaft nahm der **Bergbau** ein. Das in den Bergwerken des Lauriongebirges gewonnene Silbererz lieferte das Material für die überall begehrten athenischen **„Eulen".** So nannten die Athener im Volksmund ihre Münzen, auf deren Reversseite der geweihte Vogel der Göttin Athene abgebildet war.

Der **Handel** erlebte im 5. Jh. v. Chr. einen enormen Aufschwung. Er wurde auf dem Seeweg abgewickelt. Der *Binnenhandel* auf dem Festland spielte nur eine geringe Rolle.
Die **Seebundflotte** sicherte den Handel im gesamten Mittelmeerraum.

Athen exportierte vor allem Olivenöl und Wein, Marmor, Silber und Blei, Gebrauchs- und Kunstgegenstände aus Ton. Getreide, Wolle, Papyros, Elfenbein u.v.m. wurde eingeführt.

> Athen mit seinem Hafen **Piräus** wurde zeitweise zum bedeutendsten **Handelszentrum** der Mittelmeerländer. Waren aus allen Ländern wurden hier umgeschlagen.

Erziehung und Bildung

> Das **politische System** der Athener setzte ein hohes Maß an **Bildung** voraus. Obwohl keine **Schulpflicht** bestand, gingen die meisten Jungen zur Schule (Mädchen durften keine Schule besuchen). In Athen gab es zahlreiche **Privatschulen,** die auch Kinder einfacher Bürger gegen ein geringes Schulgeld besuchen konnten.

Die **Jungen** wohlhabender Eltern besuchten ein **Gymnasium**, das waren ursprünglich Sportschulen. Hier stand körperliche Ertüchtigung, die auf den Kriegsdienst vorbereiten sollte, im Vordergrund. Aber auch Musik, Literatur, Grammatik, Geschichte und vieles mehr wurde hier gelehrt.
Wer im späteren Leben in der Politik eine Rolle spielen wollte, studierte nach der Grundausbildung bei einem Gelehrten **Philosophie** und **Rhetorik** (Redekunst). Mit 18 Jahren mussten die Jungen eine 2-jährige militärische Grundausbildung leisten.
Die Erziehung der **Mädchen** verlief anders. Die Mütter brachten ihnen bei, was sie selbst vorher gelernt hatten, vor allem Hausarbeit, manchmal auch Lesen, Schreiben und Musizieren. Im Alter von 15 Jahren wurden viele Mädchen bereits von ihren Eltern verheiratet. Das Leben der Mädchen und der Frauen war in der Regel auf das Haus beschränkt.

Der Unterricht fand in Wohnhäusern oder auch im Freien statt. Die Jungen lernten zunächst lesen und schreiben. Zum Üben dienten die Schriften HOMERS „Ilias" und „Odyssee". Musik und Sport nahmen in der Bildung einen hohen Stellenwert ein.

Wissenschaft, Kunst und Kultur

Das perikleische Zeitalter war ein Höhepunkt der klassischen griechischen Kultur. Besonders in der Philosophie, der Architektur, der Bildhauerei und dem Theater wurden beachtliche Leistungen vollbracht. Auch in der Medizin und in den Naturwissenschaften leisteten die Griechen des „Goldenen Zeitalters" Vorbildliches.
Bis in die Gegenwart wirken diese Werke der griechischen Kultur nach.

Wissenschaft und Philosophie

HERODOT (um 490–425 v. Chr.) gilt als der erste bedeutende **Geschichtsschreiber.** Er beschrieb ausführlich die Perserkriege.
THUKYDIDES (um 460–nach 400 v. Chr.) berichtete über den Peloponnesischen Krieg.
HIPPOKRATES (um 460–um 370 v. Chr.) war seinerzeit der berühmteste Arzt in Griechenland. Er forschte nach den Ursachen der Krankheiten. Ihm wird auch der Berufseid der Ärzte zugeschrieben, der heute noch gilt.

Die **modernen Wissenschaften** haben ihren Ursprung bei den Griechen.

Die griechischen **Philosophen** (Freunde der Weisheit) suchten hinter allen Dingen die Wahrheit. Sie stellten Überlegungen über die Entstehung der Erde, über das Wesen und das Zusammenleben der Menschen an. Ihre Lehren gaben sie an Studenten weiter.

Die berühmtesten Philosophen des klassischen Griechenlands waren SOKRATES (um 470–399 v. Chr.), PLATON (427–347 v. Chr.) und ARISTOTELES (384–322 v. Chr.).

Architektur und Bildhauerei

PERIKLES ließ die 480 v. Chr. von den Persern zerstörte Stadt Athen neu aufbauen. Der Architekt IKTINOS übernahm die Leitung der Arbeiten auf der Akropolis. Mit dem **Parthenon,** dem Tempel der Stadtgöttin Athene, schuf er den eindrucksvollsten Tempel auf dem griechischen Festland. PHIDIAS, der bedeutendste

Bildhauer seiner Zeit, schmückte den Tempel mit figurenreichen Reliefs und schuf die Götterstatue der Athene. Noch heute bewundern ca. 3 Millionen Besucher jährlich die Reste dieses Bauwerks.

Griechische **Baukunst** und **Bildhauerei** galten über Jahrhunderte wegen ihrer klaren Strenge und Ruhe als Vorbild. Im 18. und 19. Jh. wurden viele Gebäude errichtet, die sich am Stil der **klassischen Antike** orientierten (z. B. das Brandenburger Tor, das Kapitol in Washington, die Glyptothek in München).

Theater

Antikes Theater in Epidauros.
Die Theateraufführungen wurden als Wettkampf der Dichter veranstaltet. Die Zuschauer sahen je vier Aufführungen an drei Tagen. Alle vier hatte ein Dichter geschrieben, drei davon waren Tragödien und zum Ausklang folgte eine Komödie. Es gab nur Erstaufführungen, Wiederholungen waren selten.

Das **Theater** spielte im Leben der Griechen eine große Rolle. Seine Wurzeln lagen in den religiösen Festen zu Ehren des Gottes Dionysos. Bedeutende Dichter waren AISCHYLOS (525–456 v. Chr.), SOPHOKLES (um 497/496–406/405 v. Chr.), EURIPIDES (um 480–406 v. Chr.) und ARISTOPHANES (um 445–385 v. Chr.). Ihre Werke stehen noch heute auf den Spielplänen der Theater, ihre Stoffe dienten vielen späteren Dichtern als Grundlage für eigene literarische Werke.

Peloponnesischer Krieg

Der Aufstieg **Athens** zur führenden **Seemacht** in Griechenland führte zu ständigen Spannungen und politischen Auseinandersetzungen mit Sparta. **Sparta,** mit dem **Peloponnesischen Bund,** war weiter die stärkste **Landmacht.** Beide beanspruchten eine Vormachtstellung in Griechenland.

Um ihren Machtbereich zu erweitern, mischten sie sich in die Streitigkeiten zwischen den anderen griechischen Poleis ein. Aus einem solchen Anlass heraus kam es 431 v. Chr. zum **Krieg** zwischen **Athen** und **Sparta,** dem sogenannten **Peloponnesischen Krieg,** der mit kurzen Unterbrechungen 30 Jahre andauerte. Der Krieg endete mit einer Niederlage Athens.

4.1.3 ALEXANDER DER GROSSE und der Hellenismus

Während die griechischen Poleis in dauernde Kämpfe um die Vormachtstellung verwickelt waren, entstand im Norden Griechenlands ein mächtiger Staat: **Makedonien.**

Makedonien war bis zum 5. Jh. v. Chr. ein Land ohne größere Städte, die Bevölkerung lebte von Viehzucht und Jagd; Handel und Gewerbe waren nur gering ausgeprägt. Stammeskönige und adlige Ritter beherrschten das Land. Die Griechen bezeichneten die Makedonier als Barbaren.

Unter PHILIPP II., König von 359–336 v. Chr., war **Makedonien** zu einem mächtigen Staat geworden. Er einigte die makedonischen Stämme, schuf ein schlagkräftiges Heer und unterwarf die Nachbarvölker (Thessalien, Illyrien, Thrakien). 344 v. Chr. war die ganze nördliche Ägäis und ihre Küste bis zum Hellespont makedonisch.

PHILIPP II. dehnte nun seine Macht nach Süden aus und bedrohte damit die griechischen Poleis. 338 v. Chr. besiegten seine Truppen das griechische Heer bei Chaironeia in Böotien.

Die griechischen Stadtstaaten verloren ihre Selbstständigkeit. Sie mussten sich zum **Hellenischen Bund** unter makedonischer Vorherrschaft zusammenschließen.

PHILIPP II. verkündete als Ziel des Bundes einen gemeinsamen Rachefeldzug gegen die Perser, um die kleinasiatischen Griechen zu befreien. Seinen Plan konnte er nicht mehr verwirklichen.

336 v. Chr. fiel PHILIPP II. einem Mordanschlag zum Opfer.

ALEXANDER, Sohn PHILIPPS II., übernahm nach dem Tod seines Vaters die Macht. Er war erst 20 Jahre alt und fest entschlossen, das Werk seines Vaters fortzusetzen.

ALEXANDER
(um 356–323 v. Chr.)

334 v. Chr.	ALEXANDER brach mit einem Heer von 35 000 Makedoniern und Griechen nach Asien auf, um die Perser zu besiegen. Er eroberte zunächst Kleinasien und befreite die Griechenstädte von den Persern.
333 v. Chr.	ALEXANDER schlug das persische Heer unter dem Großkönig DAREIOS III. bei **Issos** vernichtend. DAREIOS konnte fliehen. ALEXANDER verfolgte ihn nicht, sondern zog weiter nach Süden an die *phönikische Küste,* um die Basis der persischen Flotte zu erobern, und dann bis nach *Ägypten.* In Ägypten, das sich mehrfach gegen die persische Herrschaft aufgelehnt hatte, wurde er als Befreier begrüßt und zum Pharao gekrönt. Im Niltal gründete er eine Stadt auf seinen Namen, Alexandria.
331 v. Chr.	In der Schlacht bei **Gaugamela** fiel die endgültige Entscheidung. DAREIOS, der erneut ein gewaltiges Heer aufgestellt hatte, wurde besiegt. **ALEXANDER war nun Herrscher über Asien.** Die Griechen konnten, sofern sie nicht freiwillig im Heer bleiben wollten, nach Hause zurückkehren.

Eselsbrücke: Dreidreidrei, bei Issos große Keilerei.

ALEXANDERS nächstes Ziel bestand in der **Sicherung des Reiches im Osten** und darüber hinaus in der **Eroberung** ganz **Asiens.** Er wollte bis an das **Ende der Welt** vorstoßen.

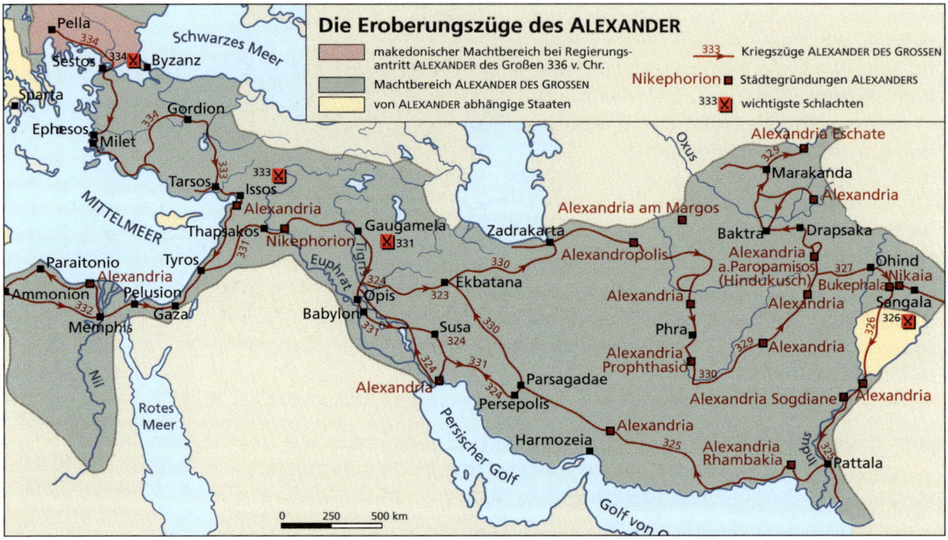

Seinen Feldzug begleiteten viele Wissenschaftler, die den gesamten Kontinent erforschen sollten. Sie fertigten Karten an, vermaßen Land und werteten die Expedition wissenschaftlich aus.

Bis 325 v. Chr. unterwarf ALEXANDER die fernöstlichen Provinzen des Reiches und führte sein Heer über die Gebirgspässe des heutigen Afghanistan zum Indus hinab. Dort besiegte er den Inderfürsten POROS. ALEXANDER hatte in 10 Jahren ein **Weltreich** gegründet, das von Makedonien bis zum Indus und vom Kaspischen Meer bis zum Niltal reichte. Er hatte erkannt, dass die kleine makedonische Erobererschicht dieses Riesenreich auf Dauer nicht allein verwalten und seine Grenzen schützen konnte. Dazu benötigte er die Erfahrungen der Perser und strebte deshalb eine Verschmelzung von **Makedoniern** und **Persern** an.

In Susa ließ ALEXANDER eine Massenhochzeit ausrichten, auf der 80 Offiziere und 10 000 Soldaten Perserinnen heirateten (er selbst heiratete die Tochter des Königs DAREIOS). Die Anpassung an die Besiegten betrachteten viele Makedonier als eine Demütigung, was zu mehreren **Verschwörungen** gegen ALEXANDERS Herrschaft führte.

Sein Ziel, die Weltherrschaft zu erreichen, gelang ALEXANDER nicht. Mit knapp 33 Jahren starb er in Babylon. Spätere Geschichtsschreiber gaben ihm den Beinamen „der Große".

ALEXANDERS Maßnahmen zur Herrschaftssicherung

- Persische Adlige wurden an seinen Hof verpflichtet.
- Neben makedonischen wurden auch persische Beamte zur Reichsverwaltung eingesetzt.
- Persische Truppenteile wurden in sein Heer eingegliedert.
- Die Vermählung makedonischer Soldaten mit Perserinnen wurde gefördert.
- Ausbau eines Straßennetzes
- Einführung einer einheitlichen Währung
- Das Griechische wurde Amtssprache.
- Gründung zahlreicher Städte und Besiedlung mit Griechen

Zerfall des Alexanderreiches

Nach dem frühen Tod ALEXANDERS entbrannte unter seinen Heerführern, den **Diadochen** (Nachfolgern), ein 40-jähriger Machtkampf um sein Erbe. Keiner von ihnen konnte sich letztendlich durchsetzen, sodass das Weltreich ALEXANDERS in drei größere Teile zerfiel. Daneben behaupteten sich kleinere Herrschaften wie die Inselrepublik Rhodos oder das Königreich Pergamon. An der Spitze der Reiche standen Könige, die unumschränkt regierten und sich wie Gottkönige verehren ließen.

Die **Monarchie** wurde für die folgenden Jahrhunderte die neue Herrschaftsform.

Die Zeit der griechischen Kleinstaaten war vorbei. Griechenland hatte keine politische Bedeutung mehr, seine Kultur aber hat einen großen Teil der damaligen Welt durchdrungen.

Der Hellenismus

Städte bildeten den Mittelpunkt des **Hellenismus.**

Der **Hellenismus** (von Hellenen = Griechen) bezeichnet den Zeitraum von der Herrschaft ALEXANDERS DES GROSSEN bis zum Beginn der römischen Kaiserzeit (300–30 v. Chr.). Die Epoche ist durch die Ausbreitung der griechischen Sprache, Kunst, Wissenschaft und Lebensweise bis nach Indien gekennzeichnet.

Mit dem Eroberungszug ALEXANDERS DES GROSSEN begann die Zeit des **Hellenismus.**

Mosaik „Alexanderschlacht" (2. Jh. v. Chr.)

Griechische Kultur und Lebensweise wurden in die eroberten Länder bis hin zum Indus getragen. Die Städte spielten bei der Verbreitung die bedeutende Rolle. Sie wurden nach griechischem Vorbild mit Marktplatz, Theater und Tempeln errichtet und wuchsen zu Handels-, Wirtschafts-

ALEXANDER ließ während seiner Regierungszeit ca. 70 Städte (die meisten wurden nach ihm benannt) an strategisch wichtigen Plätzen bauen. In ihnen siedelte er zunächst Soldaten an, um seine Eroberungen zu sichern. Bald erhielten diese Zulauf von Handwerkern und Händlern aus Griechenland.

und Kulturzentren, von denen sich griechische Denkweise und Kultur ausbreiteten.
Auch die Nachfolger ALEXANDERS setzten diese Politik fort. Unter ihnen kam es zum Höhepunkt des **Hellenismus.** Die griechische Sprache war in allen Reichsteilen Amtssprache, sie wurde zu einer Weltsprache. Viele heutige Begriffe aus Wissenschaft, Verwaltung und Literatur sind griechischen Ursprungs.

Zentrum der **hellenistischen Kultur** wurde **Alexandria** in Ägypten. Es war zu jener Zeit die größte Weltstadt nach Babylon und Zentrum der Wissenschaft und des Welthandels.

In Alexandria befand sich ein Museion (Stätte der Muse) und eine Forschungsstätte mit der größten **Bibliothek.** Auf 700 000 Papyrusrollen war das Wissen der damaligen Welt zusammengetragen.
Wahrzeichen der Stadt **Pharos** war der von 299 bis 277 v. Chr. errichtete **Leuchtturm,** der als eines der **Weltwunder der Antike** galt.

Wissenschaftliche Leistungen des Hellenismus

Wissenschaftliche Leistungen des Hellenismus

ARCHIMEDES von Syrakus (um 285–212 v. Chr.)	ARISTARCH von Samos (um 310–um 230 v. Chr.)	ERATOSTHENES von Kyrene (um 290–um 214 v. Chr.)	EUKLID von Alexandria (um 330–275 v. Chr.)	HEROPHILOS (um 330–260 v. Chr.)	ERASISTRATOS (um 330–250 v. Chr.)
ermittelte u. a. die Zahl Pi; entdeckte den Schwerpunkt, das Hebelgesetz; baute hydraulische Maschinen und Krüpmaschinen (Schleudern).	lehrte, dass sich die Erde um die Sonne dreht, versuchte das Verhältnis der Entfernung von Sonne und Mond zu bestimmen.	führte die Gradeinteilung auf Landkarten ein und berechnete den Erdumfang.	verfasste ein Mathematikbuch „Die Elemente“, das bis in das 19. Jahrhundert im Gebrauch war.	entdeckte das Gehirn als Zentralorgan der Wahrnehmung und Verstandestätigkeit.	entdeckte den Unterschied von Sehnen und Nerven.

Die hellenistischen Staaten wurden mit dem **Römerreich** konfrontiert. Bis 30 v. Chr. fielen alle **Diadochenreiche** unter römische Herrschaft. Damit ging die **Epoche des Hellenismus** zu Ende.
Die hellenistische Kultur überdauerte den politischen Niedergang und durchdrang auch das neue Weltreich der Römer.

4.2 Das Römische Reich (753 v. Chr.–476 n. Chr.)

v. Chr.	
753	Sagenhafte Gründung Roms
um 510	Vertreibung des letzten Königs, Errichtung der Republik
451/450	Zwölftafelgesetz
390	Plünderung Roms durch die Gallier
287	Ende des Ständekampfes zwischen Patriziern und Plebejern
bis 282	Rom erringt die Herrschaft über Mittel- und Unteritalien
264–201	Rom besiegt Karthago und wird Vormacht im westlichen Mittelmeergebiet
200–133	Rom erobert Griechenland und die Provinz Asia (das westliche Kleinasien) Vormachtstellung auch im östlichen Mittelmeerraum.
133/123	Die Volkstribunen TIBERIUS (133) und GAIUS GRACCHUS (123) suchen nach einer Lösung der aufgehäuften sozialen Probleme
107	MARIUS wird Konsul, Einrichtung einer Berufsarmee
102/101	MARIUS besiegt Kimbern und Teutonen
88–31	Bürgerkriege erschüttern die Republik
49–45	CÄSAR siegt im Bürgerkrieg und erringt die Alleinherrschaft
44	Ermordung CÄSARS
27	OKTAVIAN (AUGUSTUS) begründet das Prinzipat
n. Chr.	
98–117	Größte Ausdehnung des Römischen Reiches unter Kaiser TRAJAN
313	Unter Kaiser KONSTANTIN dürfen Christen ihre Religion öffentlich bekennen
330	Konstantinopel wird Hauptstadt des Römischen Reiches
391	Christentum wird Staatsreligion
395	Teilung des Reiches in eine west- und eine oströmische Hälfte
410	Plünderung Roms durch die Westgoten ALARICHS
476	Absetzung des letzten weströmischen Kaisers ROMULUS AUGUSTUS durch den germanischen Heerführer ODOAKER

4.2.1 Römische Königsherrschaft und Republik

Gründung Roms – Legende und Geschichte

Sieben-fünf-drei, Rom schlüpft aus dem Ei.

Die Legende besagt, dass Romulus, Sohn des Mars und der Vestalin Renea Silvia, mit seinem Zwillingsbruder Remus auf dem Tiber ausgesetzt wurde. Von einer Wölfin gefunden, ernährt und aufgezogen, gründeten die Brüder später Rom.

Romulus und Remus sollen Rom am 21. April 753 v. Chr. gegründet haben. Romulus wurde der erste König der Stadt. Ihm folgten der Sage nach noch sechs weitere. Der letzte König, TAQUINIUS SUPERBUS, zog, durch seine tyrannische Herrschaft, den Zorn des Volkes auf sich und wurde verjagt. Damit endete 509 v. Chr. die Herrschaft der Könige.

Die Römer nennen als Gründer ihrer Stadt die Zwillingsbrüder **Romulus und Remus.**

Die geschichtliche Wirklichkeit

Ab 1200 v. Chr. wanderten indogermanische Völker in Italien ein. Eines dieser Völker waren die **Latiner.** Sie ließen sich am Unterlauf des Tibers nieder und lebten hier in dörflichen Siedlungen. Eine latinische Siedlung entstand um 1000 v. Chr. auf dem Palatin, einem der sieben Hügel am Tiber. Sie sollte die Keimzelle des späteren Roms werden.
Anfang des Jahrtausends wanderten erneut Völker in Italien ein. Dabei spielten vor allem die **Etrusker** für die Entwicklung Roms und der Apenninenhalbinsel eine bedeutsame Rolle. Sie stammten wahrscheinlich aus Kleinasien und besiedelten die heutige Toskana. Die Etrusker wurden die nördlichen Nachbarn der Latiner.

Die neue Stadt erhielt wahrscheinlich nach dem etruskischen Adelsgeschlecht RUMILIER den Namen Ruma. Nahezu 150 Jahre beherrschten die Etrusker die Stadt Rom.

Die **Etrusker** besaßen eine den Griechen vergleichbare **Stadtkultur.** Im 7. Jh. v. Chr. dehnten die Etrusker ihre Herrschaft auch auf die latinischen Gebiete aus. Sie bauten die damals noch unbedeutende Siedlung auf dem **Palatin** nach etruskischem Muster zur Stadt **Rom** aus.

Zusammenleben zur Zeit der Königsherrschaft

Patrizier, lat. pater = Vater.
pater familias = Vater der Familie
Patron, lat. patronus = Schutzherr
Plebejer, lat. plebs = die Menge.

An der Spitze der Stadt stand ein **etruskischer König.** Er war oberster Priester, Richter und Feldherr. Beraten wurde der König durch den **Senat** (Ältestenrat). Dieser wurde aus der Schicht der Oberhäupter der römischen Adelsfamilien gebildet, den **Patriziern.**

Das Oberhaupt einer Adelsfamilie war der **pater familias.** Er besaß über alle Angehörigen seines Familienverbandes die absolute Gewalt. Zur Familie gehörten auch Sklaven und Klienten. **Klienten** waren vor allem abhängige Bauern, mittellose Bürger und freigelassene Sklaven. Der **pater familias** war für die Klienten der Patron. Die größte Gruppe der römi-

schen Bevölkerung waren die **Plebejer,** die als Kleinbauern und Handwerker lebten. Sie traten in der Heeresversammlung zusammen.
Um 500 v. Chr. zerfiel die Macht der Etrusker. Die Stadt Rom löste sich aus der etruskischen Vorherrschaft und vertrieb die Königsfamilie. Damit endete die Königszeit. Die Zeit der **Republik** begann.

Republik, lat. res publica = öffentliche Sache

Ständekämpfe (500–287 v. Chr.)

Die **römische Gesellschaft** gliederte sich in **zwei Stände,** die strikt voneinander getrennt waren. Auf der einen Seite standen die **Patrizier.** Ihnen gegenüber standen die **Plebejer.**

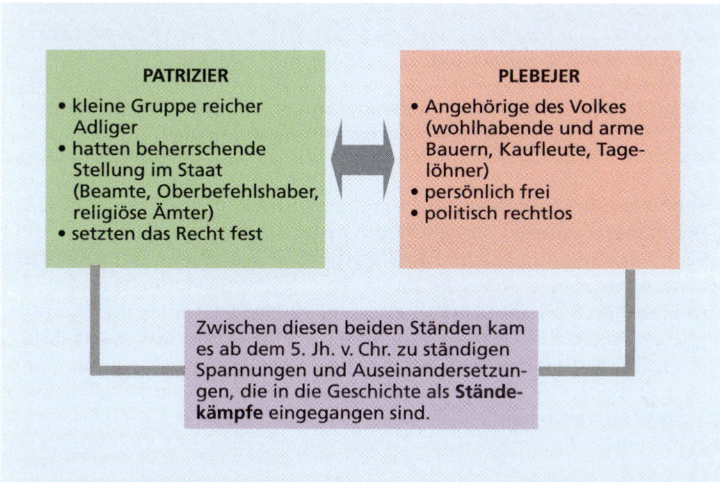

Ursachen der Ständekämpfe:
- Die **Plebejer** gewannen auf militärischem und wirtschaftlichem Gebiet eine wachsende Rolle für den Staat, waren aber von jeglicher **politischer Betätigung** ausgeschlossen.
  Auf militärischem Gebiet führte die Wandlung der Kampftaktik vom adligen Einzelkampf zum Kampf in der **Phalanx** (geschlossene, aus mehreren Gliedern bestehende Schlachtordnung) dazu, dass die Plebejer eine entscheidende militärische Rolle erlangten. Wirtschaftlich verfügte ein Teil der Plebejer über große finanzielle Mittel.
- Der **Gegensatz zwischen Arm und Reich** verstärkte sich.

Forderungen der Plebejer:
- politische Mitsprache und Rechtssicherheit
- soziale Gleichberechtigung
- wirtschaftliche Verbesserungen (Landzuteilung, Schuldenerlass vor allem für die ärmeren Schichten)

Die Patrizier gingen auf diese Forderungen nicht ein. Es kam zu Auseinandersetzungen zwischen den beiden Ständen, die sich über einen Zeitraum von mehr als 200 Jahren erstreckten.

Kampfmittel der Plebejer:
- Verweigerung der Heeresfolge
- Auszug aus der Stadt und Gründung eines Gegenstaates

Stationen der Ständekämpfe

um 494 v. Chr.	Die Plebejer gründeten eine eigene **Volksversammlung,** das **concilium plebis,** und ernannten eigene Vertreter zur Durchsetzung ihrer Forderungen, die **Volkstribunen.**
450 v. Chr.	**Zwölftafelgesetz** Gesetze wurden schriftlich festgelegt, damit wurde der willkürlichen Rechtsprechung ein Ende gemacht.
445 v. Chr.	**Aufhebung** des **Eheverbots** zwischen Patriziern und Plebejern
421 v. Chr.	Plebejer wurden schrittweise zu allen **Staatsämtern** zugelassen.
287 v. Chr.	Die Volksversammlung der Plebejer wurde als **gesetzesgebende Versammlung** anerkannt.

Nobilität, lat. nobilis = jemand mit Namen

Ergebnisse der Ständekämpfe:
- Die Plebejer wurden den Patriziern rechtlich gleichgestellt.
- Wohlhabende plebejische Familien bildeten zusammen mit den Patriziern einen neuen Adel, die **Nobilität.**
- Die meisten Plebejer blieben jedoch **ohne Einfluss,** da es sich nur Mitglieder wohlhabender Familien leisten konnten, sich um unbezahlte Staatsämter zu bewerben.

Römische Verfassung

Magistrate, lat. magistratus = Amt, Beamter

Mit der Vertreibung der Könige wurde Rom zur **Republik,** zu einer „res publica", einer „Sache des Volkes". Alle römischen Bürger hatten *Rechte* und Möglichkeiten, an den *Entscheidungen* in ihrem Staat mitzuwirken. Die **politische Macht** war auf drei Institutionen, die **Volksversammlung,** den **Senat** und den **Magistrat,** aufgeteilt. Keiner von den dreien konnte allein entscheiden. Die **Regierungsgewalt** lag in den Händen der Magistrate, der Beamtenschaft.

Anfänglich konnte sich die Regierung mit dem Konsulat als *einzigem* Amt begnügen. Doch je größer der Staat wurde, um so vielfältiger wurden auch die Aufgaben der Verwaltung.

Jeder römische Bürger besaß das Recht, sich um ein Amt zu bewerben. Vorbedingung für die Bewerbung waren **freie Geburt, Unbescholtenheit** und **die ehrenvolle Erfüllung des Militärdienstes.**
Ein Vermögen brauchte nicht nachgewiesen zu werden. Da die Ämter jedoch unbesoldet waren, lag ihre Besetzung voll und ganz in den Händen der **Nobilität.**

Um die Machtanhäufung eines Einzelnen zu verhindern, sah die **römische Verfassung** für die Magistrate **verschiedene Einschränkungen** vor:
- Die Amtszeit war auf ein Jahr beschränkt (Prinzip der Annuität).
- Alle Ämter wurden mit mindestens zwei Personen besetzt, von denen jeder Amtsinhaber die Entscheidung seines jeweiligen Kollegen durch

Der Staatsaufbau der römischen Republik nach Abschluss der Ständekämpfe

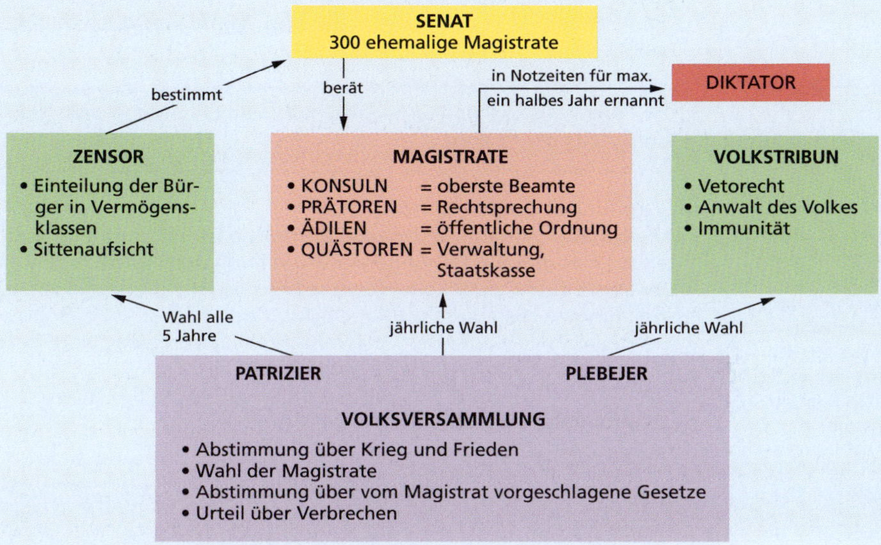

sein Einspruchsrecht rückgängig machen konnte (Prinzip der Kollegialität).

- Für alle Ämter war eine Ämterlaufbahn und ein Mindestalter vorgeschrieben.
- Nach jeder Amtsperiode musste mindestens eine einjährige Pause eingelegt werden.
- Es war verboten, dasselbe Amt zweimal zu besetzen und Ämter zu häufen.

> Über die **Volksversammlung** war das römische Volk am politischen Geschehen beteiligt. Zu ihr waren alle **freien Männer** zugelassen, die das römische Bürgerrecht besaßen. **Ausgeschlossen** waren **Frauen, Sklaven** und Angehörige verbündeter oder unterworfener Völker.

Das römische Volk trat in verschiedenen **Volksversammlungen** zusammen:
den **Zenturiatskomitien** (Versammlung des römischen Heeres), den **Tributskomitien** (Einteilung erfolgte nach Wohnbezirken) und im **concilium plebis** (Versammlung der Plebejer).

Alle **Volksversammlungen** unterlagen bestimmten **Regeln:**

- Bei den **Abstimmungen** zählte nicht die Stimme des einzelnen Bürgers, sondern die **Stimmeinheit,** die nach Besitz oder Wohnbezirk zusammengestellt wurde. Auf diese Weise sicherten sich die wohlhabenden römischen Bürger ein Übergewicht bei allen Abstimmungen.

Nach dem Ende der Ständekämpfe wurde neben der „res publica" die Formel **SPQR** = Senatus Populusque Romanus (Senat und Volk von Rom) zur offiziellen Bezeichnung des römischen Staates. Sie sollte das Symbol für die Eintracht von Volk und Senat darstellen. Scheinbar verwirklichte die Verfassung diese Eintracht.

- **Diskussionen** waren in den Volksversammlungen ausgeschlossen. **Vorlagen** des Magistrats konnten nur angenommen oder abgelehnt werden.
- Die Volksversammlung verfügte über kein **Initiativrecht,** das heißt, sie konnte **keine Gesetze** vorschlagen.

Senat, lat. senex = Greis

> Der **Senat** war das einflussreichste politische Organ und bildete die Schaltstelle des Reiches.

Konsul = die beiden höchsten Beamten an der Spitze der Republik
Prätor = Titel der obersten Staatsbeamten, lat. der Vorangehende. Sie sind den Konsuln nachgeordnet.

Gründe für den großen Einfluss:
- Alle Senatoren waren ehemalige **Konsuln** oder **Prätoren** und verfügten so über große Erfahrungen in Verwaltung und Politik.
- Der Senat durfte zwar keine Gesetze beschließen, aber ohne seine Zustimmung wurden diese nicht rechtskräftig.
- Gesetzesentwürfe, die der Volksversammlung vorgelegt werden sollten, mussten zuvor vom Senat gebilligt werden.

Ausbreitung der römischen Herrschaft

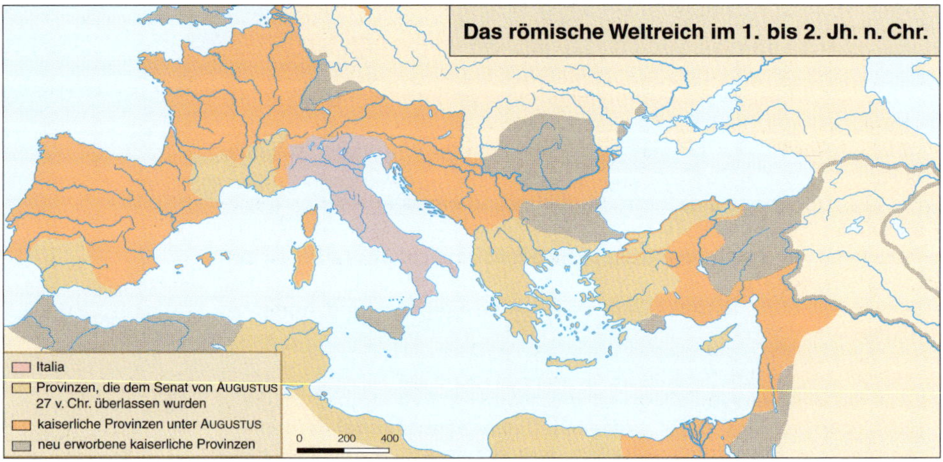

Nach der Vertreibung der etruskischen Könige war Rom eine von mehreren wichtigen Städten in Latium. In zahllosen Kriegen, die sie gegen ihre Nachbarn führten, erweiterten die Römer ihr Staatsgebiet ständig.
106–117 n. Chr. erreichte Rom seine größte Ausdehnung. Portugal, Spanien, Nordafrika, Ägypten, Kleinasien, Griechenland, Frankreich und ein Teil Britanniens gehörten zum Römischen Reich. Aus der einstigen kleinen Siedlung am Tiber wurde der Mittelpunkt eines **Weltreiches.**

Phasen der Ausbreitung der römischen Herrschaft

1. Phase um 500–250 v. Chr.: Rom errang die Vorherrschaft über Mittel- und Unteritalien. In Auseinandersetzungen mit den Etruskern, Latinern und Samniten errang Rom bis 280 v. Chr. die Vorherrschaft in Mittelitalien.

Mit dem Sieg über **Tarent** (275 v. Chr.) beherrschte Rom ganz Unteritalien mit seinen Griechenstädten.

> In rund 200 Jahren dehnten die Römer ihre Herrschaft über fast ganz Italien aus. Die besiegten **Stämme** und **Stadtstaaten** wurden jedoch nicht in ein einheitliches Reich eingegliedert, sondern durch **Verträge,** die ihnen ihre Eigenständigkeit in inneren Angelegenheiten beließen, an Rom gebunden.

Die Bevölkerung der unterworfenen Nachbarstämme erhielt das volle oder das eingeschränkte **Bürgerrecht** oder wurde zu **Bundesgenossen** Roms. Mit diesem System der **abgestuften Rechte** übte Rom eine **indirekte Herrschaft** über Italien aus. Zur Absicherung der Herrschaft wurden auf dem Gebiet der Bundesgenossen römische Bürger in **Kolonien** angesiedelt. Diese besaßen dann das latinische Bürgerrecht, das sie aber von der Teilnahme an der Volksversammlung ausschloss. Bei Rückkehr nach Rom erhielten sie wieder volles Bürgerrecht.

> Die **Kolonien** dienten als **militärische Stützpunkte,** trugen aber auch mit dazu bei, die römische Lebensweise und lateinische Sprache in ganz Italien zu verbreiten.

2. Phase 264–133 v. Chr.: Rom errang die Vormachtstellung über den Mittelmeerraum.
Nach der Eroberung Tarents hatte Rom im ganzen westlichen Mittelmeerraum nur noch einen ernst zu nehmenden Gegner, die Stadt **Karthago.** Karthago, im 10. Jh. v. Chr. von den Phöniziern als Handelsniederlassung gegründet, war seit dem 7. Jh. v. Chr. zur größten **Handels-** und **Seemacht** geworden.

> Die Ausdehnung des römischen Machtbereiches über Italien hinaus führte zum Kampf zwischen **Rom** und **Karthago** um die **Vorherrschaft** im **Mittelmeerraum.**
> In **drei Kriegen,** in einem Zeitraum von 120 Jahren, wurden die Karthager, die von den Römern **Punier** genannt wurden, besiegt.

Nach wechselvollen Kämpfen, in denen HANNIBAL den römischen Legionen in der **Schlacht bei Cannae** 216 v. Chr. die schwerste Niederlage ihrer Geschichte zufügte, konnten die Römer 146 v. Chr. die Karthager besiegen.
Im Laufe der ersten Hälfte des 2. Jh. v. Chr. vernichteten die Römer die Nachfolgestaaten ALEXANDERS DES GROSSEN: 201–168 v. Chr. wurde Makedonien geschlagen. Ägypten und Syrien gerieten zunächst in römische Abhängigkeit, bevor sie im 1. Jh. v. Chr. in das Römische Reich eingegliedert wurden.

> Im Jahre 30 v. Chr. beherrschte Rom den gesamten Mittelmeerraum. Aus dem **Stadtstaat** war ein **Weltreich** geworden.

Tarent hatte PYRRHUS VON EPIRUS nach Italien gerufen, um gegen die Römer zu kämpfen. Zunächst errang PYRRHUS viele Siege, jedoch mit ungeheuren Verlusten. Daher stammt der sprichwörtliche Ausdruck „Pyrrhussiege".

Die drei punischen Kriege:
1. Punischer Krieg 264–241 v. Chr.
2. Punischer Krieg 218–201 v. Chr.
3. Punischer Krieg 149–146 v. Chr.

Mahnende Worte BRECHTS an die Heutigen:
„Das große Karthago führte drei Kriege. Es war noch mächtig nach dem ersten, noch bewohnbar nach dem zweiten. Es war nicht mehr auffindbar nach dem dritten."

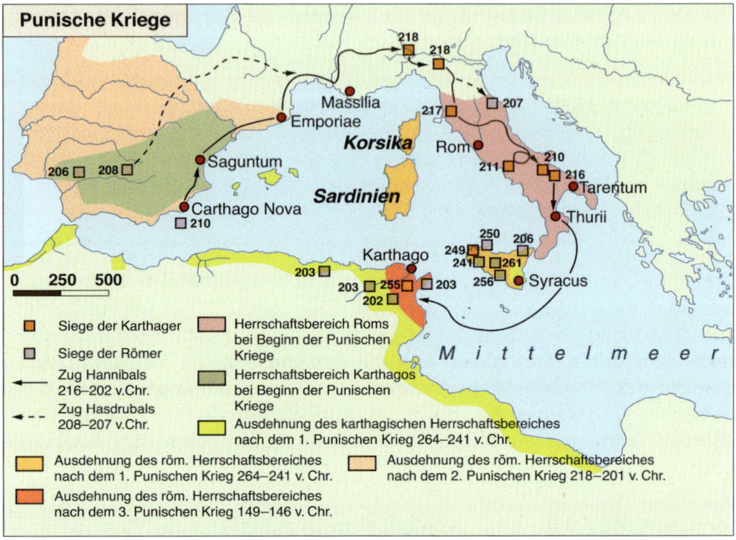

Die **Statthalter** verfügten über unbeschränkte Vollmachten. Sie führten das Kommando über das in der Provinz stationierte Heer und leiteten die Verwaltung.

Die neu erworbenen Gebiete außerhalb Italiens wurden zu **Provinzen.** Anders als in Italien übte Rom seine Herrschaft hier direkt aus. Die Verwaltung erfolgte durch **römische Statthalter,** die der Senat jährlich einsetzte. Die Einheimischen wurden als Untertanen behandelt. Sie waren zu **Steuerzahlungen** an Rom verpflichtet.

Krise der Republik und Reformversuche

Die Eroberungen und Expansionen (Ausdehnung) im 3. und 2. Jh. v. Chr. führten jedoch zu tiefgreifenden wirtschaftlichen, sozialen und gesellschaftspolitischen Veränderungen.

Folgen der Expansion

Wirtschaftliche Veränderungen	Soziale Veränderung Polarisierung der Gesellschaft		Gefährdung der Republik
• Geldwirtschaft ermöglicht Ausweitung des Handels • Sklavenwirtschaft • Latifundienbildung	• zunehmender Reichtum der Großgrundbesitzer und der Ritter	• Verarmung der Bauern • Teile der Bauernschaft wurden zu Proletariern	• Zunahme innerer Spannungen • ungenügende Gewährleistung der Wehrfähigkeit Roms • Zerstörung des Gemeinschaftsgefühls der „res publica" durch das Machtstreben Einzelner

Rom stieg vom kleinen Stadtstaat zur **Weltmacht** auf, ohne seine **politische Grundstruktur** den neuen Verhältnissen anzupassen. Die Institutionen der **Verfassung** der römischen Republik waren den vielen Veränderungen in Staat und Wirtschaft nicht mehr gewachsen.

Reformversuche

Ackergesetze der Gracchen

Innerhalb der Nobilität gab es Politiker, die versuchten, dieser Krise mit **Reformen** entgegenzutreten. Die Brüder Tiberius und Gaius Gracchus versuchten als Volkstribunen 133 und 123 v. Chr., die Lage der Bauern durch Verteilung von Staatsland zu verbessern. Damit wollten sie das Anwachsen des **Proletariats** stoppen und gleichzeitig die Zahl der Bauern erhöhen, die sich selbst ausrüsten und Heeresdienst leisten konnten. Ihre Reformen scheiterten nach Anfangserfolgen.
Tiberius wurde nach mehreren Vorstößen gegen die römische Verfassungspraxis 133 v. Chr. mit 300 seiner Gefolgsleute auf dem Kapitol getötet. Sein jüngerer Bruder, der die Reformbestrebungen fortsetzte, ließ sich nach der Niederlage seiner Anhänger 121 v. Chr. von einem Sklaven töten.

Proletarier, lat. proles = Nachkommenschaft
Sie besaßen nichts weiter als ihre Nachkommenschaft.
Zur Zeit Caesars wurde die Einwohnerzahl Roms auf 700 000 geschätzt, davon waren 200 000 Getreideempfänger. Sie wurden zu Proletariern.

Die **Gracchen** hatten versucht, mithilfe der Volksversammlung und gegen den Willen des Senats ihre **Reformen** durchzusetzen. Der Senat vereitelte die Reformen. Er vertrat die Interessen der Großgrundbesitzer, die nicht bereit waren, Land- und Vermögensverluste hinzunehmen.

Diese Auseinandersetzung zeigte, dass die römische Führungsschicht in sich gespalten war. Es standen sich **Optimaten** und **Popularen** gegenüber. Gewalt wurde von nun an ein Mittel der politischen Auseinandersetzung.

OPTIMATEN	POPULAREN
• hielten an der bisherigen Rolle des Senats fest • waren gegen jegliche Veränderungen der Besitzverhältnisse	• griffen vor allem die Forderungen des Volkes auf • versuchten, ihre Ziele mithilfe der Tribunen und der Volksversammlung durchzusetzen

Heeresreform des Marius

Die Agrarreform der Gracchen war gescheitert. Das Problem der abnehmenden Wehrkraft in Rom blieb ungelöst. Das schrumpfende Heer von Wehrpflichtigen konnte das Reich nicht mehr ausreichend schützen.
Der populare Politiker und Feldherr Gaius Marius versuchte, durch eine **Heeresreform** die Wehrkraft zu erhöhen.
Inhalt seiner **Reform:**
- Die Soldaten wurden aus der Schicht des Proletariats rekrutiert.

Veteranen, lat. vetus = alt

- Während ihrer Dienstzeit, die zunächst 16, dann 20 Jahre betrug, wurden die Soldaten vom Staat unterhalten und besoldet.
- Nach Abschluss der Dienstzeit erhielten die Soldaten als Veteranen (von lat. vetus = alt) eine Bodenparzelle als Eigentum.

> **Marius** löste mit seiner **Heeresreform** zwei wichtige Missstände der römischen Republik:
> 1. Rom erhielt wieder ein schlagkräftiges Heer.
> 2. Die Proletarier erhielten durch den Heeresdienst eine Tätigkeit und die Aussicht auf eine gesicherte Versorgung.

Die **Heeresreform** führte zu einer Veränderung des römischen Heerwesens:
- Aus dem einstigen römischen Bürgerheer wurde ein **Berufsheer.**
- Die Soldaten fühlten sich mehr ihren Feldherren, die ihnen Beuteanteil und Landzuweisung garantierten, als den wechselnden römischen Magistraten und dem Senat verpflichtet.
- Es bestand die Gefahr, dass das Heer zu einem persönlichen Machtinstrument der Feldherren wurde, mit dem sie ihre eigenen Herrschaftsansprüche durchsetzen konnten.

Bundesgenossenkrieg (91–88 v. Chr.)

Die **Krise** der römischen Republik war mit den Reformen nicht behoben. Nach wie vor gab es die ungelösten Probleme des römischen Bürgerrechts für die italischen Bundesgenossen. Die Gegensätze zwischen Rom und den Bundesgenossen wuchsen weiter. Da sie im Krieg die gleichen Lasten wie die Römer zu tragen hatten, verlangten sie die rechtliche Gleichstellung. Dagegen wehrten sich die Senatoren. Es kam zum Krieg. Zahlreiche Bundesgenossen in Mittel- und Unteritalien sagten sich von Rom los und gründeten einen neuen Staat. Im Ergebnis des darauf ausbrechenden Krieges erhielten alle **Bundesgenossen,** die sich zu Rom bekannten, das volle **Bürgerrecht.**

Bürgerkrieg zwischen MARIUS und SULLA

Innere und äußere Unruhen und Konflikte gefährdeten weiterhin die römische Republik. Die Folgen waren blutige **Bürgerkriege,** an denen die Republik letztendlich zugrunde ging. Nach dem **Bundesgenossenkrieg** kam es in Rom zum **Bürgerkrieg** zwischen den Anhängern der Optimaten und der Popularen.

Diktatur SULLAS

LUCIUS CORNELIUS SULLA (138 v. Chr.–78 v. Chr.), überzeugter Optimat, und der Populare MARIUS führten mit ihren Armeen gegeneinander Krieg und übten abwechselnd eine Schreckensherrschaft über Rom aus.
SULLA ging siegreich aus diesem Kampf hervor und wurde 82 v. Chr. vom Senat zum **Diktator** ernannt. Sein Amt war nicht zeitlich befristet.

SULLAS Hauptziel bestand in der Wiederherstellung der **Senatsherrschaft.** Um dieses Ziel zu erreichen, versuchte er die Popularen als Opposition auszuschalten.

Proskriptionslisten, lat. proscribere = aufschreiben, ächten Gegner wurden auf öffentlich ausgehängten Listen für vogelfrei erklärt. Der Besitz der Geächteten wurde vom Staat beschlagnahmt.

Mithilfe von Proskriptionslisten verfolgte er die Anhänger der Popularen.

Das Ende der Republik

Die von SULLA wiederhergestellte Ordnung hielt jedoch nicht lange. Der Senat war zu schwach, um sich gegen einflussreiche Feldherren durchzusetzen. Ohne sie ließ sich das römische Weltreich kaum noch gegen Angriffe von außen verteidigen oder vor Aufständen im Innern schützen. **Feldherren** bestimmten immer mehr die Politik des Reiches.

CRASSUS
(114–53 v. Chr.)

1. Triumvirat
60 v. Chr. verbündeten sich drei Männer zum **Triumvirat** (Dreimännerbund): GNAEUS POMPEIUS MAGNUS, der erfolgreiche Feldherr, GAIUS JULIUS CAESAR, der Führer der Popularen, und MARCUS LICINIUS CRASSUS, der reichste Mann Roms. Diese Männer bestimmten die Politik Roms. **CAESAR** nutzte das Bündnis, um sich 59 v. Chr. zum Konsul wählen zu lassen und sich im Anschluss ein außerordentliches Kommando in Gallien zu verschaffen. In einem achtjährigen Feldzug eroberte CAESAR ganz Gallien bis

zum Rhein und unterstellte es der römischen Herrschaft. So errang CAESAR großes Ansehen und vor allem ein treu ergebenes Heer. In der Missachtung seiner Verdienste für Rom durch den Senat sah CAESAR das Ende seiner politischen Karriere.

POMPEIUS
(106–48 v. Chr.)

Bürgerkrieg zwischen POMPEIUS und CAESAR

Am 10. Januar 49 v. Chr. überschritt CAESAR mit seinem Heer den Rubikon, den Grenzfluss zwischen Gallien und Italien, und zog gegen Rom. Es kam zum erbitterten **Bürgerkrieg** zwischen dem Senat unter Führung des einstigen Verbündeten POMPEIUS und den Legionen CAESARS. Nach fünf Jahren Bürgerkrieg zog CAESAR 45 v. Chr. als Sieger im Triumph nach Rom. Seine Machtstellung war jetzt unangefochten.

Alleinherrschaft CAESARS

CAESAR versuchte, die **Krise der Republik** zu beenden, indem er die **Alleinherrschaft** anstrebte. Das republikanische System ließ er formal bestehen, höhlte es aber aus, da er wichtige Ämter in seiner Person vereinigte (Diktatur auf Lebenszeit, Rechte eines Volkstribuns, Oberbefehl über das Heer).

CAESAR
(100–44 v. Chr.)

CAESAR war nun **Alleinherrscher** in Rom. Er ernannte Beamte und Statthalter, entschied über Krieg und Frieden. Der Senat, den er mit seinen Anhängern besetzte, bestätigte nur noch die von CAESAR beschlossenen Maßnahmen.

CAESAR leitete eine Reihe von Maßnahmen ein, um die soziale Lage des Volkes zu verbessern und den Staat neu zu ordnen:
- Gründung von **Kolonien** außerhalb Italiens, in denen Veteranen und Proletarier angesiedelt wurden,
- Stärkere **Kontrolle** der **Verwaltung** der Provinzen,
- Beschäftigung von arbeitslosen Proletariern in öffentlichen **Bauprojekten** Roms.

Bei vielen Römern regte sich Kritik an seiner Machtfülle. Um die alte Republik vor einer Monarchie zu retten, verschworen sich 60 Senatoren und ermordeten CAESAR am 15. März 44 v. Chr.

2. Triumvirat

Der Mord an CAESAR bewahrte die römische Republik nicht vor dem Untergang. Er hatte vielmehr neue Bürgerkriege um das Erbe CAESARS zur Folge.

43 v. Chr. verbündeten sich abermals drei Männer zum **Triumvirat,** um die Geschicke Roms in die Hand zu nehmen; MARCUS ANTONIUS (82–30 v. Chr.), einer der Unterfeldherren und vertrauter Freund CAESARS, MARCUS AEMILIUS LEPIDUS, ehemaliger Reiterführer, und GAIUS OCTAVIUS (OCTAVIAN) (63 v. Chr.–14 n. Chr.), Großneffe und Adoptivsohn CAESARS. Mit ihrer Herrschaft begann eine Schreckenszeit in Rom. Sie teilten die Verwaltung unter sich auf. ANTONIUS erhielt den reichen Osten, ging nach Ägypten und heiratete KLEOPATRA. LEPIDUS erhielt die Provinz Afrika. OCTAVIAN erhielt den Westen mit Italien.

ANTONIUS
(82–30 v. Chr.)

Es kam zwischen den ehemaligen Verbündeten zu Machtkämpfen. LEPIDUS war zu schwach und musste seine Herrschaftsansprüche 36 v. Chr. an OCTAVIAN abtreten. OCTAVIAN erklärte der ägyptischen Königin KLEOPATRA (69–30 v. Chr.) den Krieg. Tatsächlich galt dieser Krieg jedoch ANTONIUS.

KLEOPATRA (69–30 v. Chr.) (Zeichnung von MICHELANGELO BUONARROTI)

Bürgerkrieg zwischen ANTONIUS und OCTAVIAN

31 v. Chr. kam es zur militärischen Auseinandersetzung zwischen ANTONIUS und OCTAVIAN. In der **Seeschlacht bei Actium,** an der Westküste Griechenlands wurde ANTONIUS geschlagen. ANTONIUS und KLEOPATRA nahmen sich 30 v. Chr. das Leben. Ägypten wurde als letzter hellenistischer Staat 30 v. Chr. römische Provinz. OCTAVIAN war nun Alleinherrscher.

4.2.2 Die römische Kaiserzeit

Zeitalter des AUGUSTUS

OCTAVIAN (63 v. Chr.–14 n. Chr.)

Nach dem Sieg über ANTONIUS in der Schlacht bei Actium besaß OCTAVIAN die alleinige Regierungsgewalt. Um nicht das gleiche Schicksal wie sein Adoptivvater CAESAR zu erleiden, ging OCTAVIAN bei der Festigung seiner Macht behutsam vor. Er wollte nur noch „princeps" (= erster Bürger) sein. Davon abgeleitet bezeichnet man die Herrschaftsform seit AUGUSTUS als **Prinzipat.**
27 v. Chr. gab OCTAVIAN alle seine besonderen Vollmachten aus den Bürgerkriegen an den Senat zurück und erklärte die **Republik** als wiederhergestellt. In Anerkennung seiner Leistungen für Rom verlieh ihm der Senat den Ehrentitel **AUGUSTUS** (= der Erhabene), den er fortan in seinem Namen führte. AUGUSTUS ließ alle Institutionen (Senat, Magistrat, Volksversammlung) der Republik weiter bestehen. Nach außen hin behielten sie ihre alten Rechte.

Die Republik bestand nur ihrem Namen nach weiter. Die eigentliche **Macht** lag in den Händen des **AUGUSTUS.** Aus Furcht vor erneuten Unruhen und Bürgerkriegen übertrug der Senat ihm nach und nach die Befugnisse aller wichtigen verfassungsmäßigen Ämter.

AUGUSTUS konnte alle Bereiche des Imperiums kontrollieren. Eine Reihe von Ehrungen und Titeln, die ihm der Senat verlieh, betonten seine besondere Stellung. Augustus erhielt den Titel „Vater des Vaterlandes". Der achte Monat wurde ihm zu Ehren „August" genannt. AUGUSTUS besaß eine große Machtfülle und herrschte faktisch wie ein Monarch.

AUGUSTUS besaß die **Amtsgewalten** eines
- **Volkstribuns,** damit war er unantastbar, verfügte über das Vetorecht (konnte sämtliche Aktionen des Senats und Magistrats unterbinden) und die Gesetzesinitiative,
- **Konsuls** und hatte damit den Oberbefehl über das Heer und die Führung der Außenpolitik,
- **Zensors,** die ihn berechtigten, Senatoren zu benennen bzw. zu entlassen.

Das Römische Reich hatte sich von einer **Adelsrepublik** in eine **Monarchie** verwandelt. Mit der Herrschaft AUGUSTUS' begann die **Kaiserzeit** im Römischen Reich.

Das „goldene Zeitalter“ des AUGUSTUS

AUGUSTUS festigte die innere Ordnung des Römischen Reiches und legte damit die Grundlage für eine lange **Friedenszeit.**

Maßnahmen zur Sicherung der inneren Ordnung:
- Einsetzung **kaiserlicher Beamter** zur Verwaltung des Riesenreiches. Ihre Vollmachten waren durch den Staat begrenzt, sodass Willkürmaßnahmen eingeschränkt waren.
- Die **Plünderung der Provinzen** wurde beendet.
- Das Volk wurde durch kostenlose Getreidespenden und Zirkusspiele zufriedengestellt (panem et circenses).
- Eine rege **Bautätigkeit** führte zur Schaffung von neuen Arbeitsplätzen.
- Die **Veteranen** erhielten in neugegründeten Kolonien Land, vor allem in Spanien und Gallien.

Der innere Frieden führte zu einem Aufschwung von **Handel** und **Gewerbe.** Eine rege **Bautätigkeit,** die alles Bisherige in den Schatten stellte, begann. (82 Tempel wurden restauriert, Triumphbögen, öffentliche Thermen, Markthallen, das Augustus-Forum wurden gebaut.) Dichtung und Geschichtsschreibung erlebten eine Blüte.
Rom wurde zum Mittelpunkt der Welt.

Der Senatsadel stammte jetzt nicht mehr ausschließlich aus den alten römischen Adelsfamilien, sondern zunehmend aus der Führungsschicht der Provinzen. Nur wer ein Mindestvermögen von 1 Million Sesterzen besaß, konnte vom Kaiser in den Senatorenstand aufgenommen werden.
Äußerlich waren sie an ihrer Kleidung, einer weißen Toga mit breitem Purpursaum, zu erkennen.

Leben in der Kaiserzeit

Die Gesellschaft des Kaiserreiches blieb scheinbar unverändert. Nach wie vor bildete der **Senatsadel** die Oberschicht. Er setzte sich aus 600 Senatoren mit ihren Familien zusammen. Die Senatoren bekleideten die höchsten Ämter. Sie waren Statthalter in den Provinzen und übernahmen die Führung in den Legionen. Sie handelten jedoch nicht mehr selbstständig, sondern im Namen des Kaisers.
Der **Ritterstand** bildete die zweite Schicht im Reich. Er gewann durch die vielfältigen Verwaltungsaufgaben in der Kaiserzeit an Bedeutung. Ritter übernahmen z. B. Offiziersstellen im Heer, verwalteten die Finanzen in den Provinzen, organisierten die Getreideversorgung in Rom und kommandierten die Leibgarde des Kaisers. Der Ritterstand war nicht erblich. Unterhalb dieser Stände war die römische Gesellschaft sehr vielfältig gegliedert. Es gab erhebliche soziale Unterschiede. Die **Masse der Bevölkerung** waren Kleinhandwerker, Tagelöhner und Bauern. Es gab immer noch Bürger mit römischem Bürgerrecht und die sogenannten Nichtrömer. Das **Bürgerrecht** wurde im Laufe der Kaiserzeit weiter ausgedehnt. Die **Sklaven** bildeten die unterste Schicht der römischen Gesellschaft. Diese waren nach römischer Auffassung rechtlos, galten als Sache und waren ganz der Willkür ihrer Besitzer ausgeliefert.

Auf den **griechischen Inseln Delos** und **Rhodos**, den **Hauptsklavenmärkten** der Antike, wurden täglich bis zu zehntausend Sklaven wie Handelsware verkauft.

Lebensbedingungen
Die Lebensbedingungen der Sklaven waren sehr unterschiedlich. Es hing davon ab, welche Arbeiten sie verrichteten und was für einen Herrn sie

hatten. Ein hartes Los hatten die Sklaven auf den Latifundien und in den Bergwerken. Ständig vom Tode bedroht waren die **Gladiatoren** (Schwertkämpfer). Unter besseren Bedingungen arbeiteten Handwerkssklaven, die zum Teil als „Facharbeiter" beschäftigt waren. Am besten traf es die Haussklaven. Gebildete Sklaven, die oft als Hauslehrer und Ärzte tätig waren, genossen eine geachtete Stellung.

Widerstand der Sklaven

Ungerechte Behandlung und menschenunwürdige Lebensbedingungen führten zum Widerstand der Sklaven gegen ihre Herren. Im 2. Jh. v. Chr. kam es zu mehreren Sklavenaufständen in Sizilien.

73–71 v. Chr. kam es zu dem wohl bedeutendsten **Sklavenaufstand** unter Führung des **SPARTAKUS.** SPARTAKUS, ein thrakischer Sklave, wurde in der Gladiatorenschule in Capua zum Schwertkämpfer ausgebildet. Mit 70 weiteren Sklaven gelang ihm die Flucht aus der Gladiatorenschule. Innerhalb kurzer Zeit schlossen sich ihm 10 000 Sklaven an. Zeitweilig wuchs das Sklavenheer auf 40 000 Mann an.

Sklavenaufstände bildeten im Römischen Reich jedoch die Ausnahme. Die vorherrschende Form der Auflehnung war der passive Widerstand. Viele Sklaven arbeiteten nachlässig oder flohen.

Das Heer der Sklaven schlug bei seinem Zug durch Italien mehrere Legionen der römischen Armee. Erst 71 v. Chr. wurde das Sklavenheer vom römischen Feldherrn CRASSUS besiegt. 6 000 Sklaven wurden zur Abschreckung an der Straße zwischen Capua und Rom gekreuzigt.

Wirtschaft, Handel und Verkehr

Auf vielen Gebieten der **Wirtschaft** kam es zur **Spezialisierung.**
Die **Landwirtschaft** war der wichtigste Produktionszweig, 70–80 Prozent der Reichsbewohner waren nach heutigen Schätzungen hier tätig. Neben den Gütern der Kleinbauern, die immer mehr abnahmen, waren vor allem mittelgroße Güter, sogenannte Villenwirtschaften, und Großgüter (Latifundien) vorherrschend. Im **Handwerk** kam es verstärkt zu einer Spezialisierung. Die vorherrschende Produktionsform waren kleine Familienbetriebe mit wenigen Angestellten. Sie spezialisierten sich in der Regel auf ein Gewerbe. In Pompeji gab es z. B. über 80 verschiedene Gewerbe. Daneben entwickelten sich größere Betriebe, Manufakturen, mit bis zu 100 Arbeitskräften. Hier wurden vor allem Produkte hergestellt, die eine konstant hohe Nachfrage zu verzeichnen hatten, wie Keramik- und Metallwaren sowie Ziegelsteine.

Mit der Entwicklung Roms zur **Weltmacht** erlebte der **Handel** einen großen Aufschwung. Die *pax romana* förderte die ungestörten Handelsbeziehungen im ganzen Imperium. Handelsverbindungen reichten von **Indien** bis **Britannien.**

pax romana = römischer Friede

Begünstigt wurde der Handel, weil
- überall gleiche Währung, Gesetze und Sprache galten,
- gesicherte Schifffahrtswege bestanden und
- ein dicht ausgebautes und gut unterhaltenes Straßennetz existierte.

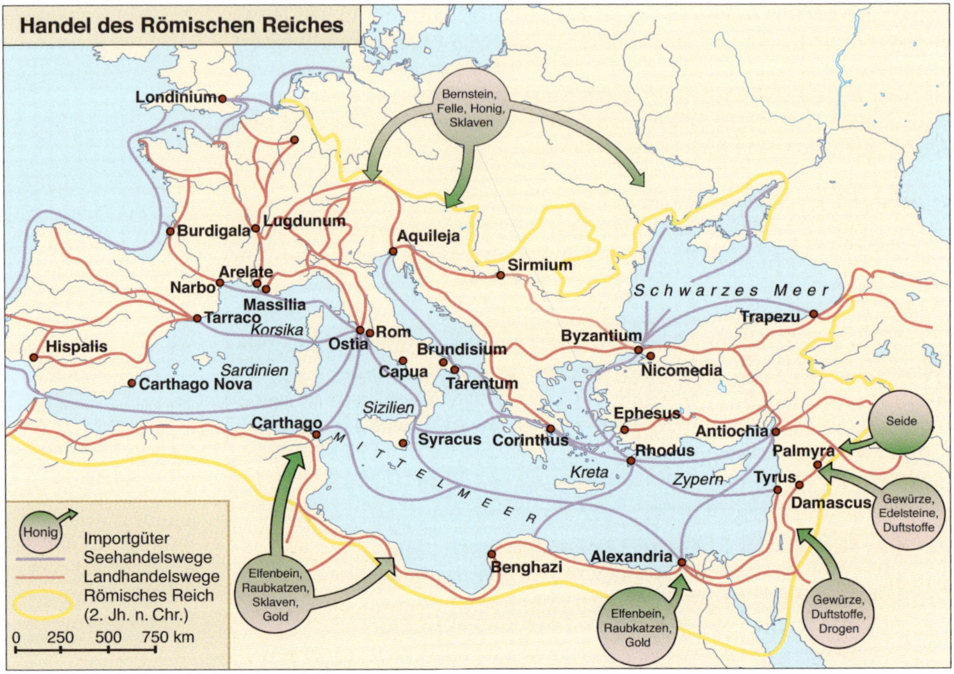

Straßen wurden zunächst für militärische Zwecke gebaut; sie sollten eine rasche Verschiebung der Legionen sichern, kamen aber auch dem Handel zugute.
Der Bau der Via Appia begann 312 v. Chr.

Der Verkehr von Gütern spielte sich vorwiegend auf dem Seeweg ab. Schiffe konnten eine Last von 120 bis 200 Tonnen transportieren und waren damit das billigste Verkehrsmittel im Güterverkehr.
Das gesamte Römische Reich war außerdem mit 100 000 km festen und gepflasterten Straßen durchzogen. Meilensteine und Herbergen für den Pferdewechsel und die kaiserliche Reichspost säumten die Straßen.

Die älteste Straße ist die **Via Appia,** benannt nach dem Zensor Appius Claudius Caecus.
Sie wurde zunächst von Rom nach Capua gebaut und dann bis Brundisium verlängert, von wo aus man mit dem Schiff nach Griechenland gelangte. Damit war sie die erste Fernstraße der Römer mit einer Gesamtlänge von zunächst 240 km.

Stadtleben in der Kaiserzeit

Rom war politischer, wirtschaftlicher und kultureller Mittelpunkt des Römischen Reiches.
Auf dem **Forum Romanum** („Marktplatz" Roms) befanden sich die Amtsräume der Behörden, hier trat der Senat zusammen, und die Gerichtsverhandlungen wurden in aller Öffentlichkeit hier abgehalten. In den

Markthallen herrschte ein reges Treiben. Man konnte hier seine Waren verkaufen oder auch nur durch die Geschäfte bummeln.

Die Kaiser schmückten die Stadt mit prachtvollen öffentlichen Gebäuden und Kaiserpalästen.

Das **Forum** bildete den Mittelpunkt der Stadt und des ganzen Reiches. AUGUSTUS ließ hier einen goldenen Meilenstein aufstellen, bei dem alle Heeresstraßen des Reiches mündeten.

AUGUSTUS rühmte sich, die einstige Stadt aus Ziegeln in eine Stadt aus Marmor verwandelt zu haben. Tatsächlich wuchs unter ihm und seinen Nachfolgern **Rom** zu einer **Weltstadt** und wurde zum **politischen, wirtschaftlichen** und **kulturellen Mittelpunkt** des Römischen Reiches.

Thermen waren große öffentliche Bäder. Zu ihrer Ausstattung gehörten Heizungen in Fußböden und Wänden, Kalt- und Warmwasserbecken, Dampfbäder, Ruheräume, Gymnastikanlagen, Verkaufsstände und Bibliotheken.
Die Thermen konnte jeder besuchen, ihr Eintritt war frei. In Rom gab es über 100 Thermen. Sie waren der Treffpunkt des gesellschaftlichen Lebens.

Draufsicht auf die Caracalla-Thermen

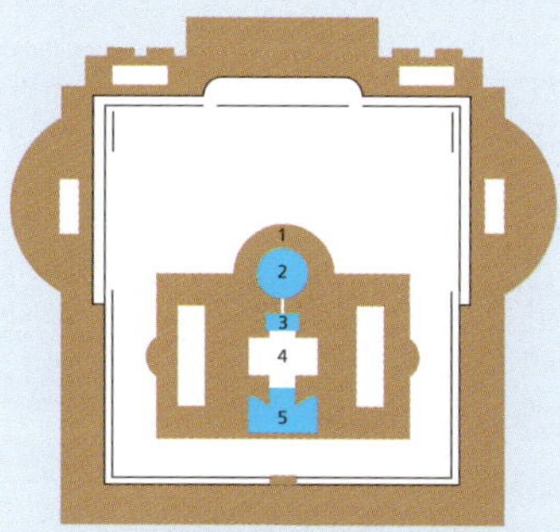

1 Kuppelsaal
2 Heißes Bad
3 Lauwarmes Bad
4 Hauptsaal
5 Badebassin

Das **Kolosseum** war das größte Amphitheater der antiken Welt. Die Arena konnte geflutet werden, sodass nachgestellte Seeschlachten inszeniert werden konnten. 50 000 Menschen hatten hier Platz. Durch

80 Eingänge gelangten die Zuschauer zu ihren Plätzen. Bei großer Hitze oder bei Regen wurde ein Segel über das Kolosseum gezogen.

Im Kolosseum fanden Tierhetzen und Gladiatorenkämpfe statt.

Triumphbögen wurden zur Erinnerung an wichtige militärische Siege der Römer errichtet.
Nebenstehende Abbildung zeigt den Titusbogen auf dem Forum Romanum. Auf ihm ist der Jüdische Krieg (66–70 n. Chr.) dargestellt. TITUS erhielt nach der Zerstörung Jerusalems den Imperatortitel.

Der **Circus Maximus** war eine Wagenrennbahn. Er hatte eine Länge von 621 m und war 118 m breit. 250 000 Zuschauer fanden hier Platz.

Mit der Erweiterung der Stadt waren 19 **Wasserleitungen** in Rom nötig. Sie führten das Wasser zum Teil aus einer Entfernung von über 100 km heran.

Die erste staatliche **Wasserleitung** in Rom wurde 312 v. Chr. gebaut. Die Leitungen verliefen in Aquädukten über der Erde oder unterirdisch. Als Leitungen dienten Rohre aus Blei, Holz oder Ton. Damit das Wasser floss, bediente man sich eines gleichmäßigen Gefälles von weniger als einem Prozent.

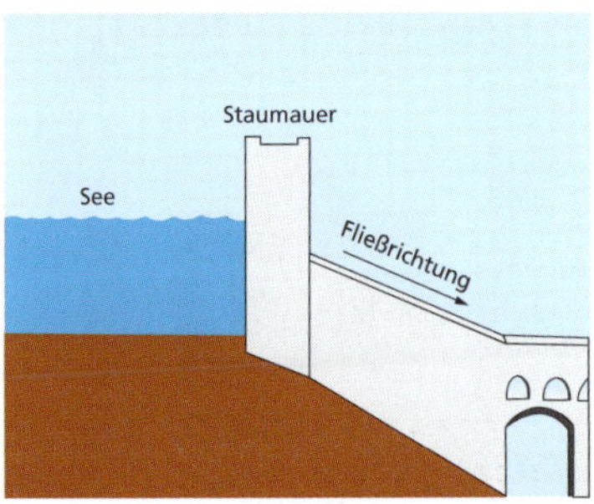

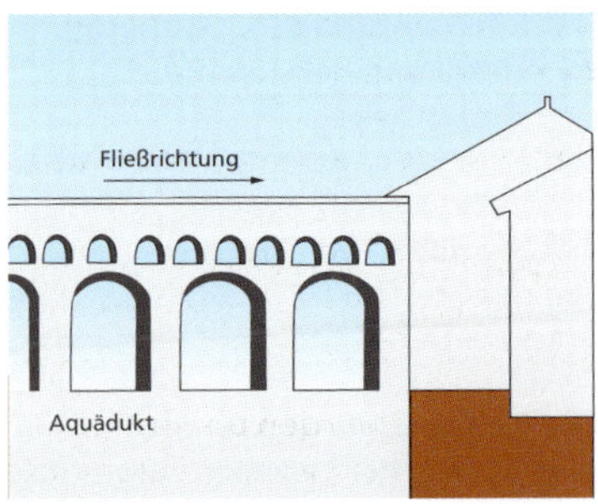

Besonders viel Wasser wurde für die Thermen benötigt. Hinzu kamen Trinkwasserbrunnen an Straßen und Plätzen und Privatanschlüsse in Haushalten.

Das **Pantheon** ist ein Tempel, der allen Göttern geweiht war. Die Römer waren gegenüber den Anhängern aller Religionen duldsam.
Seit dem 7. Jh. ist das Pantheon eine christliche Kirche, in der sich die Gräber RAFFAELS und der italienischen Könige befinden.

Wohnverhältnisse

In der Kaiserzeit lebten nach heutigen Schätzungen ungefähr eine Million Menschen in Rom. Die wohlhabenden Bürger bewohnten geräumige **Stadtvillen,** die Platz für Familie und Dienerschaft boten. Sie waren komfortabel ausgestattet; kostbare Mosaikfußböden, Wandgemälde und Plastiken schmückten das Haus. Sie verfügten in der Regel über fließendes Wasser, Toiletten und Fußbodenheizung (Hypocaustum). Der Fußboden ruhte auf kleinen Pfeilern. In den so entstandenen Hohlraum wurde warme Luft eingeführt, die den Fußboden heizte.

Den Luxus und die Pracht römischer Privatvillen kennen wir aus Pompeji, das nach dem Ausbruch des Vesuvs 79 n. Chr. von einer mehrere Meter dicken Asche- und Bimssteinschicht verschüttet und so konserviert wurde.
Das Bild stellt eine Rekonstruktion dar.

Die Masse der Bevölkerung lebte unter sehr ärmlichen Bedingungen in drei- bis fünfgeschossigen **Mietshäusern,** den **insulae.** Im Erdgeschoss befanden sich häufig Verkaufsstände und Gaststuben; im ersten Stockwerk wohnten die Betreiber der Läden und darüber waren die Wohnungen der Mieter. Die größeren Mietshäuser konnten bis zu 200 Mieter aufnehmen.

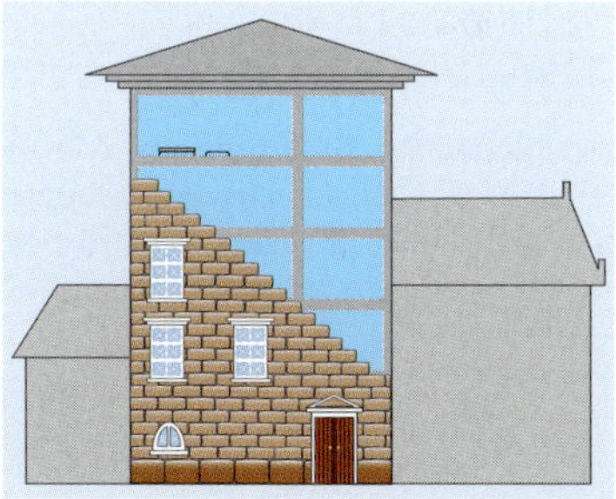

Die Wohnungen waren dunkel, schlecht belüftet und nicht beheizbar. Tragbare Holzkohlebecken, die als Heizung und Kochstelle dienten, verräucherten die Räume und verursachten häufig schwere Brände. Toiletten und Wasserleitungen gab es nur in sehr wenigen Mietshäusern und dann auch nur im Erdgeschoss. Die Bewohner mussten die öffentlichen Toiletten benutzen und das Wasser aus Straßenbrunnen holen.

Heereswesen und Grenzsicherung

Legionen und Hilfstruppen sicherten das Römische Reich.
Das römische Heer der Kaiserzeit war ein **Berufsheer.**

Die Truppen wurden unmittelbar an den Grenzen des Reiches stationiert. In Italien selbst gab es während der Kaiserzeit keine Soldaten, außer der kaiserlichen Leibgarde, den Prätorianern, einer Polizeitruppe und der städtischen Feuerwehr. Die Legionäre waren römische Bürger aus Italien. Mit der fortschreitenden Ausweitung des Bürgerrechts konnten später auch Bewohner der Provinzen in die Legionen aufgenommen werden.

In der Regel umfasste eine Zenturie 100 Mann, davon waren 80 Mann für den Kampf vorgesehen und 20 sorgten für Verwaltungs- und Nachschubaufgaben.

Aufbau des Heeres

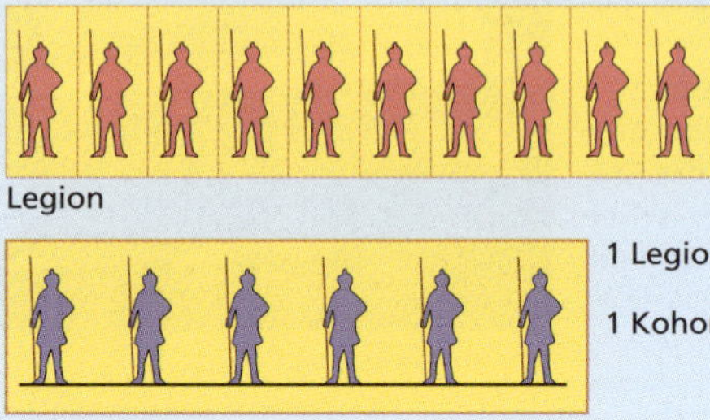

Karrierechancen im römischen Heer machten diesen Beruf verlockend. Einfache Soldaten konnten es bis zum Zenturio (Offiziersrang) bringen, das heißt, sie konnten etwa 100 Mann befehligen.

Befehligt wurden diese Truppen von römischen Offizieren. Ihre Dienstzeit betrug 25 Jahre. Nichtrömer, die in das Heer eintraten, erhielten nach Beendigung der Dienstzeit mit ihren Familien das römische Bürgerrecht.

Neben den Legionen bildeten die **Hilfstruppen** einen weiteren Bestandteil des römischen Heeres. Die Hilfstruppen, die etwa die gleiche Stärke hatten wie die Legionen, setzten sich aus den Bewohnern der **Provinzen** ohne römisches Bürgerrecht zusammen.

Grenzsicherung

Ziel der **Eroberungen** in der Kaiserzeit war die Schaffung eines **räumlich zusammenhängenden Reiches** mit natürlichen und leicht zu sichernden Grenzen.

Wo natürliche Grenzen, wie Meere, Gebirge, Wüsten oder Flüsse, fehlten, wurden künstliche Grenzbefestigungen geschaffen, z. B. der **Hadrianswall** im nördlichen England oder der rätisch-obergermanische **Limes** in Südwestdeutschland.

Der Limes (von lat.: Grenzpfad) war die Grenzbefestigung zwischen Römern und Germanen. Er hatte eine Länge von 550 km, begann am Rhein südlich von Bonn und endete kurz vor Regensburg an der Donau.
Die Saalburg in Bad Homburg wurde im 2. Jh. n. Chr. als Limeskastell ausgebaut (Bild).

Hinter den Grenzbefestigungen befanden sich **Kastelle** mit bis zu 600 Mann Besatzung. Ein Straßennetz sorgte für gute Verkehrsanbindungen in das Land. An den Straßen, die zu den Kastellen führten, entstanden oft Siedlungen. In ihnen wohnten die Angehörigen der Soldaten, aber auch Handwerker und Händler, die die Soldaten versorgten.

Weißenburg – Römer-Kastell in Bayern

Romanisierung der Provinzen

TRAJAN
(53–117 n. Chr.)

Unter Kaiser TRAJAN (53–117 n. Chr.) erreichte das Römische Reich seine größte Ausdehnung. 50–60 Millionen Menschen lebten damals in 40 Provinzen. Die Bewohner der ehemals unterworfenen Gebiete passten sich im Laufe der Zeit immer mehr an die **römische Lebensweise** an, übernahmen die Sprache, Denkweise und Zivilisation.

Diesen Vorgang der Anpassung bezeichnet man als **Romanisierung.**

4.2.3 Der Untergang des Römischen Reiches

Die Krise des Römischen Reiches

Über Jahrhunderte war das Römische Reich nach innen und außen ein geordneter und machtvoller Staat. Im 3. Jh. n. Chr. geriet das Reich in eine wirtschaftliche und politische Krise.

Die Neuordnung des Römischen Reiches unter Diokletian und Konstantin (284–337 n. Chr.)

Eine wesentliche **Ursache** dieser Krise war die **wachsende Bedrohung** an den **Reichsgrenzen.** Diese zogen sich über eine Strecke von 15 000 km durch drei Erdteile.

Politische und wirtschaftliche Auswirkungen
Unter dem Eindruck der Kriege gewann das Heer eine bis dahin nie dagewesene Machtstellung. Entscheidungen für das Reich fielen nicht mehr in Rom, sondern auf **Kriegsschauplätzen** an den Grenzen des Reiches, da wo sich die Kaiser aufhielten. In den Jahren von 193 bis 284 n. Chr. gab es mehr als **30 Kaiser** und **Gegenkaiser.** Keiner dieser sogenannten **Soldatenkaiser** hatte eine lange Regierungszeit. Durch den häufigen **Machtwechsel** ging die Kontinuität in der Innenpolitik verloren.
Erhöhte Aufwendungen für die Verteidigung des Reiches wurden notwendig. Diesem wachsenden Geldbedarf des Staates standen sinkende Steuereinnahmen gegenüber. Um dieses Defizit auszugleichen, wurde die Bevölkerung mit **Steuern** belastet. Das führte jedoch zu steigenden Preisen. Der einstmals so blühende Handel zwischen Italien und den Provinzen ging zurück.

Vom Prinzipat zum Dominat (lat. dominus = Herr, Gebieter)

DIOKLETIAN
(245–313 n. Chr.)

284 n. Chr. beendete DIOKLETIAN die Zeit der Soldatenkaiser. Dem ehemaligen Soldaten gelang es in einer 20-jährigen Regierungszeit, das Reich durch verschiedene Reformen zu festigen. Zur besseren Verteidigung teilte DIOKLETIAN die Herrschaft mit **drei Mitregenten.**
Das Römische Reich wurde somit von **vier Kaisern** regiert (Tetrarchie = Viererherrschaft). Jeder verwaltete einen Reichsteil von einer eigenen Hauptstadt aus. Die Einheit des Reiches blieb jedoch erhalten. Die Kaiser seit DIOKLETIAN sahen sich nicht mehr als „Prinzeps", sondern als „Dominus et Deus" (Herr und Gott) über Untertanen. Aus dem **Prinzipat** war der **Dominat** geworden.

Als **Dominat** bezeichnet man die Kaiserherrschaft seit DIOKLETIAN bis 395 n. Chr. Die Kaiser regierten unumschränkt. Das Leben der Untertanen wurde durch harte Gesetze eingeschränkt.

Reformen des DIOKLETIAN:
- Neugliederung des Reiches – das Reich wurde in hundert neue Provinzen gegliedert.
- Währungsreform – neue Münzen mit höherem Metallgehalt wurden geprägt.
- Neuordnung des Steuerwesens
- Festlegung von Höchstpreisen für Waren und Leistungen
- Um die landwirtschaftliche Produktion zu erhöhen, wurde den Bauern verboten, ihr Land zu verlassen.
- Für Handwerker bestand Berufszwang. Kinder von Handwerkern mussten den Beruf ihres Vaters ergreifen.

Die Reformen DIOKLETIANS führten vorübergehend zu neuer innerer und äußerer Sicherheit. Sie begründeten aber auch einen **Zwangsstaat,** in

dem die Bürger als Untertanen vielen Repressionen ausgesetzt waren.
Als DIOKLETIAN und MAXIMIAN abdankten, kam es erneut zu Bürgerkriegen, aus denen KONSTANTIN I., zunächst als Mitkaiser und ab 324 n. Chr. als Alleinherrscher, hervorging. Er vollendete die Reichsreformen DIOKLETIANS. Die neue Hauptstadt des Reiches wurde **Byzanz,** die ihm zu Ehren **Konstantinopel** genannt wurde. Rom war nur noch eine Großstadt unter anderen.

KONSTANTIN I.
(um 280–337 n. Chr.)

Das Römische Reich als christlicher Staat

Im Leben der Römer besaß die **Religion** einen hohen Stellenwert. Die Römer verehrten viele Götter **(Polytheismus),** die alle ihr jeweils eigenes Aufgabengebiet besaßen.

Der mächtigste römische Gott war **Jupiter.** Das Verhältnis zu den Göttern und ihre Verehrung war eine Sache der Öffentlichkeit (Religion war eine Staatsangelegenheit). Der römische Staat war zunächst gegenüber allen Religionen tolerant.
Einen besonderen Status in diesem „Vielreligionenreich" nahm die römische **Provinz Palästina** ein. Die hier lebenden Juden unterschieden sich von ihren Nachbarvölkern durch einen strengen **Monotheismus.** Sie glaubten nur an einen Gott, **Jahwe.**
Zu Beginn des 1. Jh. entstand in Palästina eine neue Religion, das **Christentum.** Sie ist aus der Religion der Juden hervorgegangen. Ihr Begründer war **JESUS VON NAZARETH.** Im Jahre 30 wurde er wegen angeblicher Gotteslästerung am Kreuz hingerichtet. Nach dem Tod JESU breitete sich das Christentum über die Grenzen Palästinas im gesamten Römischen Reich aus.
Bis zum Beginn des 4. Jh. hat sich das **Christentum** von den bescheidenen Anfängen der Urgemeinde in Jerusalem über das gesamte römische Imperium ausgebreitet.

Das **Christentum** wurde in der Mitte des 1. Jh. vor allem durch die **Apostel** (= Boten) PETRUS und PAULUS in weite Teile des Mittelmeerraumes getragen. Sie unternahmen **Missionsreisen** (= Aussendung) und gründeten Gemeinden in Kleinasien, Griechenland und Rom.

Ursachen, die die Ausbreitung begünstigten:
- Zunächst gab es religiöse Toleranz im Römischen Reich.
- **Missionare** verbreiteten den christlichen Glauben.
- Die **pax romana,** die gemeinsame Sprache und die guten **Verkehrsverbindungen** begünstigten die Missionstätigkeit.
- Die christliche Lehre übte große Anziehungskraft vor allem auf die ärmeren Volksschichten aus, da die Vorstellung von der **Gleichheit aller Menschen** vor Gott und die Forderung der **Nächstenliebe** den Menschen Trost und Hoffnung gaben.

Aus der geduldeten, später verfolgten christlichen Lehre wurde eine **Staatsreligion.**

Bis zum 2. Jh. wurden die Christen bis auf vereinzelte **Verfolgungen** (z. B. 64 unter NERO) im Allgemeinen geduldet. Erst ab dem 3. Jh., als außenpolitische Bedrohung und wirtschaftliche Not das Reich erschütterten, kam es zu schweren Christenverfolgungen.

Aus der Zeit der Christenverfolgung stammt das Fischsymbol. Es war das geheime Erkennungs- und Bekennungszeichen der Christen. Die Buchstaben des griechischen Wortes Fisch (I – CH – TH – Y – S) gelten als Abkürzung für Iesus (Jesus), CHristos (Christus), THeou (Gottes), Yios (Sohn), Soter (Erlöser).

Alle Versuche, das Christentum zu vernichten, scheiterten. 311 beendete Kaiser GALERIUS die Christenverfolgung und erlaubte die christliche Organisation. Unter KONSTANTIN hörte die Christenverfolgung endgültig auf.

Im **Mailänder Toleranzedikt von 313** erkannte Kaiser KONSTANTIN das Christentum als gleichberechtigte Religion an.

391/392 wurde unter Kaiser THEODOSIUS (379–395) das Christentum (katholische Lehre) zur **Staatsreligion.** Unter schwerer Strafandrohung verbot er die heidnischen Kulte, damit fanden auch die Olympischen Spiele ihr Ende.

Völkerwanderung und Auflösung des Römischen Reiches

Der Zerfall des Römischen Reiches hatte verschiedene Gründe und vollzog sich über einen langen Zeitraum. Er begann in der Mitte des 3. Jh. mit dem Eindringen germanischer Stämme und war 476 mit der Absetzung des letzten weströmischen Kaisers ROMULUS AUGUSTUS durch den Germanen ODOAKER besiegelt.

Die **germanische Völkerwanderung** war kein einheitlicher Vorgang, sondern die Summe von Bevölkerungsbewegungen unterschiedlicher Zielstellung und Ursachen. Zu den Ergebnissen der germanischen Völkerwanderung gehören die tiefgreifenden Bevölkerungsumgruppierungen in ganz Europa, die mitverantwortlich sind für das Ende des Römischen Reiches.

3. Jh.	Die äußere Bedrohung der Reichsgrenzen führte zur Schwächung des Römischen Reiches.
375	Die **Völkerwanderung,** ausgelöst durch den mongolischen Reiterstamm der Hunnen, hatte eine Flucht- und Wanderbewegung in ganz Europa zur Folge. Diese hielt 200 Jahre an. Germanische Stämme drangen in das Römische Reich ein.
395	Nach dem Tod THEODOSIUS' (379–395), des letzten Kaisers, der über das gesamte Römische Reich herrschte, kam es zur Teilung des Reiches in das **Weströmische Reich** und das **Oströmische Reich.**

Weströmisches Reich mit der Hauptstadt Ravenna	**Oströmisches Reich mit der Hauptstadt Konstantinopel**
Das Weströmische Reich konnte dem Ansturm der durch die Völkerwanderung in Bewegung geratenen Stämme nicht mehr standhalten. 476 setzte der Germane ODOAKER den letzten weströmischen Kaiser ROMULUS ab. Damit endete das Weströmische Reich. Auf seinem Territorium entstanden zahlreiche Reiche, die oft nur kurze Zeit Bestand hatten.	Das Oströmische Reich, in dem sich das römische Kaisertum halten konnte, existierte als **Byzantinisches Reich** bis 1453, bis zur Eroberung durch die Türken.

MITTELALTER 5

(um 500 – um 1500)

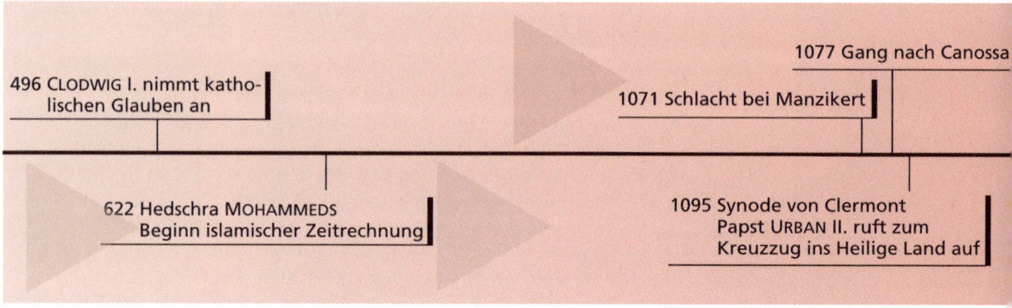

5.1 Das Mittelalter als geschichtliche Epoche und Begriff

5.1.1 Der Übergang von der Antike zum Mittelalter

Begriff Mittelalter

Medium Aevum: Der Begriff geht auf deutsche **Humanisten** des 15. und 16. Jh. zurück, die das Mittelalter als ein finsteres Zeitalter kulturellen Verfalls ansahen, das das goldene Zeitalter der Antike mit deren Wiederbelebung durch die Renaissance verband.

Als **Mittelalter** wird die auf die Antike folgende und der Neuzeit vorangehende geschichtliche Epoche bezeichnet. Es wird davon ausgegangen, dass das Mittelalter mit der **Völkerwanderung** (4.–6. Jh.) beginnt und um 1500 mit der **Reformation** endet.

Die Völkerwanderung umreißt die Zeit zwischen 376 und 568, vom Hunnenansturm bis zur Eroberung Italiens durch die Langobarden.

Völkerwanderung

Der Epochenbegriff Völkerwanderung bezeichnet den Zeitraum des Übergangs **von der Antike zum Mittelalter.**
Unter **Völkerwanderung** versteht man die Wanderungsbewegung ganzer Völker und Völkerstämme. Im engeren Sinne bezeichnet der Begriff die Wanderungsbewegung der germanischen Stämme über die Grenzen des Römischen Reiches infolge der Hunneneinfälle seit ca. 370.

Die Hunnen waren ein aus Zentralasien stammendes Volk von Reitern und Nomaden. Im Zusammenhang mit der Ausdehnung des chinesischen Reiches am Ende des 2. Jh. v. Chr. begannen ihre Nachbarn, andere Völker zu verdrängen. Dazu gehörten auch die Hunnen, die sich jetzt aus Zentralasien nach Europa bewegten. (Bild mit dem Hunnenkönig Attila)

Das Römische Reich war bereits wirtschaftlich, militärisch und moralisch geschwächt. Die Völkerwanderung beschleunigte nun seinen Untergang. Die Hunnen, ein asiatisches Reitervolk, eroberten das Reich der Ostgoten (im Gebiet der heutigen Ukraine) unter ihrem König Ermanerich im Jahre 375. Dies löste eine Abwanderung der

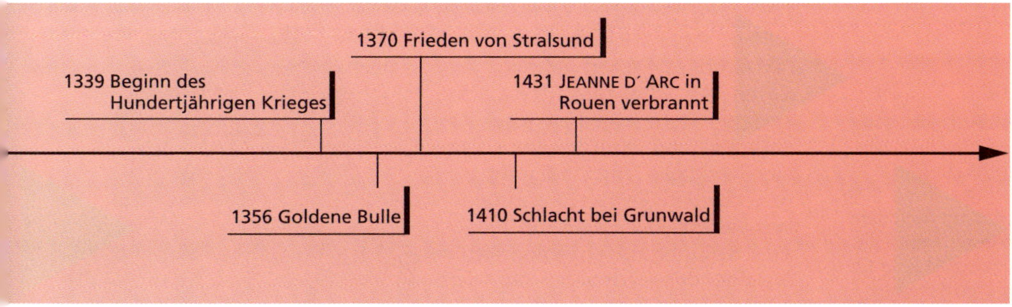

Ostgoten über die Grenzen des zerbrechenden Römischen Reiches aus. Sie ließen sich nach dem Tod des Hunnenkönigs ATTILA in der **Pannonischen Tiefebene** (das heutige Ostösterreich, Slowenien, Kroatien sowie West-und Südungarn) nieder und plünderten unter ihrem Anführer THEODERICH den Balkan.

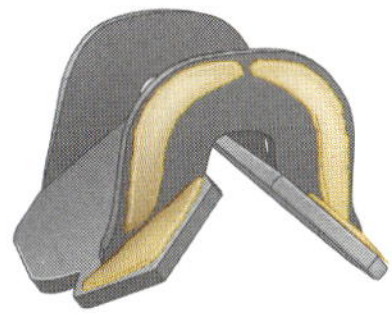

Hunnischer Reitersattel

Wichtige Völkerschaften der Völkerwanderungszeit		
Westgermanen	**Ostgermanen**	**nicht germanische Völker**
Alemannen Sueben Langobarden Franken	Westgoten Ostgoten Wandalen Burgunder	Hunnen Awaren Alanen Slawen

Germanische Stämme und Reiche

Im Ergebnis der Völkerwanderung gründeten die Germanen auf dem Territorium des ehemaligen Weströmischen Reiches eigene Staaten.

THEODERICH VON RAVENNA entspricht dem Dietrich von Bern der deutschen Sagenwelt.

Nachdem THEODERICH 488 zum Schutzherrn über Italien **(Patricius Italiae)** ernannt worden war, bezwang er ODOAKER, den letzten 476 durch germanische Söldner ausgerufenen Heerkönig, und zerstörte dessen Reich. THEODERICH eroberte die Hauptstadt des Weströmischen Reiches, Ravenna, und tötete den bereits entmachteten ODOAKER eigenhändig. Sein **Ostgotenreich** bestand von 493 bis 553. Nachdem THEODERICH ODOAKER 493 getötet hatte, war er alleiniger Herrscher über Römer und Goten in Italien. Der oströmische Kaiser ANASTASIOS (491–518) erkannte seine Herrschaft an. Der Herrschaftsmittelpunkt des Ostgotenreiches war Ravenna. THEODERICH gelang es, ein friedliches Nebeneinander zwischen den arianischen Goten und der katholischen Bevölkerung herzustellen. Jedoch setzte er eine strikte Aufgabenteilung durch: Während die Goten Kriegsdienst leisten mussten und dafür ein Drittel des Ackerlandes erhielten, blieben Verwaltung und Wirtschaft Aufgabe der Römer.

THEODERICH DER GROSSE auf einem Goldmedallion aus dem Anfang des 6. Jh.

Um diese Ordnung aufrechtzuerhalten, legte THEODERICH ein Heiratsverbot zwischen Römern und Goten fest. Schwierigkeiten machte auch der Unterschied zwischen **Arianismus** und Katholizismus, der eine wirkliche Verständigung zwischen beiden Bevölkerungsgruppen verhinderte. Nach dem Tod THEODERICHS 526 ging das Ostgotenreich in Auseinandersetzungen mit dem oströmischen Kaiser JUSTINIAN (527 bis 565) 553 unter.

Die **Westgoten,** unter Kaiser VALENS (364–378) im östlichen Teil des Römischen Reiches angesiedelt, fügten den Römern in der **Schlacht von Adrianopel** eine vernichtende Niederlage bei und wurden nach Thrakien umgesiedelt. Unter König ALARICH (370–419) zogen sie plündernd über den Balkan und die peloponnesische Halbinsel, um schließlich zwischen 401 und 403 einen Angriff auf Italien zu unternehmen. Dieser scheiterte zunächst, endete dann aber 408 mit der Belagerung Roms. Die Westgoten gaben sich 408 noch mit der Zahlung von Lösegeld zufrieden, in einem zweiten Anlauf im Jahre 410 eroberten und plünderten sie die alte Hauptstadt des Römischen Weltreiches. Sie siedelten im Westen des Weströmischen Reiches, wo ein Teil verblieb. Ein anderer Teil setzte nach Afrika über.

Grabmal des THEODERICH in Ravenna

Als **Arianismus** bezeichnet man eine frühe christliche Lehre aus dem 4. Jh., benannt nach dem Priester ARIUS. Danach ist Jesus Christus nicht wesensgleich mit Gott, weil er als *Mensch geboren* wurde. Die Dreieinigkeit Gott-Sohn-Heiliger Geist wurde somit infrage gestellt. Das KONZIL VON NICÄA verdammte ARIUS' Lehre 325.

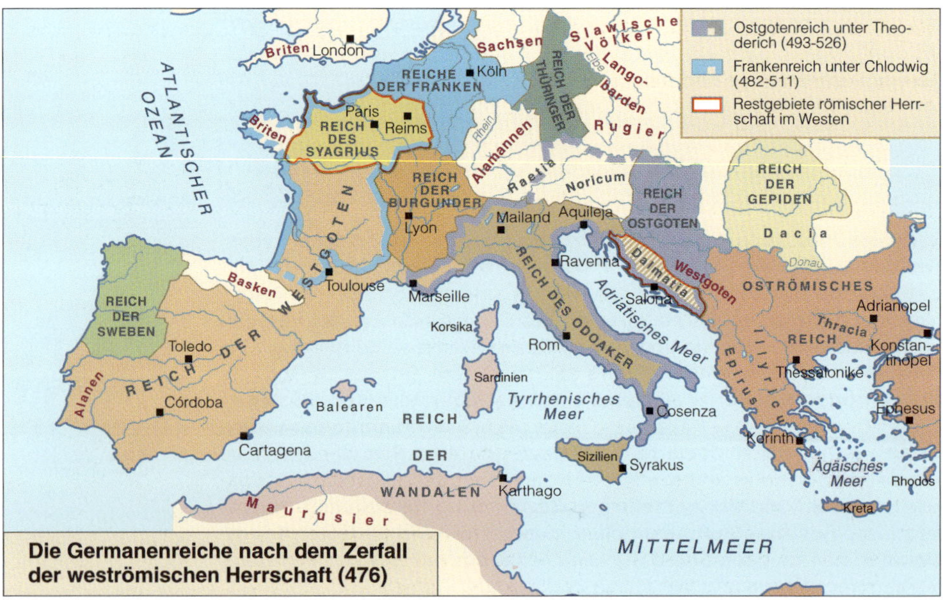

Die Germanenreiche nach dem Zerfall der weströmischen Herrschaft (476)

Das **Tolosanische Westgotenreich** bestand 419–507 in Aquitanien. Der Westgotenkönig wurde als kaiserlicher Statthalter eingesetzt und sorgte mit seinen Truppen für den militärischen Schutz der römischen Bevölkerung. Dafür wurden den Westgoten zwei Drittel des Landes zugesprochen, für das sie keine Steuern zahlen mussten. Herrschaftszentrum war Tolosa, das heutige Toulouse. 477 erreichte das Tolosanische Westgotenreich unter dem König EURICH (466–484) seine größte Ausdehnung, nachdem Großteile Spaniens erobert wurden. Zwei Jahre zuvor konnte EURICH die Aufhebung des Föderatenstatus der Westgoten erreichen. Damit war das Reich von Westrom unabhängig. ALARICH II. († 507), einer der Nachfolger des erfolgreichen EURICH, wurde von CHLODWIG I., dem König der Franken, 507 besiegt. Damit ging das Tolosanische Reich unter.

Eine der bekanntesten Leistungen des Westgotenreiches ist das Westgotengesetz (ca. 654).

Dennoch gelang die **Gründung eines neuen Westgotenreiches** in Spanien (507–711). Es war gekennzeichnet von heftigen Auseinandersetzungen zwischen Adel und König, die die vorübergehende Eroberung des südlichen Reichsteiles durch Byzanz ermöglichten. Nach der Zurückdrängung der Byzantiner wurden auch die Sueben im Norden des Reiches verdrängt. Toledo gilt als Hauptstadt des Westgotischen Reiches. Ende des 6. Jh. n. Chr. erfolgte der Übertritt zum Katholizismus. Dies trug zu einer Verbindung von Kirche und Adel bei und stärkte das Königtum, das seit dem 7. Jh. als Wahlmonarchie bestand. 711 erlosch das Westgotenreich, nachdem die **Sarazenen** das Heer des Westgotenkönigs RODERICH († 711) geschlagen hatten.

Als **Sarazenen** bezeichnete man die ursprünglich nomadisch lebenden Stämme zwischen dem heutigen Syrien und Saudi-Arabien. Später wurden so alle arabischen Stämme des Mittelalters genannt.

Die **Burgunder,** die ursprünglich zwischen Oder und Warthe ansässig waren, überschritten ebenso wie viele andere germanische Stämme die römische Reichsgrenze im Jahre 406. Sie wurden als Föderaten im Gebiet zwischen Mainz und Worms angesiedelt. Nachdem sie 436 eine vernichtende Niederlage gegen die Hunnen hinnehmen mussten, zogen sie auf Geheiß des römischen Feldherrn FLAVIUS AETIUS (390–454) ins Rhônegebiet, wo heute noch der Name Burgund auf sie verweist.

Die **Langobarden,** ein zu den Sueben gehörender germanischer Volksstamm, wurden aus ihren Siedlungsgebieten an der unteren Elbe (um Chr. Geb.) verdrängt und zogen plündernd durch das südliche Europa. Sie fassten in der Pannonischen Tiefebene Fuß, drangen von dort in das damals byzantinische Italien ein und beherrschten zunächst nur den Norden, drangen später aber auch nach Süditalien vor. Auf die Langobarden geht eine der dauerhaftesten Reichsbildungen der Germanen auf römischem Boden zurück.

Auf die Langobarden verweist die geografische Bezeichnung Lombardei.

Zwischen 568 und 774 bestand ein **Langobardenreich,** das bereits der zweite Anlauf einer Reichsgründung war. Siedlungsschwerpunkte waren vor allem die Po-Ebene, die nördliche Toskana, sowie die Landschaften in Mittel- und Süditalien (Umbrien, Spoleto, Benevent). Als Hauptstadt gilt Pavia. Innerhalb des Langobardenreiches kam es bereits (bis 584) zur Verselbstständigung von Herrschaftsbereichen, die mit späteren Herzogtümern verglichen werden können. Die unmittelbare Nachbarschaft zum Byzantinischen Reich führte vielfach zu Auseinandersetzungen zwischen beiden Reichen und zur Teilung Italiens in einen byzantinischen und einen langobardischen Herrschaftsbereich. Im Gegensatz zum Ostgotenreich entzogen die Langobarden den Römern grundlegende Rechte und schlossen sie von der Verwaltung und Herrschaftsausübung aus. So entstand ein rein germanisches Staatswesen. Kriegerische Auseinandersetzungen mit den Franken führten zu einer zeitweiligen Tributabhängigkeit. Auch die Langobarden nahmen das Christentum zunächst in seiner arianischen Form an. Seit 600 trat die langobardische Bevölkerung zum katholischen Glauben über. Dadurch wurde eine Annäherung von Langobarden und Römern möglich, Ehen zwischen beiden Bevölkerungsgruppen wurden erlaubt. Seine Blütephase erlebte das Langobardenreich zwischen 661 und der Mitte des 8. Jh. In dieser Zeit gelangen militärische Erfolge gegen die Franken und Byzanz, die Eroberung der fast selbstständigen Gebiete Spoleto, Benevent sowie schließlich im Jahre 751 die Eroberung Ravennas. In den Jahren 773–774 wurde das Langobardenreich von den immer mächtiger werdenden Karolingern erobert und dem fränkischen Reich einverleibt.

Auch bei den Langobarden wurden die sogenannten Volksgesetze aufgezeichnet.

Die **Wandalen** gehörten zu den germanischen Völkerstämmen, die durch die Goten aus ihren alten Siedlungsgebieten (wahrscheinlich Südjütland sowie Mittelschweden) verdrängt wurden. Sie suchten neue Siedlungsgebiete zunächst im heutigen Ungarn, in der Slowakei sowie in Siebenbürgen auf. Sie überschritten 406 die römische Reichsgrenze und wurden 409 in Spanien als Föderaten angesiedelt, von wo sie 20 Jahre später über die Meerenge von Gibraltar nach Nordafrika zogen.

Germanische **Föderaten** (von lat. foedus = Bündnis) wurden erstmalig im 3. Jh. für ihre Verdienste von Soldatenkaiser MARCUS AURELIUS PROBUS (276–282) mit Land belohnt.

Das **Wandalenreich** (429–534) war die erste Reichsgründung von germanischen Stämmen auf dem Boden des römischen Imperiums (um Tunis), die offiziell von Rom anerkannt werden musste. Hauptstadt war Karthago. Zwischen 435 und 449 galten die Wandalen noch als Föderaten. Nach der Niederlassung verjagten die Wandalen die römischen Latifundisten. Eine andere Maßnahme war die Festlegung der Thronfolgeordnung. Sie sollte nicht mehr nach dem bei den Germanen üblichen Geblütsrecht erfolgen, sondern der erstgeborene Sohn sollte als Herrscher eingesetzt werden. Die Wandalen wurden die vorherrschende Macht im Mittelmeerraum und eroberten 455 Rom. Der ehemalige Mittelpunkt des römischen Weltreiches wurde geplündert. Das Wandalenreich wurde nach dem Tod König GEISERICHS (477) geschwächt durch Auseinandersetzungen zwischen Königtum und Adel und schließlich durch BELISAR, einen Heerführer JUSTINIANS, zerschlagen.

Die **Alemannen** gingen aus dem westgermanischen Stamm der Sueben hervor. Sie sind im 2. und 3. Jh. n. Chr. am Limes anzutreffen. Im 4. und 5. Jh. nahmen alemannische Stämme auch Zuwanderer aus dem heutigen Mitteldeutschland und Böhmen auf. Sie überquerten den Limes und besiedelten nun in der Mitte des 5. Jh. das Elsass sowie Teile der heutigen Schweiz. Erst der Merowingerkönig CHLODWIG konnte der weiteren Ausbreitung der Alemannen Einhalt gebieten, nachdem er sie 496 und 506 unterworfen hatte und aus der Main-Gegend verdrängte.

Enthauptung germanischer Edelleute durch römische Legionäre; Relief auf der Mark-Aurel-Säule in Rom, auf der die Markomannenkriege dargestellt sind.

Die **Markomannen** („Markleute") siedelten ursprünglich an der Elbe, wurden dann aber nach Böhmen abgedrängt. Als sie im 2. Jh. die Donau überschritten, führte dies zu Streitigkeiten mit Rom, bei denen der Stamm aufgerieben wurde. Bis zum 4. Jh. wurden die anderen germanischen Stämme ein Auffangbecken für die markomannische Bevölkerung.

Angeln, Sachsen und **Jüten** verließen ihr damaliges Siedlungsgebiet um 450 (Jütland-Angeln, Jüten, untere Elbe-Sachsen), zogen in das von den Römern aufgegebene Britannien und drängten die britannische Bevölkerung nach Wales, Schottland, Cornwall und in die Bretagne ab. Hier gründeten sie eigene Reiche. Ein Teil der Sachsen verblieb im Gebiet zwischen Weser und Elbe und konnte erst von den Franken unterworfen werden.

Die Bezeichnung England (franz. = Angleterre) geht auf die Besiedlung der Insel durch die Angeln zurück. Bis heute heißen die Engländer auch Angelsachsen.

Die **Franken** hatten sich aus westgermanischen Kleinstämmen gebildet (Chattuarier, Bataver, Brukterer, Ripuarier u. a.). Ihr Siedlungsgebiet war noch im 3. Jh. das Nieder- und Mittelrheingebiet. Von hier drangen sie im 4. und 5. Jh. über den Rhein hinweg auf das Gebiet des Römischen Reiches vor. Wie viele andere germanische Stämme wurden auch die Franken als Föderaten anerkannt und ihre Niederlassung geduldet. Viele Franken dienten im römischen Heer als Söldner. Im 4. und 5. Jh. kam es zu einer dauerhaften Ansiedlung von Franken, die zu diesem Zeitpunkt bereits von Kleinkönigen regiert wurden. Diese Entwicklungen waren die Grundlage für die Entstehung des **Frankenreiches der Merowinger.** Das Frankenreich gehörte zu den folgenreichsten Reichsbildungen von germanischen Stämmen. Die Franken wanderten vom Rhein nach Südwesten bis zur Somme. Zunächst regierten zahlreiche Kleinkönige nebeneinander, bis CHLODWIG I. (482–511) die Franken durch die Beseitigung der Kleinkönige und andere gewaltsame Maßnahmen einte.

Gemeinsam ist allen germanischen Reichen die beginnende Ausbildung von gesellschaftlichen Mustern, die die Voraussetzung für die Entstehung des Feudalismus waren. Dazu gehörten
- die Herausbildung und schriftliche Fixierung eines Gesetzessystems,
- ein Gefolgschaftsadel sowie
- frühe Formen feudaler Abhängigkeit.

Somit trugen diese Reiche den Keim des Feudalismus in sich, der im Frankenreich voll ausgeprägt werden konnte.

5.1.2 Periodisierung des Mittelalters in Europa

Innerhalb des Mittelalters wird eine Binnenperiodisierung vorgenommen. So unterscheidet man: **Frühmittelalter** (5.–Mitte 11. Jh.), **Hochmittelalter** (Mitte 11. Jh.– bis Mitte 13. Jh.) sowie **Spätmittelalter** (Mitte 13.–ca. 1500).

Wann das Mittelalter beginnt und endet, ist umstritten. Die Geschichtswissenschaftler haben ihre Diskussion darüber bislang nicht abgeschlossen. Klassische Zäsuren für den Beginn aus der Sicht des europäischen Mittelalters sind der Untergang des **Weströmischen Reiches 476** oder aber das Eindringen des Islam nach Europa im 7. und 8. Jh. Für das Ende des Mittelalters werden die Reformation 1517, die Entdeckung Amerikas 1492 oder die Eroberung Konstantinopels durch die Türken im Jahre 1453 angeführt.

Europa im späten 6. Jahrhundert

Das **Frühmittelalter** ist gekennzeichnet durch die Herausbildung feudaler Herrschaftsstrukturen. Dazu gehören

- Grundherrschaft, d. h. die Verfügungsgewalt des Adels über Grund und Boden und die auf ihm lebenden Bauern,
- Übergang des Bauern in hörige Abhängigkeit,
- Herausbildung des Lehnsrechts, d. h. der Verleihung von Grund und Boden durch den König an seine Vasallen,
- Herausbildung des Papsttums innerhalb der katholischen Kirche, d. h., der Bischof von Rom gilt als Stellvertreter Gottes auf Erden,
- der Papst stellt sich unter den Schutz des fränkischen Königs, d. h., es beginnt die faktische Trennung von Papst und Byzanz,
- Entstehung multinationaler Staatsgebilde.

Das **Hochmittelalter** ist aus deutscher Sicht durch die Herausbildung eines deutschen Staatswesens gekennzeichnet. Neuere Forschung sieht den Beginn des Hochmittelalters mit den entscheidenden gesellschaftlichen Wandlungen seit dem 11. Jh. an:

- deutliches Bevölkerungswachstum,
- gestiegener Nahrungsbedarf,
- Verbesserung der Produktionsmethoden innerhalb der Landwirtschaft,
- Erschließung neuer Siedlungsgebiete,
- Entstehung neuer Märkte durch Aufschwung in Handwerk und Handel,
- Städte- und Handelsbündnisse,
- Aufschwung der Städte,
- Ansiedlung von Bauern in den Städten,
- wachsender Einfluss des Papsttums,
- Entstehung neuer Bildungseinrichtungen (Universitäten).

Im **Spätmittelalter** machte sich eine allgemeine Krisenstimmung breit. Pestepidemien, Missernten und Hungersnöte führten zu weiteren gesellschaftlichen Veränderungen.

i

Pest, Missernten, auch Kriege führten in Mitteleuropa zu einem spürbaren Bevölkerungsrückgang im Spätmittelalter. Dadurch kam es zu Verödungen ganzer Landstriche. Preisverfall für Getreide steigerte die Not der armen Bevölkerung.

5.2 Byzantinisches Reich

5.2.1 Die Entstehung des Byzantinischen Reiches

Die Ost- und Westhälfte des Römischen Reiches entwickelten sich nach 395 unterschiedlich. Das Staatswesen im Oströmischen Reich konnte gesichert werden durch Dominat, konsequente Durchsetzung des Kolonats, Anerkennung des Christentums nach dem **Edikt von Nikaia** 325, die Verlegung der Hauptstadt unter KONSTANTIN DEM GROSSEN (lat. FLAVIUS VALERIUS CONSTANTINUS) nach Konstantinopel im Jahre 330 n. Chr. sowie die Erfolge bei der Abwehr von Slawen, Awaren und Germanen von den Grenzen.
Das Reich umfasste den Balkan, die östlichen Mittelmeerinseln, Teile Asiens als Provinz sowie Ägypten und beruhte auf Recht und Verwaltung nach römischem Vorbild sowie der griechischen Sprache und Kultur.
Nach langwierigen Streitigkeiten um das Verhältnis von Kirche und Staat, dem Kampf um die Sicherung der äußeren Grenzen gegenüber Hunnen und Goten kam es schließlich unter JUSTINIAN I. (lat. FLAVIUS PETRUS SABBATIUS JUSTINIANUS, 527–565) zu einer ersten Blütephase des Byzantinischen Reiches.
JUSTINIAN I. gelang es, Kleinasien und Syrien gegen die Perser zu behaupten und einen Frieden mit den Persern zu schließen. In diese Zeit fielen die Zerschlagung des Wandalenreiches in Nordafrika (533/34) sowie die Vernichtung des Ostgotenreiches in Italien (553) und Versuche, Spanien zu gewinnen.

KONSTANTIN I., DER GROSSE, geb. um 280 in Naissus, gest. am 22. Mai 337 in Ankyron, war Sohn des Kaisers KONSTANTIUS I.

Das **Edikt von Nikaia** beschloss die Anerkennung des Christentums, grenzte sich jedoch vom Arianismus ab. 381, während eines Konzils in Konstantinopel, erfolgte die Erweiterung dieses Glaubensbekenntnisses zum Nicänisch-konstantinopolitanischen Glaubensbekenntnis. Es geht von dem Grundsatz aus, dass Gott mit dem Vater Jesu Christi identisch sei, was schon von den Aposteln in Jerusalem gelehrt worden sei.

Das Byzantinische Reich zur Zeit JUSTINIANS (um 565)

Im Nika-Aufstand rebellierten die sogenannte blaue und grüne Zirkuspartei gegen die Herrschaft Justinians. Die Niederschlagung des Aufstandes übernahm THEODORA I., die Gemahlin Kaiser JUSTINIANS, gemeinsam mit den Feldherren BELISAR und NARSES.

Da diese militärischen Maßnahmen enorme Kosten verschlangen, kam es bald zu einer Staatsverschuldung. Die Bevölkerung reagierte darauf mit dem **Nika-Aufstand** (532).

Nach der Niederwerfung des Aufstandes baute JUSTINIAN die uneingeschränkte Herrschaft des Kaisers aus, schuf eine einheitliche Gesetzgebung und errichtete in Konstantinopel die Hagia Sophia, eines der bedeutendsten Bauwerke des byzantischen Mittelalters.

Exarchate dienten der Aufrechterhaltung der byzantinischen Herrschaft in weit entlegenen Herrschaftsbereichen. Der dort eingesetzte Statthalter, der **Exarch,** übte die politische und militärische Gewalt aus. Das Exarchat Ravenna bestand bis 751, das in Karthago bis 698.

JUSTINIAN gilt als einer der bedeutendsten Staatsmänner und Herrscher der byzantinischen Geschichte. Sein Ziel war die Wiedererrichtung eines römischen Weltreiches. Dies gelang teilweise vor allem in Mittel- und Süditalien.
Ihm kommt das Verdienst zu, durch seine Restaurationspolitik ein mediterranes Imperium mit Schwerpunkt im Reichsosten und der Hauptstadt Konstantinopel geschaffen zu haben. Darüber hinaus ermöglichte diese Politik die Bewahrung antiker Kunst und Kultur, als deren Förderer sich JUSTINIAN erwies.

JUSTINIAN I.

Unter dem Nachfolger JUSTINIANS I., JUSTIN II. (565–578), gingen große Teile Italiens an die Langobarden verloren. Um den Bestand des Reiches auch in weit entlegenen Gebieten zu sichern, wurden unter MAURIKIOS (582–602) besondere Verwaltungsbezirke **(Exarchate)** errichtet, in denen der durch den Kaiser eingesetzte Herrscher die uneingeschränkte militärische und richterliche Gewalt ausübte.

Themen sind byzantinische Heeresabteilungen, die in Kleinasien eingesetzt wurden. Bauernmilizen (Stratioten) übernahmen sowohl militärische, Verwaltungs- und landwirtschaftliche Aufgaben. Die Stratioten waren zum Militärdienst verpflichtet, erhielten dafür erblichen Landbesitz. An der Spitze der Themen standen Strategen, die militärische und zivile Gewalt ausübten.

5.2.2 Blütezeit des Byzantinischen Reiches

Das mittelbyzantinische Reich hatte von 610 bis 1204 Bestand. Stärker als bisher kam die griechisch-hellenistische Tradition in Staat und Kultur zur Geltung. Griechisch wurde zur Amtssprache erhoben. Durch die Heeres- und Verwaltungsreformen (**Themenordnung** des HERAKLAIOS, 610–641) entging Byzanz dem Untergang. Dennoch gab es auch nach dem Sieg über die Perser (628) andauernde slawische und awarische Einfälle auf der Balkanhalbinsel. Da sich Byzanz der nun auch einsetzenden arabischen Angriffe nicht erwehren konnte, geriet der Balkan in die Hände slawischer Stämme, die die byzantinische Oberhoheit jedoch anerkennen mussten.

Die Zeit der syrischen Herrscher (717–802) war geprägt durch den mehr als 120 Jahre dauernden **Bilderstreit** (Verbot der Bilderverehrung). Während des Bildersturms gingen Kunstschätze des byzantinischen Mittelalters unwiederbringlich verloren. Erst 843 wurde die religiöse Verehrung von Bildern wieder von einem Konzil gestattet. Bis dahin hatte Byzanz allerdings bereits Ravenna an die Langobarden verloren. Es konnte die Herrschaft über den Balkan durch die Bulgaren und die Kaiserkrönung KARLS DES GROSSEN im Jahre 800 nicht verhindern. Einen neuen Aufschwung erreichte Byzanz im 9. Jh. unter Kaiser (byzantinisch: **Basileus**) MICHAEL III. (842–867). Auf seine Initiative geht die Missionierung der slawischen Völker durch KYRILLOS und METHODIOS zurück. Für den Aufschwung in dieser Zeit sprechen eine Eroberungspolitik Byzanz' gegenüber den muslimischen Reichen in Asien sowie die vollständige Loslösung der byzantinischen orthodoxen Kirche vom Papsttum in Rom.

Basileus nannten sich die byzantinischen Kaiser seit dem 7. Jh.

Byzanz im 11. und 12. Jahrhundert

Auch die gesellschaftlichen Verhältnisse hatten sich seit dem Ende des 4. Jh. grundlegend verändert. Die Heeres- und Verwaltungsreformen des Heraklaios leiteten in Byzanz die **Entstehung feudaler Verhältnisse** ein: Durch die Übertragung von Land zu erblichem Besitz entstand ein **Themenadel.** Daneben erfolgte durch die Landschenkungen vom Basileus an Kirche und Klöster eine Überführung freier Bauern und **Stratioten** (moslemische Söldner) in eine Form der **Hörigkeit** und Unfreiheit.

Als Hörigkeit bezeichnet man die Abhängigkeit von Bauern von einem Grundbesitzer in einer Grundherrschaft oder Gutsherrschaft. Der Bauer war meist zur Zahlung von Abgaben und Leistung von Frondiensten verpflichtet und oft sowohl rechtlich als auch persönlich unfrei.

Auf diese Hörigen hatte der Staat (Basileus) keinen direkten Zugriff mehr, da sie durch feudale Bindungen an den Themenadel und die Kir-

Als Beamtenadel bezeichnet man die feudale Privilegien nutzende Beamtenschicht der Städte.

che bzw. Klöster gefesselt waren. Dagegen blieb innerhalb der aufblühenden Handwerks- und Handelsstädte eine staatliche Kontrolle durch die Oberaufsicht über die Zunftorganisation erhalten. Bestimmend blieben die Gegensätze zwischen dem Beamten- und dem Grundbesitzeradel in den Provinzen. Die unter MICHAEL III. einsetzende Blüte wurde fortgesetzt unter den makedonischen Herrschern (867–1056). Zwar verloren sie Sizilien an die Araber, Unteritalien blieb aber byzantinisch. Teile Syriens und Mesopotamiens konnten zurückerobert werden. Auch das Bulgarenreich wurde wieder unter byzantinische Kontrolle gebracht.

5.2.3 Niedergang des Byzantinischen Reiches

Komnenen: byzantinisches Kaisergeschlecht, das aus dem Militäradel hervorging, herrschte 1057–1059 sowie 1081–1185 in Byzanz; benannt nach ISAAK I. KOMNENOS

Unter der Dynastie der Komnenen (1057–1059, 1081–1185) verfiel das Byzantinische Reich aufgrund der zunehmenden Auseinandersetzungen zwischen dem Grundbesitzeradel in den Provinzen und dem Beamtenadel in den Städten. Der erste Herrscher der Komnenen war ISAAK I., der jedoch nur zwei Jahre regierte. Der Kaiser wurde zur Abdankung gezwungen, weil es Differenzen zwischen ihm und der orthodoxen Kirche gegeben hatte. Nachfolger wurde der kirchenfreundliche KONSTANTIN DUKAS. Als die Normannen unter ROBERT GUISKARD mit Unterstützung des Papstes Süditalien eroberten und die Byzantiner eine vernichtende Niederlage gegen die Seldschuken in der Schlacht bei Manzikert (1071) hinnehmen mussten, begann die Krise des Byzantinischen Reiches.
Immer wieder wurde das Reich durch türkische Seldschuken und normannische Truppen angegriffen.
ALEXIOS I. KOMNENOS (1081–1118) verbündete sich mit Venedig gegen die Normannen. Es gelang ihm, sie aus Byzanz zu verdrängen. 1090/91 konnte er auch den Einfall der Seldschuken abwehren. ALEXIOS I. reformierte das Heer, die Verwaltung und die Wirtschaft des Landes. So erreichte er kurzfristig eine Konsolidierung des Byzantinischen Reiches.
MANUEL KOMNENOS (1143–1180) heiratete aus Bündnisgründen 1143 eine Verwandte des Kaisers KONRAD II. Beide Reiche wollten gemeinsam gegen die sizilischen Normannen vorgehen. Der Nachfolger KONRADS II., FRIEDRICH I. BARBAROSSA, stieß jedoch beim Vormarsch auf Sizilien auf den heftigen Widerstand der norditalienischen Städte und musste seinen Unterstützungsplan aufgeben.
Zwischen 1204 und 1261, im sogenannten Lateinischen Kaiserreich, konnten die Angriffe von außen auf das Reich auf Dauer nicht abgewehrt werden. Durch den Sieg der Bulgaren über Kaiser BALDUIN (1205) wurde die Kaiserherrschaft entscheidend geschwächt. Angriffe der Seldschuken konnten 1211 zwar zurückgeschlagen werden, die Seldschuken wurden 1242 sogar Vasallen der Mongolen, jedoch ging das Lateinische Kaiserreich 1261 unter. Neuer Kaiser wurde MICHAEL VIII. PALAIOLOGOS.
Er begründete die Dynastie der Palailogen (1261–1453). Diese Dynastie ist durch das vehemente Vordringen osmanischer Seldschuken gekennzeichnet.
1389 drangen sie bis nach Serbien vor, in der legendären Schlacht auf dem Amselfeld (Kosovo) verloren die Serben ihre Unabhängigkeit.
Mit dem Tod Kaiser KONSTANTINS XI. und der Eroberung Konstantinopels ging das Byzantinische Reich 1453 unter.

5.3 Reiche der Araber

5.3.1 MOHAMMED und der Islam

Der Islam gehört zu den fünf Weltreligionen, neben Buddhismus, Christentum, Hinduismus und Judentum.

Das Wort Islam kommt aus dem Arabischen und bedeutet so viel wie Ergebung, Glaube, Gehorsam. Die Lehre des Islam fordert von ihren Gläubigen, dass sie Allah gehorsam sind und nur an ihn und seinen Propheten MOHAMMED glauben.
MOHAMMED (um 570–632) ist der Begründer des Islam, dem es durch seine besonderen Lebensumstände gelang, die Religion zu verbreiten.

MOHAMMED auf dem Ritt ins Paradies, türkische Buchmalerei 1436

Der Islam ist – ebenso wie Christentum und Judentum – eine monotheistische Lehre, wobei es Berührungspunkte zu beiden Religionen gibt. Aus diesem Grunde wurden Juden und Christen nicht als auszulöschende Feinde angesehen, sondern toleriert. Allerdings grenzte MOHAMMED den Islam von Christentum und Judentum ab: Die Gebetsrichtung der Muslime änderte er von Jerusalem in Mekka, statt eines Fastentages führte er einen Fastenmonat ein, der traditionelle Wochenfeiertag wurde der Freitag.

Mehr als 20 % aller Menschen gehören heute dieser Religion weltweit an (mehr als 1 Mrd).

Als Prophet bezeichnet man eine religiöse Autorität (z. B. ein Mensch, dem Glauben geschenkt wird), der göttliche Botschaften vor anderen Menschen verkündet. Jesus gilt im Islam als anerkannter Prophet.

Monotheismus (von griech. mono = eins und Theos = Gott) bedeutet die Verehrung nur einer Gottheit.

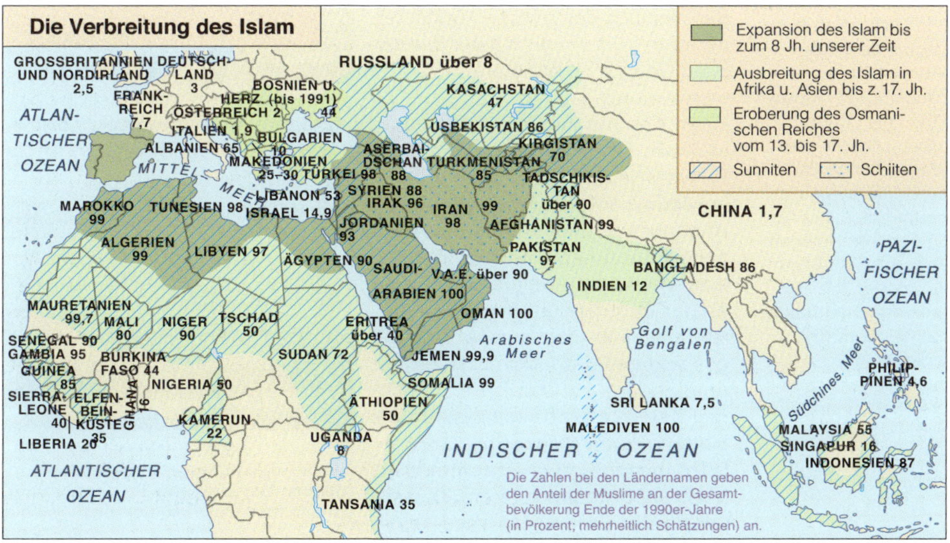

Zum Islam gehört ebenfalls die kultische Reinheit. Die rituelle Waschung gehört zur äußeren Reinheit, während innere Reinheit z. B. den Verzicht auf den Genuss von Schweinefleisch sowie Alkohol gebietet.

Der sogenannte **Dschihad** beinhaltet nicht generell den „Heiligen Krieg", sondern die Verpflichtung des Gläubigen, für die Verbreitung des Islam zu wirken und gegen die Feinde des Glaubens vorzugehen. Während die Ungläubigen zwangsbekehrt werden dürfen, also auch unter Anwendung von Gewalt, darf eine Zwangsbekehrung gegenüber Juden und Christen nicht erfolgen, da sie als Monotheisten (Anhänger einer Eingottlehre) die Offenbarung Gottes empfangen haben und den Muslimen gleichgestellt sind. Das Argument des Heiligen Krieges ist vor allem in jüngster Zeit von terroristischen fundamental-islamistischen Organisationen zu Propagandazwecken ausgenutzt worden.

Noch zu Lebzeiten ließ MOHAMMED die Glaubenslehre im Koran aufzeichnen.

Die „fünf Pfeiler" **des Islam** sind:
1. der Glaube an Allah,
2. das tägliche fünfmalige Gebet,
3. das Fasten während des Fastenmonats, dem Ramadan,
4. die Pflicht zur Wallfahrt (Hadsch, arab. = Hadjdj) nach Mekka,
5. die freiwillige Almosensteuer (Zakat).

Unabhängig davon stellt der Islam eine Lehrgebäude dar, das auf folgenden Grundsätzen ruht:
1. Allah ist der einzige Gott und MOHAMMED sein Prophet.
2. Das Leben ist vorherbestimmt.
3. Der persönliche Einsatz für die Verbreitung des Islam ist Pflicht.
4. Das Ende der Welt naht.
5. Die Wiederauferstehung ist dem Gläubigen sicher.
6. Alle Menschen sind vor Allah gleich.

Daneben gibt es Verhaltensregeln, die zu Barmherzigkeit, Wohltätigkeit, Ehrlichkeit, Achtung vor den Eltern sowie alten und schwachen Menschen, Aufrichtigkeit usw. verpflichten.

MOHAMMED und die Durchsetzung des Islam

Die Kaufleute Mekkas verfolgten MOHAMMED wegen seiner Ansicht, dass alle Menschen vor Gott gleich seien und Wohlhabende die Armen und Notleidenden durch Almosen unterstützen sollten. Darüber hinaus behinderte MOHAMMEDS Lehre den Versuch der reichen Mekkaner, aus dem Kult um die **Kaaba** finanziellen Gewinn zu erzielen.

622 n. Chr. nutzte MOHAMMED das Angebot zweier verfeindeter Stämme, in ihrem Streit zu vermitteln, um aus Mekka nach Medina (Jathrib) zu fliehen (Hedschra).

In Medina scharte MOHAMMED viele Anhänger um sich und wurde nach der erfolgreichen Schlichtertätigkeit eine anerkannte religiöse und politische Führerpersönlichkeit.

Im Jahre 630, nachdem er sich gegen andere Propheten durchgesetzt und andere vorislamische Religionen beseitigt hatte, gelang ihm die Einnahme von Mekka.

Die 707–709 erbaute Große Moschee in Medina: Das Grab des Propheten wird von einem Kuppelbau gekrönt.

Sein bevorzugter Aufenthaltsort blieb aber Medina, wo er 632 starb und in der Großen Moschee beigesetzt wurde. Die Leistung Mohammeds besteht darin, die vorislamischen Religionen beseitigt und die arabischen Stämme auf den Islam eingeschworen zu haben. Somit trug er entscheidend zur Ausbreitung des Islam bereits zu seinen Lebzeiten bei.

5.3.2 Die Entstehung und Entwicklung des Kalifats

Aufgrund der einenden Religion kann man von einem islamischen Kulturkreis sprechen, in dem Völker unterschiedlicher Herkunft und ursprünglich unterschiedlicher Religion zusammenleben. Er wird geprägt durch eine gemeinsame Gebetssprache und Kultur. Die Durchsetzung der arabischen Sprache im muslimischen Kulturkreis hängt mit dem Verbot zusammen, den Koran zu übersetzen. Die Herrschaft wird von Kalifen (Statthaltern) wahrgenommen. Juden und Christen, die nicht zum Islam übertraten, wurden nicht zur Annahme des Islam gezwungen, sondern sie standen ursprünglich unter besonderem Schutz, mussten allerdings für diesen Schutz Steuern zahlen. Dies gilt nicht für **Ungläubige.**

Kalifen sind die Nachfolger Mohammeds seit 632, die über die muslimische Gemeinschaft herrschten. Von diesem Begriff wird Kalifat (Herrschaft über die Glaubensgemeinschaft) abgeleitet.

Es entstanden **Formen feudaler Abhängigkeit:** Einer Kriegerkaste, die zur Leistung von Kriegsdienst bei Steuerbefreiung verpflichtet war, stand eine Schicht von gläubigen Untertanen gegenüber. Der während der islamischen Expansion eroberte Landbesitz wurde Staatseigentum, auf dem Bauern und Sklaven arbeiteten. Daneben bildete sich eine Form des Privateigentums an Grund und Boden heraus, über das Beamte, Offiziere und Stammesoberhäupter verfügten. Sie erhielten es von den Kalifen als Schenkungen. Ein System von Grundherrschaften, wie in Byzanz oder im Frankenreich, entstand allerdings nicht. Feudale Leistungen wurden in Form von Steuern eingefordert. Jedoch sind auch Formen der Fronarbeit gegenüber den Kalifen bekannt. Denn die Eigentümer verpachteten ihren Grund und Boden zuweilen und verblieben selbst in den städtischen Zentren. Ein ausgesprochenes Lehnswesen, wie etwa im Frankenreich, entstand nicht, da die Neuerungen im Heerwesen anders als dort geregelt wurden. Die freien Araberheere wurden ersetzt durch Söldnerheere, die gegen eine finanzielle Entschädigung, nicht aber gegen Verleihung bzw. Schenkung von Land ihren Kriegsdienst leisteten.

Die Entstehung des Kalifenreiches

Der erste Kalif, Abu Bekr (632–634), hatte den Propheten Mohammed auf seiner Flucht von Mekka nach Medina 622 begleitet. Seine Tochter Aischa war mit Mohammed verheiratet. Als Nachfolger des Propheten hatte er noch mit der Unterwerfung von arabischen Stämmen zu tun, die sich der islamischen Ordnung entziehen wollten. Dagegen ging Omar (634–644) daran, ein arabisches Weltreich aufzubauen. Omar gelang es, Syrien (635), Palästina (638), Persien (636/42) und Ägypten (642) zu erobern. Er installierte in den eroberten Gebieten eine Militärverwaltung. Die Befehlshaber der Besatzungstruppen übernahmen neben ihrer militärischen Funktion auch die Aufgabe des Statthalters, des religiösen Oberhauptes und des obersten weltlichen Richters. Die Festigung des arabischen Großstaates wurde unter Othman (644–656) und Ali (656–661) weiter verfolgt.

Omar beseitigte den noch im nationalen Rahmen bestehenden arabischen Staat und baute ein am Islam ausgerichtetes Weltreich auf (theokratisches Weltreich).

Ali war der Schwiegersohn Mohammeds.
Aufsehen erregend war die Verlegung des Herrschaftsmittelpunktes von Medina nach Kufa. Auch Ali wurde im Zusammenhang mit inneren Streitigkeiten ermordet.

Sunna (arab. = Brauch, Sitte) ist die Gesamtheit der von Mohammed sowie den ersten vier Kalifen überlieferten Aussprüche, Urteile und Verhaltensweisen. Sie bildet mit dem Koran die Grundlage islamischen Rechts (Scharia).

In Spanien entstand 756 das Emirat von Córdoba durch Abd ar-Rahman, einen Omaijaden, der den Sturz der Omaijadendynastie überlebte.

Das Reich unter den Omaijaden (661–750)

Muawija (661–680) setzte die Söhne Alis ab; damit waren die letzten zeitgenössischen Blutsverwandten des Propheten von der Machtausübung ausgeschlossen. Unter Muawija erfolgte die Verlegung des Herrschaftsmittelpunktes nach Damaskus.

Die Auseinandersetzung mit den unmittelbaren Erben Mohammeds führte zur religiösen Spaltung der Muslime in Schiiten, Sunniten und Charidschiten. Während die Schiiten die berechtigte Nachfolge allein Ali und dessen Nachkommen zusprechen, sehen die Sunniten auch die Kalifen als berechtigte Nachfolger Mohammeds an. Die Sunniten vertreten innerhalb des Islam die religiöse Orthodoxie. Sie berufen sich allein auf den Koran und die Sunna. Nur diese sollen das islamische Recht bestimmen. Charidschiten (arab.: die Ausziehenden) sind eine islamische Sondergemeinschaft, die sich aus ursprünglichen Anhängern Alis rekrutierte. Sie waren der Auffassung, dass die Nachfolge Mohammeds dem würdigsten Gläubigen zukommen sollte, unabhängig von einer etwaigen Blutsverwandtschaft zu Mohammed. Deswegen trennten sie sich von Ali und seinen Gefährten.

Während die Versuche, Byzanz zu erobern, scheiterten, gelang die Eroberung von Gebieten im Osten (u. a. Samarkand und Buchara).
Nach der Beseitigung eines zeitweiligen Gegenkalifats in Mekka erreichte das Kalifenreich unter Walid (705–715) seine größte Machtentfaltung.
Das Kalifat umfasste nun Teile Asiens und Europas vom Indus bis nach Spanien. Erst die Franken stoppten das weitere Vordringen der Araber nach Europa in der Schlacht von Tours und Poitier.
Innere, religiös motivierte Streitigkeiten sowie wirtschaftliche Engpässe führten zu einer schweren Krise im Kalifat der Omaijaden und schließlich zu deren Sturz durch Abbu l-Abbas um 750.

Das Kalifenreich unter den Abbasiden (750–1258)

Unter den Abbasiden veränderte sich das Kalifenreich entscheidend: Die Stammeszugehörigkeit, die noch unter den Omaijaden eine große

Rolle spielte, verlor mehr und mehr an Bedeutung. Stattdessen zählte nun nur noch der Glaube, der die arabische Welt sowohl staatlich als auch religiös einte.
Der Mittelpunkt des Reiches wurde in das 762 gegründete Bagdad verlegt, Verwaltungs- und Steuerrecht wurden einer grundlegenden Reform unterzogen.

Medrese (islamische Lehranstalt) von Taschkent

Der Staat wurde nach persischem und byzantinischem Vorbild umgestaltet. Die politischen Geschicke bestimmten Wesire. Der Einfluss des Kalifen auf die Politik konnte nur durch den Hofstaat, der diesen wie eine Mauer umgab, weitervermittelt werden.

Wesir: wichtigster Minister innerhalb der islamischen Staaten. Das Amt wurde um 750 unter den Abasiden eingeführt.

Bereits unter dem Kalifen HARUN AR-RASCHID (786–809) zeigten sich erste Auflösungserscheinungen des Reiches, die sich in der Errichtung von Sonderdynastien in Marokko sowie in Kairuan äußerten. Seit dem 9. Jh. nahm der Einfluss der Sunniten zu. Das 9. Jh. leitete den Fall des Kalifats in die politische Bedeutungslosigkeit ein, nachdem das Reich von schiitischen Aufständen heimgesucht und der Kalif als oberster Herrscher de facto entmachtet wurde. An seine Stelle trat der Oberemir. Mit dem Einfall der Mongolen in Persien und der Eroberung Bagdads durch mongolische Truppen im Jahre 1258 endete die Abbasidenherrschaft.

HARUN AR-RASCHID ist der Held der Geschichten aus „Tausendundeiner Nacht".

Emir ist der Titel für arabische Stammesführer und Fürsten, auch für Heerführer.

5.3.3 Leistungen der muslimischen Kultur

Der Einfluss der muslimischen Kultur auf unser Alltagsleben ist unbestritten. Wir benutzen ein von den Arabern überliefertes Zahlensystem, die arabischen Ziffern. In unserer Sprache wimmelt es nur so von Anleihen aus dem Arabischen (Scheck, Risiko, Alkohol, Benzin, Alchemie/Chemie etc.). Diese Leihgaben haben etwas mit der Vorbildhaftigkeit der muslimischen Kultur, vor allem auf dem Gebiet der Naturwissenschaften, der Kunst und Architektur sowie der Geografie zu tun.
Zentren der muslimischen Kultur waren die Städte mit ihren Moscheen, Medresen und Hochschulen. In ihren Bibliotheken wurde das antike Wissen erhalten, da man – gewissermaßen als kulturelle Erben des Byzantinischen Reiches – antike Werke sammelte und abschreiben ließ. Dies betraf vor allem die Naturwissenschaften, insbesondere die Medizin. Ausgrabungen und schriftliche Quellen unterrichten uns darüber, dass muslimische Ärzte bereits erfolgreich komplizierte Operationen an Auge

Medrese: traditionelle islamische Hochschule mit Schwerpunkten Theologie, Rechtswissenschaften und mit Internat für die Schüler, heute Bezeichnung für die allgemeinen Schulen.

und Hirn des Menschen vornahmen. Dies war nur möglich, weil die Medizin als praktische Wissenschaft anerkannt war. Größere arabische Städte verfügten in der Regel über Krankenhäuser und Apotheken. Diesem Umstand verdanken wir die Überlieferung des ersten Arzneimittelhandbuches.

Dabei handelt es sich um ein in griechischer Sprache von DIOSKURIDES VON ANAZARBOS verfasstes Buch, das Kaiser KONSTANTIN VII. 948 einem arabischen Kalifen schenkte. 951 wurde es von einem eigens dafür an den Hof des Kalifen gesandten griechischen Mönch zusammen mit einem jüdischen Arzt übersetzt. Erst im 16. Jh. wurde es schließlich in Antwerpen von einem spanischen Arzt in seiner Muttersprache veröffentlicht.

Ein erstes Beispiel dafür ist der um 1000 in Kairuan lebende Mediziner IB AL-DJASSAR, dessen Werke ins Griechische, Lateinische und Hebräische übersetzt wurden. Die Vermittlung fand vor allem über Spanien statt, von wo sich arabisches Wissen nach Mittel- und Westeuropa verbreitete.
Ein anderes Beispiel ist die Überlieferung eines medizinischen Handbuches aus der Feder von AVICENNA (eigentlich IBN SINA).

Die arabischen Künste und Wissenschaften waren nicht nur eigenständige Schöpfungen, sondern sie bewahrten auch große Teile der europäischen Kultur und entwickelten sie weiter. So sind die Werke des Griechen ARISTOTELES über arabische Übersetzungen in Europa bekannt geworden. COSTA BEN LUCA übersetzte die „Mechanik" des HERON VON ALEXANDRIA. THEBIT BEN KHORAT übersetzte Schriften von ARCHIMEDES, APOLLONIUS, ARISTOTELES, EUKLID, HIPPOKRATES und GALEN ins Arabische.
Die Verflechtung muslimischer mit europäischer Kultur geschah vor allem in Spanien, das die Araber seit dem 8. Jh. besetzt hielten.

Verflechtungen arabischer und christlich-jüdischer Kultur waren am Hofe des sizilischen Königs und Kaisers des Heiligen Römischen Reiches FRIEDRICH II. ganz selbstverständlich. FRIEDRICH beherbergte nicht nur jüdische Wissenschaftler, sondern auch Muslime, Griechen und Italiener an seinem Hof in Palermo. Schon die Zeitgenossen staunten über die Toleranz des Kaisers gegenüber nicht christlichen Religionen, insbesondere dem Islam.
Die deutsche Nonne und Schriftstellerin HROTSWITH VON GANDERSHEIM nannte das maurische Córdoba – das wichtigste islamische kulturelle Zentrum auf dem europäischen Kontinent – eine „Zierde der Welt". Die Stadt ist Geburtsort von MUHAMMAD IBN AHAMAD IBN RUSCHD, in Europa besser bekannt unter seinem latinisierten Namen AVERROES. Er war Richter, Mediziner und Philosoph. Als Übersetzer und Kommentator der Werke ARISTOTELES´ wurde AVERROES zum Wegbereiter abendländischer Kultur. Seine Kommentare hatten enormen Einfluss auf die mittelalterliche Scholastik, insbesondere auf die Strömungen des „Lateinischen Averroismus".
Sein „Buch der Versammlung" („Kitab al-kulliyat fi´t -tibb") beeinflusste die europäische Medizin stark. Der Autor behandelte in diesem Werk Fragen der Anatomie, Physiologie, Pathologie, Nahrungs- und Heilmittellehre, Hygiene und Therapeutik.

Noch die Wissenschaftler des 19. Jh. profitierten von den Erkenntnissen ihrer muslimischen Vorstreiter vor allem auf folgenden Gebieten: Mathematik, Astronomie und Astrologie, Physik und Mechanik, Chemie bzw. Alchemie, ferner Medizin und Pharmazie, Philosophie sowie Magie, also der Geheimwissenschaften.

5.4 Frankenreich

5.4.1 Das Reich der Merowinger

Die Franken besiedelten im 5. Jh. Gebiete im heutigen Belgien und Nordfrankreich. Unter den vielen Kleinkönigen dominierte das Geschlecht der Merowinger, aus dem auch CHLODWIG I. stammte. Er trat 482 als Kleinkönig die Nachfolge seines Vaters CHILDERICH I. an.

Mit rücksichtsloser Gewalt schaltete er die anderen fränkischen Kleinkönige aus und erreichte somit die Alleinherrschaft. CHLODWIG zerschlug 486 die letzten Reste des West-römischen Reichs. Er setzte die Ausdehnung des Frankenreichs zu einem Großreich fort, indem er 496 die Alemannen, die zwischen dem Main und den Alpen siedelten, unterwarf (↗ Bild). In diesem Zusammenhang soll CHLODWIG vom arianischen zum katholischen Glauben übergetreten sein.

507 eroberte er das Westgotenreich. Bis zu seinem Tod (511) unterwarf er auch den rheinfränkischen König. Somit hatte er ein Großreich entstehen lassen, das sich vom Rhein bis zur Garonne erstreckte und auch durch das Oströmische Reich Anerkennung genoss. Die Reichsgründung wurde vom oströmischen Kaisertum durch die Erhebung CHLODWIGS in den Senatorenstand gebilligt. Man übersandte dem König das Senatorenornat und verlieh ihm 508 den Titel eines römischen Ehrenkonsuls.

Die Bezeichnung **Merowinger** geht auf den fränkischen Kleinkönig Merowech zurück (um 450). Der erste bezeugte Vertreter des Merowingergeschlechts ist CHLODIO (um 425).
Abbildung:
CHLODWIG I. bei seiner Taufe, Elfenbeinschnitzerei

Nachdem CHLODWIG das westgotische Heer in die Flucht geschlagen hatte, soll er eigenhändig den Westgotenkönig ALARICH II. getötet haben.

Wahrscheinlich spielten rein praktische Gründe die entscheidende Rolle für die Annahme des katholischen Glaubens. Zum einen waren CHLODWIGS Frau und die gemeinsamen Söhne bereits katholische Christen. Zum anderen ermöglichte die Annahme des Christentums ein Bündnis mit der katholischen Kirche in Gallien. Auch die Westgoten konnten einer Anerkennung CHLODWIGS mit weniger Vorbehalten gegenüberstehen, wenn dieser als Katholik kam.

Paris wurde das Zentrum des Merowingerreiches. Entscheidend für das entstehende Großreich war, dass es mit dem Übertritt CHLODWIGS zum katholischen Glauben zu einer Verbindung von gallorömischen Elementen (vor allem der Verwaltung) mit fränkischen Elementen (Gefolgschaft, freie Bauernschaft, Heerwesen) kam.

Die alte gallorömische Senatorenschicht wurde nicht abgeschafft, sondern in ihren Verwaltungsämtern belassen. Besonders stark war sie im Süden des Reiches – in den Civitates – vertreten, während im Norden – in den eigentlichen fränkischen Gauen – die Franken vorherrschten. Ausgleichend wirkte sich auch aus, dass Franken und Galloromer bei der Aufnahme ins Heer und auch bei anderen Gelegenheiten gleichberechtigt behandelt wurden.

Herausbildung des Lehnswesens

Das Aufeinandertreffen von germanischem Gefolgschaftswesen und spätantiken Grundbesitzern war sehr fruchtbringend. So entstand eine neue Form des Adels sowie einer abhängigen Bauernschaft. Dies waren Voraussetzungen für das **Lehnswesen,** dessen Entwicklung im 8. Jh. seinen Abschluss fand.
Im Frankenreich verschmolzen die gallorömische Senatoren- und Grundbesitzerschicht mit dem fränkischen Stammesadel. Dieser verfügte über besonderes Ansehen (dank militärischer Erfolge) und Reichtum und hatte bereits Gefolgschaften ausgebildet. Er arbeitete nicht mehr unmittelbar in der Landwirtschaft. Die neue Adelskaste verfügte nun über Grund und Boden und veräußerte ihn als Zeichen der Anerkennung und auch zur Sicherung des Lebensunterhaltes an den Dienstadel. So entsteht die Eigentumsform des **Allod.**

> Als **Allod** bezeichnet man den freien Besitz über Grund und Boden, den der Eigentümer nach Belieben vererben und verkaufen kann.

Da der König selbst der größte Grundbesitzer war, konnte er diese Entwicklung durch Schenkungen an Privatpersonen, aber auch an Kirchen und Klöster beschleunigen. Die ursprünglich freien fränkischen Bauern gerieten so in die Abhängigkeit der Grundbesitzer. Auf diese Weise entstanden der Feudaladel und die feudalabhängigen Bauern.

Lex Salica

Gefestigt wurde die Organisation des Reiches durch ein fränkisches Reichsgesetz, die **Lex Salica** (ca. 510).

> Die **Lex Salica** ist eine der wichtigsten Rechtsquellen zur frühmittelalterlichen Geschichte. Sie trifft u. a. Aussagen zu Eigentumsverhältnissen und zur Erbfolge.
> Gerade letztere Regelungen wurden wichtig für die Thronfolgeordnungen im Deutschen Reich sowie in Frankreich.
> Lex Salica bedeutet auf deutsch „Gesetz der Salier" bzw. „Gesetz der salischen Franken".

Der Übertritt zum Katholizismus legte nicht nur die Grundlage für ein gutes Verhältnis der im Fränkischen Reich zusammengeschlossenen Volksgruppen. Daraus ergab sich auch eine dauerhafte Verbindung von Königtum und Kirche, die für das Fränkische Reich prägend werden sollte.

Missionierung der deutschen Stämme

Chlodwig und seine Nachfolger unterstützten die Ausbreitung des Christentums durch systematische Christianisierung und Mission. Sie holten iroschottische Mönche ins Land, die Klöster gründeten. Dies war notwendig, um dauerhaft wirken zu können und die germanische Bevölkerung mit dem christlichen Glauben vertraut zu machen. Meist wurden Massentaufen abgehalten. Eine zweite Missionswelle wurde von angelsächsischen Missionaren betrieben. Sie stellten ihre Bemühungen unter den Schutz des Frankenreiches, nachdem sie keinen bleibenden Erfolg erreichen konnten. Willibrord (658–739) erhielt 692 von Papst Sergius I. einen Missionsauftrag für Friesland und gründete nach anfänglichen Erfolgen das Bistum Utrecht. Er erhielt die Weihe zum „Erzbischof der Friesen". Die nun häufigeren Misserfolge der Friesen-Mission ließen ihn ins Kloster Echternach gehen. Von hier aus unternahm er immer wieder Missionsversuche in Friesland, Thüringen und Hessen.
Bonifatius, der „Apostel der Deutschen", ist das bekannteste Beispiel für die angelsächsische Mission im Fränkischen Reich.

Eine Legende ist die Fällung der Donar-Eiche bei Geismar: Dabei habe Bonifatius das Wahrzeichen des germanischen Gottes Donar, unterstützt durch göttlichen Beistand, gefällt und die Taufe der heidnischen Bevölkerung erreicht.

Bonifatius ist bekannt als Kloster- und Bistumsgründer. Auf ihn gehen u. a. die Gründung der Bistümer Erfurt und Freising sowie die Klostergründungen in Tauberbischofsheim und Fulda zurück. Dort ist er auch bestattet worden, nachdem er von friesischen Heiden während eines späten Missionswerkes erschlagen wurde.

Die iroschottische Mönchskirche entstand zunächst in Irland, Schottland und Wales durch ägyptische Mönche. Aufgrund der griechisch-orthodoxen Tradition spricht man auch von keltisch-griechischer Mönchstradition, die allerdings auch lateinische Einflüsse aus Gallien aufnahm. Diese Mönche missionierten zuerst in England, dann seit dem 6. Jh. auch auf dem Festland. Nachdem sich Chlodwig dem Katholizismus angeschlossen hatte, folgten auch die Missionare dieser Tradition, sodass die Mission nach einem einheitlichen Glaubensbekenntnis und Ritus verlaufen konnte.

Bonifatius (672/73 bis 754), eigentlich Winfried, missionierte seit 716 auf dem Festland, vor allem in Friesland, Thüringen, Hessen und Bayern. 719 erhielt er einen Missionsauftrag vom Papst. 722 wurde er zum Bischof geweiht, zehn Jahre später – insbesondere wegen seiner Erfolge in der Missionsarbeit – zum Erzbischof für das Missionsgebiet auf dem Gebiet des späteren Deutschen Reiches.

5.4.2 Das karolingische Reich

Der Aufstieg der Karolinger

Nach dem Tod Chlodwigs wurde das Reich unter dessen vier Söhne Theuderich, Chlodomer, Childebert und Chlothar aufgeteilt. Diese sollten gleichberechtigt als fränkische Könige regieren. Ihnen gelang die weitere Ausdehnung des Frankenreiches. Neben Thüringen (531) und Burgund (534) konnten auch den Baiern, Alemannen, Ostgoten und Westgoten Gebiete abgenommen werden. 536 hatten die Franken sogar den Zugang zum Mittelmeer erreicht. Chlothar I. (498/500–561) einigte das

Reich nochmals zwischen 558 und 561, jedoch kam es nach seinem Tod zu einer erneuten Aufteilung unter seine vier Söhne. Der frühe Tod eines der Brüder sowie die sich verschärfenden Auseinandersetzungen zwischen dem Königtum und dem frühfeudalen Stammesadel bewirkten die Entstehung von drei Reichsteilen:

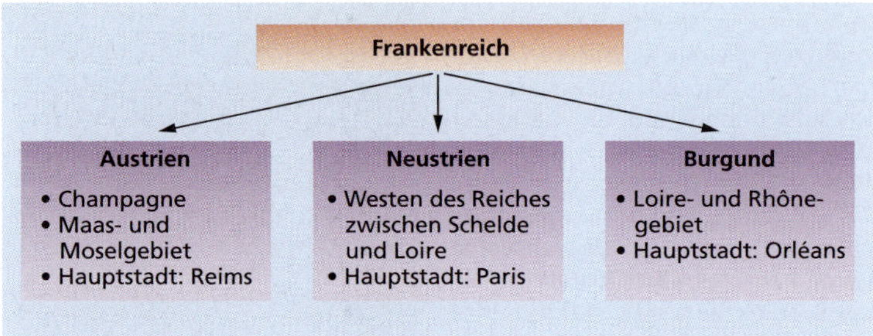

Eine besondere Rolle spielten dabei Arnulf von Metz und Pippin der Ältere, die als die Stammväter des Geschlechts der Karolinger gelten. Arnulf v. Metz war Bischof von Metz und Pippin d. Ä. Hausmeier König Dagoberts von Austrien. Beide übernahmen de facto die Herrschaft in Austrien seit 622 für den schwachen König.

Nach einer Zeit der innerfamiliären Auseinandersetzungen um die Macht im Frankenreich gelang es Chlothar II. (584–629, König seit 613) wieder, das Frankenreich in seiner Hand zu einen. Da ihm dies nur mithilfe der Adligen in Burgund und Austrien gelang, musste er diese durch politische Zugeständnisse entschädigen. Dies geschah im **Edictum Chlotharii** von 614. Es verpflichtete den König zur Wahl von königlichen Beamten (Grafen) unter den Grundbesitzern aus der jeweiligen Grafschaft. So entstand eine vom König unabhängige Beamtenschicht, die die Macht in der jeweiligen Grafschaft ausübte. Austrien, Neustrien und Burgund erhielten eine Quasiselbstständigkeit. Diese wurde durch die Anführer der königlichen Gefolgschaft, die **Hausmeier,** ausgeübt.

Hausmeier waren ursprünglich Verwalter an germanischen (Fürsten-) Höfen, übernahmen seit dem 7. Jh. auch militärische Aufgaben und stellten sich an die Spitze der königlichen Gefolgschaft.

Chlothars Sohn Dagobert I. (König von 629–639) gelang noch einmal die Einigung des Fränkischen Reiches der Merowinger. Während dieser Zeit erlebte das Hausmeier-Amt eine politische Aufwertung. Chlothar II. hatte Dagobert als Hausmeier Pippin den Älteren und als geistlichen Berater den Bischof Arnulf von Metz beigeordnet, die für ihn faktisch die Regentschaft ausübten. Sie blieben auch nach Chlothars Tod seine maßgeblichen Berater. Die Inhaber des Hausmeier-Amtes stammten aus dem Geschlecht der Karolinger aus dem Maas-Mosel-Gebiet. Es ging aus der Verbindung der Nachkommen von Bischof Arnulf von Metz und Pippin I., dem Älteren, hervor. Arnulfs Sohn Ansegisel heiratete Pippins Tochter Begga. Dieser Verbindung entstammt Pippin II., der Mittlere (635–714). Nach langen innenpolitischen Kämpfen mit dem Hausmeier von Austrien, Berchar, gelang es ihm, Hausmeier des gesamtem Frankenreichs zu werden. Durch geschickte Heiratspolitik (er vermählte seinen Sohn Drogo mit der Witwe Berchars) und Verdrängung der Merowinger aus Paris konnte er seine Macht festigen und ausweiten. Er unterwarf 689 die Friesen und integrierte Friesland in das Frankenreich.

KARL MARTELL (688–741; Hausmeier seit 717) gelang die Einigung des Reiches und im Jahre 732 die Zurückdrängung der Araber (Schlacht von Tours und Poitier, die KARL MARTELL durch den Einsatz des fränkischen Fußvolkes gewann) von den Grenzen des Fränkischen Reiches.
Er unterwarf Alemannen und Baiern. Seit 737 herrschte er allein, ohne dass es einen König aus dem Haus der Merowinger gegeben hätte.

KARL MARTELL in einer Buchillustration

Das karolingische Reich unter PIPPIN III., DEM JÜNGEREN (714–768)

Nach 751 herrschten die Karolinger mit päpstlicher Unterstützung als Könige im gesamten Frankenreich. PIPPIN III., DER JÜNGERE, war zunächst seit 741 gemeinsam mit seinem Bruder KARLMANN Hausmeier im Frankenreich. Seit 747 herrschte er allein, jedoch noch nicht als König. PIPPIN III. gelang vier Jahre später die Absetzung CHILDERICHS III. (König 743–751).
PIPPIN ging in der Königsfrage sehr behutsam vor. Er sandte 750 zunächst einen Geistlichen nach Rom, um Papst ZACHARIAS um Rat zu fragen. Papst ZACHARIAS antwortete darauf mit dem Ausspruch: „Es sei besser, der wirkliche Inhaber der Gewalt heiße König als einer, der ohne Königsgewalt geblieben sei." CHILDERICH III. und sein Sohn wurden abgesetzt. Darauf folgte die Wahl und Krönung PIPPINS III. zum König der Franken. Sie ließen ihm durch den Geistlichen die Frage vorlegen, ob es gut sei, wenn Könige ohne wirkliche Gewalt das Frankenreich regierten.

PIPPIN III., DER JÜNGERE, fränkischer König

Ein weiteres Merkmal der Politik König PIPPINS I. war ein Bündnis mit dem Papsttum, das bald nach seiner Wahl zustande kam. Papst STEPHAN (752–757) hatte seit langem Schwierigkeiten mit den in Mittel- und Norditalien ansässigen Langobarden unter deren König AISTULF (749–756). PIPPIN lud den Papst daraufhin in das Frankenreich ein, wo der Papst ihn nochmals mit dem heiligen Öl salbte. Papst und Frankenkönig schlossen ein Freundschaftsbündnis (auch die Söhne PIPPINS waren darin einge-

PIPPIN III. wurde als König PIPPIN I.

schlossen), das sich vor allem gegen die Langobarden richtete. 754 wurden die Karolinger zu Schutzherren der Römer (patricius Romanorum) und unterwarfen im gleichen Jahr und 756 die Langobarden.

Bestandteil der Bündnisvereinbarungen war die Rückerstattung der Gebiete, die ehemals den Langobarden gehörten. Dies geschah durch die sogenannte **pippinsche Schenkung.** Sie war Grundlage für die Entstehung des Kirchenstaates, der somit Teile des römischen Stadtgebietes, das Exarchat von Ravenna, sowie Teile Mittelitaliens zwischen Rimini und Ancona (die sogenannten Pentapolis, das Fünf-Städte-Gebiet) umfasste. Daneben gelang es PIPPIN, konkurrierende Herzogtümer, z. B. Aquitanien (760–768), auszuschalten und in das Frankenreich einzuverleiben. Auch das seit 720 arabische Narbonne konnte er für das Frankenreich gewinnen. Als PIPPIN I. 768 in St. Denis starb, hatte er das Reich unter seine Söhne KARL und KARLMANN aufgeteilt.

Das Frankenreich unter KARL DEM GROSSEN (747–814, König seit 768)

Der Hof KARLS DES GROSSEN

Der Hof war Lebensmittelpunkt und Regierungssitz des Königs. Die Geistlichkeit dort bildete unter Aufsicht des Erzkaplans die Hofkapelle, welche teilweise als Kanzlei fungierte. Beim Königsgericht wirkte der Pfalzgraf als königlicher Beisitzer oder Stellvertreter.

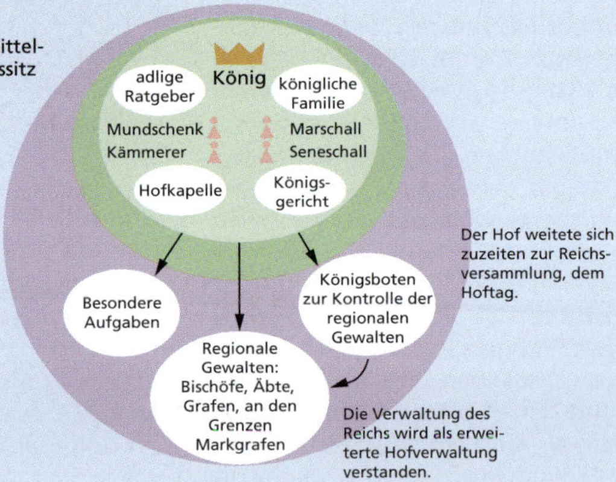

Die sich anbahnenden Auseinandersetzungen mit KARLMANN fanden bereits 771 durch dessen frühen Tod ein Ende. In den Jahren 773 und 774 gelang es KARL DEM GROSSEN, die wieder aufflammenden Gegensätze zwischen Papsttum und Langobardenreich einzudämmen: Er eroberte das Langobardenreich und machte sich zum König der Langobarden. Die **Sachsenkriege** (772–804) nahmen KARL DEN GROSSEN fast seine gesamte Herrschaftszeit in Anspruch. Zunächst eroberten fränkische Heere die Eresburg und zerstörten die dort verehrte heidnische Heiligenstatue. Dabei handelte es sich um die Irminsul. Dies war eine Weltsäule, nach Auffassung der Sachsen verhinderte sie ein Herabfallen des Himmels auf die Erde. Ziel war es, die Sachsen sowohl zu christianisieren als auch zu unterwerfen. Deshalb kam es in dieser Zeit häufig zu Massentaufen. 776 unterwarfen sich die Sachsen ein erstes Mal und verpflichteten sich, das Christentum anzunehmen; im Jahr darauf erneuerten sie diese Verpflichtung. 778 brach jedoch ein Aufstand sächsischer Adliger unter ihrem Anführer WIDUKIND aus, der allerdings niedergeschlagen werden konnte. 782 führte KARL DER GROSSE die fränkische Verwaltung in Sachsen durch die Einrichtung von Grafschaften ein.

Die Eresburg befand sich in der Nähe von Marsberg, Nordrhein-Westfalen, auf einer ca. 900 m langen und 350 m breiten Anhöhe, die mit dem Obermarsberg gleichzusetzen ist.

777 fand die erste Reichsversammlung auf sächsischem Boden, in Paderborn, statt. KARL wollte damit also auch zeigen, dass er Sachsen in das Frankenreich einbeziehen wollte.

Als Grafschaft wird das Amtsgebiet eines Grafen bezeichnet. Dieser ist ein königlicher Beamter mit Aufgaben in Rechtsprechung, Heeresaufgebot und Verwaltung.

Als ein sächsisches Heer die fränkischen Truppen im gleichen Jahr vernichtend geschlagen hatte, entschloss sich KARL DER GROSSE zum sogenannten **Strafgericht bei Verden an der Aller.** Auch nachdem WIDUKIND sich hatte taufen lassen und mit KARL einen Frieden geschlossen hatte, gingen die Aufstände weiter. Diesmal richteten sie sich vor allem gegen die Einführung des Kirchenzehnten, einer Abgabe, nach der der zehnte Teil der Ernte der Kirche zustand. Die Franken reagierten mit der Besiedlung sächsischen Gebietes durch fränkische Siedler und mit der Deportation von Sachsen ins Frankenreich. 804 unterwarf KARL die Sachsen endgültig.

Dabei sollen ca. 4 500 sächsische Aufständische hingerichtet worden sein, die der sächsische Adel ausgeliefert hatte.

Bereits 802 hatte sich eine Aussöhnung mit der Einführung der **Lex Saxonum** angedeutet.

Lex Saxonum ist das sächsische Gesetz. Es stellt eine Verbindung von fränkischem Recht und sächsischem Volksrecht dar.

Bereits 782 hatte KARL ein Gesetz für die Sachsen eingeführt, in dem die geringsten Vergehen gegen Eigentum oder den christlichen Glauben mit dem Tod bestraft wurden. Das Gesetz von 802 stellt in diesem Sinne eine

Bistum: Amtssitz eines Bischofs. Bischof ist ein hoher Geistlicher in der katholischen bzw. evangelischen Kirche.

TASSILO III. (744–794, Herzog von Bayern 748–788) entstammte der Dynastie der Agilofinger und war ein Cousin KARLS. KARL zwang TASSILO 787, Bayern von ihm als Lehen zu nehmen. 788 entzog er es ihm wieder und schickte TASSILO und dessen Familie in die Klosterhaft.

EINHARD, der Biograf KARLS, schrieb, dass KARL sein Missfallen über die Krönung zum Ausdruck gebracht habe. Dies ist jedoch nicht so zu verstehen, dass KARL die Kaiserkrönung nicht gewollt hat. Vielmehr missfiel KARL die Art und Weise, wie sich der Papst in den Vordergrund gespielt hat, indem er ihm theatralisch die Krone auf den Kopf setzte. Als KARLS Sohn LUDWIG 813 zum Mitkaiser erhoben wurde, geschah dies ohne Mitwirkung des Papstes, d. h., LUDWIG setzte sich die Kaiserkrone selbst auf und dokumentierte damit die Unabhängigkeit vom Papsttum.

Milderung dar. Eine systematische Christianisierung der Sachsen erfolgte nun von den Bistümern Bremen, Verden, Minden, Münster, Osnabrück und Paderborn aus.
Auch im Südwesten versuchte KARL DER GROSSE, das Territorium des Frankenreiches zu erweitern. Dies gelang ihm jedoch nur teilweise. Trotzdem setzte er hier 778 seinen Sohn LUDWIG als Unterkönig über Aquitanien ein.
Noch während der Sachsenkriege konnte sich KARL auch dem letzten verbliebenen selbstständigen Herzogtum, Bayern, zuwenden. Er entmachtete 788 den letzten Bayernherzog, TASSILO III.
Die Reichsgrenzen sicherte KARL durch die Einführung von besonderen Grafschaften, der Grenzmarken (786/799 Bretonische Mark, 795 Spanische Mark sowie Grenzmarken im Osten gegen die Slawen und Awaren).

Kaiserkrönung KARLS DES GROSSEN und Renovatio Romanorum Imperii

Den Höhepunkt der Herrschaft KARLS DES GROSSEN stellt die **Kaiserkrönung** durch Papst LEO III. (795–816) in Rom dar. Papst LEO III. war bereits im Jahre 799 infolge von Auseinandersetzungen mit der römischen Bevölkerung, insbesondere dem Adel, zu KARL nach Paderborn geflohen und hatte hier um Hilfe gebeten. Diese gewährte KARL, indem er eine Untersuchung der Vorwürfe gegen LEO III. einleitete. Durch einen Eid befreite sich der Papst von den Vorwürfen und krönte KARL DEN GROSSEN am 24. Dezember 800 in Rom zum Kaiser.
Die **Bedeutung der Kaiserkrönung** lag darin, dass das Kaisertum im Gebiet des seit 476 erloschenen Weströmischen Reiches wiederbelebt wurde. Damit brachte man zum Ausdruck, dass man sich als Fortsetzer des Römischen Reiches verstand. Folgerichtig tauchte auch der Gedanke von der Erneuerung des Römischen Reiches **(Renovatio Romanorum Imperii)** auf. Er wurde in der Diskussion um die Berechtigung und Bedeutung des fränkischen Kaisertums verbunden mit dem Gedanken der Übertragung des Römischen Reiches auf die Franken (translatio imperii). Dies brachte Verwicklungen mit Byzanz mit sich, da sich die byzantinischen Kaiser ebenfalls als berechtigte Nachfolger und Fortsetzer des Römischen Reiches verstanden. 812 kam es jedoch zur Anerkennung der Kaiserwürde KARLS durch den byzantinischen Kaiser MICHAEL I. KARL musste dafür jedoch Byzanz folgende Gebiete überlassen: Venetien, Istrien, Dalmatien. Als KARL DER GROSSE 814 starb, konnte LUDWIG DER FROMME das Reich seines Vaters ohne Schwierigkeiten übernehmen. KARL hatte bereits zu Lebzeiten durch eine Nachfolgeordnung (divisio regnorum) für die Nachfolgeregelung gesorgt. Danach sollte das Reich unter seinen drei legitimen Söhnen PIPPIN, KARL und LUDWIG aufgeteilt werden. Da PIPPIN und KARL bereits 810 bzw. 811 starben, blieb LUDWIG als letzter erbberechtigter Sohn übrig und trat die Nachfolge an.

Es war ein Verdienst KARLS DES GROSSEN, durch umfassende Reformen in der Verwaltung und der Kirche Verfassungsinstitutionen geschaffen zu haben, die für die Geschichte des Deutschen Reiches vorbildlich wurden. Darüber hinaus ist die Wiederbelebung von Kultur und Wissenschaft eine nicht zu verkennende Leistung KARLS.

Der fränkische Geschichtsschreiber EINHARD schilderte KARL DEN GROSSEN als lerneifrigen, wissensdurstigen Menschen:

> „KARL war ein begabter Redner ... Er beherrschte nicht nur seine Muttersprache, sondern erlernte auch fleißig Fremdsprachen. Latein verstand und sprach er wie seine eigene Sprache ... Er lernte Rechnen und verfolgte mit großem Wissensdurst und aufmerksamem Interesse die Bewegungen der Himmelskörper. Auch versuchte er sich im Schreiben und hatte unter seinem Kopfkissen immer Tafeln und Blätter bereit, um in schlaflosen Stunden seine Hand im Schreiben zu üben" („Das Leben Karls des Großen").

Karolingische Renaissance

Die **karolingische Renaissance** genannte Belebung der mittelalterlichen Kultur gehörte zu einem groß angelegten Programm. Es wurde durch den Hof KARLS DES GROSSEN gesteuert und in die Tat umgesetzt. Es wurde eine Pfalzschule ausgebildet, in der der Angelsachse ALKUIN (730–804) eine besondere Rolle sowohl als Lehrer als auch als Förderer von Wissenschaft und Kultur spielte. Diese Pfalzschule war Vorbild für andere geistliche Bildungseinrichtungen, etwa Kloster- und Domschulen.
Antike Bildungsinhalte und -ideale wurden wiederbelebt. Dies betraf insbesondere die Pflege der frühchristlichen und der antiken Literatur. KARL reformierte die Schrift (karolingische Minuskel) durch die Vereinheitlichung der Schriftenvielfalt. Die karolingische Minuskel wurde zur Ausgangsform aller Kleinbuchstaben späterer Antiqua-Schriften (Serifen-Schriften). KARL sammelte außerdem Heldenlieder der im Frankenreich lebenden Stämme. Diese wurden allerdings von seinem Sohn LUDWIG DEM FROMMEN vernichtet.
Es wurde ein Bildungskanon etabliert, der sich an den sogenannten sieben freien Künsten **(septem artes liberales)** orientierte (Grammatik/Rhetorik/Dialektik, Arithmetik/Geometrie/Astronomie/Musik).

5.4.3 Die fränkischen Reiche nach der Teilung

KARL DER GROSSE hatte ein Großreich gebildet, das sich im Osten von der Elbe bis zum Atlantik im Westen erstreckte. Die Nord-Süd-Ausdehnung umfasste ein Territorium, das sich von der Nordsee bis südlich von Rom erstreckte.

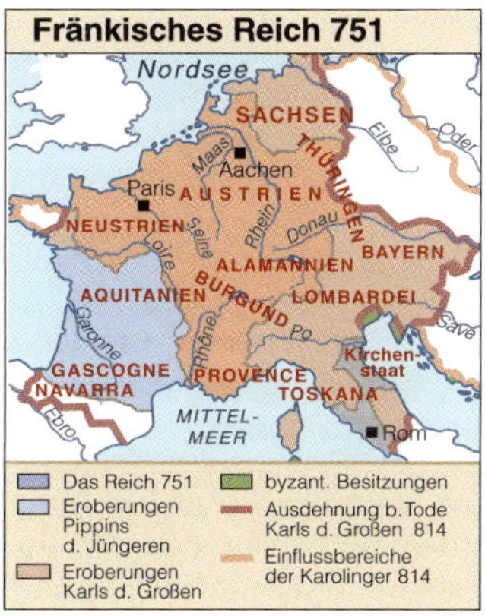

KARL überlebte fast alle seine Söhne: 810 starb PIPPIN VON ITALIEN, ein Jahr später zunächst PIPPIN DER BUCKLIGE, dann KARL DER JÜNGERE. Der einzige Erbe des Riesenreiches war nun LUDWIG VON AQUITANIEN. Er wurde im Jahre 813 von der Reichsversammlung in Aachen als Kaiser bestätigt.

In der Geschichtsschreibung wird der drittgeborene Sohn KARLS DES GROSSEN LUDWIG „DER FROMME" genannt, da er unter dem Einfluss von geistlichen Beratern stand.

Ludwig der Fromme (778–840, König seit 814) unternahm zunächst alles, um die Einheit des karolingischen Reiches zu wahren.
Nachdem er selbst durch Papst Stephan V. (816–817) zum Kaiser gekrönt worden war, machte er sich 817 an die Regelung der Thronfolge unter seinen Söhnen. Sein ältester Sohn Lothar (795–855; Mitkaiser 825, Kaiser 840) sollte die Kaiserwürde übernehmen. Dies geschah 825, als er von einem Italienaufenthalt zurückkehrte. Die anderen beiden Söhne sollten jeweils Teilreiche erhalten. 829 setzte Ludwig diese Regelung außer Kraft, was einen Aufstand der drei Söhne auslöste. Diesen schlug der Kaiser jedoch bereits 830 nieder.

Nach dieser **Ordinatio imperii** sollte Lothar, der seit 825 gemeinsam mit dem Vater herrschte, die Kaiserwürde tragen, Pippin sollte in Aquitanien regieren, während Ludwig Bayern erhalten sollte.

Grund für die Änderung der Thronfolgeordnung war die Geburt eines weiteren Sohnes, Karls des Kahlen (823–877). Diesen hatte Ludwig mit seiner zweiten Frau Judith gezeugt. Judith erreichte 829, dass auch ihr Sohn durch Ludwig den Frommen versorgt wurde. Er erhielt u. a. Alemannien, das Elsass und Teile Burgunds. Diese Maßnahme war nicht nur ein Verstoß gegen die Ordinato imperii, sondern gefährdete auch die Reichseinheit. Lothar war inzwischen nach Italien verbannt worden, da besonders er Widerstand gegen diese Regelung leistete.

Das Frankenreich befand sich nun offensichtlich in einer Krise. Sie wurde allerdings nicht nur durch die Nachfolgefrage ausgelöst, sondern auch eine Vielzahl innerer Probleme war dafür verantwortlich. Schließlich führte diese Krise zu seinem Zerfall.
833 kam es erneut zu einem Aufstand der Söhne Ludwigs des Frommen gegen ihren Vater. Grund war die Absetzung Pippins in Aquitanien. Die Brüder erreichten, dass das Heer des Vaters zu ihnen überging, und setzten den Kaiser ab. Dieser konnte jedoch 834 wieder ins Amt zurückkehren, da sich Karl der Kahle und Pippin gegen das Machtstreben Lothars wandten und sich für die Wiedereinsetzung Ludwigs stark machten. Letztlich scheiterten die Umsturzbemühungen an der Unfähigkeit Lothars, die Interessen seiner Brüder und des Adels zu bündeln.
Ein zweiter Schritt zur Aufhebung der Thronfolgeordnung von 817 war die Einsetzung Karls des Kahlen in das Unterkönigreich Aquitanien nach dem Tod des bisherigen Amtsinhabers Pippin. Nach dem Tod Ludwigs des Frommen 840 kam es zu Erbfolgekriegen zwischen den Brüdern.

Ludwig der Deutsche und Karl der Kahle verbündeten sich gemeinsam gegen ihren älteren Bruder Lothar I. und besiegten ihn in der **Schlacht von Fontenoy.** Beide bekräftigen ihr Bündnis 842 durch die sogenannten **Straßburger Eide.** Dies waren Bündnisschwüre der beiden Brüder, die vor den Heeren abgelegt wurden.
843 erfolgte die erste Teilung des Frankenreiches in ein Mittel-, Ost- und Westreich. Diese wurde im **Vertrag von Verdun** besiegelt. Die Aufteilung fand unter Lothar I., Ludwig dem Deutschen und Karl dem Kahlen (823–877; König 840/843–877; Kaiser 875–877) statt. Der Sohn des 838 verstorbenen Pippin I., Pippin II., wurde nicht berücksichtigt. Seine Ansprüche gingen auf Karl den Kahlen über. Das Reich wurde nach wirtschaftlichen und Gründen der Gleichberechtigung geteilt, das heißt, der zu erwartende wirtschaftliche Ertrag war ausschlaggebend.
Der Vertrag von Verdun beschloss die erste einer Vielzahl von fränkischen Reichsteilungen. Mit ihr begann der Zerfall des Reichs Karls des Grossen in viele, oft nur kurzlebige Kleinreiche.

Die **Straßburger Eide** sind der älteste Beleg dafür, dass innerhalb des Fränkischen Reiches eine große Völker- und Sprachenvielfalt bestand, denn sie wurden in Althochdeutsch und Altfranzösisch verfasst.

Das Mittelreich (843–870) erhielt Lothar I. Im **Vertrag von Meerssen** 870 wurde es aufgelöst. Während Ludwig der Deutsche die Osthälfte des Mittelreiches erhielt, ging der Rest an Karl den Kahlen.

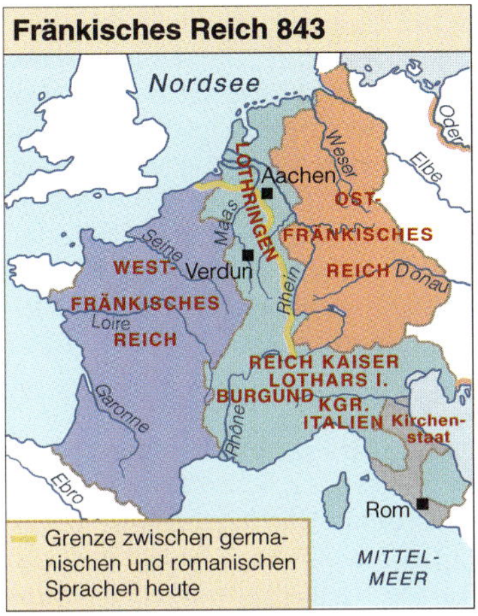

Vertrag von Verdun (843)

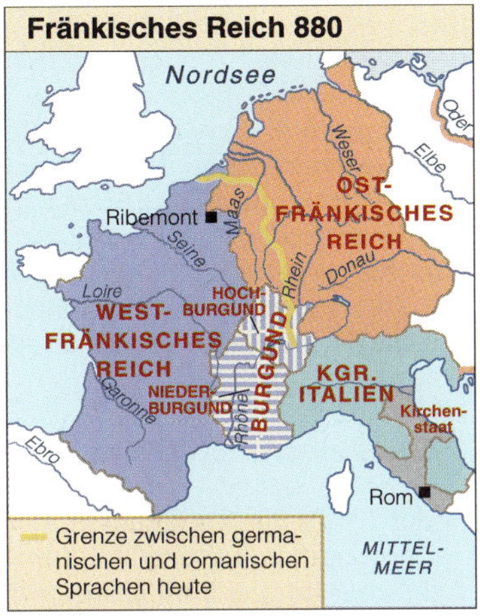

Vertrag von Ribemont (880)

Dieser hatte im Vertrag von Verdun bereits das gesamte Westfränkische Reich (Neustrien, Aquitanien, Teile Burgunds) erhalten. Es grenzte im Osten an das Mittelreich Lothars I. und im Westen an den Atlantik sowie an das Emirat von Córdoba. Die Kaiserwürde ging 875 auf Karl den Kahlen über. Dieser erwarb nach dem Tod Ludwigs II. auch das Königreich Italien. Das Westfränkische Reich löste sich nach dem Tod Karls des Kahlen und seiner Nachfolger auf.

Das Ostfränkische Reich Ludwigs des Deutschen, das nach seinem Tod zerfiel, umfasste Bayern, Teile Frankens, Sachsen, Hessen und Thüringen.

Im **Vertrag von Ribemont 880** konnte Ludwig III. noch einmal die Westhälfte Lothringens für sich gewinnen.

Zwar einte Karl der Dicke (839–888, ostfränkischer König 876–887, westfränkischer König 885–887, Kaiser 881–887) noch einmal das Frankenreich in seiner Hand und erreichte die Kaiserkrönung durch Papst Johannes VIII. (872–888). Er wurde allerdings 887 abgesetzt und 888 ermordet. Die letzten rechtmäßigen Nachfolger im Ostfränkischen Reich waren Arnulf von Kärnten (850–899, König seit 887) und Ludwig „das Kind“ (893–911; König seit 900). Arnulf betrieb keine Wiederherstellung des Frankenreiches, achtete jedoch darauf, dass seine Oberherrschaft von den anderen Teilherrschern gewahrt blieb. Er erreichte noch einmal die Kaiserwürde. Jedoch währte seine Herrschaft nicht lange, da er 899 an den Folgen eines Schlaganfalls verstarb.

Um 900 zeigten sich zwei Entwicklungen, die entscheidend zum endgültigen Zerfall des Frankenreiches führten: Zum einen hatte sich das ehemals einheitliche Großreich in mehr oder weniger selbstständige Reichsteile gespalten. Dies waren das Westfrankenreich, das Ostfrankenreich, Italien sowie zwei burgundische Teilreiche. Daneben strebten neue Adelsgeschlechter dem Aufstieg entgegen. Sie hatten sich besondere

Das Mittelreich war bereits nach dem Tod Lothars I. unter dessen Söhnen aufgeteilt worden. Dabei erhielt Ludwig II. (822–875; König v. Italien 844, Kaiser 850/855–875) Italien, Lothar II. (835–869, König 855–869) Lothringen (das nördliche Teilreich von der Nordsee bis in das Quellgebiet von Maas und Mosel) und Karl († 877) die Provence und Burgund. Das letztgenannte Teilreich wurde nach dem Tod Karls unter Ludwig II. und Lothar II. aufgeteilt.

Karl der Kahle und Ludwig III. fochten heftige Kämpfe um das lothringische Erbe aus. Bereits 876 hatte jedoch zunächst Ludwig III. die Oberhand behalten und Karl in der Schlacht bei Andernach die Einnahme Ostlothringens verhindern können. Im **Vertrag von Ribemont** gelang es nun Ludwig III., Westlothringen von den Nachkommen Karls des Kahlen zu erobern. Es kam zwischen 895 und 911 noch einmal zu Bestrebungen, ein lothringisches Reich zu errichten, jedoch scheiterten diese endgültig im Jahre 911.

Verdienste in der Verteidigung der Grenzen gegen äußere Feinde erworben, die Schutzherrschaft über Bistümer, Grafschaften und königliche Güter erworben und übten dadurch die Herrschaft auf ihrem Besitz anstelle von Königen aus. Sie schufen innerhalb des West- und des Ostreiches neue Herzogtümer. Für den Ostteil des ehemaligen Fränkischen Reiches waren die „neuen“ Herzogtümer: Bayern, Sachsen, Franken, Schwaben und Lotharingien. Die Theorie, dass es sich dabei um „jüngere“ Stammesherzogtümer handelt, ist mittlerweile überholt. Es gibt in den Quellen keinerlei eindeutige Hinweise, dass hier eine Verbindung zwischen Herzogtum und Stamm vorliegt.
Im Ostfränkischen Reich entsprang einem dieser Herzogtümer ein neues Herrschergeschlecht, das der Entwicklung des Ostfränkischen Reiches zum Deutschen Reich entscheidende Impulse geben sollte: Das Geschlecht der **Ottonen** (auch: Liudolfinger, Ludolfinger).

Das Geschlecht der Ottonen wurde begründet vom Grafen Liudolf († 866).

5.4.4 Grundstrukturen der Verfassung im Fränkischen Reich

An der Spitze des Königreiches stand der König. Wichtigstes Instrument der Herrschaftsausübung der Karolinger war seit Karl dem Grossen der königliche Hof. Der königliche Hof versorgte einerseits den König. Andererseits war der Hof der Mittelpunkt eines Reiches, in dem es keine eigentliche Hauptstadt gab, sondern sich der König mit seinem Hofstaat als Reisender durch sein Reich bewegte. Die Leitung des königlichen Hofes lag in den Händen der vier **Erzämter.**

Der Begriff des Erzamtes stammt hingegen erst aus dem 14. Jh.

Erzämter nennt man die obersten Hofämter im karolingischen, später auch im Deutschen Reich. Seit dem 13. Jh. wurden diese Ämter als Lehen aufgefasst und erblich. Sie wurden später an die Fürsten, die den König wählten (Kurfürsten), vergeben. Seitdem die Karolinger die Königswürde innehatten, wurde das Amt des Hausmeiers, d. h. des Vorstehers der Hofverwaltung abgeschafft und durch die vier Erzämter ersetzt.

Erzämter

Kämmerer	Marschall	Seneschall	Mundschenk
Der Kämmerer hatte ursprünglich für das private Eigentum des Königs (den Königsschatz) zu sorgen. Daraus wurde die Aufgabe, für die Verwaltung des königlichen Hofes, insbesondere alles was mit Kleidung, Haushaltung und Beherbergung zu tun hatte, zu sorgen.	Ursprünglich war der Marschall der germanische Stallmeister. Daraus leitete sich seine Funktion als Quartiermeister und als Aufsichtsperson über die militärische Handlungsfähigkeit des Hofes und des königlichen Heeres ab.	Der Seneschall (eigentl. „ältester Diener“) stand der königlichen Verwaltung vor. Das Amt entstand bereits unter den Merowingern. Im späteren Deutschen Reich wurde der Inhaber dieses Amtes Truchsess genannt.	Der Mundschenk war verantwortlich für die königliche Tafel, die Versorgung mit Speisen und Getränken und deren Bereitstellung durch die Küche.

Daneben gab es bereits seit den Merowingern das Amt des Pfalzgrafen.

Die **Pfalzgrafen** waren als Beisitzer, während der König Gericht hielt, anwesend und bei der Rechtsprechung behilflich. Unter den Karolingern hatte der das Amt innehabende Pfalzgraf auch dafür zu sorgen, dass die vielen königlichen Aufenthaltsorte – die Pfalzen – intakt waren. Auch dort hatte er richterliche Aufgaben zu übernehmen.

PIPPIN III. richtete am königlichen Hof eine weitere Institution ein, die Hofkapelle.

Mitglieder der **Hofkapelle** waren Geistliche. Sie hatten dem König und den Mitgliedern des Hofes den geistlichen Beistand zu leisten. Da die Kapläne lesen und schreiben konnten, waren sie auch für die Ausstellung von Urkunden und anderen Schriftstücken zuständig. In ihren Händen lag die Geschichtsschreibung, die Ausbildung bei Hof und der Aufbau einer Hofbibliothek. Aus der Hofkapelle ging später die Hofkanzlei hervor.

Der Name leitete sich davon ab, dass diese Geistlichen auch für den Schutz einer Reliquie, den Mantel (lat. capella) des hl. Martin von Tours zuständig waren.

Da der König nicht gleichzeitig überall sein konnte, war er gezwungen, in seiner Abwesenheit den Grafen und Bischöfen die Herrschaft anzuvertrauen.

Der **Graf,** ein weltlicher Adliger, übte die Herrschaft im Namen des Königs in seinem Herrschaftsbezirk, der Grafschaft, aus. Er war befugt, das Heer auf königlichen Befehl aufzustellen, und übernahm die Rechtsprechung. Er war also ein königlicher Beamter. Die Grafen hatten die Pflicht, in regelmäßigen Abständen im Grafending zusammenzukommen und Recht zu sprechen.

Die **Bischöfe,** als geistliche Adlige, nahmen Verwaltungs- und Herrschaftsaufgaben – ähnlich wie die Grafen – in ihrem geistlichen Herrschaftsgebiet, dem Bistum oder Sprengel, wahr. Dabei übernahmen sie vor allem die geistliche Gerichtsbarkeit, da sie keine weltlichen Befugnisse hatten. Für diese stand ihnen der Schutz von weltlichen Schutzherren zu, die man Vögte nannte.

Um zu verhindern, dass die Bischöfe und Grafen Entscheidungen trafen, die für den König und das Reich ungünstig waren, schuf KARL DER GROSSE das Amt der Königsboten, die Kontrollaufgaben wahrnahmen.

Die **Königsboten** (lat. missi dominici) waren Beamte, die mit besonderen Vollmachten ausgestattet waren. Damit es unter ihnen keine Kumpanei gäbe, hatte man festgelegt, dass jeweils ein Geistlicher und ein Weltlicher die entsprechenden Aufgaben übernahmen.

Zu den Aufgaben der Markgrafen gehörte die selbstständige Einberufung des Heeres sowie die Rechtsprechung im Gericht.

Im Zuge der zahlreichen karolingischen Eroberungen und der Grenzsicherung spielte das Amt des Markgrafen eine besondere Rolle. Markgrafen wurden in den Markgrafschaften, an den Grenzen des Reiches benötigt.

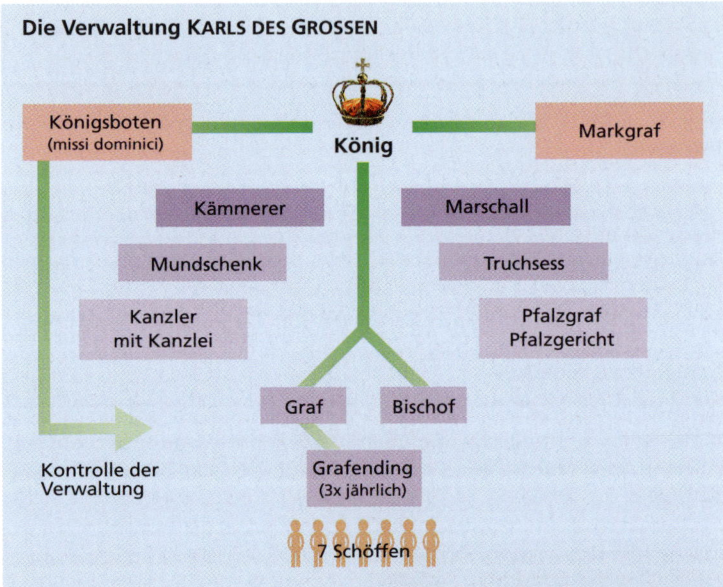

KARL hielt sich nachweislich am liebsten in der Kaiserpfalz in Aachen auf. Sie gilt als das eigentliche Zentrum von Verwaltung und Hof im Frankenreich während der Herrschaft KARLS DES GROSSEN.

Ein Kennzeichen der Herrschaftsausübung in der karolingischen Zeit war das Nichtvorhandensein einer Reichshauptstadt. Vielmehr war das karolingische Königtum ein Reisekönigtum, das heißt, der Hofstaat fuhr im Land umher. Dabei waren die Grafen, Bischöfe, Markgrafen und insbesondere die Pfalzgrafen zur Beherbergung des königlichen Hofstaates verpflichtet. Als Lieblingspfalz Kaiser KARLS DES GROSSEN gilt die Kaiserpfalz in Aachen.
794 wählte KARL Aachen sogar zu seiner Residenz. Offenbar wegen seiner angeschlagenen Gesundheit nutzte er immer häufiger die dort vorhandenen heilkräftigen warmen Quellen. Im Aachener Dom wurde der als „pater Europae" (Vater Europas) gerühmte fränkische Herrscher bestattet. 1165 ließ ihn FRIEDRICH I. BARBAROSSA heilig sprechen. im Mittelalter wurde KARL als idealer christlicher Herrscher verehrt und zur Hauptfigur zahlreicher Sagen.

Das Lehnswesen

Seit dem Entstehen des Frankenreiches ist das Lehnswesen die Grundlage für den mittelalterlichen Staat.

> Den mittelalterlichen „Staat" an sich gibt es eigentlich nicht. Vielmehr wird dieser Begriff als Hilfsmittel verwendet, um zu erklären, wie die Beziehungen der unterschiedlichen Gruppen von Menschen innerhalb der Gesellschaft (König, weltlicher Adel, geistlicher Adel, Bürger, freie Bauern, Hörige, Tagelöhner) funktionierten und welche Grundlage es dafür gab.

Hörige im Mittelalter waren abhängige Bauern, die an den Bauernhof gebunden waren und ihrem Grundherren Hand- und Spanndienste leisten mussten.

Im 8. Jh. setzten die Karolinger entscheidende Veränderungen im Militärwesen durch. Bis zu diesem Zeitpunkt stellten freie Bauern den Großteil des Heeres. Die Verpflichtung zum Kriegsdienst war ein Kennzeichen des sogenannten freien fränkischen Bauern. Da die militärischen Verpflichtungen allerdings zunahmen (u. a. wegen der Arabereinfälle im Westen des Frankenreiches), wurden viele Bauern so in den finanziellen und wirtschaftlichen Ruin getrieben. Dies bedeutete, dass sie sich in den Schutz eines Adligen oder der Kirche begeben mussten. Sie verloren oft ihre rechtliche und persönliche Freiheit, mussten Abgaben und Frondienste leisten oder wurden hörig. Auf der anderen Seite verringerte sich dadurch um so mehr die Anzahl der zum Kriegsdienst fähigen Bauern. Der Not gehorchend, musste also ein neues System der Militärorganisation geschaffen werden. Berittene Krieger **(Panzerreiter)** übernahmen als eine Art Berufskrieger die Wehraufgaben. Dafür erhielten sie vom König ein **Lehen.**

Panzerreiter waren mit Pferd und Rüstung ausgestattete berittene Krieger, die für die Erfordernisse der damaligen Militärtaktik besser gewappnet waren als der Bauernfußkrieger.

> Ein **Lehen** ist ein Land oder ein Amt, das die Berufskrieger vom König für ihren militärischen Dienst erhielten. Dafür waren sie dem König zu Dienst und Treue verpflichtet. Derjenige, der ein Lehen empfing, wurde Lehnsmann genannt, derjenige, der ein Lehen vergab, Lehnsherr. Der König (Lehnsherr) seinerseits war zum Schutz seiner Untertanen (Lehnsmänner, Lehnsleute) verpflichtet.

Lehen, vgl. nhd. = leihen

Das Wort Lehen ist vom lat. Wort „feudum" hergeleitet. Deswegen spricht man oft auch von Feudalismus oder Feudalgesellschaft. Für das deutsche Mittelalter sind diese gesellschaftlichen Rahmenbedingungen kennzeichnend. Die Belehnung ist ein vielschichtiger, komplizierter Vorgang. Er spielt sich zwischen dem Lehnsherrn (Senior) und dem Lehnsmann (Vasall, von kelt. gwas = Knecht) ab. Auf der einen Seite begründet die Belehnung ein (personen)rechtliches Verhältnis zwischen Senior und Vasall, bei dem der Vasall dem Senior gegenüber zu militärischer und Amtsdienstleistung verpflichtet ist (Rat und Hilfe, lat. consilium et auxilium). Ebenso war der Senior verpflichtet, den Vasallen in gleicher Weise zu schützen. Der Vasall unterwirft sich bei der Belehnung dem Senior (im sogenannten Handgang: der Lehnsherr legt seine Hände um die gefalteten Hände des Lehnsmanns herum) und leistet einen Lehnseid. Die sogenannte dingliche Seite des Lehnswesens ist das Lehen, das sowohl in

Aufgrund dieser personenrechtlichen Beziehungen im mittelalterlichen „Staat" spricht man oft von einem „Personenverbandsstaat".

Form von Land, aber später auch in Form von Ämtern oder Titeln vergeben werden konnte.
Im **Lehnswesen** fließen
- das altgermanische Gefolgschaftswesen und
- frühe Formen der Hörigkeit aus der Spätantike

zusammen.

Im Gegensatz zum Allod, das eine Form des frei verfügbaren und erblichen Eigentums an Grund und Boden darstellt, ist das Lehen nur geliehenes Gut bzw. ein geliehenes Amt. Es fällt je nach den Bedingungen des Lehnsvertrages wieder an den Lehnsherrn zurück, ist also nicht von vornherein erblich.

Untervasallen waren also Lehnsleute, die ihre Lehen von den Kronvasallen erhielten. Auch sie leisteten einen Lehnseid und begaben sich in die Vasallität. Für sie galt, dass der König oberster Lehnsherr war.

Zu den Lehnsleuten des Königs (Kronvasallen) konnten sowohl geistliche als auch weltliche Adlige gehören. Die Kronvasallen vergaben ihrerseits oft Land an ihre Untertanen. Diese wurden dann zu ihren Lehnsleuten (Untervasallen). Dies war notwendig, damit sie ihre Lehen mithilfe der Untervasallen verwalten und ihre Aufgaben gegenüber dem König als obersten Lehnsherrn erfüllen konnten.

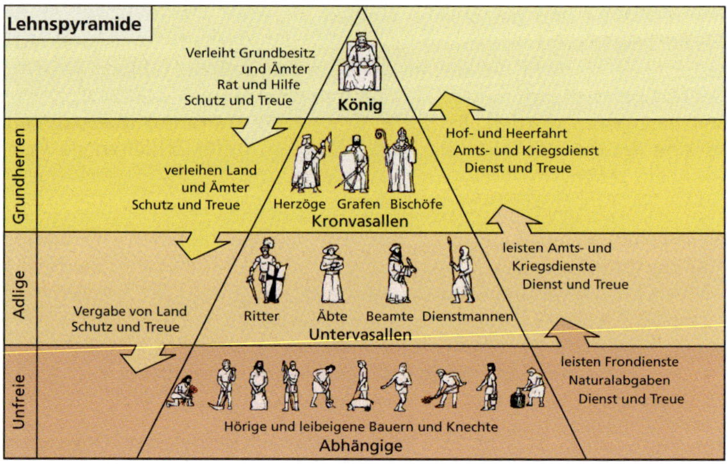

Der König war der größte Grundbesitzer im mittelalterlichen Staat. Er, seine Lehnsleute und deren Untervasallen bewirtschafteten ihr Land (sowohl das Allod als auch die Lehen) in Form von **Grundherrschaften.** Da die Adligen ihren Grundbesitz und ihre Lehen nicht selbst bewirtschaften konnten, wurde das Land von abhängigen, persönlich unfreien Bauern bewirtschaftet, oder es wurde ihnen zu bestimmten Bedingungen zur Nutzung überlassen. Sie mussten Abgaben bzw. Leistungen in Form von Arbeitsdiensten auf dem Grund und Boden der Grundherren (Frondienst) leisten. Zentrum einer solchen Grundherrschaft war der Fronhof. Er wurde geleitet von einem Fronhofsverwalter, der die Arbeiten auf dem Fronhof beaufsichtigte, aber auch für den Schutz und die Versorgung der Bauern verantwortlich war.

Adel und Ritterstand – Eine neue Art zu kämpfen ...

Im 8. Jh. war das Frankenreich durch die Araber, die 732 die Pyrenäen überquerten und in das Fränkische Reich einfielen, massiv bedroht. Sie trafen jedoch jetzt nicht mehr auf das gewohnte Aufgebot von fränkischen Bauernkriegern, die zu Fuß kämpften, sondern auf eine neue Art und Weise der Kriegführung: Ihnen stand ein berittenes fränkisches Heer, d. h. Reiterkrieger, gegenüber (etwa in der Schlacht von Tours und Poitier 732).

Diese Veränderung innerhalb des Kriegswesens ist verantwortlich für eine beginnende Differenzierung in unterschiedliche gesellschaftliche Schichten. Die angesehenste dieser Schichten war der Ritterstand. Die Ritter hatten vor allem die Aufgabe, als gepanzerte Reitertruppe dem Heeresaufgebot des Königs zu folgen und den Schutz und die Verteidigung des Fränkischen Reiches zu übernehmen.

Der freie fränkische Bauer als Fußkrieger, der bisher diese Aufgabe übernommen hatte, konnte sie aus verschiedenen Gründen nicht mehr wahrnehmen und wurde durch die Ritter abgelöst. Zum einen waren die fränkischen Fußkrieger den schnellen berittenen muslimischen Reiterkriegern militärisch unterlegen, was zu einer Veränderung der fränkischen Kriegführung – der Aufstellung von Reiterheeren – führte. Auf der anderen Seite war die Ausrüstung sehr kostspielig, sie hätte den Hof eines Bauern weit überfordert.

Darüber hinaus war es notwendig, sehr viel für die Kriegführung zu Ross zu üben.

> Aus den berittenen Kriegern wurde eine berufsmäßige Kriegerschicht, die sich nur mit dem Waffenhandwerk beschäftigte. Sie löste die Bauernheere ab.

Dies bedeutete aber auch, dass er sich nicht mehr selbst um seinen Lebensunterhalt kümmern konnte. Nur Adligen war es möglich, da sie über Land und Bauern verfügten, sich eine selbstständige Ausrüstung zu leisten. Daneben erhielten sie durch den König für die Leistung des Kriegsdienstes weiteren Grund und Boden in Form von Lehen. Aber auch viele nicht zum Adel gehörende Krieger wurden als **Ritter** aufgeboten.

> Diese **Ritter** waren Nichtadlige, vielfach sogar nachweislich Unfreie, die an den Höfen des Adels als Berater, Aufseher und Verwalter von Burgen und Landbesitz tätig waren. An sie wurden sogenannte Dienstlehen vergeben. Sie wurden Dienstadlige oder **Ministeriale** genannt.

Je nach Qualität war eine Ritterausrüstung so viel wert wie 30–45 Milchkühe. Man schätzt, dass ein Streitross dem Wert eines Ochsen entsprach und eine Ritterrüstung so viel wert war, wie ein mittlerer Bauernhof abwarf. Die Ausrüstung bestand aus dem Streitross, einer Rüstung, die je nach zu erwartender Angriffswaffe unterschiedlich sein konnte, einem ca. 20 kg wiegenden Kettenhemd, mit dem man gegen Schwerthiebe einigermaßen gut geschützt war. Mit dem Aufkommen der Armbrust als Angriffswaffe verwendete man den stählernen Plattenpanzer, der ca. 50–60 kg wog. Dazu gehörten Beinschienen, Helm, eiserne Handschuhe. Der Ritter war allein kaum in der Lage, die Rüstung anzuziehen, dabei mussten ihm die Knappen helfen, die ihn auch begleiteten, damit er im Falle eines Sturzes vom Pferd wieder in den Sattel gelangte. Zur Ausrüstung gehörten Langschwert, Kurzschwert, Lanze, Streitaxt bzw. Streitkeule sowie ein Brustpanzer, Helm und Beinschienen für das Reitpferd.

Mit diesen Lehen wurde für den Lebensunterhalt der Ritter gesorgt. In ihrer Lebensweise unterschieden sie sich kaum noch vom Geburtsadel. Seit dem 11. Jh. unterscheidet man den Hochadel und den niederen Adel. Zum Hochadel gehörten all die alten, eingesessenen Adelsgeschlechter, zum niederen Adel die neuen, aus dem Ritterdienst hervorgegangenen Geschlechter. Seit dem 12. Jh. war der Ritterstand nach unten hin abgeschlossen, das heißt, es war generell nicht mehr möglich, in den Ritterstand aufzusteigen, wenn nicht bereits der Vater des Kandidaten zum Ritterstand gehört hatte.

Ausbildung der Ritter

Zum Verhalten am Hofe gehörten auch die Tischsitten und das Verhalten gegenüber den Damen bei Hofe.

Um Ritter werden zu können, musste man Sohn eines Adligen oder Ritters sein. Im Alter von sieben Jahren begann der Kandidat die Ausbildung, meist am Hof eines anderen Ritters, wo er zunächst als Page das Verhalten am Hofe sowie als Knappe das Waffenhandwerk erlernte. Dies geschah durch ein jahrelanges intensives Training, bei dem der Knappe die Jagd sowie das Verhalten im Kampf erlernte. Mit Vollendung des 14. Lebensjahres erhielt der Knappe ein eigenes Schwert und wurde einem Ritter zugeteilt, der ihn in der Waffenkunst unterwies.
Die Ausbildung zum Ritter war beendet, wenn der Knappe das 21. Lebensjahr vollendet hatte und den Ritterschlag erhielt, nachdem er einen feierlichen Eid abgelegt hatte. Um die Fähigkeiten der Kampfkunst zu beweisen, wurden Turniere durchgeführt, bei denen sich die Ritter in unterschiedlichen Disziplinen maßen. Bekannt sind u. a. der Zweikampf mit der Lanze sowie Aufeinandertreffen von Gruppenformationen. Solche Turniere waren jedoch nicht nur Ort von Streit und Kampf, sondern zugleich Ort der adligen Repräsentation, d. h. von höfischen Festen, bei denen sich der hohe und niedere Adel zur Schau stellte.

Die Rolle der Frau bei Hofe

Den Frauen und Mädchen kam eine ganz andere Rolle bei Hofe zu: Sie erhielten eine Ausbildung, die sie zum Lesen und Schreiben sowie zur Anfertigung und Instandhaltung von Kleidung befähigte. Den Frauen oblag die Aufsicht über den Haushalt und das Personal. Vom Mittelalter bis ins 20. Jh. hielt sich die Aufteilung der Zuständigkeiten:
- Die Frau ist Herrscherin über das Haus.
- Der Mann ist Herrscher über die Welt.

Sehr wichtig war das höfische Benehmen, das sehr strenge Normen, vor allem im Umgang mit dem anderen Geschlecht, vorschrieb. Die Frau der adligen Gesellschaft verfügte über eine geringere rechtliche Stellung als ihre männlichen Standesgenossen. Sie genoss weniger Rechte und Freiheiten, vor allem was das Erbrecht und das Eherecht anging.

Die Burg, der Lebensmittelpunkt von Adel und Ritterschaft

Lebensmittelpunkt des Adels und der Ritter waren die Burgen. Burgen wurden vor allem an strategisch günstigen Punkten angelegt, z. B. an günstig gelegenen Wasserläufen oder auf Anhöhen. Deswegen spricht man oft von Wasserburgen bzw. Höhenburgen.

Burgen wurden zunächst aus Holz erbaut, später (ab dem 9. Jh.) aus Stein. Ihr Bau dauerte 3–7 Jahre. Sie waren sowohl Behausung des Adligen oder Ritters als auch Schutz- und Zufluchtsort vor Angreifern bei Krieg, halfen ihm, Handelswege und Straßen zu kontrollieren, und sicherten vor allem die Herrschaft über Land und Leute. Diese Vielfalt von Funktionen schlug sich auch im Aufbau einer Burg nieder. Im Vordergrund stand die Verteidigungsfunktion, weshalb den militärischen Anlagen eine besondere Bedeutung zukam.

Wasserburg Gravenstein in Ostflandern

Jede Burg verfügte über ein Burgtor mit Zugbrücke, die oftmals in eine Ringmauer mit Schießscharten für Bogen und Armbrustschützen eingelassen war. Vor der Ringmauer befand sich ein Wassergraben, vielfach auch ein äußerer Schutzwall. Im Inneren der Burganlage verlief ein innerer Verteidigungsgürtel, der aus einem Wehrgang mit Torhaus und Fallgitter bestand. Auf dem Burghof thronte unübersehbar der Burgfried, in dem man sich verschanzen konnte.

Neben diesen militärischen Funktionen musste die Burg auch Bereiche des alltäglichen Lebens abdecken: So gab es Wirtschaftsgebäude und Stallungen, die Kemenate (ein beheizbarer Wohnraum, der vor allem den Frauen vorbehalten war), einen Ziehbrunnen zur Wasserversorgung sowie eine Kapelle für das tägliche Gebet.

Viele Burgen verfügten jedoch über einen recht kargen Standard. Das prunkvolle Bild, das Film und Fernsehen vom Ritterleben zeichnen, ist ein Trugbild. Die meisten Ritter und Adligen lebten in ärmlichen Umständen. Prunk und Luxus gehörten eher zur Ausnahme.

Der Rittersaal hatte oft nur eine Wärmequelle, den Kamin oder ein offenes Feuer, und musste durch hölzerne Fensterläden gegen Wind und Wetter geschützt werden. Lediglich den Frauen stand in der geschützten Kemenate (ab dem 13. Jh. waren sie mit Kachelöfen ausgestattet) etwas mehr Komfort zu.

Schloss Neuenstein – Rittersaal

Ritter verlieren an Bedeutung

Als am Ende des Mittelalters das Schießpulver und die ersten weit reichenden Feuerwaffen nach Europa gelangten, läutete dies auch das Ende der Blütezeit für den Ritterstand ein. Ihre Burgen waren nun nicht mehr uneinnehmbar, und gegen die weit reichenden Feuerwaffen waren sie mit Rüstung, Schwert und Lanze machtlos. Sie verloren ihre Bedeutung als Krieger. Viele von ihnen verdienten sich ihren Lebensunterhalt als Söldner in den entstehenden Söldnerheeren. Andere wurden Ausbilder in den Söldnerarmeen oder Offiziere. Manche machten ihren Besitz jedoch auch zu Geld und verkauften ihn an die reichen Bürger in den Städten, um selbst in die Stadt zu gehen und dort als Bürger einen Neuanfang zu versuchen. Einige Ritter hielten sich jedoch auch als Raubritter an den aufblühenden Städten, in denen Handel und Handwerk getrieben wurde, schadlos, überfielen diese oder raubten Kaufleute und Händler auf den Handelsstraßen aus.

In Italien des 14. und 15. Jh. bezeichnete man das Heilige Römische Reich Deutscher Nation als „Mördergrube“. Mittels des damals herrschenden Fehderechtes schickten die Raubritter private Kriegserklärungen an ihre ebenfalls raubritternden Konkurrenten bzw. an Kaufleute oder an die reichen Handelsstädte. Mit dem „Ewigen Landfrieden“ von 1495 (↗ S. 208) fand das Raubrittertum ein Ende.

Die Raubritter waren zu jener Zeit sehr gefürchtet. Es wundert daher nicht, dass sich um sie zahlreiche Sagen und Legenden ranken. In der Mark Brandenburg waren die Ritter DIETRICH und JOHANN VON QUITZOW faktisch die eigentlichen Herrscher im Land. Ihr Einfluss reichte sogar bis ins mächtige Berlin-Cölln. Am Roten Rathaus von Berlin erinnert ein Fries an die „Fehde der Quitzows“: Maskierte Raubritter wollen die Viehherden der Stadt rauben. Dabei schonen sie auch harmlose Reisende nicht. Die unteren Stände kommen den Angegriffenen zu Hilfe.

5.5 Hochmittelalter – Konflikte zwischen Kaiser, Papst und Kirche

5.5.1 Anfänge des Deutschen Reiches

Nach dem Zerfall des Fränkischen Reiches etablierten sich das Königreich Frankreich aus der westlichen Reichshälfte des ehemaligen Karolingerreiches sowie das Ostfränkische Reich. Der ostfränkische König HEINRICH I. (919–936) hinterließ bei seinem Tod 936 seinem Sohn OTTO (936–973) ein gefestigtes Reich. Es bestand aus den Herzogtümern Sachsen, Franken, Schwaben, Bayern, Oberlothringen sowie Niederlothringen und wurde während der Regierungszeit OTTOS I. um die Grenzmarken erweitert, um das Reich gegen die östlichen Nachbarn, verschiedene slawische Stämme, Dänemark und das Königreich Polen, zu sichern. Aus dem Ostfränkischen Reich, dem Reich der Deutschen (Regnum theutonicorum), entwickelte sich im Laufe der Zeit der mittelalterliche deutsche Staat, das Deutsche Reich (Regnum teutonicum). Diese Bezeichnung tauchte erstmals im Jahre 920 auf.

HEINRICH I. war der erste König aus dem Geschlecht der Liudolfinger.

HEINRICH I. hatte zwar 933 die Ungarn bei Riade (am Zusammenfluss von Unstrut und Helme) nach einem neunjährigen Waffenstillstand zurückdrängen können, jedoch war dieser Erfolg nicht von Dauer, da die Aufstände im Ostfränkischen Reich sie zu erneuten Einfällen ermunterten.

Die Herstellung und Sicherung der Reichseinheit – Abwehr der Ungarneinfälle

Die Sicherung der Reichsgrenzen sowie der Machtausbau nach Innen gehörten zu den wichtigsten Aufgaben OTTOS I. Während die Ostgrenze durch den Ausbau der Marken zuverlässig gesichert werden konnte, waren die Einfälle der Ungarn über die Reichsgrenzen ein ernsthaftes Problem. 955 gelang es jedoch OTTO I., die Ungarn in einer **Feldschlacht auf dem Lechfeld** entscheidend zu schlagen. Die Schlacht auf dem Lechfeld fand am 10. August westlich von Augsburg und am 11./12. August auf dem Ostufer des Lech statt. Die Ungarn kehrten nach der Niederlage auf dem Lechfeld in die Pannonische Tiefebene zurück, wo sie im Jahre 1001 die Bildung des ungarischen Königreiches abschlossen. Damit waren die Grenzen des Reiches vorerst gesichert.

Niederwerfung der Aufstände und Reichskirchensystem

Voraussetzung für den Sieg über die Ungarn war die Niederwerfung der Aufstände, die im Inneren des Reichs nach dem Machtantritt OTTOS I. ausgebrochen waren. Die Sicherung der Macht im Reichsinneren erreichte OTTO I. vor allem dadurch, dass er wichtige Machtpositionen in Staat und Kirche mit engen Verwandten und Vertrauten besetzte. Neben weltlichen Adligen, die als Herzöge und Grafen eingesetzt wurden, bediente er sich der Kirche, um seine Macht zu festigen. Er setzte Geistliche in wichtige kirchliche und weltliche Ämter ein und stattete sie mit Lehen aus. Damit wurde die Kirche zu einem Macht- und Verwaltungsinstrument in den Händen des Königs und späteren Kaisers. Diese Verwaltungspraktik wurde **Reichskirchensystem** genannt. Es hatte Bestand bis zum Ende des 11. Jh.

Der Bruder OTTOS I., BRUNO, spielte innerhalb des Reichskirchensystems eine besondere Rolle. Er war sowohl Kanzler des Königs als auch Verwalter des Herzogtums Lothringen und Erzbischof von Köln.

Ein Merkmal des **Reichskirchensystems** war, dass der König über die Einsetzung in kirchliche Ämter bestimmte und ebenso über die Ressourcen der Kirchen verfügte wie über die einer Eigenkirche. Da Geistliche wegen des Zölibats weder Kinder haben noch heiraten durften, konnte nach dem Tod eines Bischofs oder Abtes ein Geistlicher eingesetzt werden, der dem König als vertrauenswürdig galt, ohne dass auf irgendwelche Erbansprüche zu achten war.

Anfänge der Italienpolitik

1. Italienzug: 951–952
2. Italienzug: 961–965
3. Italienzug: 966–972

Unter OTTO I. wurden erste expansive Züge der deutschen Außenpolitik sichtbar. Diese äußerten sich in drei Italienzügen, die das Königreich Italien zu einem Bestandteil des Deutschen Reiches machten. Während des zweiten Italienzuges erreichte OTTO I. 962 die Krönung zum Kaiser durch Papst JOHANNES XII. und setzte damit die von KARL DEM GROSSEN begonnene Tradition der Kaiserkrönungen fort, die gleichzeitig auch ein Mittel war, das Papsttum in Rom zu kontrollieren. OTTO nutzte die Gelegenheit seiner Italienzüge, die Differenzen Roms mit den Langobarden zu beenden und sich zum „König der Franken und Langobarden“ ausrufen zu lassen.

OTTO I. lebte von 912 bis 973

Er heiratete die vom Langobardenkönig BERENGAR II. geraubte burgundische Prinzessin ADELHEID.

Aufgrund seiner innen- und außenpolitischen Leistungen, vor allem wegen der Herstellung der Einheit des entstehenden Deutschen Reiches sowie der Herstellung einer starken königlichen Zentralgewalt gegenüber den Interessen der Fürsten wird OTTO I. auch OTTO DER GROSSE genannt.

5.5.2 Kirchensystem

Der Ausbau der kaiserlichen Herrschaft über die Kirche

Unter den Nachfolgern OTTOS DES GROSSEN wurde das Reichskirchensystem weiter ausgebaut und perfektioniert. Seinen Höhepunkt erlebte es unter HEINRICH II. und HEINRICH III., die nach Belieben Päpste ein- und absetzten.

Ein Beispiel für den Einfluss des deutschen Königtums auf die Kirche ist die Absetzung von drei Päpsten durch den deutschen König HEINRICH III., der seinen eigenen Wunschkandidaten als Papst einsetzen ließ.

In der Kirche regt sich Widerstand

Gegen den Einfluss der weltlichen Mächte, vor allem des deutschen Königtums, auf die Kirche regte sich bald Widerstand in der Kirche selbst. Dieser wurde von einer Gruppe von Reformern getragen. Grund dafür war, dass die Geistlichen als Inhaber von weltlichen Ämtern Aufgaben im Auftrag des Königs und Kaisers wahrnahmen und sich in ihrem Lebensstil dem weltlichen Adel anpassten. Dies hatte zur Folge, dass die kirchlichen Sitten und Normen, vor allem in den Klöstern, immer mehr verfielen. Vielfach wurde das Zölibat nicht eingehalten. Besonders die Simonie, der Kauf eines kirchlichen Amtes, war den Kirchenreformern ein Dorn im Auge, da vielfach Menschen zu einem geistlichen Amt kamen, die nicht dafür geeignet waren.

Kaiser HEINRICH III. und AGNES VON POITOU

Die Klosterreformbewegung hatte ihre Zentren in den französischen Klöstern Gorze und Cluny, wo die Erneuerer der Kirche ausgebildet wurden und ihre geistige Heimat fanden.

Als Ursache für die Missstände innerhalb der Kirche sahen die Reformkräfte den Einfluss der deutschen Könige und Kaiser auf die Kirche und besonders das Papsttum. Um diesen Einfluss einzuschränken, berief sich das Papsttum und die Reformkirche auf die Idee von der Gewaltenteilung. Danach beschränkte sich die Aufgabe der Könige und Kaiser auf die staatlichen, also weltlichen Belange. Dem Papst sollte dagegen die Oberaufsicht über die Kirche gegeben sein.

Der Investiturstreit

Die Auseinandersetzung zwischen Kaisertum und Papsttum um die Frage der Einmischung der weltlichen Herrscher in geistliche Angelegenheiten, vor allem bei der Einsetzung und der Wahl von Bischöfen und Äbten, der Investitur, wurde zu einer Auseinandersetzung darüber, wem die größere Macht zustünde, Papsttum oder Kaisertum. Damit stellte sich auch die Frage danach, ob das Kaisertum gegenüber dem Papsttum Vorrang genösse oder umgekehrt.

Laieninvestitur: Das Verbot der Einsetzung von Geistlichen in ein geistliches Amt durch weltliche Adlige, d. h. v. a. Könige und Kaiser. Es war erstmals 1059 in der Papstwahlordnung von Papst NIKOLAUS II. erhoben worden.

Bann: Ausschluss eines Gläubigen aus der kirchlichen Gemeinschaft. Dies zog die Reichsacht nach sich.

Canossa: Felsenburg in Norditalien, in der die Zusammenkunft zwischen HEINRICH IV. und GREGOR VII. vereinbart worden war. Im Beisein der Gräfin MATHILDE VON TUSZIEN und des Abtes HUGO VON CLUNY sollte HEINRICH IV. Buße leisten.

Der Investiturstreit eskalierte unter Kaiser HEINRICH IV. und Papst GREGOR VII. GREGOR VII., ursprünglich ein Mönch namens HILDEBRAND aus dem Reformkloster Cluny, wurde 1073 Papst und vertrat kompromisslos die Idee von der Befreiung der Kirche von der weltlichen Bevormundung.

GREGOR VII. – Holzstich

Er erneuerte im Dictatus Papae 1075 das **Verbot der Laieninvestitur.** Darüber hinaus vertrat er die Auffassung, dass es keine höhere richterliche Gewalt gäbe als die des Papstes und dass der Papst allein das Recht habe, nicht nur Bischöfe, sondern auch Könige abzusetzen. Da König HEINRICH IV. auch nach der Verkündung des Dictatus Papae – entsprechend der bisherigen Praxis – Bischöfe und Äbte einsetzte und sie damit zu seinen Lehnsleuten machte, drohte GREGOR VII. dem König mit dem Bann. Daraufhin ließ HEINRICH IV. auf einer Reichsversammlung in Worms 1076 in Anwesenheit von Herzögen, Bischöfen und Äbten einen Brief verlesen, in dem er den Papst aufforderte, vom Stuhl Petri zu steigen:

„Ich Heinrich von Gottes Gnaden, mit allen unseren Bischöfen, wir sagen: Steige herab, steige herab!"

Er erklärte ihn für abgesetzt. Zudem wurde der Brief an den „Mönch Hildebrandt" formuliert, war also provozierend. Nun setzte der Papst seine Drohung in die Tat um und stieß auf der Fastensynode 1076 den Bannfluch gegen den König aus und entband die Untertanen HEINRICHS IV. von ihrem Treueid. Schnell fielen die meisten der Untertanen von HEINRICH IV. ab und drohten auf einer Fürstenversammlung in Tribur mit seiner Absetzung, wenn er sich nicht vom Bann GREGORS VII. löse. Dies gelang HEINRICH IV. durch den **Gang nach Canossa** 1077, bei dem er Buße leistete und den Papst zur Aufhebung des Bannes zwang. Dadurch war es HEINRICH zwar gelungen, der Absetzung zu entgehen, das Ansehen des deutschen Königtums hatte jedoch sowohl durch den Bann als auch durch die öffentliche Buße Schaden genommen.

Währenddessen hatte sich im Deutschen Reich eine Fürstenopposition gebildet, die trotz der Lösung HEINRICHS vom Bann die Einsetzung eines neuen Königs betrieb. 1077 wählten die Fürsten RUDOLF VON SCHWABEN zum Gegenkönig. Daraus entwickelte sich ein Bürgerkrieg, der bis 1080 dauerte.

Die Abmachungen von Canossa sahen vor, dass GREGOR VII. zwischen Fürsten und König vermitteln sollte. Zwar erreichte HEINRICH IV. die Kaiserwürde 1084, innenpolitisch aber scheiterte er an der Fürstenopposition, die 1106 seine Absetzung erreichte Die Fürsten verbündeten sich mit dem Sohn HEINRICHS IV., HEINRICH V. Dieser wandte sich gegen seinen Vater, weil er befürchtete, die Auseinandersetzung mit dem Papsttum würde Auswirkungen auf seine Thronfolge haben.

Der Investiturstreit selbst wurde erst 15 Jahre nach dem Tod HEINRICHS IV. durch das **Wormser Konkordat** 1122 entschieden.

König HEINRICH IV., Abt HUGO VON CLUNY und Gräfin MATHILDE VON TUSZIEN auf der Burg Canossa; Malerei auf Pergament in der Handschrift „Vita Mathildis" des Donizo von Canossa aus Oberitalien; um 1114

Bereits vor dem Investiturstreit hatte sich eine Fürstenopposition in Sachsen gegen den König gebildet, die er durch ein Bündnis mit den Reichsstädten, v. a. Worms, und den Ministerialen niederschlagen konnte.

Ein **Konkordat** ist ein Vertrag zwischen der katholischen Kirche und einem Staat. Das **Wormser Konkordat** wurde zwischen HEINRICH V. und Papst CALIXT II. vereinbart und im Dom von Worms verkündet.

Das Wormser Konkordat legte fest, dass die Bischöfe durch das Domkapitel gewählt werden sollten. Nur der Papst oder ein Vertreter durfte die Investitur mit Ring und Stab vornehmen. Der König durfte die Bischöfe in Deutschland vor der Weihe belehnen, das heißt, sie mit den weltlichen Insignien (Zepter und Schwert) in ihr Amt einsetzen, in Italien und Burgund erst sechs Monate nach der Wahl.

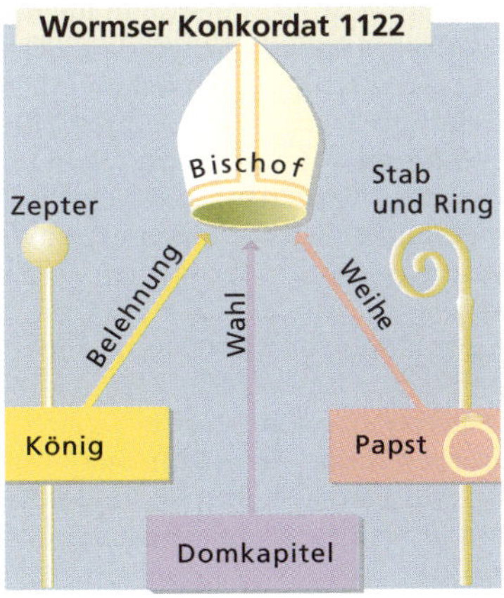

Investiturstreit und Wormser Konkordat hatten folgende Ergebnisse: Dem Kaiser blieben zwar noch beträchtliche Einflussmöglichkeiten auf die Kirche. Die vollkommene Abhängigkeit der Kirche vom Kaiser- bzw. Königtum, wie sie seit OTTO I. praktiziert wurde, war aber beseitigt worden. Die Bischöfe waren nun nicht mehr nur willenlose Vollstrecker der königlichen Politik, sondern ebenso vollwertige Vasallen wie die weltlichen Kronvasallen, die ihre Lehen aus der Hand des Königs erhalten hatten.

Der sogenannte Reichsfürstenstand, d. h. ein fester Kreis von weltlichen und geistlichen Fürsten, war mit dem Ende des Investiturstreites abgeschlossen. Seine Mitglieder bestimmten die Geschicke im Deutschen Reich, vor allem die Wahl von Königen, entscheidend mit.

Die deutschen Fürsten hatten durch ihre Opposition und durch die aufreibenden Auseinandersetzungen zwischen Kaiser- und Papsttum erheblich an Einfluss auf Kosten des Königtums gewonnen.

Der Einfluss der deutschen Fürsten äußerte sich in der Entwicklung zu **Landesherrschaften,** in denen die Landesfürsten als nahezu uneingeschränkte Herrscher regierten.

Sie hatten die Gerichts- und Münzhoheit sowie die Hoheit über das Zollwesen; in ihren Händen lagen Polizeiaufgaben und die Befehlsgewalt über das Heer. Vielfach herrschten in den Landesherrschaften unterschiedliche Währungen und Maße. Die Herausbildung der Landesherrschaften schränkte die Autorität und Zentralgewalt des Königtums beträchtlich ein.

„Ora et labora" – Mönche in der Welt des Mittelalters

Diese **drei Gebote** gehen auf das Leben Christi zurück, der ebenfalls in Armut lebte, über keinen Besitz verfügte und ehelos, d. h. in Keuschheit lebte.

Mönche und ihre Lebenswelt – das Kloster – sind ein ganz entscheidender Faktor für die Zeit des Mittelalters. Ohne ihre Leistungen ist die heutige materielle Kultur nicht vorstellbar.
Die mittelalterlichen Mönche ordneten ihr ganzes Leben der Verehrung Christi unter. Sie lebten in Klöstern und folgten bestimmten Geboten, die ihnen **Armut, Besitzlosigkeit** und **Keuschheit** vorschrieben. Sie organisierten sich in Ordensgemeinschaften, denen alle Klöster, die einer bestimmten Regel folgten, angehörten.
Die älteste dieser Ordensgemeinschaften ist der **Benediktinerorden,** der auf den heiligen BENEDIKT VON NURSIA und die Gründung eines Klosters im italienischen Montecassino im 6. Jh. zurückgehen soll. Gemäß dem Motto des Benediktinerordens „Ora et labora!" widmeten sich die Mönche dieses Ordens dem Gebet und der Arbeit; das bedeutete Wecken und Gebet noch vor Sonnenaufgang, Beginn der Arbeit auf dem Feld und in den Klosterwerkstätten mit dem Morgengrauen sowie Abschluss bei Einbruch der Dämmerung. Darauf folgten dann oft noch Stunden des gemeinsamen oder einsamen Gebets. Die meisten Klöster verfügten als Selbstversorger über eigene Werkstätten, d. h. Bäckereien, Brauereien, Weinkeller, Metzgereien, Werkstätten für Tischlerarbeiten und für die Herstellung von Kleidung und Schuhwerk, von Werkzeug für die Feldarbeiten.
Diejenigen, die sich für ein späteres Mönchsdasein entschieden hatten, wurden darauf in eigens dafür eingerichteten Klosterschulen vorbereitet, wo sie Lesen, Schreiben und Rechnen lernten. Vielfach erwarben sie hier auch Spezialkenntnisse, die sie später als Geistliche und Berater an Fürsten- und Königshöfen gebrauchen konnten.

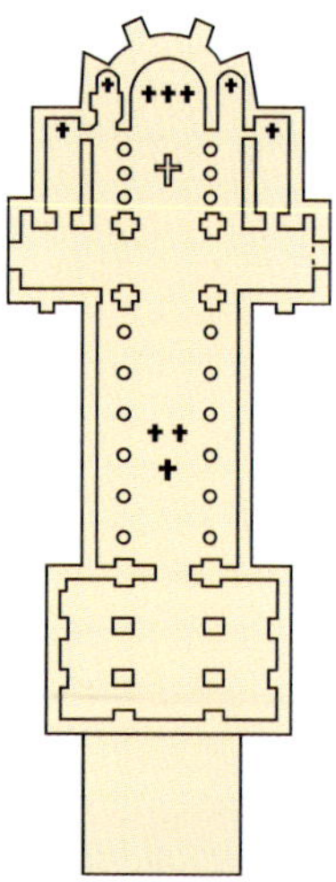

Benediktinerkloster in Cluny

In der Mitte des 11. Jh. zeichnete sich eine Krise und ein Verfall des Klosterlebens ab, dem man durch eine Klosterreform begegnete. Eine besondere Rolle dabei spielten die Benediktinerklöster Cluny und Gorze in Burgund. Die Äbte und Mönche dieser Klöster strebten wieder die Einfachheit des mönchischen Lebens an, den Rückzug aus den weltlichen Dingen, vor allem der Politik.

Neue Orden

Die Klosterreformbewegung brachte neue Ordensrichtungen hervor, von denen der Zisterzienserorden der bekannteste ist. Der um 1100 gegründete **Zisterzienserorden** bekannte sich zur Benediktinerregel. Die Zisterzienser verbanden vor allem das geistliche Leben mit der praktischen Arbeit, dies vor allem in der Landwirtschaft. Deswegen kam dem Zisterzienserorden eine große Bedeutung bei der Besiedlung und landwirtschaftlichen Kultivierung des Gebietes zwischen Elbe und Oder während der deutschen Ostsiedlung zu. Die Bauweise der Zisterzienserklöster prägte die Architektur – vor allem Norddeutschlands – entscheidend.

Zu den sogenannten Bettelorden gehörten **Franziskaner- und Dominikanerorden,** die vor allem in den mittelalterlichen Städten wirkten. Der Franziskanerorden wurde durch den heiligen FRANZISKUS VON ASSISI ins Leben gerufen und 1223 durch den Papst bestätigt. Noch heute erkennt man die Franziskaner an dem braunen Ordensgewand mit weißem Strick und brauner Kapuze.

Darstellung der Vogelpredigt des heiligen FRANZ VON ASSISI

Neben den Franziskanern entstand am Beginn des 13. Jh. der Dominikanerorden. Ebenso wie die Franziskaner konzentrierten sich die Dominikanermönche stark auf das Gebet und die Bußfertigkeit der Menschen in Stadt und Land. Daneben gehörte die geistliche Ausbildung zu ihren Aufgaben. Viele Dominikaner lehrten als Doktoren und Professoren an den mittelalterlichen Universitäten Europas.
Insgesamt gehört die Bewahrung antiken Wissens zu den großen Leistungen der Mönchsorden. In ihren Schreibstuben schrieben Mönche die Schriften griechischer und römischer Philosophen ab und übersetzten sie in das hochmittelalterliche Deutsch. Gleiches trifft auch für wissenschaftliche Abhandlungen zu sowie für medizinische und Arzneimittelhandbücher. Daneben illustrierten sie die Abschriften und Übersetzungen kunstvoll mit Buchmalereien.

Das staufische Zeitalter

Die Staufer nannten sich nach der Burg Staufen, einer Burg in der Nähe von Lorch.

Als 1125 mit HEINRICH V. die salische Königsfamilie erlosch, wählten die deutschen Fürsten mit dem sächsischen Herzog LOTHAR VON SUPPLINBURG (1125–1137) einen eher unbedeutenden Fürsten aus dem Norden des Deutschen Reiches. Immer mehr zeigte sich, dass die geistlichen und weltlichen Fürsten ihren Einfluss auf die deutsche Königswahl geltend

machten. Das Wahlrecht gewann gegenüber dem alten germanischen Geblütsrecht die Oberhand. Auch die Nachfolger LOTHARS III. wurden durch die Reichsfürsten gewählt. Es kristallisierte sich ein bestimmter Kreis von Fürsten heraus, in dessen Händen die Königswahl lag.
Dieser Kreis der Königswähler wird zu einem für die Königswahl des Spätmittelalters entscheidenden Faktor. Aus ihm gehen die späteren Kurfürsten hervor, die mit der Wahl (von küren) des Königs betraut sind.
Die Wahl LOTHARS III. führte im Reich zu Uneinigkeit und Rivalität unter den Fürsten, da ein Teil sich für einen anderen Kandidaten, KONRAD III. (1127–1135), entschied. KONRAD entstammte dem Geschlecht der Staufer und blieb bis 1135 Gegenkönig, das heißt, zwei Könige versuchten, die Macht in Deutschland auszuüben.

Nach dem Geblütsrecht hätte Herzog FRIEDRICH VON SCHWABEN der Nachfolger HEINRICHS V. werden müssen, doch die Fürsten entschieden sich in einer freien Wahl gegen ihn, um ihren Einfluss unter der Herrschaft des vermeintlich schwachen LOTHAR VON SUPPLINBURG zu stärken.

Welfen und Staufer

Das gesamte 12. Jh. ist auch durch den Gegensatz zwischen den Geschlechtern der Staufer und Welfen gekennzeichnet. Während die Welfen bei der Königswahl des Jahres 1125 trotz der engen Verwandtschaft mit den Staufern ihre Stimme für LOTHAR III. gaben, ging die Anwartschaft der Welfen auf den Königsthron bei der Wahl des Jahres 1138 dadurch verloren, dass ihr geblütsrechtlicher Anspruch auf die Nachfolge übergangen wurde.

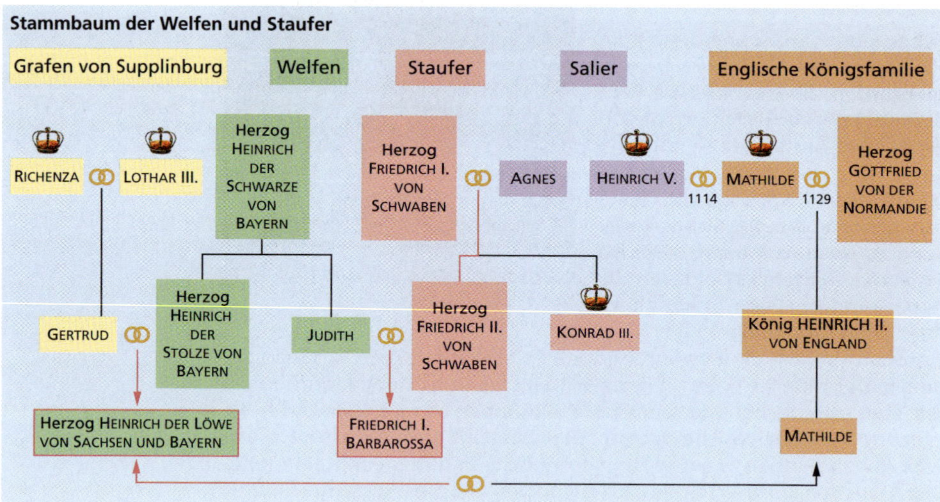

Verschärft wurde der Gegensatz dadurch, dass König KONRAD III. den Welfen 1138 das Herzogtum Bayern aberkannte.

FRIEDRICH I. BARBAROSSA

Mit der Wahl FRIEDRICHS I. BARBAROSSAS (Fridericus dux de Staupha) 1152 begann ein neues Zeitalter in der deutschen Geschichte. Durch die Wahl gelang zunächst ein Ausgleich zwischen Staufern und Welfen, da FRIED-

RICH ein Verbindungsglied zwischen beiden Familien darstellte. Den Ausgleich zwischen Staufern und Welfen beförderte auch, dass der Welfe HEINRICH DER LÖWE das Herzogtum Bayern 1156 von den Staufern zurückerhielt.

Im Zusammenhang damit entstand das Herzogtum Österreich, dass die Babenberger erhielten. Diesen war 1138 Bayern zugesprochen worden, das hieß, sie mussten jetzt eine Entschädigung erhalten. Gleichzeitig wurde die Mark Österreich in ein Herzogtum umgewandelt (Privilegium minus).

Die Beilegung der staufisch-welfischen Auseinandersetzungen ermöglichte es FRIEDRICH I., die Italienpolitik seiner Vorgänger wieder aufzunehmen. Dies führte zum einen zu einer Machtprobe mit dem Papsttum, das seinen im Investiturstreit gegenüber dem deutschen König erworbenen Machtanspruch behaupten wollte.

Auf der anderen Seite stellten sich die reichen und selbstbewussten oberitalienischen Stadtstaaten auf die Seite des Papstes und wurden damit zu einem weiteren Machtfaktor in der Italienpolitik des deutschen Königtums.

FRIEDRICH BARBAROSSA unternahm in den Jahren 1154–1186 allein sechs Italienzüge, um den deutschen Einfluss in Italien wieder zu verstärken, aber auch alte Machtpositionen gegenüber dem Papsttum zurückzugewinnen.

Im Vordergrund des 1. Italienzuges stand die Kaiserkrönung, die 1155 nach der Unterwerfung Roms erfolgte.

Zu Beginn des 2. Italienzuges 1158 entzog BARBAROSSA den lombardischen Städten das Recht des Brücken- und Wegezolls.

Abbildung FRIEDRICHS I. BARBAROSSA, Kopfreliquiar aus dem Kirchenschatz des ehemaligen Prämonstratenserklosters Cappenberg in Selm, vergoldete Bronze (um 1160)

FRIEDRICH BARBAROSSA gelang es anfänglich so, seinen Einfluss in Norditalien wieder zu verstärken und den Widerstand der Städte zu brechen (Zerstörung Mailands 1162). Diese erhielten jedoch unerwartet Unterstützung nach einer uneinheitlichen Papstwahl des Jahres 1159:

Während FRIEDRICH BARBAROSSA auf VIKTOR IV. setzte, unterstützten die norditalienischen Städte sowie Sizilien, Frankreich und England den von der Mehrheit der Kardinäle gewählten Papst ALEXANDER III. und stellten sich somit gegen FRIEDRICH BARBAROSSA. Die norditalienischen Städte erstarkten wieder und gründeten den **Lombardischen Städtebund** (Lega Lomborda).

1160 exkommunizierte ALEXANDER III. den deutschen Kaiser und wurde auf

Kaiser FRIEDRICH I. BARBAROSSA und Herzog HEINRICH DER LÖWE in Chiavenna, Lombardei (1176)

1. Zug: 1154–1155 (Kaiserkrönung)
2. Zug: 1158–1162 (Zerstörung Mailands)
3. Zug: 1163–1164 (Bekämpfung der Lombarden)
4. Zug: 1166–1167 (Katastrophe vor Rom)
5. Zug: 1174–1178 (Friede von Venedig)
6. Zug: 1184–1186 (Heirat HEINRICHS VI.)

Mailand verbündete sich mit dem Kaiser, und das unteritalienische Königreich Sizilien, seit 1156 mit dem Papsttum verbündet, wandte dem Papst den Rücken zu, als 1186 eine Hochzeit zwischen einem Sohn des Kaisers und einer sizilischen Prinzessin vermittelt wurde. Seit 1194 gehörte das Königreich Sizilien zum Deutschen Reich.

Das Herzogtum Bayern wurde an das Geschlecht der Wittelsbacher vergeben, die hier bis 1918 regierten. Der sächsische Territorialstaat wurde aufgeteilt: Westfalen erhielt der Erzbischof von Köln als Herzogtum, während der andere Teil den Grafen von Anhalt (Sachsen-Anhalt) zugesprochen wurde. Die Welfen erhielten jedoch den eigentlichen Familienbesitz um Braunschweig noch Ende des 12. Jh. zurück.

der Synode zu Toulouse als rechtmäßiger Papst anerkannt. Letztlich gelang es FRIEDRICH BARBAROSSA dennoch, die Ansprüche des deutschen König- und Kaisertums gegenüber dem Papst und den norditalienischen Städten durchzusetzen, nachdem er die Bündnisgenossen des Papstes für sich gewinnen konnte. 1186 besetzten die Staufer den Kirchenstaat in Rom.

Der Streit mit dem Papsttum und den lombardischen Städten hatte auch innenpolitische Auswirkungen: Durch ihn wurde der staufisch-welfische Gegensatz wieder belebt, da der Welfe HEINRICH DER LÖWE (Herzog von Bayern und Sachsen) die Heeresfolge 1176 im Kampf gegen die lombardischen Städte verweigerte (Fall von Chiavenna).

FRIEDRICH BARBAROSSA ließ den Herzog nach einem Prozess der Reichsfürsten ächten, entzog ihm die Reichslehen, d. h. die Herzogtümer Bayern und Sachsen, und schickte ihn 1181 in die Verbannung nach England. Im Zusammenhang mit der Neuvergabe der Herzogtümer Sachsen und Bayern bildete sich ein Kreis von geistlichen und weltlichen Fürsten heraus, der jüngerer Reichsfürstenstand genannt wird. Er wurde entscheidend für die Königswahl des Spätmittelalters.

Seit 1187 stellte sich FRIEDRICH BARBAROSSA in den Dienst des Kreuzzugsgedankens und an die Spitze eines Kreuzfahrerheeres. Nach anfänglichen Erfolgen starb FRIEDRICH BARBAROSSA 1190 in Syrien auf dem 3. Kreuzzug.

Der staufisch-welfische Thronstreit

Der Sohn FRIEDRICH BARBAROSSAS, HEINRICH VI. (1190–1197), versuchte die Politik seines Vaters – vor allem gegenüber dem Papsttum – fortzusetzen. Ein Mittel dazu war ein enges deutsch-sizilisches Bündnis (seit 1194 war HEINRICH VI. auch sizilischer König), das sich gegen das Papsttum richtete. Der Versuch, das Reich zu einer Erbmonarchie umzugestalten, misslang, weil sowohl die Reichsfürsten als auch der Papst den Erbreichsplan ablehnten, in dem den Fürsten als Gegenleistung für den Verzicht auf ihr Wahlrecht die Erblichkeit ihrer Lehen zugesichert wurde.

Als **Erbmonarchie** bezeichnet man die Form der Monarchie, die im Gegensatz zur Wahlmonarchie durch die Erblichkeit der Thronfolge kraft Thronfolgeordnung (oft in Hausgesetzen verankert) charakterisiert ist.

Dies hatte zur Folge, dass die Fürsten ihr Mitspracherecht bei der Königswahl behielten. Im Deutschen Reich wurde der Gegensatz zwischen Zentralgewalt (Königtum) und Partikulargewalten (Fürsten) zu einem Faktor, der auch bis in die Gegenwart eine Rolle spielen sollte.

Als HEINRICH VI. 1197 verstarb, kam es im Deutschen Reich zu einer Doppelwahl. Während die Staufer ihren Kandidaten Herzog PHILIPP VON SCHWABEN zum König wählen ließen, gelang es den wiedererstarkten Welfen, OTTO IV., einen Sohn HEINRICHS DES LÖWEN, auf den Thron zu heben. Dies löste eine Krise aus, die auch innerhalb Europas Auswirkungen hatte, da die Staufer mit Frankreich verbündet waren und die Welfen mit dem Königreich England. 1208 schien die Krise vorerst beendet, als PHILIPP VON SCHWABEN ermordet wurde. Jedoch schwelte der Konflikt unter Beteiligung des Papsttums bis 1214 weiter. Alle europäischen Mächte von Rang und Geltung waren nun an dem staufisch-welfischen bzw. englisch-französischen Konflikt beteiligt, der schließlich 1214 in der **Schlacht bei Bouvines** zugunsten der französisch-staufischen Koalition entschieden wurde.

Nachdem OTTO IV. mit päpstlicher Unterstützung König geworden war, hielt er sich nicht mehr an die Versprechungen gegenüber dem Papst und versuchte, entgegen den Abmachungen, Sizilien zu erobern. Deswegen wurde er 1210 gebannt. Außerdem sorgte der Papst dafür, dass der Enkel FRIEDRICH BARBAROSSAS, FRIEDRICH II., zum deutschen König gewählt wurde.

FRIEDRICH II. (1212–1250)

Bereits als FRIEDRICH II. 1212 ins Deutsche Reich kam, war die Zentralgewalt durch den Thronstreit beträchtlich geschwächt. Zudem stand mit FRIEDRICH II. ein Mann an der Spitze des Königtums, der die meiste Zeit seines Lebens in Sizilien zugebracht hatte und kaum deutsch sprach. Schwerpunkt des Königtums FRIEDRICHS II. war Sizilien, das eines der modernsten Staatswesen Europas wurde mit einer Zentralverwaltung, in der der König und seine Berater die Fäden in der Hand hielten (Konstitutionen von Melfi 1231). Das Deutsche Reich wurde hingegen vernachlässigt: Die Fürsten regierten in ihren Territorien allein: Die Kluft zwischen Zentralgewalt und Territorialgewalten vertiefte sich; die Fürsten gewannen die Oberhand. FRIEDRICH II. bestätigte ihnen 1220 und 1231 wichtige Rechte und Freiheiten, die sie sich inzwischen erworben hatten, um so eine Auseinandersetzung mit den weltlichen und geistlichen Fürsten zu vermeiden.

Confoederatio cum principibus ecclesiasticis 1220 (Übereinkunft mit den geistlichen Fürsten), Statutum in favorem principum 1231 (Gesetz zugunsten der weltlichen Fürsten)

Auch gegenüber dem Papsttum verlor das deutsche Königtum an Einfluss. Dem Papst gelang es 1213 (Goldbulle von Eger), die aktive Beteiligung des Königs an der Bischofs- und Abtswahl zu beseitigen. Damit waren die Ergebnisse des Wormser Konkordats gegenstandslos. Der König hatte den Einfluss auf die Kirche vollständig verloren.

Zwischen dem Papst und FRIEDRICH II. entbrannte ein Kampf um die Macht innerhalb des Abendlandes. Auslöser war ein Kreuzzugsversprechen FRIEDRICHS II., das dieser nicht einhielt. Deswegen verhängte der Papst 1227 den Bann über ihn. 1245 wurde der Bann erneuert und der König und Kaiser ein Jahr später für abgesetzt erklärt. Das Papsttum befand sich auf dem Höhepunkt seiner Machtentfaltung.

Der Untergang der Staufer

Die Krise fand auch darin ihren Ausdruck, dass zwischen 1246 und 1256 verschiedene **Gegenkönige** von den Fürsten eingesetzt wurden, die ein Spielball der Fürsten und des Papstes waren. Im Deutschen Reich hatte sich der Partikularismus der Fürsten gegen die Zentralgewalt, das Königtum durchgesetzt.

Auch im Königreich Sizilien selbst verloren die Staufer an Einfluss. Es gelangte als päpstliches Lehen an den Bruder des französischen Königs. Gegen die Staufer selbst wurde zu einem Kreuzzug aufgerufen, in dem diese unterlagen; 1268 verschwanden die Staufer aus der Geschichte. Der letzte Staufer KONRADIN wurde gefangen genommen und als 16-Jähriger 1268 öffentlich auf dem Markt von Neapel hingerichtet. 1282 versuchten die staufischen Anhänger nochmals einen Aufstand gegen die französische Herrschaft. Dieser wurde aber in der **Sizilianischen Vesper** blutig niedergeschlagen.

Gegenkönig, von einer Gruppe von Fürsten gewählter König, der dem herrschenden König entgegengestellt wurde; in der deutschen Geschichte des Mittelalters ist die Aufstellung von Gegenkönigen verbunden mit dem Übergang vom Geblütsrecht zur freien Königswahl.

5.5.3 Kreuzzüge

Der Krak des Chevaliers in Westsyrien (12./13. Jh.). Die Kreuzfahrer errichteten solche Befestigungsanlagen im östlichen Mittelmeerraum, um ihren während der Kreuzzüge errungenen Herrschaftsanspruch zu sichern.

Mit der Zeit des Investiturstreits fällt die beginnende **Kreuzzugsbewegung** zusammen. Papst URBAN II. (1088–1099) rief 1095 auf dem **Konzil von Clermont** zum 1. **Kreuzzug** auf. Auslöser war die Eroberung des Heiligen Grabes durch türkische Seldschuken (in der Schlacht von Manzikert 1071 siegten sie über das byzantinische Heer und eroberten Palästina). Viele Ritter „nahmen daraufhin das Kreuz" und reisten ins Heilige Land. Auch eine Kreuzfahrergruppe von armen Leuten unter PETER DEM EINSIEDLER machte sich auf den Weg nach Palästina.

Die eigentlichen **Ursachen der Kreuzzugsbewegung** und -begeisterung waren:

- das Vorhandensein vieler Ritter, die ohne Erbe – also beschäftigungslos – waren,
- eine während der Zeit des Investiturstreites vertiefte Religiosität,
- der von der Papstkirche versprochene Sündenablass als Lohn für die Beteiligung am Kreuzzug,
- das besondere Ansehen, das nach der damaligen Auffassung ein „Gottesritter" vor Gott genoss, aber auch
- Abenteuer- und Beutelust.

Diejenigen, die sich einem Kreuzzug anschlossen, machten ihren Entschluss dadurch kenntlich, dass sie sich ein weißes Kreuz anhefteten.

Der strapazenreiche 1. Kreuzzug (1096–1099) unter Leitung von GOTTFRIED VON BOUILLON führte zur blutigen Eroberung Jerusalems 1099 durch das Kreuzfahrerheer.

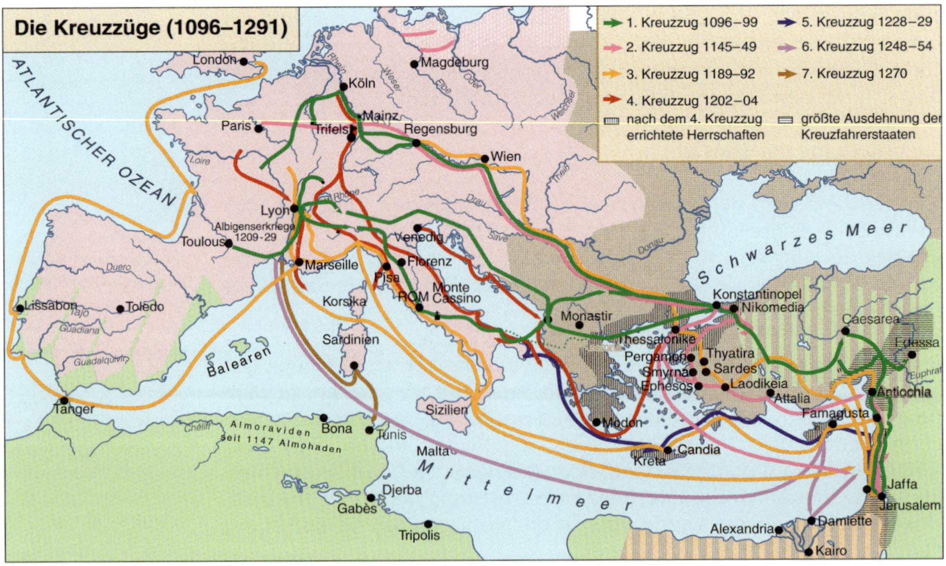

Kreuzzug	Dauer	Anführer
1. Kreuzzug	1096–1099	GOTTFRIED VON BOUILLON, ROBERT VON DER NORMANDIE, BALDUIN VON FLANDERN
2. Kreuzzug	1147–1149	KONRAD III. (Deutsches Reich) LUDWIG VII. von Frankreich
3. Kreuzzug	1189–1192	KAISER FRIEDRICH I. BARBAROSSA HERZOG FRIEDRICH VON SCHWABEN RICHARD II. LÖWENHERZ PHILIPP II. AUGUST VON FRANKREICH
4. Kreuzzug	1202–1204	BONIFAZ VON MONTFERRAT BALDUIN VON FLANDERN
Kinder-kreuzzug	1212	Verkauf von Tausenden Jungen und Mädchen durch Verrat und Betrug in die Sklaverei
5. Kreuzzug	1228–1229	KAISER FRIEDRICH II.
6. Kreuzzug	1248–1256	LUDWIG IX. von Frankreich
7. Kreuzzug	1270	LUDWIG IX. von Frankreich

Der „Kinderkreuzzug" hat wahrscheinlich so, wie nebenstehend beschrieben, nie stattgefunden. Neuere Forschungen betrachten ihn als einen Zug armer Leute (Knechte, Landarbeiter, Tagelöhner), der bereits in Italien scheiterte.

Somit waren die Christen wieder im Besitz des Heiligen Landes. Ein Großteil der nicht christlichen Bevölkerung und muslimischen Besatzer wurde getötet. Sechs weitere Kreuzzüge folgten, angeführt von deutschen, englischen und französischen Königen und Adligen bis zum Jahre 1270. Die **Ergebnisse der Kreuzzüge** waren:
- die Entstehung von Kreuzfahrerstaaten (die Königreiche Jerusalem, Klein-Armenien und Zypern, die Grafschaften Tripolis und Edessa, das Fürstentum Antiochia), die jedoch bis zum Ende des 13. Jh. wieder von den Muslimen zurückerobert wurden,
- die Entstehung von religiösen Ritterorden (Johanniter, Templer, Deutscher Orden).

Der Deutsche Orden erhielt eine neue Aufgabe

Im Zusammenhang mit der Ausdehnung des Reichsterritoriums nach Osten **(Ostkolonisation)** erhielt auch der 1198 als geistlicher Ritterorden gegründete Deutsche Orden eine neue Aufgabe. Er wurde durch den polnischen Herzog KONRAD VON MASOWIEN 1226 (Goldbulle von Rimini 1226) in das Land gerufen, um bei der Bekehrung und Unterwerfung der heidnischen **Pruzzen** zu helfen. Nach fast 200 Jahren Kampf war dem Deutschen Orden nicht nur dieses Ziel gelungen. Die Pruzzen waren in den Kämpfen nahezu vollständig ausgerottet worden. Bekehrung mit Schwert und Blut hieß das Motto, unter dem die Ordensritter auch die anderen baltischen Stämme zum Christentum bekehrten und unterwarfen. Daneben hatte der Orden einen Ordensstaat errichtet, der das ehe-

Deutscher Orden: Brüder des der Heiligen Jungfrau Maria geweihten Hospitals der Deutschen zu Jerusalem

malige Stammesgebiet der Pruzzen sowie Teile Litauens, Estlands und Lettlands umfasste.

Prußen (Pruzzen, Altpreußen), baltische Volksstämme zwischen unterer Weichsel und Memel. Den ersten christlichen Missionsversuchen (ab Ende 10. Jh.) setzten sie als freie Bauern großen Widerstand entgegen, bis sie 1231–1283 durch den Deutschen Orden unterworfen wurden. Trotz der deutschen Besiedlung ihrer Gebiete (u. a. Pomesanien, Ermland, Samland) ab dem 13. Jh. verschmolzen die Prußen erst ab dem 15. Jh. mit den deutschen Neusiedlern. Ihr Name ging als Preußen auf alle Landesbewohner, nach 1701 auf den Staat Preußen über.

In der Mitte des 14. Jh. gehörte der Orden unbestritten zu den Großmächten an der Ostseeküste. Hauptstützpunkt und Hauptstadt des Ordensstaates war die Marienburg. Daneben gründete der Orden eine Vielzahl von kleineren Burgen als Stützpunkte, in deren Nähe neue Siedler Dörfer und Städte gründeten. Sie genossen den Schutz des Ordens. Vor allem in den Städten siedelte der Orden Handwerker und Kaufleute an, sodass diese schnell Wohlstand und Reichtum erreichten. Viele der vom Deutschen Orden gegründeten Städte, vor allem an der Ostseeküste, gehörten der Hanse an. Der entstehende polnische Staat sah das Machtstreben des Deutschen Ordens mit Unbehagen. 1410 fügte der polnisch-litauische Staat dem Orden in der **Schlacht bei Tannenberg** eine entscheidende Niederlage bei, die den Ordensstaat in eine tiefe Krise führte. Er bestand jedoch bis 1525 weiter, als der letzte Hochmeister des Deutschen Ordens den Ordensstaat zu einem Herzogtum unter der Lehnsherrschaft des polnischen Königs umwandelte.

Die bäuerliche Lebenswelt

Die Bauern machten während des gesamten Mittelalters den Großteil der Bevölkerung aus. Noch um 1500, also gegen Ende des Mittelalters, lebten ca. 80 % der Menschen auf dem Lande.
Die Lebensbedingungen der Bauern veränderten sich einschneidend mit den Veränderungen im Wehrwesen durch die Einführung der Reiterkrieger und das Aufkommen des Ritterstandes. Die Bauern verloren dadurch ihre bisherige Funktion innerhalb des Heeresaufgebotes und konnten sich nun ihrer eigentlichen Aufgabe, der Landwirtschaft, zuwenden. Ein Teil von ihnen war jedoch durch den bisher geleisteten Kriegsdienst in große materielle Schwierigkeiten geraten. Sie hatten ihren Status als freie Bauern verloren und waren in die Hörigkeit geraten: Als freie Bauern waren sie zur Heerfolge verpflichtet. Neben der Lebensgefahr, der sie sich aussetzten (viele Bauern kehrten aus dem Krieg nicht zurück), mussten sie die hohen Kosten für die Ausrüstung aufbringen und vernachlässigten daneben Haus und Hof, der durch die Ehefrau und die Kinder versorgt werden musste. Vielfach verschuldeten sich solche Höfe. Um der Pflicht der Heerfolge zu entgehen oder die Schulden loszuwerden, übergaben die Bauern ihren Hof an einen Adligen oder an ein Kloster. Adliger bzw. Kloster wurden dadurch zum Grundherrn des Bauern. Der Bauer war dadurch vom Kriegsdienst befreit, dass das Kloster oder der Adlige einen Ritter bezahlte, der in den Krieg zog, oder der Adlige dies selbst übernahm. Gleichzeitig genossen die Bauern den Schutz durch das Kloster bzw. den Adligen. Als Gegenleistung musste der Bauer Abgaben und Frondienste (Arbeitsleistungen) für den Adligen bzw. das Kloster leisten. Aus den freien Bauern waren so unfreie oder hörige Bauern geworden.

Der **hörige Bauer** genoss nicht mehr dieselben Rechte wie ein freier Bauer. Er konnte sein Land nicht mehr frei vererben, und auch bei der Eheschließung musste er sich dem Willen des Grundherrn beugen.

Selbst wenn dies nicht für alle mittelalterlichen Bauern galt, glich sich die Rechtsstellung auch der freien Bauern an die der unfreien Bauern an, sodass die Unterschiede sehr gering waren. Auch zwangen viele Adlige freie Bauern durch die Anwendung von Gewalt in die Hörigkeit.

Grundherrschaft – Bauer und Grundherr

Die Dithmarscher Bauern behielten ihre Freiheit bis 1559.

Zu den regelmäßigen Abgaben gehörten die Ablieferung eines bestimmten Anteils der Ernte, der Erträge aus der Viehwirtschaft (Vieh, Milch, Eier, Käse).

Die Abgaben umfassten den zehnten Teil der Erträge und wurden deshalb **Zehnt** genannt.

Dies war allerdings nur der sogenannte Laienzehnt, den die Grundherren beanspruchten. Daneben gab es noch den Kirchenzehnt, zu dem seit dem 6. Jh. alle Gläubigen verpflichtet waren.

Daneben gab es die Frondienste, die die Arbeit an bestimmten Tagen auf den Feldern des Grundherrn beinhalteten. Die Hörigen waren auch zu Wege- und Brückenarbeiten verpflichtet, konnten durch den Grundherrn zu Spann- und Handdiensten herangezogen werden. Bei bestimmten Gelegenheiten konnte der Grundherr auch Sonderabgaben fordern, so z. B. Sterbe- oder Todfallabgaben (das Besthaupt, d. h. das beste Stück Vieh im Stall oder das Bestkleid), das Rauchhuhn usw.

Das Dorf – der Lebensmittelpunkt des Bauern

Die mittelalterlichen Dörfer waren nicht besonders groß, oft umfassten sie nicht mehr als 200 Einwohner. Die Menschen lebten zumeist in Großfamilien, die Selbstversorger waren, das heißt, sie stellten die wichtigsten Lebensmittel, Werkzeuge und Kleidung selbst her. Das Leben innerhalb eines Dorfes richtete sich nach den saisonal anfallenden Arbeiten, das heißt, gearbeitet wurde meist von Sonnenaufgang bis Sonnenuntergang auf dem Feld, den Weiden, in den häuslichen Werkstätten und im Stall. Mahlzeiten wurden zu festen Zeiten mehrmals täglich gemeinsam eingenommen. Die Behausungen der Großfamilien waren zumeist einfache Hallenhäuser, die aus einem Raum bestanden, in dem sowohl gearbeitet als auch gegessen und geschlafen wurde. Der gesellschaftliche Mittelpunkt war die Kirche. Erst im 12. Jh. wurden die Holzkirchen allgemein durch Steinbauten abgelöst, in denen die Wandmalereien und bunten Glasfenster den meist lese- und schreibunkundigen Menschen vom Leben und Sterben Jesu berichteten. Da die Kirche das größte Gebäude innerhalb des Dorfes war, fanden hier die Versammlungen der Dorfgemeinde statt, wurden hier Entscheidungen getroffen, die das ganze Dorf angingen.
Vor allem an Sonn- und Feiertagen spielte sich das Leben im Rahmen der Kirchgemeinde ab, an diesen Tagen musste nicht gearbeitet werden, und man feierte kirchliche Feste. Ein solches Fest begann mit dem Gottesdienst. Vergnügungen wie ein gemeinsames Mahl, Tanz, Zechgelage und Spiele schlossen sich an.
An Sonntagen tagte – mehrmals jährlich – das Dorfgericht, dem der Dorfschulze vorstand, um Rechtsstreitigkeiten zwischen den Dorfmitgliedern zu schlichten oder über geringere Vergehen, die zur niederen Gerichtsbarkeit gehörten, zu richten. Auch wenn es das Gebot der gutnachbarschaftlichen Beziehungen gab, kam es nicht selten vor, dass sich einer auf Kosten des anderen bereichern wollte oder dass infolge von Trunkenheit Schlägereien mit Verletzten entstanden waren.

Die Grundherrschaft – Herrschaftsausübung über Land und Leute

Die hörigen Bauern waren in ein System zusammengebunden, für das sich der Name Grundherrschaft durchgesetzt hat. Der Grundherr kann dabei ein einzelner Adliger, ein Kloster, ein König, Bischof, Abt, Graf oder Herzog sein.

Grundherrschaft bedeutet die Ausübung der Macht durch einen Grundherrn über Land und Leute.

Dabei gab der Grundherr an die hörigen Bauern, die in unterschiedlicher Intensität von ihm abhängig waren und seiner Gerichtsbarkeit unterstanden, Land aus, das sie für ihn gegen Abgaben und Dienste zu bewirtschaften hatten. Zu einer Grundherrschaft gehörten eine Vielzahl von Gütern, die weit verstreut liegen konnten. Je nach Größe der Grundherrschaft gehörte eine bestimmte Anzahl von Gütern dazu, in denen es jeweils den Fronhof gab, der von einem vom Grundherrn eingesetzten Meier oder Verwalter beaufsichtigt wurde. Außerdem existierte Herrenland sowie das an die hörigen Bauern ausgegebene Land **(Hufenland)**. Auf dem Fronhof liefen die Abgaben zusammen. Von hier aus wurden die Leistungen der Hörigen beaufsichtigt und koordiniert. Kennzeichen der Grundherrschaften war, dass die zu einer Grundherrschaft gehörenden Ländereien sehr weit auseinander liegen konnten. Dies war übrigens typisch für klösterliche Grundherrschaften, das heißt, es war in den wenigsten Fällen so, dass ein Dorf einer Grundherrschaft entsprach.

Lehnswesen-Seite aus dem Sachsenspiegel, Lehen-Grundzüge der Grundherrschaft

Hufenland: abgeleitet von Hufe als Maßeinheit für die Größe einer Bauernstelle. Zu einer Hufe gehörten Haus, Hof, Acker, Wiese und Almendenutzungsrecht. Regional schwankte die Größe einer Hufe zwischen 30 und 40 Morgen (0,19 bis 0,255 ha) Land.

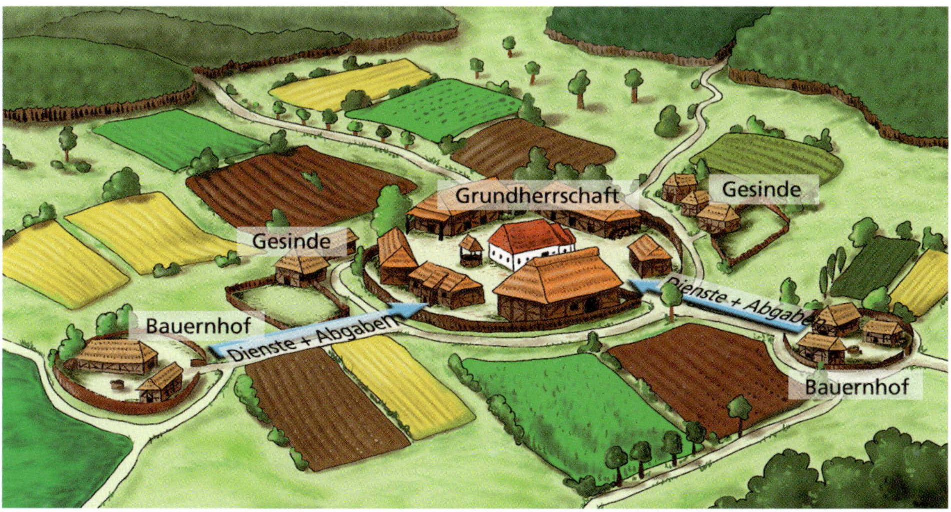

Die agrarische Revolution im Mittelalter – Dreifelderwirtschaft und neue Arbeitsgeräte

Bis zum 8. Jh. hatten die Bauern ihre Felder in der **Zweifelderwirtschaft** genutzt, das heißt, es gab den Anbau von Getreide auf einem Feld, während das andere Feld nicht bewirtschaftet wurde und brach lag (Brache). Im darauf folgenden Jahr wurde dann gewechselt, das heißt, auf dem im letzten Jahr brachliegenden Feld wurde Getreide ausgesät, während sich das ehemalige Getreidefeld jetzt erholen konnte. Seit dem 8. Jh. setzte sich im Frankenreich die **Dreifelderwirtschaft** durch.

> Die Dreifelderwirtschaft bedeutete, dass das für die landwirtschaftliche Nutzung verfügbare Land in drei Nutzungsbereiche (Gewanne) aufgeteilt wurde.

Während auf einem Teil Sommergetreide (Hafer, Gerste) und Hülsenfrüchte (Erbsen, Linsen, Bohnen) angebaut wurden, wurde ein zweiter Teil mit Wintergetreide (Weizen, Roggen, Gerste) bestellt. Der dritte Teil blieb brach (Viehweide). Diese Nutzungsformen wurden meist auf die Anzahl der in einem Dorf existierenden Höfe aufgeteilt, das heißt, gab es in einem Dorf fünf Hofstellen, wurden Winterfeld, Sommerfeld und Brache in fünf gleich große Flurstreifen aufgeteilt. Aussaat- und Erntetermine wurden für alle Dorfmitglieder verbindlich festgelegt (Flurzwang).

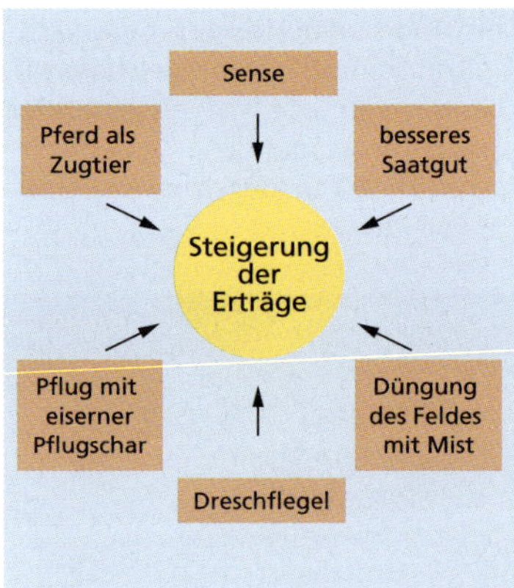

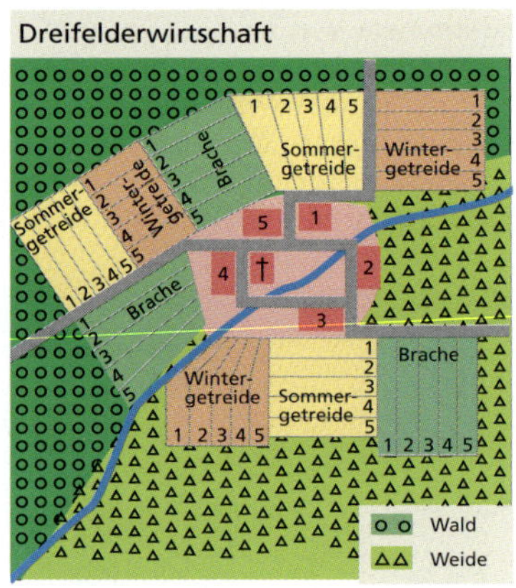

Diese Veränderungen wurden begleitet durch die Anwendung neuer Arbeitsgeräte: Der Pflug mit der eisernen Pflugschar ermöglichte ein tieferes Pflügen des Ackers und eine Bearbeitung größerer Ackerflächen, da man mit ihm schneller pflügen konnte. Man konnte nun dank der Kummetanschirrung Pferde als Zugtiere für den Pflug verwenden. Die Sichel als Erntegerät wurde durch die Sense abgelöst, was ein schnelleres Einbringen des Getreides ermöglichte. Der Dreschflegel löste das Ausschlagen oder Ausstampfen der Körner aus den Ähren ab und war wesentlich schneller und produktiver. Wind- und Wassermühlen übernahmen jetzt das Mahlen des Getreides, das bis dahin von Hand erfolgte.

Innerer Landesausbau und Ostkolonisation

Schätzungen zufolge lebten im Deutschen Reich und in Skandinavien um 1000 ca. 4 Mio. Menschen. Um 1340 waren es 11,6 Mio. Menschen.

Die Einführung der Dreifelderwirtschaft sowie der neuen landwirtschaftlichen Arbeitsgeräte führte zu einer enormen Steigerung der Bevölkerungszahlen auf ca. das Dreifache, der sogenannten Bevölkerungsexplosion in Mittel- und Nordeuropa, da die Versorgung mit Nahrungsmitteln dank der verbesserten Arbeitstechniken nun auf einer breiteren Basis geschah. Diese Bevölkerungsexplosion, verbunden mit den gültigen Erbteilungsregelungen in der Landwirtschaft, die nur den ältesten Sohn berücksichtigten, während die anderen leer ausgingen, oder aber auch eine Aufteilung des Landes an alle Söhne ermöglichten, wirkte sich negativ auf die Bodennutzung und die Erträge aus. Die Erträge reichten nicht mehr zur Ernährung einer Bauernfamilie aus. Hinzu kamen Naturkatastrophen und Missernten, die die Not der ländlichen Bevölkerung steigerten.

Rodungsdörfer erkennt man an den Endungen -rode, wie Wernigerode, Harzgerode, Bischoferode, bzw. -hagen, wie Levenhagen, Boltenhagen.

Viele Bauern suchten seit dem beginnenden 12. Jh. neue Existenzgrundlagen und fanden sie in bisher unbesiedelten Landstrichen innerhalb des Deutschen Reiches **(innerer Landesausbau)**, in denen sie Moore und Urwald vorfanden. Nachdem sie die Moore und Uferstreifen entlang von Flüssen trockengelegt und den Urwald durch Rodungen nutzbar gemacht hatten, fanden sie hier bestes Ackerland vor. Darüber hinaus stellten ihnen die Grundherren das Ackerland zu günstigen Bedingungen zur Verfügung. Meist wurde ihnen Abgabenfreiheit für einen bestimmten Zeitraum in Aussicht gestellt, oder sie erhielten das Land zu günstigeren Bedingungen als in der alten Heimat. Die Mühe lohnte sich also.

HEINRICH DER LÖWE, Herzog von Sachsen und Bayern (Detail seines Grabmals im Braunschweiger Dom)

Während sich der **innere Landesausbau** auf bisher unbesiedelte Landstriche innerhalb der Grenzen des Deutschen Reiches konzentrierte, richtete sich die **deutsche Ostsiedlung** (Ostkolonisation) auf die Siedlungsgebiete slawischer Stämme zwischen Elbe und Oder. Seit dem 12. Jh. kam es in diesem Gebiet jedoch nicht nur zur Ansiedlung von deutschen Bauern in neu gegründeten Dörfern sowie zur Niederlassung von Handwerkern und Kaufleuten in neu gegründeten Städten, sondern auch zu einer systematischen Unterwerfung und Zwangschristianisierung der slawischen Bevölkerung. Die slawische Bevölkerung verlor dabei meist ihre kulturelle Identität und musste sich den neuen Bedingungen unterwerfen. In den neu entstehenden Dörfern und Städten spielte sie meist nur eine untergeordnete gesellschaftliche Rolle. Die Eroberung der Gebiete zwischen Elbe und Oder wurde besonders durch den Herzog von Sachsen, die Markgrafen von Brandenburg und Meißen, den Erzbischof von Magdeburg und die Grafen von Holstein vorangetrieben. Die mecklenburgischen und pomoranischen Fürsten unterwarfen sich den deutschen Eroberern und nahmen ihre Stammesgebiete von den deutschen Fürsten als Lehen an. Somit wurden Pommern und Mecklenburg sowie Gebiete an der Saale und das Vogtland zu Bestandteilen des Deutschen Reiches. Auch nach der Eingliederung dieser Gebiete wurde der Landesausbau durch die gezielte Ansiedlung von Bauern und Handwerkern, die von den Küsten der Nordsee (Friesland, Holland, Flandern) sowie aus dem Altsiedelland (Westfalen) kamen, unter Leitung eines Lokatoren (Anwerber von Bauern, Verteiler des Landes) gefördert. Dies geschah dadurch, dass Werber an der Nordseeküste und im Altsiedelland auftauchten und dort die Siedlungsangebote für die neuen Gebiete verkündeten. In diesen wurde meist die Abgabenbefreiung oder -erleichterung für einen bestimmten Zeitraum in Aussicht gestellt. Grundherrschaftliche Bindungen waren am Anfang noch wenig ausgeprägt, sodass die Neusiedler größere Freiheiten genossen als die Bauern im Altsiedelland. Jedoch setzten auch in den neuen Siedlungsgebieten neue grundherrschaftliche Bindungen – meist nach sieben Jahren – ein.

Vielfach gingen die Ansätze zu eigenen frühen Staatsformen und Großstammesbindungen sowie die eigene Sprache und Kultur verloren. Lediglich den slawischen Stämmen, die sich dem Druck der Eroberer unterwarfen, gelang es, ihre kulturellen Traditionen und Eigenarten zumindest teilweise zu bewahren. Ein Beispiel dafür sind die Sorben in der Lausitz und im Spreewald.

Eine Abgabenbefreiung oder -erleichterung wurde meist für sieben Jahre ausgesprochen. Erst danach, wenn sich die Menschen eingelebt und Fuß gefasst hatten, sollten sie Abgaben zahlen.

5.6 Spätmittelalter und der Aufschwung der Städte

5.6.1 Vom Interregnum zum „Hausmachtkönigtum“

Das Interregnum (1256–1273)

Seit dem Untergang der Staufer verfiel die Reichsgewalt immer mehr und wurde zu einem Spielball der Fürsten. Diese Entwicklung wurde bereits unter den letzten Staufern mit den Gegenkönigen eingeleitet. 1257, nach dem Tod des letzten antistaufischen Gegenkönigs, kam es mit der Wahl RICHARDS VON CORNWALL und ALFONS' VON KASTILIEN erneut zu einer Doppelwahl. Durch diese Doppelwahl gelang es den Fürsten, ihre Interessen gegenüber der Zentralgewalt und die Macht in ihren Territorien auf Kosten des Königs zu erweitern. Darüber hinaus ergab sich mit der Wahl von 1257 auch für andere europäische Monarchien die Möglichkeit, Einfluss auf das Deutsche Reich auszuüben: Mit RICHARD VON CORNWALL, einem Bruder König HEINRICHS III. von England, konnte das Königreich England im Deutschen Reich Entscheidungen beeinflussen. Ähnlich verhielt es sich mit König ALFONS, der gleichzeitig König von Kastilien war. Beide hatten einen rechtlichen Anspruch auf die Königsnachfolge im Deutschen Reich durch entfernte verwandtschaftliche Beziehungen. Eine tatsächliche Umsetzung dieser Möglichkeit gelang jedoch nicht: RICHARD hatte nur begrenzten Rückhalt bei den rheinischen Städten, während ALFONS VON KASTILIEN das Deutsche Reich nie betreten hat.

Die Zeit zwischen 1256 und 1273 wird als Interregnum (Zwischenreich, königlose Zeit) bezeichnet, obwohl es in dieser Zeit gewählte Könige gab. Sie hatten jedoch keine tatsächliche Macht und verfügten über keinerlei Ansehen und Anerkennung.

Die Kurfürsten, d. h. diejenigen Fürsten, die den König wählten, versuchten seit der Mitte des 13. Jh., möglichst schwache Kandidaten auf den deutschen Königsthron zu bringen, um ihren eigenen Einfluss gegenüber der Zentralgewalt zu stärken. Meist fiel ihre Wahl auf Vertreter aus einem unbedeutenden Grafenhaus. Geschickt schalteten die Kurfürsten den berechtigten Thronfolgeanspruch des jeweiligen Grafengeschlechts aus, indem sie die Ansprüche abwiesen und einen Vertreter aus einem anderen Grafenhaus zum König wählten. Dabei forderten sie von dem jeweiligen Kandidaten Zugeständnisse, die ihre eigene Macht sicherten und erweiterten. Vielfach kam es in dieser Zeit zu Doppelwahlen, da sich die Kurfürsten nicht einig waren.

Da die Könige relativ bedeutungslosen Geschlechtern entsprangen, deren Besitz begrenzt war, versuchten sie, während ihrer Regierungszeit den erblichen Landbesitz zu erweitern und so eine Hausmacht aufzubauen. Dies war notwendig, da sich das Reichsgut, die eigentliche Machtgrundlage des Königtums, in der Zeit der Thronkämpfe akut verringert hatte und für die Hausmachtkönige nicht mehr zur Verfügung stand. Aus diesem Grund war es für die Hausmachtkönige notwendig, zur Sicherung der eigenen Machtgrundlagen neue Gebiete zur Stärkung

der Hausmacht hinzuzugewinnen. Diese wurden also nicht in das Reichsgut eingegliedert, sondern durch Verleihung an Söhne oder andere enge Verwandte der eigenen Hausmacht zugeordnet. Das Spätmittelalter wird deshalb auch oft die **Zeit des Hausmachtkönigtums** genannt.
Die Erweiterung der Hausmacht geschah meist durch geschickte Heiratsverbindungen oder war die Folge von kriegerischen Verwicklungen innerhalb des Deutschen Reiches. 1273 fiel die Wahl der Kurfürsten auf RUDOLF VON HABSBURG.

5.6.2 Das Leben in der Stadt

Der Untergang des Römischen Reiches führte auch zum Verfall der antiken Städte. Zwischen 900 und 1150 kam es jedoch zur Entfaltung einer neuen mittelalterlichen Stadtkultur. Neue Städte entstanden dort, wo alte Römerstädte bestanden (Köln, Trier, Augsburg), oder dort, wo sich herrschaftliche Mittelpunkte gebildet hatten, an Königspfalzen, Burgen oder auch an Bischofssitzen, in deren Schutz sie sich entwickeln konnten. Unabhängig davon entstanden Städte an günstig gelegenen Hafenplätzen und Buchten an den Küsten von Nord- und Ostsee, Kreuzungen von großen Handelswegen oder an Flussfurten.

An die Gründung von Orten an Flussfurten erinnern heutige Ortsnamen wie Frankfurt, Staßfurt, Erfurt.

Geben und Nehmen – Stadtherr und Bürger

Um eine Stadt gründen zu können, brauchte es herrschaftlichen Schutz, der durch einen Adligen (Grafen, Herzöge, Bischöfe, aber auch Könige) geleistet wurde. Er war es auch, der den Bürgern den Platz für eine neue Stadt anwies und ihnen damit seinen Grund und Boden überließ. Dieser Adlige war der Herr über die Stadt und ihre Bürger und wurde Stadtherr genannt. Die Bürger – also diejenigen, die als Burgleute im Schutz seiner Burg lebten – waren ihm gegenüber als Gegenleistung zur Zahlung von Steuern und Abgaben verpflichtet. Darüber hinaus erließ der Stadtherr ein Stadtrecht, in dem das Zusammenleben der Bürger geregelt wurde: Es legte fest, nach welchen Regeln der Handel auf dem Markt betrieben werden durfte, legte Zölle und Marktabgaben fest, bestimmte Maße und Gewichte, die in der Stadt gültig waren, legte fest, welche Münze galt. Auch die Gerichtsbarkeit lag in den Händen des Stadtherrn, das heißt, er bestimmte die Strafen bei Vergehen gegen das Stadtrecht und erhielt einen Teil der Bußgelder, die dafür zu zahlen waren.

Städte waren eine Schatzgrube für die Adligen. Da die meisten Städte auch Handelszentren waren, konnten sich die Adligen als Stadtherren durch die Zölle und Abgaben, die ihnen zustanden, bereichern. Dies führte zu einer Welle von Städtegründungen seit dem 12. Jh. (Freiburg im Breisgau durch die Zähringer, München und Lübeck durch Herzog HEINRICH DEN LÖWEN, Leipzig durch die Staufer), für die in Stadtrechtsurkunden die Stadtrechte verliehen wurden.
Die mittelalterlichen Städte waren schon von weit her erkennbar. Ihre hohen Kirchtürme konnte jeder Nahende aus der Ferne sehen. Kam man näher, konnte man auch die wehrhaften Mauern mit Zinnen und Wehrgängen bestaunen, die die Stadt vor Angreifern schützen sollten.

Die Stadtrechtsurkunden für Lübeck und München regelten z. B. Marktrecht, Immobilienbesitz- und Erbrecht sowie die Gerichtsbarkeit an Hals und Hand.

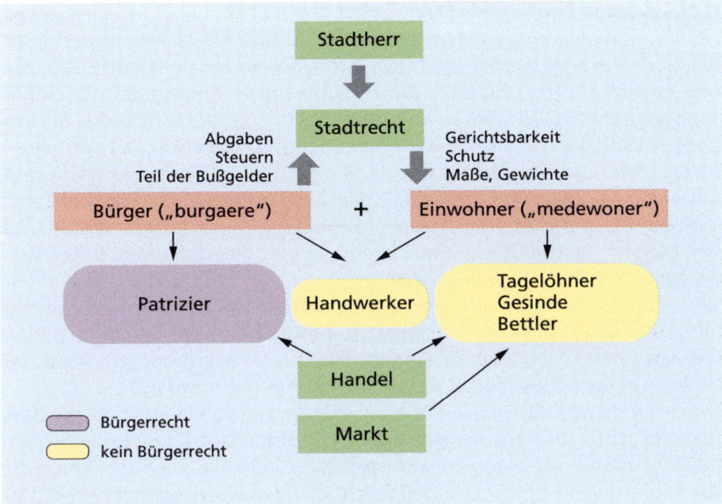

Die Städte erstreiten sich die Unabhängigkeit

Seit der Mitte des 11. Jh. begannen die Bürger der Städte ihr gewachsenes Ansehen und Selbstbewusstsein zur Geltung zu bringen. Sie widersetzten sich in wichtigen Fragen ihren Stadtherrn. Dies geschah in Deutschland erstmalig 1073 in Worms und 1074, als sich die Kölner Bürger gegen den Stadtherrn, Bischof ANNO VON KÖLN, wegen der Beschlagnahmung eines Handelsschiffes erhoben. Auch wenn der Stadtherr in diesem Fall den Aufstand niederschlug, so hatten doch in der Mitte des 13. Jh. die meisten großen Städte die Unabhängigkeit von ihrem Stadtherrn erreicht.

Die Bürger von Worms nutzten die Abwesenheit des Stadtherrn, des Bischofs, zu einem Aufstand und ließen den auf der Flucht vor einer Fürstenopposition befindlichen HEINRICH IV. in die Stadtmauern ein. Damit verbündete sich erstmalig in der deutschen Geschichte eine Stadt mit dem Königtum.

Patrizier, Handwerker und Rechtlose

Vor allem die wirtschaftlich stärkste Gruppe – die Fernhandelskaufleute oder Patrizier – spielten dabei eine große Rolle.

Vielfach war diese Unabhängigkeitsbewegung (auch kommunale Bewegung) verbunden mit einem Schwur, den sich alle Mitglieder der Stadtgemeinde gegenseitig leisteten und der Schutz und Treue beinhaltete. Aufgrund dessen spricht man oft bei solchen Stadtgemeinden gerade im Verhältnis zum Stadtherrn von **Schwureinungen.**

Sie bestimmten sowohl die wirtschaftlichen als auch die politischen Geschicke innerhalb der Stadt. In Kaufmannszünften (**Gilden:** Wirtschaftsverbände der Kaufleute) nahmen sie ihre wirtschaftlichen Interessen wahr. Aus ihren Reihen gingen die Bürgermeister hervor, sie bestimmten die Wahl der Ratsherren im Rat. So kontrollierten sie auch das öffentliche Leben: Sie setzten für ihre Zunft Löhne und Preise fest, bestimmten die Stückmengen für die Handwerksproduktion, bestimmten, wer wann

und wie lange Zugang zur Stadt hatte. Der Rat griff auch durch Kleider- und Luxusverordnungen in das Alltagsleben der Menschen in der Stadt ein. Auch die Handwerker bildeten ihre eigenen Zusammenschlüsse, die man regional unterschiedlich **Zunft, Gaffel** oder **Innung** nannte. Jeder Handwerkszweig bildete eine Zunft (Töpfer, Seiler, Schmiede, Bäcker usw.). Mitglieder der Zünfte waren die Handwerksmeister, die sich regelmäßig trafen und für ihre Zunft Regeln für die Qualität, Stückzahl und Preise ihrer Erzeugnisse festlegten. Sie bestimmten auch, wie viel Lehrlinge ein Meister ausbilden, wie viel Gesellen er beschäftigen durfte und wer Meister wurde. Auch die Beilegung von Streitigkeiten unter den Meistern gehörte zu ihren Aufgaben.
Neben diesen Aufgaben hatten die Zusammenschlüsse der Handwerker auch gesellschaftliche Funktionen: Sie halfen einander bei finanziellen und wirtschaftlichen Notsituationen (Tod, Krankheit, Konkurs). Bei feierlichen Anlässen in der Stadt traten sie meist gemeinsam auf.
Das Ansehen und die große Rolle der Zünfte zeigte sich auch darin, dass sie verpflichtet waren, an der Stadtverteidigung teilzunehmen. Trotz dieser großen Bedeutung für die Stadt wurde ihnen die Beteiligung an der Regierung in der Stadt lange Zeit von den Patriziern verwehrt. So entstanden seit dem 14. Jh. in vielen Städten Aufstände der Handwerker und kleinen Kaufleute gegen die Patrizier, um eine Beteiligung an der Regierung zu erreichen. Während sich vielfach die Handwerker durchsetzten, konnten in anderen Städten auch die Patrizier die Macht behaupten. In einigen Städten schlossen beide Seiten Kompromisse.

Städtebünde

Auch die Städte gingen bei der Wahrnehmung ihrer Interessen eigene Wege, indem sie Städtebünde gründeten. Der erste dieser Städtebünde war der **Rheinische Städtebund** (1254–1257), der die zunehmende Unsicherheit nach dem Zusammenbruch der Stauferherrschaft erkannte und die Auswirkungen auf die Städte verringern wollte.

Rheinischer Städtebund	Schwäbischer Städtebund
70 Städte: Mainz, Worms, Oppenheim, Bingen, Frankfurt, Speyer, Lübeck, Aachen, Zürich, Regensburg, Sinzig u. a.	**14 Städte:** Ulm, Esslingen, Rottweil, Heilbronn, Hall, Gmünd, Weil der Stadt, Weinsberg, Augsburg, Biberach, Memmingen, Konstanz u. a.

Auch wenn die Fürsten und der König in der Goldenen Bulle die Errichtung von Städtebünden kategorisch verboten hatten, kam es immer wieder zur Errichtung von solchen Vereinigungen, wie z. B. 1377 mit dem **Schwäbischen Städtebund,** der sich vor allem gegen die Finanzpraktiken von König und Fürsten richtete. Ziel war es u. a. zu verhindern, dass König und Fürsten sich durch Abgaben und andere Forderungen an den Städten bereicherten. Die Entstehung von Städtebünden konnte selbst im 15. Jh. nicht vollständig unterbunden werden.

Ansicht der mittelalterlichen Hanse-Stadt Rostock

Ein städtisches Bündnis, jedoch mit vordergründig wirtschaftlicher Zielsetzung, war die Hanse. Sie entstand bereits im 12. Jh. aus Gemeinschaften von Fernhändlern, die sich zu gemeinsamem Schutz zu Fahrerverbänden (Kaufmannshanse) für den Handel auf der Ost- und Nordsee zusammengeschlossen hatten. Seit dem 13. Jh. übernahmen die Städte die Wahrnehmung der Fernhandelsinteressen ihrer Kaufleute, was in der Mitte des 14. Jh. zu einem förmlichen Bündnis der am hansischen Handel beteiligten Städte – der Hansestädte – führte. Lübeck war lange Zeit die treibende Kraft in diesem Bündnis. Dieses Bündnis – die Städtehanse – schützte gemeinsam die Handelsinteressen seiner Mitglieder ohne königliche oder fürstliche Beteiligung. Es war der wichtigste wirtschaftliche Zusammenschluss des Mittelalters und der Neuzeit. Der Erfolg der Städtehanse basierte auf dem Zwischenfernhandel, das heißt, Hansekaufleute vermittelten den Austausch von Produkten innerhalb eines bestimmten Handelsgebietes. Sie handelten mit Pelzen und Wachs, mit Butter, Hering und Stockfisch, mit Getreide, Wachs und Pech, mit Wolle und Tuch, Zinn, Eisen und Kupfer, mit Wein und Bier. Nahezu alles, was an den Königs- und Fürstenhöfen, aber auch von den einfachen Menschen benötigt wurde, ging durch die Hände des hansischen Kaufmanns und wurde über weite Entfernungen durch Ost- und Nordsee befördert. Dieses Gebiet beherrschten und kontrollierten sie, indem sie an den Eckpunkten ihres Handelsgebietes Niederlassungen errichteten, die Kontore (Nowgorod, Bergen, London, Brügge). Den Kontoren standen **Alderleute** vor, die die Verhandlungen mit den jeweiligen ausländischen Machthabern um die Handelsvergünstigungen der hansischen Kaufleute führten,

Abgaben von den Kaufleuten eintrieben und das öffentliche Leben steuerten. Die Hanse erlebte bis zum Ende des 15. Jh. eine enorme Blütephase. Dann, vor allem ausgelöst durch die großen geografischen Entdeckungen und den Verfall der Zentralgewalt im Deutschen Reich, aber auch an der eigenen inneren Schwäche, ging sie im 17. Jh. unter.

Alltagsleben in einer mittelalterlichen Stadt

Eine Rolandsstatue ist eine überlebensgroße steinerne Statue, die den städtischen Frieden symbolisierte. Das Bild zeigt die Rolandsfigur vor dem Rathaus von Brandenburg an der Havel.

Mittelpunkt der Stadt war der Marktplatz mit dem Rathaus. Oft stand auf dem Markt eine **Rolandsstatue,** die die städtische Gerichtsbarkeit symbolisierte. Auf dem Markt fand mehrfach wöchentlich der Markt statt. Auf ihm wurde Recht gesprochen und Urteile vollzogen.
Vielfach entspricht der Straßenverlauf unserer heutigen Innenstädte dem der mittelalterlichen Straßen. Straßen und Gassen waren jedoch in den wenigsten Fällen gepflastert, meist gab es diesen Luxus nur für den Marktplatz und die wichtigsten Straßen zu den Stadttoren. Es gab keine Kanalisierung, und auf den Straßen lief das Vieh der Bürger meist frei herum. Das bedeutete, dass sich die Wege, gerade bei Regenwetter, in Schlamm verwandelten und dass in den Städten eine ungeheure Belästigung durch Schmutz, Unrat, Gestank herrschte. Kübel mit Unrat und Fäkalien wurden einfach auf die Straße oder in die Gosse geschüttet. Dies führte dazu, dass Krankheiten und Seuchen Tor und Tür geöffnet waren, was zu einer hohen Sterblichkeitsrate in den Städten führte. Zu Zeiten der großen Pest starben bis zu 60 % der städtischen Bevölkerung.

Die Pflege von Kranken und Alten übernahmen die Spitäler (Heiliggeisthospitäler, St. Spiritus), die durch Stiftungen wohlhabender und reicher Bürger gebaut und unterhalten werden konnten. Bei Ansteckungsgefahr bzw. der Gefahr, dass Seuchen in die Stadt durch Fremde eingeschleppt wurden, mussten diese in Hospitälern und Siechenhäusern vor der Stadt untergebracht werden. Dies betraf auch wandernde Handwerker und Kaufleute, die oft bei Einbruch der Nacht in Hospitälern vor den Toren der Stadt (St. Georg oder St. Gertrud) Zuflucht suchten.

St. Spiritus vor dem Tore in Greifswald

In den mittelalterlichen Städten herrschte eine relativ hohe Sterblichkeitsrate. Vor allem Alte, Kinder und Frauen wurden Opfer von Seuchen und Krankheiten.
Besonders häufig starben Frauen am Kindbettfieber, dem sie infolge von Erschöpfung und einer mangelnden ärztlichen Versorgung erlagen. Den Frauen und Müttern kam vor allem die Aufgabe zu, neben der Sorge für den Haushalt die Nachkommenschaft (oft bis zu 10 Kinder) zu gebären und großzuziehen. Während der Mann als Handwerksmeister, Geselle oder Kaufmann den Unterhalt für die Familie besorgte, kümmerte sich die Frau um die Kinder, um die Bestellung des Gartens, darum, dass ein genügend großer Vorrat an Nahrungsmitteln und Kleidung vorhanden war. Daneben war sie auch für die grundlegende Ausbildung der Kinder verantwortlich.
Zu denjenigen, die keinerlei Rechte in der Stadt hatten, gehörten Juden, Tagelöhner und diejenigen, die einen unehrenhaften Beruf (Henker, Totengräber, Schinder) ausübten. Ihnen wurde das Bürgerrecht verwehrt, sie durften aber in der Stadt – meist am Rande – wohnen. Leprakranken und Trägern anderer ansteckender Krankheiten wurde der ständige Aufenthalt in der Stadt untersagt. Jedoch durften sie ihren Lebensunterhalt durch Betteln „verdienen“, mussten dabei aber, wie die Leprakranken, durch das Tragen von Glöckchen auf sich aufmerksam machen.

5.6.3 Stellung der Juden in den mittelalterlichen Städten

Judenpogrome und -vertreibungen im mittelalterlichen Europa	
1096/1097	Pogrom während des 1. Kreuzzuges
1146/47	Pogrom während des 2. Kreuzzuges
1190	Pogrom in England
1236	Pogrom in Frankreich
1287	Pogrom am Mittelrhein
1290	Judenvertreibung aus England
1298	Pogrom in Süddeutschland
1306	Judenvertreibung aus Frankreich
1336–1339	Pogrom wegen der Pest in Europa

Die Juden standen vor allem wegen ihrer Religion außerhalb der christlichen Stadtgemeinde. Sie lebten in eigenen Vierteln (Getto) oder Straßen und besuchten ihren Gottesdienst in der Synagoge. Juden wurden jedoch nicht als Ausländer angesehen, sondern nur wegen ihrer Religion verhielt man sich ihnen gegenüber abweisend. Die jüdischen Bewohner der Stadt waren also ebenso Deutsche wie die christlichen Bewohner, ei-

Den Christen war es verboten, Geld gegen Zinsen auszuleihen, den Juden jedoch nicht. Vielfach bedienten sich die Patrizier und Adligen jüdischer Bankiers, um Geldgeschäfte zu machen.

nen Unterschied gab es offensichtlich nur wegen ihrer Religion. Dieser hatte aber auch wirtschaftliche Folgen. Vielfach waren Juden als Geldleiher und Bankiers tätig, das heißt, sie waren gebildete und wohlhabende Leute. Jedoch wurde ihnen der Zugang zu den Zusammenschlüssen von Handel und Handwerk verwehrt, ebenso wie sie keine Grundstücke in der Stadt erwerben durften, sondern zur Miete wohnen mussten. In der Mitte des 14. Jh. kam es im Zusammenhang mit der Pest zu ersten Judenverfolgungen, Pogromen, bei denen viele Juden getötet wurden, weil man sie für die Pest verantwortlich machte (Judas von Ischariot als Verräter Jesu Christi, Brunnenvergiftermythos).
Die verheerenden Judenverfolgungen (Pogrome) hatten sowohl religiöse als auch finanzielle Hintergründe in Deutschland während der Pest. In Frankreich wurde den Juden vorgeworfen, in einer gemeinsamen Verschwörung die Vergiftung von Brunnen vorgenommen zu haben, wodurch man die Schuldigen für die unheimliche Seuche gefunden zu haben glaubte. Jedoch ging es offensichtlich vielmehr um Geldgier: Da Juden vor allem als Bankiers und Geldleiher arbeiteten, richtete sich der Hass vieler Menschen besonders gegen sie und ihren vermeintlichen ungeheuren Reichtum. Viele Familien, darunter auch Königsfamilien wie die Luxemburger, waren bei Juden verschuldet. Jetzt schien der Zeitpunkt geeignet, sich von den Schulden zu befreien. Oft waren die Pogrome geplant und vorbereitet. Man wollte sich gezielt an jüdischem Besitz bereichern.
Auch KARL IV. profitierte von den Judenverfolgungen, indem er nicht konsequent gegen diese einschritt, Städte, in denen es zu Pogromen gekommen war, nicht bestrafte und selbst Gewinn aus Erbschaften an jüdischem Besitz schlug.

5.6.4 Kaisermacht und Fürstenmacht

1273 wählten die Kurfürsten RUDOLF VON HABSBURG zum deutschen König. Die Habsburger verfügten über Besitz im Elsass, am Oberrhein sowie in der heutigen Schweiz.
Diesen erweiterte RUDOLF, indem er König OTTOKAR VON BÖHMEN, der die Wahl RUDOLFS nicht anerkannte, die Herzogtümer Steiermark und Österreich entzog. Er verlieh sie als erbliche Lehen an seine Söhne. Somit gehörten sie nun zum erblichen Besitz der Habsburger.
Ähnlich verfuhren auch die anderen Hausmachtkönige: Die Luxemburger gewannen auf diese Art und Weise unter HEINRICH VII. 1310 das Königreich Böhmen, die Wittelsbacher 1323 die Markgrafschaft Brandenburg.

RUDOLF VON HABSBURG (1218–1291)

Das Hausmachtkönigtum der Luxemburger

Während das Königtum der Wittelsbacher mit LUDWIG DEM BAYERN (1314 bis 1347) eine Episode blieb, erlebte die Dynastie der Luxemburger einen unaufhaltsamen Aufstieg, der mit der Wahl HEINRICHS VII. (1308–1313) und dem Erwerb Böhmens für die Luxemburger begann. Sie bestimmten die Geschicke des Deutschen Reiches für fast einhundert Jahre. Mit der Wahl KARLS IV. (1346) zum deutschen König zeichneten sich einschneidende Veränderungen innerhalb des Deutschen Reiches ab. Vor allem das Verhältnis zwischen den Reichsfürsten wurde neu geregelt.

König und Königswähler – die Goldene Bulle

Seit dem Ende des 12. Jh. hatte sich ein Kreis von Fürsten herausgebildet, der bei der Königswahl eine besondere Rolle spielte. Bereits 1257 war aus dem Kreis der Kurfürsten ein Kurfürstenkollegium geworden, das sich aus drei geistlichen und vier weltlichen Königswählern zusammensetzte: den Erzbischöfen von Köln, Mainz und Trier sowie dem König von Böhmen, dem Pfalzgrafen bei Rhein, dem Herzog von Sachsen und dem Markgrafen von Brandenburg. Bis zum Untergang des „Heiligen Römischen Reiches Deutscher Nation" im Jahre 1806 wählten sie den deutschen König. Ihr Hauptinteresse bestand darin, eine starke Königsherrschaft und die Thronfolge innerhalb einzelner Familien zu verhindern, was ihnen allerdings nur teilweise gelang: **KARL IV.** konnte die Wahl seines Sohnes WENZEL durchsetzen.

Jedoch arbeiteten König und Kurfürsten auch zusammen, wenn es um die Schwächung der Machtposition des Papsttums und die Versuche des Papstes ging, die Königswahl im Deutschen Reich mitzubestimmen (Approbationsrecht). Dies gelang den Kurfürsten im Kurverein von Rhense (1338), der die Wahl des Königs ohne päpstliche Anerkennung regelte.
Endgültig wurde das Wahlverfahren dann in der **Goldenen Bulle** (1356), dem wichtigsten Verfassungsdokument der mittelalterlichen Geschichte, geregelt. Ihren Namen erhielt die Goldene Bulle von einer Goldkapsel (aurea bulla), mit der das Siegel umschlossen war. Verfasst wurde das Gesetzeswerk im damals üblichen Latein. Kapitel 1–23 wurden in Nürnberg erarbeitet und verkündet, Kapitel 24–31 auf dem Reichstag zu Metz.
Der Anfang 1356 in Nürnberg geschriebene Teil enthält die Kurfürstenverfassung:
Der deutsche König wurde von den Kurfürsten in einer festgelegten Reihenfolge und in einer Mehrheitswahl in Frankfurt gewählt und in Aachen gekrönt, womit Doppelwahlen ausgeschlossen waren.
Eine päpstliche Mitwirkung an der Königswahl wurde nicht erwähnt; stattdessen legte die Goldene Bulle die Anwartschaft des deutschen Königs auf die Kaiserkrone fest.
Die Goldene Bulle legte eine jährliche Versammlung aller Kurfürsten fest. Es sollten Beratungen mit dem Kaiser stattfinden. Bündnisse aller Art mit Ausnahme von Landfriedenseinigungen wurden verboten, ebenso das Pfahlbürgertum. Die Kurfürsten besaßen den Status der Immunität, außerdem wurde das Kurrecht auf den erstgeborenen ehelichen Sohn vererbt.

An die Verkündung der Goldenen Bulle 1356 in Nürnberg erinnert seit 1509 die Kunstuhr des „Männleinhaufens". Jeden Mittag um 12.00 Uhr umziehen sieben Kurfürsten huldigend Kaiser KARL IV. an der Spitze der Frauenkirche.

Die Kurfürsten erhielten vom König:
- Münzprägerecht,
- Zollrecht,
- Judenschutz.

Pfahlbürger wohnten außerhalb der Städte, besaßen aber das Stadtrecht.

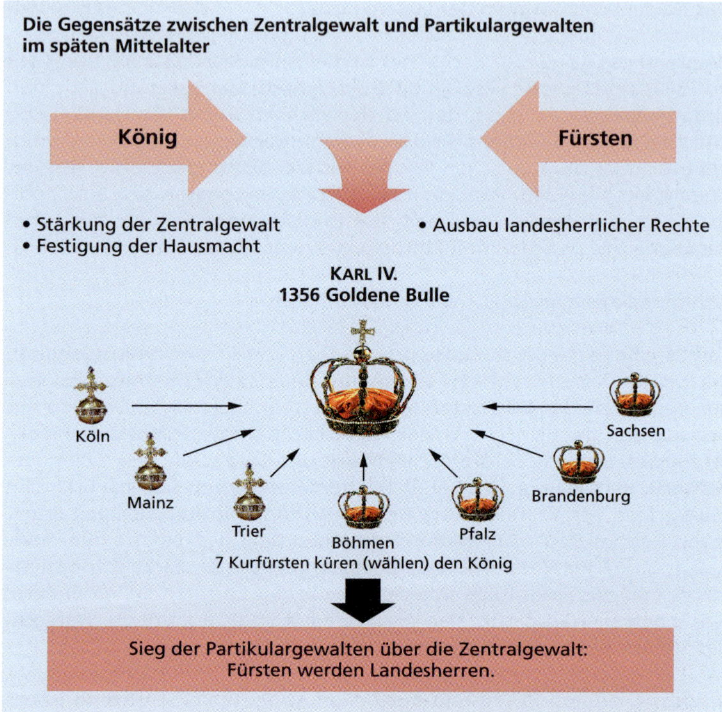

Die Gebiete der Kurfürsten (die Kurlande) wurden zu unteilbaren Territorien erklärt, das heißt, es wurde das immer währende Bestehen der Kurfürstentümer und ihre Funktion als Königswähler gesichert.
Der König gestand den Kurfürsten die Ausübung von Rechtsprechung, Zollrecht und Münzrecht in ihren Herrschaften zu, wodurch sie eine in ihren Herrschaften königgleiche Stellung erreichten.
Das eigentliche Ziel der Goldenen Bulle bestand darin, Thronfolgefehden und die Aufstellung von Gegenkönigen zu verhindern. Dieses Ziel wurde erreicht.

Das Deutsche Reich in der Krise – Fehden, Feme, Raubrittertum

Nachdem die Kurfürsten ihre Rechte und ihre Herrschaftsansprüche in der Goldenen Bulle abgesichert hatten, waren sie auch bereit, die Thron-

folge innerhalb bestimmter Familien zuzulassen. Nach den Luxemburgern bestimmten die Habsburger für ca. 400 Jahre die Geschichte des Deutschen Reiches. Allerdings blieben auch die Habsburger auf ihre Hausmacht beschränkt. Ebenso wie ihren Vorgängern gelang es ihnen nicht, die Macht der Fürsten zurückzudrängen. Die Interessen und Machtambitionen der Fürsten überwogen, wobei sie vielfach gegeneinander arbeiteten, was die Situation innerhalb des Deutschen Reiches schwer durchschaubar machte.
Das Königtum wurde seiner Aufgabe als zentraler Ordnungsmacht nicht mehr gerecht. Fehdewesen, Femegerichte und Raubritterunwesen waren an der Tagesordnung:
Adlige Familien führten ihre Privatkriege – Fehden – gegeneinander, wodurch sowohl Dörfer als auch Städte in Mitleidenschaft gezogen wurden.
Sondergerichte – Femegerichte – fällten in geheimer Abstimmung Urteile gegen Rechts- und Friedensbrecher, da die königliche bzw. landesherrliche Gerichtsbarkeit ihre Aufgabe nicht mehr ausreichend wahrnahm.
Schließlich verdienten sich viele Angehörige des Ritterstandes ihren Lebensunterhalt als Raubritter, das heißt, sie bereicherten sich auf Kosten der Städte und Kaufleute.

Das große Sterben und die Agrarkrise

Die Krise innerhalb des Deutschen Reiches hinterließ ihre Spuren auch in der Wirtschaft und in der Bevölkerungsentwicklung. Zu Beginn des 14. Jh. herrschte im Deutschen Reich eine Überbevölkerung, die zu Hungersnöten führte, die durch Missernten und Naturkatastrophen verschärft wurden. Seit dem Beginn des 14. Jh. kam es infolgedessen zu einer Abnahme der Bevölkerungszahlen. Viele dörfliche Siedlungen wurden aufgegeben und zu Wüstungen.
Auch in der Landwirtschaft äußerte sich diese Krise. Es sanken die Preise für landwirtschaftliche Produkte, vor allem Getreide, während sich Handwerkserzeugnisse verteuerten, was dazu führte (Preisschere), dass viele Bauern ihr Land verließen (Landflucht) und ihre adligen Herren Einnahmeverluste hinnehmen mussten.
Für die drastische Verminderung der Bevölkerung war auch die Pest verantwortlich, die das Deutsche Reich ca. 1349 erreichte. Regional unterschiedlich raffte die Pest bis zu 30 % der Bevölkerung hin. In ganz Europa starben zwischen 1346 und 1352 ca. 25 Mio. Menschen an dieser Seuche.

i

Wüstungen, verlassene Siedlungsstätten (Ortswüstungen) oder aufgegebene, ehemals landwirtschaftlich genutzte Flächen (Flurwüstungen, wüste Marken).

Die Reichsreform

Die anarchischen Zustände im Deutschen Reich führten immer mehr zu seiner Schwächung, sodass die Forderung nach einer Reichsreform laut wurde. Jedoch widerspiegelte sich auch in dieser Frage der Konflikt zwischen Zentralgewalt und Fürsten: Während das Königtum eine Stärkung der Zentralgewalt forderte, versuchten die Fürsten, dies zu verhindern und ihre eigene Position zu stärken. Sie forderten deshalb eine stärkere Beteiligung der Reichsstände an der Machtausübung. Der Wormser Reichstag 1495 beschloss schließlich die Reichsreform. Zu ihren Festlegungen gehörten:

- ein Ewiger Landfrieden, mit dem die Fehden beendet werden sollten,
- die Schaffung eines vom König unabhängigen Gerichts, des Reichskammergerichts mit Sitz in Frankfurt,
- die Einführung einer Reichssteuer, des Gemeinen Pfennigs,
- der Reichstag, der jährlich einberufen werden sollte, um wichtige Beschlüsse zu fassen.

König

Reichstag

„Ewiger Landfrieden"
Verbot jeglicher Fehde unter Androhung der Reichsacht

Reichsgrundgesetz

Durchsetzung durch:

Gemeiner Pfennig (Reichssteuer)

Reichskammergerichtsordnung:
Kaiser ernennt den Kammerrichter (Präsident),
Reichsstände schlagen die sechzehn „Urteiler" (Assessoren) vor.

Aus „Der Ewige Landfriede" von 1495

„Wir Maximilian von Gottes Gnaden Römischer König, zu allen Zeiten Mehrer des Reiches ..., haben durch das Heilige Reich und die deutsche Nation einen gemeinsamen Frieden vorgenommen, aufgerichtet, geordnet und gemacht.

Also daß von Zeit dieser Verkündung niemand, von was Würden, Stands oder Wesens der sei, den anderen befehden, bekriegen, berauben, fangen, überziehen, belagern auch dazu nicht selbst oder durch jemand anders von seinetwegen dienen, noch auch in irgendwelche Schlösser, Städte, Märkte, Befestigungen, Dörfer, Höfe oder Weiler absteigen, oder sie ohne des anderen Willen mit gewaltsamer Tat freventlich einnehmen oder hinterlistig mit Brand oder auf andere Weise dermaßen beschädigen soll. Auch soll niemand solchen Tätern Rat, Hilfe oder in einer anderen Weise Beistand oder Vorschub tun, auch sie offenkundig oder hinterlistig nicht beherbergen, behausen, atzen oder tränken, aufnehmen oder dulden. Sondern wer gegen den anderen einen Rechtsanspruch zu erheben gedenkt, der soll solches suchen und tun an den Enden und Gerichten, wo die Sachen hiervor oder jetzt in der Ordnung des Kammergerichts zum Austrag vorgeladen sind oder künftig werden oder ordentlich hingehören. Und darauf haben wir alle offene Fehde und Aufruhr durch das ganze Reich aufgehoben und abgetan, heben die auch hiermit auf und tun die ab aus Römischer königlicher Machtvollkommenheit in und mit Kraft dieses Briefes ..."

6 DAS ZEITALTER DER GROSSEN GEOGRAFISCHEN ENTDECKUNGEN

(um 1400–um 1600)

6.1 Renaissance und Humanismus in Europa

6.1.1 Das neue Weltbild

In Europa vollzog sich zwischen dem 13. und 16. Jh. ein epochaler Wandel. Um 1500 kann von einer Bruchstelle zwischen dem **Mittelalter** und der **Neuzeit** gesprochen werden.

Ein neues Welt- und Menschenbild entstand. Kultur und Wissenschaft, Philosophie und Literatur der griechisch-römischen **Antike** wurden wieder entdeckt. Arabisch-islamische und jüdische Gelehrte des 10.–12. Jh. bewahrten und überlieferten den Europäern wichtige philosophische und naturwissenschaftliche Erkenntnisse der griechisch-römischen Antike.

Mit der Entwicklung von Städten und dem damit verbundenen Aufkommen eines selbstbewussten Bürgertums, der enormen Ausweitung des Handels, der Entwicklung neuer Techniken und besonders der Herausbildung eines neuen Menschenbildes wurde dieser Umbruch geprägt.
Die großen **Entdeckungsreisen** waren nicht denkbar ohne das durch arabisch-islamische Wissenschaftler überlieferte und vervollkommnete geografische und astronomische Wissen, einschließlich der darin enthaltenen Irrtümer und „weißen Flecken".

Nach Auffassung der **Humanisten** sollte das bürgerliche Individuum seine Persönlichkeit frei entfalten können, sein Taten- und Bildungsdrang keinerlei kirchlich-dogmatischen oder feudalen Zwängen unterworfen sein. Der italienische Humanist und Philosoph GIOVANNI PICO DELLA MIRANDOLA (1463–1494) drückte das neue Verständnis vom Menschen so aus, indem er in einer seiner Schriften Gott zu Adam sagen lässt: „Ich habe dich weder als göttliches noch als irdisches Wesen geschaffen, weder sterblich, noch unsterblich, damit du frei und souverän dich selbst formst in der Gestalt, die du dir vorgenommen hast."
Humanistisches Gedankengut begann sich zu verbreiten in der Auseinandersetzung mit menschenverachtendem Denken und Handeln. Humanistische Ideen mussten sich durchsetzen in einer europäischen Welt, in

1519 FERNÃO DE MAGALHÃES startet (erfolglose) Erdumseglung

1519–1521 HERNÁN CORTÉS erobert Mexiko

1532 FRANCISCO PIZARRO erobert Inka-Reich

1582 Russland erobert Sibirien

1596/97 WILLEM BARENTS überwintert auf Nowaja Semlja

der „Ketzer" und „Rebellen", „Hexen" und Juden, also Andersdenkende und Andershandelnde eingekerkert und grausam misshandelt, oft auch mit dem Tode bestraft wurden. **Inquisition** und **Sklavenhandel** prägten die neue Zeit ebenso wie **Humanismus** und **Renaissance.**

Der Renaissance-Humanismus trat für eine diesseitsorientierte Lebensgestaltung ein, eine durch sittliche und geistige Bildung sich formende Menschlichkeit. Kultur und Wissenschaft waren durch die Wiederbelebung der Antike gekennzeichnet.

Inquisition als eine eigene Behörde der katholischen Kirche bildete sich im Mittelalter (↗ S. 234) im Zusammenhang mit der angeblichen Gefährdung der Kirche durch sogenannte Ketzer heraus.
In **Spanien** wurden von 1481 bis 1808 rund 31 000 Menschen Opfer der Inquisition.

Wissenschaft und Kultur

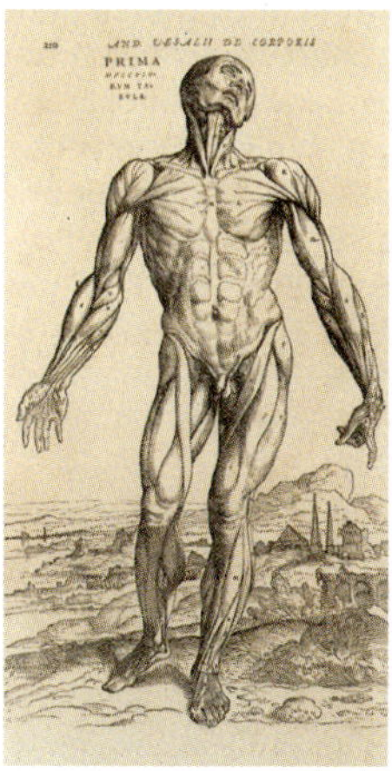

Das Neue bestand darin, dass überall in Europa die Wissenschaftler und Forscher ihre Kenntnisse aus **Erfahrungen** und **Beobachtungen** erwarben. So gewann der Brüsseler Arzt ANDREAS VESALIUS, der Leibarzt KARLS V. und PHILIPPS II. war, bahnbrechende Kenntnisse über den Körperbau des Menschen, indem er Leichen sezierte.

Für LEONARDO DA VINCI, eines der größten Universalgenies, waren besonders **Naturbeobachtungen** wichtig. Neben seinen berühmten Gemälden wie die „Mona Lisa" entwarf er verschiedene Maschinen und Geräte. So wandte er viel Zeit auf füt die Beobachtung des Vogelflugs, um einen **Flugapparat** zu entwickeln.
In der Architektur und Bildhauerei zeigte sich der Renaissancestil.

LEONARDO DA VINCI (1452–1519)

Wirtschaftliche und politische Entwicklung

Mittelpunkt der wirtschaftlichen und politischen Entwicklung waren die Städte, die sich im Mittelalter herausgebildet hatten. Sie waren Zentren frühkapitalistischer Kultur. Besonders in **Italien,** und hier in Florenz, Genua und Venedig, entwickelten sich reiche Städte nicht zuletzt wegen des enorm gewachsenen Seehandels.

Ansicht der Stadt Genua

ALBRECHT DÜRER (1471–1528), der besonders als Grafiker bekannt ist, lieferte durch seine darstellende Geometrie GALILEI und KEPLER Impulse

Um die Waren billiger zu erhalten, waren die Kaufleute bemüht, einen **direkten Seeweg** nach **Asien** zu finden. Die **Seefahrernationen Portugal** und **Spanien** übernahmen zur Verwirklichung dieser Ziele die Führung. Ihre Seehäfen, die am Atlantik lagen, wurden mit finanziellen Unterstützungen italienischer und deutscher Handel- und Bankhäuser ausgebaut und für europäische Expansionen gerüstet.

Portugal war ein ethnisch homogenes eigenstaatliches Territorium. So galt Portugal seit der zweiten Hälfte des 14. Jh. als sprachlich geeint. Außerdem konnte bereits 1249 die muslimische Herrschaft in Portugal beendet werden. Damit war die Rückeroberung des Landes (die Reconquista) 250 Jahre früher abgeschlossen als in Spanien. Die portugiesische Monarchie, die sich durch ein hohes wirtschaftliches und handelspolitisches Engagement auszeichnete, sah in der überseeischen Expansion Portugals Zukunft. Begehrteste Produkte waren nach wie vor die Edelmetalle Gold und Silber.

Entwicklung neuer Schiffstypen und Navigationsinstrumente

Der traditionelle Schiffstyp im Mittelmeerraum war die **Galeere,** im Nordseeraum die **Kogge.** Veränderungen am Kiel sowie Verlegung des Ruders führten zur **Karacke.** Als großes Segelschiff trat die Karacke im 14. Jh. an die Stelle der Galeere. Ihre Wendigkeit war durch die neue Segelanordnung bedeutend erhöht worden. Sie konnte eine Ladung von 1 000 Tonnen aufnehmen und diente den Portugiesen zunächst für die Indien- und Ostasienfahrten. Kleiner, dafür aber schneller und noch wendiger war die Entwicklung der **Karavelle.** Diesen dreimastigen Schiffstyp verwendeten die Portugiesen bei ihren Afrikafahrten und als Konvoischiffe.

Die **Naue** war dagegen ein reines Transportschiff. Sie hatte bis zu fünf Decks und konnte bis zu 2 000 Tonnen laden. Mit Kanonen bestückt, war sie seit dem 14. Jh. den asiatischen Konkurrenten überlegen.

Das Ende dieser Schiffsentwicklung kennzeichnet die von den Spaniern und Portugiesen gebaute **Galeone.** Sie war sowohl Kriegsschiff als auch Handelsschiff. Dieser neue Schiffstyp diente als Begleitschutz für die spanischen und portugiesischen Konvois nach Amerika und Asien.

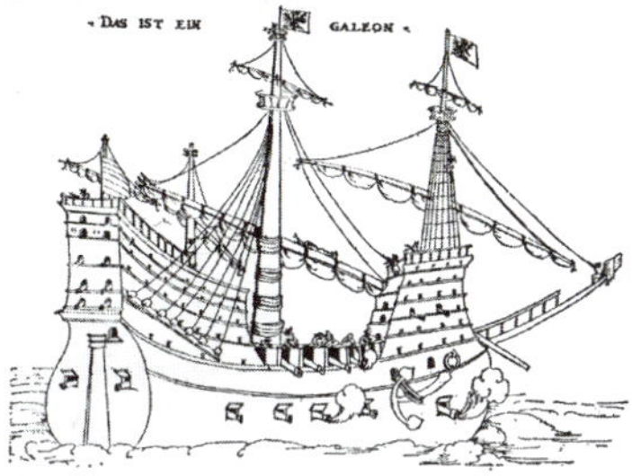

Eine herausragende Bedeutung neben der Entwicklung der Schiffe nahmen die Erarbeitung von Seekarten, Segelhandbüchern, die Entwicklung neuer und verbesserter Navigationsgeräte wie Kompass, Astrolabium, Quadranten und Jakobsstab ein.

Im 14. Jh. zählten Kompass, Log oder Logleine, Sanduhr und Koppeltafel zur Navigationsausrüstung. Diese reichten für die Standortbestimmung auf offener See nicht mehr aus.

Im 15. Jh. entwickelten die Portugiesen zur genauen Bestimmung der Längen- und Breitengrade das **Astrolabium** und den **Quadranten.** Der **Jakobsstab,** der im 15. Jh. in der portugiesischen Seefahrt üblich war, wurde im 16. Jh. das wichtigste und genaueste Instrument überhaupt.

Ein Astrolabium

Die Krümmung der Erde berücksichtigend, wurden **Karten** mit einem Netz von **Längen- und Breitengraden** erarbeitet, die die Proportionen der Erde präzise darstellten.

> Die militärische Überlegenheit europäischer Schiffe führte zu kolonialer Herrschaft und Handelsdominanz.

Geografisches Wissen jener Zeit

Es begann das Zeitalter der großen geografischen Entdeckungen. Erdkundliche Entdeckungen im Sinne der **Humanisten** bedeuteten, den Horizont des geografischen Wissens über das Mittelmeergebiet hinaus zu verschieben. Die Ansicht, dass die Erde eine Scheibe sei, war von den Gelehrten längst verworfen, obwohl der endgültig anerkannte Beweis fehlte. Einer der ers-

Abbildung des **geozentrischen Weltbildes**

Es ging vor allem darum, zu erkunden, welche möglichen **Seewege** zu in Europa bereits bekannten und auch noch unbekannten Ufern führen.

ten in der Antike, die das vorhandene geografische Wissen ihrer Zeit zusammenfassten, war der Geograf, Astronom und Mathematiker PTOLEMÄUS. Der altgriechische Gelehrte dachte sich die Erde bereits als Kugel. Er sah in ihr das unbewegliche Zentrum des Kosmos **(geozentrisches Weltbild).** Dieser Irrtum des PTOLEMÄUS wurde von der christlichen Kirche zum Dogma erklärt, das erst von KOPERNIKUS überwunden wurde.

> NIKOLAUS KOPERNIKUS widerlegte das geozentrische Weltbild und bewies, dass die **Sonne** den **Mittelpunkt** der Welt darstellt und die Erde ebenso wie alle Planeten um die Sonne kreist.

griech. helios = Sonne

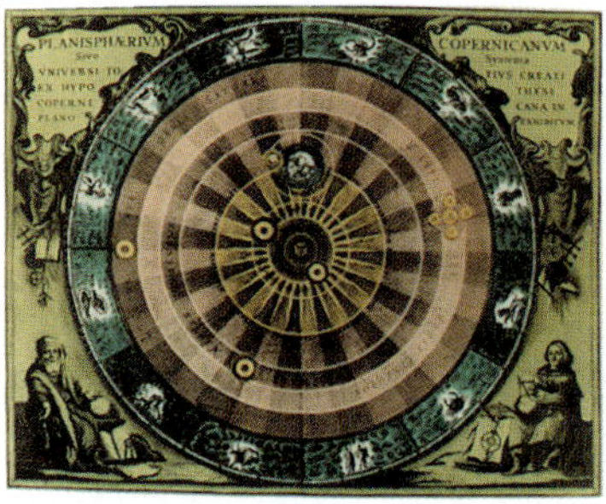

Endgültig bewies GALILEO GALILEI die Richtigkeit dieses **heliozentrischen Weltbildes.** Die katholische Kirche leugnete das heliozentrische Weltbild. Um 1400 waren in Europa nur die Kontinente Afrika und Asien bekannt. Dabei beschränkten sich die Kenntnisse über **Afrika** fast ausschließlich auf den nördlichen und nordöstlichen Teil. **Asien** war dagegen besser bekannt. Das aus der Antike überlieferte Bild vom „Wunderland" Indien und dem fernen China war in den Vorstellungen noch lebendig. Besonders Indien bedeutete für die Europäer Reichtum. Waren doch vor allem die Italiener durch den Handel mit Indien und dem vorderen Orient reich geworden.

Erst **1992** räumte die katholische Kirche ein, dass GALILEI Recht hatte.

ERASMUS VON ROTTERDAM (1469–1536)
Er stritt für die Einheit der Kirche. Jeglicher Fanatismus war ihm fremd – auf religiösem und auf weltanschaulichem Gebiet. Seine griechische Ausgabe des **Neuen Testaments** (1516, Basel), die er mit einer eigenen lateinischen Übersetzung und zahlreichen Anmerkungen versah, diente als Grundlage für LUTHERS **Bibel-Übersetzung.**

6.1.2 ERASMUS VON ROTTERDAM

ERASMUS VON ROTTERDAM war der bedeutendste **Humanist.** Seine humanistischen Ansichten waren geprägt von seinem Eintreten für ein Leben ohne Krieg. **Wissen** sollte seiner Meinung nach ausschlaggebend sein für eine führende Stellung in der Gesellschaft – und nicht Geld. Er trat dafür ein, keine Kriege im Namen des Glaubens zu führen.

> Das Zusammenleben der Menschen verschiedener Religionszugehörigkeit sollte von Toleranz geprägt sein. Er wandte sich gegen Missstände in der Kirche.

ERASMUS verfasste die **satirische Schrift** „Lob der Torheit" (1511). Hier setzte er sich mit Spott und Ironie mit Unarten seiner Zeitgenossen einschließlich kirchlicher Würdenträger wie Dummheit, Unwissenheit, Aberglauben, Oberflächlichkeit auseinander.
ERASMUS vertrat die Auffassung, die **Schule** sollte vor allem zum **Denken** erziehen und nicht zum Auswendiglernen von Büchern. Er setzte sich dafür ein, Mädchen und Jungen gemeinsam zu erziehen und die Prügelstrafe abzuschaffen.

6.2 Europäer „entdecken", erforschen und erobern die Welt

6.2.1 Portugal sucht einen Seeweg nach Indien

HEINRICH DER SEEFAHRER

Mit dem Segeln „hinaus über das Ende der Welt", initiiert von **HEINRICH DEM SEEFAHRER** (DOM HENRIQUE O NAVEGADOR), begann Portugals indisches Abenteuer. Die **Konzentration** von **geografischem** und **kartografischem Wissen** in Sagres und die Eroberung der nordafrikanischen Stadt Ceuta legten den Grundstein für ein künftiges **Weltreich.**

Karten wurden mit neu erfahrenem Wissen über **Landmarken, Untiefen, Ankerplätze** sowie anderen navigatorischen Hinweisen vervollständigt und korrigiert. Das war die Voraussetzung für ein weiteres Vordringen entlang der Küste **Afrikas** nach Süden.

HEINRICH DER SEEFAHRER befand sich auf dem Wege vom mittelalterlichen Ritter zum aufgeklärten **Humanisten** der Renaissance; sein Denken und Handeln waren geprägt sowohl von weltoffener Toleranz als auch von einem „starren Kreuzfahrergeist". Im Jahre 1415 gründete er das **„Forschungszentrum"** in **Sagres.** HEINRICH holte viele bedeutende Gelehrte nach Sagres und förderte diese dort in ihren Studien. Hier konnten die Ideen entstehen, die zu den Entdeckungsfahrten führten.

Die von Prinz HEINRICH unterstützten **Forschungen** und **Expeditionen** ebneten den Weg für die späteren Fahrten **BARTOLOMEU DIAZ'** oder **VASCO DA GAMAS.**

Portugal entstand aus dem Konflikt zwischen **christlichem Abendland** und **islamischem Morgenland,** und es lebte diesen Konflikt.

Portugal strebte danach, geografisches und ethnografisches Wissen zu mehren, neue Handelsbeziehungen zu knüpfen, aber auch politische Zustände und militärische Gegebenheiten auszukundschaften. Es wurde dabei vom missionarischen Eifer getrieben, alle ungläubigen Seelen auf den „rechten Weg" zu führen.

Portugals Indien-Expeditionen

Die Afrika-Umseglung der Phönizier im Auftrag des ägyptischen Pharaos NECHO war in Vergessenheit geraten. Wenn der Phönizier HANNO tatsächlich bis zum Äquator vorgedrungen war, so hatte er damals eine Leistung vollbracht, für die die Portugiesen siebzig Jahre benötigten. Sie suchten über den Südkurs um Afrika (Kap der Guten Hoffnung) herum den Seeweg nach Indien. In vielen Versuchen erlitten sie zahlreiche Rückschläge, obwohl sie über wesentlich besser ausgerüstete Schiffe verfügten.

Der phönizische Seefahrer HANNO unternahm spätestens 450 v. Chr. eine Expedition entlang der Westküste Afrikas. Wie weit er gelangte, ist umstritten.

Auf Südkurs – bis zum Kap der Guten Hoffnung		
1415	Ceuta	Portugiesen erobern den maurischen Stützpunkt.
1416	Kap Nun	Das erste Schiff erreicht das Kap im Süden Marokkos.
1418	Madeira	Die Insel wird erste überseeische Provinz Portugals. Ab 1425 bauen portugiesische Siedler Wein an.
1427/32	Azoren	Portugiesische Karavellen erreichen die Inselgruppe.
1433	Kanaren	Gil Eanes erreicht die Kanarischen Inseln.
1434	Kap Bojador	1434 gelangt Gil Eanes endlich die Umseglung des bis dahin so gefürchteten Kaps. Die Legende, dass südlich dieses Kaps kein menschliches Leben möglich sei, ist endgültig zerstört.
1436	Rio de Ouro	Antão Conçalves gelangte bis zu einer Meeresbucht Rio de Ouro (Goldfluss).
1441	Kap Blanco	Nuno Tristão kommt bis zum Kap Blanco. Von dort verschleppt er die ersten Schwarzafrikaner nach Europa und beginnt den neuzeitlichen Sklavenhandel.
1444	Senegal	Die Mündung des Senegal-Flusses wird erreicht.
1444/45	Kap Verde	Der westlichste Punkt des afrikanischen Kontinents wird erreicht.
1446	Gambia	Nuno Tristão entdeckt die Mündung des Gambia-Flusses.
1455/56		Der Venezianer Càdamosto unternimmt im Auftrag Prinz Heinrichs zwei Erkundungsfahrten nach Westafrika. Von ihm ist der erste Augenzeugenbericht eines Europäers aus Westafrika überliefert.
1456–1462	Kapverden	Die Kapverdischen Inseln (Inseln des Grünen Vorgebirges) werden von Alvise Cadamosto entdeckt.
1470er	Äquator	Entdeckungsfahrten entlang der **Pfeffer-, Elfenbein-, Gold-** und **Sklavenküste** bis zum Äquator. Die Namen der Küstenlandstriche verdeutlichen, worauf es den Portugiesen vor allem ankam.
1471	São Tomé	Die Portugiesen landen auf São Tomé.
ab 1482	Kongo	Diogo Cão entdeckt die Kongo-Mündung, er gelangt nach Zaïre und Angola.
1488	Kap der Guten Hoffnung	Bartolomeu Diaz (um 1450–1500) umsegelt das Kap der Stürme, den südlichsten Punkt Afrikas. Heute heißt es Kap der Guten Hoffnung.

Vasco da Gama

Vasco da Gama verließ 1497 Lissabon, umsegelte das Kap der Guten Hoffnung und erreichte Moçambique. Von dort aus überquerte er den Indischen Ozean und gelangte am 20. Mai 1498 vor Calicut. Vasco da Gama begegnet in Vorderindien einer hoch entwickelten Kultur. Calicut war Zentrum des Handels mit Afrika, Arabien, den Ländern des Persischen Golfes und Indien.
1502 gründete Vasco da Gama Niederlassungen für das portugisische Königreich in **Sofala** und **Moçambique.** Etwa zur gleichen Zeit (1500) entdeckte Cabral Brasilien.

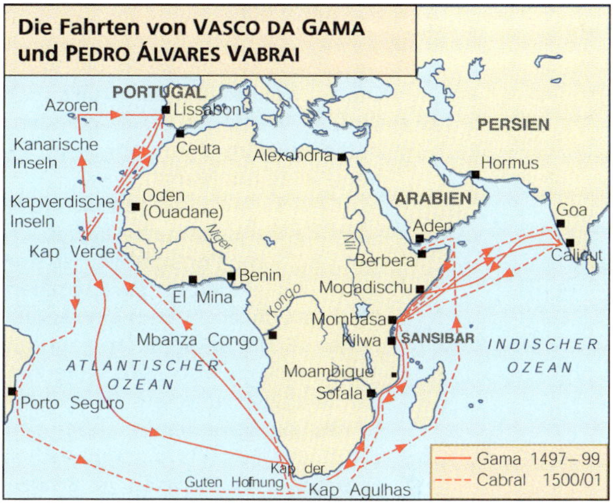

Vasco da Gama legte den Grundstein für die **Vormachtstellung** der Portugiesen im **Indischen Ozean,** für die **koloniale Ausbeutung** weiter Gebiete Südasiens und Ostafrikas.

6.2.2 Reiche Afrikas

Das alte Reich Gana

Das älteste bekannte Königreich in Westafrika wurde von Vorfahren des Soninke-Volkes gegründet. Arabische Schriftsteller nannten es „Land des Goldes“. Dieses **Goldland** erstreckte sich im Sahelgebiet zwischen mittlerem Senegal-Fluss und der großen Schleife des Flusses Niger. Heute gehört dieses Gebiet zu den afrikanischen Staaten **Mauretanien** und **Mali.**

Im 12. Jh. gerät **Gana** unter die Vorherrschaft des Königreichs der Sosso (westafrikanisches Volk).
1240 war es der legendäre Herrscher Sundjata von Mali, der Gana unterwarf und es in eine Provinz seines Reiches verwandelte.

Das Reich Mali

Aufstieg und Höhepunkt des **Mali-Reiches** fallen in die Zeit von Mitte des 13. bis Anfang des 15. Jh. Das Mali-Reich war fast 200 Jahre lang der reichste Staat und ca. 1250 das stärkste **Königreich** im **Westen Afrikas.** Sein Herrscher besaß Goldminen und kontrollierte Handelswege durch die Sahara in den Maghreb, nach Libyen und Ägypten (Bild: Historische Karte mit König Mansa Musa). Der legendäre Gründer des Reiches Mali war Mari Djata oder Sundjata (1230–1255). Über ihn erzählen Volksepen, Lieder, Legenden. Der **Reichtum** des Königs von Mali erregte Aufsehen bis nach Ägypten hin und auch Europa erfuhr davon.

Von einem Enkel Sundjatas, Abubakari II., der um 1303 Herrscher des Reiches Mali wurde, ist überliefert, dass er den Versuch unternahm, den Atlantischen Ozean zu überqueren. Er ließ 2 000 Schiffe ausrüsten. Von der Expedition kehrte niemand zurück.

Das Reich Benin

Gegründet wurde **Benin** ca. 1250. Dieses **Königreich** des Volks der Bini, am Delta des Nigers gelegen, befand sich im 15. Jh. auf dem Höhepunkt seiner Macht.
Ab dem 15. Jh. knüpften die Herrscher Benins dauerhafte Beziehungen zu den **Portugiesen,** später auch zu anderen europäischen Mächten, die an Sklaven interessiert waren. **Britische Soldaten** raubten 1897 Tausende von Meisterwerken der **Bildhauerkunst** aus Benin. Unter den Kunstwerken befanden sich zahlreiche Porträts portugiesischer Soldaten und Zivilisten in Bronze gegossen (Abbildung).

1486 schickte der König von **Portugal** eine **Handels- und Forschungsexpedition** unter der Leitung von ALFONSO D'AVEIRO an den Hof des Herrschers von Benin. Zu dieser Zeit gab es den **Stadtstaat Benin** schon mehrere Jahrhunderte, ähnlich wie andere städtische Zentren, geschaffen vom Volk der **Yoruba.**

Suahelische Hafen- und Handelsstädte an der Ostküste Afrikas

Beginnend mit dem 7. Jh. bis Mitte des 12. Jh., entwickelten sich an der Ostküste Afrikas, am Indischen Ozean, etwa **40 Hafen- und Handelsstädte**. Vor allem arabische Händler ließen sich in Städten wie **Mogadischu** nieder. **Chinesische Geografen** hatten schon im 10. Jh. eine ziemlich genaue Kenntnis von den Ufern des „westlichen Meeres". Bis in das 15. Jh. hinein gab es regelmäßige **Handelsbeziehungen** mit China.

Ruinen einer alten Handelsstadt

Im 16. Jh. **zerstörten** die **Portugiesen** die wirtschaftlichen und politischen Strukturen, die sich hier in über 500 Jahren entwickelt hatten.

Groß-Simbabwe

Die **Blütezeit** von **Groß-Simbabwe** reichte von 1200–1450. Um das Jahr 1000 herum trieb Simbabwe mit der Ostküste Handel, die von arabischen Seefahrern besucht wurde.

1512 gelangten die ersten **portugiesischen Berichte** über Alt-Simbabwe nach **Europa.** 1569 kam es zu einem Feldzug FRANCISCO BARRETOS gegen den MWENI MUTAPA (Monomotapa), den „Herrn der Bergwerke“. Dieser Feldzug scheiterte.

Alt-Simbabwe, Gehöft (Luftaufnahme)

Das Songhai-Reich

Am großen Bogen des Flusses **Niger** kreuzten sich die alten innerafrikanischen **Handelswege.** Es waren vor allem drei Erzeugnisse, die seit uralten Zeiten über Afrikas große Handelsstraßen befördert wurden: **Elfenbein, Salz, Kolanüsse.**
Der Niger war eine wichtige Wasserstraße für den Transport.
Gegen **800 n. Chr.** entstand hier das kleine **Königreich Kukia,** die Wiege des **Songhai-Reiches. 1450–1500** verdrängte **Songhai** Mali als Hauptmacht in der westlichen Sahelzone. 1468 wurde Timbuktu eingenommen, **1473** Djenne erobert. Mit der Einnahme des **Handelszentrums Djenne** erlangten die Songhai-Herrscher Zugang und Kontrolle über die **Goldfelder** von „Bito“ (im Grenzbereich der heutigen Republiken Elfenbeinküste, Burkina-Faso und Ghana).

1482 entsandte **Portugal** eine Delegation an den kongolesischen Königshof. Der König des Kongo ließ sich später taufen und hieß nun ALFONSO I. 1568 konnte einer der Nachfolger von ALFONSO I. nur dank portugiesischer Hilfe einen Aufstand niederschlagen.

Das Reich Kongo

DIOGO CÃO gelangte als erster Europäer an die Kongo-Mündung.
Der Aufstieg des **Königreiches Kongo** begann Ende des 14. Jh. Nach einer **Entscheidungsschlacht** gegen die Portugiesen am **29. Oktober 1665,** in der die Krieger des Kongo den Portugiesen unterlagen, begann das **Königreich Kongo zu zerfallen.**

Das Reich Äthiopien

Als **Nachfolgestaat** von **Aksum** wurde im 12. Jh. das **Königreich Äthiopien** gegründet. Die äthiopische Kirche war von den übrigen christlichen Gemeinden isoliert und entwickelte sich eigenständig.

Äthiopien war durch muslimische Emirate und Reiche eingekreist und suchte Kontakt zum Papst in Rom und zum portugiesischen König in Lissabon. Auch Portugal war an Beziehungen zu Äthiopien interessiert.
1490 machte sich PEDRO DE COVILHÃO (PÊRO DE COVILHÃ) auf den Weg. Er kam von Aden, landete mit arabischen Schiffen an der afrikanischen Küste und gelangte an den Hof des Kaisers **ESKENDER** von Äthiopien.

Die Inschrift eines der erhalten gebliebenen Obelisken aus Granit, der von der Existenz der **Hauptstadt** Aksums kündet, berichtet von der Taufe eines Königs um 350. Syrische und ägyptische Mönche verbreiteten das **Christentum** zwischen dem 4. und 6. Jh. in **Nubien** und **Aksum.** Nach der Eroberung Ägyptens durch die Araber waren die christlichen Gemeinden Afrikas von der übrigen christlichen Welt abgeschnitten.

6.2.3 Das portugiesische Weltreich

Das **Weltreich** der **Portugiesen** reichte von Lissabon bis dorthin, „wo der Pfeffer wächst“.

Die Entstehung des portugiesischen Weltreichs		
1385 1411	Schlacht von Aljubarrota, Friedensschluss mit Kastilien	Mit dem Sieg in der Schlacht von **Aljubarrota** und dem Friedensschluss mit **Kastilien** hält Portugal den iberischen Nachbarn zunächst auf Distanz.
1415	Ceuta	Mit der Eroberung **Ceutas** erfolgt der erste Schritt zur Eroberung eines **Weltreiches.**
1488	Kap der Guten Hoffnung	BARTOLOMEU DIAZ umrundete das **Kap der Stürme,** JOÃO II. taufte es um in **Kap der Guten Hoffnung.**
1497/99	VASCO DA GAMA Seeweg nach Indien	VASCO DA GAMA findet 1497/99 den Seeweg nach Indien und geht in **Calicut** vor Anker.
1501	PEDRO ÁLVAREZ CABRAL Brasilien	CABRAL gelangt auf die andere Seite des Atlantiks, wo er ein Land, das er **Terra de Santa Cruz** nannte, erreicht. Später erhielt es den Namen **Brasilien.**
1510 bzw. 1511	ALBUQUERQUE Goa, Malakka	ALBUQUERQUE erobert die Handelszentren **Goa** und **Malakka.**
1515	Hormuz, Diu	Die Portugiesen nehmen die Inseln **Hormuz** und **Diu** ein und sichern somit ihre Herrschaft über den **Persischen Golf** und das **Arabische Meer.**
1517	China, Ceylon	Die Portugiesen landen erstmals in **China** und setzen sich auf **Ceylon** fest.
1534	Bombay	Sie besetzen **Bombay.**
1557	Macao	Portugiesische Niederlassung in China gegen Zahlung einer Grundrente.
1578	Schlacht von Alcácer Quibir	Das portugiesische Heer unterliegt den Mauren.
1580	Personalunion mit Spanien	Portugal wird von Madrid aus regiert.

Die Portugiesen ergreifen Besitz von den **Molukken,** den **Gewürzinseln. Portugal** wird zur größten **Handelsmacht** im Indischen Ozean. Aber es war ein Überseereich ohne Hinterland. Zwischen 1497 und 1572 wurden 625 Schiffe auf die Südroute geschickt, nur 315 kehrten zurück.

Der Vertrag von Tordesillas

Der **Vertrag von Alcacovas 1479** war eine Friedensvereinbarung, die den Erbfolgekrieg zwischen **Portugal** und **Kastilien** beendete. Portugal verzichtete unter anderem auf die Kanarischen Inseln, die Spanier anerkannten alle Ansprüche Portugals auf andere Inselgruppen im Atlantik und auf Guinea.

Mit den geografischen Entdeckungen der Portugiesen und Spanier in Indien bzw. Amerika gab es neuen Streit darüber, wer welche überseeischen Gebiete beanspruchen darf.
Eine Anordnung des Papstes ALEXANDER VI. führte jedoch zu weiteren Einschränkungen der Portugiesen im Südatlantik. Zeitweise geriet der Seeweg nach Indien in Gefahr, sodass König JOÃO II. von Portugal beim Papst protestierte und Spanien mit Krieg drohte.
FERDINAND VON SPANIEN gab nach und **am 7. Juni 1494 wurde mit dem Vertrag von Tordesillas ein Kompromiss geschlossen, der das spanische gegen das portugisische Kolonialreich abgrenzte.**

Die Aufteilung der Welt nach Verträgen von Alcáçovas und Tordesillas

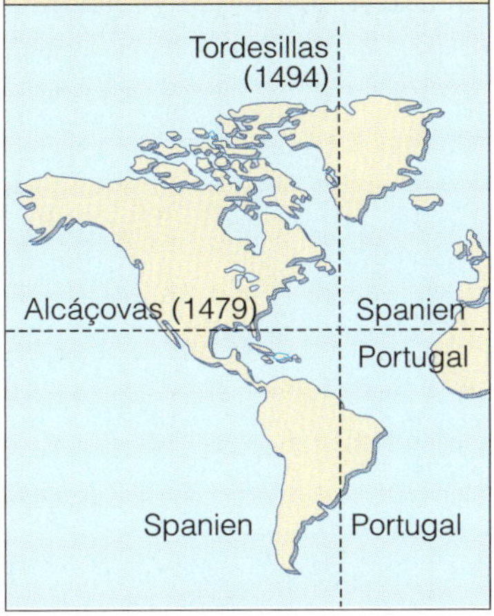

Alle Gebiete westlich des 46. Längengrades sollten an Spanien fallen, alle östlich davon an Portugal. Das gab den Portugiesen den Freibrief für ihre Afrikaroute. Auch führte der **Vertrag von Tordesillas** u. a. dazu, dass das von CABRAL mehr durch Zufall entdeckte Brasilien unter portugiesische Herrschaft kam.

6.2.4 Spanien auf dem Weg zur Weltmacht

Spanien war zunächst der schärfste **Konkurrent Portugals** auf der Suche nach Gold, Diamanten, Sklaven, Elfenbein und exotischen Gewürzen. Als die **Reconquista** mit der Eroberung des **Königreiches Granada,** der letzten **maurischen Bastion** auf der Iberischen Halbinsel, im Jahre 1492 ihren Abschluss fand, konnte sich die spanische Krone verstärkt in den Wettlauf einschalten.

Reconquista: Bezeichnung für die Rückeroberung der von den muslimischen Mauren besetzten Iberischen Halbinsel durch christliche Truppen. 1492 endete der Kampf mit der Befreiung Granadas.

Spanien hatte nicht die Absicht, Indiens Reichtümer allein den Portugiesen zu überlassen.

KOLUMBUS – ein erfahrener Seefahrer

CHRISTOPH KOLUMBUS – Genuese im Dienste der spanischen Krone – suchte den Osten im Westen und begann mit der Wiederentdeckung eines für Europäer bis dahin unbekannt gebliebenen Kontinents, mit der Überzeugung, dass es weiter im Westen Land gibt.
KOLUMBUS hatte bereits im Dienste Portugals eine Expedition nach Guinea unternommen hatte. Sein Versuch, den portugiesischen König JOÃO II. für eine Westfahrt Richtung Indien zu interessieren, schlug fehl.

CHRISTOPH KOLUMBUS (1451–1506)

Die Fahrten des Kolumbus über den Atlantik

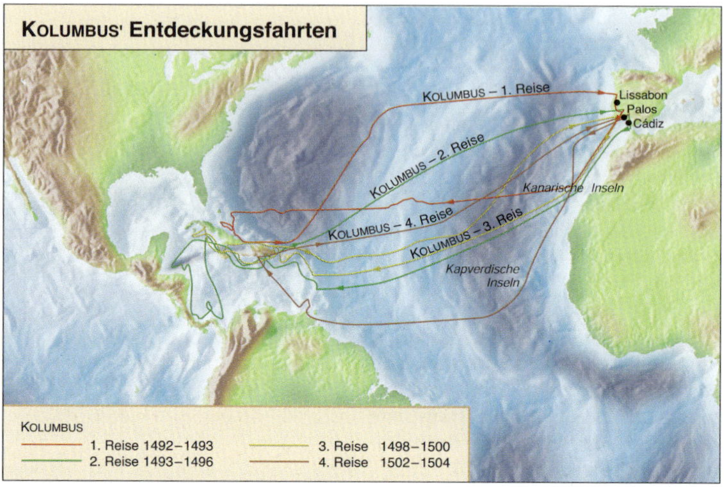

Nach sechs langen Jahren des Wartens und nachdem der Krieg gegen Granada, die letzte islamische Bastion in Spanien, beendet war, unterstützte Königin Isabella von Spanien die Pläne Kolumbus'.

> Zwischen 1492 und 1504 überquert **Kolumbus** achtmal den Atlantik.

Am 3. August 1492 bis 15. März 1493 startete Kolumbus den ersten Vorstoß nach „West-Indien". Drei Schiffe nahmen Kurs nach Westen. Die **Santa Maria** (Bild) befehligte der Admiral selbst. Kapitän der Niña war Martin Alonso Pinzón, Kapitän der Pinta Vincente Yáñez Pinzón. Am 12. Oktober 1492 „entdeckte" Kolumbus eine der Inseln der Bahamas. Auf **Guanahani** kam es zu ersten Begegnungen der Europäer mit „Indianern", wie Kolumbus die Einheimischen nannte. Er glaubte, er hätte Indien erreicht. Einige Tage später wurden die Inseln **Kuba** und **Hispañiola (Haiti)** entdeckt. Kolumbus gründete auf Hispañiola die erste spanische Siedlung. Am 16. Januar verließ Kolumbus Hispañiola. In seinem Bordtagebuch hat Kolumbus seine Reiseerlebnisse festgehalten. Leider ging das Tagebuch verloren. Doch sein Inhalt wurde überliefert – dank einer Abschrift, die Bartolomé de Las Casas anfertigte. Diese Abschrift befindet sich heute in der Nationalbibliothek zu Madrid.

Über die erste Begegnung des **Kolumbus mit „Indianern"** können wir noch heute etwas aus dem Schiffstagebuch erfahren.

Warum der „neue“ Erdteil Amerika heißt

Der deutsche Kartograf MARTIN WALDSEEMÜLLER (ca. 1470 – ca. 1522) benannte 1507 die neu entdeckten Gebiete (engl.: America) in seiner Weltkarte (↗ Abbildung) nach dem italienischen Reisenden AMERIGO (latinisiert Americum) VESPUCCI.
Mit MATTHIAS RINGMANN gab MARTIN WALDSEEMÜLLER gleichzeitig mit der Weltkarte eine Einführung in die Kosmografie heraus.

Was heißt Entdeckung?

PIERRE CHAUNU, ein französischer Historiker, verweist darauf, dass es immer darauf ankommt, von wessen Standpunkt Entdeckungsgeschichte als solche gesehen wird.

Gab es Kontakte zwischen antiken Hochkulturen?

Nischenpyramide von El Tajin

Der altgriechische Geschichtsschreiber ERATOSTHENES schrieb, dass die alten Ägypter mit Indien Handel trieben. Mit Papyrusbooten, ähnlich der „Ra“ HEYERDAHLS, kamen sie bis nach Ceylon, dem heutigen Sri Lanka. Es scheint nicht unmöglich, dass sie ihre Handelsfahrten auch in die „neue“ Welt führten.

Aber, so wird in der Regel gegenargumentiert: Wenn es denn so gewesen sei, wenn also wissenschaftliche und technologische Kenntnisse der Ägypter auf die **Entwicklung altamerikanischer Kulturen** zumindest Einfluss nehmen konnten, weshalb finden sich dann **keine Spuren** der einfachsten und **meistgebrauchten Erfindung** des Menschen, des **Rades?**

Es wird heute manchmal verwiesen auf die verblüffende Ähnlichkeit der altamerikanischen und altägyptischen **Pyramiden.** Ebenso darauf, dass Altägypter und die **Hochkulturen** in Altamerika den Sonnengott verehrten. Die alten Ägypter wussten Gold und Kupfer zu fördern und zu verarbeiten, die Altamerikaner ebenso – und es wird die Frage gestellt, ob sie das Wissen von den alten Ägyptern hatten.

MAGALHÃES und die erste Erdumseglung

VASCO NÚÑEZ DE BALBOA erblickte am **25. September 1513** als erster Europäer den Ozean auf der anderen Seite des amerikanischen Kontinents. Er erreichte ihn auf dem Landweg durch die Urwälder **Panamas.**

VASCO NÚÑEZ DE BALBOA (1475–1517)

Den **Seeweg** zu dem neu entdeckten Ozean fand **FERNÃO DE MAGALHÃES,** ein portugiesischer Seefahrer, der in spanischen Diensten stand. Er nannte den Ozean Pazifischer Ozean und plante, zu den Gewürzinseln und Indien über die westliche Route zu gelangen.

Die Seefahrer, die die Erde umsegelten, stießen auf das Phänomen der Datumsgrenze. Sie machten die Erfahrung, dass derjenige, der die Erde in Richtung Westen umrundet, einen Tag „verliert“. Der Italiener ANTONIO PIGAFETTA, der das Bordtagebuch führte, bemerkte es.

FERNÃO DE MAGALHÃES (1480–1521)
MAGALHÃES kam bei einem Gefecht mit Einheimischen auf der Insel Mactan, einer kleinen Nachbarinsel der Philippineninsel Cebu, am 27. April 1521 ums Leben.

Westwärts zu den Molukken

FERNÃO DE MAGALHÃES (FERNANDO MAGELLAN) leitet die **erste Erdumseglung** ein. Im Auftrag des spanischen Königs KARL V. suchte er einen westlichen Seeweg zu den **Gewürzinseln** (Molukken) des Malaiischen Archipels. **1519/1520** entdeckte er die **Meeresstraße** zwischen **Südamerika** und **Feuerland,** die heute seinen Namen trägt.

Als erster Europäer durchkreuzte **MAGALHÃES** den Pazifik und erreichte 1521 die Philippinen. **JUAN SEBASTIAN DE ELCANO** vollendete die erste **Erdumseglung.** Damit wurde auch der endgültige Beweis von der **Kugelgestalt** der Erde erbracht. Außerdem konnten konkretere Vorstellungen über die ungefähre Größe der Erde gewonnen werden.

Die Gestalter und Herausgeber neuerer spätmittelalterlicher Weltkarten konnten die gewonnenen geografischen Erkenntnisse berücksichtigen. Damit war es europäischen Seefahrern und Entdeckern nach **MAGALHÃES** möglich, ihre Routen genauer zu berechnen und somit auch zukünftige Expeditionen genauer zu planen.

Die unter **MAGALHÃES** eingeleitete Erdumseglung brachte die endgültige Gewissheit, dass **KOLUMBUS** keineswegs in Indien gelandet war, sondern Landstriche (wieder)entdeckte, von denen Europa bislang keine Kenntnis hatte.

Aus FERNÃO DE MAGALHÃES wurde FERNANDO DE MAGALLANES

Als die Portugiesen sich anschickten, Calicut in Indien zu erobern, und nach einigen fehlgeschlagenen Versuchen eine Flotte unter dem Oberbefehl von FRANCISCO D'ALMEIDA nach diesem Indien aufbrach, gehörte zu den kampferprobten Soldaten, die ihn begleiteten, auch FERNÃO DE MAGALHÃES. In einer Seeschlacht zwischen Portugiesen und Arabern vor Cananor erwirbt MAGALHÃES erste Verdienste – für Portugal.
MAGALHÃES gelangte auch in DON MANUELS Diensten nach Nordafrika, wo es darum ging, die dortigen Mauren portugiesischer Botmäßigkeit zu unterwerfen.

Am 17. Oktober 1517 verließ MAGALHÃES Portugal. Aus FERNÃO DE MAGALHÃES wird **FERNANDO DE MAGALLANES.**

i

MAGALLANES wollte einen Weg westwärts zu den Gewürzinseln finden, einen Weg, der kein Gebiet berührte, das der Papst Portugal zugesprochen hatte. Spanien hätte dann seine Gewürze schneller, billiger und gefahrloser beziehen können als Portugal und damit alle Macht im Welthandel in der Hand gehabt. Gewürze bedeuteten mehr Macht als Gold.

Der Vertrag über die Entdeckung der Gewürzinseln

Am 22. März 1518 wurde der **Vertrag** über die **Entdeckung** der **Gewürzinseln** unterschrieben. Artikel 1 verpflichtete dazu, „die Gewürzinseln und andere Inseln in den Spanien durch die Trennungslinie angewiesenen Grenzen zu entdecken und den Weg zu diesen Inseln durch westliche Meere zu suchen".

6.2.5 Vernichtung altamerikanischer Hochkulturen

Maya

FRANCISCO HERNÁN DE CÓRDOBA landete 1517 auf der Halbinsel Yucatán und traf als Erster auf die Hochkultur der Maya, die am höchsten entwickelte Kultur im vorkolumbischen Amerika. CÓRDOBA wollte sich indianische Sklaven für seine Güter auf Cuba beschaffen.
Im Unterschied zu CORTÉS in Mexiko und PIZARRO im alten Peru fand aber MONTEJO kein Gold. Die Maya-Städte mit ihren Palästen, Tempeln und steinernen Statuen waren ihm nichts wert, auch die von den Maya geschaffene Literatur nicht. So verkaufte er die Bewohner der eroberten Maya-Städte an die Spanier in Cuba und Haïti.

Die Hauptrolle in der rücksichtslosen Eroberung des Maya-Landes übernahm FRANCISCO DE MONTEJO, der bereits an der Expedition CÓRDOBAS teilnahm. KARL V. musste zufrieden gewesen sein mit dem, was seine Männer aus dem neuen Kontinent hinwegschleppten, denn er verlieh 1527 MONTEJO das Recht, das Land der Maya zu erobern.

Die Maya – die am meisten entwickelte Hochkultur in Altamerika

Im Regenwald des südlichen Mexikos und Guatemalas blieben Steinmonumente der Maya enthalten, deren Inschriften von Archäologen entschlüsselt werden konnten. Eine Bilderschrift kündet von den Leistungen der Maya-Könige und wichtigen Ereignissen im Leben der Maya. Die Inschriften berichten davon, dass sich die Stadtstaaten der Maya ständig bekriegten.

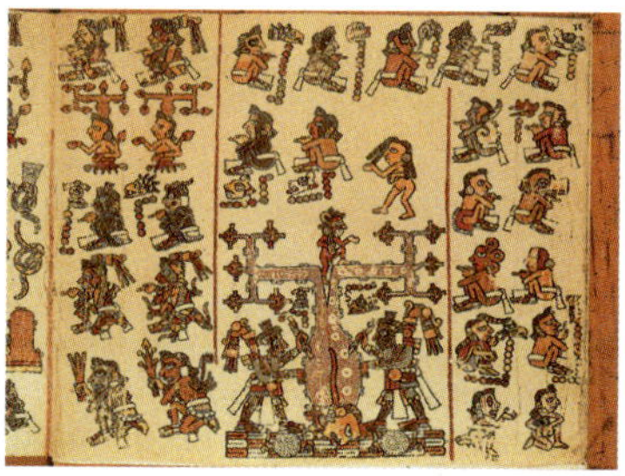

Der **Pariser Codex** (Codex Borbonicus) wurde im Jahre 1859 in einem Korb gefunden, der Papier enthielt, das zum Verbrennen bestimmt war.
Der **Madrider Codex** (Codex Tro-Cortesianus) ist der umfangreichste.
Der **Dresdner Codex** (Codex Dresdensis), der heute in der Sächsischen Landesbibliothek aufbewahrt wird, ist 1739 entdeckt worden.

Die **Maya** hatten einen sehr genauen **Kalender** (↗ S. 24), der auf präzisen astronomischen Beobachtungen beruhte.
Die Maya verfügten über das am weitesten entwickelte **Schriftsystem** im vorkolumbischen Amerika. Drei Maya-Bücher, **Bilderhandschriften** (Bild), sind erhalten geblieben. Außerdem überdauerten die Jahrhunderte mehrere Hundert **Hieroglypheninschriften,** die einst in den Städten der Maya in Stein gemeißelt wurden. Die erhalten gebliebenen Bilderhandschriften werden heute nach ihrem Aufbewahrungsort benannt.

Die Maya hatten wohl zum ersten Mal in der Menschheitsgeschichte die Idee, große Zahlen mehrstellig zu schreiben. 1 000 Jahre früher als die Alte Welt kannten sie ein Zeichen für die **Null.** Die Maya rechneten mit einem **Zwanzigersystem.** Ziffern schrieben sie mithilfe von Punkten und waagerechten Strichen, die Null in Form einer geschlossenen Muschel.

In der Chronik DE LANDAS steht auch dieser Satz: „Wir fanden bei ihnen (d. h. bei den Mayas) eine große Menge Bücher. Da aber nichts als Aberglauben und Teufelstrug darin stand, haben wir sie alle verbrannt."

Bücherverbrennung in Maní

1549 kam der Franziskaner DIEGO DE LANDA nach Yucatán und gründete dort das erste „Maya-Kloster". Ohne die Chronik, die LANDA 1566 schrieb, hätte die Nachwelt sehr viel weniger über die Maya erfahren. In dieser Chronik berichtet LANDA von der Geschichte der Maya, ihrer Kultur sowie ihrer Schrift. Einige Maya-Hieroglyphen wurden von LANDA aufgezeichnet und deren Übersetzung hinzugefügt.
Dem missionarischen Eifer DE LANDAS ist es allerdings auch zu „verdanken", dass zahlreiche Maya-Bücher und Maya-Handschriften den Flammentod fanden.

Die bemerkenswerte Kultur der Azteken wurde um 1520 von den Spaniern vernichtet. Nach ihrem alten Stammeshäuptling MEXITLI nannten sich die Azteken **Mexica.**

Die Konföderation der Azteken

Götterglaube der Azteken
Menschenopfer standen im Zentrum der aztekischen Religion. Am Großen Tempel von Tenochtitlán brachten die Priester täglich Menschenopfer dar.

Fast 2 000 Jahre lang gab es in Mittelamerika Hochkulturen.
Im Jahre 1500 regierten die Azteken über etwa 10 Millionen Menschen. Ihr Herrschaftsgebiet reichte von einer Küste zur anderen, vom Tal von Mexiko bis Guatemala. **Tenochtitlán,** die Hauptstadt des mächtigen Aztekenreiches, war größer und reicher als jede europäische Stadt des 15. Jh.

Mehrere Chronisten berichteten über die Jahre, in denen MONTEZUMA II. (1469–1520) regierte, dass es in der aztekischen Konföderation kurz vor der Ankunft der Spanier zu erbitterten inneren Streitigkeiten gekommen war. Deshalb konnten sich die Azteken im Kampf gegen die spanischen Eindringlinge nicht auf die Hilfe der von ihnen beherrschten Provinzen verlassen. HERNAN CORTÉS unterwarf schließlich die Azteken.

FRANCISCO PIZARRO (1478–1541)

PIZARRO und ATAHUALPA oder Das Ende von Tahuantin-suyu (Inka)

PIZARRO bemächtigte sich ATAHUALPAS (1495–1533) mit einer Hinterlist. Als sich herumsprach, ATAHUALPA sei PIZARROS Gefangener, waren Heerführer und Soldaten des **Inka** vom Schock gelähmt. Dieser 16. November 1532 setzte den Schlusspunkt unter die Geschichte des Inka-Reiches im alten Peru.

ATAHUALPA, dem letzten Inka, nützte es nichts, dass er PIZARRO das von ihm geforderte Lösegeld herbeischaffen ließ – Unmengen von Gold und Silber als Preis dafür, dass PIZARRO ihm Leben und Freiheit versprach.

Die Bilderchronik des HUAMAN POMA DE AYALA

FELIPE HUAMAN POMA DE AYALA, ein indianischer Chronist, hinterließ der Nachwelt eine umfangreiche historische Darstellung über die Eroberung des Inka-Reiches und vor allem über Leben und Kultur des Reiches sowie die vorinkaische Geschichte Perus.

Die **Bilderchronik** ist ein einzigartiges Dokument, eine der wichtigsten schriftlich überlieferten Quellen aus dem alten Amerika.

Die letzten Worte des Inka-Herrschers ATAHUALPA waren der Überlieferung nach: „Sie wollen Gold. Sie winseln um Gold, sie schreien um Gold, sie zerfleischen einander um Gold" – dann ließ der kastilische Schweinehirt FRANZISCO PIZARRO den „Sohn der Sonne", wie der Herrscher der Inka sich selbst nannte, erdrosseln.

Über 300 Jahre lang war die **Bilderchronik** unbekannt geblieben und in Vergessenheit geraten. Erst 1908 wurde die Handschrift der Chronik HUAMAN POMAS von einem deutschen Gelehrten, DR. RICHARD PIETSCHMANN, zu dieser Zeit Direktor der Universitätsbibliothek Göttingen, in der Königlichen Bibliothek in Kopenhagen entdeckt.

6.2.6 Die Niederlande suchen einen Seeweg nach Indien

WILLEM BARENTS und die erste Überwinterung in der Arktis

1581 erklärten die **Vereinigten Nordprovinzen der Niederlande** ihre staatliche **Unabhängigkeit.** PHILIPP III. musste das 1609 in einem 12-jährigen **Waffenstillstand** mit den Generalstaaten anerkennen.

Drei Expeditionen der Holländer in den 90er-Jahren des 16. Jh. dienten dazu, die Mündung des Ob und einen nördlichen Seeweg nach China und zu den Gewürzinseln zu finden. Alle drei Fahrten sind mit dem Namen von WILLEM BARENTS verbunden.
BARENTS erkundete als erster Westeuropäer die Westküste der Insel Nowaja Semlja. Einheimischen Pelztierjägern war Nowaja Semlja bekannt.
BARENTS Verdienst bestand darin, dass er mit der Erkundung des Nördlichen Eismeeres begann.
1596 rüsteten Amsterdamer Kaufleute eine dritte Expedition aus. Zum ersten Mal überwinterten Seefahrer in so hoher geografischer Breite. Kein Westeuropäer hatte bis zu dieser Zeit je die Erfahrung machen müssen, auf dem 77. Breitengrad zu überwintern. Bevor Mitte Juni des darauf folgenden Jahres die Holländer ihre Boote wieder zu Wasser lassen konnten, um die gefahrvolle Heimreise anzutreten, hinterlegte BARENTS einen von ihm verfassten **Reisebericht** im Schornstein des Hauses. Am vierten Tag der Heimfahrt stirbt BARENTS, erschöpft von den Strapazen. Das Meer zwischen Spitzbergen und Nowaja Semlja trägt heute BARENTS' Namen.

1871 entdeckten norwegische Robbenfänger die Ruine, die von dem Holländerhaus übrig geblieben war. Sie fanden den Reisebericht des WILLEM BARENTS, den dieser 274 Jahre zuvor verfasst hatte.

Um das Kap der Guten Hoffnung nach Portugiesisch-Asien

Gegen Ende des 16. Jh. gelang es **England** und den **Niederlanden**, die **Vormachtstellung Portugals zurückzudrängen** und mit eigenen Schiffen um das Kap der Guten Hoffnung nach Ostindien zu segeln. **1597** gelangte CORNELIUS HOUTMAN um das Kap der Guten Hoffnung nach **Ostindien.**

ABEL JANSZOON TASMAN (um 1603–1659) entdeckte 1642 das heutige **Tasmanien,** 1643 die Südinsel **Neuseelands,** die **Tonga-** und **Fidschiinseln.**
Die Generalstaaten der Niederlande schickten 1595 eine Flotte unter Admiral CORNELIUS HOUTMANN nach Ostindien. Die Holländer verdrängten die Portugiesen aus Java, Sumatra und von den Molukken sowie von Stützpunkten in Indien.

Im Juni 1602 lief die erste Flotte der Niederländischen Vereinigten Ostindischen Kompanie nach Ostindien aus.
14 große Schiffe und mehr als tausend Mann Besatzung standen unter dem Kommando von Admiral WYBRANT VON WARWIJCK und Vizeadmiral SEBALD DE WEERT.

Erste Expedition der Ostindischen Kompanie

Im Jahre 1600 kam es zur Gründung der englischen **Ostindienkompanie.**
Die 1602 geründete „De Vereenigde Oost-Indische Compagnie" war ein Handelsimperium, das ein Jahrhundert lang weltverändernd wirkte.
Ende 1603 stachen zwölf Schiffe in See. Befehligt wurde die Expedition von STEVEN VAN DER HAGEN. Er hatte den Auftrag, alle portugiesischen Handelsschiffe, die zwischen Goa und Lissabon unterwegs waren, zu kapern und auf den Molukken die Portugiesen zu vernichten. Die Holländer drängten so nach und nach den portugiesischen Einfluss zurück.

Die 1602 gegründete **Niederländische Vereinigte Ostindische Kompanie** legte den Grundstein für über 300 Jahre niederländische **Kolonialherrschaft** in **Indonesien,** die bis zur Invasion Japans 1942 andauerte.

6.2.7 Engländer und Franzosen erkunden und besiedeln Nordamerika

Entdecker und Freibeuter

JOHN HAWKINS (1520–1595) war ein erfolgreicher **Sklavenhändler.**
Er sparte den Kaufpreis für die Sklaven, weil er diese nicht direkt aus Afrika holte. HAWKINS zog es vor, portugiesische Sklavenschiffe zu kapern.

Der englische **Freibeuter** und **Admiral** FRANCIS DRAKE im Dienste der englischen Krone war führend beteiligt, als die Engländer 1588 in einer Seeschlacht im Ärmelkanal die als unbezwingbar geltende spanische Armada PHILIPPS II. vernichteten. Mit diesem Sieg wurde die Grundlage für die künftige englische Vorherrschaft auf See gelegt.
Zwischen 1576 und 1586 plünderte der englische Pirat FRANCIS DRAKE die spanischen Besitzungen in Südamerika und erhielt dafür von Königin ELISABETH I. den Adelstitel.

Durch die gewaltsame **„ursprüngliche Akkumulation"** wurde der Grundstein für den Aufstieg des **englischen Kapitalismus** gelegt.

Henry Hudson

Der Engländer Henry Hudson wurde 1607 von der Englisch-Moskowitischen Handelskompagnie beauftragt, im Norden einen Weg nach Ostindien zu finden, der außerhalb der Einflussgebiete von Portugiesen und Spaniern lag. 1608 gelangte Hudson bis Nowaja Semlja.
Mit einem dritten Anlauf ging Hudson in einer inselreichen Bucht der Neuen Welt vor Anker. Nach Hudson kamen Holländer, die Handel treiben wollten. Im Jahre 1623 entstand das Fort „Nieuw Amsterdam“. Heute stehen dort die Wolkenkratzer von New York.

Franzosen in Nordamerika – Cartier, Champlain

Jacques Cartier segelte 1535/36 den Sankt-Lorenz-Strom hinauf bis in die Gegend des heutigen **Montreal.** Von seinem Heimatort Saint-Malo fuhren bretonische Fischer mit ihren Booten bis zu den Gewässern um Neufundland. **Samuel de Champlain** gründete 1608 am Sankt-Lorenz-Strom die Stadt Quebec.
Den französischen Entdeckern wurde bewusst, dass der Reichtum des Landes in den Wäldern zu finden war. Damit schufen sie die Grundlage für einen umfassenden **Handel mit Pelzen.**

Jacques Cartier (1491–1557)

Champlain war dazu erzogen, in jedem Menschen ein Geschöpf Gottes zu sehen. Das ermöglichte ihm, freundschaftliche Beziehungen einzugehen mit den Algonkin-Indianern, insbesondere dem Stamme der Huronen. Er konnte damit rechnen, dass die Huronen ihn bei seinen Entdeckungsreisen in das Landesinnere unterstützten.

Neu-England

Der weiße Mann brachte Krankheiten und Umweltzerstörung in die Neue Welt. Die kulturellen Annäherungsversuche führten letztlich zu tausendfachem Büffeltod in den scheinbar endlosen Grassteppen, den Prärien. Die Indianer und ihre Kultur wurden weitgehend im Feuerwasser „ertränkt“. Es kam zu nie nachlassenden feindseligen und oft auch kriegerischen Auseinandersetzungen um Land, um Indianerland.

Die **Entstehungsgeschichte** der **englischen Kolonien** in Nordamerika und danach der Vereinigten Staaten war gekennzeichnet von einem **Weg der Tränen,** den die Angehörigen der zur Deportation gezwungenen indianischen Stämme beschreiten mussten.

Die Puritaner Neu-Englands

Die **Puritaner** „setzten 1703 durch Beschlüsse ihrer Assembly eine Prämie von 40 Pfd. St. auf jedes indianische Skalp und jede gefangene Rothaut, 1720 Prämie von 100 Pfd. St. auf jedes Skalp, 1744, nachdem Massachusetts-Bay einen gewissen Stamm zum Rebellen erklärt hatte, folgende Preise: für männliche Skalp, 12 Jahre und darüber, 100 Pfd. St. neuer Währung, für männliches Gefangene 105 Pfd. St., für gefangne Weiber und Kinder 50 Pfd. St., für Skalps von Weibern und Kindern 50 Pfd. St.!“ (Karl Marx: Das Kapital, Bd. 1, S. 781)
Ganz anders als die **Puritaner** verhielt sich William Penn, der die **Quäkersekte** anführte. Penn gründete 1681/82 am Fluss Delaware die Kolonie **Pennsylvania.** Er schloss mit dem Häuptling der Lenape Tamenund einen **Freundschaftsvertrag,** der auch von beiden Seiten eingehalten wurde –

William Penn (1644–1718)

trotz aller sonstigen kriegerischen Auseinandersetzungen zwischen Indianern und Europäern. PONTIAC, der Häuptling der Ottawa, vereinigte nach dem Sieg der Engländer über die Franzosen 1763 viele Indianerstämme gegen die Engländer im größten und erfolgreichsten Indianerkrieg des 18. Jh. Dieser Krieg wurde 1766 mit einem Friedens- und Freundschaftsvertrag beendet.

6.2.8 Westeuropäer entdecken Russland, Russland erobert und erkundet Sibirien

Westeuropa erlangt Kunde von Russland

IWAN III., Großfürst von Moskau (1462–1505), hatte die russischen Fürstentümer vereint und erreichte 1480 die Unabhängigkeit von den Tataren. Westeuropa erfuhr von den Veränderungen in Moskau und Umgebung durch einen Bericht eines kaiserlichen Gesandten, der 1516/17 und 1526 im Auftrag MAXIMILIANS bzw. KARLS V. bei Großfürst WASSILIJ III., dem Vater IWANS DES SCHRECKLICHEN (↗ S. 277), weilte.

i

SIEGMUND FREIHERR VON HERBERSTEIN (1486–1566), ein Renaissance-Diplomat, der den Humanisten nahe stand, leistete mit seinem 1557 herausgegebenen Buch „Moskovia" (bereits 1549 in Wien in lateinischer Sprache erschienen) einen ersten Beitrag zur Verständigung zwischen Deutschen und den Völkern Russlands.

HERBERSTEINS „Moskovia" brachte den **Westeuropäern** die erste umfangreiche Kunde vom **russischen Großfürstentum,** das nach über 200-jähriger tatarischer Fremdherrschaft seit 1480 auf dem Wege war, die russischen Fürstentümer und Teilfürstentümer zu einem nationalen Staate zu vereinen.

STROGANOW und IWAN DER SCHRECKLICHE (JERMAK TIMOFEJEWITSCH)

IWAN IV. (IWAN DER SCHRECKLICHE) ernannte sich 1547 zum Zaren. Er besiegte die mongolischen Tataren und verdoppelte das Territorium Russlands. Im August 1551 belagerte ein 150 000 Mann starkes russisches Heer Kasan. Am 2. Oktober 1551 wurde Kasan im Sturm genommen. Im August 1556 erfolgte der Anschluss Astrachans an Russland. 1557 war der Anschluss Baschkiriens abgeschlossen. Die Gebiete beiderseits der Wolga und die Wolga selbst als ein wichtiger Handelsweg befanden sich in russischer Hand.
In den 50er-Jahren des 16. Jh. bekannte sich der sibirische Chan JEDIGER zum Vasallen Russlands. Eine große Rolle beim Vordringen nach Sibirien spielte die Kaufmanns- und Industriellenfamilie STROGANOW, die große Ländereien an Kama und Tschussowaja erhielt – im Permer Land, noch vor dem Ural. **Die STROGANOWS waren die russischen Fugger.**

VITUS BERING

Der dänische Seeoffizier VITUS JONASSEN BERING stand im Dienste des russischen Zaren PETER I. BERING leitete zwei große Expeditionen (1725/30 und 1733/43), die Sibirien, insbesondere Kamtschatka, und die Inselgruppe der Aleuten erforschte. Er befuhr 1728 den Nordosten des Pazifiks (heute **Beringmeer**).
1741 entdeckte er die Aleuten und den südlichen Teil Alaskas.

BERING stand auch an der Spitze der „Großen Nordischen Expedition“, deren Start im Frühjahr 1733 erfolgte.
570 Wissenschaftler beteiligten sich an der Großen Nordischen Expedition. Unter ihnen befanden sich Gelehrte, die in Europa bereits einen Namen hatten. LOUIS DE LISLE DE LA CROYÈRE war Chefastronom in Paris. Der Naturwissenschaftler J. G. GMELIN kam aus Tübingen und der Botaniker S. P. KRASCHENNIKOW aus Petersburg. Zu den Teilnehmern zählten auch die deutschen Historiker G. F. MÜLLER und JOHANNES FISCHER.

Den ersten zusammenfassenden **Bericht** über die Erforschung Sibiriens und der angrenzenden Meere durch die Große Nordische Expedition gab es erst **1851**.

Die Große **Nordische Expedition** war die bis dahin größte wissenschaftliche Forschungsreise in der Geschichte der Erderkundung.

VITUS BERING starb auf der Insel, die heute seinen Namen trägt – er wurde ein Opfer des Skorbuts.

6.2.9 Entdeckungen in Australien und Ozeanien

JAMES COOK

Der britische Seeoffizier und Entdecker JAMES COOK (1728–1779) erforschte auf **drei Weltumseglungen** den Pazifik und entdeckte 1770 die Ostküste **Australiens.** Mit COOKS Namen verbunden sind die Erforschung **Neuseelands,** der Inselwelt **Polynesiens,** der Küste von **Alaska** und der **Beringstraße.**

GEORG FORSTER

JOHANN GEORG FORSTER (1754–1794) war Naturforscher und Weltreisender, Schriftsteller und Übersetzer, Politiker und Revolutionär. Neben der Französischen Revolution von 1789 wurden Leben und Werk GEORG FORSTERS vor allem von einem Ereignis bestimmt: der **Weltumseglung** mit JAMES COOK 1772 bis 1775.
1790 bereiste er gemeinsam mit ALEXANDER VON HUMBOLDT den Niederrhein und England. Sie kehrten über Frankreich nach Deutschland zurück.
Im Mittelpunkt des Denkens stand bei FORSTER die Wechselwirkung von Mensch und Natur, die Einheit von Natur, Gesellschaft und Mensch. Freundschaftliche Kontakte verbanden FORSTER mit GOETHE, SCHILLER und HERDER.

FORSTER war der Auffassung, dass der Mensch im Kampf mit der Natur steht. In diesem Kampf sah er die wesentliche Grundlage für die geistige Entwicklung der Menschheit. Bräuche und Religion, Sprache und Denken der **Südseevölker** erklärte FORSTER aus dem Entwicklungsstand von Ackerbau und Fischfang, von Töpferei und Weberei, von Schiffbau und Hausbau, der Herstellung von Werkzeugen und Geräten.

6.2.10 Die wissenschaftliche Erforschung Amerikas und die historische Entwicklung in der Natur

Alexander von Humboldt

Alexander von Humboldt (1769–1859)

Der Universalgelehrte, Forschungsreisende und Humanist Alexander von Humboldt gilt als **Begründer der modernen wissenschaftlichen Entdeckungsreisen.** Sein vielseitiges Wirken und enzyklopädisches Wissen hatte mehrere Generationen junger Naturforscher zu eigenen Leistungen angeregt.

Der universelle Naturforscher war Wegbereiter der modernen wissenschaftlichen **Geografie.** Er trat ein für die Gleichberechtigung der Rassen und die Abschaffung der Sklaverei. Humboldt begründete die physische Erdbeschreibung und die Pflanzengeografie.
Weltruhm erwarb Humboldt durch seine fünf Jahre währende Reise in die Äquinoktialgegenden des neuen Kontinents (1799–1804). Diese Reise nach **Mittel- und Südamerika,** auf der ihn der französische Botaniker Aimé Bonpland begleitete, begründete Humboldts Ruf als **zweiter Kolumbus,** als **Wiederentdecker des lateinischen Amerikas.** Simón Bolívar nannte Alexander von Humboldt den wahren Entdecker des spanischen Amerikas. Humboldt erkundete das Stromgebiet des **Orinokos** im nordöstlichen **Südamerika.** Von dort aus unternahm er einen Vorstoß zum Amazonas. Humboldts Forschungen gaben den Anstoß zur wissenschaftlichen Erforschung dieses größten Stromgebiets der Erde.
Humboldt interessierten nicht nur die Erscheinungen der Natur der von ihm bereisten Länder, sondern auch deren **gesellschaftliche Verhältnisse.** Er wurde zum konsequenten **Kämpfer gegen das Kolonialsystem.**

Charles Darwin (1809–1882)

Charles Darwin

Dem englischen Naturforscher Charles Darwin gelang der Nachweis der historischen Entwicklung in der Natur. Er entdeckte die Veränderbarkeit der Tierarten und erklärte sie mit einer Selektionstheorie („Die Entstehung der Arten durch natürliche Zuchtwahl", 1859).

Darwin begründete die moderne **Evolutionstheorie.** Aus dieser Theorie folgte, dass die heutigen Lebewesen einschließlich des Menschen, von früheren, „primitiveren" Vorläufern abstammen. Damit ließen sich alle Lebewesen zu einem einheitlichen System verbinden. Diese Vorstellung stand im Gegensatz zur Schöpfungslehre der Bibel.

Als die Weltumseglung mit dem Vermessungsschiff **„Beagle"** geplant war, wurde ein Naturforscher gesucht, der an dieser Reise teilnehmen konnte. Charles Darwin verließ am 27. Dezember 1831 mit der „Beagle" Plymouth. Die Reise erwies sich als entscheidend für seine wissenschaftliche Laufbahn. Nach der Rückkehr sichtete Darwin seine angefertigten Aufzeichnungen und arbeitete ganz bewusst an dem Thema „Entstehung der Arten".

Als besonders ergiebig zeigte sich der Aufenthalt auf den **Galapagosinseln** im Herbst 1835.
Hier lebten zahlreiche endemische Arten, vor allem Reptilien und Vögel. Besonders auffallend waren die **„Darwin-Finken"** mit ihren abgestuften Schnabelformen.

7 REFORMATION UND DREISSIGJÄHRIGER KRIEG

(1517–1648)

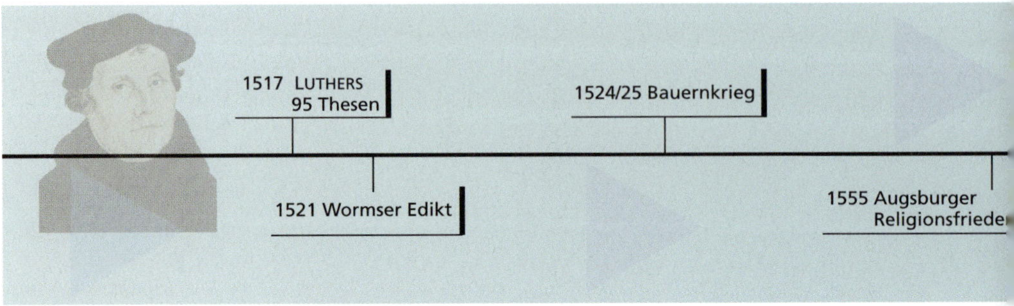

7.1 Die Krise der katholischen Kirche im Spätmittelalter

7.1.1 Die Kirche bestimmt das Leben der Menschen

Schisma: Trennung zwischen zwei Kirchen aufgrund theologischer Differenzen

Konziliarismus: Bestrebungen innerhalb der katholischen Kirche, dem Konzil (Zusammenkunft der Bischöfe und anderer Würdenträger zur Beschlussfassung) die höchste kirchliche Gewalt zuzusprechen

Häresie: Bezeichnung, die von einer sich als rechtgläubig erachtenden Kirche einer abweichenden Lehre gegeben wird

In der zweiten Hälfte des Mittelalters hatte die Kirche schwere Auseinandersetzungen erlebt. Es waren dies
- der **Investiturstreit** zwischen Kaiser HEINRICH IV. und Papst GREGOR VII. (Canossa, 1077),
- die erzwungene Verlegung der päpstlichen Residenz nach Avignon (1309–1377),
- das große abendländische **Schisma** (1378–1415),
- die Bewegung des **Konziliarismus,**
- der Kampf gegen **Häresie** und **Ketzer.**

Diese Auseinandersetzungen hatten die **Macht der Kirche** gemindert, aber nicht gebrochen. Mit ihren Glaubensinhalten, den Geboten und Verboten, auch den angedrohten und vollstreckten Strafen bestimmte sie immer noch weitgehend das Leben der Menschen.

Hexen und Hexenverfolgung

Foltermethoden: Bei der **Wasserprobe** musste eine Hexe im Wasser versinken, um ihre Unschuld zu beweisen.
Bei der **Nadelprobe** stach man einer Frau mit einer Nadel in eine Warze oder ein Muttermal. Floss dabei kein Blut, galt sie als Hexe.

Schon kurz nach ihrer Anerkennung als **Staatsreligion** des Römischen Reiches ging die Kirche gegen diejenigen vor, die von der offiziellen Lehrmeinung abwichen. Man nannte sie **Häretiker** oder auch **Ketzer.** Das Vorgehen gegen diese Abtrünnigen wurde als **Inquisition** (lat.: Untersuchung) bezeichnet.
Im **Mittelalter** entstand eine eigene Behörde, die diese Inquisitionsverfahren durchführte. Die kirchliche Seite stellte den Straftatbestand (z. B. der Ketzerei oder der Zauberei) fest, die weltliche Macht musste das Urteil vollstrecken.
1484 erließ Papst INNOZENZ VIII. die „Hexenbulle", worin zwei Dominikanermönche mit der Inquisition und Bestrafung von Hexen und Zauberern beauftragt wurden. Einer der beiden, HEINRICH INSTITORIS, verfasste drei Jahre später den **„Hexenhammer".** Hierin wurden Hexerei und Zauberei beschrieben und das Gerichtsverfahren festgelegt. Neu an dem im „He-

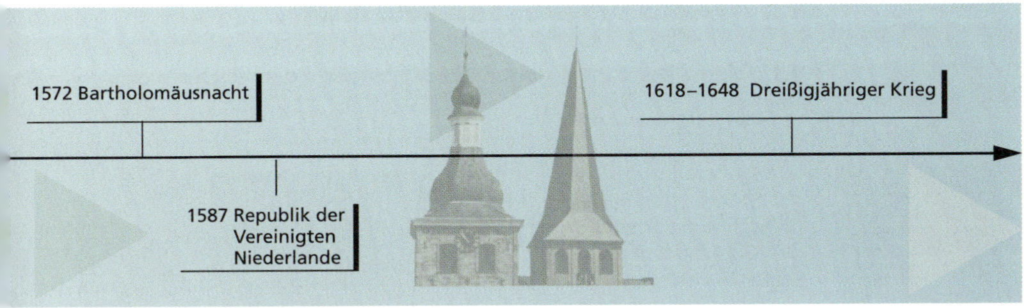

xenhammer" beschriebenen Verfahren war die Einführung der **Denunziation** – der Anzeige aus persönlichen, niederen Beweggründen. Außerdem glaubte man, durch die Hexenprobe und die Folter die Wahrheit zu erfahren.

Seit der Mitte des 16. Jh. steigerten sich diese Vorstellungen zu einem regelrechten **Hexenwahn.** Die Kernländer der Hexenverfolgung waren das Deutsche Reich, wo allein 15 000 bis 20 000 Personen hingerichtet wurden, aber auch dessen Nachbarländer Frankreich und Polen.

Man schätzt, dass 60 – 80 % der Hingerichteten Frauen waren. Die letzte Hinrichtung einer Hexe in **Deutschland** fand 1775 in Kempten statt.
Der amerikanische Schriftsteller ARTHUR MILLER schrieb 1953 das Bühnendrama „The Crucible" („Hexenjagd"). Er stellt darin die Hexenprozesse des Jahres 1692 in **Salem** (heute ein Vorort von Boston/USA) dar.

7.1.2 Missstände in der Kirche und Kritik

Die Päpste leisteten sich eine luxuriöse und kostspielige Hofhaltung an der Kurie, im Kirchenstaat herrschte oftmals **Nepotismus.** Alles, was die Kirche vergab (z. B. Pfründe, Ablässe, auch Entscheidungen in Rechtsfragen) kostete Geld. Bischöfe und manche Äbte hatten großen Gefallen an einem üppigen und **repräsentativen Lebensstil.**
Die höheren kirchlichen Ämter wurden von Adeligen besetzt; „überzählige" Söhne, das waren solche, die nicht erbten, waren somit versorgt **(Ämterpatronage).** Im Aufbau der Kirche spiegelte sich noch die mittelalterliche Ständeordnung wider.
Nur wenige Pfarrpriester hatten Theologie studiert. Sie missachteten den **Zölibat**, die offiziell verlangte Ehelosigkeit. Zur Aufbesserung ihres Einkommens betrieben sie manchmal Geschäfte oder Gastwirtschaften. Die Betreuung der Gemeinden ließ häufig sehr zu wünschen übrig.
Ablasshandel und **Reliquienverehrung** waren weitere Aspekte der misslichen Situation.
Kritik und **Reformideen** gab es schon lange vor LUTHER. In den ersten beiden Jahrzehnten des 16. Jh. fand der niederländische Humanist und Theologe ERASMUS VON ROTTERDAM große Beachtung, der sich zwar für die Erneuerung des Christentums einsetzte, aber später die Radikalität der lutherschen Lehre ablehnte (↗ S. 214).

7.2 MARTIN LUTHER und die Reformation

7.2.1 LUTHERS Kampf gegen die Missstände der Kirche

LUTHERS religiöses Anliegen

MARTIN LUTHER (1483–1546)
Der Vater MARTIN LUTHERS hatte es durch Beteiligungen an mehreren Gruben im Mansfelder Kupferbergbau zu beachtlichem Wohlstand gebracht. MARTIN LUTHER war der Erste in der Familie, der studierte. Mit 29 Jahren wurde er Universitätsprofessor in Wittenberg. LUTHER war eine der bestimmenden Personen in der von innerer Unruhe und Aufbruchsstimmung gekennzeichneten Gesellschaft.

LUTHER beschäftigte die Frage, wie der **Mensch als Sünder** vor dem gerechten und vor allem auch strafenden Gott bestehen könne.
Seine **Rechtfertigungslehre** führte zu zwei Schlussfolgerungen in der religiösen Praxis:
1. Der rechtfertigende Glaube ermöglicht eine direkte Beziehung zwischen Gott und dem Menschen, d.h., Priester und die Kirche sind mehr oder weniger überflüssig.
2. Gute Werke, Askese – und damit auch das Mönchstum – oder auch Wallfahrten verlieren an Bedeutung.

Lutherkirche in Wittenberg

Im Jahr 1520 verfasste LUTHER drei seiner **bedeutendsten Schriften:** „An den christlichen Adel deutscher Nation", „Von der Freiheit eines Christenmenschen" und „Von der Babylonischen Gefangenschaft der Kirche". Hierin löste er sich von der Kirche.

Als nicht durch die Bibel gerechtfertigt verwarf er die **Hierarchie der Kirche** und das **Kirchenrecht,** Mönchtum und Zölibat, Wallfahrten und Reliquienverehrung. Von den sieben Sakramenten ließ er noch zwei gelten: **Taufe** und **Abendmahl.**

Nach LUTHER befanden sich die Christen in einer Gefangenschaft, und den Papst bezeichnete er gar als „Antichristen".

Der Ablasshandel

1506 begann man in Rom unter Papst JULIUS II. die aus dem 4. Jh. stammende alte **Peterskirche,** eine fünfschiffige Hallenbasilika, durch einen grandiosen Neubau zu ersetzen. Die enormen Geldmittel für den Bau der (bis 1989) größten Kirche der Welt versuchte man unter anderem durch den **Ablassverkauf** aufzubringen.

Unter **Ablass** verstand man den Erlass einer zeitlichen Sündenstrafe, die der Sünder eigentlich in dieser Welt oder im Fegefeuer abzubüßen hatte. Stattdessen musste er gute Werke verrichten (Gebete, Wallfahrt), um z.B. einen 300-tägigen Ablass zu erlangen.

Jetzt wurde der Ablass in Form eines **Ablassbriefes** verkauft (Bild). Die Höhe des Betrages richtete sich (gestaffelt) nach der sozialen Stellung des Käufers.
1514 wurde der 24-jährige Kardinal **ALBRECHT VON BRANDENBURG,** ein Hohenzollernprinz, der auch noch die Bistümer Magdeburg und Halberstadt verwaltete, zusätzlich Erzbischof von Mainz.
Für diese **Pfründe** musste er eine beträchtliche Summe nach Rom überweisen. Es kam zu einem Dreiecksgeschäft zwischen der Kurie, ALBRECHT und dem Handelshaus der **FUGGER** (Augsburg), an dem alle drei Partner verdienten, die Gläubigen aber die Gelder aufbringen mussten: Die FUGGER liehen ALBRECHT das benötigte Geld, und die Kurie hatte diesem erlaubt, die Hälfte der Einnahmen aus dem Ablassverkauf, die eigentlich zur Finanzierung des Petersdoms verwendet werden sollten, für die Tilgung seiner Schulden zu verwenden.

Der bekannteste Ablassprediger im Bistum Magdeburg war der Dominikanermönch JOHANNES TETZEL (1465–1519).

Pfründen waren Einkünfte, für die man eigentlich nicht arbeiten musste. Im außerkirchlichen Bereich nannte man dies **Benefizium** (lat.: Vergünstigung, Wohltat). Hatte eine Person mehrere Pfründen inne, spricht man von **Pfründenkumulation.**

Die 95 Thesen

Der bisher relativ unbekannte LUTHER war über den Ablassverkauf derart erzürnt, dass er 95 Thesen aufsetzte, in denen er gegen den Verkauf von Ablässen wie auch gegen die Ablassverkäufer argumentierte. Nach seiner Überzeugung bewirkte die aufrichtige Reue des Christen eine Vergebung der Sündenstrafen. Seine Vorwürfe gegen den Papst hielten sich noch in Grenzen. LUTHER sandte die Thesen Ende Oktober 1517 an den Erzbischof von Mainz und andere hohe kirchliche Amtsinhaber.

Folgen und Ereignisse nach den 95 Thesen	
1518	Beginn des Ketzerprozesses gegen LUTHER in Rom. LUTHER befolgte eine Vorladung nach Rom nicht. Daraufhin Verhör durch den päpstlichen Legaten CAJETAN in Augsburg. 28. Juni 1519 Wahl KARLS V. zum Kaiser
15. Juni 1520	Androhung des Kirchenbannes
10. Dezember 1520	LUTHER verbrennt vor dem Elstertor zu Wittenberg öffentlich die päpstliche **Bannandrohungsbulle.**
3. Januar 1521	Papst LEO X. belegt LUTHER mit dem Kirchenbann.
April 1521	Reichstag zu Worms (18. April: LUTHERS Rede vor Kaiser und Fürsten)
25. Mai 1521	Wormser Edikt

Dass LUTHER die Thesen an die Tür der Schlosskirche zu Wittenberg (Bild) angeschlagen hat, wird heute von vielen Historikern bezweifelt. Nur ein geringer Teil der Bevölkerung, und zwar aus der Oberschicht, konnte überhaupt lesen. Zudem waren die Thesen auf Lateinisch verfasst.

KARL V.
(1500–1558)

Der (dann gewählte) Habsburger, Kaiser KARL V., war seit 1516 als KARL I. spanischer König und damit auch Herr über Süditalien (Königreich Neapel) und Sizilien sowie die Kolonien in Amerika.

7.2.2 Der Reichstag zu Worms

Nach dem Tod Kaiser MAXIMILIANS I. am 1. Januar 1519 standen bei der **Frage der Nachfolge** Machtüberlegungen der deutschen Fürsten, des französischen Königs und des Papstes (LEO X.) im Vordergrund. Der Papst fürchtete eine territoriale Umklammerung des **Kirchenstaates,** falls der Habsburger KARL V. gewählt würde. Er befürwortete daher eine Kandidatur des sächsischen Kurfürsten **FRIEDRICH DER WEISE,** der jedoch daran nicht interessiert war.
Die Fürsten waren auf eine Vergrößerung ihrer Machtbefugnisse aus, und der französische König hätte sich gern zum Kaiser des Heiligen Römischen Reiches wählen lassen.
Nach langwierigen diplomatischen Aktivitäten, wurde KARL schließlich von den Kurfürsten einstimmig gewählt.

Die Verhandlungen auf dem Reichstag

Auf dem am 27. Januar 1521 eröffneten Reichstag, dem ersten unter der Herrschaft KARLS V., ging es um hochpolitische Dinge, nämlich um
- die Erweiterung der Reichsgesetzgebung,
- die Wiederbelebung des Reichskammergerichts,
- die Einrichtung eines geordneten Finanzsystems,
- die Regelung des Verhältnisses zwischen KARL V. und den auf eine größere Selbstständigkeit bedachten Fürsten.

Nachdem LUTHER vom Kaiser freies Geleit zugesichert worden war, traf er nach einer fast triumphal zu nennenden Reise durch Thüringen und Hessen in Worms ein.

Im Bewusstsein der Nachwelt war es jedoch der Reichstag, auf dem es um den Fall LUTHER, die „causa Lutheri", ging.
Bei den Verhandlungen am 17. und 18. April kam kein Kompromiss zustande. Als von LUTHER der **Widerruf** verlangt wurde, berief er sich auf die Bibel wie auch auf sein Gewissen. Er blieb standhaft und beendete seine Rede mit dem viel zitierten kurzen Satz: „Hier stehe ich, ich kann nicht anders, Gott helfe mir. Amen."
Am 19. April verhandelten die auf dem Reichstag anwesenden Stände noch einmal mit LUTHER. Dies führte zu keinem Ergebnis. KARL V., der sich als Wahrer des christlichen Glaubens verstand, erließ das vom päpstlichen Nuntius (Gesandter) ALEANDER aufgesetzte **Wormser Edikt** (8./26. 5. 1521).

Acht: im Mittelalter Ausschluss aus der Rechts- und Friedensgemeinschaft. Der Geächtete wurde „vogelfrei".
Bann: Der Bann ist oft gleichbedeutend mit der Acht und beinhaltet das Gebot des Meidens. Reichsacht und Kirchenbann folgten in der Regel einander.

> Im **Wormser Edikt** wurde über LUTHER die **Reichsacht** verhängt.

7.2.3 LUTHER auf der Wartburg

FRIEDRICH DER WEISE wurde **LUTHERS Beschützer.** Auf der Rückreise nach Wittenberg ließ er diesen „überfallen" und auf die Wartburg in Sicherheit bringen.

Da der Kaiser es nicht gewagt hatte, FRIEDRICH DEM WEISEN das **Wormser Edikt** zuzustellen, war es auch in dessen Kurfürstentum nicht gültig, und somit war LUTHER einigermaßen in Sicherheit. Zehn Monate lang, vom 4. Mai 1521 bis zum 6. März 1522, lebte er als **„Junker Jörg"** auf der Wartburg (Bild).

Es wurde verboten, LUTHER zu beherbergen oder zu verköstigen. Jeder, der ihn ergreifen konnte, sollte ihn dem kaiserlichen Hof übergeben. Die Verbreitung und die Lektüre seiner Bücher wurden verboten.

Bibelübersetzung

Während seiner Zeit auf der Wartburg gelang LUTHER seine größte literarische und für die Zukunft der Reformbestrebungen bedeutendste Leistung: Es war die **Übersetzung der Bibel,** genauer, des Neuen Testaments, aus dem Griechischen ins Deutsche.
Um den Text für möglichst viele verständlich zu machen, hatte er „dem Volk aufs Maul" geschaut. Ebenso wichtig waren für LUTHER die theologischen Prinzipien der evangelischen Botschaft.

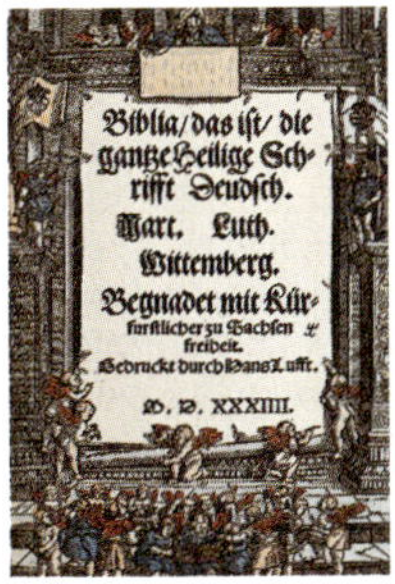

Die Übersetzungsarbeit stellte den wesentlichen Beitrag zur **Vereinheitlichung der deutschen Schriftsprache** dar. Durch die neue Technik des Buchdrucks fand die „Luther-Bibel" eine rasche Verbreitung.

Buchdruck

Vor mehr als 1 200 Jahren begannen die **Chinesen** mit dem **Buchdruck.** Allerdings handelte es sich zunächst dabei um die Technik des Block- oder Tafeldrucks: In eine Holz- oder Metallplatte wurde ein Text eingeritzt oder eingeschlagen, die Platte wurde eingefärbt und dann das Papier darauf gelegt und gepresst.
Im 11. Jh. fertigte man dort schon bewegliche Lettern, und zwar aus Ton, den man dann brannte. Über den arabischen Raum gelangte diese Drucktechnik Ende des 14. Jh. nach Westeuropa.

In China wurde bereits 105 n. Chr. das Papier erfunden.

Der Mainzer JOHANNES GUTENBERG (1400–1468) entwickelte um das Jahr 1440 als Erster im deutschen Raum den **Buchdruck.** Gleich große Metallbuchstaben konnten in beliebiger Reihenfolge zu einem Text zusammengesetzt werden. **1456** hatte er als erstes großes Werk eine Bibel gedruckt, die sogenannte **Gutenberg-Bibel.**

In der Nähe des im 12. Jh. errichteten Mainzer Doms steht das Gutenberg-Museum. Anhand vieler Exponate (Ausstellungsstücke) wird die Geschichte der Drucktechnik gezeigt.

Die Erfindung des **Buchdrucks** hatte entscheidenden Anteil an der Verbreitung von LUTHERS Schriften.

Die (ehemaligen) Nonnen mussten versorgt, d. h. verheiratet werden. Katharina kam zunächst in den Haushalt von Lucas Cranach.

Sein Großonkel, Johannes Reuchlin, schlug vor, den Namen Schwarzert ins Griechische zu übersetzen: Melanchthon. So kam Philipp zu seinem geänderten Nachnamen.

Für den Reichstag zu Augsburg (1530) formulierte Melanchthon das **Augsburger Bekenntnis** (Confessio Augustana), das zu den grundlegenden Schriften der neuen Glaubensrichtung zählte. Aufgrund seiner Verdienste um das Bildungswesen wurde er anerkennend **Praeceptor Germaniae** (Lehrer Deutschlands) genannt.

Lucas Cranach der Ältere (1472–1553)

Luther, Melanchthon und Lucas Cranach der Ältere

Beeinflusst von Luthers Lehre, flohen am 4. April 1523 zwölf Nonnen aus dem Zisterzienserinnenkloster Nimbschen bei Grimma (nahe Leipzig). Unter ihnen war auch die 24-jährige **Katharina von Bora.**
Am 13. Juni 1525 heiratete Luther Katharina von Bora. Für Luther war die Heirat jedoch nur die logische Folge seiner Ansichten über das Mönchstum und den Zölibat.

Wittenberg war zur Zeit Luthers eine aufstrebende Stadt. Seit 1485 Residenzstadt des Fürstengeschlechts der Ernestiner, gründete Kurfürst Friedrich der Weise 1502 eine Universität namens „Leucorea". Neben Luther lehrte seit 1518 auch einer der bedeutendsten Humanisten seiner Zeit, Philipp Melanchthon, an dieser Universität.

Philipp Melanchthon, der große Humanist und Reformator, wurde 1518 von Friedrich dem Weisen an die Universität Wittenberg berufen, wo er Professor für Griechisch wurde. Hier lernte er Luther kennen, der ihn bald für die Reformation gewinnen konnte. Von dem systematisch denkenden und humanistisch gebildeten Melanchthon erlernte Luther die griechische Sprache.
Er unterstützte ihn auch bei der Bibelübersetzung. Melanchthon baute maßgeblich das **evangelische Bildungswesen** wie auch das System der evangelischen Landeskirche auf.
Nach Luthers Tod war er die führende Gestalt des Protestantismus.

Lucas Cranach der Ältere war eine der weiteren bedeutenden Persönlichkeiten, die mit Luther befreundet waren.
Zwischen 1501 und 1504 hielt er sich in Wien auf. In dieser Zeit entstanden schon bedeutende Gemälde (u. a. „Kreuzigung", „Ruhe auf der Flucht"). 1505 wurde er Hofmaler in Wittenberg.
Die bekannten **Portraits des Reformators** und seiner Familie stammen von ihm. Neben Albrecht Dürer war er der bedeutendste Maler seiner Zeit.
Cranach erlebte eine große Karriere als Maler, aber auch als Unternehmer und Kommunalpolitiker. Seinem 1515 geborenen Sohn gab er seinen eigenen Vornamen. Daher wurde dieser dann Lucas Cranach der Jüngere, genannt. Er führte nach dem Tod seines Vaters (16. Oktober 1553) die Malerwerkstatt weiter.

7.3 Soziale Unruhen

7.3.1 Ritteraufstände

Das Reich unter Karl V.

Karl V. herrschte über große Gebiete Mittel- und Südeuropas sowie über die Kolonien in Übersee.
Doch sein Reich war hinsichtlich der einzelnen Länder, der unterschiedlichen gesellschaftlichen Strukturen und Machtverhältnisse und natürlich auch der Sprachen ein äußerst uneinheitliches Gebilde.

Die deutschen Fürsten waren schon immer darauf aus, ihre Befugnisse auszudehnen und den Einfluss des Kaisers, des Papstes wie auch der Bischöfe zurückzudrängen.
Als erster deutscher Kaiser musste Karl V. als Vorbedingung für seine Wahl eine sogenannte **„Wahlkapitulation“** unterschreiben.
Das Ziel war:
- Die Fürsten wollten die Mitregierung, ein sogenanntes Reichsregiment, erreichen.
- Die drohende Auseinandersetzung zwischen Karl V. und dem französischen König Franz I. sollte vom Boden des Reiches ferngehalten werden.
- Die Rechte des Kaisers wurden niedergeschrieben. Für den Fall, dass der Kaiser sich nicht daran hielt, hatten die Fürsten ein Recht auf Widerstand.

Von seinem Vorgänger Maximilian I. hatte Karl V. einen großen Schuldenberg geerbt. Zudem führte er viele Kriege, die seine finanzielle Lage noch verschlimmerten. Dadurch war er in einem gewissen Grad von seinen Geldgebern, den **Fuggern,** abhängig.
Entscheidend für den Fortgang der Reformation war, dass Karl V. vom Wormser Reichstag an bis zum Jahre 1530 nicht in Deutschland war. Er führte Krieg gegen den französischen König Franz I.
So konnten sich die neuen Glaubensinhalte ausbreiten, allerdings auch mit Begleiterscheinungen, die Luther sehr widerstrebten.

Eine **„Wahlkapitulation“** ist ein Vertrag, in dem – für den Fall einer Wahl – Zusagen gemacht wurden. Der Begriff **„Kapitulation“** leitet sich von der Einteilung der Urkunde in Kapitel her.

Der Niedergang des Rittertums

Der niedere Adel war im ausgehenden Mittelalter weitgehend identisch mit den **Rittern.** Diese litten unter dem spätmittelalterlichen Preisverfall

Ein Teil der Ritter „verdiente" sich den Lebensunterhalt als **Raubritter,** andere versuchten eine den Fürsten ähnliche Stellung zu erlangen. Zu diesen zählte auch FRANZ VON SICKINGEN.

Als **Fehde** bezeichnet man die Durchsetzung eines Rechtsanspruchs oder irgendeines Ziels auf eigene Faust.

Unter **Säkularisation** versteht man die Einziehung kirchlicher Güter und deren Nutzung durch weltliche Herrscher bzw. den Staat.

Auseinandersetzungen über die Frage, ob man bildliche Darstellungen Gottes oder der Heiligen verehren solle, gab es im Byzantinischen Reich schon im 8. und 9. Jh. Jahrzehntelang war dort die **Verehrung** von **Bildern** mit der Begründung verboten worden, dies sei **Götzendienst.** 787 wurde auf dem 2. Konzil von Nizäa die **Bilderverehrung** offiziell erlaubt.

bei den landwirtschaftlichen Produkten und der im 16. Jh. einsetzenden Inflation. Schwerer noch wog der Verlust ihrer **sozialen Funktion.**
Die karolingischen Könige hatten sich, neben ihren Fußsoldaten, ein Heer aus berittenen Berufskriegern (Ritter) geschaffen. Aufgrund der Entwicklung neuer Waffen (Kanonen, Gewehre) und der Entstehung der Landsknechtsheere wurden die Ritterkrieger nicht mehr benötigt. Sie verloren damit an politischer Bedeutung.

Die sickingsche Fehde

FRANZ VON SICKINGEN (1481–1523)

Der von der Ebernburg bei Bad Münster am Stein (Rheinland-Pfalz) stammende **Ritter FRANZ VON SICKINGEN** hatte sich durch Raubzüge und Plünderungen großen Stils ein ansehnliches Vermögen und eine beträchtliche Machtstellung verschafft. Durch ULRICH VON HUTTEN hatte er von LUTHERS Kirchenkritik erfahren. Er wandte sich der neuen Glaubensrichtung zu.
FRANZ VON SICKINGEN wollte nicht nur als Verfasser kirchenkritischer Schriften, sondern auch durch einen Kriegszug der neuen Lehre zum Sieg verhelfen.
Als Hauptmann der „Ritterschaftlichen Vereinigung" von Landau (Pfalz) belagerte er im August 1522 acht Tage lang vergeblich die Stadt **Trier,** um den Erzbischof und Kurfürsten RICHARD VON GREIFFENKLAU zu stürzen und die dortigen kirchlichen Gebiete und Besitztümer zu säkularisieren. In der Festung **Landstuhl** (westlich von Kaiserslautern) musste er am 7. Mai 1523 kapitulieren. Er starb am selben Tag an seinen Verwundungen. Andere kleinere Aktionen von Rittern waren ebenfalls erfolglos.

Die **Ritter** traten fortan nicht mehr als politische Kraft in Erscheinung. Auch ging das **Fehdewesen** erheblich zurück.

7.3.2 Der Bauernkrieg

Religiöse Neuerungen in Wittenberg

Als LUTHER noch auf der Wartburg festsaß, kam es in Wittenberg zu religiösen Neuerungen, bei denen die Professoren MELANCHTHON und KARLSTADT eine führende Rolle spielten. Es kam u. a. zu Bilderstürmereien. LUTHER kehrte im März 1522 von der Wartburg nach Wittenberg zurück. Durch acht eindrucksvolle **Fastenpredigten** beruhigte er die Gemüter weitgehend.

Zur Lage der Bauern

Schon im 15. Jh. gab es im süddeutschen Raum Unruhen und Aufstände unter den Bauern, die jedoch unorganisiert waren und unterschiedliche, örtlich bedingte Anlässe hatten. Der **deutsche Bauernkrieg** der Jahre 1524 bis 1526 hatte andere Dimensionen. Er spielte sich hauptsächlich in **drei Regionen** ab: in **Franken,** in **Südwestdeutschland** und in **Thüringen.**

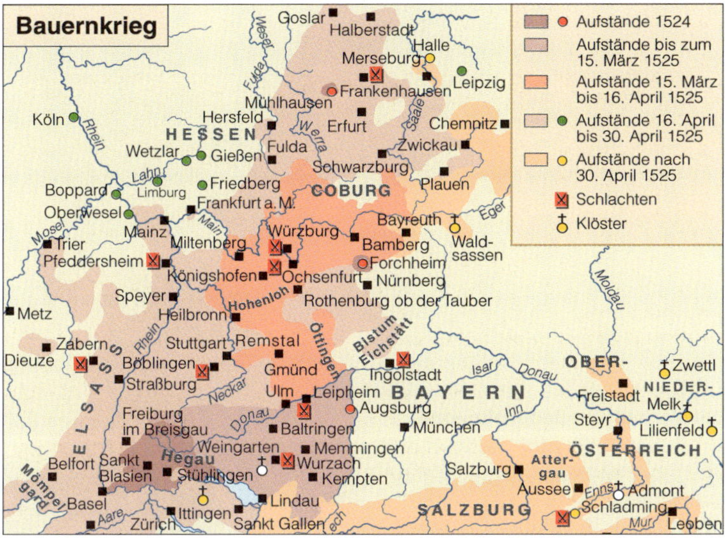

Die **Beschwerden** der Bauern beinhalteten in den Grundzügen: Sie fühlten sich finanziell in steigendem Maße belastet und in ihren Rechten immer mehr beschnitten. Frondienste, Abgaben und Steuern wurden erhöht, die Nutzung der Allmende wurde eingeschränkt, Jagd und Fischerei waren ihnen verboten.

Allmende war Grund und Boden (Weiden, Wald oder Ödland), den alle Dorfbewohner gemeinschaftlich und unentgeltlich nutzen konnten.

> Die Bauern sprachen hier vom **„alten Recht".** Neu hinzu kam die Argumentation mit dem **„göttlichen Recht",** d. h. die Begründung von Forderungen mithilfe der Bibel. In LUTHERS Schriften war der **Bauernstand** gegenüber dem mittelalterlichen Bild aufgewertet worden.

Die „Zwölf Artikel"

Eine Schrift, die **„Zwölf Artikel",** verfasst von dem bibelkundigen Kürschnergesellen **SEBASTIAN LOTZER,** wurde zum bestimmenden Dokument bäuerlicher Beschwerden.

Titelblatt „Zwölf Artikel"

> Eine **Revolutionsschrift** nach unserem heutigen Verständnis war das nicht, denn die Bauern verlangten nicht die Absetzung ihrer Obrigkeiten, d. h. einen Umsturz der gesamten politischen Verhältnisse.

In Anlehnung an ein lutherisches Argument auf dem Reichstag zu Worms wollten die Bauern von ihren Forderungen nur dann abrücken, wenn diese dem Wort der Bibel entgegenstünden.

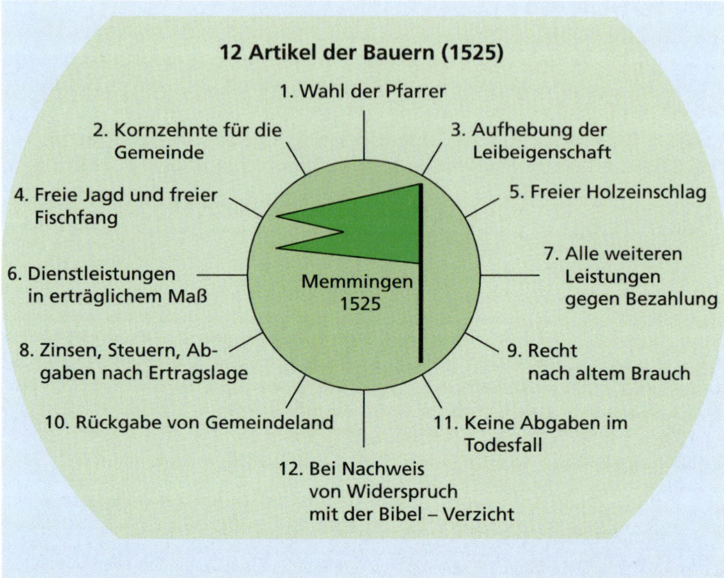

Der Verlauf des Bauernkrieges

Als **Bundschuh,** eigentlich der über dem Fuß mit einem Riemen zusammengebundene Schuh der Bauern, bezeichnete man bald die aufständischen Bauernhaufen.

Der **Bauernkrieg** hatte in den Jahrzehnten vor seinem Ausbruch zwei Vorläufer: Den **„Bundschuh"** und den **„Armen Konrad".**
Im **Juni 1524** kam es zunächst im Schwarzwald zu Demonstrationen von Bauern, die sich bald in das Gebiet nördlich des Bodensees ausbreiteten. Mit der Verbreitung der „Zwölf Artikel" im Februar 1525 weiteten sich die Unruhen zu kriegerischen Handlungen aus, die sich in den genannten drei Gebieten abspielten (↗ Karte S. 243).
Anfang Juni besiegten die Soldaten des Schwäbischen Bundes die teilweise auch untereinander zerstrittenen Bauernscharen.
Bei den Aufständen im **Südwesten** (Schwarzwald, Württemberg, Breisgau, Elsass) gab es große Verwüstungen.
In **Thüringen,** einschließlich der nordost- und osthessischen Randgebiete, waren die Bauern zunächst erfolgreicher. Viele Adelige und Städte wurden zum Mitmachen gezwungen.

Nach der Übergabe von Freiburg gingen die Bauern dort auseinander, ihre Truppen wurden dann bei Böblingen (südlich von Stuttgart) und Zabern (im Elsass) ebenfalls geschlagen. Tausende von Bauern wurden niedergemetzelt.

Schließlich gelang es aber auch hier unter dem Kommando von Landgraf **PHILIPP VON HESSEN** und dem Herzog **GEORG VON SACHSEN,** die Bauern unter der Führung von **THOMAS MÜNTZER** Mitte Mai 1525 bei Frankenhausen zu schlagen (Panorama-Ausschnitt aus dem Gemälde von W. TÜBKE).

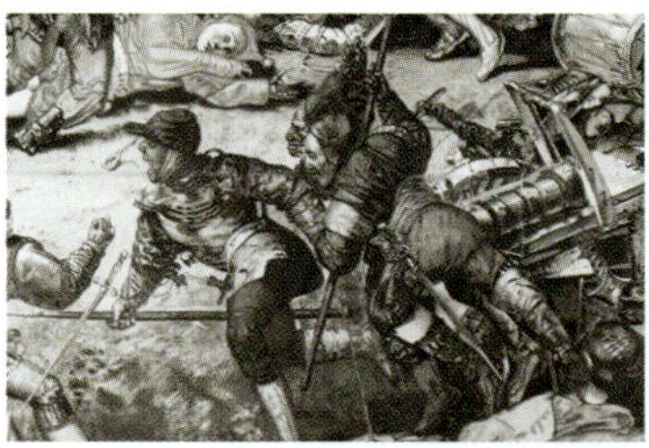

Ausgelöst durch eine allgemeine Unzufriedenheit, aber auch durch das harte Vorgehen gegen die Anhänger von LUTHERS neuer Lehre kam es ab dem Monat Mai 1525 zu **Aufständen in Tirol** und im Salzburger Land. Der Tiroler Bauernführer MICHAEL GAISMAIR verfasste Anfang 1526 eine utopisch anmutende Schrift, in der er die Errichtung einer christlich und demokratisch regierten **Bauernrepublik** verlangte. Auch hier siegten die Landesherren, unterstützt von Truppen des Schwäbischen Bundes.
In den meisten Gebieten führte die siegreiche Obrigkeit ein furchtbares **Strafgericht** durch, wobei Tausende von Bauern hingerichtet wurden.

Die militärischen Sieger des Krieges waren die Landesherren, deren Truppen besser bewaffnet und disziplinierter waren. Die Bauern fügten sich in ihr Schicksal, das sich erst 1810 durch die Reformen des Freiherrn vom Stein ändern sollte.

Ursachen und Folgen des Scheiterns

Die Forderungen der Bauern wurden in vielen Städten mit Sympathie betrachtet. Zudem stellte sich den Bauern eine Reihe von schillernden Heerführern zur Verfügung. In **Franken** war es der Reichsritter **FLORIAN GEYER**, der 1519 aufseiten des Schwäbischen Bundes kämpfte, in den Jahren danach dem Deutschen Orden diente und sich 1525 aus religiöser Überzeugung den Bauern anschloss.
Ein Drama GOETHES hat den Reichsritter **GÖTZ VON BERLICHINGEN** für die Nachwelt verewigt. Er stand in den Diensten verschiedener Herren, beteiligte sich an zahlreichen Fehden und betätigte sich gelegentlich sogar als Raubritter. Für die Sache der Bauern focht er, mehr oder weniger gezwungen und, anders als FLORIAN GEYER, ohne innere Überzeugung. In den 40er-Jahren des 16. Jh. war er sogar wieder an kaiserlichen Feldzügen beteiligt.

GÖTZ VON BERLICHINGEN (1480–1562)

Was der Bewegung der Bauern fehlte, war eine **gemeinsame Führung, einheitliches Vorgehen,** Ausdauer bei ihren Unternehmungen und ein von allen vertretenes **gesamtpolitisches Ziel.**

7.3.3 MÜNTZER, LUTHER und das Himmelreich auf Erden

MÜNTZERS Theologie

Der Theologe THOMAS MÜNTZER war zunächst ein Anhänger LUTHERS. Nach 1520 wurde er radikaler und versuchte schließlich auch mit Waffengewalt, eine **christliche Demokratie** zu errichten.
Im März 1525 errichtete er in **Mühlhausen** sein Gottesreich auf Erden. Er rief die Bauern zur Teilnahme am Aufstand auf und stellte sich an die Spitze eines Bauernheeres, das im Mai 1525 bei **Frankenhausen** vernichtend geschlagen wurde. MÜNTZER endete unter dem Schwert.
MÜNTZER forderte eine neue Form des Zusammenlebens und die Verwirklichung des **Reiches Gottes auf Erden** durch den Menschen. Seine Anhänger sollten ein einfaches Leben bei völliger Gleichheit und gemeinsamem Besitz führen.
Er verband die Lehren der Bibel mit sozialrevolutionären Forderungen. In seiner bekannten „Fürstenpredigt" am 13. Juli 1524 auf dem Schloss zu Allstedt forderte MÜNTZER die Obrigkeit auf, die Pflicht zur politischen Verantwortung für das Gemeinwohl zu übernehmen.

THOMAS MÜNTZER (1490–1525)

LUTHERS Gegenposition: „Zwei Reiche“

LUTHER vertrat die These von den zwei Reichen auf Erden: **Das Reich der Welt,** des Schwertes, sollte die Bösen niederhalten und für Frieden und Ordnung sorgen. Das **Reich Gottes** war das der in Liebe und Gewaltlosigkeit verbundenen Christen. Beide Reiche standen gleichberechtigt nebeneinander. Ungerechtigkeiten seitens einer unchristlichen weltlichen Obrigkeit musste der Christ leidend erdulden; ein **Widerstandsrecht** stand ihm nicht zu. Dementsprechend hatte LUTHER in seiner Schrift „Ermahnung zum Frieden“ vom April 1525, mit Bezug auf die „Zwölf Artikel“, die **Bauernbewegung,** aber auch die Fürsten zur Mäßigung aufgerufen. Die Auseinandersetzungen zwischen den Bauern und der Obrigkeit verschärften sich. In der Schrift „Wider die räuberischen und mörderischen Rotten der Bauern“ verurteilte LUTHER den Bauernaufstand.

LUTHER stand damit auf der Seite der weltlichen Obrigkeit, denn für eine erfolgreiche Fortsetzung der Reformation benötigte er die Unterstützung der Fürsten.

7.3.4 Die Wiedertäufer

Das Täufertum

> Die **Täufer** entwickelten sich als **Nebenbewegung** der **Reformation.** Sie waren der Überzeugung, dass der Mensch erst im Erwachsenenalter getauft werden sollte. Sie nannten sich ‚Wiedertäufer‘, weil die als Säuglinge Getauften später noch einmal getauft wurden.

JAN BOCKELSON (JAN VON LEJDEN) (1509–1536)
Er ernannte sich zum „König von Zion“ und errichtete einen prächtigen Hofstaat. Gütergemeinschaft und Vielweiberei waren Kennzeichen einer mit brutaler Gewalt durchgesetzten neuen Gesellschaftsordnung.
Ein grausames Schicksal erfuhren 1536 die Wiedertäufer in Münster.

Zentren der **Täuferbewegung** waren die Schweiz, der süd- und südwestdeutsche Raum sowie die Niederlande und Teile Nordwestdeutschlands. In den anderen deutschen Gebieten gab es vereinzelt Formen dieser Bewegung. Ein bedeutender Vertreter war JAN BOCKELSON in Münster.

Ursachen und Erscheinungsformen

Als allgemeine **Ursache** galten Protest und Widerstand
- gegen die fortschreitende Institutionalisierung der neuen Glaubensrichtung und gegen die Institutionen der alten Kirche,
- gegen die nach wie vor verweltlichten Obrigkeiten und
- vor allem auch wegen des Ausbleibens sozialer Reformen.

Gemeinsamkeiten mit dem **Protestantismus:**
- Der Glaube an das bevorstehende Ende der Welt, das **Jüngste Gericht.**
- Eine strikte Orientierung am **Wortlaut** der **Bibel.** Hier wurde besonders die **Bergpredigt** hervorgehoben. Vorbild waren dabei die Urgemeinden des Christentums.

7.4 Folgen der Reformation

7.4.1 Landesfürstliche Kirchenpolitik

Landesfürstliche Reformen

PHILIPP I. VON HESSEN – der Großmütige – (1504–1567)
1527 gründete Landgraf PHILIPP VON HESSEN in Marburg (Hessen) die erste evangelische Universität neben Wittenberg. Eine weitere evangelische Universität wurde dann 1557 in Jena gegründet.

Zwischen den Jahren 1524 und 1526 hatten etliche Landesherren in ihren Territorien offen die **reformatorischen Lehren** eingeführt. Dies geschah in **Hessen, Sachsen, Braunschweig-Lüneburg** und **Mecklenburg,** aber auch in **Reichsstädten** wie Nürnberg, Straßburg, Magdeburg und Memmingen.

Außenpolitische Ereignisse kamen den Landesherren dabei zu Hilfe:
Im Mai 1525 hatte sich der französische König FRANZ I. mit dem Papst gegen KARL V. verbündet (Liga von Cognac).
1526 besiegten die vordringenden **Türken** in der **Schlacht von Mohác** König LUDWIG II. von Böhmen und Ungarn, der dabei umkam. Sie eroberten Buda und Pest und bedrohten die Ostgrenze des Reiches. Durch den Tod LUDWIGS II. fiel dessen Erbe an das Haus Habsburg.
Während des **(ersten) Reichstags zu Speyer (1526)** war Kaiser KARL V. wegen des Krieges gegen den französischen König und dessen Verbündete nicht anwesend. Sein Bruder FERDINAND, der KARL in den deutschen Kernlanden vertrat, war auf dem Reichstag. Die Stände beschlossen eine Abschlusserklärung, einen sogenannten **Reichsabschied:**
Bis zu einem künftigen **Konzil** – das erst 1545 in **Trient** zusammentrat – sollten sich die Fürsten in der Religionsfrage so verhalten, wie sie es Gott und dem Kaiser gegenüber verantworten konnten. Dies bedeutete die (vorübergehende) **Duldung** der neuen Glaubensrichtung.

In der **„Liga von Cognac“** hatten sich Frankreich, England, Mailand, Venedig, Florenz, Genua sowie der Papst zusammengeschlossen.

Das landesherrliche „Kirchenregiment“

Mit der Verfestigung der reformatorischen Lehren ergab sich auch die Notwendigkeit, eine eigene **Kirchenverwaltung** aufzubauen.
Zwischen 1526 und 1528 gingen Reformatoren und Mitglieder der Verwaltung im Kurfürstentum Sachsen daran, die neue Lehre, den Gottesdienst, das Schulwesen und das kirchliche Vermögen neu und einheitlich zu gestalten. LUTHERS Mess- und Predigtbücher bildeten die Grundlage für die Messe. Die Pfarreien und Schulen wurden durch **Visitationskommissionen** überprüft. Den teilweise beträchtlichen Kirchenbesitz hätte LUTHER gern zur Besoldung von Pfarrern und Lehrern verwendet. In vielen Fällen beschlagnahmten hingegen Fürsten und Städte dieses Vermögen und behielten es.
Etwa zehn Jahre später wurde eine aus rechtskundigen fürstlichen Räten und theologischen Beratern bestehende Zentralbehörde für alle Angelegenheiten der Kirche, das **Konsistorium,** eingerichtet.

Unter landesherrlichem **Kirchenregiment** versteht man die Organisation und Aufsicht über die äußeren Belange der Kirche durch die weltliche Obrigkeit (Landesherrn oder Reichsstädte).

7.4.2 Der Kampf zwischen den protestantischen Ständen und dem Reich

Der zweite Reichstag zu Speyer

Bei Androhung der Reichsacht wurde verboten, andere mit Gewalt zum neuen Glauben zu zwingen. Dort, wo sie abgeschafft worden war, sollte die katholische Messe wieder erlaubt werden. Die katholischen Stände billigten dies.

1529 fand ein weiterer Reichstag in Speyer statt. FERDINAND, der wie schon zuvor seinen Bruder KARL vertrat, forderte die **Aufhebung** des **Reichsabschieds** von 1526, wodurch das **Wormser Edikt** wieder in Kraft gesetzt werden sollte. Dagegen protestierten die evangelischen Reichsfürsten und 14 Reichsstädte in einer „protestatio". Die Vertreter der neuen Glaubensrichtung wurden daraufhin **Protestanten** genannt. Der Ausgang dieses Reichstags von 1529 verfestigte die Spaltung zwischen den beiden konfessionellen Gruppen im Reich.

Dom zu Speyer

Der Reichstag zu Augsburg

LUTHER befürchtete seine Festnahme, falls er in das katholische Augsburg ginge. Daher verfolgte er die Vorgänge in Augsburg aus sicherer Entfernung von der zu Meißen (Sachsen) gehörenden **Veste Coburg** aus.

Veste Coburg

Nach dem Friedensschluss mit dem Papst und der Abwehr der **Türken** kehrte KARL V. 1530 ins (deutsche) Kernland des Reiches zurück. Er berief sofort einen Reichstag nach Augsburg ein, um die Religionsfrage friedlich beizulegen.
Hinsichtlich der **Rechtfertigungslehre** und des Priesteramtes wurden aber auch die Unterschiede zu den Altgläubigen dargelegt.
Die katholische Seite antwortete mit einer Gegenerklärung, der **„Confutatio"** (lat.: Widerlegung). Am Ende der Verhandlungen wurde in einem Reichsabschied die Confessio Augustana (↗ S. 240) für widerlegt erklärt. Das **Wormser Edikt** war weiterhin in Kraft, Widerstand bedeutete Landfriedensbruch. Die Kluft zwischen den Religionsparteien hatte sich weiter vertieft.

Rechtfertigungslehre: Zentralbegriff der reformatorischen Theologie.
Die Tilgung von Sünden ist nicht notwendig, wichtig allein ist der Glaube und die sich daraus ergebende Gnade Jesu (↗ S. 236).

Der Schmalkaldische Bund

Ende des Jahres 1530 verhandelten evangelische Fürsten und die Vertreter von mehreren Städten unter Führung des hessischen Landgrafen PHILIPP I. und des sächsischen Kurfürsten JOHANN FRIEDRICH I. über ein **Verteidigungsbündnis.**
Am **27. Februar 1531** schlossen die evangelischen Fürsten in dem thüringischen Städtchen **Schmalkalden** den **Schmalkaldischen Bund**.

Festsaal im Schloss Wilhelmsburg Schmalkalden

LUTHER hatte ein **Widerstandsrecht** gegen die weltliche Obrigkeit bisher abgelehnt. Er ließ sich jetzt jedoch davon überzeugen, dass um des Glaubens willen die Evangelischen vor ihren Landesherren auch mit militärischen Mitteln geschützt werden müssten.
Inzwischen marschierten die **Türken** wieder auf Wien zu. In dieser Situation brauchte der Kaiser die Hilfe der protestantischen Reichsstände. Er erkaufte sich diese auf einem **1532** in Nürnberg abgehaltenen **Reichstag,** indem er die **freie Religionsausübung** zugestand **(Nürnberger Religionsfriede).** Der **Protestantismus** konnte sich unter dem Schutz des Schmalkaldischen Bundes ausbreiten. Bisher noch katholische norddeutsche Gebiete sowie Dänemark und Skandinavien schlossen sich der neuen Glaubensrichtung an.

1535 eroberte KARL V. Tunis. 1536–1538 kam es zum 3. Krieg gegen den französischen König FRANZ I., der sich mit den Türken verbündet hatte. 1542–1544 fand dann der 4. Krieg zwischen diesen beiden Herrschern statt, wobei es wiederum um den Einfluss in Norditalien ging.

Der Schmalkaldische Krieg

Nach der Beendigung des Krieges gegen FRANZ I. (Friede von Crépy, 18. September 1544) konnte der Kaiser wieder sein lang gehegtes Ziel verfolgen, die Wiederherstellung der alten **Glaubenseinheit.** Inzwischen war auch das in mehreren Sitzungsperioden tagende **Konzil von Trient (1545 bis 1563)** zusammengetreten, an dem die Protestanten jedoch nicht teilnahmen.
KARL sicherte sich militärisch und diplomatisch ab. Der Papst stellte ihm zur Bekämpfung der Protestanten 12 500 Soldaten zur Verfügung.
Es kämpften jetzt Katholiken gegen Protestanten. Obwohl dem **Schmalkaldischen Bund** über 50 000 Mann zur Verfügung standen, gelang es dem Kaiser, die Truppen des sächsischen Kurfürsten JOHANN FRIEDRICH I. in der **Schlacht bei Mühlberg** an der Elbe zu besiegen (24. April 1547).
Der Kurfürst, wie kurz darauf auch Landgraf PHILIPP I. VON HESSEN, wurde gefangen genommen und musste eine mehrjährige Haftstrafe verbüßen. Auf einem für den Herbst des Jahres einberufenen Reichstag nach Augsburg, dem sogenannten **„Geharnischten Reichstag“,** konnte der Kaiser seine Machtstellung nicht festigen.

Offiziell war es kein Religionskrieg, sondern eine Strafaktion gegen Hessen und Kursachsen, weil diese 1542 den Herzog HEINRICH VON BRAUNSCHWEIG vertrieben und in dessen Gebiet die neue Lehre eingeführt hatten.

Nach zähen Verhandlungen erließ der Kaiser am 30. Juni 1548 ein Reichsgesetz, das **Augsburger Interim.** Diese vorläufige Regelung sollte die katholischen Positionen wieder herstellen.

Schon am 18. Februar 1546 war LUTHER in seiner Geburtsstadt Eisleben gestorben. Ein Jahr später, am 31. März 1547 verstarb auch KARLS großer Widersacher, der französische König FRANZ I.

Doch die teilweise mit Gewalt betriebene Durchsetzung der Bestimmungen scheiterte in vielen Gegenden am Widerstand von Fürsten und Städten (vor allem in Magdeburg), aber auch der Bevölkerung.

7.4.3 Der Augsburger Religionsfrieden (1555)

Des Kaisers Stern sinkt

Der allmähliche Niedergang der kaiserlichen Macht zeichnete sich zunächst an der Verschlechterung des Verhältnisses zu **Papst PAUL III.** ab:
- Im Januar 1547 zog der Papst vertragsgemäß seine Hilfstruppen aus Deutschland ab. KARL fühlte sich im Stich gelassen.

- Im März 1547 verlegte der Papst das Konzil aus dem zum Haus Habsburg gehörenden Trient nach Bologna, das auf dem Gebiet des Kirchenstaates lag. Das bedeutete eine Minderung des kaiserlichen Einflusses auf die Beratungen des Konzils.
- Im Oktober 1547 wurde der Sohn des Papstes, PIER LUIGI FARNESE, Herzog von Parma und Piacenza, von rebellischen Adeligen ermordet. Der Papst vermutete den Kaiser hinter diesem Anschlag.

Nach KARLS Abdankung oder Tod sollte sein Bruder FERDINANDS Kaiser werden, danach KARLS Sohn PHILIPP, nach diesem FERDINANDS ältester Sohn MAXIMILIAN.

In Augsburg wurden im März 1551 geheime Familienverträge abgeschlossen, die in einem ausgeklügelten System die **Nachfolgeregelung** im Kaiserhaus beinhalteten.
Die Kaiserwürde sollte abwechselnd bei der **österreichischen Linie** (Kernland des Heiligen Römischen Reiches) und bei der **spanischen Linie** (Spanien, die habsburgischen Lande in Italien, Burgund, die Niederlande und die Kolonien in Südamerika) liegen.
Diese Regelung widersprach den Ansprüchen der **Wiener Habsburger** (FERDINAND und MAXIMILIAN), denn die spanische Linie würde zu viel Gewicht erhalten. Auch die Kurfürsten fürchteten um ihre Machtstellung, da ihnen im Falle einer festgelegten Thronfolge das Recht der **Kaiserwahl** genommen wurde.

Schon 1338 fürchteten die sieben Kurfürsten um ihr Recht der Königswahl. Im „Kurverein von Rhens“ erklärten sie, dass der von ihnen gewählte König nicht der Zustimmung des Papstes bedürfe. 1356 wurde in der **„Goldenen Bulle“** – einem „Grundgesetz“ des alten Reiches – dieses Recht bestätigt und festgelegt.

Die Fürstenrevolution

Angesichts der übermächtig erscheinenden Stellung des Kaisers schlossen sich die Fürsten zusammen, wobei religiöse Gegensätze keine Rolle mehr spielten. Führer dieser Opposition wurde der junge Kurfürst **MORITZ VON SACHSEN.**
Nach einer Übereinkunft mit deutschen Fürsten (Mai 1551) und einem Vertrag mit dem französischen König (Oktober 1551 und März 1552) eroberte ein Heer der Fürsten im Mai 1552 unter MORITZ VON SACHSEN (Bild) die kaiserliche Residenz in Innsbruck. Der Kaiser flüchtete nach Villach (Kärnten). Gleichzeitig besetzte der französische König die Reichsstädte **Metz, Toul** und **Verdun.** KARL konnte in dem bis 1556 dauernden Krieg gegen Frankreich diese Städte nicht zurückerobern.

KARL V. regelte 1556 seine **Nachfolge,** indem sein Bruder FERDINAND deutscher Kaiser wurde. Am 21. September 1558 starb KARL V. in seinem Landhaus bei dem Kloster San Jerónimo de Yuste in Spanien.

MORITZ VON SACHSEN (1521–1553)

> Die aus dem Mittelalter stammende Idee eines christlichen Universalreiches **(„Monarchia Universalis“)** hatte KARL V. nicht verwirklichen können. Durch den jahrzehntelangen Kampf um die Vorherrschaft zerbrach auch die Idee einer politischen **Einheit Europas.**

Der Reichstag in Augsburg 1555

Die Regelung der Auseinandersetzung mit den deutschen Fürsten hatte KARL V. seinem Bruder FERDINAND überlassen. Auf dem Reichstag in Augsburg im Sommer 1555 kam es nach langwierigen Verhandlungen zwischen König FERDINAND und den Reichsständen zu einem Abschluss.

Das Nebeneinander der katholischen und der evangelischen Religion wurde bestätigt. Der Landesherr bestimmte die Religion seiner Untertanen. Die später hierzu geprägte lateinische Formel lautete: **cuius regio eius religio** (in der wörtlichen Übersetzung: „wessen das Land, dessen (ist) die Religion").

Die **Protestanten** wurden den **Katholiken** damit rechtlich gleichgestellt. Ausgeschlossen hiervon waren andere religiöse Richtungen, vor allem die Calvinisten und die Täufer. Anstelle des Kaisers bestimmte nun der Landesherr, woran seine Untertanen glauben sollten.

Um den katholischen Besitzstand zu sichern, hatte man sich auf den **„geistlichen Vorbehalt"** geeinigt: Wollte beispielsweise ein katholischer Fürstbischof zum evangelischen Glauben konvertieren, musste er auf seine Herrschaftsrechte verzichten.

Wer sich trotzdem auf sein Gewissen berief, wie dies LUTHER einst getan hatte, und nicht der Glaubensrichtung angehören wollte, die vorgeschrieben wurde, durfte auswandern.

7.4.4 Katholische Reform und Gegenreformation

Der Begriff **„Gegenreformation"** ist hinsichtlich seines zeitlichen Rahmens unter Historikern umstritten. Im weitesten Sinne umfasst er die Zeit zwischen dem Augsburger Religionsfrieden (1555) und dem Ende des Dreißigjährigen Krieges (1648).

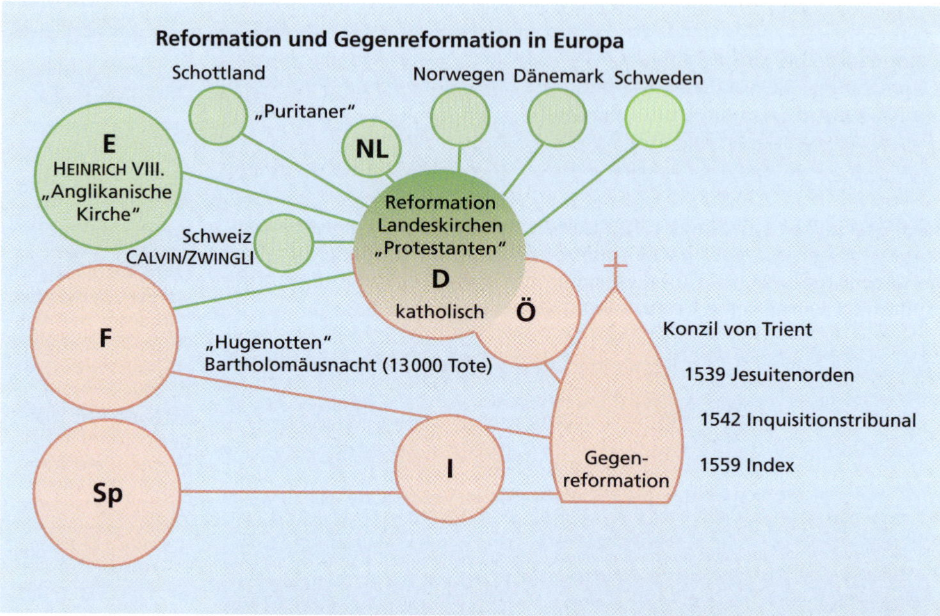

Neuerungen waren: Die Gestaltung des Gottesdienstes, eine Reform der Orden, die Einrichtung von Priesterseminaren und die Anwesenheitspflicht von Bischöfen und Priestern in ihren Bistümern und Gemeinden. Dem Papst mussten alle Beschlüsse des Konzils zur Genehmigung vorgelegt werden.

Unter **„Katholischer Reform"** versteht man die Bemühungen, die katholische Kirche von innen heraus zu erneuern. Als **„Gegenreformation"** bezeichnet man häufig die Versuche, in verlorengegangenen Gebieten den katholischen Glauben mit neuen Methoden und auch mit Waffengewalt durchzusetzen.

Erst **Papst Paul III.** (1534–1549) strebte eine Reform der katholischen Kirche an und berief schließlich das **Konzil 1545 nach Trient** (Bild) ein. Die evangelischen Fürsten erschienen jedoch nicht, da sie ein „päpstliches" Konzil ablehnten. Das Konzil setzte sich ausführlich mit der Lehre Luthers auseinander, und zwar mit den **Glaubensinhalten** und kirchlichen Praktiken, die Luther abgelehnt hatte. Zudem gab es eine Reihe **Neuerungen,** die die kirchliche Praxis betrafen.

Das Konzil von Trient

Dieses Konzil, auch **Tridentinum** genannt, tagte in drei Perioden: 1545–1547, 1551–1552 und 1562–1563.

Das **Konzil zu Trient** hatte zu einer **Erneuerung** der (katholischen) Kirche beigetragen. Es schuf die Grundlagen für den **Katholizismus** der **Neuzeit.** Gleichzeitig war aber auch die **kirchliche Einheit Europas zerbrochen.** Weder die Teilnehmer des Konzils noch die evangelische Seite waren zu einer Änderung der wesentlichen Inhalte ihres Glaubens bereit.

Gewaltsame Maßnahmen der Rekatholisierung

1542 setzte Papst PAUL III. im Rahmen der **Inquisition** als oberste Instanz für alle Glaubensfragen eine aus sechs Kardinälen bestehende Behörde ein. Diese verfolgte unerbittlich alle, die von der offiziellen katholischen Lehre abwichen. Ein Opfer war GIORDANO BRUNO (↗ CD).
Nach dem Ende des Konzils von Trient wurde ein Verzeichnis verbotener Bücher erstellt, der **Index librorum prohibitorum.** Bücher, die der kirchlichen Lehrmeinung zuwider liefen, wurden in diesen Index aufgenommen. Ohne Erlaubnis durfte solch ein Buch weder verkauft noch gelesen oder aufbewahrt werden. Erst 1967 wurde das Bücherverbot außer Kraft gesetzt.
Glaubensverbote oder **Vertreibungen** erfolgten nach der „Cuius regio eius religio" – Regelung von 1555 (vgl. Kap. 7.4.3) hauptsächlich in Gebieten, die rekatholisiert werden sollten.

IGNATIUS VON LOYOLA (1491–1556)
IGNATIUS hatte vergeblich versucht, einen weiblichen Orden einzurichten. 1609 gründete MARIA WARD in Saint-Omer (Nordfrankreich) einen weiblichen Parallelorden zum **Jesuitenorden.**

IGNATIUS VON LOYOLA und die Gesellschaft Jesu

Im Rahmen der katholischen Glaubenserneuerung, die von Italien und Spanien ausging, wurden **neue Orden** gegründet. Einige der bekanntesten waren
- die Theatiner, gegr. 1524 (Priesterausbildung),
- der Ursulinenorden, gegr. 1535 (Mädchenerziehung),
- die Barmherzigen Brüder, gegr. 1571 (Krankenpflege),
- die Vinzentinerinnen, gegr. 1633 (Krankenpflege und karitative Tätigkeit).

1540 gründete IGNATIUS VON LOYOLA den **Jesuitenorden** (lat.: societas Jesu, Abk. SJ). Dieser sehr einflussreiche Orden war im 16. und 17. Jh. die wichtigste Stütze der katholischen Reform in Europa.
Seine Hauptaufgabe sah der Orden in der Verbreitung und Festigung des katholischen Glaubens durch Predigen und schulischen Unterricht. Die missionarische Tätigkeit erstreckte sich bis nach China.
In einer Reihe von Ländern wurden die Jesuiten ausgewiesen oder der Orden **zeitweise verboten.** Weltweit hat der Jesuitenorden heute etwa 21 000 Mitglieder. In Deutschland unterhält er mehrere Gymnasien und in Frankfurt die Philosophisch-Theologische Hochschule Sankt Georgen.

Positionen ZWINGLIS:
- Abschaffung der kirchlichen Hierarchie und der meisten kirchlichen Feiertage
- Feier des Abendmahls als Gedächtnismahl unter zweierlei Gestalten
- Abschaffung von Bildern, Prozessionen, Gemeindegesang und Orgelspiel
- Ablehnung von Firmung und letzter Ölung als Sakramente
- Auflösung der Klöster

7.4.5 Glaubensspaltung und Glaubenskämpfe in Westeuropa

Die Reformation in der Schweiz

In der Schweiz vollzog sich die Reformation in zwei Etappen. Zunächst führte **ULRICH ZWINGLI** (1484–1531) die Reformation in Zürich ein. Fünf Jahre nach seinem Tod begann CALVIN, unabhängig von ZWINGLI, in Genf sein einflussreiches reformatorisches Wirken.
ZWINGLI war anfangs von ERASMUS VON ROTTERDAM und dessen Vorstellung von einem auf Vernunft und Moral begründeten Christentum beeinflusst.

Im Oktober 1529 trafen sich LUTHER und ZWINGLI in Marburg zu einem Religionsgespräch, um theologische Meinungsverschiedenheiten auszuräumen. Dies gelang weitgehend, mit Ausnahme der Abendmahlsfrage.

Hinsichtlich der wirklichen Anwesenheit Christi in der Form der Hostie beim Abendmahl glaubte Zwingli: „Dies bedeutet mein Leib.“, während Luther der Überzeugung war: „Dies ist mein Leib.“

JOHANNES CALVIN (1509–1564)
Der **Kalvinismus**, beeinflusste in bemerkenswerter Weise die wirtschaftliche Entwicklung in Europa wie auch in Nordamerika.

Die Katholiken wurden von Spanien (König PHILIPP II.) unterstützt, die **Hugenotten** suchten Hilfe in England (Königin ELISABETH I.) und bei protestantischen deutschen Fürsten.

Darüber hinaus beschäftigten ihn aber auch politische und religiöse Fragen. Von 1519 bis zu seinem Tode 1531 wirkte ZWINGLI als Leutpriester am Großmünster in **Zürich.**
Bei einer Reihe von Gemeinsamkeiten gab es auch wesentliche **Unterschiede zu LUTHER** (7.3.3) und seiner Glaubensauffassung. Diese betrafen den aktiven **Widerstand** gegen die Obrigkeit und den Inhalt des **Abendmahls.**
Auf dem **Marburger Religionsgespräch** vom Oktober 1529 wurden die Unterschiede sichtbar. Als ZWINGLI versuchte, den neuen Glauben auch auf die anderen Teile der Schweiz auszubreiten, kam es zu kriegerischen Auseinandersetzungen zwischen Zürich und den katholisch gebliebenen schweizer Kantonen. Letztere siegten 1531 bei **Kappel.**

Zehn Jahre später unternahm die Reformation unter JOHANNES CALVIN – eigentlich JEAN CAUVIN – einen zweiten Anlauf.
JOHANNES CALVIN war nach LUTHER der bedeutendste Reformator dieser Epoche. Seine Lehre verbreitete sich in west- und auch in osteuropäischen Ländern: in Frankreich, den Niederlanden und Schottland, in Polen und Ungarn.
Die Unterschiede zu LUTHER lagen in der Auffassung von der Gegenwart Christi beim Abendmahl, im Verhältnis zur weltlichen Obrigkeit (es gab ein Widerstandsrecht) und in der Absicht, wie die ewige Seligkeit erlangt werden könne.
1541 wurde eine von CALVIN aufgesetzte Kirchenordnung in Genf beschlossen, die das gesamte öffentliche Leben bestimmen sollte. Hierbei war die Kirche dem Staat übergeordnet.
Nach CALVINS **Prädestinationslehre** stand von vornherein fest, wer zum ewigen Leben und wer zur ewigen Verdammnis bestimmt war. Man glaubte, das an einem sittenstrengen und arbeitsamen Leben erkennen zu können. Besitz und Reichtum waren somit erwünscht, dies sollte aber nicht nach außen hin zur Schau gestellt werden.

Frankreich und die Hugenotten

Der kalvinistische Glaube breitete sich nach 1540, von der Schweiz kommend, im Süden und Westen Frankreichs aus. Die französischen Anhänger CALVINS wurden **Hugenotten** genannt. 1559 beschlossen die Hugenotten auf ihrer ersten, geheim abgehaltenen Generalsynode in Paris ein gemeinsames Glaubensbekenntnis (Confessio Gallicana).
Die religiösen Auseinandersetzungen waren verbunden mit einem politischen Machtkampf großer Adelsfamilien.
Mit einem Überfall des Herzogs FRANZ VON GUISE auf eine Versammlung von Hugenotten am 1. März 1562 („Blutbad von Vassy“) begannen die bis 1598 andauernden acht **Hugenottenkriege.**
1570 kam es dann mit dem **Edikt von St. Germain** zu einem Friedensschluss. Den Hugenotten wurden Gewissensfreiheit, eine begrenzte Religionsausübung sowie vier Städte zugesichert, die sie auch militärisch besetzen durften.

Nach dem Tode König HEINRICHS II. 1559 versuchte seine Frau **KATHARINA VON MEDICI** zu vermitteln. 1572 heiratete ihre Tochter MARGARETE den Hu-

genotten **HEINRICH VON NAVARRA.** Mehrere Tausend Hugenotten hatten sich in Paris versammelt. Auf Veranlassung der Königinmutter KATHARINA VON MEDICI kam es zur berüchtigten **Bartholomäusnacht.**
HEINRICH IV., der von 1593 bis 1610 regierte, erreichte einen Ausgleich mit den Hugenotten im **Edikt von Nantes** (1598). Darin wurde der Katholizismus zwar als Staatsreligion festgeschrieben, den Hugenotten wurden jedoch weitgehende Rechte zugebilligt.

Unter den beiden Nachfolgern HEINRICHS IV., den Königen **LUDWIG XIII.** (1610–1643) und **LUDWIG XIV.** (1643–1715)(↗ S. 264 ff.), entwickelte sich Frankreich zu einem absolutistischen Staat und wurde auf dem militärischen, wirtschaftlichen und kulturellen Gebiet zur führenden Macht Europas. Dem absolutistischen Machtanspruch des Königs standen die Hugenotten im Wege. LUDWIG XIV. setzte den Katholizismus als einzige Glaubensrichtung in Frankreich durch (↗ S. 266 f.). 1685 wurde der Glaube der Hugenotten im Edikt von Fontainebleau verboten.

Von den ursprünglich etwa eine Million **Hugenotten** flohen und emigrierten 200000–300000, vornehmlich nach Nordamerika, England, in die Niederlande, die Schweiz und auch nach Deutschland. Aufnahmebereite **deutsche Territorien** (vor allem Brandenburg, aber auch Hessen) profitierten von Einwanderern, die wertvolle **handwerkliche** und **technische Kenntnisse** besaßen.

HEINRICH VON NAVARRA, der spätere **HEINRICH IV.** (1553–1610)
In der Nacht des 24. August 1572, der **Bartholomäusnacht,** ließ KATHARINA allein in Paris etwa 3 000 **Hugenotten** ermorden („Pariser Bluthochzeit"). In den Provinzen wurden danach wenigstens weitere 10 000 Glaubensgenossen umgebracht. HEINRICH VON NAVARRA musste seinem Glauben abschwören und überlebte so.

Der Freiheitskampf der Niederlande

Der Freiheitskampf der Niederländer richtete sich gegen die **spanische Vorherrschaft** und für die **freie Ausübung ihrer Religion.** Den nördlichen, zum Teil kalvinistischen Provinzen ging es um ihre politische Unabhängigkeit. Der spanische König **PHILIPP II.** versuchte ab 1556 das Land stärker zu kontrollieren und den kalvinistischen Glauben zu bekämpfen. Er schickte den **Herzog ALBA** gegen die Aufsässigen. Durch Terrormaßnahmen, Massenverhaftungen und Hinrichtungen sollte der Widerstand gebrochen werden. Dabei wurden auch zwei maßgebliche Führer des Aufstandes, die Grafen **EGMONT** und **HORN,** hingerichtet. Herzog ALBA konnte den Widerstand der Niederländer nicht brechen und wurde 1573 abberufen. Im Januar 1579 schlossen sich die teilweise kalvinistischen nördlichen Provinzen zur **Union von Utrecht** zusammen. Sie wählten WILHELM VON ORANIEN zu ihrem Statthalter. Am 26. Juli 1581 erklärte diese Union ihre Unabhängigkeit von Spanien und gründete 1587 die **Republik der Vereinigten Niederlande,** auch Generalstaaten genannt.

Auf dem **Wiener Kongress** wurden die südlichen Provinzen 1814/1815 mit den („nördlichen") Niederlanden zum **Königreich der Vereinigten Niederlande** zusammengefasst.

Im August 1830 führte ein Aufstand des südlichen Landesteils zur Selbstständigkeit. Der neue Staat nannte sich **Belgien** und wurde im darauf folgenden Jahr zum Königreich.

Der anfangs noch auf einen Ausgleich bedachte spanische Statthalter, **WILHELM I. VON ORANIEN,** zog sich in seine Stammlande Nassau-Dillenburg (Hessen) zurück und organisierte von dort aus den Widerstand. WILHELM hatte 1544 das Fürstentum Oranien und größere Besitzungen in den Niederlanden geerbt. Bis heute regiert eine Linie des Hauses Oranien-Nassau in den Niederlanden.

7.5 Der Dreißigjährige Krieg 1618–1648

7.5.1 Konfessionelle Gegensätze

Kaiser KARL V. war der letzte deutsche Kaiser, der noch vom Papst gekrönt worden war. Nach seinem Rücktritt 1556 kamen für die darauf folgenden 250 Jahre die Nachfolger aus der österreichischen Linie des Hauses Habsburg.

Die Nachfolger Kaiser KARLS V. bis zum Ende des **Dreißigjährigen Krieges:**
FERDINAND I. (1556–1564),
MAXIMILIAN II. (1564–1576),
RUDOLF II. (1576–1612),
MATTHIAS (1612–1619),
FERDINAND II. (1619–1637),
FERDINAND III. (1637–1657).

Dreißigjähriger Krieg (Bevölkerungsverluste im Heiligen Römischen Reich)

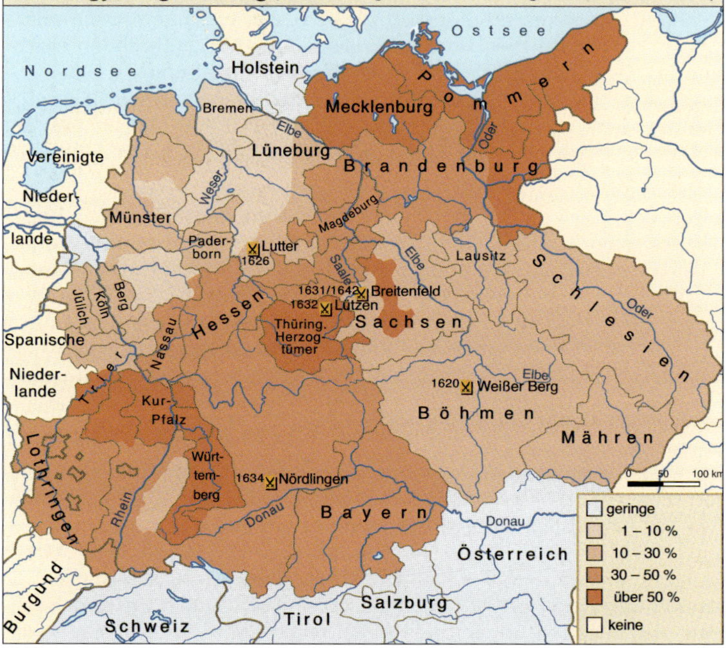

Erneute Auseinandersetzungen im Reich und mit den Türken

Der **Augsburger Religionsfrieden** von 1555 hatte die Spaltung der Kirche besiegelt, den Territorien eine weitgehende Unabhängigkeit gebracht und das Kaisertum geschwächt.
Trotzdem gab es im Reich aufgrund der gemeinsamen Vergangenheit, der Sprache und der gesellschaftlichen Gliederung ein gewisses Nationalgefühl.
Die **Rekatholisierung** durch die Habsburger führte allmählich wieder zu sichtbaren **Spannungen** zwischen dem **Kaiser** und den auf ihre Selbstständigkeit bedachten **protestantischen Fürsten.** In den Achtzigerjahren des 16. Jh. kam es auch in einzelnen deutschen Städten (Aachen, Magdeburg, Köln, Straßburg) zu teils heftigen religiösen Auseinandersetzungen.
Eine ständige Gefahr ging von der Expansionspolitik des **Osmanischen Reiches** aus.

Von 1593 bis 1606 kam es erneut zu einem Krieg zwischen den Türken und dem Reich, das von Spanien und den italienischen Staaten finanziell, vom Papst sogar mit Truppen unterstützt wurde.
1604–1606 erhoben sich in Siebenbürgen die protestantischen Fürsten unter der Führung von **STEFAN BOCSKAY,** um sich vom Reich unabhängig zu machen. Die Lage war in zweifacher Hinsicht kritisch: BOCSKAY hatte sich mit den Türken verbündet, und der Aufstand drohte sich auf Ungarn auszudehnen.
Da sich Kaiser RUDOLF II. weigerte, mit den Rebellen zu verhandeln, erhoben die habsburgischen Erzherzöge RUDOLFS Bruder **MATTHIAS** zum „Chef des Hauses".

Die **Türken** beherrschten Mitte des 16. Jh. neben den Gebieten rund um das östliche Mittelmeer und das Schwarze Meer auch den Balkan bis hinauf zum heutigen Budapest. 1529 hatten sie sogar mehr als zwei Wochen lang Wien belagert.

MATTHIAS schloss mit den Aufständischen am 23. Juni 1606 den **Wiener Frieden.** STEFAN BOCSKAY wurde als Fürst von Siebenbürgen anerkannt, Ungarn erhielt eine eigene Verfassung. Mit den Türken schloss MATTHIAS einen 20-jährigen **Waffenstillstand.**

Union und Liga

Auf Betreiben der **protestantischen Kurpfalz** hatten sich am 14. Mai 1608 **süddeutsche** und **westdeutsche Fürsten** und Städte zur **Union** (auch: protestantische Union) zusammengeschlossen. Sie wollten sich gemeinsam gegen mögliche katholische oder auch habsburgische Übergriffe schützen. Im Gegenzug schlossen sich am 10. Juli 1609 katholische Fürsten unter bayerischer Führung (MAXIMILIAN VON BAYERN) zur **Liga** zusammen. Österreich wurde wegen des habsburgischen Familienstreits nicht zur Liga zugelassen. 1613 konnte es aber den Zugang erzwingen. Für einen Habsburger Erzherzog wurde sogar auf Kosten MAXIMILIAN ein drittes Direktorium für den Schwäbischen Kreis geschaffen. Bisher war die Liga in ein oberländisches und ein rheinisches Direktorium unter der Führung MAXIMILIANS und des Erzbischofs von Mainz eingeteilt. Auch MAXIMILIANS Amt als Bundesoberst wurde nun aufgehoben. Während sich die protestantische Union 1621 auflöste, war die Liga und ihr Heer unter dem Feldherrn TILLY erfolgreicher. Dieses katholische Bündnis bestand bis 1635.

Auseinandersetzungen in Böhmen: der Prager Fenstersturz

Neben den im Reich vorherrschenden Rivalitäten zwischen katholischen und protestantischen Territorien gab es in Böhmen ein zusätzliches Problem: Während der Landesherr, Kaiser RUDOLF II., der auch in Prag residierte, katholisch war, waren die böhmischen Stände überwiegend evangelisch. Mit dem Ziel, Böhmen ganz für das Reich zu gewinnen und seinen Bruder (den Kaiser RUDOLF) abzusetzen, marschierte MATTHIAS mit einem Heer auf Prag zu. Um seine Krone zu retten, verbündete sich RUDOLF mit den protestantischen Fürsten Böhmens. Im **Böhmischen Majestätsbrief** (1609) gewährte er ihnen **Religionsfreiheit** und das Recht, Kirchen und Schulen zu bauen. Nach dem Tod RUDOLFS (Januar 1612) wählten die Kurfürsten im Mai 1612 MATTHIAS zum Kaiser. Dieser versuchte in den folgenden Jahren, die im **Majestätsbrief** garantierten Rechte allmählich einzuschränken. Im Frühjahr 1618 beriefen die Protestanten eine Versammlung

Der Fenstersturz (**„Defenstrierung"**) war damals eine in Böhmen gelegentlich ausgeübte Form der **Volksjustiz.**

Den Dreißigjährigen Krieg kann man in 4 Phasen einteilen:
1618–1623 Böhmisch-Pfälzischer Krieg,
1625–1629 Niedersächsisch-Dänischer Krieg,
1630–1635 Schwedischer Krieg,
1635–1648 Schwedisch-Französischer Krieg.
Schon in der zweiten Phase wurde das Reich zum europäischen Schlachtfeld.

FRIEDRICH V. (1596–1632)
Da er (etwas verkürzt betrachtet) nur in einem Winter (1619/20) regierte, wurde FRIEDRICH V. auch „Winterkönig" genannt.

Der dänische König **CHRISTIAN IV.** (1596–1648) entstammte der deutschen Dynastie Holstein-Gottorp.

nach Prag ein, um ihre Beschwerden vorzutragen. Als Kaiser MATTHIAS die Versammlung verbot, zogen die erzürnten protestantischen Ständevertreter am 23. Mai 1618 auf die Prager Burg und warfen die beiden kaiserlichen Räte, die Grafen **SLAVATA** und **MARTINITZ** aus dem Fenster ihrer Amtsstuben.

7.5.2 Der Krieg mündet in einen europäischen Machtkampf

Obwohl die beiden kaiserlichen Räte den **Prager Fenstersturz** überlebten, war dies der Auftakt zu einer militärischen Auseinandersetzung zwischen dem Kaiser und den böhmischen Ständen. In diese zunächst innerdeutschen Kämpfe griffen schließlich ausländische Mächte ein.

Der Böhmisch-Pfälzische Krieg (1618–1623)

Als Kaiser MATTHIAS am 20. März 1619 starb, wurde der Führer der protestantischen Union, der kalvinistische Kurfürst **FRIEDRICH V. VON DER PFALZ,** böhmischer König (26./27. August 1619). Das bedeutete den endgültigen Bruch mit dem Kaiser und dem Reich. Herzog MAXIMILIAN I. von Bayern stellte dem Kaiser das Heer der katholischen Liga zur Verfügung.
Diese von dem Feldherrn TILLY geführten Truppen besiegten das böhmische Heer in der **Schlacht am Weißen Berg** bei Prag (8. November 1620). Das war das Ende des Strebens protestantischer böhmischer Stände nach Unabhängigkeit.
FRIEDRICH V. floh in die Niederlande. Die böhmischen Anführer des Aufstandes wurden hingerichtet, etwa die Hälfte der adeligen Güter eingezogen und an landfremde Getreue des Kaisers verteilt. FERDINAND II. stellte gewaltsam den Katholizismus wieder her.
Da im Reich Truppenteile der Protestanten verblieben waren, ging der Krieg noch fast drei Jahre lang weiter. Die kaiserlichen Soldaten eroberten die Oberpfalz und schlugen die Protestanten in mehreren Schlachten in Südwestdeutschland. TILLY folgte dann den nach Norden abziehenden protestantischen Truppen und besiegte sie im August 1623 bei **Stadtlohn** (Münsterland).
FERDINAND II. ging umgehend daran, auch östlich der Elbe gelegene protestantische Klöster und Kirchengüter wieder der katholischen Kirche zuzuführen. Dies rief die benachbarten ausländischen Mächte auf den Plan.

Der Niedersächsisch-Dänische Krieg (1625–1629)

Angesichts der kaiserlichen Pläne in Norddeutschland verbündete sich CHRISTIAN IV. mit England, den Niederlanden und norddeutschen protestantischen Fürsten. Im Juni 1625 rückte der Dänenkönig mit einem Heer in Norddeutschland ein. Als Herzog VON HOLSTEIN hatte er Besitzungen im Norden des Reiches. Er wandte sich gegen die kaiserliche Politik der Rekatholisierung und hoffte auch auf weiteren territorialen Zugewinn.

In der nun beginnenden **zweiten Phase** des Dreißigjährigen Krieges spielte der aus einem alten, aber armen böhmischen Adelsgeschlecht stammende **ALBRECHT VON WALLENSTEIN (1583–1634)** eine herausragende Rolle.

Nach einem kurzen Studium der Theologie trat WALLENSTEIN 1604 in den Dienst des Kaisers. Sein Übertritt zum Katholizismus (1606) förderte seine Stellung.

Seine Treue gegenüber dem Kaiser zahlte sich nach der Niederschlagung des **böhmischen Aufstandes** (1620, Schlacht am Weißen Berg) aus: Er wurde Leiter der Militärverwaltung in Böhmen. Für den Kampf gegen den Dänenkönig stellte WALLENSTEIN ein **eigenes Heer** (24 000 Mann) auf und zog im Sommer 1625 nach Norddeutschland.
Hinsichtlich des Unterhalts seiner Truppe praktizierte er einen neuen Grundsatz: **Der Krieg ernährt den Krieg.** Ernährung, Unterkunft und Entlohnung seiner Truppen wurden von der Bevölkerung im jeweiligen Kriegsgebiet erzwungen.
Die dänischen Truppen wurden von WALLENSTEIN an der **Dessauer Elbbrücke** (25. April 1626) und von TILLY am 27. August 1626 bei **Lutter am Barenberge** – Kreis Goslar – geschlagen. In den beiden darauf folgenden Jahren besetzten die kaiserlichen Truppen Jütland, Mecklenburg und Pommern. Lediglich die gut befestigte Stadt Stralsund, die zudem mit den Schweden verbündet war, konnte WALLENSTEIN 1628 nicht erobern.
Der Niedersächsisch-Dänische Krieg wurde jetzt beendet. Am 22. Mai 1629 schloss WALLENSTEIN mit den Dänen den **Frieden von Lübeck.**

Inzwischen träumte die Führung des Reiches davon, eine Seemacht zu gründen, und ernannte WALLENSTEIN zum „General des Baltischen und Ozeanischen Meeres“.

Schon am 6. März 1629 hatte Kaiser FERDINAND das **Restitutionsedikt** erlassen:
- Das von Protestanten nach 1552 eingezogene Kirchengut musste den Katholiken zurückgegeben werden – dies betraf die Erzbistümer Bremen und Magdeburg, zwölf Bistümer und viele Klöster.
- Katholische Reichsstände durften ihre protestantischen Untertanen rekatholisieren.
- Falls geistliche Fürsten (z. B. Fürstbischöfe) zum Protestantismus übertraten, verloren sie ihre weltlichen Herrschaftsrechte und Gebiete.

Restitution, lat. = Wiederherstellung (eines früher bestehenden Zustandes)

Diese Maßnahmen bedeuteten eine deutliche Machtsteigerung für Kaiser FERDINAND II. Auf dem **Regensburger Kurfürstentag (1630)** erlitt der Kaiser eine empfindliche Niederlage. Die Kurfürsten verlangten und erreichten die Entlassung WALLENSTEINS und eine drastische Verkleinerung der kaiserlichen Armee.

Der Schwedische Krieg (1630–1635)

Seit Mitte des 16. Jh. entwickelte sich **Schweden** zur Großmacht im Ostseeraum und herrschte zu Beginn des Dreißigjährigen Krieges über Finnland und den nördlichen Teil des Baltikums.
Die gestärkte Macht des Reiches in Norddeutschland war ein weiterer Anlass für den schwedischen König **GUSTAV II. ADOLF,** mit Truppen in den

GUSTAV II. ADOLF (1594–1632)

Kampf einzugreifen. Im Juli 1630 landete er mit einem gut ausgerüsteten Heer auf Usedom. Der Versuch, dem von TILLY belagerten protestantischen **Magdeburg** zu Hilfe zu kommen, misslang.
Am 17. September 1631 wurde TILLY von GUSTAV ADOLF bei **Breitenfeld** (nahe Leipzig) vernichtend geschlagen. Dieser Sieg öffnete dem Schwedenkönig den Weg nach Südwest- und Süddeutschland. Seine Armeen zogen über Würzburg, Aschaffenburg, Frankfurt und Mainz ins Winterquartier in die Rheinpfalz. Angesichts dieser ernsthaften Lage beauftragte der Kaiser WALLENSTEIN im Frühjahr 1632 mit der Aufstellung eines Heeres und gab ihm weitreichende Vollmachten, auch für mögliche Friedensverhandlungen. Unterdessen rückte GUSTAV ADOLF nach Bayern vor und besiegte TILLYS Heer bei dem Ort **Rain am Lech** (15. April 1632), wobei TILLY tödlich verwundet wurde. Der Schwedenkönig zog über Augsburg nach München, wandte sich dann aber nach Norden.
Am 16. November 1632 kam es bei **Lützen** (südwestlich von Leipzig) zu der bislang blutigsten Schlacht des Krieges, bei der GUSTAV ADOLF fiel. Obwohl das Aufeinandertreffen unentschieden ausging, entschlossen sich die Schweden, unter ihrem Kanzler Graf OXENSTIERNA weiter zu kämpfen. Seine das Reich betreffenden politischen Vorstellungen wurden WALLENSTEIN zum Verhängnis. Am 25. Februar 1634 wurde **WALLENSTEIN** in Eger **ermordet**.
Im Herbst 1634 schlug eine kaiserliche Armee die Schweden und ihre (deutschen protestantischen) Verbündeten bei Nördlingen. Danach kam es zum **Frieden von Prag** (30. Mai 1635):
Das Jahr 1624 wurde als **„Normaljahr“** festgelegt. Die Konfessionen behielten, was sich zu Beginn dieses Jahres in ihrem Besitz befand.
Hugenotten wurden von den Regelungen ausgeschlossen, die pfälzischen Eroberungen und die Kurwürde verblieben bei Bayern, die Lausitz und Magdeburg fielen an Sachsen, der Kaiser erhielt den Oberbefehl über eine Reichsarmee.
Somit stand Kaiser FERDINAND II. auf dem Höhepunkt seiner Macht.

WALLENSTEIN war für eine Beendigung des Krieges, war Sachsen gegenüber zu nachgiebig und in religiösen Fragen zu tolerant. Seine Gegner am Kaiserhof unterstellten ihm Hochverrat. Anfang 1634 setzte ihn der Kaiser erneut ab.

Zahlreiche Dichter und Schriftsteller widmeten sich der Person WALLENSTEINS. FRIEDRICH SCHILLER schrieb 1800 eine Dramentrilogie („Wallensteins Lager“, „Die Piccolomini“, „Wallensteins Tod“). 1920 verfasste auch ALFRED DÖBLIN einen zweibändigen Roman („Wallenstein“).

Der Schwedisch-Französische Krieg (1635–1648)

Frankreich war gegen diesen Friedensschluss. Sein Ziel war es, ein übermächtiges Deutsches Reich zu verhindern, seine eigene Position zu stärken und seine Grenze zum Reich weiter nach Osten zu verschieben. Der die Regierungsgeschäfte leitende **Kardinal RICHELIEU** (1585–1642, Bild) verbündete sich zum Erreichen seiner Ziele ohne große Bedenken mit den protestantischen Schweden wie auch mit protestantischen deutschen Fürsten.
1635 ging Frankreich zur offenen Kriegführung über (Kriegserklärungen an Spanien 19. Mai 1635 und das Reich 18. September 1635). Damit begann die verheerendste Phase des Dreißigjährigen Krieges. Bis 1638 konnten die Kaiserlichen zumindest im Westen noch Erfolge verzeichnen.

1638 kam dann die Wende. Der mit Frankreich verbündete BERNHARD VON WEIMAR besetzte die Gegend am Oberrhein.
Im Osten hatten die Schweden schon 1636 die Kaiserlichen bei **Wittstock** geschlagen. In den folgenden Jahren wurden dann große Teile von Sachsen, Böhmen und Schlesien durch die anhaltenden Kämpfe verwüstet. Als sich 1646 die schwedischen und die französischen Armeen zusammenschlossen, musste auch Bayern unter dem Krieg leiden.
Zu Beginn der 40er-Jahre breitete sich allmählich **Kriegsmüdigkeit** aus. 1641 schloss Brandenburg, 1645 Sachsen einen **Waffenstillstand** mit Schweden. 1647 tat der Kurfürst von Mainz den gleichen Schritt mit Frankreich.

Das große Leiden der Bevölkerung

Am meisten hatten **Südwestdeutschland** wie auch **Mittel-** und **Ostdeutschland** gelitten, am wenigsten der Nordwesten. Die Bevölkerung auf dem Land war dem Wüten der Landsknechte in weitaus größerem Maße ausgesetzt als die in den (befestigten) Städten. Man schätzt, dass ca. 40 % der gesamten Bevölkerung während der 30 Kriegsjahre ums Leben kamen. In den am schlimmsten betroffenen Gebieten waren dies sogar 60–70 %.

JOHANN JAKOB CHRISTOFFEL VON **GRIMMELSHAUSEN** (1622–1676) hatte am Dreißigjährigen Krieg teilgenommen. 1669 schrieb er den Roman „Simplicius Simplicissimus", in dem er anschaulich die Gräuel der Soldaten und das Leid der Bevölkerung in diesem Krieg schildert.

Ebenso verheerend wirkte sich die Pest aus. Da man nicht wusste, dass die **Pest** durch Bakterien übertragen wird, suchte man nach Schuldigen: So kam es zu Hexenverbrennungen und Judenverfolgungen.

7.5.3 Der Westfälische Frieden von 1648

Im Dezember 1644 wurden Friedensverhandlungen aufgenommen. Die kaiserlichen Gesandten verhandelten in **Münster** mit Frankreich, Spanien, den Niederlanden und den meisten katholischen deutschen Reichsständen, in **Osnabrück** mit Schweden, Dänemark und der Mehrzahl der protestantischen Territorien.
Keiner der führenden Staatsmänner, auch nicht der Kaiser oder die Könige der beteiligten Länder, waren anwesend.

Man hatte bewusst diese beiden Städte für die Friedensverhandlungen gewählt: Die katholischen Länder und Territorien wollten im katholischen Münster tagen, während die evangelischen Mächte sich im von den Schweden besetzten Osnabrück trafen.

148 Staaten und Territorien ließen sich durch Gesandtschaften vertreten. Daher sprach man auch von einem **Gesandtenkongress.** Am 24. Oktober 1648 wurde der **Friedensvertrag** feierlich unterzeichnet.

Schwedisch-Vorpommern ging den Schweden nach und nach verloren. 1679 kam das Gebiet östlich der Oder an Brandenburg, 1720 erhielt Preußen den südlichen Teil und auf dem Wiener Kongress (1815) die restlichen bis dahin schwedischen Gebiete.

Die Ergebnisse der Verhandlungen können in drei Bereiche unterteilt werden:

1. **Territoriale Bestimmungen**
   Schweden erhielt als erbliches Lehen Vorpommern, Rügen, die Odermündung mit Stettin, Wismar, das Erzbistum Bremen und das Bistum Verden.
   Frankreich bekam die elsässischen Besitzungen des Kaisers, die Stadt Breisach und dazu die lothringischen Bistümer Metz, Toul und Verdun. **Straßburg** verblieb zunächst beim Reich, wurde 1681 aber von französischen Truppen besetzt. Es kam 1697 endgültig zu Frankreich.
   Brandenburg wurden für den Verzicht auf Vorpommern ehemalige kirchliche Territorien in Norddeutschland zugesprochen. Die Oberpfalz verblieb bei **Bayern.** Die **Vereinigten Niederlande** und die **Schweiz** wurden als souveräne Staaten anerkannt.
2. **Politisch-rechtliche Bestimmungen**
   Die Reichsstände erhielten weitgehende Selbstständigkeit. Auf der anderen Seite musste der Kaiser bei Reichsgesetzen und Bündnisfragen die Zustimmung der Reichsstände einholen. Dadurch hatte er erheblich an Macht eingebüßt.
3. **Kirchliche Bestimmungen**
   Der **Augsburger Religionsfriede** von 1555 wurde bestätigt. Jedoch konnte ein Landesherr bei einem Übertritt zu einer anderen Religion nicht mehr das Gleiche von seinen Untertanen verlangen. Für die kirchlichen Besitzstände galt, wie im Prager Frieden von 1635 festgelegt, das „Normaljahr" von 1624.

Abschließende Beurteilung

Der **Dreißigjährige Krieg** stellt sich als ein **dreifacher Konflikt** dar:
- zwischen den **Konfessionen,**
- zwischen dem **Kaiser** und den **Ständen** und schließlich
- zwischen den **deutschen Territorien** und **außerdeutschen Mächten.**

Mit dem Fortgang der Auseinandersetzung trat der religiöse Aspekt in den Hintergrund zugunsten eines Kampfes um **Gebietserweiterung,** Macht und Einfluss.

Ein Vertrag wie der von **Tordesillas** (↗ S. 220 f.), in welchem der Papst die Neue Welt zwischen Spanien und Portugal „aufgeteilt" hatte, war jetzt nicht mehr denkbar.

Die Bevölkerung hat das Ende der Kämpfe begrüßt. Zum ersten Mal ist auch ein großer Konflikt durch Verhandlungen gelöst worden. Die Gegenreformation war gestoppt worden, Denken und Handlungsweisen lösten sich immer mehr von kirchlichen Vorgaben. Auch das **Papsttum** hatte seine Rolle als **völkerrechtliche Entscheidungsinstanz** verloren.

Entscheidend für die weitere **deutsche Geschichte** war, dass sich die **einzelnen Territorien zunehmend verselbstständigten** und an Gewicht zunahmen – auf Kosten des Reiches. Dadurch wurde auch der große **deutsche Wirtschaftsraum** in eine beträchtliche Zahl und kleinere Territorien aufgeteilt. **Das „Heilige Römische Reich Deutscher Nation" verlor zunehmend an Macht und Einfluss.**

8 DER ABSOLUTISMUS IN EUROPA

(um 1650 – um 1800)

1649 KARL I., König von England, wird hingerichtet; England wird Republik

1661–1715 LUDWIG XIV. Alleinherrscher von Frankreich

1700–1719/21 Nordischer Krieg

1707 Union von Schottland und England unter dem Namen Großbritannien

8.1 Der Absolutismus in Frankreich

8.1.1 LUDWIG XIV. – ein König im Zeichen der Sonne

„L' Etat c'est moi" – „Der Staat bin ich" – stammt wahrscheinlich nicht von LUDWIG XIV., aber die Devise kennzeichnet treffend sein Selbstverständnis als **Alleinherrscher.**

Frankreich unter LUDWIG XIV. (1661–1715) steht als Modell für die Herrschaftsform des **Absolutismus.**

Absolutismus ist eine Form der **Königsherrschaft** (Monarchie), in der ein König alle Herrschaftsmittel in seiner Hand vereinigt. Er allein erlässt die **Gesetze,** denen er selbst nicht unterworfen ist. Gleichzeitig ist er **oberster Richter.** Sein Rechtsspruch hat letzte Gültigkeit.

Der **„Sonnenkönig"** LUDWIG XIV. hatte für sich und seine Machtstellung das Symbol der **Sonne** gewählt: Seine Person als der glanzvolle Mittelpunkt der ganzen Gesellschaft, als Zentrum des Staates, so wie die Sonne im Zentrum des Planetensystems steht und alle anderen Gestirne überstrahlt.

Der Monarch leitet seine Herrschaftsrechte direkt von Gott ab („Gottesgnadentum"). Er ist an irdische Gesetze nicht gebunden („absolutus" = losgelöst), wohl aber an Religion, Naturrecht und staatliches Gemeinwohl. Die **Regierungsform** schaltet die Macht der **Stände** und ihre Mitwirkung an der **Staatslenkung** weitgehend aus.

Die Bemühungen, aus Frankreich einen starken und geschlossenen Staat zu machen, erweiterte der 23-jährige König LUDWIG dahingehend, Frankreich an die Spitze von Europa zu führen, künftig selbst zu regieren. Im Staatsrat übernahm LUDWIG selbst den Vorsitz. Die Minister mussten sich mit der Rolle von Beratern zufriedengeben. Der König wollte seine Stellung als absoluter Herrscher mit der neuen Residenz in dem kleinen Ort **Versailles** zeigen. Dabei entfernte sich der junge König bewusst von Paris, um sich dem Druck des Volkes und der adligen Gerichtshöfe (Parlamente) zu entziehen.

Die Architekten LE VAU und HARDOUIN-MANSART bauten das **Schloss Versailles** in über 20 Jahren. Der Architekt LE NÔTRE schuf nach streng geometrischen Plänen Parkanlagen mit prächtigen Blumenbeeten, schnurgeraden Alleen, künstlichen Kanälen, Brunnen und Fontänen.

Die großen französischen Dichter (z. B. RACINE und CORNEILLE) schrieben Tragödien für das Hoftheater. Besonders erfolgreich wirkte MOLIÈRE, ein Komödiendichter.

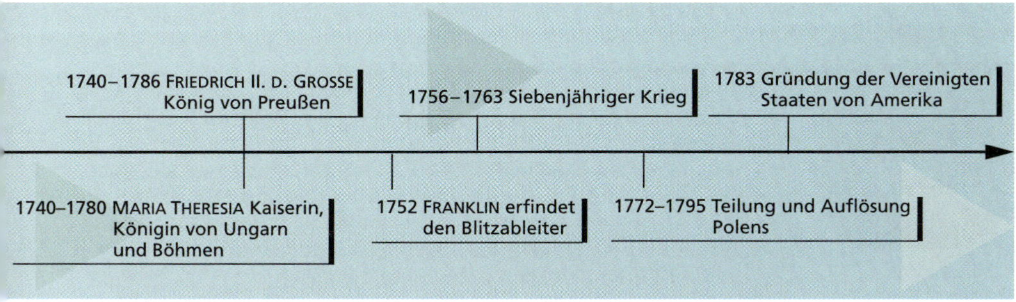

Berühmt wurde der große **Spiegelsaal.** Ein Heer von Architekten, Bildhauern und Malern gestaltete die 2 000 Räume in Versailles und in anderen Schlossanlagen aus (Bild: Schloss von Versailles).
Am Hofe LUDWIGS lebten bis zu 20 000 Bedienstete, darunter 338 Köche, 48 Ärzte, 12 Mantelträger, 8 Rasierer und 62 Herolde (Boten).

Verwaltung

Um die absoluten Herrschaftsansprüche durchzusetzen, waren eine gut funktionierende, zentralistische **Verwaltung** und ein **stehendes Heer** erforderlich. LUDWIG beschnitt zunehmend die Macht der Adligen, die bis dahin – wie überall in Europa – das Volk beherrschten. Hohe Beamte des Königs, die **Intendanten,** sollten den Staat verwalten.
Der König konnte die Intendanten jederzeit versetzen oder entlassen, wenn sie ihre Pflicht nicht erfüllten.

Jeder **Amtsbezirk** besaß einen Kommissar. Dieser kontrollierte den Einzug der **Steuern** und überwachte mithilfe von Amtsdienern und Polizisten die öffentliche Ordnung.

Absolutismus in Frankreich unter LUDWIG XIV.

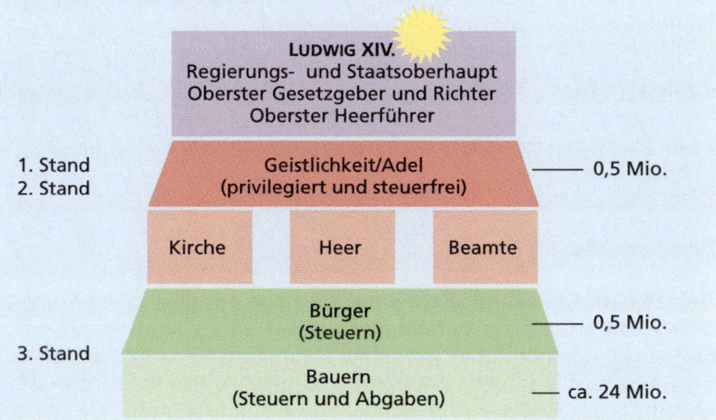

8.1.2 Wirtschaft

JEAN BAPTISTE COLBERT (1619–1683)

Der Bau von Versailles, das Hofleben, vor allem aber die Kriege ließen die **Staatsausgaben** derart ansteigen, dass LUDWIG XIV. und sein Finanzminister **JEAN BAPTISTE COLBERT** immer wieder neue Einnahmequellen erschließen mussten.
Eine neue **Einnahmequelle** zur Deckung der ständig steigenden Staatsausgaben bestand darin, Ämter zu verkaufen oder auf Zeit zu verpachten. Ein Versuch, den Adel im **Spanischen Erbfolgekrieg** (1701–1713/14) zu besteuern, scheiterte ebenfalls. So hatte wieder der dritte Stand allein (Bürger und Bauern) die ganze Steuerlast zu tragen.

Um die **Eroberung der Pfalz** (1688–1697) zu finanzieren, schreckte LUDWIG nicht mehr davor zurück, von allen Untertanen eine Sondersteuer, die Kopfsteuer, einzufordern.

Ein neues Modell – der Merkantilismus

Abnehmen konnte der König nur demjenigen etwas, der auch (noch) etwas hatte. **COLBERT** beabsichtigte eine umfassende Unterstützung der Wirtschaft durch den Staat. Vor allem die Förderung von Handel und Gewerbe war das Ziel: Rohstoffe sollten im Lande selbst veredelt werden, um Frankreich von der Einfuhr teurer Fertigwaren unabhängig zu machen. Damit sollten Überschüsse in der Handelsbilanz des Staates erzielt und die Steuerleistung der Bürger erhöht werden.

Die Zölle machten die Waren zu teuer, um sie andernorts noch mit Gewinn verkaufen zu können. Die Höhe der direkten Steuern wurde nicht für einzelne Personen, sondern immer für einen ganzen Ort festgelegt.

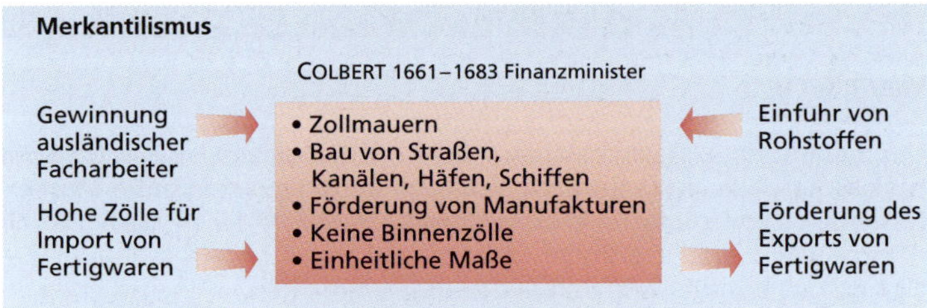

COLBERT verstärkte die Einrichtung von **Manufakturen,** vor allem Spinnereien, Webereien, Leder und Metall verarbeitende Betriebe.
Inländische Unternehmer und Kaufleute, die ein Geschäft oder eine **Manufaktur** eröffnen wollten, erhielten großzügige staatliche Hilfen und **Privilegien** (Sonderrechte, Begünstigungen).

Manufaktur, lat. manu facere = mit der Hand machen
In Manufakturen stellten Handwerker und Lohnarbeiter Waren arbeitsteilig in größerer Anzahl her, als es ein Handwerksbetrieb konnte. Berühmt waren die Gobelin-, Porzellan- und Spiegelmanufakturen.

> **Merkantilismus** (von lat. mercator = „Kaufmann") war eine Wirtschaftsform in enger Kopplung an den absolutistischen Staat. **Handel** und **Gewerbe** erfuhren als die Träger der Wirtschaft eine starke Förderung.

Religiöse Toleranz?

Gemäß dem Grundsatz **„ein Gott, ein Glaube, ein Gesetz, ein König"** versuchte LUDWIG XIV., zunehmend auch auf kirchliche Angelegenheiten Einfluss zu nehmen. Zwar scheiterte sein Plan einer vom Papst unabhängigen französischen **Nationalkirche,** es gelang ihm aber, über die Kirchengüter zu verfügen und ihm genehme Kandidaten für die Besetzung der hohen Kirchenämter zu bestimmen. Ab 1680 verstärkten sich wieder die Verfolgungen der anderthalb Millionen **Hugenotten,** die etwa ein Zehntel der Gesamtbevölkerung ausmachten.

Hugenotte, wahrscheinlich von franz. = Eidgenosse Anhänger des **evangelischen Glaubens** in Frankreich (meist Calvinisten)

Die ungleichen Untertanen – Not und Elend in der Bevölkerung

Die Karikatur zeigt, dass besonders die Bauern die Last der Abgaben und Steuern trugen, während der 1. und 2. Stand (Geistlichkeit und Adel) auf deren Kosten ein reiches Leben führten

Dank der wirtschaftlichen Modernisierungsbemühungen war es gelungen, die **Staatseinnahmen** innerhalb weniger Jahre zu verdoppeln. Die Erhöhung von Abgaben und Steuern verstärkten die Ungerechtigkeiten der Besteuerung.
Die Hauptlast der Steuern lag auf der **Landbevölkerung;** sie machte etwa 90 % der Gesamtbevölkerung Frankreichs aus. Die Politik förderte einseitig Industrie, Manufakturen, Exporte und Handel. Die Bauern konnten für ihre Erzeugnisse keine ausreichenden Preise mehr erzielen.
Das Getreide wurde knapp. Kriege, Missernten und Hungersnöte verschlechterten die Lage der ländlichen Bevölkerung zusätzlich. Die Folge waren **Hungerrevolten,** Flucht aus den Dörfern, Aufstände gegen königliche Beamte und Steuereintreiber.

1709 zählte man in Frankreich bei einer Gesamtbevölkerung von etwa 20 Mio. Menschen rund 2 Mio. Bettler.

8.1.3 Großmachtpolitik und Vorherrschaftsstreben in Europa

Außenpolitisch war Frankreich nach dem **Westfälischen Frieden** (↗ S. 261 ff.) gestärkt. LUDWIG XIV. konnte über eine Armee verfügen, die an Zahl und Bewaffnung allen Nachbarstaaten überlegen war. Als „stehendes Heer" von Söldnern waren die Truppen jederzeit einsetzbar; etwa ein Viertel der Regimenter bestand aus Fremden, meist Deutschen oder Schweizern.

Stehendes Heer bedeutet, dass die Soldaten auch in Friedenszeiten untergebracht, eingekleidet, ernährt und entlohnt werden müssen.

> LUDWIG **XIV.** folgte den **außenpolitischen Zielen** seiner Vorgänger RICHELIEU und MAZARIN: Er wollte die Umklammerung Frankreichs durch die **Habsburger** durchbrechen und sein Land im Norden und Osten abrunden. Für diese Außenpolitik setzte Frankreich seine Armee ein, verteilte freigebig Hilfsgelder an Verbündete, stützte sich aber auch auf rechtliche Argumente. Eine wichtige Rolle spielten dabei die Verwandtschaftsverhältnisse der regierenden **Dynastien.**

Habsburger:
eines der beiden einflussreichsten deutschen Fürstengeschlechter (neben den Hohenzollern)
Dynastien:
ein Königs- und Herrschaftshaus (auch Familie oder Geschlecht)

Frankreich dehnte seine Grenzen gewaltsam aus und errang die **Vorherrschaft** auf dem **europäischen Festland.**
Der **Staat** und die **Politik** LUDWIGS XIV. waren für die Monarchen und anderen Fürsten in Europa vorbildhaft. Sie ahmten die **absolutistische Staatsorganisation,** die **Verherrlichung** der Macht durch **Bauwerke** und **Künste** und teilweise auch seine skrupellose **Eroberungspolitik** nach.

8.2 Aufgeklärter Absolutismus

8.2.1 Die Aufklärung

Wer kritisch prüft, Beweise verlangt und den Dingen auf den Grund geht – statt in naiver Weise zu glauben, was andere glauben –, der verhält sich „aufgeklärt". Diese moderne Einstellung hat sich im 17. und 18. Jh., dem **„Zeitalter der Aufklärung"**, in Europa durchgesetzt.

„Es ist nicht genug einen guten Kopf zu haben; die Hauptsache ist ihn richtig anzuwenden ..."
(DESCARTES, 1637)

Aufklärung (von hell bzw. klar machen) ist die geistige Grundhaltung gebildeter Menschen in Europa im 18. Jh., um die Welt, alle Gebiete des Wissens nur mit dem **Licht** der **Vernunft**, des **Verstandes**, zu erhellen, **Vorurteile** zu überwinden, **Erkenntnisse** auf **Erfahrung** zu gründen und sie kritisch zu überprüfen.

Man entdeckte den inneren Bau der Pflanzen und Tiere, den Aufbau der Zellen, die Wirkung des Luftdrucks, das Gesetz der Elastizität, die Berechnung von Unbekannten und die Regeln der Wahrscheinlichkeitsrechnung. Neue Instrumente wurden entwickelt.

Denken, Forschen und künstlerisches Schaffen begannen sich schon zur Zeit des **Humanismus** und der **Renaissance** von der Kirche zu lösen (↗ S. 210 ff.). Aufgrund neuer Erkenntnisse bemühten sich die **Naturwissenschaftler,** alles was sie beobachteten und durch Erfahrung (empirisch) erfassen konnten, auf **allgemeine Gesetze** zurückzuführen. So wurde die Welt nach und nach entzaubert und „aufgeklärt". Es begann eine Bestandsaufnahme der ganzen Welt, die bis heute nicht abgeschlossen ist.

VOLTAIRE
(eigtl. FRANÇOIS MARIE AROUET, 1694–1778) setzte sich für eine tolerante Religionspolitik ein.

Kirchenkritik und neuer Vernunftglaube

Kirchliche Lehrsätze standen genauso infrage wie Glaubensüberlieferungen und Wunder. Viele Aufklärer sahen das Ziel des menschlichen Lebens nicht mehr im **Jenseits,** sondern darin, auf Erden glücklich zu werden. Der Glaube an den **Fortschritt** der **Wissenschaften** und der **Kultur** ersetzte bei vielen die christliche Hoffnung auf Gott. Die Ideen der Aufklärung entsprachen dem neuen naturwissenschaftlichen Denken, dem **Rationalismus.** Die christliche Lehre als Offenbarung Gottes zu verstehen wurde abgelehnt.
Besonders in England setzte sich, vertreten durch die Denker F. BACON, LOCKE und HUME, der **Empirismus** durch. Diese philosophische Grundauffassung ging davon aus, dass nur die Erfahrung Erkenntnisse begründet vermitteln kann. Damit stand der Empirismus im Gegensatz zum Rationalismus.

Rationalismus, lat. ratio = Vernunft
Eine Denkweise, in der die wahren Erkenntnisse durch **logisches Denken** und mit **überprüfbaren Erfahrungen** erreicht werden sollen.

Eine neue Auffassung vom Staat

So kritisch, wie die Aufklärer an die **Religion** herangingen, betrachteten sie auch den **Staat.**

Die neue Auffassung vom **Staat** enthielt politische **Forderungen:** Die Herrscher sollten so regieren, dass sie das Glück und die Wohlfahrt förderten, die **Würde** des Menschen achteten und die **Freiheit** des Denkens gestatteten.

Die Gelehrten der Aufklärung fragten nach den **Ursprüngen des Staates** und suchten nach den vernünftigsten Regeln für das Verhalten der Menschen und ihr Zusammenleben in der Gesellschaft. Die Aufklärer begründeten so die **Wissenschaften** von der **menschlichen Seele,** von der **Gesellschaft** und vom **Staat** (Psychologie, Soziologie und Staatslehre).
Herrscher in Europa, wie FRIEDRICH II. von Preußen, JOSEPH II. von Österreich und Zarin KATHARINA von Russland, ließen sich (auch durch den regen Briefkontakt mit VOLTAIRE) von manchen der neuen Ideen beeindrucken und machten sie zu Grundsätzen ihres Handelns (aufgeklärter Absolutismus). Auf ihre uneingeschränkte Herrschaft verzichteten sie jedoch nicht. **Geldverkehr** und **Bankwesen** lösten mehr und mehr die Naturalwirtschaft ab, das Gewohnheitsrecht wurde zurückgedrängt. Statt auf Adlige stützten sich die Könige auf Beamte, um Forderungen durchzusetzen und Steuern einzuziehen.

JEAN-JACQUES ROUSSEAU (1712–1778)

Ausgehend von Frankreich, fanden die Ideen der **Aufklärer** in den gebildeten Schichten des erstarkenden **Bürgertums** und in den **Adelshäusern Europas** begeisterten Zuspruch.

In **Klubs** von Paris, London, Wien und Berlin, in **Caféhäusern** oder in den **Salons** trafen sich Künstler, Gelehrte und Politiker zum **Austausch von Ideen und Meinungen.** Bücher und Flugschriften erlebten eine ungeahnte Verbreitung. Es entstanden neue Zeitungen und Zeitschriften. Umfassende Nachschlagewerke, Handbücher und Lexika fassten das gewonnene Wissen zusammen. Als bedeutendstes Werk galt die französische **„Encyclopédie".**
Das Ziel der „Erleuchtung" schloss **Kritikfähigkeit** und **Toleranz** ein und die wissenschaftliche Betrachtungsweise aller Bereiche des Lebens und der Natur. Damit wurden überlieferte religiöse, gesellschaftliche und politische Verhältnisse infrage gestellt. Ein starkes, aber **aufgeklärtes Königtum,** das nach dem Rat der Philosophen die erforderlichen **Reformen** durchführen sollte, wurde gefordert. Diese Forderungen waren mit dem Kampf gegen **Aberglauben, Unterdrückung** und **Justizwillkür** verbunden.
JEAN-JACQUES ROUSSEAU behauptete, dass ursprünglich alle politische Macht bei den einzelnen Menschen liege (volonté de tous). Erst durch die freiwillige Bindung an die Gemeinschaft und die Bildung des Gemeinwillens (volonté générale) entsteht der Gesellschaftsvertrag als Ausdruck der Volkssouveränität.

Enzyklopädie
griech. = alles, was zur Bildung gehört
Die „Encyclopédie" von DIDEROT und D' ALEMBERT erschien von 1751 bis 1772/80 in 28/35 Bänden.
Sie verbreitete Auffassungen und Ideen der Aufklärer in der Öffentlichkeit.

Gesellschaftsvertrag: Politische Theorie über den **Ursprung** des **Staates** durch den freiwilligen Zusammenschluss vieler Menschen und durch einen **Vertrag** mit einem **Herrscher.**

CHARLES DE SECONDAT, BARON DE LA BRÈDE ET DE MONTESQUIEU (1689–1755)

Entscheidend für MONTESQUIEU war die **Freiheit** der Bürger im Staat. Durch die Teilung der Gewalten sollte ein Machtmissbrauch verhindert werden. Seine Lehre von der **Gewaltenteilung** wurde zum wichtigen Grundsatz der **Verfassung der Vereinigten Staaten von Amerika** und wegweisend für die französischen Revolutionäre. Sie ist bis heute wirksam.

Akademie:
Forschungsanstalt, der Forschung dienende Vereinigung von Gelehrten und Künstlern.
Die Forschungen sollten auch für den **Alltag** und das **Wirtschaftsleben** nutzbar werden, etwa für die **Schifffahrt,** den Bau wirksamer Pumpen, die Verbesserung von Maschinen.

Die Naturwissenschaften wurden in **Akademien** gepflegt, in denen die Monarchen die bedeutendsten Gelehrten zusammenführten.

Gründungen von Akademien in Europa	
1635	Frankreich: Académie française
1662	England: „Royal Society of London for the Improvement of Natural Knowledge“
1666	Paris: „Académie des Sciences“
1700	Berlin
1713	Madrid
1722	Brüssel
1725	St. Petersburg
1753	Stockholm
1755	Moskau

Wichtige Erfindungen und Entdeckungen	
1590	Mikroskop
1610	Astronomisches Fernrohr mit Universalgelenk
1618	Blutkreislauf
1643	Quecksilberbarometer
1657	Pendeluhr
1666	Porzellan (in Europa)
1693	Guss-Stahl
1752	Blitzableiter
1766	Wasserstoff
1771	Sauerstoff

„Habe Mut, dich deines eigenen Verstandes zu bedienen!“
(I. KANT)

Fortschritt durch Erziehung und Schule

In der Mitte des 18. Jh. waren mehr als zwei Drittel der Bevölkerung noch **Analphabeten,** und im Dorf war der Pfarrer häufig der Einzige, der eine Schule besucht hatte. Die Aufklärer setzten sich deshalb für die **Bildung** des **Volkes** ein.

Ende des 18. Jh. erfüllten viele Staaten in Europa die Forderung der Aufklärer. Der **Schulbesuch** wurde für **alle Kinder** zur **Pflicht.**

8.2.2 Der Absolutismus in Preußen

Der „Große Kurfürst"

Seit 1415 regierten die **Hohenzollern** als Kurfürsten die **Mark Brandenburg,** ein Land arm an Menschen, noch ärmer an Bodenschätzen.
Die Hohenzollern erwarben Gebiete an der Weser, am Niederrhein und die Herrschaft Mark (das heutige Ruhrgebiet). Nach der **Reformation** (↗ S. 236 ff.) kam im Osten das Herzogtum **Preußen** dazu; FRIEDRICH WILHELM gewann Hinterpommern und die Bistümer Minden, Halberstadt und Magdeburg dazu (↗ S. 272, Karte).
Die **Zersplitterung** des Landes schwächte den Staat. Darum erneuerte der **Große Kurfürst** die Verwaltung, reformierte das Heer und förderte die Wirtschaft. Wie LUDWIG XIV. schuf auch Kurfürst FRIEDRICH WILHELM ein **stehendes Heer.** Seine 4000 Soldaten mussten sich für eine längere Dienstzeit verpflichten und sich einer strengen militärischen Disziplin unterwerfen. Es gelang dem Landesherrn, sich mit dem Adel über die Finanzierung des neuen Heeres zu verständigen.
Der Große Kurfürst, wie FRIEDRICH WILHELM nach einer siegreichen Schlacht über die Schweden 1675 genannt wurde, bot den **Hugenotten** aus **Holland** und **Frankreich** Asyl in Brandenburg und versprach ihnen, sie sechs Jahre lang von allen Steuern zu befreien, und sie beim Aufbau einer neuen Existenz finanziell zu unterstützen (Potsdamer Edikt, 1665). Etwa 20000 Glaubensflüchtlinge kamen, einige Tausend von ihnen gründeten in Berlin eine französische Kolonie. Die Einwanderer waren handwerklich und wissenschaftlich sehr gut ausgebildet. Sie führten über 40 neue Berufszweige ein und gründeten die ersten **Manufakturen.** In Berlin waren im 17. Jh. von 11000 Einwohnern 4000 Franzosen.
„Allianzen [Bündnisse] sind gut, eigene Kräfte sind besser", „Handel und Commercien sind die fürnehmsten Säulen eines Staates" (FRIEDRICH WILHELM).
Der Kurfürst erlaubte auch wohlhabenden **jüdischen Familien,** sich anzusiedeln und Handel zu treiben. Dafür mussten sie an den Kurfürsten jährliche **Schutzgelder** zahlen. Vollkommen unerwünscht waren die **Sinti** (Zigeuner) in Brandenburg. Wie Arme und Bettler galten sie als unnützes Gesindel.
Berlin wurde zur wichtigen Hafenstadt für die Fluss-Schifffahrt von **Breslau** bis **Hamburg** ausgebaut. Der wachsende Reichtum ermöglichte den Ausbau der Hauptstadt. In dieser Zeit entstand die Straße „Unter den Linden", wurden erste Kunstsammlungen angelegt und kamen berühmte Gelehrte.

Die Adligen bewilligten ihm Steuern und erlaubten außerdem, die Gelder durch eigens dafür vorgesehene kurfürstliche Beamte einzutreiben. Dies war der Anfang einer zentralen **Finanzverwaltung.** Dafür musste FRIEDRICH WILHELM den Adligen das Privileg der **Steuerfreiheit** und die volle **Rechts- und Polizeigewalt** auf ihren Gütern zugestehen.

Man gewöhnte sich daran, den ganzen Staat der Hohenzollern als **Preußen** zu bezeichnen, also nicht nur die Besitzungen im Osten Deutschlands.

> Der **Große Kurfürst** hatte durch seine **Politik** Brandenburgs Stellung in **Europa** gestärkt.

Ziel seines Sohnes, **FRIEDRICH III.**, war es, der neuen Machtstellung mit der Königswürde auch die äußere Anerkennung zu verschaffen. Innerhalb des Deutschen Reiches konnte es aber **nur einen König** geben. Das **Herzogtum Preußen** lag jedoch außerhalb der Grenzen des Deutschen Reiches. Der Kurfürst von Brandenburg war hier souverän und nicht dem König als oberstem Herrn untergeben. Er konnte das Herzogtum also zum Königtum aufwerten. FRIEDRICH wollte einen solchen Schritt nicht ohne das Einverständnis des Kaisers machen. Der gab sein Einverständnis erst, als FRIEDRICH ihm 8 000 Soldaten zur Unterstützung im Krieg gegen König LUDWIG XIV. zusagte. FRIEDRICH III. setzte sich 1701 in Königsberg selbst die Königskrone auf und nannte sich nun **FRIEDRICH I., König in Preußen.**

> **FRIEDRICH I.** gelang es, dem aufstrebenden Staat **Preußen** den würdigen Titel zu verschaffen. Die **Königskrone** bewirkte ein Zusammengehörigkeitsgefühl aller Untertanen der Hohenzollern.

FRIEDRICH WILHELM I. (1713–1740)

Kurfürst und König: FRIEDRICH WILHELM I., der „Soldatenkönig"

FRIEDRICH WILHELM I., zweiter Preußenkönig (1713–1740), lehnte im Gegensatz zu seinem Vater jeden Luxus am Hof ab und verfolgte zwei Ziele:

1. die verstreuten Gebiete seines Landes zu einem **einheitlichen Staat** zu verbinden und
2. diesem Staat eine **führende Rolle** unter den **europäischen Großmächten** zu verschaffen. Eine **starke Armee** sollte die Position Brandenburg-Preußens in Europa stärken.

Hierfür war eine **zentrale Verwaltung** erforderlich. 1723 schuf FRIEDRICH WILHELM I. in Berlin mit dem **Generaldirektorium** die oberste Behörde für alle Verwaltungsangelegenheiten, um in allen Landesteilen den königlichen Willen durchzusetzen.
Der König wirkte als **sparsamer** und **strenger** Landesvater. Er ließ im ganzen Land Kornspeicher für Notzeiten anlegen. In den Staatsgütern **(Domänen)** steigerte er den Ertrag auf das Doppelte. Mit 3,5 Mio. Talern erwirtschafteten sie fast die Hälfte des Staatshaushaltes. Eine oberste Rechnungskammer prüfte alle Einnahmen und Ausgaben.

Generaldirektorium: Die Verwaltung für Ausrüstung und Versorgung des Heeres, für Postwesen, Steuern und königliche Manufakturen. Hier entstanden auch Konzepte für ein einheitliches Verkehrswesen.

Seine **Regierungsweise** war militärisch: Er erhöhte die Zahl der preußischen Soldaten auf ein Heer von 85 000 Mann, darunter eine Leibgarde von **„langen Kerls"**, die alle größer als 2 Meter waren. FRIEDRICH WILHELM I. trug deshalb den Beinamen **„Soldatenkönig".**

Durch **preußische Sparsamkeit** lagerten, als der König starb, 8 Mio. Taler in Fässern verpackt als Notpfennig im Schlosskeller.
Von den 7,5 Mio. Talern jährlicher Staatseinnahmen verbrauchte der König für seine Armee 5 Mio.

Unter dem Druck der harten **Disziplin** entstand eine **starke Armee.** Sie gewann in Europa den Ruf, im Krieg unbesiegbar zu sein. Die Armee wurde auch zu einem **Motor** der **preußischen Wirtschaft.**

Zur Versorgung der Armee verordnete der König den Militärköchen **Kartoffeln.** Das billige Nahrungsmittel wurde jetzt überall angebaut und vor allem von den Armen gegessen. Billige **Kohle** verdrängte das Holz als Brennmaterial in den **„Kanonenöfen".** Die Soldaten sollten zum Vorbild des preußischen Untertanen werden: **gehorsam, bedürfnislos, pünktlich** und **pflichtbewusst.**

Der deutsche Schriftsteller der Aufklärung **G. E. LESSING** fand beim **Preußenkönig** keine besondere Gunst, weil LESSING sich gegen die Vorherrschaft des französischen Vorbildes in allen Fragen der Kunst und der Literatur wandte.

FRIEDRICH II., „der Große" – Reformen eines „aufgeklärten" Königs

Der **europäische Kulturraum** wurde im 18. Jh. maßgeblich von **Frankreich** geprägt. Als junger Mann war **FRIEDRICH II.** feinfühlig, empfindsam, liebte französische Bücher, spielte Flöte und kleidete sich modisch. Auf strenges Geheiß seines Vaters wandte er sich den politischen Aufgaben zu und lernte die Regierungsgeschäfte. Schon als **Kronprinz** zog FRIEDRICH französische Künstler und Gelehrte den deutschen vor. Er schrieb und sprach fließend Französisch und freundete sich mit VOLTAIRE an. Gebildete Männer lud er zum Meinungsaustausch an seine **Tafelrunde.**
Mit 28 Jahren war FRIEDRICH König geworden. Er schaffte die Folter ab (außer gegen Hochverräter und Bandenräuber), ließ die Berliner Akademie der Wissenschaften neu gestalten und zog Gelehrte und Künstler nach Berlin. Der Sohn des „Soldatenkönigs" erhöhte auch die **Armeestärke** nochmals auf das Zweifache. Von den 150 000 bis 190 000 Mann kamen zwei Drittel aus preußischen Dörfern. Die übrigen schleppten **Werber** aus dem Ausland an. Die **Offiziere** entstammten dem **preußischen Adel.**

FRIEDRICH II. (1712–1786)

Dualismus: Nebeneinander von zwei Großmächten **(Österreich und Preußen)** im Deutschen Reich, das dadurch geschwächt wurde. Beide Großmächte betrieben eine eigenständige **Außenpolitik** und wurden zu **Rivalen** im Anspruch auf die **Führung Deutschlands.**

„Hier habe ich eine Provinz im Frieden erobert“ (FRIEDRICH angesichts der blühenden Landwirtschaft des neu besiedelten Landes).

Allgemeines Landrecht: das einheitliche **Rechtsbuch** für Preußen von 1794; mit Bestimmungen zum Zivil-, Straf- und Staatsrecht.
Im Allgemeinen Landrecht wird die königliche Gewalt beschränkt und die Rechte des Einzelnen sowie die Stellung der Richter gesichert. Das Buch blieb praktisch bis 1900 in Kraft.

Als Lehrer arbeiteten häufig Unteroffiziere, die keinen Militärdienst mehr leisten konnten. Sie waren kaum ausgebildet und erhielten einen sehr geringen Lohn.

Eine **schlagkräftige Armee** war das wichtigste Mittel, mit dem der König Preußen in den Kreis der europäischen **Großmächte** führen wollte. Sein **Staat** fand Anerkennung als **jüngste Großmacht** in Europa. Allerdings begründete Preußens Aufstieg zur zweiten deutschen Macht neben Österreich einen **Dualismus** in Deutschland.

Um die enormen Summen für das Militär aufzubringen, nahm FRIEDRICH zum einen sich den **französischen Merkantilismus** zum Vorbild und unterstützte **Handel** und **Gewerbe.** Zum anderen ließ er bisher **unkultivierte Regionen urbar** machen und besiedeln. Allein zwischen **1746** und **1752** entstanden dadurch **122 neue Dörfer.** Große **Sumpfgebiete** an der Oder (Bild), an der Warthe und Netze wurden **entwässert** und über **900 Dörfer** angelegt. **60 000 Siedler** bearbeiteten das neue Bauernland. Mit eindringlichen Belehrungen und mit Zwang sorgte er für den Anbau der **Kartoffel.**
Die Entwicklung Preußens hing besonders von Gewerbe und Handel ab. Der König ließ Straßen und Kanäle bauen; er förderte die Errichtung von Manufakturen für die Garn- und Tucherzeugung. In **Schlesien** nahm der **Eisenbergbau** einen kräftigen Aufschwung, als die Verkehrswege über die Oder und die neuen Kanäle nach Berlin ausgebaut waren. FRIEDRICH schuf die **erste preußische Staatsbank,** die Kredite an Unternehmen gab. Der König modernisierte auch das **Gerichtswesen.**

Alle Untertanen waren vor dem Gesetz gleich.
Rechtsgelehrte begannen, das Recht in eine schriftliche Form zu bringen (kodifizieren).

Unter FRIEDRICHS Regierung wurde das **„Allgemeine Landrecht für die preußischen Staaten“** erarbeitet, das allerdings erst acht Jahre nach seinem Tode verkündet wurde.

Toleranzgedanke und Bildung

Der König wünschte, dass die **Konfessionen** im Frieden auskamen, und duldete sie selbst alle nebeneinander.
FRIEDRICH II. legte **1763** im „Königlich-Preußischen General-Landschul-Reglement“ die **allgemeine Schulpflicht** für **Landschulen** erneut fest, regelte die **Dauer der Schulzeit,** die Unterrichtsfächer und den Lehrplan sowie die Anstellung und Bezahlung der Lehrer. In **Süddeutschland** wurden meistens **Geistliche** zu Lehrern ernannt. Die Eltern mussten **Schulgeld** bezahlen. Oft waren alle Kinder vom ersten bis zum letzten Schuljahr in **einer Klasse** zusammengefasst. Neben Religion, Lesen, Schreiben und Rechnen sollten die Knaben ein Handwerk erlernen, während man den Mädchen auch Kochen, Spinnen und Nähen beibrachte.

> Die **Volksbildung** sollte die Untertanen zu **treuem Gehorsam** gegen die Obrigkeit erziehen und sie zu **tüchtigen Handwerkern, Soldaten** und **Beamten** oder zu sparsamen und **fleißigen Ehefrauen** heranbilden.

Die Untertanen im preußischen Herrschaftssystem

An erster Stelle im Staat stand der **Adel.** Er stellte die Beamten der Verwaltung und die Offiziere des Heeres und besaß dafür besondere Privilegien. Der König schützte die Güter der Adelsfamilien. Im preußischen „Junkerstaat" beherrschten die **Gutsherren** die ländliche Bevölkerung. Nur das **städtische Bürgertum** durfte im Gewerbe oder Handel wirtschaftlich tätig werden. **Bauern** und **Tagelöhner** blieben die „Lasttiere" der Gesellschaft. Der König verbesserte etwas die Lage der Bauern auf den **Staatsgütern,** indem er für sie die **Leibeigenschaft** aufhob. Mit den Bürgern und Bauern war der größte Teil der Bevölkerung von Regierung und Verwaltung ausgeschlossen. Nur der **König** bestimmte und leitete alles, wenngleich auch er sein Amt als Dienst betrachtete.
In **Preußen** und in **Österreich** machten sich die Herrscher Forderungen der **Aufklärung** zu eigen. Der Regierungsstil nach Grundsätzen der Vernunft wird **aufgeklärter Absolutismus** genannt.

FRIEDRICH II. – einerseits: *„Der König soll erster Diener des Staates sein".*
FRIEDRICH II. – andererseits: *„Alles für das Volk, nichts durch das Volk".*

8.2.3 Der Absolutismus in Österreich-Ungarn

Das Habsburgerreich – die Kraft in Europas Südosten

Mehr als 350 Jahre lang, von **1438** bis **1806,** sind die **Habsburger Kaiser** des Heiligen Römischen Reiches deutscher Nation gewesen. **Wien** war **Kaiserstadt** und hatte um 1750 weit mehr Einwohner als Berlin. Die Habsburger besaßen mehr Land und regierten über mehr Menschen als irgendein anderer Fürst in Deutschland. In den verschiedenen Gebieten herrschten unterschiedliche Rechte; eine einheitliche Verwaltung wie in Frankreich gab es im 17. Jh. nicht. Im **Erbvertrag** von **1713** (der „Pragmatischen Sanktion") wurde erstmals festgelegt, dass immer nur **ein einziger Herrscher** die Krone aller habsburgischen Lande tragen dürfe.
Die Länder der „habsburgischen Krone" wurden durch eine gemeinsame **Dynastie** zusammengehalten.
Im Südosten Europas herrschten seit dem 14./15. Jh. die **Türken.** 1683 drangen die Türken – wie schon 1529 – erneut nach Mitteleuropa vor und belagerten Wien. Prinz EUGEN VON SAVOYEN (österreichischer Feldherr und Staatsmann) brachte den Türken 1697 in Serbien eine vernichtende Niederlage bei und konnte 1699 im Friedensschluss mit dem Sultan die Grenzen Österreichs so ausdehnen, dass Ungarn, Siebenbürgen, Kroatien und Slowenien fest zu Habsburg gehörten.
Ein neuer Friede mit den Türken brachte 1718 Teile Serbiens und der Walachei an Habsburg. Eine **Militärgrenze** sicherte das eroberte Land. Sie zog sich in ca. 50 km Breite fast 2 000 km hin. Hier durften nur Bauern siedeln, die zugleich Soldaten waren.

Aufgeklärter Absolutismus: Der Monarch gilt im „aufgeklärten Absolutismus", der sich im 18. Jh. u. a. in Preußen und Österreich durchsetzte, als **Diener** seines **Staates,** der an Einsichten der **Vernunft** gebunden, also „aufgeklärt" ist.

Pragmatische Sanktion: Regelung einer wichtigen **Staatsangelegenheit.** Meint hier das **Gesetz** von Kaiser KARL VI., das die Länder **Habsburgs** für **unteilbar** erklärte. Die Macht fällt bei Tod dem nächsten Verwandten des Verstorbenen zu: dem ältesten Sohn oder, falls keine Söhne leben, der ältesten Tochter.

Um das Banat und den ganzen Süden Ungarns neu zu kultivieren, rief man Kolonisten aus Süddeutschland. Da sie mit Schiffen die Donau abwärts fuhren, nannte man sie **Donauschwaben.** Sie machten aus dem verwüsteten Land eine fruchtbare Getreidelandschaft.

Reformen unter Maria Theresia und Joseph II.

Toleranz: Duldung verschiedener Meinungen und persönlicher Überzeugungen. Basis ist die Auffassung, dass kein Mensch die alleingültige Wahrheit besitzt. Im engeren Sinn heißt das Duldung verschiedener Religionen oder Konfessionen in einem Staat, Voraussetzung für Religions-, Glaubens- und Meinungsfreiheit.

Die Tochter Kaiser Karls VI., Maria Theresia, kam im Jahr 1740 zur Regierung. Der Preußenkönig Friedrich II. hielt sie für politisch bedeutungslos und begann einen Krieg um das habsburgische Schlesien. Maria Theresia verteidigte ihr Reich in drei Kriegen, musste aber im **Frieden von Hubertusburg 1763** auf die Provinz **Schlesien** verzichten („Siebenjähriger Krieg").

Maria Theresia (1717–1780)
Erste Frau auf dem Thron der Habsburger

Als **Regentin** ihres Reiches war Maria Theresia erfolgreich in der Modernisierung ihrer Länder durch **Reformen** in **Verwaltung, Wirtschaft** und **Kirche.** In Wien wurde eine oberste Finanz- und Verwaltungsbehörde für alle habsburgischen Länder eingerichtet. Ein oberster Gerichtshof wurde geschaffen, die Kontrolle über die Behörden übertrug Maria Theresia einem Staatsrat.

Sie ließ die **Aufhebung** der **Leibeigenschaft** und der **Frondienste** vorbereiten. Ihr Sohn und Nachfolger, **JOSEPH II.**, verkündete das Gesetz im Jahr 1781 zuerst in Böhmen. Schließlich begann MARIA THERESIA damit, die **Kirche** der **Staatsaufsicht** zu unterstellen. Die Regierung besetzte die kirchlichen Stellen. 1781 erließ JOSEPH II. ein **Toleranzedikt,** das *allen* Untertanen die freie **Religionsausübung** zusicherte (vergleichbar mit dem Edikt von Potsdam 1685 für die Hugenotten durch den Großen Kurfürsten FRIEDRICH WILHELM).
Eine **Schulordnung** wurde **1774** für das gesamte Habsburgerreich Gesetz. Die Schulordnung bestimmte die Einrichtung von **Volksschulen,** an denen Lesen, Schreiben und Rechnen gelehrt wurde. Darüber waren **Hauptschulen** angeordnet, wo sogar Latein unterrichtet werden sollte. Gleichzeitig entstanden **Normalschulen** zur Ausbildung der Lehrer.
JOSEPH II. und seine Beamten gingen in ihrem Reformeifer zuweilen sehr weit. Viele Gesetze standen aber nur auf dem Papier, und manche Reform blieb unausgeführt.

JOSEPH II.
(1765–1790)

Im Zeitraum von neun Jahren wurden **6 000** Verordnungen erlassen. Sie bestimmten z. B.:
- Prozessionen, Wallfahrten und aufwendige Begräbnisse sind verboten,
- die Zahl der Kerzen, die im Gottesdienst gebraucht werden dürfen, ist genau festgelegt,
- heranwachsende Mädchen dürfen kein Mieder tragen,
- zu einem genauen Termin müssen die Bäume von Raupen befreit werden ...

Die **Konkurrenz** zwischen **Österreich** und **Preußen** um die Vorherrschaft in Mitteleuropa begann wegen der geografischen Nähe, außenpolitischer Ambitionen und Bündniskonstellationen im 18. Jh. (Dualismus) und gelangte im 19. Jh. zur vollen Entfaltung.

8.2.4 Der Absolutismus in Russland

Despotismus und Aufklärung im Osten: das Zarenreich

Der **erste russische Staat** war durch Großfürsten aus dem Geschlecht der RURIKS von Kiew im 10. Jh. entstanden. Das orthodoxe Christentum übernahmen die Russen vom Patriarchen in Konstantinopel. Sie gehörten zur östlichen Kirche, deren Mittelpunkt in Konstantinopel war. Deshalb schlossen sie sich auch ganz an die **griechisch-byzantinische Kultur** an. Als 1453 Konstantinopel an die muslimischen Türken fiel, übernahm Moskau die Führung einer selbstständigen **Ostkirche.**
Im Jahre 1480 gelang es den Russen endlich, die über 200 Jahre andauernde mongolische Fremdherrschaft abzuschütteln. **IWAN III.** (1462–1505), ein Nachkomme der RURIKS, versuchte, Russland unter seiner Macht zu vereinen. Indem er gegen seine fürstlichen Rivalen vorging und auch Litauen und Polen bekriegte, verdreifachte er das Herrschaftsgebiet während seiner dreiundvierzigjährigen Regierungszeit. Er rief griechische und italienische Baumeister ins Land, die Kirchen und Paläste bauen sollten. Obwohl er Großfürst von Moskau war, fing er an, sich Zar zu nennen.

IWAN III.
(1462–1505)

IWAN führte Russland zum **absoluten Zarentum.** Sein Sohn WASSILIJ III. setzte diese Herrschaftsform erfolgreich fort.

Zar: eine Vereinfachung des Wortes Caesar – Kaiser. Slawische Bezeichnung für den Herrscher, zwischen 1547 und 1917 der Titel des russischen Staatsoberhauptes.

1697/98 unternahm der russische Zar („PETER DER GROSSE") – als Unteroffizier verkleidet – eine **geheime Bildungsfahrt** nach Mittel- und Westeuropa, um technische Kenntnisse, z. B. im **Schiffsbau** und bei der **Kanonenherstellung,** zu erwerben.

Die Metropole wurde von europäischen Architekten und Künstlern im **barocken Stil** geplant und ausgestaltet.

Die meisten **Soldaten** dienten **lebenslang** und sahen ihre Angehörigen nie wieder. In den Kasernen und auf langen Märschen wurden die Rekruten hart gedrillt, an der Front nicht geschont. Die **Verluste** waren verheerend. Stets mussten neue Rekruten die Lücken füllen.

Das Riesenreich unter PETER DEM GROSSEN

Als PETER I. mit 17 Jahren an die Regierung kam, bewirkte er einschneidende Veränderungen. Als Junge verbrachte er seine Zeit am liebsten in der Ausländervorstadt von Moskau. In vielen **Werkstätten** erfuhr er, wie Geschütze und Eisenwaren hergestellt und Webstühle bedient werden. Sein besonderes Interesse gehörte dem **Seewesen.**
Auslandsreisen brachten Anregungen für seine spätere Reformtätigkeit.

PETER wollte ganz Europa erkunden. Der Zar warb verstärkt europäische Berater und Offiziere an und setzte sie überall ein.

Er schickte russische Adlige zum Studium ins westliche Ausland. Das gewaltige Vorhaben, sein Reich zu europäisieren, verfolgte er konsequent. An der Ostsee entstand die **Hauptstadt St. Petersburg** über trockengelegten Sümpfen. Verwaltung, Armee, Wirtschaft und Erziehung wurden nach den Vorbildern im Westen, teilweise unter Anwendung von Gewalt, modernisiert.

St. Petersburg

Modernisierung Russlands

Die Erfahrungen, die PETER auf seiner **Europareise** machte, bestätigten ihm, dass Russland eine **moderne Armee,** eine **merkantilistische Wirtschaft** und ein zuverlässiges **Beamtentum** brauchte.

PETER ließ eine ständig **einsatzbereite Armee** nach westlichem Vorbild ausbilden. Jährlich wurden 30 000 bis 40 000 junge Männer vom Land in die Armee gezwungen, die bald mehr als 200 000 Mann zählte.
Mit ausländischer Hilfe wurde eine **Flotte** gebaut, die fast 850 Schiffe umfasste. Im Ural entstanden Eisenhütten, die auch Eisen nach England ausführen konnten. **Pulver- und Waffenfabriken** wurden vergrößert, **Schiffswerften** errichtet, in eigenen Manufakturen wurde Uniform- und Segeltuch hergestellt, und die Leder- und Papierherstellung wurde vom Ausland unabhängig. Um **1725** produzierten rund 200 **Manufakturen** in Russland, deren Technik dem westlichen Vorbild entsprach. Die eigene **Landwirtschaft** exportierte u. a. **Hanf, Juchten** (weiches Leder), **Flachs** und **Leinwand.** Aus Sibirien, das besiedelt und dem Handel erschlossen wurde, kamen **Kaviar, Lachs** und **Pelze** in den europäischen Westen. Im

Süden, an den Ufern des Dnjepr, ließ PETER I. **Weinreben** anpflanzen und **Tabak** anbauen. Diese Entwicklung der Wirtschaft brachte dem Staat hohe Steuereinnahmen.

Wer nicht lernte, wurde bestraft: Er konnte nicht Offizier werden, oder er durfte nicht heiraten.

Gesellschaft und Aufklärung

Der **Adel** hatte den führenden Platz in der Gesellschaft inne. Adlige sollten sich bilden und dem Staat dienen. Dafür behielten sie ihre **Privilegien: Steuerfreiheit** und **Bauernarbeit.** Leute aus nicht adligem Stand konnten in den **Dienstadel** gelangen. Wie der Zar selbst gelernt hatte, sollte die führende Schicht des Landes lernen. Der **Schulbesuch** blieb den Söhnen der **Adligen** und **Geistlichen** vorbehalten. Damals erschien auch die erste russische Zeitung. Für die breite Masse der **Untertanen,** die **Bauern** und **unfreien Knechte,** verschlechterte sich allerdings die Lage – sie mussten **mehr Steuern** zahlen und wurden von den adligen Grundbesitzern wie Sklaven gehalten. Die Bauern waren **leibeigen** geworden.

Leibeigenschaft: persönliche Abhängigkeit eines Bauern vom Grundherrn (Leibherrn; er ist ihm mit dem Leib, also körperlich untertan)

Absolutismus in Russland

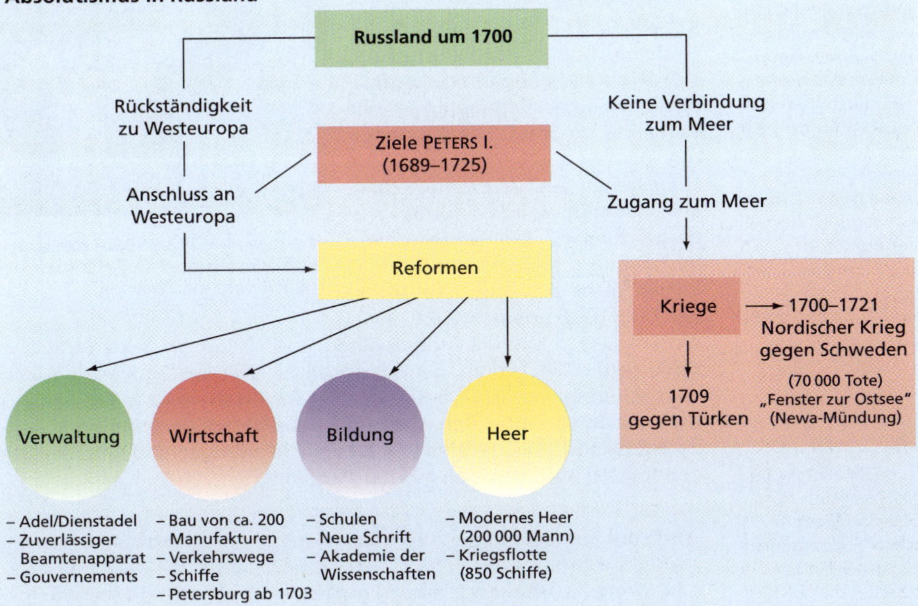

Auf dem Weg zur Großmacht: Russlands Außenpolitik

Im 17. Jh. hatten die Zaren ihr Reich nach Osten ausgedehnt. Kaufleute waren, vom Zaren unterstützt, in den Ural vorgedrungen. Sie hatten mit **Salzsiedereien** und durch den Handel mit Pelzen großen Reichtum erworben. **Kosaken** übernahmen den Schutz der Niederlassungen und setzten die **Erkundung** und **Eroberung** des **Ostens** fort. In weniger als 70 Jahren durchdrangen sie ganz **Sibirien.**

Peter der Grosse führte Feldzüge gegen die **Türken** und gegen **Schweden.** Nach dem **Nordischen Krieg** übernahm Russland die **Vorherrschaft** im gesamten **Ostseeraum.** Damit konnte der territoriale Anschluss an Mitteleuropa gewonnen werden. Russland hatte sich zu einer europäischen Macht entwickelt und die östliche Grenze Europas bis zum Ural-Gebirge erweitert.

Katharina II. – Die Herrschaft der „großen Zarin"

Der **westliche Einfluss** brachte, neben Wissenschaft und Technik, neue **politische Ideen** nach Russland. Danach sollte das Zarenreich eine **Verfassung** erhalten, alle Bürger sollten den gleichen Gesetzen unterworfen sein, die Reichen sollten arme Bürger nicht mehr unterdrücken, Beamte ihre Amtsstellungen nicht mehr zum eigenen Vorteil missbrauchen.

Unter den Nachfolgern Peters des Grossen nahm der Einfluss der Ausländer weiter zu: Minister und oberste Ratgeber am Hof kamen aus dem Westen. Zarentöchter heirateten europäische Prinzen, und als Peter III., der Enkel Peters I., ermordet wurde, kam seine Witwe **Katharina II.** (1762–1796) auf den russischen Kaiserthron. Sie empfand sich als eine Anhängerin der **Aufklärung.** Katharina ließ dem **Adel alle Vorrechte** im Staat. Die Grundherren beuteten erbarmungslos ihre Leibeigenen aus. Verzweifelte **Bauernaufstände** wurden blutig niedergeschlagen. Die versprochene **Verfassung** und die neuen **Gesetze kamen nicht zustande.** Die Macht der Zarin blieb unbeschränkt.

Katharina II. (1762–1796) – russische Zarin (Prinzessin Sophie Friederike Auguste von Anhalt-Zerbst)

Katharina II. setzte die **Außenpolitik** Peters I. fort. Im **Süden** führte sie **Krieg** gegen die **Türken**, die das nördliche Ufer des Schwarzen Meeres ganz verloren. Im **Osten** besetzten **Kosaken** weitere Teile **Sibiriens.** Zur **Urbarmachung** neuer Regionen und Gebiete lud sie freiwillige Siedler nach Russland ein. Der Offerte mit Landschenkungen und Vergünstigungen folgten auch Familien aus **Deutschland.**

Diese Deutschen sind die Vorfahren der **„Russlanddeutschen"**, die seit 1990 als Aussiedler verstärkt in die „historische Heimat" zurückkehren.

Mit der Hinwendung zu Europa nahm die wirtschaftliche Entwicklung Russlands unter **Peter I.** und **Katharina II.** einen enormen Aufschwung. **Russland** war eine **europäische Großmacht** geworden.

8.2.5 Streit und Krieg und Tradition – europäische Konflikte im 18. Jahrhundert

Der Nordische Krieg

Peter der Grosse führte Feldzüge gegen die Türken und gegen Schweden, das seit dem Dreißigjährigen Krieg zwar die Ostsee beherrschte, sich

aber mit seinen Nachbarn verfeindet hatte. Mit dem **sächsischen Kurfürsten** AUGUST DEM STARKEN, der zugleich König von Polen war, schloss PETER ein Bündnis, um den jungen **Schwedenkönig** KARL XII. (Bild) zu überfallen. PETER konnte zunächst die baltischen Länder erobern, musste aber eine Niederlage bei Narwa 1704 hinnehmen. KARL XII. entsandte Truppen nach Russland, bevor PETER seine Armee wieder bereitstellen konnte. KARL griff die Russen an und schlug den fünffach stärkeren Gegner. Vier Jahre später beschloss KARL, nach Moskau zu marschieren. Auf dem **Schwedenzug** nach Moskau schlug ein neu formiertes Zarenheer **1709** die schwedische Armee bei Poltawa.

Schweden erholte sich nie wieder von diesem Schlag. Der **Nordische Krieg** mit den Schweden dauerte (mit Unterbrechungen) 20 Jahre lang und endete zwischen 1719 und 1721 durch mehrere **Friedensschlüsse.** Schweden verlor fast den gesamten Besitz in Deutschland: **Bremen** und **Verden** an **Hannover, Vorderpommern** bis zur Peene an **Preußen.** Bedeutende Häfen sowie **Ingermanland, Estland, Livland** und fast ganz Karelien fielen an **PETER I.**

Für PETER DEN GROSSEN war dieser Sieg die Grundlage des russischen Aufstiegs: „Jetzt erst ist Petersburg festgegründet mit Gottes Hilfe."

Livland ist das Gebiet zwischen **Rigaer Meerbusen** und **Peipussee.**

Schweden verlor die **Vormachtstellung** im Ostseeraum. Die **Vorherrschaft** im gesamten Ostseeraum übernahm **Russland.**

Der Spanische Erbfolgekrieg

Als im Jahr 1700 der letzte habsburgische König in Spanien starb, rief LUDWIG XIV. seinen Enkel zum Nachfolger aus und schickte ihn mit französischen Truppen nach Madrid. Darauf brachte der englische König WILHELM VON ORANIEN ein großes Bündnis zwischen **England, Holland** und **Österreich** zusammen, dem sich viele Fürsten anschlossen. In ganz Europa wurde gekämpft (1701–1714). Militärverbände des deutschen Kaisers und Englands kämpften in den Niederlanden, in Süddeutschland und am Oberrhein. Auch in Oberitalien und in Spanien wurde gekämpft. Die Engländer wollten unter allen Umständen erreichen, dass Spanien unabhängig blieb. Die Engländer nahmen Gibraltar ein. Dann setzten sie die blutigen Auseinandersetzungen auf dem Ozean und in den Kolonien fort. Es war der erste große **See- und Kolonialkrieg.**

Als die Habsburger den deutschen Kaiser KARL VI. auch zum spanischen König machen wollten, schloss die englische Regierung in **Utrecht Frieden** mit den Franzosen **(1713).**

Die Engländer stimmten zu, dass KARL VI. spanischer König wurde, allerdings durften Spanien und Frankreich niemals in einer Hand vereinigt werden. An **Österreich** fielen zum Ausgleich die spanischen Niederlande, Mailand Neapel und Sardinien. **England** bekam die französischen Besitzungen Neufundland, Neuschottland und die Länder um die Hudsonbai.

Das Ergebnis des Krieges war, dass es der **britischen Politik** gelungen war, den Grundsatz des **europäischen Gleichgewichts** durchzusetzen. Er beeinflusst bis zum heutigen Tag die europäische Politik.

Der Siebenjährige Krieg 1756–1763

MARIA THERESIA hatte in Verhandlungen mit FRIEDRICH II. Schlesien abgetreten. Als Folge des weltweiten **Kolonialkrieges** zwischen Frankreich und England in **Nordamerika** hatte sich **Preußen** mit **England** verbündet und **Frankreich** in einer großen **Koalition** mit **Österreich, Russland, Sachsen, Bayern** und **Schweden**. Während es Österreich um die Rückeroberung Schlesiens ging, wollte die Koalition den preußischen Machtzuwachs stoppen.

In dem **sieben Jahre** dauernden Krieg geriet Preußen an den Rand des Untergangs. Erst der plötzliche Tod der russischen Zarin ELISABETH (Tochter PETERS I., 1709–1762) brachte eine Wende. Der Thronfolger PETER III. war ein Verehrer FRIEDRICHS und schloss Frieden. Im **Frieden von Hubertusburg 1763** verzichtete MARIA THERESIA endgültig auf **Schlesien.**

In den Schlachten von 1756 bis 1763 starben 120 000 preußische, 69 000 österreichische und 42 000 russische Soldaten.

Die „Adelsrepublik" Polen und ihre Teilung

Die **polnische Monarchie** war seit dem 17. Jh. durch die bestimmende Rolle des Adels eingeschränkt. Das führte in Polen jedoch nicht wie in England zu einer parlamentarischen Ordnung. Die Masse des polnischen Volkes war politisch rechtlos: Zwei Drittel der Bevölkerung waren leibeigene Bauern; das Bürgertum war kaum entwickelt. Hinzu kam, dass Polen religiös gespalten war.

1772 marschierten die Großmächte **Preußen, Russland** und **Österreich** in das innerlich zerrissene Polen ein. Sie wollten auf Kosten des Schwächeren ihre Länder vergrößern. In diesem ersten Krieg verlor Polen 30 % seines Gebietes und 40 % der Bevölkerung. 1793 erfolgte die **zweite polnische Teilung,** nachdem Preußen und Russland gegen die **polnische Staatsreform** militärisch interveniert hatten. Das verbliebene heterogene Gebiet wurde am 24. Oktober 1795 endgültig zwischen den drei Mächten aufgeteilt (dritte polnische Teilung; ↗ S. 283, Karte).

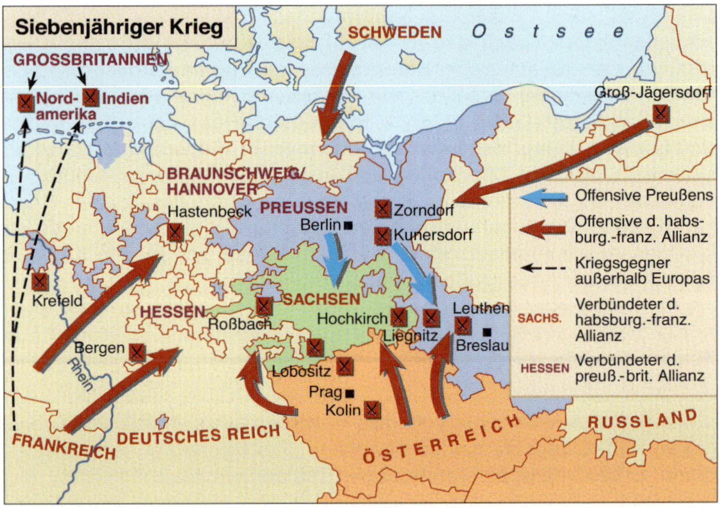

8.2.6 Das Barock in Europa: Lebensweise, Baukunst und Musik

Seit 1680 fanden sich derartige Bauwerke auch in den katholischen Gebieten des Deutschen Reiches. Hier ist es das Schloss Augustusburg in Brühl.

Die Stilrichtung des **Barocks** entwickelte sich am Ende des 16. Jh. in Italien. Vor allem die **katholische Kirche** zeigte mit prunkvollen Bauten in der neuen Stilrichtung ihre nach den Glaubenskriegen wiedergewonnene Stärke. Die Fürsten wollten es in ihren Residenzen dem Vorbild LUDWIGS XIV. gleichtun.
Den **Repräsentationswillen** der Könige, Fürsten und Grafen unterstützte der neue Baustil. Garten- und Parkanlagen, Stadtpaläste und Schlösser, Kirchen und Klöster im barocken Stil dienten vorrangig der **Selbstdarstellung** der Herrscher. Durch

die Stiltreue zu Frankreich und Italien sollte die Zugehörigkeit zu den Reichen Europas betont werden.

Dresdner Zwinger – Residenz AUGUST DES STARKEN

Kritiker nannten den Stil abwertend **„barock"** (unregelmäßige Perle), weil er die ausgewogenen Regeln der römischen und griechischen Architektur missachtete.
Die Formen des **Barocks** sind keineswegs unregelmäßig, sondern ein streng aufeinander bezogenes geometrisches Formenspiel.

Deutlich erkennbar sind die Verbindungen aus erhabenem **Prunk** und eleganter **Verzierung,** aus lebhaften **Bewegungen** und großartiger **Symmetrie. Eleganz** stand für eine verfeinerte Empfindung.
Der **Barock wurde etwa 1720** zum **Rokoko** weiterentwickelt. Der Begriff des Barocks wurde später auch auf die Dichtung (OPITZ), Theater und Malerei (RUBENS), Bildhauerkunst (BERNINI), Musik (BACH, VIVALDI) und Tanz jener Zeit übertragen.

Vierzehnheiligen – barocke Kloster- und Wallfahrtskirche bei Staffelstein in Oberfranken am Main

Der hohe Adel und die reichen geistlichen Orden in Österreich übertrafen in ihrer Bautätigkeit sogar den Kaiser als Bauherrn. Seit der Wende zum 18. Jh. überwogen einheimische Fachleute, die das Kaiserschloss Schönbrunn und die Karlskirche in Wien (J. B. FISCHER V. ERLACH), das Schloss Belvedere (L. V. HILDEBRAND) sowie prachtvolle Klöster (J. PRANDAUER) errichteten.
Wien wurde neben Paris zum bedeutendsten Mittelpunkt der Künste in ganz Europa. Die musikalische Tradition von Wien wurde gegen Ende des 18. Jh. von den Komponisten der Klassik HAYDN, MOZART und BEETHOVEN zu ihrer höchsten Vollendung gebracht.

Bayern und **Österreich** galten als **Zentren** des **Barockstils,** aber auch der **Zwinger** in **Dresden** ist ein imposantes Beispiel.

8.3 Die Englische Revolution und die Entstehung der Vereinigten Staaten von Amerika

8.3.1 Der Kampf zwischen Krone und Parlament

Ein Haus mit „Oben und Unten“ – Traditionen des englischen Parlamentarismus

Seit dem späten Mittelalter lösten sich die meisten Herrscher in Europa vom Einfluss des hohen Adels und der Geistlichkeit.
Im Verlauf des 17. Jh. büßten z. B. die **Parlamente** in **Frankreich** ihren Einfluss ein.

Parlament: der ständische Gerichtshof (Gerichtshof der Stände); in England die selbstständige Versammlung der Bischöfe und Barone, aber auch der reichen Bürger und der Kaufleute

In **England** blieb dagegen die Tradition der ständischen Mitbestimmung, die sich auf die **„Magna Charta“ von 1215** zurückführen lässt, lebendig.

Im **englischen Parlament** waren der Hochadel im **„Oberhaus“** (House of Lords) und die Grafschaften, Städte, Gutsbesitzer und reichen Kaufleute im **„Unterhaus“** (House of Commons) vertreten. Nach dem Grundsatz: *„Was alle berührt, soll auch von allen gebilligt werden“*, hatte das Parlament sein **Mitspracherecht** auszudehnen vermocht. Beschlüsse wurden fast nur im Interesse der wohlhabenden Adligen und der Bürger getroffen: was ihnen nützte, sollte geschehen. Oft fielen die Entscheidungen erst nach langen Debatten, die zwischen den Anhängern der Regierung und der **Opposition** geführt wurden.

Opposition: allgemein: Gegnerschaft zur Regierung oder zum herrschenden System.
Im engeren Sinn: Abgeordnetengruppe im Parlament, die nicht die Regierung bilden kann. Sie kontrolliert die Regierung, arbeitet Gegenvorschläge zu Regierungsvorlagen aus, unterstützt aber auch die Regierung bei Übereinstimmung.

Krone und Parlament ringen um die Macht

Im 16. und 17. Jh. missachteten die englischen Könige weitgehend das Mitspracherecht des Parlaments. Nur selten riefen sie das Parlament zusammen: Königin ELISABETH I. (1558–1603) (Bild) in 45 Jahren nur zehnmal, König **KARL I.** (1625–1649) von 1629 bis 1640 überhaupt nicht. In diesen elf Jahren versuchte KARL I., ohne Mitwirkung des Parlaments **absolut** zu regieren. Da sich aber viele Bürger weigerten, Steuern zu zahlen, die das Parlament nicht bewilligt hatte, und er für den **Krieg gegen Schottland** dringend Geld brauchte, musste der König das Parlament 1640 wieder einberufen. **KARL I.** brauchte die Unterstützung des Parlaments zur Finanzierung seiner ehrgeizigen **Außenpolitik.** Die Parlamentsvertreter nutzten diese Notlage, um ihre Forderungen durchzusetzen: **1628** erhielten sie in

KARL I. (1600–1649)

der **„Petition of Rights"** ihre alten **Vorrechte** bestätigt. Der Versuch des Königs, den Einfluss des Parlaments mit Gewalt zu beschneiden, führte zum Bürgerkrieg, weil die im Unterhaus vertretenen Gruppen der Bevölkerung zu stark geworden waren.

Erfolge des Parlaments

1640/41 konnten folgende **Rechte** durchgesetzt werden:
- Das Parlament darf vom König nicht mehr aufgelöst werden.
- Alle Steuern müssen vom Parlament genehmigt werden.
- Alle königlichen Ämter werden aufgehoben.

Das Parlament fügte sich den Wünschen des Königs nicht mehr. Einige Parlamentsmitglieder widersetzten sich sogar offen dem König. Im Januar 1642 erschien KARL I. während einer Parlamentssitzung an der Spitze von 400 Bewaffneten im Unterhaus, um die Wortführer des Parlaments zu verhaften, musste aber feststellen, dass die gesuchten Abgeordneten geflohen waren. Es war das erste Mal und blieb das einzige Mal in der englischen Geschichte, dass ein König das Unterhaus betrat.

Zwischen Umwälzung und Diktatur – Bürgerkrieg und Revolution

Der offene Kampf zwischen König und Parlament war unvermeidlich geworden. Die Anhänger des Königs nannten die Auflehnung des Parlaments gegen die Krone eine **„Rebellion"**, eine Verschwörung einiger Weniger. Es handelte sich aber um eine **Revolution**, die die bisherige Machtverteilung im Staat grundsätzlich infrage stellte.

> Der **Machtkampf** zwischen **König** und **Parlament** verschärfte sich und spaltete das Land in zwei Lager: die **Partei des Königs** und die **Partei des Parlaments.** Die meisten Adligen, die Bischofsstädte und die Katholiken in der Bevölkerung hielten zum König, die Parlamentspartei wurde vor allem vom **puritanischen Bürgertum** in den Handelsstädten und in London unterstützt.

Independent, engl. = unabhängig, der Unabhängige
Sie traten für die Trennung von Kirche und Staat und freie Religionsausübung in unabhängigen Gemeinden ein.

Als **Sprecher** des **Parlaments** taten sich die Vertreter des Landadels – der **Gentry** – und vermögende **Kaufleute** der Londoner City hervor. Nicht nur politische und wirtschaftliche Interessen, wie der Kampf um Freiheit und Eigentum, verbanden die Königsgegner, sondern auch religiöse Motive.

> Die Forderung an den König zielte auf eine **Machtbeschränkung** der **anglikanischen Kirche** und auf einen verminderten Einfluss der **Krone** ab.

Es war ein für die damalige Zeit „unerhörtes Ereignis", dass ein gesalbter und gekrönter König hingerichtet wurde.

In der ersten Schlacht entging das Heer des Parlaments mit knapper Not einer schweren Niederlage.
In der Notlage des Parlamentsheeres trat **OLIVER CROMWELL**, ein adliger Abgeordneter aus der ostenglischen Grafschaft Norfolk, auf den Plan. CROMWELL war von tiefem puritanischem Sendungsbewusstsein erfüllt und zählte zur radikalen Gruppe der **Independent.** Aus diesen Kreisen rekrutierte er eine kampfentschlossene Elitetruppe (Ironsides = Eisenseiten) und führte sie im weiteren Verlauf des Krieges zum Sieg. KARL I. geriet in Gefangenschaft und wurde 1647 nach London verbracht. Die radikalen Abgeordneten verurteilten den König wegen Hochverrats zum Tode.

KARL I. wurde 1649 öffentlich **hingerichtet. England** wurde zur **Republik** erklärt, welche Irland und Schottland nicht anerkannten.

Das Misstrauen der unzufriedenen Armee gegenüber dem Parlament und der Londoner City war mit der Hinrichtung des Königs und der Abschaffung der Monarchie nicht beseitigt. Die empörten Mannschaften wählten in allen Regimentern **Soldatenräte,** die dem Befehl zur Auflösung nicht Folge leisteten. Außerdem brachten die verschiedenen religiösen Gruppen untereinander keine Toleranz auf.
Wegen ihrer Forderung nach **Gleichheit** aller Bürger vor dem Gesetz nannte man sie im Volk die **Levellers** – die **„Gleichmacher".** Ihre Gegner behaupteten, die „Gleichmacher" verlangten für alle Menschen gleichen Besitz und gleiches Einkommen. Vergeblich wehrten sich die Levellers gegen diese Entstellungen. CROMWELL ließ sie verfolgen und ins Gefängnis werfen. Viele waren von den Ergebnissen der Revolution enttäuscht, weil der Bürgerkrieg den Brotbeutel der armen Bürger am härtesten traf. Aber das Ansehen und der Wunsch nach Ruhe und Ordnung ermöglichten CROMWELL, ab 1653 als **Lordprotektor,** eine religiös begründete **Militärdiktatur** zu errichten und England nach den Grundsätzen einer streng **puritanischen Sittenordnung** umzugestalten. Das Parlament verlor seine Rechte. Erfolgreiche Seekriege gegen Holland und Spanien festigten seine Stellung. Er unterwarf Schottland und brach mit grausamer Härte den Widerstand des Volkes von **Irland,** das am katholischen Glauben festhielt.

Gefährlicher noch als die Auseinandersetzung zwischen den religiösen Gruppen erschien CROMWELL und seinen Gesinnungsgenossen in der Armee, dass zahlreiche Soldaten und Handwerker politische Forderungen verbreiteten.

OLIVER CROMWELL (1599–1658)

Der **Konflikt** in **Nordirland** ist der heute noch andauernde Rest des Kampfes zwischen vorwiegend **protestantischen Engländern** und vorwiegend **katholischen Iren.**

Die **Diktatur CROMWELLS** blieb ein kurzes Zwischenspiel in der Geschichte Englands. Der Widerstand des Parlaments hatte erst nach dem Tod CROMWELLS 1658 Erfolg. Mit **KARL II.** als Thronerben wurde die **Monarchie** 1660 wieder hergestellt.

Die Grundsätze eines freiheitlichen **Verfassungsstaates** wurden in der **„Glorious Revolution"** festgeschrieben, womit England zum **politischen Vorbild** der Kritiker des Absolutismus wurde.

Die „Glorreiche Revolution" von 1688

KARL II. konnte nicht so uneingeschränkt regieren wie sein Vater KARL I. Er musste allen Religionen Gewissens- und Straffreiheit garantieren, einem Parlamentsgesetz zustimmen, das Katholiken von öffentlichen Ämtern ausschloss und die radikalpuritanischen Sekten zwang, sich der anglikanischen Kirchenordnung zu unterwerfen. Er regierte daher von 1681 bis 1685 ganz ohne Parlament. Unter KARL II. flammte der Streit mit dem Parlament wieder auf. Sein Nachfolger, **JAKOB II.,** besetzte trotz der **Testakte** wichtige Ämter in Staat, Kirche und Armee mit Katholiken. Das Land

Um den katholischen Einfluss auszuschließen, beschloss das Parlament 1673 ein Gesetz, die Testakte, nach dem Katholiken von zivilen und militärischen Ämtern ausgeschlossen wurden. Es blieb bis 1828 in Kraft.
Auf der Erfolgsseite konnte das Parlament 1679 die „Habeas-Corpus-Akte" verbuchen – ein wichtiges Gesetz zur Verhinderung königlicher Willkür und ein Dokument für unsere heutige **Rechtsordnung.**

Mit den Worten: *„Für ein freies, gesetzliches Parlament“* betrat WILHELM englischen Boden, ohne auf Widerstand zu stoßen.

stand erneut vor der Gefahr blutiger Unruhen. Doch das Parlament kam einem neuen Bürgerkrieg durch rasches Handeln zuvor. Drei Jahre nach der Thronbesteigung musste König JAKOB II. 1688 nach Frankreich fliehen. Die Krone wurde seinem Schwiegersohn, dem protestantischen Prinzen **WILHELM III. von Oranien** (1650–1702), dem Generalstatthalter der Vereinigten Niederlande, übergeben.

Vor der Königskrönung im November 1689 beschwor WILHELM in der **„Declaration of Rights“** die Rechte und Freiheiten des Parlaments.

Die Gewalten im Staat teilten sich: die **gesetzgebende Gewalt (Legislative)** übte das Parlament aus, das Gesetze beschloss und die königlichen Minister kontrollierte. Die **ausführende Gewalt (Exekutive)** waren der **König** und die **Regierung.**

Die auch **„Bill of Rights“** genannte Erklärung vom Dezember **1689** gilt als eine Art **Grundvertrag** zwischen Krone und Parlament. Darin werden die Rechte des Königs eingegrenzt und die des Parlaments festgesetzt.

Das Parlament vergab die Königswürde. Der **König** war das Staatsoberhaupt, unterstand aber wie jeder Bürger Recht und Gesetz.

1696 folgte der Glaubensfreiheit auch die Pressefreiheit.

Die soziale Zusammensetzung des Parlaments blieb jedoch fast unverändert. Etwa 91 % der erwachsenen Bevölkerung blieben ohne Wahlrecht.

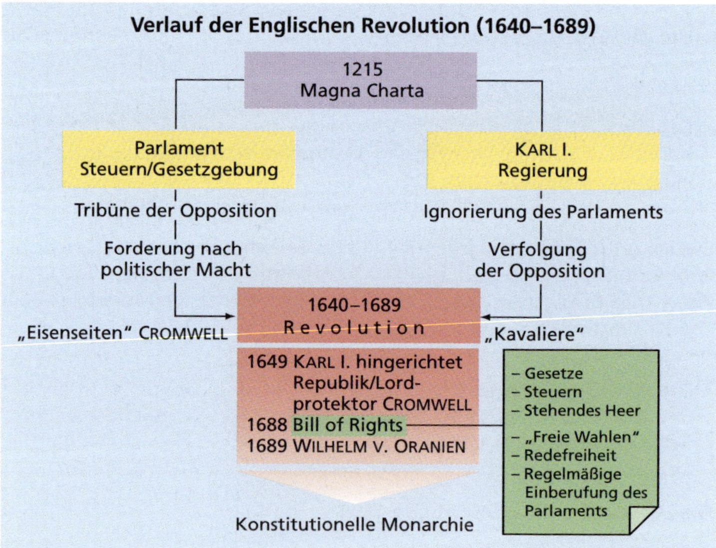

Auf die **Tories** geht die heutige Konservative Partei zurück. Aus den **Whigs** wurde im 19. Jh. die Liberale Partei.

Schon vor der **Glorreichen Revolution** waren zwei politische Hauptrichtungen im Parlament entstanden. Die einen lehnten Widerstand gegen die oberste königliche Gewalt ab und traten für ein enges Bündnis zwischen Staat und anglikanischer Kirche ein. Diese Parlamentsvertreter nannten sich **Tories.** Die anderen, die **Whigs,** setzten sich stärker für den Vorrang des Parlaments ein und für Glaubensfreiheit der verschiedenen protestantischen Richtungen.

Die unblutige Revolution brachte eine „gemäßigte" **(konstitutionelle)** Monarchie hervor, aber noch keine parlamentarische Regierung im modernen Sinn.

Wirtschaft und Kolonialpolitik Englands

Im Auftrag der englischen Krone machten englische Seeleute weite Entdeckungsfahrten. Englische Händler und Siedler schufen Niederlassungen an den Küsten Nordamerikas, Afrikas und Indiens (↗ S. 228).
Gegen Holland führte der englische Staat so lange Handelskriege, bis die Holländer nachgaben und **England** die **Vorherrschaft** zur **See** überließen. Hinsichtlich der Waren interessierten Kostbarkeiten.

Waren: Gewürze, Arzneimittel, Parfüms und Juwelen der indisch-ostasiatischen Welt; Gold, Elfenbein, Sklaven und fremde Tiere Afrikas; Edelmetalle, Perlen und indianische Exotika Amerikas. Amerika wurde auch bald der Hauptlieferant der besonders in England aufblühenden Baumwollindustrie.

8.3.2 Europäische Kolonialreiche in Amerika

Auswanderung und Besiedlung: Motive und Bedingungen

Seit der Zeit der Entdeckungsfahrten waren Spanien, Portugal, Holland, England und Frankreich die fünf wichtigsten europäischen Seefahrerstaaten, die Kolonien und überseeische Reiche gründeten. Alle fünf betrieben auch in Amerika aktive **Kolonialpolitik.** Nordamerika wurde im 16. Jh. zunächst durch **Spanier** von Mexiko aus an der Westküste und durch **Franzosen** im Gebiet des heutigen Kanada besiedelt. Die **englischen Kolonisten** siedelten an der Ostküste. **Portugal** errichtete an der Ostküste Südamerikas Kolonien. **Holland** schickte ebenso wie Frankreich und England Schiffe zur Erkundung der Küsten Nordamerikas. 1584 landete der englische Seefahrer WALTER RALEIGH an der Ostküste Nordamerikas und nannte das neue Siedlungsland **„Virginia".**
Spätere Siedler gründeten dort 1606 die erste englische Kolonie auf nordamerikanischem Boden. Den **Entdeckern** und den **Kaufleuten** folgten die **Auswanderer** aus Europa.
Zwar gab es auch in Amerika Rangordnungen, doch weniger **soziale Ungleichheit** als in Europa. Harte und regelmäßige Arbeit konnte zu bescheidenem Wohlstand führen.

Der Name Virginia bezog sich auf die unverheiratete englische Königin ELISABETH I. und bedeutete „Jungfrauenland".

Vor allem die elenden Lebensbedingungen und die Armut des europäischen Alltags waren **Auswanderungsmotive.** In Amerika fehlten adlige Grundherren, feudale Lasten und bäuerliche Abhängigkeit. Selbst der geringste weiße Kolonist hatte noch die rechtlose Masse der aus Afrika stammenden schwarzen Sklaven unter sich.

Kolonialwirtschaft und Sklaverei

Über neun Zehntel aller Siedler in den englischen Kolonien waren Landwirte.

Die **Kolonien** sollten einen großen **Gewinn** bringen und hatten deshalb zwei Aufgaben zu erfüllen: **Rohstoffe** zu liefern, die dem Mutterland fehlten, und **Fertigwaren** zu kaufen, die in England hergestellt worden waren.

Entscheidende Faktoren für die Zunahme englischer Kolonisten sowie für ihren gewachsenen Wohlstand waren ihre Herkunft, ihr hohes Maß

Unter schrecklichen Bedingungen wurden die Sklaven aus Afrika nach Nordamerika verschifft. Acht bis zehn von hundert starben während des Transportes.
Seit 1790 lebten in manchen Kolonien mehr als 590 000 Negersklaven.

an Selbstverwaltung und ihre vorwiegend calvinistische Wertschätzung von Arbeit und wirtschaftlichem Erfolg.
Ein besonderes Geschäft war der **Sklavenhandel.**

Erst im Ergebnis des **Bürgerkrieges** 1861–1865, in dem die **Nord-** gegen die **Südstaaten** kämpften, wurde die **Sklaverei abgeschafft.** Alle Schwarzen erhielten das Wahlrecht – das **Rassenproblem** war aber damit noch für lange Zeit nicht gelöst.

8.3.3 Vom Bündnis zum Bundesstaat – die Entstehung der Vereinigten Staaten von Amerika

GEORGE WASHINGTON (1732–1799)
Erster Präsident der USA (1789–1797)

Nordamerika auf dem Weg zur Unabhängigkeit

Die Nachrichten von Englands „Glorreicher Revolution" (↗ S. 287) fanden in den englischen Kolonien an der Küste Nordamerikas begeisterte Zustimmung. Sie sahen in der **Niederlage** des **Absolutismus** einen Sieg ihrer eigenen Ideen und Ziele. Der enge Zusammenhalt der Kolonien mit dem Mutterland erschien gefestigter. Seit Ende des Siebenjährigen Krieges 1763 verschlechterten sich die Beziehungen. Die Kolonien sollten durch **Steuern** ihren Teil zum Ausgleich der Staatsfinanzen leisten.
Unruhen unter den Kolonisten zwangen die englische Regierung, die Zollsätze für einige Waren aufzuheben. Nur der Teezoll blieb bestehen. Vertreter aller Kolonien versuchten auf dem **Ersten Kontinentalkongress** 1774 in Philadelphia, eine Einigung mit dem Mutterland zu erreichen. Die starre Haltung der englischen Vertreter verhinderte einen Kompromiss.

Im Juni **1777** beschloss eine Resolution die Schaffung einer **Nationalflagge.** Die rot-weißen Streifen standen für die 13 Gründerstaaten. Die Anzahl der Sterne wuchs mit der Aufnahme neuer Bundesstaaten (zuletzt Hawaii als 50. Staat). Rot symbolisiert Freiheit und Heldenmut, weiß steht für Hoffnung und Rechtschaffenheit, blau für Treue, Gottesfurcht und Wahrheit.
Der US-Feiertag „Flag-Day" ist jener 14. Juni.

Der **Zweite Kontinentalkongress** hatte die zur Trennung von England bereiten Kolonien aufgefordert, sich eine Verfassung zu geben. Virginia erarbeitete unter Berücksichtigung des englischen Vorbilds und der Ideen der Aufklärer eine Verfassung, die **„Virginia Bill of Rights",** die erstmals einen Katalog von Menschenrechten enthielt. Außerdem verfasste ein Komitee die Unabhängigkeitserklärung. Entworfen wurde sie von THOMAS JEFFERSON. Die Unterzeichnung fand am **4. Juli 1776** in Philadelphia statt. Das war die **Geburtsstunde** der **Vereinigten Staaten von Amerika.**

Im Herbst 1777 entstand ein **loser Bund** aus dreizehn Staaten, den Großbritannien im **Frieden von Versailles 1783** als „United States of America" (USA) anerkannte. Mithilfe Frankreichs hatten die USA ihre Unabhängigkeit gegen Großbritannien erkämpft. Der Staatenbund erhielt den gesamten englischen Kolonialbesitz in Nordamerika mit Ausnahme Kanadas und der Nordküste des Golfs von Mexiko.

Staatenbund oder Bundesstaat – die erste Verfassung der USA

Nach dem Krieg waren aus den Kolonien dreizehn Staaten geworden, die nur der Kongress zusammenhielt. Einigkeit bestand 1787 über den Entwurf einer **Bundesverfassung.**

1789 trat die Verfassung in Kraft. Grundrechte der **„Virginia Bill of Rights"** wurden Teil der Verfassung. **Erster Präsident** der **USA** wurde **George Washington**, der siegreiche Feldherr des Unabhängigkeitskrieges.

Die neu erbaute Bundeshauptstadt am Potomac erhielt wenig später seinen Namen: Washington D. C. (District of Columbia). Seit 1800 ist sie Hauptstadt der USA.
Mit ihrer Verfassung wurden die USA der erste moderne demokratische Bundesstaat der Geschichte. Erstmals beruhte eine Verfassung auf den 1776 verkündeten uneinschränkbaren Menschenrechten.

Die neue Regierungsform stand im Gegensatz zu allen Regierungsformen der damaligen Zeit.

8.3.4 Zwischen Sklaverei und Vernichtung – die Ureinwohner Nordamerikas

Das Leben der Indianervölker

Seit mehr als 10 000 Jahren lebten in Nordamerika Menschen mit einer rötlichen Hautfarbe, die von den Europäern **Indianer** genannt wurden. Sie hatten sich, seit sie vor Urzeiten über die Beringstraße eingewandert waren, im Lauf der Zeit weit verstreut über den ganzen Kontinent ausgebreitet.

Indianer: Urbevölkerung in Amerika.
Sie sind in viele Stämme und Sprachen gegliedert.
Heute leben in Nordamerika noch etwa 510 000 Indianer.
Die Beringstraße war damals noch eine Landbrücke zwischen Amerika und Asien.

Die einzelnen Indianerstämme lebten z. T. unabhängig voneinander, vielfach aber auch in Rivalität und Feindschaft. Sie hatten unterschiedliche Sprachen und Lebensweisen. An der **Ostküste** wohnten sie als **sesshafte**

Bauern in einfachen Hütten. Sie bauten Mais, Gemüse sowie Tabak an und gingen zur Jagd oder fischten. Im **Innern** des Landes war das Zelt ihre Behausung, denn sie lebten als **Nomaden** fast ausschließlich von der **Büffeljagd.**

Ausbeutung und Vertreibung

Die Begegnung mit dem „weißen Mann" brachte den Indianern unbekannte **Krankheiten,** gegen die sie nicht immun waren und die deshalb viele Indianer das Leben kosteten. Dennoch standen sich weiße Siedler und rote Ureinwohner nicht von Anfang an kriegerisch gegenüber. Ohne den **Tauschhandel** mit den Indianern hätten viele Siedlungen kaum überlebt. Die **Siedler** lernten von den Indianern den Anbau von Mais sowie anderer Pflanzen und tauschten Schmuck, Waffen und Alkohol gegen Lebensmittel und Pelze. Erst als der Zustrom der Siedler kein Ende nahm und die Indianer ihre angestammten **Jagdgründe** bedroht sahen, setzten sie sich zur Wehr. Der Überlebenskampf zwischen den Ureinwohnern und den Neuankömmlingen begann.

SITTING BULL (1831–1890)
Häuptling der Dakota-Sioux (Anführer im indianischen Freiheitskampf)

Im **„French and Indian War"** (Britisch-französischer Kolonialkrieg; 1754/55–1763) kämpften Indianer auf französischer Seite gegen die verhassten Kolonisten und die mit ihnen verbündeten englischen Truppen.
In mehr als 30 großen **Indianerkriegen** und zahllosen kleineren Kämpfen wurden die Ureinwohner Amerikas weitgehend ausgerottet. Am Ende der Pionierzeit lebten nur noch etwa 200 000 Indianer in Nordamerika.

Die ersten **Siedlerfamilien** ließen sich an frei gewählten, günstigen Plätzen nieder und lebten als **„Squatter"** von der Jagd und dem Feldbau oder als **„Rancher"** von der Viehzucht. Zahlenmäßig am stärksten war die dritte Siedlungswelle, die der **Farmer.**

Die **„Trapper"** lebten als Jäger und Fallensteller ohne festen Wohnsitz vom Pelzhandel. Sie arbeiteten mit den Indianern zusammen und dienten den ankommenden Siedlern oft als Führer ihrer „Trecks".
Mit ihnen kamen Handwerker, Kaufleute und Geldverleiher. Sie bauten Schulen, Kirchen, Saloons und wählten Sheriffs.
Beflügelt vom **Pioniergeist,** entwickelte sich das Sendungsbewusstsein der weißen Amerikaner. Schwierigkeiten zu bewältigen hieß für sie, im ständigen Kampf gegen die Indianer zu bestehen. Bestätigt fühlten sie sich auch durch das enorme Tempo, in dem das riesige Land durch die Dampfschifffahrt und vor allem den Eisenbahnbau erschlossen wurde.

Für die amerikanische Regierung galten die Indianer bis 1849 als Ausländer. Schrittweise immer weiter zurückgedrängt, bekamen die Indianer schließlich **250** verschiedene **Reservate** zugewiesen. Seitdem leben sie dort als **Randgruppe** der Gesellschaft. Erst **1924** erhielten die Indianer das volle **Bürgerrecht.**

9 Von der Französischen Revolution bis zum Deutschen Kaiserreich

(1789–1871)

9.1 Die Französische Revolution 1789

9.1.1 Ursachen der Revolution

Die Unabhängigkeitserklärung der USA vom 4. Juli 1776 und die Französische Revolution markierten ein neues Zeitalter der Menschheit.

Chronik	Französische Revolution
Ab 1787	Hungersnot, Teuerungswellen und drohender Staatsbankrott untergraben das Absolute Regime.
5.5. 1789	LUDWIG XVI. eröffnet die Versammlung der Generalstände, die einberufen wird, um Reformen zu beraten.
9.7. 1789	Bildung der verfassunggebenden Nationalversammlung unter Beteiligung des ersten und zweiten Standes.
14.7. 1789	Das Volk von Paris erstürmte die Bastille, nachdem Truppen bei Paris zusammengezogen wurden.
4.–26.8. 1789	Abschaffung der Vorrechte des Adels; Erklärung der Menschen- und Bürgerrechte – Freiheit, Gleichheit, Brüderlichkeit: Liberté: Freiheit des Einzelnen Égalité: Gleichheit der Bürger vor dem Gesetz Fraternité: Brüderlichkeit aller Menschen
3.9. 1791	Neue Verfassung verkündet: Frankreich entwickelt sich zu einer konstitutionellen Monarchie; die königliche Macht wird gebrochen.
20.4. 1792	Mit der Kriegserklärung an Österreich und Preußen kam Frankreich den alten Mächten zuvor; Beginn der französischen Revolutionskriege bis 1807; unter NAPOLEON napoleonische Kriege bis 1815.

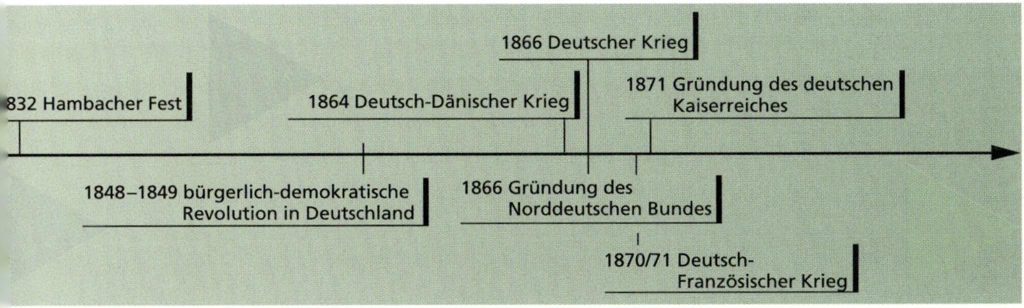

ab 10.8. 1792	Verhaftung der königlichen Familie; Sturm auf die Tuilerien; Konstituierung des frei gewählten Nationalkonvents
21.9. 1792	Abschaffung der Monarchie und Ausrufung der Republik am 22.9. 1792 durch den Nationalkonvent
21.1. 1793	Hinrichtung Ludwigs XVI.
ab Mai 1793	Jakobinerherrschaft; Diktatur des Wohlfahrtsausschusses unter Maximilian Robespierre und Georges Danton
Juli 1794	Ende der Jakobinerdiktatur; Hinrichtung Robespierres; Auflösung des Jakobinerklubs
ab 1795	Herrschaft des Direktoriums; liberale Verfassung im Interesse des Großbürgertums; Zensuswahlrecht
9.11. 1799	Staatsstreich Napoleon Bonapartes; Auflösung des Direktoriums Napoleon wird als Erster Konsul eingesetzt.
2.12. 1804	Napoleon krönt sich zum Kaiser der Franzosen.

Napoleon I.
(1769–1821)
im Ornat des Kaisers mit Krone, Schwert und Mantel.

Ein üppiges Leben des französischen Feudaladels unter Ludwig XVI. (1774–1792) und andauernde Kriege hatten Frankreich an den Rand des Ruins getrieben.

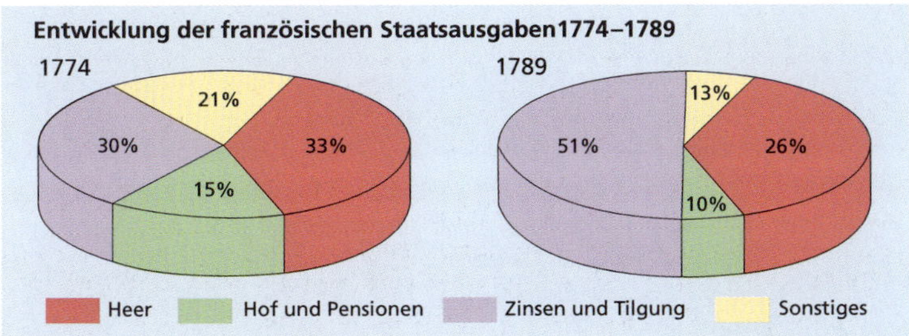

Nach Missernten 1787 und 1788 kam es in Frankreich zu Hungersnöten. Arbeitslosigkeit sowie steigende Brotpreise trieben das französische Volk zur Verzweiflung. Zu Beginn des Jahres 1789 zeigten sich erste Auflösungserscheinungen des Staates. Es kam zu Plünderungen von Lebensmitteln. Die wirtschaftliche Lage verschärfte sich durch einen Staatsbankrott.

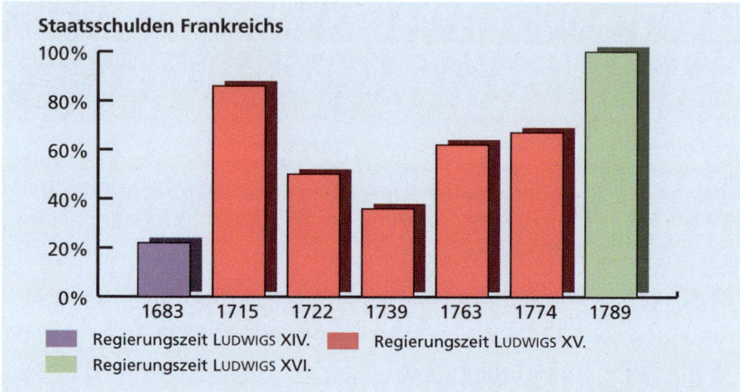

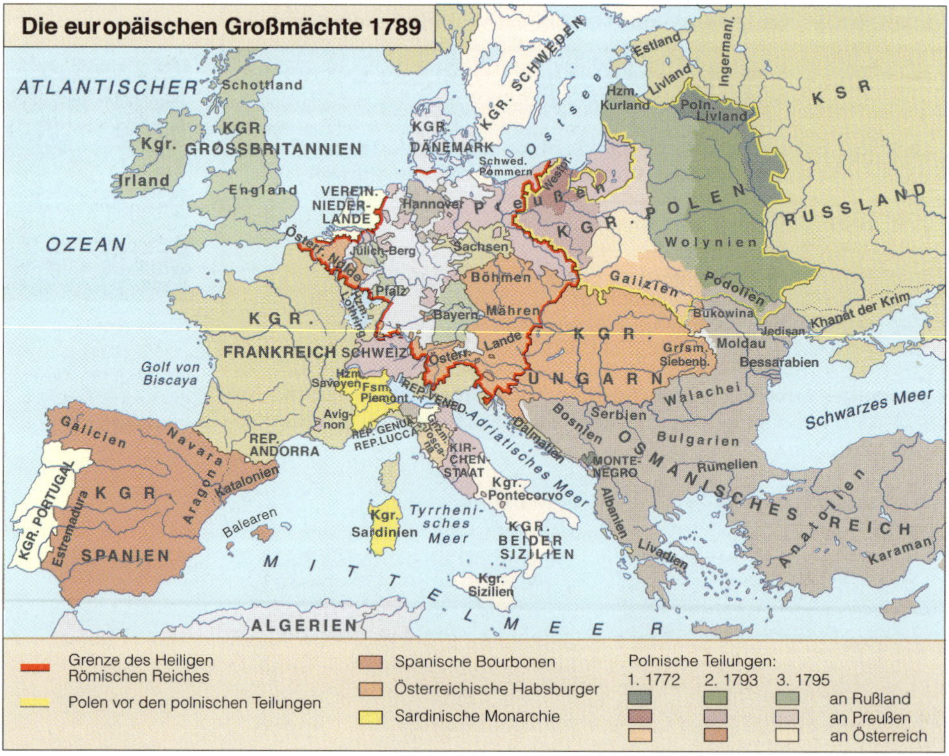

9.1.2 Der Weg vom absoluten Königtum zum Verfassungsstaat

Die Generalstände trugen den Charakter eines Ständeparlamentes. Sie setzten sich zusammen aus der Geistlichkeit, dem Adel und den Bürgern als 3. Stand.

Der König sah sich gezwungen, nach mehr als 170 Jahren die Generalstände einzuberufen.
Am 5. Mai 1789 traten die Generalstände zusammen. Der stimmenmäßig benachteiligte 3. Stand forderte, dass Abstimmungen „nach Köpfen" vorzunehmen seien. Er befürchtete nämlich, dass Steuererhöhungen allein zu seinen Lasten gehen würden.
Als sich am 17. Juni die Abgordneten des Dritten Standes mit großer Mehrheit zur Nationalversammlung erklärten, schloss der König kurzerhand den Sitzungssaal. Die Abgeordneten zogen in einen nahe gelegenen Saal, wo sie sich am 20. Juni 1789 verpflichteten, nicht eher auseinander zu gehen, bis eine Verfassung ausgearbeitet sei. Dieser Akt wird als der Ballhausschwur bezeichnet.
Der König ließ Truppen nach Paris marschieren und berief eine neue, königstreue Regierung. In dieser Situation griffen Pariser Volksmassen am 14. Juli 1789 zu den Waffen und erstürmten die Bastille, das königliche Gefängnis von Paris. Das Gebäude galt als ein Symbol des feudalen Staates.

Die Erstürmung der Bastille

Der 14. Juli wurde Frankreichs Nationalfeiertag.

9.1.3 Die erste Phase der Revolution

Mit der Erstürmung des königlichen Gefängnisses von Paris entwickelte sich ein Volksaufstand in der französischen Hauptstadt, der das ganze Land erfasste. Die Nationalversammlung beeilte sich, die jetzt offen ausgebrochene Revolution zu legitimieren und auf eine gesetzliche Basis zu stellen. Als Übergangsregeln für das Zusammenleben erarbeiteten die Volksvertreter vorläufige gesetzliche Bestimmungen:

Augustbeschlüsse

- Die Nationalversammlung beschloss die Beseitigung aller Feudalrechte und Steuerprivilegien einschließlich des Kirchenzehnten.
- Es gab keine Rechtsungleichheit mehr.
- Die Bürger erhielten unveräußerliche Rechte zuerkannt, wie persönliche Freiheit, Gleichheit vor dem Gesetz, Freiheit der politischen Betätigung sowie freie Meinungsäußerung.
- Die Erklärung der Menschen- und Bürgerrechte (26. August 1789) billigte den Bürgern ein Widerstandsrecht gegen den Staat zu.

Die neue französische Verfassung vom September 1791 gestaltete Frankreich in eine konstitutionelle Monarchie um.

Nach der Weigerung des Königs, die Augustbeschlüsse anzuerkennen, waren am 5. Oktober 1789 die Pariser Marktfrauen nach Versailles gezogen und in die Nationalversammlung eingedrungen. Sie wollten den König auf die schlechte Versorgungslage der Stadt aufmerksam machen.

Nach blutigen Auseinandersetzungen mit der königlichen Nationalgarde zogen der Monarch und die Nationalversammlung nach Paris um und erkannten die Verfassungsartikel an.

Darstellung der Erklärung der Menschen- und Bürgerrechte. Zwischen den beiden Frauengestalten ist das „Auge der Vernunft" zu erkennen.

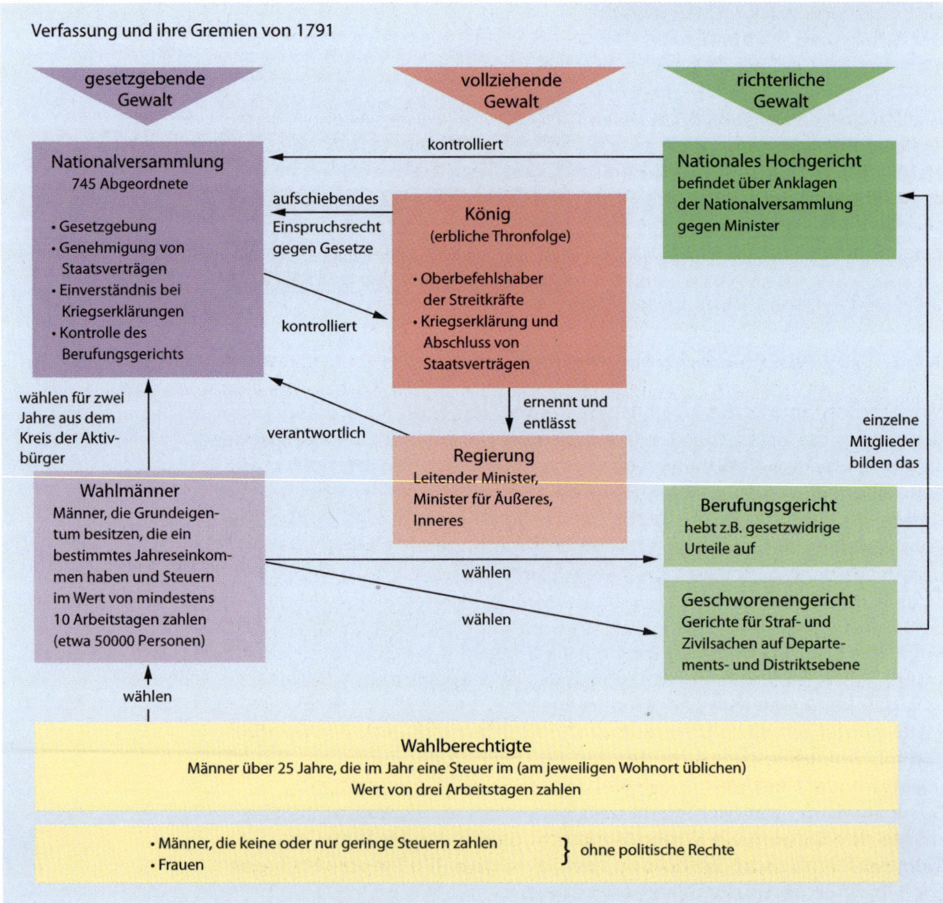

Trotz vieler Einwände radikaler Abgeordneter setzten sich die Befürworter des Verfassungsentwurfes schließlich durch und am 14. September 1791 leistete der König seinen Eid auf die Verfassung.

Mit der Annahme der Verfassung war der Absolutismus in Frankreich beseitigt. Das Land war nun eine konstitutionelle Monarchie.

Die Rechte des Königs wurden eingeschränkt. Er konnte keine Gesetze mehr erlassen und keine Richter ernennen. Der Monarch behielt aber noch den Oberbefehl über das Heer. Er ernannte auch weiterhin die Beamten.
Eine wesentliche Einschränkung des Grundsatzes der Gleichheit bestand aber darin, dass nur männliche Bürger mit einem ausreichenden Besitz das Wahlrecht erhielten. Frauen und Besitzlose blieben bei der politischen Mitbestimmung ausgeschlossen.
Die Nationalversammlung beseitigte auch die alte Provinzeinteilung Frankreichs. Es entstanden 83 Verwaltungsbezirke (Departements), die heute noch bestehen, inzwischen sind es jedoch 96.

Die Grundwerte der Revolution wie Freiheit, Gleichheit und Brüderlichkeit waren nunmehr fester Bestandteil der Verfassung.

Zünfte und Zölle im Inneren des Landes verschwanden. Frankreich erhielt einheitliche Maße und Gewichte auf der Grundlage des Dezimalsystems. Den Kirchenbesitz und das Eigentum des geflohenen Adels beschlagnahmte der Staat. Das französische Großbürgertum sah sich am Ziel seiner Wünsche und wollte die Revolution beenden.

9.1.4 Die zweite Phase der Revolution

LUDWIG XVI. unterzeichnete nur widerwillig die Verfassung. Schon im Juni 1791 versuchte er, aus Frankreich zu fliehen. Der Fluchtversuch scheiterte. LUDWIG wurde nach Paris zurückgebracht.
Der Fluchtversuch hatte zur Folge, dass unzufriedene Revolutionäre Frankreich in eine Republik umwandeln wollten.
Europas Fürsten befürchteten ein Übergreifen der Revolution auf ihre Länder. Der König von Preußen und der deutsche Kaiser bereiteten sich auf einen Angriff gegen Frankreich vor. LUDWIG XVI. sandte heimlich Briefe an seinen Schwager, den Kaiser in Wien, und andere europäische Fürstenhäuser. Er rief sie auf, militärisch gegen Frankreich vorzugehen. Die französische Nationalversammlung erkannte die Gefahr der Wiederherstellung der alten monarchischen Machtverhältnisse und zwang den König zur Kriegserklärung an Österreich im April 1792.

Die Gefangennahme der königlichen Flüchtlinge. Englische Karikatur; LUDWIG XVI. wird von Varennes nach Paris zurückgebracht (Quelle: Die Große Französische Rev. Illustrierte Geschichte Dietz Verlag Berlin 1989, S. 134).

Beginn der Koalitionskriege

In fünf Kriegen (1792–1809) mit wechselnden Verbindungen (Koalitionen) kämpften die europäischen Fürsten gegen die Verbreitung revolutionärer Ideen.

- 1. Koalitionskrieg, 1792–1797 (u. a. Österreich-Preußen, Großbritannien)
- 2. Koalitionskrieg, 1798–1801/02 (u. a. Russland, Österreich, Portugal)
- 3. Koalitionskrieg, 1805–1807 (u. a. Großbritannien, Schweden)
- 4. Koalitionskrieg, 1806–1807 (Preußen, Kursachsen, Russland)
- 5. Koalitionskrieg, 1809 (Österreich mit geringer Unterstützung Großbritanniens)

Die verbündeten Österreicher und Preußen errangen gegen die fran-zösischen Revolutionstruppen Anfangserfolge. Der Oberbefehlshaber der fürstlichen Alliierten drohte Paris zu zerstören, wenn LUDWIG XVI. etwas zustoßen sollte.

Das französische Volk sah in der Person des Königs einen Verbündeten der europäischen Fürsten. Die empörte Pariser Bevölkerung nahm die Königsfamilie am 10. August 1792 gefangen. Unter Führung der Jakobiner, die für die Abschaffung der konstitutionellen Monarchie eintraten, radikalisierte sich die Revolution.

Der Sturm auf die Tuilerien

Jakobiner: politischer Klub, so benannt nach seinem Tagungsort, dem St.-Jakobs-Kloster

Am 20. September 1792 errangen die französischen Truppen bei Valmy in der Champagne ihren ersten Sieg über die Armeen der Fürstenkoalition.

JOHANN WOLFGANG V. GOETHE, anwesend beim Stab des Herzogs von Weimar, äußerte sich auf dem Schlachtfeld folgendermaßen: „Von hier und heute geht eine neue Epoche der Weltgeschichte aus und ihr könnt sagen, ihr seid dabei gewesen."

Kanonade von Valmy

Der neue **Nationalkonvent** wurde nicht nach dem Zensuswahlrecht von 1791 gewählt, sondern es durften alle Männer über 21 Jahre wählen.

Der neue nach allgemeinem Wahlrecht gewählte **Nationalkonvent** stimmte am gleichen Tag für die Abschaffung der Monarchie. Frankreich wurde Republik. Die neue republikanische Verfassung sah wiederum eine Gewaltenteilung vor. Die Exekutive und die richterliche Gewalt sollten der Souveränität des Volkes unterworfen sein. Der Grundsatz der Gleichheit bei den Wahlen wurde in der neuen Verfassung verwirklicht. Das Besitzwahlrecht wurde aufgehoben.

Der König („Bürger Capet") wurde wegen geheimer Kontakte zum Feind vor Gericht gestellt und zum Tode verurteilt. Am 21. Januar 1793 erfolgte seine öffentliche Enthauptung mit der Guillotine auf dem Platz „Place de la Concorde".
Die Guillotine war eine Erfindung des französischen Arztes GUILLOTIN.

Die Hinrichtung LUDWIGS XVI.

Der Nationalkonvent klagte den König wegen „Verschwörung gegen die Freiheit der Nation" an. Die Abgeordneten stimmten mit knapper Mehrheit für die Todesstrafe. Der König wurde keinem Gericht vorgestellt.

9.1.5 Die dritte Phase der Revolution

Die Frage, ob Frankreich eine bürgerliche oder soziale Republik werden sollte, führte zur **Terrorherrschaft der Jakobiner.** Begünstigt wurde diese Entwicklung der jungen Französischen Republik durch die Interventionskriege der europäischen Monarchien.
Die Jakobiner machten weitreichende Zugeständnisse an die Bevölkerung, die ihre sozialen Grundrechte sichern helfen sollten:
- Recht auf Arbeit,
- öffentliche Unterstützung der Armen und Kranken,
- Unterricht für alle.

Die in diesem Sinne beschlossene Verfassung trat wegen des Krieges jedoch nie in Kraft. Der jakobinische Terror richtete sich zunächst nur gegen Wucherer und Spekulanten, die an der Unterversorgung der Bevölkerung verdienten. Man führte eine Zensur ein und verbot alle politischen Parteien außer dem Jakobinerklub. Zum Schutz vor äußeren Feinden wurde eine allgemeine Wehrpflicht eingeführt.
Die Exekutive wurde dem neu gegründeten Wohlfahrtsausschuss übertragen. Ihm gehörten u. a. DANTON, LOUIS SAINT-JUST und LAZARE CARNOT an. Ihr Vorsitzender wurde MAXIMILIAN DE ROBESPIERRE.
Während der Jakobinerherrschaft wurden etwa 300 000–500 000 Menschen verhaftet und 35 000 – 40 000 von ihnen hingerichtet.
Mit den militärischen Erfolgen gegen Armeen der Koalition und nach dem Sturz Robespierres (am 28. Juli 1794) beschloss eine Mehrheit im Konvent die Terrorherrschaft zu beenden.
Der Konvent verabschiedete mit der **Direktorialverfassung** vom September 1795 eine Verfassung im Interesse des Besitzbürgertums. Das Prinzip der Gewaltenteilung blieb dabei erhalten.

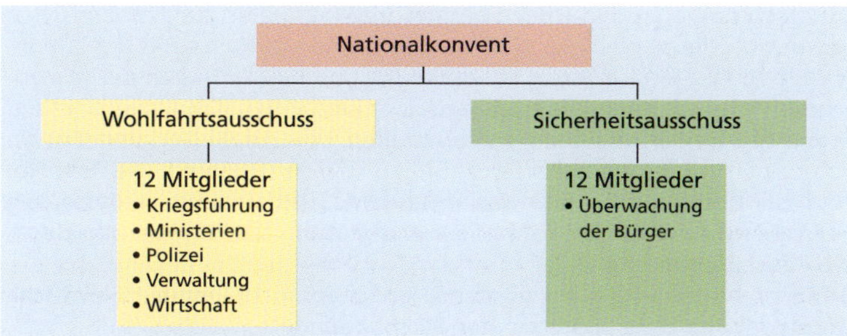

MAXIMILIAN ROBESPIERRE (1758–1794), Rechtsanwalt aus Arras, war Mitglied der verfassunggebenden Nationalversammlung und des Konvents. Er war Wortführer im Jakobinerklub und mitverantwortlich für die Jakobinerdiktatur.

Aus einer Rede ROBESPIERRES am 5. Februar 1794 vor dem Nationalkonvent:
„Ohne die Tugend ist der Terror verhängnisvoll, ohne den Terror ist die Tugend machtlos. Der Terror ist nichts anderes als die unmittelbare, strenge und unbeugsame Gerechtigkeit: Er ist also ein Ausdruck der Tugend, [...] die Folge des allgemeinen Grundsatzes der Demokratie."

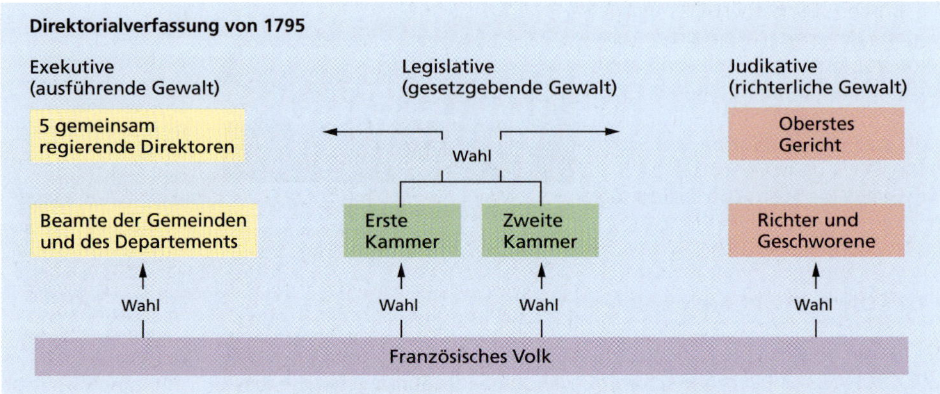

Die Mitglieder des Direktoriums wurden vom Rat der Alten aus einer vom Rat der Fünfhundert aufgestellten Liste gewählt. Das Direktorium versuchte, die bürgerliche Republik gegen die Royalisten und Jakobiner zu sichern. Aufgrund innerer Misserfolge und militärischer Niederlagen gelang es NAPOLEON am 9. 11. 1799 durch einen Staatsstreich das Direktorium aufzulösen.

Die Unfähigkeit der Regierung des fünfköpfigen Direktoriums sowie innere und äußere Krisen der Französischen Republik ermöglichten den Staatsstreich des Generals NAPOLEON BONAPARTE am 9. November 1799.

9.1.6 Auswirkungen der Revolution in Europa

Der Französischen Revolution folgten in Europa sowie in Lateinamerika revolutionäre Erhebungen. Die Erklärung der Menschen- und Bürgerrechte fand Widerhall in mehreren europäischen Feudalstaaten. Mutige Bürger, Bauern und Handwerker erhoben sich in Belgien und in den österreichischen Niederlanden gegen die Herrschaft der Habsburger. Unter antifeudalen Losungen kam es zu Bauernaufständen in den Fürstentümern Savoyen, Piemont und im Gebiet um Bologna. Auch die Schweizer Kantone Schaffhausen und Wallis wurden von der Revolution erfasst. Bis nach Polen drangen revolutionäre Impulse aus Frankreich.
Erhebliches Echo fand die Französische Revolution unter der Bevölkerung der französischen, spanischen und portugiesischen Kolonien in Mittel- und Südamerika.

1794 hob der Konvent für alle französischen Kolonien die Sklaverei auf.

Mit dem jakobinischen Terror 1793 begann auch SCHILLER seine Haltung zur Französischen Revolution zu überdenken.
„Die *Willkür* ist entlarvt, und, obgleich noch mit Macht bewaffnet, *erschleicht* sie doch keine Würde mehr ...", schrieb SCHILLER 1795.

Die Zustimmung zahlreicher liberaler Intellektueller zur Französischen Revolution flaute ab 1792/1793 ab. Die Gründe dafür waren der zunehmende revolutionäre Terror in Frankreich und das Verhalten der französischen Armeen, die in die Nachbarländer einrückten. Die Einwohner der eroberten Länder mussten rasch feststellen, dass sie die verkündeten revolutionären Errungenschaften kaum zu spüren bekamen. Die Bevölkerung der besetzten Gebiete war enttäuscht. Statt zu einer Verbesserung der Lebensbedingungen kam es zur Ausbeutung und Plünderung durch die Besatzungsarmeen.
Dennoch hinterließ die französische Herrschaft durch ihre demokratische Gesetzgebung tiefe Spuren in den Nachbarländern.

9.2 Die gesellschaftlichen und politischen Veränderungen in Europa bis 1848

9.2.1 Gründung des Rheinbundes

NAPOLEON, der sich am 2. Dezember 1804 zum Kaiser gekrönt hatte, schuf sich am 12. Juli 1806 aus zunächst 16 süd- und westdeutschen Reichsständen den Rheinbund. Das Gebiet der Rheinbundfürsten machte etwa ein Drittel des alten Reichsgebietes aus. Damit war das Reich in drei Teile zerfallen: Österreich, Preußen und das „dritte Deutschland" wie die übrigen meist zum Rheinbund gehörenden Staaten genannt wurden.
Der Rheinbund war im Wesentlichen ein Militärbündnis und Instrument napoleonischer Hegemonialpolitik. Trotzdem erfuhr die Bevölkerung unter dem Protektorat NAPOLEONS einen Modernisierungsschub. So trat das von NAPOLEON 1804 verkündete bürgerliche Gesetzbuch auch im Rheinbund in Kraft. Dieser **code civil,** nach seinem Verfasser auch **Code Napoleon** genannt, garantierte u. a. bürgerliche und wirtschaftliche Freiheit des Einzelnen sowie das Recht auf Privateigentum. Das Gesetzbuch wurde zum Vorbild für spätere moderne Rechtsordnungen.
Die Fremdherrschaft NAPOLEONS, insbesondere die erzwungene Teilnahme an seinen Kriegen, stieß bei der Rheinbundbevölkerung während der Bündnisdauer auf Widerspruch. 1813 löste sich der Rheinbund auf.

Nach dem **Frieden von Luneville** erhielt Frankreich alle deutschen linksrheinischen Gebiete. Dafür wurden die einstigen Landesfürsten im **Reichsdeputationshauptschluss** von 1803 entschädigt. Kirchenländereien wurden säkularisiert sowie kleinere rechtsrheinische Territorien und Reichsstädte größeren Fürtsentümern angegliedert (Meditisierung).

9.2.2 Das Ende des Heiligen Römischen Reiches Deutscher Nation, Umgestaltung der deutschen Landkarte

Im Ergebnis der Gründung des Rheinbundes und der von Frankreich bis 1806 geführten Kriege gegen die Mächte Alteuropas legte Kaiser FRANZ II. (1768–1835) am 6. August 1806 auf ein Ultimatum NAPOLEONS hin die römisch-deutsche Kaiserwürde nieder:

> „Wir erklären demnach durch Gegenwärtiges, daß Wir das Band, welches Uns bis jetzt an den Staatskörper des deutschen Reichs gebunden hat, als gelöst ansehen, daß Wir das reichsoberhauptliche Amt und die Würde durch die Vereinigung der confödèrirten rheinischen Stände als erloschen und Uns dadurch von allen übernommenen Pflichten gegen das deutsche Reich losgezählt betrachten und die von wegen desselben bis jetzt getragene Kaiserkrone und geführte kaiserliche Regierung, wie hiermit geschieht, niederlegen."
> (FRANZ II.)

Mit der erzwungenen Abdankung von FRANZ II. endete nach über 800 Jahren die wechselvolle Geschichte des Heiligen Römischen Reiches Deutscher Nation.

NAPOLEON beseitigte eine Vielzahl kleiner weltlicher und kirchlicher Herrschaften. Er schuf sich ihm genehme Vasallenstaaten.

9.2.3 Der Frieden von Tilsit

NAPOLEON gedachte seine Macht über ganz Deutschland auszudehnen. Im Herbst 1806 kam es deshalb zum Krieg zwischen Frankreich und Preußen. Am 14. Oktober 1806 endete die Auseinandersetzung mit einer vernichtenden Niederlage Preußens in der **Doppelschlacht bei Jena und Auerstedt.**

Tilsiter Frieden, Vereinbarung zwischen Frankreich, Russland und Preußen

NAPOLEON zog in Berlin ein. Der preußische König FRIEDRICH WILHELM III. (1770–1840) flüchtete nach Ostpreußen. Im gleichen Jahr schlug NAPOLEON die russischen Truppen in Friedland (Ostpreißen) Russland. Im **Frieden von Tilsit** (Ostpreußen) 1807 verlor Preußen die Hälfte seiner Staatsfläche und Einwohner. Die Einwohnerzahl sank auf 4,94 Millionen. Sein Gebietsstand reduzierte sich auf die Provinzen Ost- und Westpreußen, Pommern, Neumark, Schlesien und die Kurmark. Es entging nur durch Bitte des Zaren ALEXANDER I. (1777–1825) der Vernichtung als Staat.

9.2.4 Die preußischen Reformen

Demokratische preußische Staatsmänner erkannten, dass nur über Reformen das besiegte Land erneuert werden konnte. Herausragende Persönlichkeiten der Reformbewegung waren die Minister REICHSFREIHERR VOM UND ZUM STEIN sowie KARL AUGUST FÜRST VON HARDENBERG.
FREIHERR VOM UND ZUM STEIN studierte Jura, wurde Verwaltungsbeamter im preußischen Staatsdienst und stieg zu den höchsten Ämtern auf. 1804 wurde er Minister und begann 1807 mit seinen Reformen. Von NAPOLEON geächtet, ging er nach Österreich, später nach Russland und beteiligte sich im Winter 1812/1813 am Befreiungskrieg gegen NAPOLEON. Nach dem Wiener Kongress zog sich STEIN auf seine Güter zurück.

KARL FREIHERR VOM UND ZUM STEIN (1757–1831) stammte aus einer reichsfreiheitlichen Adelsfamilie.

Die Stunde der Bewährung für KARL AUGUST VON HARDENBERG, den Mann aus hannoverschem Uradel, kam, als NAPOLEON vom preußischen König die Zahlung der Kriegsentschädigung oder die Abtretung Schlesiens forderte. In dieser Notlage erinnerte sich der König an HARDENBERG. Der Realpolitiker war bereits zweimal als Minister tätig, aber NAPOLEON hatte seine Entlassung gefordert. 1810 ernannte FRIEDRICH WILHELM III. HARDENBERG zum Staatskanzler. In den elf Jahren seiner Staatskanzlerschaft bewältigte er Preußens Wiederaufbau.

KARL AUGUST VON HARDENBERG (1750–1822)

Reformen von oben

KARL AUGUST VON HARDENBERG äußerte über die Reformen:

„Wir müssen dasselbe von oben her machen, was die Franzosen von unten gemacht haben ... Demokratische Grundsätze in einer monarchischen Regierung, – dieses scheint mir die angemessene Form für den gegenwärtigen Zeitgeist" (HARDENBERG).

1807	Oktoberedikt; leitet die Bauernbefreiung ein, rechtswirksam ab dem Martinitag (11. November)1810.
1808/1810	Die Ministerien für Inneres, Finanzen, Auswärtiges, Krieg und Justiz mit einem Staatskanzler als Vorsitzendem ersetzen die bisherige absolute Kabinettsregierung.
1808	Einführung des Prinzips der Selbstverwaltung auf kommunaler Ebene; die Stadtverordnetenversammlung ist Träger der Rechtsfestsetzung und Verwaltung in

Am Martinitag (Tag des kl. Martin) endeten Arbeitsverhältnisse und Zinspflichten.

WILHELM VON HUMBOLDT (1767–1835) wurde in Potsdam geboren, studierte Jura und trat in den Staatsdienst. 1809 wurde er in das preußische Innenministerium berufen, als Reformer wirkte er intensiv mit beim Neuaufbau Preußens. Die Gründung der Berliner Universität, heute Humboldt-Universität, ist sein bleibendes Verdienst aus dieser Schaffensperiode.

1808	der Gemeinde, der von ihr gewählte Magistrat steht an der Spitze der Stadtverwaltung; die Städte erlangen die volle Finanzgewalt; die Stadtbürger entwickeln sich zu gleichberechtigten Staatsbürgern.
1810/1811	Die Einführung der Gewerbefreiheit und die Abschaffung des Zunftzwanges ermöglichen die spätere Industrialisierung.
1810–1812	Steuerreform
1812	Emanzipations-Edikt: Rechtliche Gleichstellung der Juden. Ausnahmen: Ämter in Verwaltung, Justiz, Offizierslaufbahn.
1807–1814	Unter Leitung von GERHARD JOHANN DAVID VON SCHARNHORST findet eine umfassende Heeresreform statt. Das Adelsprivileg für die Offizierslaufbahn entfällt, es erfolgte die Einführung der allgemeinen Wehrpflicht und die Bildung einer Landwehr als Reservearmee, die militärische Ausbildung wird modernisiert.
1810	Eine allgemeine Bildungsreform unter Leitung WILHELM VON HUMBOLDTS erfolgt mit dem Ausbau der Lehrerbildung, der Volksschulen und Gymnasien. Er setzt die Eröffnung der Berliner Universität zu Berlin im Jahr 1810 durch.

Die Freisetzung gesellschaftlicher Kräfte im Ergebnis der Reformpolitik

Die preußischen Reformen ermöglichten die politische, ökonomische, militärische und geistige Erneuerung des Landes sowie die Beendigung der bäuerlichen Erbuntertänigkeitsverhältnisse. Sie legten den Grundstein für den Wandel vom absolutistisch regierten Land zum staatsbürgerlichen Rechts- und Industriestaat. Angesichts des Widerstandes des preußischen Landadels blieben die Reformen teilweise Stückwerk.

YORK VON WARTENBURG bei der Eröffnung des Landtags in Königsberg

9.2.5 Die Befreiungskriege

Nach den Misserfolgen der deutschen Erhebungen von 1809/1810 schuf die Niederlage NAPOLEONS im Russlandfeldzug 1812 günstige Bedingungen für den Befreiungskampf von der französischen Fremdherrschaft.

Konvention von Tauroggen

Im Dezember 1812 schloss der General York von Wartenburg als Kommandeur der preußischen Hilfsarmee im französischen Russlandfeldzug eigenmächtig einen Waffenstillstand mit dem russischen General Diebitsch. Er rief zum Kampf gegen Napoleon auf.

Hans David Ludwig York von Wartenburg (1759–1830) war Sohn eines Hauptmanns einer Infanteriekompanie aus Potsdam.

Nach langem Zögern rief Friedrich Wilhelm III., der Stimmung der preußischen Einwohner folgend im März 1813, zur Erhebung gegen die französische Fremdherrschaft auf:

> „An mein Volk! Brandenburger, Preußen, Schlesier, Pommern, Lithauer! Ihr wißt, was Ihr seit fast sieben Jahren erduldet habt, Ihr wißt, was Eurer trauriges Loos [sein wird], wenn wir den beginnenden Kampf nicht ehrenvoll enden. Erinnert Euch an die Vorzeit, an den großen Kurfürsten, den großen Friedrich! Bleibt eingedenk der Güter, die unter ihnen unsere Vorfahren blutig erkämpften: Gewissensfreiheit, Ehre, Unabhängigkeit, Handel, Kunstfleiß und Wissenschaft. Gedenkt des großen Beispiels unserer mächtigen Verbündeten, der Russen, gedenkt der Spanier, der Portugiesen …
> Große Opfer werden von allen Ständen gefordert werden: denn unser Beginnen ist groß, und nicht geringe die Zahl und die Mittel unserer Feinde. Aber, welche Opfer auch von Einzelnen gefordert werden mögen, sie wiegen die heiligen Güter nicht auf, für die wir sie hingeben, für die wir streiten und siegen müssen, wenn wir nicht aufhören wollen, Preußen und Deutsche zu sein."

Der preußische König führte mit dem Zaren Russlands Bündnisabsprachen. Am 27. März erklärten beide Länder Frankreich den Krieg. Österreich, England und Schweden traten dem Bündnis bei.
Nach wechselvollen Kämpfen errangen die Alliierten in der **Völkerschlacht bei Leipzig** einen entscheidenden Sieg über Napoleon. Der französische Kaiser musste sich aus Deutschland zurückziehen. Die Rheinbundstaaten traten zu den Alliierten über.

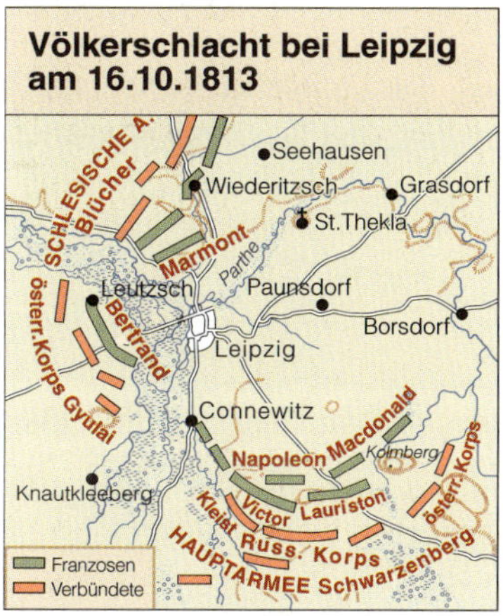

Die **Völkerschlacht bei Leipzig** vom 16.–19. Oktober 1813 war die bis dahin größte Schlacht der Weltgeschichte. An ihr nahmen über 500 000 Soldaten teil. Etwa 90 000 von ihnen starben.

Ziel des **Wiener Kongresses** war eine gesamteuropäische Friedensordnung.

GEBHARD LEBERECHT FÜRST BLÜCHER VON WAHLSTATT, preußischer Generalfeldmarschall (seit 1813), geboren am 16. 12. 1742 in Rostock, gestorben am 12. September 1819 in Krieblowitz (Schlesien; heute Krobielowice)

Im Frühjahr 1814 marschierte das Koalitionsheer in Frankreich ein. NAPOLEON musste als Kaiser abdanken und sich auf die Mittelmeerinsel Elba begeben.

Während in Wien („Wiener Kongress") die Siegermächte über die Neuordnung Europas berieten, kehrte NAPOLEON im Frühjahr 1815 überraschend nach Frankreich zurück. Der französische König LUDWIG XVIII. (1755–1824) floh ins Ausland. Es kam zur 100-Tage-Regierung NAPOLEONS, der – begünstigt durch die Misswirtschaft LUDWIGS XVIII. – begeistert von den Franzosen empfangen wurde.

Die Siegerstaaten erneuerten ihr Bündnis. Die letzte entscheidende Schlacht fand am 18. Juni 1815 beim belgischen Ort Waterloo (südl. v. Brüssel) statt, wo die Alliierten unter WELLINGTON und BLÜCHER die Truppen NAPOLEONS vernichtend schlugen.

„Ich wollte, es würde Nacht oder die Preußen kämen!" Diesen Satz soll der britische Feldmarschall HERZOG VON WELLINGTON gesagt haben, als in der Schlacht von Waterloo die Lage für seine Truppen durch massive Angriffe NAPOLEONS bedrohlich wurde. Er wurde erhört: Angeführt von Feldmarschall BLÜCHER traf die preußische Unterstützung ein und attackierte die Flanke der französischen Linien; NAPOLEON wurde geschlagen. Die Niederlage in der Schlacht bei Waterloo beendete die erneute Herrschaft NAPOLEONS in Frankreich. Er wurde auf die Insel St. Helena im Südatlantik verbannt. Dort verstarb er 1821.

9.2.6 Der Wiener Kongress und die Neuordnung Europas

Der **Wiener Kongress** verkannte die Zeichen der Zeit. Er sah sein Ziel darin, die alte Fürstenmacht in Europa zu restaurieren. Die Kongressteilnehmer zeigten kein Verständnis für den Wunsch des Bürgertums auf politische Mitsprache im Staat. Alle nationalen Bestrebungen wurden zu Gunsten der Restaurierung der alten Fürstenmacht verhindert.
Nach dem Willen der Kongressteilnehmer trat an die Stelle des aufgelösten Heiligen Römischen Reiches der Deutsche Bund unter Österreichs Leitung.
Insgesamt stellte der Wiener Kongress die vorrevolutionären Verhältnisse in Europa wieder her. Die Hoffnungen der deutschen Bevölkerung auf einen einheitlichen Staat blieben unberücksichtigt.

Metternich-System, benannt nach Fürst KLEMENS METTERNICH, der von 1814/15 bis 1848 als Außenminister des österreichischen Kaisers FRANZ II. das Geschehen in Europa bestimmte.

Beschlüsse des Wiener Kongresses

- Der größte Teil des ehemaligen Herzogtums Polen fällt an Russland („Kongresspolen").
- Preußen erhält Nordsachsen, die Rheinlande, Westfalen.
- Österreich bekommt die Lombardei und Venetien sowie große Teile des Balkans, verzichtet dagegen auf die österreichischen Niederlande (das spätere Belgien).
- Genua und das Königreich Sardinien werden vereint.
- Die Schweiz wird neutral.

Die Herrscher Russlands, Preußens und Österreichs schlossen im September 1815 die **Heilige Allianz.** Damit wollten sie die auf dem Wiener Kongress beschlossene Ordnung absichern. Die Monarchen verpflichteten sich zum gemeinsamen Eingreifen an Orten, an denen sie die Monarchie für gefährdet ansahen.

Deutschland auf dem Weg zur wirtschaftlichen Einheit

Die Eisenbahn Nürnberg – Fürth (zeitgenössische Lithografie)
Die 1. Fahrt fand am 7.12.1835 statt.

Bereits seit 1818 gab es in einzelnen Staaten des Deutschen Bundes Bestrebungen, durch Aufhebung der Binnenzölle den Handelsverkehr zu erleichtern.
Preußen schuf sich für seine weit auseinander liegenden Staatsteile ein einheitliches Zollgebiet und gründete 1828 mit Hessen-Darmstadt einen Zollverein, während zur gleichen Zeit im süddeutschen Raum Bayern und Württemberg eine Zollvereinbarung eingingen. Ebenfalls 1828 schlossen sich Hannover, Kurhessen, Sachsen und die thüringischen Staaten zum „Mitteldeutschen Handelsverein" zusammen.

Mit dem **Deutschen Zollverein,** gebildet am 1. Januar 1834, legte Preußen einen Grundstein zur Herausbildung eines einheitlichen deutschen Marktes. 18 selbstständige Fürstentümer beschlossen einen Abbau ihrer Außenzölle. 1842 umfasste er 28 Staaten mit 25 Millionen Einwohnern. Österreich, dessen wirtschaftliche Interessen mehr nach Süden und Südosten ausgerichtet waren, gehörte dem Deutschen Zollverein nicht an.

Die bisherigen Binnenzölle der Mitgliedsländer entfielen. Die Maße und Gewichte wurden vereinheitlicht. Damit wurde der Weg in die industrielle Entwicklung im Gebiet des Zollvereins geebnet. Der massenhafte Einsatz der Dampfmaschine förderte den wirtschaftlichen Aufschwung. Erste Eisenbahnlinien entstanden.

Idee und Verwendung des Begriffs „Nation“

Der Begriff Nation bezeichnet eine Gedankenwelt, in der der moderne Nationalstaat eine zentrale Stellung besitzt. Entstanden ist der Begriff während der Französischen Revolution, als die Abgeordneten des dritten Standes, die Bürger, sich zur Nationalversammlung des französischen Volkes erklärten. Sie stützten sich dabei auf die Volkssouveränität und die Selbstbestimmung des Volkes als politische Grundsätze. Im Gegensatz dazu war in Deutschland zunächst die Vorstellung von einer Kulturnation präsent, als HERDER und FICHTE kulturelle Gemeinsamkeiten der Deutschen betonten.
Die französische Fremdherrschaft auf deutschem Boden war Anlass, ein tiefes Nationalgefühl zu entwickeln. Die Aufbruchsstimmung aller Volksschichten bei Ausbruch der Befreiungskämpfe mündete in dem Wunsch, ein geeintes deutsches Vaterland zu schaffen.

Ansätze der bürgerlichen Revolution in Deutschland

Am 18. Oktober 1817 trafen rund 500 Studenten bei Eisenach auf der Wartburg zusammen. Das sogenannte Wartburgfest war als Jubiläumsfeier der Reformation (300 Jahre) angemeldet.

Ungeachtet ihrer unterschiedlichen gesellschaftlichen Herkunft und ihrer politischen Ansichten waren sich die Gegner des Metternich-Systems darüber einig, die Einheit aller Deutschen zu erringen. Vor allem forderten Studenten und Professoren einen deutschen Staat. Die Studenten organisierten sich in Burschenschaften. Ihr Wahlspruch lautete: „Ehre, Freiheit, Vaterland.“ Sie veranstalteten Treffen, um ihren Willen zur politischen Veränderung zu bekunden.

Das Hambacher Fest fand vom 27. bis 30. Mai 1832 statt. Es wurde von PHILIPP JAKOB SIEBENPFEIFFER und JOHANN GEORG WIRTH organisiert.

Ein Höhepunkt im Ringen um die Einheit Deutschlands war das **Hambacher Fest** vom Mai 1832. 30 000 Teilnehmer, in der Mehrzahl Handwerker, Handwerkergesellen, Bauern und Studenten, kamen zu dem Treffen. Fast jede größere Stadt Deutschlands war vertreten. Unter den Teilnehmern befanden sich auch polnische und französische Demokraten. Der Festumzug fand mit schwarzrotgoldenen Fahnen und Abzeichen statt. Das Hambacher Fest war ein Indiz dafür, dass es auch auf deutschem Boden Voraussetzungen für eine revolutionäre Bewegung der Volkskräfte gab.

Hauptpunkte der Kalsbader Beschlüsse waren
- ein Verbot der Burschenschaft
- die Überwachung der Universitäten
- eine Pressezensur

Um Ordnung und Ruhe im Deutschen Bund zu erhalten, beschloss der Bundestag ein Verbot aller Volksversammlungen. Trotz aller Gegenmaßnahmen der Herrschenden erstarkte die revolutionäre Bewegung gegen die absolutistische Machtansprüche.

9.2.7 Weltweite Unabhängigkeitskämpfe

Die Unabhängigkeitskriege Lateinamerikas

DOMINIQUE FRANÇOIS TOUSSAINT L'OUVERTURE (um 1743–1803)

Die Französische Revolution hatte Signalwirkung für die nationalen Befreiungskämpfe in Lateinamerika. Bereits 1791 erhoben sich die afrikanische Sklaven auf der Insel Haiti gegen die französischen und spanischen Plantagenbesitzer. Unter Führung von TOUSSAINT L'OUVERTURE wurde Haiti 1794 unabhängige Republik. Das Ringen um die nationale Unabhängigkeit erfasste auch die spanischen und portugiesischen Kolonien Mittel- und Südamerikas. 1822 waren bis auf das heutige Bolivien die lateinamerikanischen Länder unabhängige Staaten.

Man nannte TOUSSAINT L'OUVERTURE, den ehemaligen Sklaven, den „Schwarzen Robespierre".

Gegen die Interventionsbestrebungen der europäischen Heiligen Allianz wandte sich 1823 der Präsident der USA. Er bezeichnete jede Absicht europäischer Staaten, ihren Kolonialbesitz in Amerika auszudehnen, als unfreundlichen Akt gegenüber den USA. Der Einspruch der USA „Amerika gehört den Amerikanern" ging nach seinem Verfasser JAMES MONROE als **Monroe-Doktrin** in die Geschichte ein.
Im Gegenzug verzichteten die USA darauf, sich in die europäischen Angelegenheiten einschließlich der bestehenden Kolonien in der Karibik und in Südamerika einzumischen.

JAMES MONROE (1758–1831) war 5. Präsident der USA.

Um 1900 wurde diese Doktrin auf den gesamten amerikanischen Doppelkontinent ausgedehnt, um damit die politische, militärische und auch wirtschaftliche Hegemonie (Vormachtstellung) der USA abzusichern.

Ringen Belgiens um Unabhängigkeit

Die europäischen Großmächte hatten auf dem Wiener Kongress das Königreich der Vereinigten Niederlande geschaffen. Willkürlich wurden die ehemaligen österreichischen Niederlande mit dem Königreich Holland und dem Fürstbistum Lüttich unter dem Oranierkönig WILHELM I. zusammengefügt. Aus Protest gegen die autokratische Herrschaft des Königs sowie seine Kirchen- und Sprachenpolitik (die katholische und französisch sprechende Bevölkerung wurde diskriminiert) schlossen sich in den südlichen Landesteilen liberale und katholische Kräfte gegen den niederländischen König zusammen. Ende August 1830 kam es zu Unruhen

Das Sprachenproblem führt heute noch gelegentlich zu politischen Reibereien, denn im nördlichen, flämischen Teil Belgiens spricht man Niederländisch; im südlichen, wallonischen Teil wird Französisch gesprochen.

in Brüssel. Sie endeten mit der Loslösung der südlichen Provinzen aus dem niederländischen Staatsverband. Die Aufständischen verkündeten am 4. Oktober 1830 die Unabhängigkeit Belgiens. Auf der Londoner Fünfmächtekonferenz 1830/31 erfolgte die internationale Anerkennung des neuen Staates Belgien.
Im Mittelpunkt der Verfassung Belgiens stand die Volkssouveränität. In zahlreichen Ländern Europas galt sie als demokratisches Musterbeispiel und beeinflusste bis zum Revolutionsjahr 1848 die Kämpfe um Verfassungen.

Der Opiumkrieg – Frieden von Nanking

Der britisch-chinesische Konflikt (1840–1842) beruhte auf Großbritanniens Absicht, seine Vormachtstellung in Asien auszubauen.
China wehrte sich gegen die von Großbrittannien geförderte Einfuhr von Opium. Es beschlagnahmte die Ware und verbot das Opiumgeschäft. Diesen Vorfall nutzte Großbritannien, um 1840 mit seiner Fernostflotte militärisch zu intervenieren. Nach einem fast dreijährigen Krieg musste China den Vertrag von Nanking (Nanjing) unterzeichnen.

Opiumkrieg-Schlacht um Kanton, 1841

China wurde gezwungen, Hongkong an Großbritannien abzutreten und fünf Häfen des Landes dem internationalen Handel zu öffnen. Es musste eine Kriegsentschädigung zahlen und Großbritannien konsularische Rechte in den Handelshäfen gestatten.
Diesem ersten aufgezwungenen Vertrag folgten 1844 weitere mit den USA und Frankreich. China verwandelte sich in einen halbkolonialen Staat.

Aufstände in Spanien, Polen, Griechenland und Italien

Die Heilige Allianz versuchte in Europa alles, um die in Wien festgelegte monarchische Ordnung durchzusetzen. Jede revolutionäre Regung sollte sofort im Keim erstickt werden.
Aber die Ideen der Aufklärung und Demokratie waren nicht mehr aus dem Denken der Menschen zu beseitigen. Eine von liberalen Bürgern getragene Revolution in Spanien erfasste Portugal, Italien und Griechenland. 1820 brach in Spanien eine Revolution gegen die Regierung FERDINANDS VII. aus. Sie ergriff Portugal und diente italienischen Revolutionären als Vorbild im Ringen um die nationale Einheit. Die portugiesische liberale Revolution von 1820 hatte die Einführung einer Verfassung zur Folge, die den **Cortés** weitgehende Rechte gegenüber dem König einräumte.

Cortes, span. = kortes, portug. kortêf, die Volksvertretung in Spanien, früher auch in Portugal

1821 markierte der erste Aufstand der Griechen gegen die türkische Fremdherrschaft den Beginn eines langen Befreiungskampfes, der 1829 mit der Unabhängigkeit Griechenlands endete.
Die polnischen Aufstände 1830 und 1863 scheiterten durch das Eingreifen russischer und preußischer Armeen.

Die europäischen Aufstände führten zum **Zerfall der Großmächte** in einen liberalen westlichen Block mit Großbritannien und Frankreich sowie in einen östlichen konservativen Staatenblock. Dazu zählten Russland, Österreich und Preußen.
Die Ostmächte vertraten das Interventionsprinzip. Es beinhaltete, nötigenfalls mit Waffengewalt revolutionäre Regierungsveränderungen zu verhindern.

Der Frieden von Adrianopel – Niedergang des Osmanischen Reiches

Der Friedensvertrag zu Adrianopel vom 14. September 1829 beendete den Russis ch-Türkischen Krieg.
Der Friedensvertrag garantierte die Unabhängigkeit Griechenlands, schwächte das Osmanische Reich und bewies, dass die Heilige Allianz unter der Regie METTERNICHS Unabhängigkeitskämpfe nicht verhindern konnte.

Die politische und ökonomische Entwicklung der USA

Die USA verabschiedeten am 17.09.1787 eine Verfassung, die **Philadelphia-Konvention.** Aus einem Staatenbund entstand ein Bundesstaat.

Nach der Unabhängigkeitserklärung vom 4. Juli 1776 und dem gewonnenen Unabhängigkeitskrieg gaben sich die Amerikaner eine Verfassung.

Die höchste Rechtsprechung liegt beim Obersten Gerichtshof. Er kann die Verfassungsmäßigkeit von Gesetzen und Regierungserlassen prüfen. Seine Richter werden unter Bestätigung des Senats vom Präsidenten ernannt. Das Gleiche gilt für die vom Kongress eingerichteten Bundesgerichte.

Die Regierungsgewalt führt der Präsident. Er ernennt Minister sowie hohe Beamte, hat den militärischen Oberbefehl und kann ein Veto gegen Gesetze einlegen (der Kongress kann dieses mit Zweidrittelmehrheit zurückweisen). Vom Volk gewählte Wahlmänner bestimmen ihn.

Die Gesetzgebungsgewalt liegt beim Kongress, der auch die Regierungspolitik kontrolliert. Er besteht aus zwei Kammern: Die Repräsentanten werden in Wahlkreisen vom gesamten Volk gewählt, die Senatoren bis 1913 von den Parlamenten der einzelnen Staaten, danach von deren Bevölkerung.

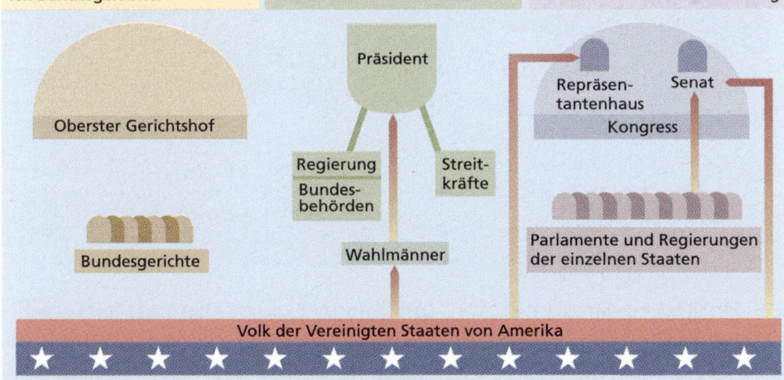

Die amerikanische Verfassung von 1787/88

Die Verfassung regelt die Trennung der Gewalten. Exekutive (vollziehende Gewalt), Legislative (gesetzgebende Gewalt) und Jurisdiktion (Rechtsprechung) sind unabhängige Organe, die sich gegenseitig kontrollieren. Die einzelnen „Bundesstaaten" der USA behielten das Recht, eigene Angelegenheiten selbstständig zu bestimmen.
Die Außenpolitik, der Außenhandel und die Währungshoheit fielen in die Kompetenz der Bundesregierung. Der Präsident war als Staatsober-

haupt zugleich der Oberbefehlshaber der Streitkräfte. Er ist berechtigt, Verträge abzuschließen, leitet die Exekutive und ernennt Bundesbeamte sowie auswärtige Vertreter. Ein Kabinett steht ihm zur Seite.
Die Einwanderung förderte das Bevölkerungswachstum. Der Auf- und Ausbau der Eisenbahnlinien erschloss das Land und diente dem Wachstum der Industrie. Seit 1820 gab es einen innenpolitischen Gegensatz zwischen dem Sklaven haltenden agrarischen Süden, der Baumwoll- und Tabakpflanzeraristokratie, und dem industriellen Norden der USA, der die Sklaverei ablehnte. Der Gegensatz zwischen dem Norden und dem Süden der USA führte zum sogenannten **Sezessionskrieg** 1861–1865 (Trennung der Bundesstaaten).

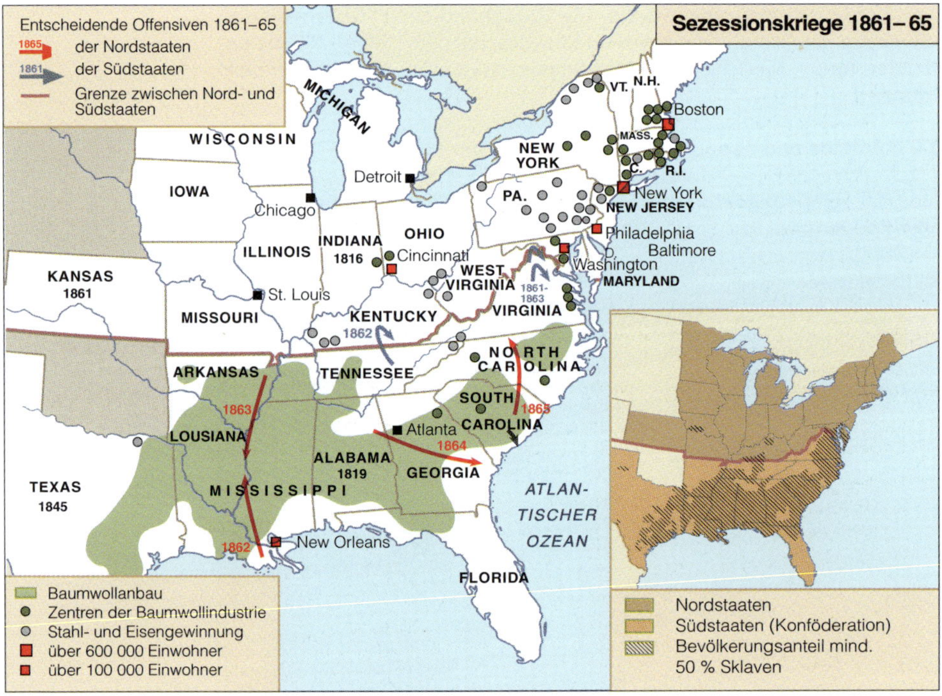

Der Einsatz modernster Waffen und eine rücksichtslose Besatzungspolitik der Bürgerkriegsarmeen machten den Kampf zwischen den Nord- und Südstaaten der USA zu einer Art Generalprobe für nachfolgende Kriege des 20. Jahrhunderts.

Die Wahl des Sklavereigegners ABRAHAM LINCOLN zum Präsidenten der USA löste den Austritt (Sezession) der Südstaaten aus der Union aus. Diese schlossen sich unter Präsident J. DAVIS zu den Konföderierten Staaten von Amerika zusammen und wählten Richmond zur Hauptstadt.
Die Nordstaaten beharrten auf der Unauflösbarkeit der Union. Der Konflikt wurde mit kriegerischen Mitteln gelöst. Er forderte rund 600 000 Opfer und endete am 9.4.1865 mit der Kapitulation der Südstaaten.

Wenige Tage später wird Präsident LINCOLN während eines Theaterbesuch von einem Fanatiker aus den Südstaaten erschossen.

9.3 Die industrielle Revolution

9.3.1 Großbritannien auf dem Weg zur Weltmacht

Die Außenpolitik Großbritanniens beruhte auf dem Prinzip eines Gleichgewichts der europäischen Mächte und dem Streben nach überseeischer Ausdehnung durch Erwerb von Kolonien.

Zu Beginn des 19. Jh. setzte für Großbritannien die Blütezeit als führende Handels-, Industrie- und Finanzmacht ein.

Seit 1763 gelang es Großbritannien, sich als Welthandelsmacht zu entwickeln.

Bevölkerungswachstum in England

1701	5,0 Mio
1751	5,8 Mio
1801	8,7 Mio
1851	16,7 Mio

Gründe für die industrielle Revolution in England:
- einheitliches Währungs- und Steuersystem
- wachsende Zahl ausgebildeter Arbeiter
- gute Infrastruktur: Straßen, Wasserwege, Eisenbahn (ab 1825)
- Rohstoffe im eigenen Land aus dem riesigen Kolonialreich
- genügend Kapital für Investitionen
- Erfindungen: Spinnmaschine, Dampfmaschine, Kokshochöfen

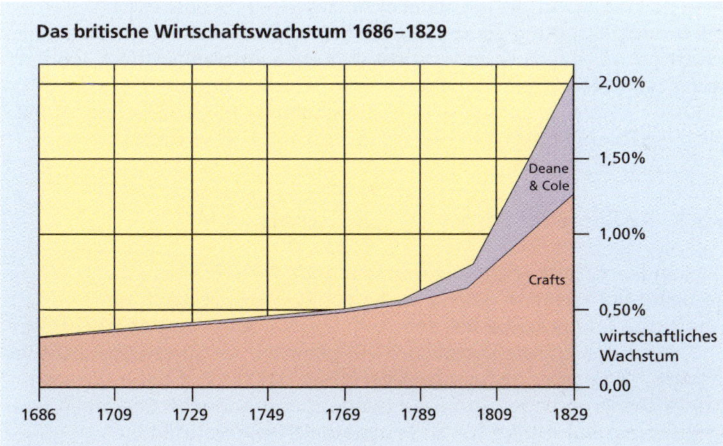

Großbritannien entwickelte sich zur Werkstatt der Welt.

Ausgangspunkt für die Entwicklung neuer Produktionsformen in Großbritannien war die Textilindustrie mit der Erfindung und Einführung der Spinnmaschine und des Maschinenwebstuhls. Die von James Watt entwickelte **Dampfmaschine** revolutionierte die gesamte industrielle Entwicklung. Die Fabriken wurden unabhängig von geografischen Gegebenheiten wie Wind und Wasser als Antriebskräfte für die Maschinen. Neue Produktionsverfahren für die Umwandlung von Roheisen in Stahl sowie neuartige Walzverfahren führten zum Aufbau einer leistungsstarken Schwerindustrie. Zur Modernisierung der Wirtschaft benötigte man auch leistungsfähigere Verkehrswege.

Die „Rocket" erreichte eine Geschwindigkeit von 46,5 km/h.

In Großbritannien begann man frühzeitig mit dem Ausbau der Wasserstraßen.
Der Bau der ersten Dampflokomotive 1829 durch GEORGE STEPHENSON („Rocket") leitete **das Eisenbahnzeitalter** ein.
Zwischen 1830 und 1850 erweiterte sich das englische Eisenbahnnetz von 152 auf 10 653 km.

9.3.2 Europas und Deutschlands Industrialisierung

Durch den britischen Fernhandel verbreiteten sich weltweit die neuen Maschinen und die damit verbundene moderne Produktionsweise. Belgien, die Niederlande, Frankreich und die Schweiz wurden im ersten Drittel des 19. Jahrhundert von der industriellen Revolution erfasst. In der Mitte des Jahrhunderts griff die Industrialisierung auch auf die übrigen europäischen Länder über.
Die Gründe für das Zurückbleiben Deutschlands lagen im Fehlen der wirtschaftlichen Voraussetzungen, wie sie Großbritannien bereits besaß, wobei sich in Deutschland insbesondere die noch vorhandene Kleinstaaterei nachteilig auf die wirtschaftliche Entwicklung auswirkte.
Die Industrialisierung veränderte die bisherige dörflich-agrarische Landschaft grundsätzlich. Standorte der Industrie entstanden dort, wo Rohstoffe lagerten. Arbeiterstädte schossen aus dem Boden.
Industriereviere entstanden in Mittelengland, in Belgien, Nordfrankreich, im Rhein-Ruhrgebiet und im sächsischen und schlesischen Raum.

9.3.3 Anfänge moderner Landwirtschaft

Rund 80 % der deutschen Bevölkerung lebte um 1800 von der Landwirtschaft.

Die Landwirtschaft verlor ihre dominierende wirtschaftliche Rolle. Entgegen aller Vorhersagen gelang es der Landwirtschaft durch neue wissenschaftliche Erkenntnisse bei den Anbaumethoden, wie der Fruchtfolge, und durch den Einsatz künstlicher Düngemittel, die landwirtschaftlichen Erträge zu steigern. JUSTUS VON LIEBIG (1803–1873) schuf dafür die wissenschaftliche Grundlage. Sein Hauptwerk „Die organische Chemie in ihrer Anwendung auf Agrikultur und Physiologie" erschien 1840.
In der deutschen Landwirtschaft wurden seit 1843 Chilesalpeter und seit 1858 Kali aus Staßfurt zur künstlichen Düngung verwandt.

Neue landwirtschaftliche Maschinen wie die Mähmaschine, die Dampfdreschmaschine und der Dampfpflug verbesserten die Arbeitsbedingungen auf dem Lande. Von 1850 bis 1870 stiegen in Deutschland die Hektarerträge bei Weizen um 10 bis 25 Prozent, bei Roggen und Gerste um 10 Prozent. Der Anbau von Getreide, Kartoffeln und Zuckerrüben hatte Vorrang gegenüber der Viehhaltung. Die erhöhte Agrarproduktion wurde von der zahlenmäßig anwachsenden Bevölkerung sofort wieder verbraucht. Bei Missernten kam es zu Hungersnöten.

9.3.4 Soziale Probleme der industriellen Entwicklung

Durch die Industrialisierung ergaben sich prinzipielle Veränderungen in der jahrhundertealten Lebensweise der Bevölkerung. Zum Adel, zu den Bauern und dem Bürgertum kamen jetzt die Lohnarbeiter hinzu. **Konträr** (gegensätzlich) standen sich Kapitalbesitzer und Lohnarbeiter gegenüber. Das neue Wirtschaftssystem wurde als **Kapitalismus** bezeichnet. Der **Frühkapitalismus** war gekennzeichnet durch überlange Arbeitszeiten, Frauen- und Kinderarbeit und katastrophale Wohnverhältnisse. Die Sterblichkeit der Fabrikarbeiter lag weit über dem Durchschnitt anderer Berufsgruppen.

Bevölkerungswachstum in Deutschland:
1816 – 25 Mio. Einwohner
1910 – 65 Mio. Einwohner
Lebenserwartung:
um 1850 – 30 Jahre
um 1871 – 37 Jahre
1910 – 47 Jahre

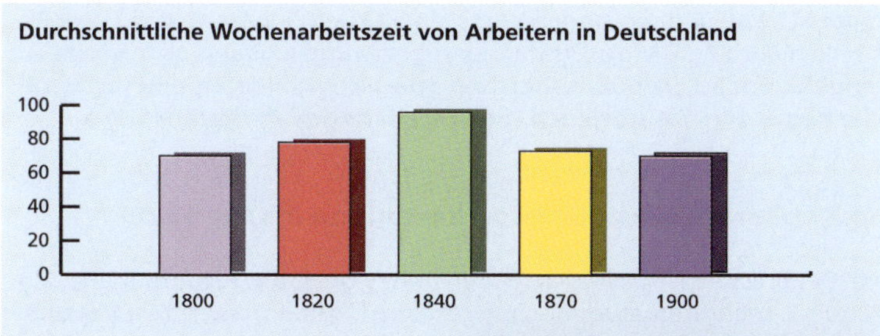

In einer Reihe europäischer Länder wurde zu unterschiedlichen Zeitpunkten die Kinderarbeit gesetzlich eingeschränkt. Kinder unter 13 Jahren durften überhaupt nicht mehr in Fabriken arbeiten.
Die Realisierung eines achtstündigen Arbeitstages erfolgte erst im 20. Jh.

CARL W. HÜBNER: Schlesischer Weberaufstand
Hungerrevolte schlesischer Weber im Juni 1844 aufgrund jahrelanger Ausbeutung und Verelendung sowie des Einsatzes der neuentwickleten mechanischen Webstühle. Der Aufstand wurde vom preußischen Militär niedergeschlagen.
Auf der Grundlage dieser Ereignisse schrieb der Dichter Gerhart Hauptmann 1892 das Drama „Die Weber“.

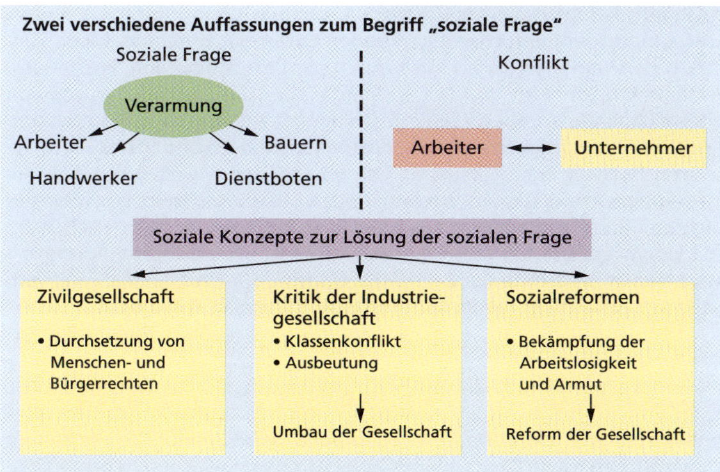

9.4 Revolutionen in Europa 1848/49

9.4.1 Die Februarrevolution in Frankreich

Mit der schnellen Industrialisierung und ihren positiven wie negativen Folgen änderte sich auch das politische Bewusstsein der Menschen in Europa. Seit der Verkündung der Menschenrechte zuerst in Nordamerika und später in Frankreich waren nationale und liberale Bewegungen entstanden. Der anwachsende Gegensatz zwischen reformbestrebten Bürgern und den autoritär ausgerichteten Staatsapparaten der **Heiligen Allianz** löste eine fast ganz Europa erfassende Revolutionswelle aus. Ausgangspunkt war wieder Frankreich. Aus Protest gegen die korrupte Herrschaftsschicht und ein ungerechtes Wahlsystem wurde König LOUIS PHILIPPE im Februar 1848 zur Abdankung gezwungen. Frankreich wurde zur Republik erklärt. Republikaner und Sozialisten bildeten eine provisorische Regierung. Sie schrieben Wahlen zur Nationalversammlung aus.

9.4.2 Liberale Bewegung und Revolution in Österreich

Im Oktober 1848 herrschten die Revolutionäre in Wien, das nach heftigen Kämpfen am 31. Oktober von kaiserlichen Truppen eingenommen wurde. FERDINAND I. dankte am 2. Dezember ab. Sein Nachfolger und Neffe regierte als als Kaiser FRANZ JOSEPH I. bis zum 21. November 1916.

Die Ereignisse in Frankreich gaben das Signal für revolutionäre Aufstände in mehreren europäischen Ländern. Es kam zu den **Märzrevolutionen** in Europa. Als die Nachricht der Februarrevolution Wien erreichte, stellte die Bevölkerung dem Kaiser folgende Forderungen: Eine Verfassung zu verabschieden, die Volksbewaffnung zu garantieren und die Absetzung METTERNICHS als Minister durchzuführen.
Am 13. März 1848 trat METTERNICH zurück und floh nach London. Mitte Mai begab sich Kaiser FERDINAND I. in das ruhigere Innsbruck.
Im Norden Italiens kämpften Aufständische gegen die österreichische Fremdherrschaft. Nach einem fünftägigen Barrikadenkampf erzwangen sie in Mailand am 22. März 1848 den Abzug der österreichischen Truppen. In Venedig wurde die Republik ausgerufen und eine provisorische Regierung gebildet.
In Ungarn kämpfte die ungarische Nationalbewegung unter LAJOS KOSSUTH, um Autonomieforderungen gegen Österreich durchzusetzen.
In Böhmen kam es im Juni 1848 zum Prager Pfingstaufstand. Presse- und Versammlungsfreiheit wurden erkämpft, aber der Aufstand wurde von österreichischen Truppen niedergeschlagen. Wie überall in Deutschland ging es auch in Österreich um nationale Einheit und demokratische Rechte. Doch im Vielvölkerstaat Österreich-Ungarn verbanden sich die Forderungen nach Liberalisierung und verfassungsmäßig garantierten Rechten mit Autonomieforderungen der Italiener, Ungarn, Tschechen und Slowaken. Die Deutsch-Österreicher verlangten die Vereinigung mit Deutschland. Es drohte der Zerfall des Habsburger Reiches. Viel hing vom weiteren Verlauf der revolutionären Entwicklung in Preußen ab.

9.4.3 Die bürgerlich-demokratische Revolution in Deutschland

Im März 1848 erfasste die Revolution auch Deutschland. Die Fürsten im südwestlichen Raum Deutschlands und der König in Sachsen leisteten keinen Widerstand gegen die Revolutionäre. Sie beriefen liberale und national gesinnte Politiker in die Regierungen, sogenannte **Märzminister,** um die revolutionären Forderungen abzuschwächen und um einem völligen Zusammenbruch ihrer monarchischen Herrschaft vorzubeugen. Es gelang aber den Führern der revolutionären Bewegung, sich am 5. März 1848 in Heidelberg zu versammeln und ein **Vorparlament** nach Frankfurt a. M. einzuberufen, das ein **deutsches Parlament** vorbereiten sollte.

„Das Lichten eines Hochwaldes" Karikatur gegen die Kleinstaaterei in Deutschland.

Die Nachricht vom Sturz METTERNICHS führte am 18. März 1848 zu einer Massenkundgebung vor dem Berliner Schloss.

Hier wurden ähnliche Forderungen wie in Wien erhoben. Als das Militär den Platz gewaltsam räumen wollte, kam es zu einem dreizehn Stunden dauernden Straßenkampf in Berlin. Der König FRIEDRICH WILHELM IV. (1795–1861) wurde gezwungen, zeitweise die Truppen aus der Stadt abzuziehen. Der Druck der revolutionären Berliner zwang den König, sich vor den etwa 200 Opfern der Barrikadenkämpfe zu verneigen. Die Revolution hatte vorerst gesiegt. Der preußische König musste den Bürgern Presse- und Versammlungsfreiheit zugestehen. Ferner wurde eine Abgeordnetenversammlung einberufen, die mit dem Monarchen eine Verfassung erarbeiten sollte. Der Bankier LUDOLF CAMPHAUSEN erhielt die Berufung zum Ministerpräsidenten. An seiner Seite stand als Finanzminister der Fabrikant DAVID HANSEMANN.

ADOLPH MENZEL: Aufbahrung der Märzgefallenen

Anfang Mai 1848 fanden in allen deutschen Staaten Wahlen zur deutschen Nationalversammlung statt. Am 18. Mai 1848 zogen die Abgeordneten in die als Tagungsstätte erwählte Paulskirche in Frankfurt a. M. ein. Die Abgeordneten der Paulskirchen-Versammlung waren vorwiegend Angehörige des besitzenden Bürgertums, des Bildungsbürgertums, Literaten, Kaufleute,

Nationalversammlung in der Paulskirche

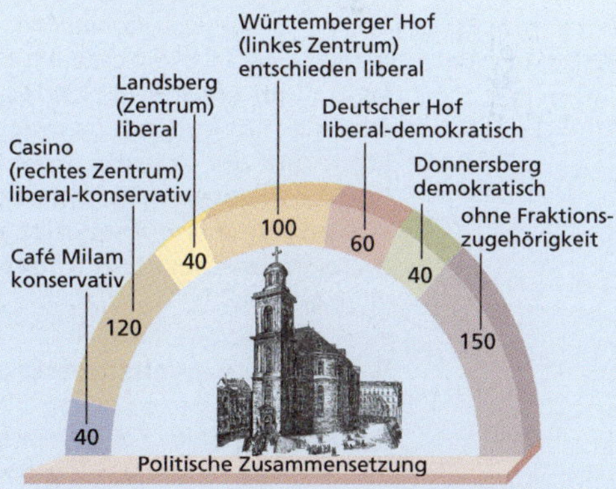

Berufe der Abgeordneten und ihrer Stellvertreter

46 Landwirte	37 mittlere Beamte
35 Kaufleute	94 Professoren
14 Fabrikanten	30 Lehrer
4 Handwerker	39 Geistliche
44 ohne Berufsangabe	106 Advokaten
18 Offiziere	23 Ärzte
11 Diplomaten	10 Bibliothekare, Verleger, Buchhändler
110 Richter/Staatsanwälte	20 Schriftsteller
115 höhere Verwaltungsbeamte	35 sonstige Akademiker
21 Bürgermeister	

Gutsbesitzer, wenige Handwerker und nur ein Kleinbauer. Stolz, Hoffnung und Zuversicht kennzeichneten die Versammlungsatmosphäre. Man wollte der Geschichte Deutschlands in der Paulskirche eine entscheidende Wendung geben. Nach westeuropäischem und amerikanischem Vorbild sollte Deutschland zu einem modernen Verfassungsstaat entwickelt und zugleich die Frage nach der nationalen Einheit gelöst werden.
In der Nationalversammlung wurde über das **zukünftige Territorium Deutschlands** diskutiert. Die meisten Anhänger hatte zunächst eine **großdeutsche Lösung** unter Einschluss Österreichs, Böhmens und Mährens sowie Trients und Triests. In Wien forderte man dagegen eine **großösterreichische Lösung** unter Einschluss des gesamten Vielvölkerstaates Österreich. Damit wäre allerdings die **Idee eines Nationalstaates** aufgegeben worden. Deshalb entschied die Mehrheit sich für eine **kleindeutsche Lösung** unter Ausschluss Österreichs.

Reichsverfassung:
- Bundesstaat mit zentraler Regierungsgewalt
- Reichsbürgerschaft
- Erbkaisertum – Kaiser ernennt Minister und steht an der Spitze der Exekutive
- Reichstag nach Vorbild des amerikanischen Kongresses

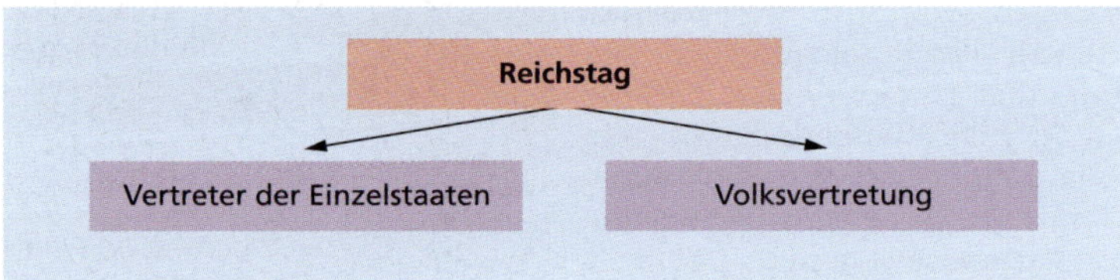

Am 28. März 1849 beschloss die **Nationalversammlung** die Reichsverfassung. Zum gleichen Zeitpunkt wählten die Parlamentarier den preußischen König mit Stimmenmehrheit zum Kaiser der Deutschen. Mit der Wahl und der Annahme der Verfassung sowie der Kaiserwürde durch FRIEDRICH WILHELM IV. sollte das Werk der Nationalversammlung seinen staatspolitischen Höhepunkt erfahren.
Diese Verfassung konnte 1849 nicht verwirklicht werden.

9.4.4 Das gewaltsame Ende der Revolution

An der Seite der Aufständischen kämpften auch der Hofkapellmeister RICHARD WAGNER und der Baumeister der Dresdner OPER GOTTFRIED SEMPER.

Das Ablehnen der Kaiserkrone durch den preußischen König, verbunden mit der Nichtanerkennung der Reichsverfassung, führte zu bewaffneten Auseinandersetzungen. Ein Aufstand in Dresden im Mai 1849, um die Reichsverfassung zu erzwingen, wurde von sächsischen und preußischen Truppen blutig niedergeschlagen. Im Land Baden und in der bayerischen Pfalz, wo im Juni 1849 sogar provisorische Regierungen gebildet wurden, schlugen preußische und deutsche Bundestruppen die Erhebung brutal nieder.
Mit der Kapitulation der Aufständischen in der Festung Rastatt am 23. Juli 1849 fand die Revolution in Deutschland ihr Ende.

Gründe für das Scheitern der Revolution

1. Die Verbundenheit der Bevölkerung mit der Monarchie verhinderte die breite Unterstützung der Revolutionäre.
2. Die Revolution wurde vor allem vom intellektuellen Bürgertum getragen.
3. Das Besitzbürgertum distanzierte sich von den revolutionären Kräften, sympathisierte mit dem Adel und den politischen Führungsschichten.
4. Es gab kein einheitliches Handeln der Revolutionäre.
5. Militär und Beamtentum blieben königstreu.
6. Die Nationalversammlung verfügte über kein eigenes Heer und keine finanzielle Mittel.
7. Parlamentarische Erfahrungen und Traditionen fehlten.
8. Die preußische und die österreichische Regierung stabilisierten sich.
9. Die Nationalversammlung benötigte zu viel Zeit für die Erarbeitung einer Reichsverfassung.

9.4.5 Die Niederwerfung der europäischen Revolutionen

ERNEST MEISSONIER: Barrikade 1848 Juniaufstand (Paris 1848)

Die Bestrebungen des französischen **Großbürgertums,** die Errungenschaften der Februarrevolution von 1848 zu beseitigen, führten zur Niederschlagung des bewaffneten Aufstandes der Pariser Arbeiter im Juni 1848.
Ab Mitte Juni 1848 unterdrückten österreichische Truppen unter Führung des Feldmarschalls ALFRED FÜRST ZU WINDISCHGRÄTZ die Erhebungen der tschechischen Revolutionäre. Preußen schritt gegen die nationale Unabhängigkeitsbewegung in Polen ein. In Norditalien gelang es der Habsburger Monarchie, die Befreiungsbewegung zurückzudrängen. Mithilfe russischer Truppen unterdrückte Österreich im August 1849 die Revolution in Ungarn. Der zum Reichsverweser Ungarns bestellte LAJOS KOSSUTH musste im August abdanken und ins Ausland fliehen. Am 9. November 1848 wurde ROBERT BLUM durch das österreichische Militär standrechtlich erschossen. BLUM war Abgeordneter der Frankfurter Nationalversammlung und Führer des „Deutschen Hofes“. Er hatte an den Oktoberkämpfen in Wien teilgenommen. Bereits im Oktober 1848 schlugen kaiserliche Truppen den Aufstand der revolutionären Kräfte in Wien nieder. Nun setzten Verhaftungen und Erschießungen ein. Die monarchistisch-restaurativen Kräfte in Europa nahmen Rache. Tausende Revolutionäre wanderten aus, um der politischen Verfolgung zu entgehen.

9.5 Die Folgen der bürgerlich-demokratischen Revolution in Deutschland

9.5.1 Die Außenpolitik Preußens

Nach dem Scheitern der Revolution von 1848/1849 betrieb Preußen eine schwankende Außenpolitik. Es verhielt sich beim Krimkrieg 1853–1856 neutral. Russland hoffte vergeblich auf preußische Unterstützung. Das Verhältnis zwischen beiden Staaten war gespannt. Preußen nutzte den Politikgegensatz zwischen Russland und Österreich für eine aktive Politik im Deutschen Bund. Doch jede nationale Politik im Sinne der Einheit Deutschlands vermied es zu diesem Zeitpunkt aus Rücksicht vor französischem Einspruch. Frankreich besaß als Sieger im Krimkrieg politisches Gewicht in Europa.

Den **Krimkrieg** (1853/54–1856) führte das osmanische Reich, unterstützt von Großbritannien und Frankreich, gegen Russland. Der Historiker und Publizist GERMAN WERTH hat 1989 in seinem Buch über den Krimkrieg den Kampf um Sewastopol als „Vorwegnahme von Verdun" bezeichnet. In der Tat - der Krimkrieg war der erste Krieg der Moderne, der erste industrielle Krieg, in dem allein die materielle Überlegenheit zählte.

9.5.2 Zwei Wege zur nationalen Einheit – Preußens Ringen um die Vorherrschaft

Die Schaffung eines Nationalstaates war möglich unter Vorherrschaft Preußens (Einigung von oben) unter Ausschluss Österreichs und zum anderen durch Vollendung der bürgerlichen Revolution von 1848/49.
Nach der Revolution verschärfte sich der Gegensatz zwischen Preußen und Österreich. Der Kampf um die Vorherrschaft in Deutschland trat in ein entscheidendes Stadium. Streitfragen um die Verwaltung und Zukunft der Herzogtümer Schleswig und Holstein nutzte der preußische Ministerpräsident OTTO V. BISMARCK (1815–1898), um Österreich zum Krieg gegen Preußen zu reizen. Preußen siegte im **Deutschen Krieg 1866** in der **Schlacht bei Königgrätz.** Im Ergebnis des verlorenen Krieges schied Österreich endgültig aus dem deutschen Staatenverband aus und entwickelte sich zu einer eigenständigen Nation.

OTTO VON BISMARCK (1815–1898)

Die beiden Herzogtümer wurden im **Deutsch-Dänischen Krieg 1864** an Preußen und Österreich abgetreten.

9.5.3 Der Nationalstaat – eine ökonomische und politische Notwendigkeit

Im Zeitraum ab 1850 bildete sich mit der Entwicklung der kapitalistischen Produktionsweise in der Industrie ein gemeinsames Wirtschaftsleben innerhalb des deutschen Zollvereins heraus. Das deutsche Großbürgertum benötigte für seine ungehinderte Entwicklung einen einheitlichen Staat, der zugleich auch zur Abwehr ausländischer Einmischung seine Interessen sicherte. Im Bündnis mit allen national gesinnten Bürgern trat es für einen **starken Nationalstaat** ein.

9.5.4 Die internationale Lage

In den meisten europäischen Staaten setzte ab 1849/50 eine Zeit der verschärften Reaktion ein. Europaweit verfolgte und verurteilte man demokratische Persönlichkeiten. Zufluchtsorte waren England und die

Schweiz. Großbritannien galt in der Mitte des 19. Jh. für die europäischen Liberalen als demokratisches Musterland. Es besaß eine stabile Regierung und ein im Ansatz erkennbares Zweiparteiensystem mit der Möglichkeit, an politischen und ökonomischen Entscheidungen mitzuwirken. Beides schien als Unterpfand für liberale und demokratische Ideen.
Im Gegensatz zu dieser Entwicklung stand Frankreich. Hier erfolgte erneut die Errichtung des Kaisertums mit NAPOLEON III. 1852–1870. Jede politische Opposition wurde unterdrückt. Außenpolitisch traten Großbritannien und Frankreich dem russischen Vormachtstreben auf dem Balkan entgegen. Sie bewahrten das Osmanische Reich vor der Verdrängung aus Europa.
Die wirtschaftliche Entwicklung in Europa und weltweit erhielt mit dem Grenzen überspringenden Eisenbahnbau und der Erschließung neuer Märkte einen gewaltigen Schub.

Großbritannien galt als Mutterland der bürgerlichen Demokratie.

9.5.5 Der Norddeutsche Bund – seine politische und ökonomische Entwicklung

Nach dem Ausscheiden Österreichs aus der deutschen Politik 1866 wurde unter Führung Preußens **der Norddeutsche Bund gegründet.**

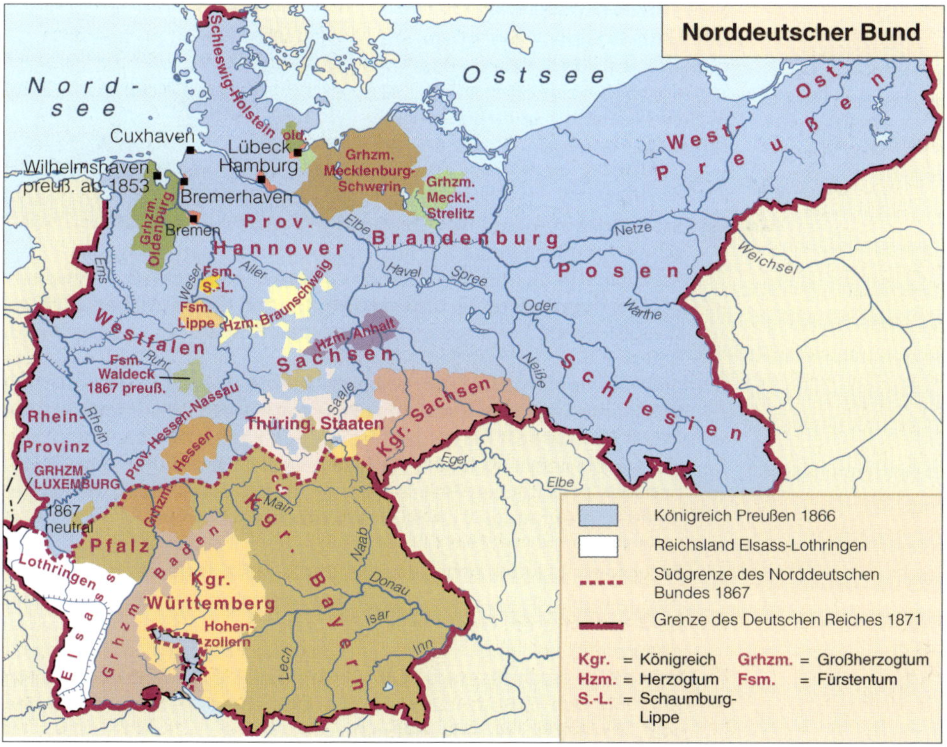

1867 erhielt der Norddeutsche Bund eine **Verfassung,** die Preußens Vormachtstellung garantierte und das allgemeine Wahlrecht für Männer einführte.
Im Prozess der deutschen Einigung stellte der Norddeutsche Bund eine Zwischenstufe dar.
Ökonomisch entwickelte sich der Bund sprunghaft, da die bisherigen Beschränkungen der **Gewerbefreiheit** entfielen. Die Unternehmer erhielten eine einheitlich geltende Gewerbeordnung. Die Zahl der Maschinenfabriken allein in Preußen stieg in den Jahren 1852–1875 von 180 auf 1 196. Der Handel wuchs durch den Ausbau der Eisenbahnlinien.

9.5.6 Die Herausbildung einer Arbeiterpartei

Mit der Entwicklung der Industrie entstand auch der Wunsch der Arbeiter, sich zu organisieren, um sich gegen zunehmende Verarmung aufgrund von Niedriglöhnen zu wehren. Mit der Gründung **des Allgemeinen Deutschen Arbeitervereins** 1863 in Leipzig durch FERDINAND LASSALLE nahm dieser Wunsch eine konkrete Gestalt an.
Der erste Präsident des ADAV entwickelte u. a. die Theorie, dass mit „Produktivassoziationen" die Arbeiterschaft selbst unternehmerisch tätig sein könne.

FERDINAND LASSALLE (1825–1864) wurde in Breslau geboren. Er war aktiver Teilnehmer der Revolution von 1848. Sein Ziel war eine von aller Bevormundung befreite Arbeiterschaft.

Statut des Allgemeinen Deutschen Arbeitervereins
Paragraph 1: „Unter dem Namena ‚Allgemeiner Deutscher Arbeiterverein' begründen die Unterzeichneten für die deutschen Bundesstaaten einen Verein, welcher, von der Überzeugung ausgehend, daß nur durch das allgemeine, gleiche und direkte Wahlrecht eine genügende Vertretung der sozialen Interessen des deutschen Arbeiterstandes und eine wahrhafte Beseitigung der Klassengegensätze in der Gesellschaft herbeigeführt werden kann, den Zweck verfolgt, auf friedlichem und legalem Wege, insbesondere durch das Gewinnen der öffentlichen Überzeugung, für die Herstellung des allgemeinen, gleichen und direkten Wahlrechts zu wirken.

Paragraph 2: Jeder Arbeiter wird durch einfache Beitrittserklärung Mitglied des Vereins mit vollem, gleichem Stimmrecht und kann jederzeit austreten. Über die Frage, ob jemand ein Arbeiter im Sinne des Vereins sei, entscheidet der Vorstand. Ebenso ist der Vorstand berechtigt, auch Nichtarbeiter, welche dem Verein beitreten wollen und mit den Grundsätzen und Zwecken desselben einverstanden sind, als Mitglieder aufzunehmen."

Politische Differenzen über die inhaltliche Arbeit des Allgemeinen Deutschen Arbeitervereins, die Lebenslage der Arbeiter zu verbessern, führten zur Spaltung der Bewegung.
BISMARCK, mit dem sich LASSALLE seit 1862 traf, sagte über ihn: „Er war einer der geistreichsten und liebenswürdigsten Menschen, mit denen ich je verkehrt habe, ein Mann, der ehrgeizig im großen Stil war, durchaus nicht Republikaner; er hatte eine sehr ausgeprägte nationale und monarchistische Gesinnung ..."

WILHELM LIEBKNECHT (1826–1900) Teilnehmer der Revolution 1848/49 emigrierte in die Schweiz und nach London.
Er war der engste Kampfgefährte von AUGUST BEBEL und Mitbegründer der SDAP.

Unter Führung von AUGUST BEBEL und WILHELM LIEBKNECHT erfolgte am 07.–08.09.1869 in Eisenach die Gründung der **Sozialdemokratischen Arbeiterpartei** (SDAP). Erst auf dem Gothaer Kongress (1875) vereinigten sich die SDAP und der ADAV zur „Sozialistischen Arbeiterpartei Deutschlands". Mit der Gründung der SDAP war erstmalig auf deutschem Boden eine Arbeiterpartei entstanden. Das Programm und Statut der SDAP waren von marxistischem Geist geprägt.
Das **Eisenacher Programm der SDAP** enthielt u. a. folgende Forderungen:
- Allgemeines, gleiches, geheimes direktes Wahlrecht für alle Deutschen ab dem 20. Lebensjahr
- Direkte Gesetzgebung durch das Volk
- Entscheidung über Krieg und Frieden durch das Volk
- Errichtung eines Volksheeres
- Allgemeine, kostenlose Schulpflicht
- Reduzierung der Frauenarbeit und Verbot der Kinderarbeit
- Einführung eines 10-Stunden-Arbeitstages
- Beseitigung der Gesetze gegen die Presse- und Vereinsfreiheit.

Die Sozialdemokratische Arbeiterpartei und der Allgemeine Deutsche Arbeiterverein bekämpften sich in der Folgezeit heftig.

LIEBKNECHT forderte die Abschaffung der Monarchie: „Der demokratische Staat ist die einzig mögliche Form der sozialistisch organisierten Gesellschaft", erklärte der Marxist LIEBKNECHT 1869. AUGUST BEBEL (von 1867–1881 sowie 1883–1913 Mitglied des Reichstages, schärfster Kritiker BISMARCKS) kämpfte für die Gleichberechtigung und Gleichstellung der Frau (Hauptwerk: „Die Frau und der Sozialismus", 1879). Er sagte 1903: „Ich will der Todfeind dieser bürgerlichen Gesellschaft und Staatsordnung bleiben, um sie in ihren Existenzbedingungen zu untergraben, und sie, wenn ich kann, beseitigen."

AUGUST BEBEL (1840–1913) Führer der deutschen und internationalen Abeiterbewegung. Das Hauptziel seines Kampfes war die Befreiung der Arbeiter von Ausbeutung und Unterdrückung.

9.6 Der Deutsch-Französische Krieg – die Gründung des Deutschen Reiches

9.6.1 Ursachen des Krieges

Seit Sommer 1866 bemühte sich Frankreich, Preußens weitere Ausdehnung und einen deutschen Nationalstaat zu verhindern. Der außenpolitische Gegensatz zwischen Preußen und Frankreich verschärfte sich 1870 durch Verhandlungen zwischen Paris und Wien mit dem Ziel eines französisch-österreichischem Bündnisses. Das politische Misstrauen Frankreichs gegenüber Preußen wuchs außerdem durch die Anfrage Spaniens an den preußischen König, ob er seine Zustimmung zur Kandidatur des Erbprinzen von Hohenzollern-Sigmaringen für den spanischen Thron gebe.

Der Prinz zog unter dem Eindruck des französischen Vorbehaltes seine Zusage zum spanischen Angebot zurück. Nach diesem diplomatischen Erfolg forderte Frankreich von König WILHELM I. den Verzicht des Herrscherhauses Hohenzollern auf ausländische Thronangebote. Der preußische König, der in Bad Ems zur Kur weilte, lehnte die französische Forderung ab. BISMARCK verkürzte den Inhalt des an ihn gerichteten Telegramms über die Forderung Frankreichs und ließ es veröffentlichen. Mit der **Emser Depesche** reizte er Frankreich zur Kriegserklärung an Preußen (19. Juli 1870).

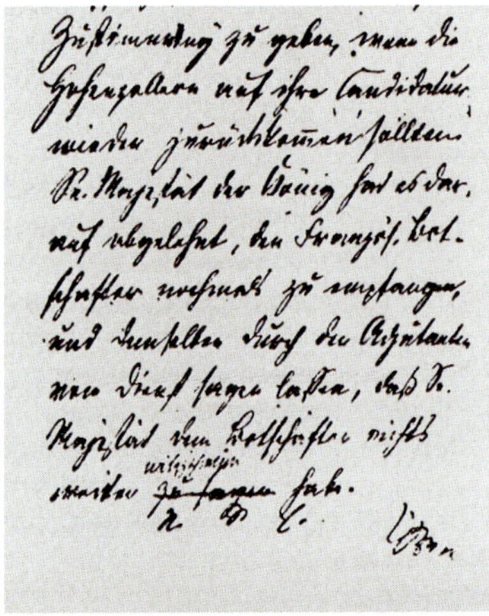
Zustimmung zu geben, wenn die Hohenzollern auf ihre Candidatur wieder zurückkommen sollten. Se. Majestät der König hat es darauf abgelehnt, den französ. Botschafter nochmals zu empfangen, und demselben durch den Adjutanten vom Dienst sagen lassen, daß Se. Majestät dem Botschafter nichts weiter mitzutheilen habe.

9.6.2 Frankreich – Die Dritte Republik

Die **Schlacht bei Sedan** fand am 1. und 2. September 1870 statt. NAPOLEON III. wurde gefangen genommen.

Nach dem schnellen Sieg der preußischen und süddeutschen Truppen bei Sedan bemühte sich BISMARCK um eine Reichseinigung „von oben". Durch die Gewährung einiger Sonderrechte (eigene Post und Eisenbahn) gelang es ihm, die süddeutschen Fürsten dazu zu bringen, die Verfassung des Norddeutschen Bundes zu übernehmen.

9.6.3 Die Pariser Kommune und ihr Scheitern

Provisorische Regierung – eine vorläufige Regierung, die nicht aus Wahlen hervorgegangen ist.

Am 4. September 1870 wurde unterdessen in Paris die Dritte Republik ausgerufen. Eine eilig gebildetet provisorische Regierung führte angesichts der harschen deutschen Friedensbedingungen den Krieg fort. Nachdem Paris zwei Wochen später eingekesselt war, führte sie mit neu aufgestellten Truppen einen erbitterten Widerstand gegen die deut-

schen Armeen. Erst die monatelange Belagerung und Beschießung von Paris führte am 28. Januar 1871 zum Waffenstillstand und zu Friedensverhandlungen.
Während der Belagerung von Paris kam es zu heftigen Auseinandersetzungen zwischen der provisorischen Regierung der nationalen Verteidigung und republikanischen Vertretern der Pariser Stadtbezirke, die der Regierung Untätigkeit gegenüber dem Feind vorwarfen. Die Unterzeichnung des Waffenstillstandes verschärfte den Gegensatz zwischen der Regierung und der Pariser Protestbewegung. Die Regierung flüchtete nach Versailles. Am 28. März 1871 erfolgte die **Ausrufung der Pariser Kommune.** Der Rat der Kommune übernahm die Regierungsgewalt in Paris. Zum Rat der Kommune gehörten Arbeiter, Vertreter des Bildungsbürgertums, Handwerker, Schriftsteller und Publizisten. Im Gegensatz zu den bürger-lichen Parlamenten waren die Mitglieder der Kommune ihren Wählern rechenschaftspflichtig. Die neugewählte Regierung erließ u. a. das Arbeiterschutzgesetz, verfügte die Gleichberechtigung der Frau und schuf demokratische Selbstverwaltungen. Sie forderte alle Franzosen auf, sich ihrem Programm anzuschließen und eine föderalistische Republik zu gründen.

Im Mai 1871 erteilte die nach Versailles geflüchtete Regierung ihren Truppen, die durch Unterstützung BISMARCKS reorganisiert waren, den Befehl, Paris zu stürmen. In erbitterten Straßenschlachten eroberten die Regierungstruppen im Mai 1871 Paris zurück. Sie gingen mit Massenerschießungen auch von Frauen und Kindern gegen die Pariser Kommunarden vor. Tausende wurden verbannt und erst 1880 erfolgte eine Amnestie der Überlebenden.
Im Bündnis zwischen industriellem Großbürgertum und dem Mittelstand sowie im Fortführen revolutionärer Traditionen entwickelte sich die 3. Republik zu einer dauerhaften Regierungsform in Frankreich.

Der veränderte Charakter des Krieges gegen Frankreich äußerte sich deutlich in der Absicht Deutschlands, Elsass-Lothringen dem neu entstehenden Reich anzugliedern. Im Frieden zu Frankfurt a. M. am 10. Mai 1871 verpflichtete sich Frankreich, das Elsass und Teile von Lothringen an Deutschland abzutreten sowie eine Kriegsentschädigung von 5 Milliarden Franc zu zahlen. Die harten Friedensbedingungen wurden für Deutschland in den folgenden Jahrzehnten ein außenpolitisches Problem, da Frankreich stets an Revanche dachte und seinen Anspruch auf die verlorenen Gebiete nie aufgab.

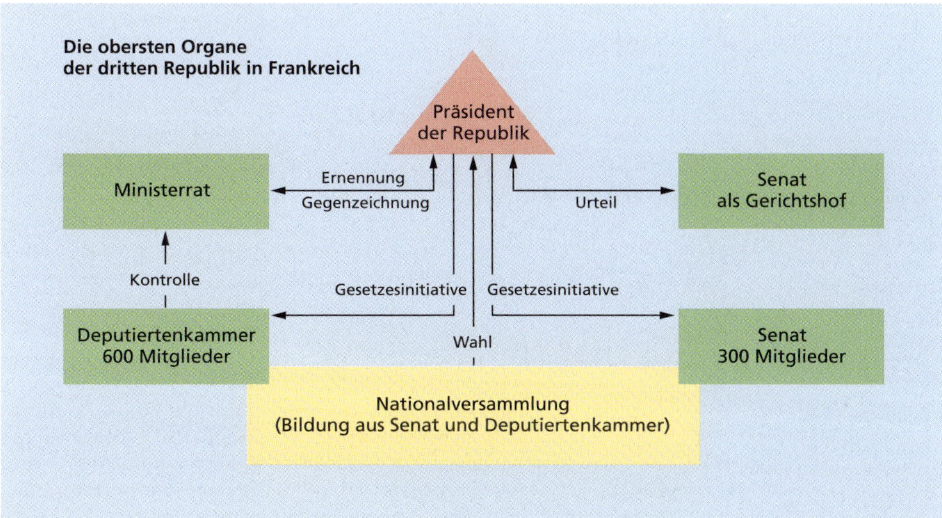

9.7 Das Deutsche Kaiserreich bis 1890

9.7.1 Die Reichsverfassung

18. Januar 1871 Gründung des deutschen Kaiserreichs

Eine Reichsgründung als Ergebnis einer revolutionären Volkserhebung war mit dem Scheitern der bürgerlich-demokratischen Revolution von 1848/49 von der politischen Tagesordnung verschwunden. Mit seiner **„Revolution von oben"** entwickelte OTTO FÜRST VON BISMARCK seine Taktik von „Zuckerbrot und Peitsche". So konnte er erfolgreich gegenüber Liberalen und Sozialdemokraten agieren.

Noch während des Krieges fand im Spiegelsaal des Schlosses zu Versailles die Ausrufung des Königs von Preußen zum deutschen Kaiser statt. Als WILHELM I. bestieg er am 18.1.1871 den deutschen Thron.
Das neu entstandene deutsche Kaiserreich mit 40,8 Mio. Einwohnern war ein Fürstenbund, der von Preußen beherrscht wurde.

Das Deutsche Reich 1871

1 Herzogtum Anhalt
2 Fürstentum Birkenfeld (zu Oldenburg)
3 Herzogtum Braunschweig
4 Fürstentümer Hohenzollern
5 Herzogtum Lauenburg (1876 zu Schleswig-Holstein)
6 Fürstentum Lippe-Detmold
7 Fürstentum Liechtenstein
8 Fürstentum Schaumburg-Lippe
9 Fürstentum Waldeck
10 Grhzm. Mecklenburg-Schwerin
11 Grhzm. Mecklenburg-Strelitz
freie Städte

Grenze des Deutschen Reiches 1871–1918

Grenze des Deutschen Reiches in ihrer Gültigkeit bis 1937, gemäß Versailler Vertrag (1919) und Volksabstimmung im Saargebiet (1935)

Das Reichstagsgebäude in Berlin, erbaut 1884 unter Leitung des Architekten PAUL WALLOT

Die Verfassung des deutschen Reiches entsprach der des Norddeutschen Bundes. Nicht der Kaiser, auch nicht das im Reichstag repräsentierte Volk besaßen die Souveränität, sondern die 22 Könige und Fürsten der deutschen Territorien und die Senate der Freien Städte. Die süddeutschen Staaten erhielten Sonderrechte. Der Kaiser blieb zugleich König von Preußen.
OTTO VON BISMARCK war Reichskanzler, preußischer Ministerpräsident und Leiter der auswärtigen Politik.

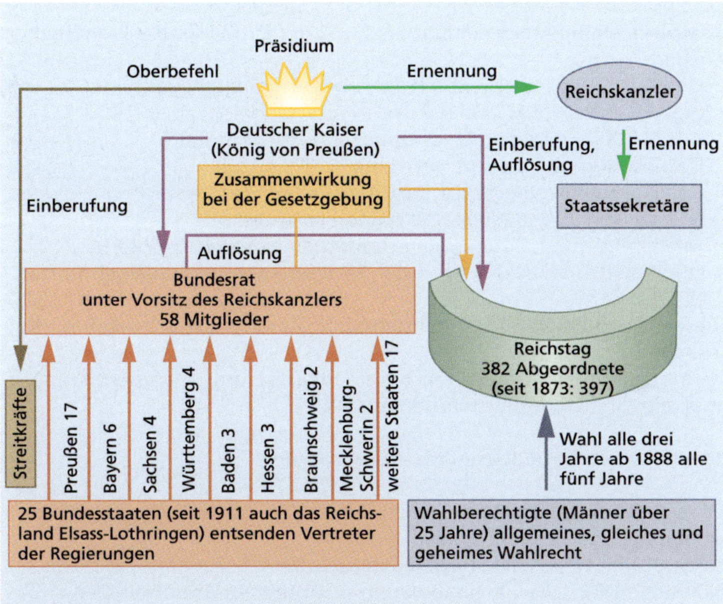

Das Schema der Reichsverfassung 1871

Die Mehrheit des deutschen Volkes empfand die Reichsverfassung im Vergleich zum politischen Zustand im Deutschen Bund als Fortschritt für die Wahrnehmung demokratischer Rechte.

9.7.2 Die innenpolitische Entwicklung

Reichskanzler OTTO VON BISMARCK war als einziger Minister nur dem Monarchen, nicht aber dem Reichstag verantwortlich. Die Innenpolitik trug unter seiner Regie stark konservative Züge, das äußerte sich in seinem ständigen Misstrauen gegen liberale Parteien, die katholische Zentrumspartei und die anwachsende Arbeiterbewegung. BISMARCK erreichte so eine strukturelle Schwächung von Parlament und Parteien.

Konservative Politik beinhaltet das Beharren an alten Herrschaftsformen und Strukturen.

Kulturkampf

Die innenpolitischen Gegensätze verschärften sich, als BISMARCK zwischen 1871 und 1878 im Reichstag Gesetze durchsetzte, die sich gegen die katholische Kirche in Deutschland richteten.

Aus BISMARCKS „Herrenhausrede", 10. März 1873
„Die Frage, in der wir uns befinden, wird meines Erachtens gefälscht ..., wenn man sie als eine konfessionelle, kirchliche betrachtet. Es ist wesentlich eine politische; es handelt sich nicht um den Kampf, wie unseren katholischen Mitbürgern eingeredet wird, einer evangelischen Dynastie gegen die katholische Kirche ..., nicht um den Kampf zwischen Glauben und Unglauben ..., [sondern] um den uralten Machtstreit ... zwischen Königtum und Priestertum."

BISMARCKS Maßnahmen zur Eindämmung des Einflusses der katholischen Kirche:
- Den Geistlichen wurde untersagt, über Staatsangelegenheiten zu predigen.
- Alle Schulen wurden unter staatliche Aufsicht gestellt.
- Der Jesuitenorden wurde verboten.
- Der Staat kontrollierte die Berufsaufnahme der Geistlichen. Sie mussten das Abitur und ein Staatsexamen vorweisen.
- Alle katholischen Ordensniederlassungen waren aufzulösen.
- Die Zivilehe, dokumentiert durch Standesämter, wurde eingeführt.

Diese innenpolitische Auseinandersetzung erhielt die Bezeichnung **Kulturkampf.**
1878 beendete BISMARCK diese Auseinandersetzung mit einem Kompromiss, die Kirchengesetze wurden gemildert.

BISMARCK und die deutsche Arbeiterbewegung

Mit äußerster Härte ging der Reichskanzler gegen die **deutsche Arbeiterbewegung** vor.
1875 vereinigte sich die Sozialdemokratische Arbeiterpartei mit dem Allgemeinen Deutschen Arbeiterverein in Gotha zur Sozialistischen Arbeiterpartei (SAP). Im Programm der Partei befanden sich Gedanken von KARL MARX und von FERDINAND LASSALLE.

„Die Sozialistische Arbeiterpartei Deutschlands fordert als Grundlagen des Staates:
1. Allgemeines, gleiches, direktes Wahl- und Stimmrecht mit geheimer und obligatorischer Stimmabgabe aller Staatsangehöriger vom zwanzigsten Lebensjahr an für alle Wahlen und Abstimmungen in Staat und Gemeinde. Der Wahl- oder Abstimmungstag muß ein Sonntag oder Feiertag sein.
2. Direkte Gesetzgebung durch das Volk. Entscheidung über Krieg und Frieden durch das Volk.
3. Allgemeine Wehrhaftigkeit. Volkswehr an Stelle der stehenden Heere.

4. Abschaffung aller Ausnahmegesetze, namentlich der Preß-, Vereins- und Versammlungsgesetze; überhaupt aller Gesetze, welche die freie Meinungsäußerung, das freie Forschen und Denken beschränken.
5. Rechtsprechung durch das Volk. Unentgeltliche Rechtspflege.
6. Allgemeine und gleiche Volkserziehung durch den Staat. Allgemeine Schulpflicht. Unentgeltlicher Unterricht in allen Bildungsanstalten. Erklärung der Religion zur Privatsache.

Die Sozialistische Arbeiterpartei Deutschlands fordert innerhalb der heutigen Gesellschaft:
1. Mögliche Ausdehnung der politischen Rechte und Freiheiten im Sinne der obigen Forderungen.
2. Eine einzige progressive Einkommensteuer für Staat und Gemeinde, anstatt aller bestehenden, insbesondere der das Volk belastenden indirekten Steuern.
3. Unbeschränktes Koalitionsrecht.
4. Einen den Gesellschaftsbedürfnissen entsprechenden Normalarbeitstag. Verbot der Sonntagsarbeit.
5. Verbot der Kinderarbeit und aller die Gesundheit und Sittlichkeit schädigenden Frauenarbeit.
6. Schutzgesetz für Leben und Gesundheit der Arbeiter. Sanitäre Kontrolle der Arbeiterwohnungen. Überwachung der Bergwerke, der Fabrik-, Werkstatt- und Hausarbeit durch von den Arbeitern gewählte Beamte. Ein wirksames Haftpflichtgesetz.
7. Regelung der Gefängnisarbeit.
8. Volle Selbstverwaltung für alle Arbeiter-, Hilfs- und Unterstützungskassen."

Die sich schnell entwickelnde SAP (1890 in Sozialdemokratische Partei Deutschland SPD umbenannt) wurde von BISMARCK und den Unternehmern als **innenpolitische Gefahr** betrachtet.
Zwei Attentate auf den Kaiser nutzte der Reichskanzler, um gegen die Sozialisten vorzugehen.
Er setzte im Reichstag am 21. Oktober 1878 das **Sozialistengesetz** durch.

Das gegen die Rechtsgleichheit verstoßende **Sozialistengesetz** verbot alle sozialdemokratischen Vereine und Arbeiterhilfsorganisationen, nicht jedoch die Teilnahme sozialistischer Kandidaten an Wahlen. Es untersagte den Druck sozialistischer Zeitungen und Bücher und verbot öffentliche Kundgebungen. Das Verbot richtete sich auch gegen die Gewerkschaftsorganisationen.

Mit dem Gesetz sollte der politische Einfluss der SPD auf die Arbeiter zurückgedrängt werden. Zuwiderhandlungen gegen das Gesetz wurden mit Gefängnishaft und mit Ausweisung aus Preußen bestraft. BISMARCK versuchte neben der Peitsche, dem Sozialistengesetz, aber auch mit dem Zuckerbrot, nämlich den Sozialgesetzen wie Kranken-, Alters- und Invalidenversicherung, die Arbeiter für sich zu gewinnen und von den Sozialdemokraten zu trennen.

1883 wurde das **Gesetz zur Krankenversicherung** beschlossen. 1884 und 1889 folgten **Gesetze zur Alters- und Invalidenversicherung.** Die Sozialgesetzgebung in Deutschland diente anderen Staaten als Vorbild.
1890 lehnte der Reichstag die Verlängerung des Sozialistengesetzes ab. Das Gesetz musste aufgehoben werden.Die Sozialisten gingen trotz jahrelanger Verfolgung gestärkt aus der Auseinandersetzung mit BISMARCK hervor. Das zeigte sich auch auf dem **Erfurter Parteitag** 1891, der ein marxistisch geprägtes Parteiprogramm annahm.
Forderungen der SPD in ihrem Programm lauteten:
- Allgemeines, gleiches, direktes Wahl- und Stimmrecht,
- direkte Gesetzgebung durch das Volk,
- Erziehung zur allgemeinen Wehrhaftigkeit,
- Emanzipation der Frau,
- Erklärung der Religion zur Privatsache, Weltlichkeit der Schulen,
- Normalarbeitstag von acht Stunden,
- Verbot der Kinderarbeit,
- Beseitigung der Gesindeordnungen,
- Arbeiterversicherung durch das Reich.

9.7.3 BISMARCKS Außenpolitik

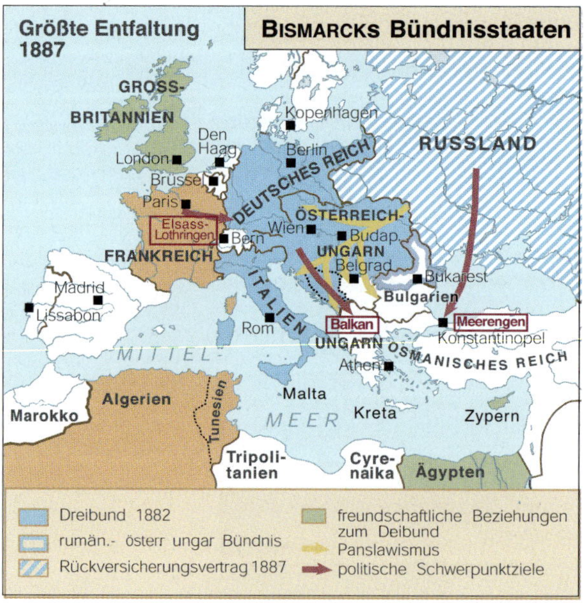

Die Gründung des deutschen Reiches hatte das Kräfteverhältnis der europäischen Staaten verändert. BISMARCK musste die Großmächte auf dem Kontinent davon überzeugen, dass Deutschland keine Vormachtstellung in Europa erringen wollte. Er betrieb eine maßvolle Außenpolitik, indem er auf eine weitere Gebietsausdehnung Deutschlands und auf den Erwerb von Kolonien verzichtete. Sein außenpolitisches Ziel war es, mit einem Verteidigungsbündnis Frankreich zu isolieren und Kriege möglichst zu vermeiden.
1873 wurde deshalb zwischen dem Deutschen Reich, Russland und Österreich-Ungarn das Dreikaiserabkommen geschlossen. 1879 verpflichteten sich Deutschland und Österreich-Ungarn im Zweibund zu wechselseitigem Beistand im Kriegsfall. Im Dreibund von 1882 trat Italien diesem Vertrag bei. Der Rückversicherungsvertrag mit Russland (1887) legte gegenseitige Neutralität in einem Konflikt Deutschland – Frankreich bzw. Russland – Österreich fest, wenn der Vertrag Schließende der Angegriffene ist. 1890 zerfiel das von BISMARCK geschaffene Bündnisgeflecht durch imperiale außenpolitische Machtansprüche Deutschlands.

10 VOM IMPERIALISMUS BIS ZUR ZERSCHLAGUNG DES NATIONALSOZIALISMUS

(um 1890–1945)

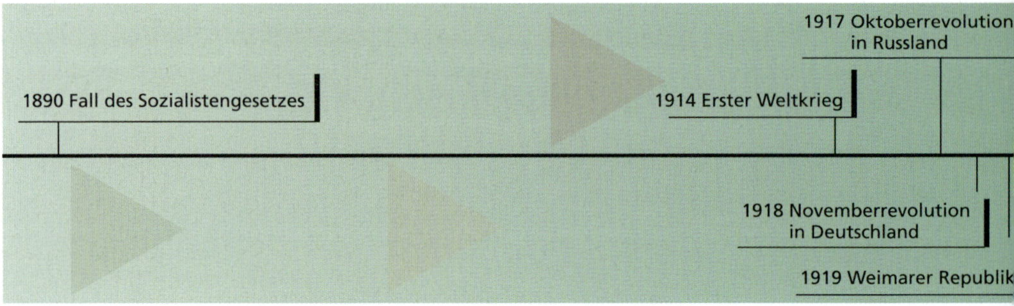

10.1 Imperialismus – der Kampf der Großmächte um Macht und Einfluss in der Welt

10.1.1 Die drei Weltmächte vor dem Ersten Weltkrieg

Das viktorianische England

Bis zum Ende des 19. Jh. war **Großbritannien** die stärkste Industriemacht der Erde. Insbesondere unter dem konservativen Premierminister Benjamin Disraeli (1874–1880), der als der „Vater des britischen Imperialismus" gilt, wurde das **Britische Weltreich** („British Empire") weiter vergrößert. Es umfasste schließlich ein Fünftel der Erde und ein Viertel der Weltbevölkerung.

Diejenigen britischen Kolonien, in denen überwiegend Weiße lebten (Kanada, Australien, Neuseeland) sowie die Kapkolonie in Südafrika erhielten schrittweise **Selbstverwaltungsrechte.**

Cecil Rhodes, seit 1890 Premierminister der Kapkolonie, begründete den **britischen Imperialismus** damit, dass die Briten die „erste Rasse der Welt" seien und Gott „sich die englisch sprechende Rasse offensichtlich zu seinem auserwählten Werkzeug geformt" habe.

Imperialismus bezeichnet ein Herrschaftsverhältnis, dem das Ziel zugrunde liegt, die Bevölkerung eines fremden Landes mit politischen, ökonomischen, kulturellen und ideologischen Mitteln zu beeinflussen, auszubeuten und weitestgehend zu beherrschen.

Zum Imperialismus wurden verschiedene Theorien entwickelt, so die von J. A. Hobson, darauf aufbauend von R. Hilferding und sozialistische Imperialismustheorien besonders von W. I. Lenin.

Gegen Ende der Regierungszeit der Königin Viktoria (1837–1901) durchbrachen die USA und Deutschland die **industrielle Vormachtstellung Großbritanniens.**

Dessen Anteil an der Weltindustrieproduktion sank zwischen 1880 und 1913 von 28 % auf 14 %. Großbritannien blieb aber noch die größte Kolonial- und Seemacht und behielt seine beherrschende Position im Welthandel und im Bank- und Versicherungswesen.

Die Tonnage der britischen Handelsflotte (Dampfschiffe)

Jahr	1880	1890	1900	1914
Mio. t	2,7	8,1	12,1	21,5

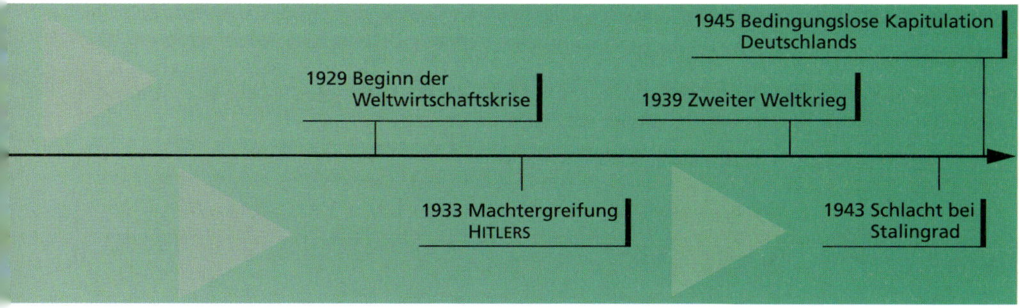

Russland nach der Aufhebung der Leibeigenschaft

Durch einen Erlass des Zaren ALEXANDER II. wurde im Jahre 1861 in **Russland** die **Leibeigenschaft** aufgehoben. Die Bauern wurden persönlich frei, und sie erhielten Ackerland. Allerdings mussten sie den bisherigen Grundbesitzern eine Loskaufsumme zahlen. Ein großer Teil der Bauern verschuldete sich und blieb so in Abhängigkeit von den Gutsbesitzern. 1881 ermordeten Mitglieder der terroristischen Geheimorganisation Narodnaja Wolja (Volkswille) ALEXANDER II. Der Nachfolger des Reformzaren, ALEXANDER III., war ein Reaktionär und großrussischer Nationalist.

Zar ALEXANDER II. (1818–1881)

Russland betrieb in Mittelasien und im Fernen Osten **Expansionspolitik,** und es unterstützte die slawischen Balkanvölker in ihrem Kampf gegen die **Fremdherrschaft** der **Türkei** und **Österreich-Ungarns.**

Seit den 90er-Jahren des 19. Jh. erlebte Russland eine stürmische **Industrialisierung.** Die Finanzierung erfolgte größtenteils entweder über Anleihen im Ausland oder durch ausländische Investitionen.
Es entstanden große und moderne Industriebetriebe, verbunden mit dem Ausbau der Infrastruktur.

Eisenbahnbau 1874

Zar ALEXANDER III. (1845–1894)

Roheisenerzeugung in Russland			
Jahr	**1880**	**1900**	**1914**
Mio. t	1,0	6,1	9,2

Die **Arbeitszeit** in den Fabriken betrug laut Gesetz 11,5 Stunden, doch das stand nur auf dem Papier. Tatsächlich mussten die russischen Arbeiter gegen kärglichen Lohn 12 bis 13, teilweise gar 16 Stunden arbeiten.

Mit der **Industrialisierung** entstand eine Arbeiterschaft, die bis 1913 auf 3,1 Millionen anwuchs. Politisch waren die Arbeiter rechtlos. Sie durften keine **Gewerkschaften** bilden und nicht streiken. Seit der Jahrhundertwende entwickelte sich eine revolutionäre sozialistische Partei, an deren Spitze WLADIMIR ILJITSCH LENIN (ULJANOW) trat.

NIKOLAUS II.
(1868–1918)

Die Not der Bauern und Arbeiter sowie die Niederlage Russlands im Krieg gegen Japan 1904/05 mündeten **1905** in eine **Revolution** ein. Das Regime des Zaren NIKOLAUS II. (1894–1917) konnte sich zwar behaupten, doch musste der Zar der Errichtung eines **Parlaments** (der **Duma**) mit gesetzgebender Vollmacht zustimmen.

In den Jahren nach 1906 wurde eine **Agrarreform** durchgeführt. Es entstand eine Schicht wohlhabender **Mittel-** und **Großbauern,** während sich für die Mehrheit der Dorfbevölkerung die Lebensbedingungen weiter verschlechterten.

Industrialisierung und Expansionspolitik der USA

Die Ford-Werke waren mit bahnbrechend in der Arbeitsorganisation, indem sie das **Fließbandsystem** einführten (Bild).

Seit den 80er-Jahren des 19. Jh. erlebten die USA eine stürmische **Industrialisierung.** Nach der Jahrhundertwende stiegen sie zur führenden Wirtschaftsmacht der Welt auf. Technische Neuerungen, eine Rationalisierung der Arbeitsorganisation, (Übergang zum Fließbandsystem) und die massenhafte Einwanderung von Arbeitskräften ermöglichten diesen Wirtschaftsaufschwung. Eine maßgebliche Rolle spielte der **Eisenbahnbau.**

Automontage in den USA am Fließband

Zwischen 1880 und 1914 wurde das Schienennetz von 104 000 Kilometer auf 406 000 Kilometer erweitert.

In der Industrie vollzog sich ein **Konzentrationsprozess,** insbesondere durch die Entstehung von **Trusts.** Während die Industrie boomte, litt die Landwirtschaft jahrzehntelang unter Verschuldung und Absatzschwierigkeiten.

Trust: Zusammenschluss mehrerer Unternehmen zum Zwecke der Gewinnsteigerung und der Marktbeherrschung

Stahlproduktion in Mio. t

Jahr	Großbritannien	USA
1880	1,3	1,2
1913	7,7	31,3

Über die Aufgabe der Kriegsflotte sagte Präsident THEODORE ROOSEVELT (1858–1919): die USA müssten nach außen hin „mit sanfter Stimme sprechen, aber einen dicken Knüppel in der Hand halten".

Nach außen betrieben die USA eine starke **Wirtschaftsexpansion.** Es gelang ihnen, auf dem gesamten südamerikanischen Markt eine beherrschende Stellung zu gewinnen. In **Südamerika** und **Asien** strebten die USA im Unterschied zu den europäischen Kolonialmächten keine direkte Herrschaft über große Territorien an, sondern begnügten sich mit **wirtschaftlicher Vorherrschaft.** Man nennt dies auch „informellen Imperialismus". Die USA bauten eine starke **Kriegsflotte** auf.
Im Krieg von 1898 besiegten die USA die alte **Kolonialmacht Spanien.** Nach dem Krieg entstand ein **amerikanisches Weltreich,** zu dem die Philip-

pinen, Puerto Rico, Hawaii und Guam gehörten. Kuba und Panama waren völlig von den USA abhängig.

10.1.2 Internationale Politik im Zeitalter des Imperialismus

Europäische Kolonialpolitik in Afrika und Asien

Um die Jahrhundertwende waren fast alle Gebiete Afrikas und die meisten der Gebiete Asiens Kolonien europäischer Mächte. Die **Kolonien** mussten ihren „Mutterländern" billige Rohstoffe und Arbeitskräfte liefern und dienten diesen als Absatzgebiete ihrer Waren. Sämtliche Führungspositionen in ihrer Verwaltung waren von Europäern besetzt.

Die territoriale Aufteilung der Welt unter den **Kolonialmächten** war um **1900** bereits nahezu abgeschlossen. Es setzte deshalb ein heftiges Ringen dieser Staaten um die letzten **überseeischen Gebiete** ein, die noch nicht zu einem der Kolonialreiche gehörten. Das waren vor allem **China, die Türkei, Marokko** und **Persien.**

Kolonialbesitz der europäischen Großmächte
(in Millionen km² und Einwohner)

	1876		1914	
	km²	Einwohner	km²	Einwohner
Großbritannien	22,5	251,9	23,5	393,5
Frankreich	0,9	6,0	10,6	55,5
Deutschland	–	–	2,9	12,3

Der britische Oberbefehlshaber, HERBERT KITCHENER, ließ 30 000 Farmen niederbrennen und 200 000 Buren – meist Frauen und Kinder – in **Konzentrationslager** pferchen. 25 000 Menschen sind in solchen Lagern umgekommen. Als diese Gräuel in Europa bekannt wurden, erhob sich ein Sturm der Entrüstung.

Der Burenkrieg

Im **südlichen Afrika** bestanden zwei Republiken (Transvaal und der Oranje-Freistaat), in denen Nachkommen holländischer Einwanderer, die **Buren,** lebten. Nachdem man in beiden Ländern riesige Vorkommen von Gold und Diamanten entdeckt hatte, kam es 1899 zwischen den **Burenrepubliken** und **Großbritannien** zum Krieg. Zunächst erlitt die britische Armee im Kampf gegen die geländekundigen und hoch motivierten burischen Milizsoldaten etliche Niederlagen.
Im Jahre 1902 mussten die Buren ihren Widerstand einstellen.

HERBERT KITCHENER (1850–1916)

Die Boxer waren eine im 19. Jh. gegründete Geheimgesellschaft. Ab Herbst 1899 richtete sich ihr Kampf gegen die imperialistische Bedrohung Chinas.
Nach der Niederwerfung des Boxeraufstandes wurden im Boxerprotokoll von 1901 Sühnebedingungen festgeschrieben.
Das Symbol der Aufständischen war eine erhobene Faust, weshalb man sie in Europa „Boxer“ nannte.

Der Boxeraufstand

Der Machtverfall des **chinesischen Kaisertums** und die wirtschaftliche Rückständigkeit Chinas ermöglichten es den europäischen Großmächten sowie Japan, große Teile des Landes als „Einflusszonen“ unter sich aufzuteilen.

Im Jahre **1900** kam es zu einer **Erhebung** der **Chinesen** gegen die **Fremdherrschaft.**

Der Aufstand wurde von **deutschen, britischen, russischen** und **japanischen Truppen** sowie den Truppen Österreich-Ungarns, Italiens und der USA niedergeworfen. Bei der Verabschiedung der deutschen Truppen hatte **Kaiser WILHELM II.** die deutschen Soldaten aufgefordert, den Kriegern des Hunnenkönigs ETZEL (ATTILA) nachzueifern. Noch nach dem Sieg über die **„Boxer“** verübten die Truppen der europäischen Groß-

mächte unter dem Oberbefehlshaber der europäischen Militärverbände, ALFRED GRAF VON WALDERSEE, zahlreiche **Massaker** an der chinesischen Zivilbevölkerung.

Kaiser WILHELM II.: „Pardon wird nicht gegeben! Gefangene werden nicht gemacht! Wer Euch in die Hände fällt, sei Euch verfallen!"

Der Herero- und Hottentottenaufstand

Westlich der beiden Burenrepubliken bestand die Kolonie **Deutsch-Südwestafrika,** das heutige Namibia. **1904** erhob sich das Volk der **Herero** gegen die deutsche Kolonialherrschaft. Der deutsche Oberbefehlshaber, General VON TROTHA, besiegte die Herero im August 1904 am Waterberg und drängte sie dann samt ihren Familien in die Wüste Omaheke ab, wo die meisten von ihnen verdursteten. Nach der Niederlage der Herero griff Anfang Oktober 1904 auch das Volk der **Nama** oder **Hottentotten** zu den Waffen. Erst 1907 stellte es den Kampf ein.

Während der beiden Aufstände fanden 1 500 deutsche Soldaten den Tod. Von den 100 000 Herero und Nama überlebten nur etwa 25 000 den blutigen **Kolonialkrieg.**

Die Herausbildung von Dreibund und Entente

Bereits seit **1879** existierte ein **Bündnis** zwischen dem **Deutschen Reich** und **Österreich-Ungarn.** 1882 wurde es durch den Beitritt **Italiens** zum **Dreibund** erweitert.

> Die Mächte des **Dreibunds** sicherten sich für den Fall, dass sie von anderen Staaten angegriffen würden, gegenseitig **militärischen Beistand** zu.

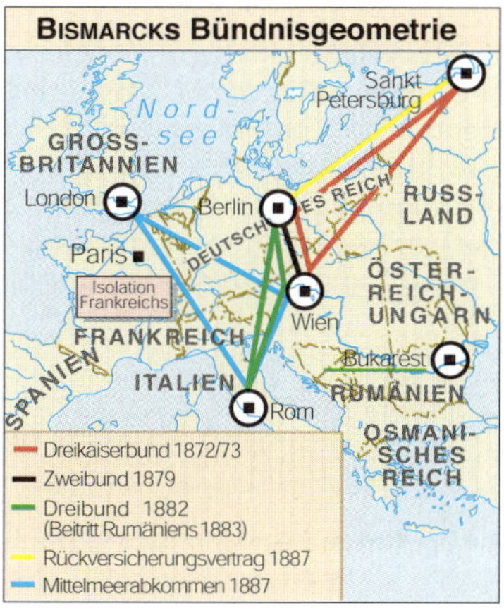

Die Regierungen **Frankreichs** und **Russlands** fühlten sich durch den mächtigen Dreibund bedroht. Sie schlossen deshalb **1893** ein **Militärbündnis.** Nach der Jahrhundertwende führte die Expansionspolitik Deutschlands dazu, dass Frankreich, Großbritannien und Russland ihre bisherigen Streitigkeiten zurückstellten. **1904** schlossen Großbritannien und Frankreich die **Entente cordiale** (franz.: „herzliches Einvernehmen"). Mit dem Beitritt Russlands 1907 bildeten Großbritannien, Frankreich und Russland die **Tripel-Entente.**

1911/12 wurden die Vereinbarungen durch wechselseitige militärische Abmachungen ergänzt und gefestigt. Damit standen sich in Europa im Vorfeld des Ersten Weltkrieges zwei hochgerüstete Machtblöcke gegenüber.

1898/99 wäre es noch fast zu einem Krieg zwischen Großbritannien und Frankreich im und um den heutigen Sudan gekommen, die sogenannte Faschodakrise.

10.2 Das Deutsche Kaiserreich ab 1890

10.2.1 Deutsche Innenpolitik nach dem Sturz BISMARCKS

Der Fall des Sozialistengesetzes

Hatte die sozialdemokratische Partei im Jahre 1878 bei den **Reichstagswahlen** 437 000 Stimmen erhalten, so erlangte sie 1890 trotz des Sozialistengesetzes 1,4 Millionen.

Reichskanzler **OTTO VON BISMARCK** hatte gehofft, die **Arbeiterbewegung** durch eine Kombination von Unterdrückungspolitik **(„Peitsche")** und Sozialgesetzen **(„Zuckerbrot")** erheblich schwächen zu können. Diese Politik scheiterte.

Am 25. Januar 1890 lehnte der **Reichstag** es ab, das **Sozialistengesetz** zu verlängern. Zwei Monate später wurde BISMARCK von Kaiser WILHELM II. entlassen.

Neuer innenpolitischer Kurs

LEO GRAF VON CAPRIVI (1831–1899)

Zum Nachfolger BISMARCKS ernannte WILHELM II. den General CAPRIVI. Die Politik des neuen Reichskanzlers wurde bald allgemein als „Neuer Kurs" bezeichnet. CAPRIVI war bestrebt, die Arbeiter mit dem bestehenden Staat zu versöhnen. Er legte ein **Gesetz zum Arbeiterschutz** vor, das der Reichstag 1891 annahm. Das Gesetz verbot die Sonntagsarbeit sowie für Frauen und Kinder unter 13 Jahren die Nachtarbeit. WILHELM II. billigte CAPRIVIS **Sozialpolitik.** Seine Handelspolitik förderte den Übergang Deutschlands vom Agrar- zum Industriestaat.
Als die erhofften Erfolge ausblieben und die Sozialdemokratie weiter erstarkte, entließ WILHELM II. 1894 CAPRIVI. Erst unter Reichskanzler BÜLOW (1900–1909) nahm die Reichsregierung die Sozialpolitik wieder auf.

Das Inkrafttreten des Bürgerlichen Gesetzbuchs

Im Jahre 1896 billigte der Reichstag den Entwurf eines **bürgerlichen Gesetzbuchs** (BGB), am 1. Januar 1900 trat es in Kraft. Zuvor hatte es in Deutschland im Privatrecht noch mehrere Rechtsgebiete gegeben. So galt in Preußen das Allgemeine Landrecht von 1794, in den Gebieten links des Rheins der französische Code Napoléon von 1804. Das **BGB** (das noch mit Abänderungen immer gültig ist) regelt insbesondere das Familienrecht und das Vermö-gensrecht.

Das BGB enthält fünf Bücher:
- Allgemeiner Teil,
- Schuldrecht,
- Sachenrecht,
- Familienrecht,
- Erbrecht.

Im Sinne eines **Rechtsstaates** schützt das **BGB** die gesetzlich erworbenen Rechte des einzelnen Bürgers und räumt ihm einen weiten Spielraum zur **autonomen Gestaltung** seiner **Rechtsverhältnisse** ein.

Das politische Gewicht der SPD und ihr internationales Ansehen

Der Sieg über das **bismarcksche Sozialistengesetz** erhöhte das Ansehen der sozialdemokratischen Partei außerordentlich. Die Partei errang in den folgenden Jahren immer wieder Erfolge bei den Wahlen, und die Zahl ihrer Mitglieder stieg stetig.

Stimmenanteil der SPD bei den Reichstagswahlen in %					
1890	**1893**	**1898**	**1903**	**1907**	**1912**
19,7	23,2	27,2	31,7	28,9	34,8

Mitglieder der SPD		
1893	**1906**	**1914**
100 000	384 000	1 086 000

KARL KAUTSKY (1854–1938)
Das Erfurter Programm löste das Gothaer Programm (1875) ab. Den grundsätzlichen Teil entwarf KARL KAUTSKY.

1891 gab sich die SPD auf ihrem **Parteitag in Erfurt** ein **revolutionäres Programm,** das den Sieg des Sozialismus voraussagte. In den folgenden Jahren hielt sie an ihrem Programm fest. Ihre praktische Politik war aber seit der Jahrhundertwende darauf gerichtet, im Rahmen der bestehenden Ordnung soziale und politische **Reformen** durchzusetzen.

Organisation und **Programm** der SPD galten den sozialistischen Parteien Europas, die sich 1889 zur **Zweiten Internationale** zusammengeschlossen hatten, als Vorbild.

Das Regierungssystem Kaiser WILHELMS II.

Nachdem WILHELM II. BISMARCK im Jahre 1890 entlassen hatte, strebte er ein „persönliches Regiment" an. Im Unterschied zu dem zurückhaltenden Kaiser WILHELM I. drängte es WILHELM II. zu öffentlichen Auftritten. Der drohende Unterton in vielen seiner Reden weckte im Ausland Ängste vor dem deutschen Kaiserreich. Unbesonnene Äußerungen des Kaisers wie in seiner „Hunnenrede" (↗ S. 338 f.) haben dem Ansehen Deutschlands in der Welt schwer geschadet.

10.2.2 Die Expansionspolitik Deutschlands

Im Jahre 1898 begann das Deutsche Reich mit dem Aufbau einer mächtigen **Kriegsflotte.** Die Briten empfanden die deutsche **Flottenrüstung** mehr und mehr als eine gefährliche Bedrohung der Verbindungswege zu ihren Kolonien.

Schlachtschiff „Prinzregent Luitpold"

Das Anwachsen der deutschen Kriegsflotte			
	1897	1905	1913
Schlachtschiffe (davon Großkampfschiffe)	7 –	27 –	33 13
Personalstärke (Mann)	17 000	38 000	64 500

Der Schlieffen-Plan

Im Jahre 1905 arbeitete der Chef des deutschen Generalstabs Generalfeldmarschall ALFRED GRAF VON SCHLIEFFEN, die endgültige Fassung eines Planes für einen Feldzug gegen Frankreich aus.

Der sogenannte **Schlieffen-Plan** sah vor, dass die Masse der deutschen Armee **überraschend** durch die neutralen Länder Belgien, Niederlande und Luxemburg hindurch in **Frankreich** eindringen und auf **Paris** vorstoßen sollte.

Entsprechend dem Schlieffen-Plan gestalteten sich die Anfangserfolge an der Westfront im Ersten Weltkrieg.

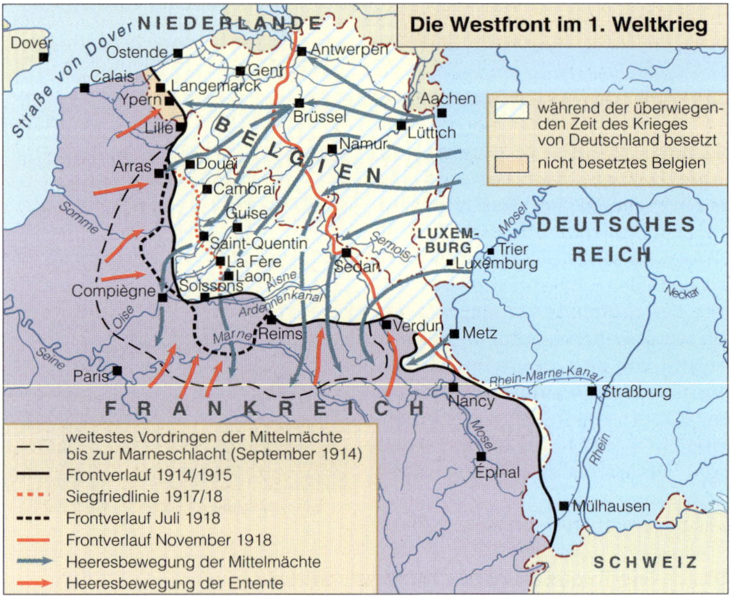

Das deutsche Heer sollte um Paris herum nach Südosten schwenken und die gesamte französische Armee in einer gewaltigen Kesselschlacht vernichten. Der Feldzug sollte nur sechs Wochen dauern. Anschließend sollte sich das Gros der deutschen Armee gegen Russland wenden. Der Schlieffen-Plan war unrealistisch, denn er unterschätzte die Kampfkraft der französischen Armee und überschätzte die möglichen Marschleistungen der deutschen Truppen.

Deutschland und die Marokko-Krisen 1905/06 und 1911

Im **Februar 1905** forderte die französische Regierung den marokkanischen Sultan auf, er solle Frankreich die Aufsicht über seine Armee und seine Zollverwaltung übergeben. Die deutsche Reichsregierung wollte die französische Expansion in Marokko stoppen. **Im März 1905** forderte die deutsche Reichsregierung, eine **internationale Konferenz** von 13 Staaten einzuberufen, die über die Ansprüche Frankreichs und anderer Länder auf Marokko befinden sollte.

Bereits seit den 90er-Jahren des 19. Jh. tobte in Marokko, das damals noch kein selbstständiger Staat war, ein erbitterter Kampf zwischen deutschen und französischen Rüstungsfirmen um die reichen **Erzvorkommen** dieses Landes und um den profitablen **Waffenhandel.**

Die **internationale Marokko-Konferenz,** die von Januar bis April 1906 in der spanischen Stadt Algeciras tagte, bedeutete einen Triumph Frankreichs und eine **diplomatische Niederlage Deutschlands.**

Die Konferenzmehrheit übertrug **Frankreich** die **Kontrolle** über die Polizei sowie das Finanz- und Zollwesen Marokkos. Damit war der Weg für die künftige Verwandlung Marokkos in eine **französische Kolonie** geebnet. Die **Entente** hatte sich gefestigt, und die Gegensätze zwischen ihr und dem deutsch-österreichischen Block hatten sich weiter zugespitzt.

Kanonenboot „Panther"

Im **Mai 1911** besetzte **Frankreich** die marokkanische Hauptstadt **Fez** und versuchte, Marokko endgültig seinem Kolonialreich einzuverleiben. Die deutsche Reichsregierung entsandte daraufhin Anfang Juli das **Kanonenboot „Panther"** und den **Kreuzer „Berlin"** vor die marokkanische Hafenstadt **Agadir.** Sie beschwor bewusst die Gefahr eines **allgemeinen Krieges** herauf, um die französische Regierung zu zwingen, große Teile ihres mittelafrikanischen Kolonialbesitzes abzutreten. Die **englische Regierung** stellte sich sofort auf die Seite Frankreichs. Das zwang die Reichsregierung zum Einlenken.

Im **November 1911** erkannte die deutsche Reichsregierung die **französische Vorherrschaft** über Marokko an. Frankreich trat dafür einen Teil seiner **Kongo-Kolonie** ab (275 000 km^2).

Die Österreicherin BERTHA VON SUTTNER veröffentlichte 1889 den Roman „Die Waffen nieder!", in dem sie das Grauen des Krieges anschaulich darstellte. Unter ihrem Einfluss entstand 1892 die **„Deutsche Friedensgesellschaft".**

Bestrebungen zum Erhalt des Friedens

Um die Jahrhundertwende vollzog sich eine **Revolution** der **Waffentechnik.** Die **Friedensbewegung** in Deutschland und weiteren Ländern setzte sich beharrlich für eine Friedenssicherung durch **internationale Schiedsgerichte** und für die Abrüstung ein. Sie blieb aber ohne nennenswerten Einfluss auf die Politik der Regierungen.
Auch die **sozialistischen Parteien Europas** versuchten den Kriegsgefahren entgegenzuwirken. Auf den **Internationalen Sozialistenkongressen in Stuttgart (1907) und Basel (1912)** gelobten sie, mit aller Kraft gegen den drohenden Krieg zu kämpfen.

10.3 Der Erste Weltkrieg und seine Folgen

10.3.1 Das Schlachtfeld Europa

Ursachen des Weltkonflikts

Im **Sommer 1914** mündeten die Rivalität und das Wettrüsten der europäischen Großmächte in den **Ersten Weltkrieg.**

FRANZ FERDINAND, Erzherzog von Österreich-Este (Bild), wurde gemeinsam mit seiner Frau SOPHIE, Herzogin von Hohenberg, im bosnischen Sarajevo von dem serbischen Nationalisten GAVRILO PRINCIP erschossen.

Russland und Österreich-Ungarn hofften, die großen innenpolitischen Probleme ihrer Länder durch einen erfolgreichen Krieg überspielen zu können. In der Regierung und Militärführung des Deutschen Reiches fühlte man sich durch die Entente „eingekreist". 1914 wollte **Österreich-Ungarn** wegen der **Ermordung des Thronfolgers, Erzherzog FRANZ FERDINAND,** mit Serbien „abrechnen". Es war klar, dass Serbien von seiner Schutzmacht Russland unterstützt werden würde. **Österreich-Ungarn** konnte deshalb einen Angriff auf Serbien nur dann wagen, wenn ihm die militärische Hilfe Deutschlands sicher war.

Deutschland rechnete so: Wich **Russland** zurück, dann würde sein internationales Ansehen einen mächtigen Schlag erleiden. Kam Russland den Serben zu Hilfe, dann käme der große Krieg (mit dem man ohnehin rechnete) zu einem für Deutschland günstigen Zeitpunkt.

Im **Juli 1914** erteilte die **deutsche Regierung** der österreichischen eine „Blankovollmacht" für einen **Krieg gegen Serbien.**

Ein **Krieg Deutschlands gegen Russland** musste zwangsläufig zum Eingreifen der **Ententepartner** Großbritannien und Frankreich führen. **Anfang August kam es dann zum Krieg.** Eine besonders **große Verantwortung** für seinen Ausbruch trug **Deutschland,** weil es durch seine „Blankovollmacht" für Österreich-Ungarn die voraussehbare Kettenreaktion in Gang gesetzt hatte.

Kriegsziele der Kontrahenten

Keine der Regierungen der europäischen Großmächte verkündete 1914 bei Kriegsbeginn offizielle Kriegsziele. Bald traten jedoch nationalistische Organisationen und Einzelpersonen mit immer **militanteren Kriegszielforderungen** an die jeweilige Regierung heran.

Annexion: Einverleibung fremden Staatsgebietes gegen den Willen des betroffenen Staates
Vasallenstaat: von einer Großmacht abhängiger Staat

Im **September 1914** formulierte die **deutsche Regierung** intern folgende **Ziele: Annexion** des **französischen Bergbaugebiets** Briey-Longwy und von **Teilen Russisch-Polens,** Verwandlung **Belgiens** in einen **Vasallenstaat Deutschlands.**

Die Regierenden **Österreich-Ungarns** strebten die Zerschlagung Serbiens und die **Vormachtstellung** auf dem **Balkan** an. Die Regierenden aller **Ententemächte** wollten **Österreich-Ungarn** und das **Osmanische Reich** (die Türkei) zerschlagen. Darüber hinaus wollte die **französische Regierung Elsass-Lothringen** zurückgewinnen und das **Saarland** annektieren, die **russische** Regierung die **türkischen Meerengen** erobern, die **britische** die konkurrierende **deutsche Handelsflotte** vernichten.

Grundzüge des Kriegsverlaufs

Entsprechend dem **Schlieffen-Plan** (↗ S. 342) sollten deutsche Truppen über Belgien und Luxemburg nach Frankreich vorstoßen und Paris umklammern.
Danach sollte der **Angriff** im **Osten** erfolgen. Die Umklammerung misslang. Die **Russen** drangen in **Ostpreußen** ein und erzielten zunächst Erfolge. Erst in der **Schlacht von Tannenberg** und an den Masurischen Seen konnten sie zurückgeschlagen werden.

PAUL VON HINDENBURG (1847–1934)
HINDENBURG, der aus dem Ruhestand geholt wurde, sowie sein Stabschef LUDENDORFF errangen in der klassischen **Umklammerungsschlacht** von Tannenberg den Sieg. HINDENBURG wurde zum Mythus für Sieg, obwohl der Sieg bei Tannenberg auf den Verlauf des Krieges nur einen geringen Einfluss hatte.

Kriegsschauplätze des Ersten Weltkrieges	
1914	
August	Beginn der Kampfhandlungen Besetzung Luxemburgs Offensive Österreichs gegen Serbien Schlacht bei Tannenberg
September	Besetzung Belgiens Marne-Schlacht im Westen
Dezember	Räumung Serbiens durch die Österreicher
1915	
Februar	Uneingeschränkter U-Boot-Krieg Winterschlacht in der Champagne und in den Masuren Beginn der Kämpfe an den Dardanellen (Türkisches Reich)
April	Erster Gasangriff der Geschichte bei Ypern (Belgien)  Soldat mit Gasmaske im Giftgaskrieg
Mai	Kriegseintritt Italiens auf Seiten der Entente

Togo und Deutsch-Südwestafrika waren schon 1914 und 1915 von den Engländern erobert worden.

Oktober	Eroberung Serbiens durch die Mittelmächte
1916	
Februar	Beginn des Angriffs auf Verdun Kamerun wird von französischen und britischen Truppen besetzt.
Mai	Seeschlacht am Skagerak (Folge: Minen- und U-Boot-Krieg)
Juni bis November	Schlacht an der Somme Russische Offensiven (Brussilow-Offensiven); Beginn der Demoralisierung des russischen Heeres
Dezember	Eroberung Rumäniens durch die Mittelmächte
1917	
März	Nach der Februarrevolution Abdankung des Zaren NIKOLAUS II.
April	USA erklären Deutschland den Krieg.
Juni/Juli	Deutsche Flugzeuge greifen London an.
Oktober	Zusammenbruch der italienischen Front
Dezember	Waffenstillstandsvertrag zwischen Deutschland und Russland in Brest-Litowsk nach erfolgreicher Revolution in Russland (Oktoberrevolution)
1918	
März	Friedensvertrag zwischen Deutschland und Russland  Begrüßung der russischen Delegation in Brest-Litowsk
März bis Juli	Letzte Offensiven des deutschen Heeres
August	Alliierter Vorstoß an der Somme
November	Matrosenaufstand in Kiel Waffenstillstand an allen Fronten

Deutschland diktierte Russland die **Friedensbedingungen:** Russland musste Polen, Litauen, Lettland und Estland abtreten. Finnland und die Ukraine sollten unter deutsche Oberhoheit gestellt werden.

In Frankreich mündete der Krieg in einen erbarmungslosen **Stellungskrieg.** Ohne dass eine Macht entscheidende Siege errang, wurden

240 000 Deutsche und 275 000 Franzosen in der Schlacht um die Festung von Verdun getötet.
Unvorstellbare Mengen von Waffen, u. a. auch Giftgasgranaten, Minen, Panzer und Flugzeuge kamen in diesem Krieg zum Einsatz.

Ursprüngliches Ziel des Deutschen Reiches war es, die Franzosen „auszubluten".

Der **Stellungskrieg** war eine erbarmungslose **Material- und Menschenschlacht.**

10.3.2 Die innenpolitische Situation während des Krieges

Die Innenpolitik der kaiserlichen Regierung in den ersten Kriegsmonaten

Für die Dauer des Krieges wurde von den politischen Parteien feierlich ein **„Burgfrieden"** proklamiert. Die **Reichsregierung** honorierte das mit **Zugeständnissen.** Die Staatsbetriebe wurden z. B. angewiesen, künftig bei ihren Beschäftigten die Mitgliedschaft in SPD und freien Gewerkschaften zu dulden. Aber erst für die Zeit **nach dem Kriege** versprach die Regierung **innenpolitische Reformen.**

Kaiser WILHELM II. prägte bei **Kriegsbeginn** den Satz „Wenn es zum Kriege kommen soll, hört jede Partei auf, wir sind nur noch deutsche Brüder", der in der Lesart **„Ich kenne keine Parteien mehr, kenne nur noch Deutsche"** zum geflügelten Wort werden sollte.

Erste Auswirkungen des Krieges auf die Lebenslage der Bevölkerung

Die **Ententemächte** verhängten gegen Deutschland eine **Wirtschaftsblockade** und verhinderten so die Einfuhr von Rohstoffen und Lebensmitteln. Im Januar 1915 musste für Brot und Mehl, im Laufe des Jahres 1916 dann für alle wichtigen Lebensmittel eine **Rationierung** auf **Karten** eingeführt werden.

Diese **Lebensmittelrationen** betrugen im Zeitraum von Juli 1916 bis Juni 1917 bei Fleisch 31 %, bei Eiern 18 %, bei Butter 22 % und bei Zucker 49 % des Vorkriegsverbrauchs.

Beginnender Umschwung in der Kriegsbegeisterung

Begeistert fahren deutsche Soldaten an die Front.

Im August 1914 wurde in erster Linie das Bürgertum und namentlich die Intelligenz von **nationalistischer Kriegsbegeisterung** ergriffen. Die Arbeiterschaft wurde nur teilweise davon erfasst, während auf dem Lande, wo die Erntearbeiten gerade im Gange waren, Besorgnis überwog. Alle Schichten der **Bevölkerung** waren sich aber in der **Überzeugung** einig, dass man zusammenstehen und das **Vaterland verteidigen** müsse. Als sich die Ankündigung Kaiser WILHELMS II., zu Weihnachten würden die Soldaten wieder zu Hause sein, nicht erfüllte, begann die Kriegsbegeisterung zu verfliegen.

Erste Antikriegsaktionen

KARL LIEBKNECHT (1871–1919) Gemeinsam mit ROSA LUXEMBURG wurde er am 15. Januar 1919 von Freikorpsoffizieren ermordet.

Der Reichstagsabgeordnete **KARL LIEBKNECHT** und weitere Vertreter des linken Flügels der SPD hatten sich im August 1914 widerstrebend der Fraktionsdisziplin gebeugt und den **Kriegskrediten** der Regierung zugestimmt. Am 2. Dezember 1914 aber stimmte LIEBKNECHT als einziger Abgeordneter **gegen** weitere **Kriegskredite.** Sein „Nein“ erregte großes Aufsehen. Im Mai 1915 schrieb LIEBKNECHT das Flugblatt „Der Hauptfeind steht im eigenen Land!“ Am 1. Mai 1916 rief er auf einer **Antikriegskundgebung** in Berlin aus: „Nieder mit dem Krieg! Nieder mit der Regierung!“ Er wurde daraufhin verhaftet und zu einer Zuchthausstrafe verurteilt.

Die zunehmende Verschlechterung der Lebenssituation

Lag der **Reallohn** der deutschen Rüstungsarbeiter 1918 bei 77,8 % des Standes von 1914, so betrug er bei den Arbeitern der sogenannten Friedensindustrien lediglich 52,2 %.

Die **Reallöhne** der Arbeiter sanken im Kriege. Das **Arbeitstempo** wurde gesteigert und die tägliche Arbeitszeit verlängert, teilweise auf 12 Stunden. Die meisten der Frauen, deren Männer zum Militärdienst einberufen worden waren und die oft die Arbeit der Männer übernommen hatten, erhielten einen minimalen Fürsorgebeitrag, der oft nur 30 % des Einkommens in Friedenszeiten betrug.

Viele **Frauen** arbeiteten in der **Industrie** oftmals unter gefährlichen und gesundheitsschädigenden Bedingungen.

Kohlrüben-Karte

— Stadt Erfurt —

2 Pfund	2 Pfund
Kohlrüben	Kohlrüben
31. Woche	32. Woche
18.–24. März 1917	25.–31. März 1917

Da die **Belieferung der Streitkräfte** die absolute Priorität (Vorrang) hatte, mangelte es der Masse des Volkes mehr und mehr an Textilien, Schuhen und Seife. Am schlimmsten aber stand es um die **Versorgung mit Lebensmitteln.**

Die Stadt Erfurt war z. B. gezwungen, die Versorgung mit Kohlrüben zu rationieren.

Die Masse des Volkes **hungerte** in den letzten Kriegsjahren, und sie **fror** im Winter. Insgesamt sind in **Deutschland** von **1914 bis 1918 763 000 Menschen,** größtenteils Kinder und alte Menschen, an den Folgen der **Unterernährung** gestorben.

Der Kampf revolutionärer Kräfte gegen den Krieg

Die **Februarrevolution 1917** in Russland (↗S. 349 f.) wirkte auch in Deutschland auf die kriegsmüden Massen. Die **linken Kräfte** in der SPD traten im **April 1917** aus der Partei aus und gründeten in Gotha die **Unabhängige Sozialdemokratische Partei (USPD).** Auch der Kreis um ROSA LUXEMBURG und KARL LIEBKNECHT, der sich mittlerweile in der **Spartakusgruppe** organisiert hatte, trat in die USPD ein.

Am **28. Januar 1918** begann weitgehend spontan in Berlin, Hamburg und vielen weiteren Städten ein mächtiger **Streik,** der vor allem Rüstungsbetriebe erfasste. Insgesamt legten eine Million Beschäftigte die Arbeit nieder.
In **Berlin** konstituierte sich eine **Streikleitung,** die sich **„Arbeiterrat"** nannte. Die erste Forderung der Streikenden lautete, unverzüglich den **Krieg zu beenden** und einen Frieden ohne Annexionen (Aneignung fremder Territorien) und Kontributionen (Entschädigungszahlungen) zu schließen. Die Staatsorgane gingen massiv gegen die Streikenden vor und erzwangen am **3. Februar** die Wiederaufnahme der Arbeit. Tausende von Arbeitern wurden zum **Militärdienst** einberufen und in ihre Personalpapiere der Vermerk „Berlin 1918“ eingetragen.

Schritte zum Waffenstillstand

Die **deutsche Oberste Heeresleitung** hoffte auch 1918 noch, einen „Siegfrieden“ zu erringen. Das war angesichts der zahlenmäßigen und technischen Überlegenheit der französischen, britischen und amerikanischen Truppen ausgeschlossen.

Trotzdem opferte die Oberste Heeresleitung von März bis Juli 1918 noch einmal eine Million deutscher Soldaten.

Britischer Tank (Panzer)

HINDENBURG (l.) und LUDENDORFF

Am **29. September 1918** verlangte LUDENDORFF von der Reichsregierung, sie solle sofort mit der **Entente** Verhandlungen über einen **Waffenstillstand** aufnehmen. Die Lage sei so ernst, dass die deutsche Front täglich zusammenbrechen könne.

Am 3. Oktober ernannte Kaiser WILHELM II. den Prinzen **MAX VON BADEN** zum **Reichskanzler.** Der Prinz galt als liberaler Reformpolitiker. Noch am selben Tag richtete Prinz MAX an den **Präsidenten der USA,** THOMAS WOODROW WILSON, eine Note, in der er um einen **Waffenstillstand** bat.

Am **11. November 1918** musste die Reichsregierung die Niederlage Deutschlands eingestehen und den harten Bedingungen der Ententemächte für einen **Waffenstillstand** zustimmen.

10.3.3 Die Revolutionen in Russland und Deutschland

Die russische Februarrevolution

Die **russische Armee** hatte im **Krieg** besonders hohe **Verluste,** und sowohl das Heer als auch die Zivilbevölkerung litten unter einer äußerst schlechten Versorgungslage. Die Bevölkerung in den Städten hungerte.

Im **März 1917** (Februar des alten russischen Kalenders) brachen in **Petrograd** (so hieß St. Petersburg seit 1914) spontan machtvolle **Streiks** aus. Der Schießbefehl des Zaren Nikolaus II. löste am 11. März unter Teilen der Petrograder Garnison eine Meuterei aus, in deren Verlauf sich die Soldaten den Demonstranten anschlossen. Am 15. März unterzeichnete Zar Nikolaus II. die Abdankungsurkunde.
Es folgte eine Zeit der Doppelherrschaft von Provisorischer Regierung und dem Petrograder Sowjet der Arbeiterdeputierten („Provisorisches Exekutivkomitee des Arbeiterdeputiertenrates“).

> **Zar Nikolaus II.** wurde am 21. März 1917 verhaftet.
> Das **Parlament** (die Duma) bildete eine **Provisorische Regierung,** an deren Spitze der liberale Großgrundbesitzer Fürst Lwow trat.

Wladimir Iljitsch Lenin (Uljanow) (1870–1924)
Lenin wurde als Vorsitzender des Rates der Volkskommissare Führer des Staates.

Die Oktoberrevolution in Russland

Die **Provisorische Regierung,** deren Ministerpräsident ab 21. Juli 1917 **Alexander F. Kerenski** war, war nicht bereit, Russland aus dem mörderischen Krieg herauszuführen.
In breiten Bevölkerungsschichten wuchs so der Einfluss der Anhänger Lenins, der **Bolschewiki.** Im **September 1917** errangen sie in den **Sowjets** von Petrograd und Moskau die Führung.

Sturm auf das Winterpalais aus dem Revolutionsfilm von Eisenstein

> In der Nacht zum **8. November** (26. Oktober nach russischem Kalender) besetzten die „Roten Garden“ der **Bolschewiki** strategisch wichtige Positionen Petrograds: die Ministerien, Bahnhöfe, Brücken und Telegraphenstationen und verhafteten die Regierung. Damit hatte eine kleine Gruppe von **Berufsrevolutionären,** die sich auf eine straff organisierte kommunistische Partei mit 200 000 Mitgliedern stützte, ihre **Herrschaft** über ganz **Russland** errichtet.

Die orthodoxen Kirchen hatten die gregorianische Kalenderreform von 1582 nicht mitgemacht. Die Differenz zum alten julianischen Kalender betrug 1917 schon 13 Tage.

Lenin übernahm das Amt des Regierungschefs. Noch am 8. November verkündete er vor dem **II. Gesamtrussischen Kongress der Arbeiter- und Soldatenräte das „Dekret über den Frieden“.** Er schlug darin allen Krieg führenden Ländern einen **sofortigen Waffenstillstand** vor.

Die weltweite Auswirkung der Oktoberrevolution

Lenins **Friedensbotschaft** fand bei den Menschen in den Krieg führenden Ländern einen großen Widerhall. Wenige Tage nachdem die Friedensbotschaft verkündet worden war, begannen Verhandlungen mit der deutschen Regierung, und einen Monat später schwiegen an der deutsch-russischen Front die Waffen.

In wenigen Tagen lösten die Bolschewiki zwei weitere Ankündigungen ein (z. B. das Dekret über den Boden), durch die sie im Verlaufe des Jahres 1917 unter den Bauern und Arbeitern viele Anhänger gefunden hatten.

Die **Enteignung** der Grundbesitzer, die Einführung der **Arbeiterkontrolle** in den Betrieben, die **Ausrufung** Russlands zur **Sowjetrepublik** und die Bildung einer **„Arbeiter-und-Bauernregierung"** bedeuteten eine Absage an den westlichen Kapitalismus und Parlamentarismus. Das erklärte Ziel der neuen Herrschenden in Russland war die Errichtung einer **sozialistischen Staats- und Gesellschaftsordnung.**

Die Bolschewiki hofften, dass weitere Länder dem Vorbild Sowjetrusslands folgen würden **(„Weltrevolution").** Stattdessen wurde versucht, in einem mehrjährigen **Bürgerkrieg,** unterstützt durch militärische Interventionen, die Revolution niederzuschlagen.

Durch das **„Dekret über den Boden"** nahmen die Bauern den Grund und Boden in Besitz. Ein weiteres **Dekret** unterstellte alle Fabriken der Kontrolle der Arbeiter.

Die Novemberrevolution in Deutschland

Im **Herbst 1918** hatten in Deutschland die Sehnsucht nach Frieden und die Empörung über die Kriegspolitik der Herrschenden die breiten Massen ergriffen. Die **spontane Volksbewegung,** eingeleitet durch die Matrosenaufstände in Wilhelmshaven und Kiel, fegte das Regime Wilhelms II. hinweg. **Reichskanzler** Prinz Max von Baden übertrug am 9. November dem Vorsitzenden der SPD, **Friedrich Ebert,** das Amt des **Reichskanzlers.**

Noske (MSPD) spricht zu den Matrosen in Wilhelmshaven.

Die **Führungen von MSPD** (Mehrheits-SPD, so wurde die SPD seit der Abspaltung der USPD allgemein genannt) und USPD bildeten am 10. November eine **Revolutionsregierung,** den sechsköpfigen **Rat der Volksbeauftragten.** Dieser legte sich sogleich darauf fest, **Wahlen** für eine **Nationalversammlung** vorzubereiten.

In den **Räten** dominierten Anhänger der **MSPD,** doch die Führer der Partei betrachteten diese Gremien mit Argwohn. Die Entwicklung in Sowjetrussland hatte sie mit großer Besorgnis erfüllt, und sie glaubten , in Deutschland bestehe eine „bolschewistische Gefahr".

In den folgenden Monaten warfen **Regierungstruppen** und **rechtsextreme Freikorps** alle Aufstandsversuche nieder. Dazu ermordeten sie am 15. Januar 1919 die Führer der am 30. Dezember 1918 gegründeten **KPD,** KARL LIEBKNECHT und ROSA LUXEMBURG.

Schon am 10. November 1918 erreichte EBERT mit General GROENER eine Übereinkunft, um die Reichswehr auf die Seite der neuen Regierung zu ziehen. Am 15. November schloss der Gewerkschaftsführer LEGIEN mit dem Industriellen STINNES ein Abkommen, das den Arbeitern den Achtstundentag und den Gewerkschaften die Tarifautonomie brachte.

In den Wochen nach dem 9. November lag die eigentliche Macht in den Händen der **Arbeiter- und Soldatenräte,** die sich in ganz Deutschland gebildet hatten.

In **Bürokratie, Offizierskorps** und **Wirtschaft** änderte sich seit dem 9. November kaum etwas. Es blieben die **alten Kräfte** größtenteils auf ihren Positionen.

Die USPD wurde zum Sammelbecken der Unzufriedenen, am 29./30. Dezember verließ sie den Rat der Volksbeauftragten. Es kam zu Unruhen, Streiks, gar Aufständen. Die Führung der MSPD verbündete sich daraufhin mit den Militärs des alten Heeres.

Die Ausrufung der Republik

Am frühen Nachmittag des 9. November hatte sich in Berlin vor dem Reichstagsgebäude eine riesige Menschenmenge versammelt. **PHILIPP SCHEIDEMANN,** der Vorsitzende der sozialdemokratischen Reichstagsfraktion, rief vom Balkon vor dem Lesesaal des Reichstags die Republik aus. Seine Rede begann mit dem Satz: „Das deutsche Volk hat auf der ganzen Linie gesiegt", und endete mit dem Ausruf: „Es lebe die deutsche Republik!" Danach rief KARL LIEBKNECHT die sozialistische deutsche Republik aus.

Mit der Rede SCHEIDEMANNS setzte die **Führung der MSPD** sich an die Spitze der **revolutionären Bewegung,** die sie eigentlich nicht gewollt hatte. Gleichzeitig gab sie zu verstehen, dass die **Revolution** ihr Ziel bereits erreicht habe und zu beenden sei.

Am **19. Januar 1919** fanden die **Wahlen zur Nationalversammlung** statt. Nach den Wahlen bildete die MSPD mit der katholischen Zentrumspartei und der liberalen Deutschen Demokratischen Partei (DDP) die Regierung.

Am **11. Februar** wählte die Nationalversammlung FRIEDRICH EBERT zum **Reichspräsidenten** und zwei Tage später berief dieser PHILIPP SCHEIDEMANN zum **Ministerpräsidenten.**

Ergebnisse der Revolution

Die Novemberrevolution führte zum Sturz der Monarchie. Eine Umwälzung der gesellschaftlichen Verhältnisse unterblieb.

Im Ergebnis der **Novemberrevolution** entstand die **Weimarer Republik,** der erste demokratische Staat in Deutschland. Zu den Errungenschaften der Revolution zählten das **Frauenwahlrecht** und der **Achtstundentag.**

10.3.4 Veränderungen der Welt nach dem Ersten Weltkrieg

Herausbildung neuer europäischer Staaten

Durch den **Zusammenbruch** des **russischen Zarenreiches** und **Österreich-Ungarns** veränderte sich die **Staatenlandschaft** in **Europa.**

Finnland sowie die **baltischen Länder** Litauen, Lettland und Estland trennten sich von Russland. Als **Nachfolgestaaten Österreich-Ungarns** entstanden die **Tschechoslowakische Republik** und die Republiken **Österreich** und **Ungarn. Polen,** das seit dem Ende des 18. Jh. zwischen Russland, Österreich und Preußen aufgeteilt gewesen war, erhielt seine **Unabhängigkeit.** Auf dem Balkan schlossen sich **Serbien** und **Montenegro** mit den südslawischen Gebieten Österreich-Ungarns (Kroatien, Slowenien und Bosnien) zum „Königreich der Serben, Kroaten und Slowenen" zusammen. **1929** wurde das Land in **„Jugoslawien"** umbenannt.
Deutschland musste **Gebiete** an Frankreich, die Tschechoslowakei, Dänemark und Polen **abtreten.** Es verlor über 70 000 km^2 Land (etwa 13,5 % des Territoriums) mit mehr als 7 Millionen Einwohnern (knapp 10 % seiner Bevölkerung). Auf diese Gebiete entfielen etwa 75 % der deutschen Eisenerz- und Zinkförderung, 20 % der Steinkohlenförderung und 26 % der Roheisenerzeugung. Die deutschen Kolonien wurden als Völkerbundsmandat unter die Siegermächte aufgeteilt.

10.4 Die Weimarer Republik

10.4.1 Die Weimarer Verfassung

Die **Verfassung** und die Republik wurden nach dem Tagungsort der Nationalversammlung Weimar benannt. Diese tagte vom 6. Februar bis zum 30. September in Weimar.

Am 14. August 1919 trat die **Weimarer Verfassung** in Kraft. Die Verfassung stärkte die Stellung des Reichstages, der für die Gesetzgebung und die Überwachung der Tätigkeit der Reichsregierung zuständig war. Seine Handlungsmöglichkeiten waren jedoch durch die Machtfülle des **Reichspräsidenten** eingeschränkt.

Nationalversammlung in Weimar im Nationaltheater

Das deutsche Reich war nach der Weimarer Verfassung **Republik, Bundesstaat, repräsentative parlamentarische Demokratie** und **Rechtsstaat.**

Artikel 48 der Verfassung gestattete dem Reichspräsidenten in Verbindung mit dem Artikel 25 den Reichstag aufzulösen und mit Notverordnungen zu regieren.

Art. 25: „Der Reichspräsident kann den Reichstag auflösen, jedoch nur einmal aus dem gleichen Anlass.
...
Aus Art. 48, Abs. 2: Der **Reichspräsident** kann, wenn im Deutschen Reiche die öffentliche Sicherheit und Ordnung erheblich gestört oder gefährdet wird, die zur Wiederherstellung der öffentlichen Sicherheit und Ordnung nötigen Maßnahmen treffen, erforderlichenfalls mit Hilfe der bewaffneten Macht einschreiten."

Die Verfassungsorgane

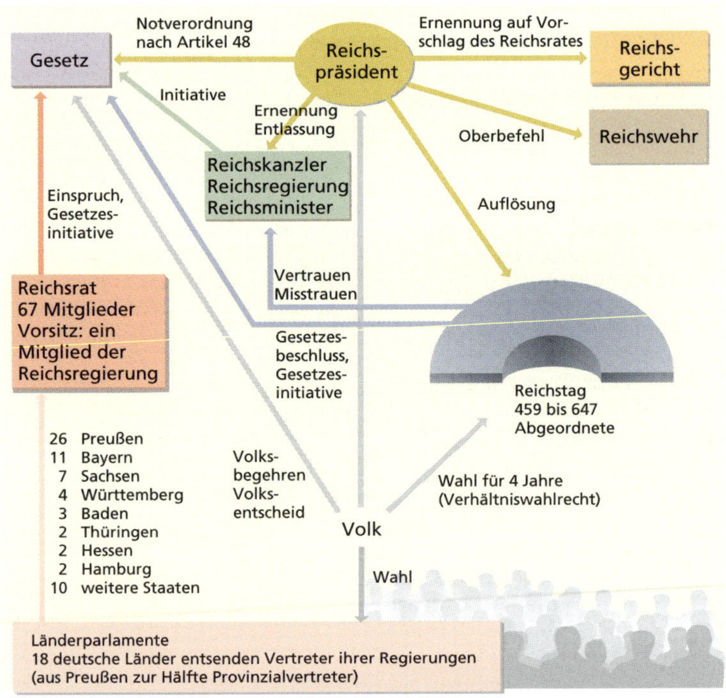

Artikel 22 der Weimarer Verfassung legte fest, dass die Abgeordneten zu allen Vertretungskörperschaften in **allgemeiner, gleicher, unmittelbarer**

und **geheimer Wahl** von den über zwanzig Jahre alten Männern und Frauen nach der Verhältniswahl gewählt werden. **Damit erhielten Frauen in Deutschland zum ersten Mal das Wahlrecht.**

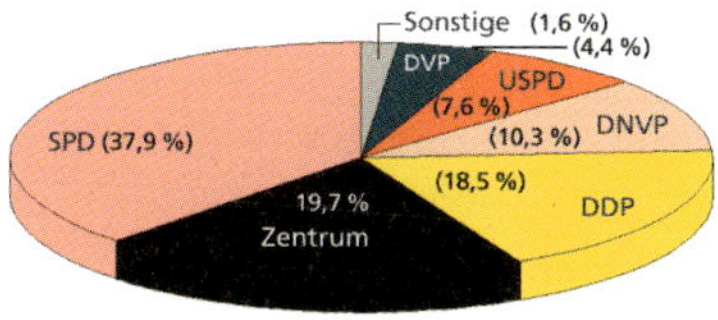

Die SPD ging aus den Wahlen zur Nationalversammlung als stärkste Partei hervor (37,9 %). Zum Ministerpräsidenten der Koalition der SPD mit der DDP (Deutsche Demokratische Partei) und der Zentrumspartei (der sogenannten „Weimarer Koalition") wurde PHILIPP SCHEIDEMANN bestimmt. Am 11. Februar 1919 wählte die Deutsche Nationalversammlung FRIEDRICH EBERT zum **Reichspräsidenten.**

FRIEDRICH EBERT (1871–1925)

PHILIPP SCHEIDEMANN (1865–1939)

Herausbildung der parlamentarischen Demokratie

Unter den Linkskräften bestand hinsichtlich des zu errichtenden Staatswesens **kein** Konsens. Zum anderen stützte sich die Regierung der Republik in Verwaltung, Wirtschaft und Militär auf konservative und antidemokratische Kräfte des Kaiserreichs. Beides war für die **demokratische Entwicklung** verhängnisvoll.

Mehrheitssozialdemokraten (MSPD) und Teile der Unabhängigen Sozialdemokraten (USPD)	**Mehrheit der USPD und kommunistische Gruppen, z.B. Spartakusbund**
Parlamentarische Republik nach westlichem Muster. Baldige Wahlen zu einer verfassunggebenden Nationalversammlung, danach Umgestaltung Deutschlands durch demokratisch legitimierte Reformen.	**Sozialistische Republik** nach sowjetischem Vorbild. Zuerst grundlegende Veränderung der staatlichen Organisation und der gesellschaftlichen Besitzverhältnisse nach kommunistischem Muster. Erst danach Wahlen zu einer Nationalversammlung.
Proklamation der Deutschen Republik durch PHILIPP SCHEIDEMANN (MSPD)	**Ausrufung der „freien sozialistischen Republik" durch KARL LIEBKNECHT (Spartakus)**

10.4.2 Parteien und Regierungen

In der Weimarer Republik versuchten viele Parteien Einfluss zu gewinnen. Zu den wichtigsten gehörten die Sozialdemokratische Partei Deutschlands (**SPD,** gegründet 1869), die Unabhängige Sozialdemokratische Partei (**USPD,** 1917 von der SPD abgespalten), die Kommunistische Partei Deutschlands (**KPD,** 1918/19 von der USPD abgespalten), die Nationalsozialistische Deutsche Arbeiterpartei (**NSDAP,** gegründet 1919), die Deutschnationale Volkspartei (**DNVP,** gegründet 1918), die Deutsche Volkspartei

Das **Parteienspektrum** war sehr breit gefächert, von linksradikalen bis zu rechtsradikalen Parteien.

Das Schlagwort **„Republik ohne Republikaner"** bringt deutlich den Mangel der Weimarer Republik zum Ausdruck. SEBASTIAN HAFFNER brachte es auf den Punkt: „Der Weimarer Koalition blieb nichts anderes übrig, als die von der Revolution geschaffene Republik zu der ihren zu machen. Damit schuf sie sich eine ... **Daueropposition von rechts** ... ; und diese war gefährlicher als die Linksopposition, weil sie nach wie vor fast alle Staatsstellungen in Heer und Beamtenschaft besetzt hielt; der Staat von Weimar hatte von Anfang an eine ganze Armee von **Verfassungsfeinden** im öffentlichen Dienst!"

(**DVP**, gegründet 1918), die Deutsche Demokratische Partei (**DDP**, gegründet 1918), die Zentrumspartei (**Z**, gegründet 1870) und die **Bayerische Volkspartei** (BVP, gegründet 1918). Das Zentrum schloss von 1924 bis Juli 1932 ein Wahlbündnis mit der Bayerischen Volkspartei.

Diese **Vielparteiennationalversammlung,** die **politische Schwäche** der Regierung, die **wirtschaftlichen Probleme,** hervorgerufen durch den **Versailler Vertrag** und die Weltwirtschaftskrise, sowie die politischen Auseinandersetzungen mit rechten und linken Kräfte führten zu einer enormen **Instabilität** der Regierung.

Beginn der Regierungszeit	Dauer	Koalition
13. Februar 1919	4 Monate, 7 Tage	SPD, Z, DDP
21. Juni 1919	9 Monate, 6 Tage	SPD, Z
27. März 1920	2 Monate, 24 Tage	SPD, Z, DDP
21. Juni 1920	10 Monate, 20 Tage	Z, DDP, DVP
10. Mai 1921	5 Monate, 16 Tage	SPD, Z, DDP
26. Oktober 1921	12 Monate, 27 Tage	SPD, Z, DDP
22. November 1922	8 Monate, 22 Tage	DVP, Z, DDP
13. August 1923	1 Monat, 24 Tage	SPD, Z, DDP, DVP
06. Oktober 1923	1 Monat, 24 Tage	SPD, Z, DDP, DVP
30. November 1923	6 Monate, 4 Tage	Z, DDP, DVP, BVP
03. Juni 1924	7 Monate, 12 Tage	Z, DDP, DVP
15. Januar 1925	12 Monate, 5 Tage	Z, DDP, DVP, DNVP
20. Januar 1926	3 Monate, 23 Tage	Z, BVP, DDP, DVP
13. Mai 1926	8 Monate, 16 Tage	Z, DDP, DVP
29. Januar 1927	17 Monate	Z, BVP, DDP, DVP
29. Juni 1928	21 Monate	SPD, Z, BVP, DDP, DVP
30. März 1930	18 Monate, 10 Tage	Präsidialkabinett
09. Oktober 1931	7 Monate, 22 Tage	Präsidialkabinett
01. Juni 1932	6 Monate, 2 Tage	Präsidialkabinett
03. Dezember 1932	1 Monat, 27 Tage	Präsidialkabinett
30. Januar 1933		NSDAP, DNVP

Die seit 1930 berufenen **Präsidialkabinette** (↗ S. 365) waren nur dem **Reichspräsidenten** verpflichtet. Sie konnten sich auf keine Mehrheit im Reichstag stützen.

10.4.3 Der Versailler Vertrag

Während in Weimar die deutsche Nationalversammlung tagte, wurde in Paris von den **Siegermächten** des Ersten Weltkrieges (Frankreich, vertreten durch den Ministerpräsidenten GEORGES CLEMENCEAU, USA, vertreten durch den Präsidenten WILSON, und Großbritannien, vertreten durch den Premier LLOYD GEORGE) der **Friedensvertrag** verhandelt. Am 28. Juni 1919 wurde im Spiegelsaal von Versailles von der deutschen Delegation der Friedensvertrag (Versailler Vertrag) unterzeichnet.

Unterzeichnung des Versailler Vertrages

Für Deutschland unterzeichneten die Minister HERMANN MÜLLER (SPD) und HANS BELL (Zentrum) am 28. Juni 1919 den Vertrag.

Bestandteile des **Versailler Vertrages** waren
- Gebietsabtretungen,
- Abrüstungsforderungen,
- Sachlieferungen und Reparationszahlungen.

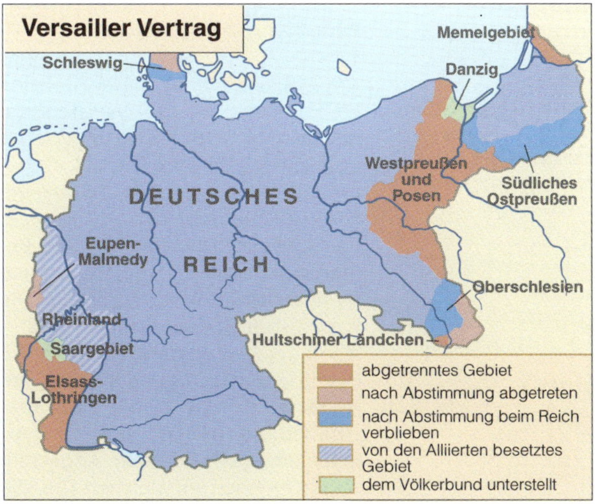

Die Rechtliche Grundlage war der **Kriegsschuldartikel** 231, nach dem Deutschland als alleiniger Kriegsschuldiger behandelt wurde. Dieser Artikel beinhaltet u. a.:
„Die alliierten und assoziierten Regierungen erklären und Deutschland erkennt an, daß Deutschland und seine Verbündeten als Urheber aller Verluste und aller Schäden verantwortlich sind, welche die alliierten und assoziierten Regierungen und ihre Angehörigen infolge des ihnen durch den Angriff Deutschlands und seiner Verbündeten aufgezwungenen Krieges erlitten haben."

Bestandteil des Versailler Vertrages war auch die Satzung des **Völkerbundes,** in den Deutschland zunächst nicht aufgenommen wurde.
In weiteren Verträgen wurde der Frieden mit den Verbündeten Deutschlands geschlossen. Österreich, Ungarn, Bulgarien und die Türkei mussten ähnlich harte Bedingungen wie Deutschland hinnehmen. Sie mussten

Gebiete abtreten, aus denen neue Staaten gebildet wurden (Ungarn, Tschechoslowakei, Polen und Jugoslawien) (↗ S. 353).

Der **Versailler Vertrag** wurde zur ständigen **innenpolitischen Belastung der Weimarer Republik** und trug den Keim für neue **militärische Auseinandersetzungen** in sich.

10.4.4 Die Anfangsjahre der Republik

Die **„Dolchstoßlegende"** besagte, dass die Linkskräfte durch ihre Revolution dem Heer in den Rücken gefallen seien und somit die Niederlage des „im Felde unbesiegten Heeres" herbeigeführt hätten.

Bereits in den Anfangsjahren wurde deutlich, dass die Republik einer zunehmend starken **Opposition** von rechts und links gegenüberstand. Die rechten konservativen Kräfte belasteten das politische Klima mit der von ihnen propagierten „Dolchstoßlegende".
Außerdem sahen die Rechten in den demokratischen Kräften „Erfüllungspolitiker" des Versailler Vertrages. Die Linken hingegen lehnten die Weimarer Republik als bürgerlich-kapitalistischen Staat ab.

Bis 1923 führten Bedrohungen des Staates von rechts und links zum **Zerfall** der die Republik tragenden **Regierungsmehrheit** (SPD, Z, DDP, DVP) sowie zu zahlreichen **Unruhen** und **Morden.**

Bedrohungen von rechts

Die Freikorps bestanden aus ehemaligen Soldaten des Heeres, teilweise auch aus Freiwilligen.

Am 13. März 1920 besetzte eine **Freikorpseinheit,** die Marinebrigade ERHARDT, das Regierungsviertel und andere Zentren Berlins. Generallandschaftsdirektor WOLFGANG KAPP und General WALTHER FREIHERR VON LÜTTWITZ übernahmen die Regierung. Sie bildeten eine konservativ-agrarische **Putschregierung.** Die Putschisten stießen auf den Widerstand der Ministerialbürokratie. Die Führung der SPD und der USPD, der Allgemeine Deutsche Gewerkschaftsbund (ADGB) und die Arbeitsgemeinschaft freier Angestellter riefen noch am gleichen Tag, die KPD einen Tag später zum **Generalstreik** auf. Am 15. März 1920 waren Wirtschaft und Verkehr in Berlin völlig lahmgelegt. Am 17. März verließen die Putschisten die Stadt.

KAPP-Putschisten verteilen Flugblätter.

Nach den beiden führenden Personen wird dieser Putsch auch KAPP-Putsch oder KAPP-LÜTTWITZ-Putsch genannt.

Im **März 1920** wurde durch einen **Generalstreik** verhindert, dass durch einen Putsch in Deutschland eine **Diktatur** errichtet wurde.

Mitglieder einer rechtsradikalen Organisation ermordeten 1921 den Zentrumspolitiker und Finanzminister **ERZBERGER** und im Jahre 1922 den deutschen Außenminister **WALTHER RATHENAU.**
Am 8. November 1923 versuchte die NSDAP, von Bayern aus die Reichsregierung zu stürzen **(Hitler-Putsch).** In München machte die Polizei dem Aufmarsch ein gewaltsames Ende. ADOLF HITLER wurde verhaftet und zu fünf Jahren Gefängnis verurteilt, das er bereits nach acht Monaten verlassen konnte.

Beide Politiker wurden 1920 von Mitgliedern einer rechtsradikalen Geheimorganisation Consul ermordet.

Arbeiteraufstände

Im **Ruhrgebiet** kämpften Arbeiter unter Führung der KPD. Es wurde bereits 1920 eine **Rote Ruhrarmee** gegründet, die in blutigen Kämpfen von Reichswehreinheiten besiegt wurde.
Der Kommunist MAX HÖLZ organisierte in Sachsen und Thüringen Aufstände, die ebenfalls von der Reichswehr blutig niedergeschlagen wurden.
In den letzten Wochen des Jahres **1923** brachen Arbeiteraufstände in Hamburg, Sachsen und Thüringen aus. Sie richteten sich gegen die zunehmende Verschlechterung der Lage der Arbeiter, hervorgerufen durch die Inflation. Auch in diesen Aufständen wurden Hunderte von Arbeitern durch die Reichswehr getötet.

Ursachen und Folgen der Inflation

Bereits während des Krieges wurde in Deutschland viel Geld gedruckt, um die ständig wachsenden Kriegskosten zu bezahlen. So war immer mehr Geld im Umlauf, als Güter vorhanden waren. Die Preise stiegen schon damals an. Bis 1918 hatte sich der Wert des Geldes halbiert.

Aufgrund der hohen **Kriegsschulden** und **Reparationen,** die Deutschland nach dem Krieg aufbringen musste, wurden die Staatseinnahmen immer geringer. Die Waren im Land wurden ständig teurer, und so wurde noch mehr Geld gedruckt. Damit wurde das Geld immer wertloser. Diese **Inflation** war für viele Menschen mit Armut und Hunger verbunden. Besonders Rentner und kleine Lohn- und Fürsorgeempfänger waren die Opfer. Im November 1923 war das deutsche Geld wertlos. Der

Inflation: Sinken des Geldwertes, hervorgerufen durch eine über den Bedarf hinausgehende Zunahme der Geldmenge

Reparation: Verpflichtung des Besiegten zur Wiedergutmachung der durch Kriegshandlungen bei den Siegern verursachten Schäden

Wert eines US-Dollars entsprach 4 200 000 000,– Mark. Für 1 kg Brot wurden 201 000 000,– Mark bezahlt.
Die Regierung unter GUSTAV STRESEMANN gab zur wirtschaftlichen Stabilisierung am 15. November die **Rentenmark** als neue Währung aus.
Viele Menschen hatten jedoch ihre Spareinlagen verloren. Gewonnen hatten Besitzer von Sachwerten und Devisen. Viele der Opfer wurden zu erbitterten Gegnern der Weimarer Republik.

Der Rapallo-Vertrag

WALTHER RATHENAU (1867–1922)
Inhalt des Rapallo-Vertrages war die Aufnahme diplomatischer Beziehungen zur UdSSR, Schaffung von Handelsbegünstigungen und Verzicht auf Wiedergutmachung aus dem Krieg. Rechtsradikale Kräfte in Deutschland diffamierten RATHENAU als „Erfüllungspolitiker". Er wurde am 24. Juni 1922 erschossen.

Da Deutschland nach dem Krieg international isoliert war und die Politiker von den Siegermächten mit Misstrauen betrachtet wurden, versuchte Deutschland mit dem ebenfalls geächteten Sowjetstaat politische und wirtschaftliche Vereinbarungen zu treffen.
Im April 1922 unterzeichnete der deutsche Außenminister WALTHER RATHENAU am Rande einer **Wirtschaftskonferenz in Rapallo,** einem Vorort von Genua, den nach diesem Ort benannten Vertrag.

> Der **Rapallo-Vertrag** war der erste Schritt einer eigenständigen deutschen Außenpolitik nach dem Ersten Weltkrieg.

Die Ruhrbesetzung

Die Zahlungen der **Reparationen** belasteten Deutschland sehr. Obwohl die Regierung bemüht war, den Forderungen pünktlich nachzukommen, geriet sie Ende 1922 mit Holz- und Kohlelieferungen an Frankreich und Belgien in Verzug. Frankreich und Belgien besetzten daraufhin mit Soldaten das Ruhrgebiet. Auf diese Weise wollte Frankreich die Reparationszahlungen sichern und gleichzeitig Deutschland schwächen. Die deutsche Regierung mit ihrem Reichskanzler WILHELM CUNO rief daraufhin zum **passiven Widerstand** auf, d. h. keinem Befehl der Besatzer zu folgen. Die Franzosen reagierten hart auf jeden Widerstand.

Französischer Besatzungssoldat

Im September 1923 trat die deutsche Reichsregierung zurück und GUSTAV STRESEMANN (DVP) bildete eine neue Regierung. Der passive Widerstand gegen die Ruhrbesetzung wurde abgebrochen.
Die **Reparationsleistungen** wurden jetzt auch von den Alliierten als unrealistisch eingeschätzt. Entsprechend der deutschen Zahlungsfähigkeit wurde 1924 auf Initiative der USA der **Dawes-Plan** vereinbart.
Deutschland wurde verpflichtet, bis 1927/28 jährlich 1–1,75 Milliarden Goldmark und danach jährlich 2,2 Milliarden Goldmark zu zahlen. Dazu erhielt Deutschland eine US-Anleihe. Frankreich räumte im Gegenzug bis zum August 1925 das Ruhrgebiet.

i Etwa 140 000 Beamte und Angestellte wurden von den Franzosen aus dem Ruhrgebiet ausgewiesen. Gefängnisstrafen wurden verhängt und die Arbeitslosigkeit wuchs.

10.4.5 Die „Goldenen Zwanziger"

Außenpolitische Erfolge

GUSTAV STRESEMANN, der in den kritischen Monaten 1923 die Regierung geführt hatte und danach bis 1929 Außenminister war, begann das Vertrauen des Auslandes wieder zu gewinnen.
Der Dawes-Plan, unterstützt durch die US-Anleihen, stabilisierte die deutsche Wirtschaft und die Sanierung der deutschen Währung.
Besonders das Verhältnis zu Frankreich musste verbessert werden, um aus der internationalen Isolierung herauszukommen.

GUSTAV STRESEMANN (1878–1929)

Im Oktober 1925 garantierten Deutschland, Frankreich und Belgien in **Locarno** vertraglich, die **gemeinsamen Grenzen anzuerkennen.** Als **Garantiemächte** traten Großbritannien und Italien dem Abkommen bei.

FRANK B. KELLOGG (1856–1937)

Mit Polen und der Tschechoslowakei wurden in Locarno Schiedsabkommen abgeschlossen, d. h., auf gewaltsame Veränderungen der bestehenden Grenzen wurde verzichtet.

Am 8. September 1926 konnte Deutschland dem **Völkerbund** beitreten.
1928 unterzeichnete Deutschland mit 14 weiteren Staaten ein Abkommen, in dem Krieg als Mittel der Politik geächtet wurde. Diesem **Briand-Kellogg-Pakt** traten 45 weitere Staaten bei, darunter auch die Sowjetunion.

Unterzeichnung des Briand-Kellogg-Paktes

ARISTIDE BRIAND (1862–1932)

Wirtschaftsaufschwung

Mit der Stabilisierung der Währung und den US-Anleihen floss Geld in die Wirtschaft und in die Gemeinde- und Länderkassen. Es konnte ein **wirtschaftlicher Aufschwung** finanziert werden.

In den Jahren zwischen 1924 und 1928 erlebte Deutschland eine relative **Stabilisierung der Wirtschaft,** die von Modernisierung und Rationalisierung begleitet war.

Aus den USA wurden Fließband- und Akkordarbeit übernommen. Die wachstumsorientierten Industriebranchen Elektrotechnik, Maschinenbau und Chemie nahmen einen besonderen Aufschwung. Es wurden verstärkt langlebige **Konsumgüter** produziert. Es kam zu Konzentrationsprozessen, so durch die Gründung der IG Farbenindustrie AG 1925 und der Vereinigten Stahlwerke AG 1926.

Im Februar 1929 wurde unter Leitung des amerikanischen Finanzmanagers OWEN YOUNG der **Young-Plan** verabschiedet. Danach musste Deutschland 112 Milliarden Goldmark bis zum Jahre 1988/89 an Reparationen zahlen. Gegenüber dem Dawes-Plan stellte er eine bedeutende Verbesserung für Deutschland dar.

Das Wirtschaftswachstum ließ die **Arbeitslosigkeit** zurückgehen und die realen Arbeitseinkommen allmählich ansteigen. Obgleich der Lebensstandard der Bevölkerung etwa nur das Vorkriegsniveau erreichte, wurden diese Jahre vielfach als die **„Goldenen Zwanziger"** bezeichnet. Es entstanden Arbeiterwohnsiedlungen, Schulneubauten und moderne Krankenhäuser. Volksbüchereien, Schwimmbäder und andere Sportanlagen waren auch für Geringverdienende zugänglich.
Obwohl wichtige **Sozialgesetze und -maßnahmen** verabschiedet wurden, versuchten Unternehmer diese auszuhöhlen oder aufzuheben. Dagegen wehrten sich die Arbeiter und kämpften um die Erhaltung des Achtstundentages und um Löhne. Streiks und Aussperrungen nahmen zu.

Wichtige soziale Maßnahmen:
- 1920 das Betriebsrätegesetz
- 1923 das Reichsmieterschutzgesetz
- 1924 Einrichtung staatlicher Fürsorge
- 1926 Schaffung von Arbeitsgerichten
- 1927 Arbeits- und Kündigungsschutzgesetz für werdende und stillende Mütter
- 1927 Einrichtung von Arbeitsämtern
- 1927 Einführung der Arbeitslosenversicherung

10.4.6 Leistungen der Kultur- und Sozialpolitik

Moderne Schulpolitik

In der Weimarer Republik wurden demokratische Entwicklungen im Schulwesen eingeleitet.

Am 28. April 1920 nahm die Deutsche Nationalversammlung ein **Reichsgrundschulgesetz** an, mit dem die obligatorische vierjährige Grundschule für die Kinder aller sozialen Schichten eingeführt wurde.

Vom 11. bis 19. Juni 1920 fand in Berlin die Reichsschulkonferenz statt. Auf der Konferenz waren alle Länder vertreten. Es wurde die Bildung eines **Reichsschulamtes** beschlossen, durch das die Länder betreut werden sollten. Im Mittelpunkt des Unterichts sollte das Arbeitsprinzip stehen.

Eine herausragende Rolle in der **Bildungspolitik** nahm Berlin ein. Das Schulwesen der Hauptstadt war eines der größten in der Welt mit über 1 000 Schulen, darunter 652 Volksschulen. 16 000 Lehrer unterrichteten 500 000 Schüler. Aber erst 1929 wurde in Berlin die **Prügelstrafe** abgeschafft.
Wesentlicher Grundsatz der neuen Schulpolitik war, dass jeder Bürger Gelegenheit erhalten müsse, „das zu werden, wozu er taugt".

Schule in Berlin-Köpenick (1928/29) „Neue Sachlichkeit"

Blütezeit der Kultur

Weder politische Stabilität noch wirtschaftlicher Aufschwung hatten die 20er-Jahre zu den Goldenen gemacht, sondern ein enormer **kultureller Aufschwung.** Dieser wurde u. a. begleitet von technischen Entwicklungen wie dem Hörfunk oder dem Grammofon.

In dieser Zeit entstanden bedeutende literarische Werke von THOMAS und HEINRICH MANN, ARNOLD ZWEIG, LION FEUCHTWANGER, ERICH KÄSTNER, ALFRED DÖBLIN und ANNA SEGHERS.

Von links nach rechts: THOMAS MANN, ERICH KÄSTNER, ANNA SEGHERS

Malerei, Grafik und **Bildhauerei** waren gekennzeichnet durch die verschiedensten Kunstströmungen, in besonderem Maße aber durch den **Expressionismus.**
Die Gruppe „Blauer Reiter" um WASSILI KANDINSKY und PAUL KLEE entwickelte die abstrakte Kunst weiter. Die Auseinandersetzung mit dem Krieg und der Politik der **Weimarer Republik** war besonders prägend für Künstler wie ERNST BARLACH, MAX BECKMANN, OTTO DIX, GEORGE GROSZ, KÄTHE KOLLWITZ, RUDOLF SCHLICHTER und HEINRICH ZILLE, die auch das Alltagsleben der Menschen einprägsam darstellten.
Künstler um MAX ERNST und HANS ARP entwickelten surrealistische Techniken, um die gesellschaftlichen Widersprüche bildnerisch darstellen zu können. Dabei kam es auch zur Symbiose von Grafik, Malerei und Literatur.

„Die Stützen der Gesellschaft" von GROSZ

Es gab in dieser Zeit in Deutschland eine reiche, lebendige und zeitnahe **Theater- und Musikszene.** Die Entwicklung prägten Theaterleiter und -regisseure wie MAX REINHARDT, LEOPOLD JESSNER und ERWIN PISCATOR. An einer der bekanntesten Berliner Bühnen, dem „Theater am Schiffbauerdamm," wurde 1928 die „Dreigroschenoper" von BERTOLT BRECHT und KURT WEILL uraufgeführt. Es war der größte Theatererfolg der 1920er-Jahre in Deutschland.
Die **Berliner Musikbühnen** waren mit Dirigenten wie LEO BLECH, ERICH KLEIBER und OTTO KLEMPERER führend im internationalen Musikleben.
Mit der Entwicklung des **Rundfunks** wurde das **Hörspiel** zu einer neuen Kunstform.

Die Premiere der „Dreigroschenoper" (im Bild die Schlussszene am Galgen) fand am 31. August 1928 statt.

Zum **Massenvergnügungen** war das **Kino** geworden. Einige deutsche Filme der 20er-Jahre und der beginnenden 30er-Jahre gehören zur **Weltfilmkunst.** Berlin war das Zentrum der deutschen Filmwirtschaft, die vom größten deutschen Filmkonzern, der 1917 gegründeten Universum Film AG (UFA), beherrscht wurde.

1929 gab es in Berlin 363 Kinos. 80 Filmgesellschaften produzierten in diesem Jahr 173 Filme. Revue-, Kostüm- und Lustspielfilme waren in der Überzahl, aber auch anspruchsvolle Filme wie „Cyankali", „Der blaue Engel", „Berlin – Alexanderplatz" wurden gedreht.

Direktoren des **Bauhauses** waren neben WALTER GROPIUS, HANS MEYER, MIES VAN DER ROHE; es lehrten u. a. W. KANDINSKY und PAUL KLEE.

Die **Architektur** nahm ebenfalls einen enormen Aufschwung. 1919 wurde das **Bauhaus,** eine Kunstschule, von dem Architekten WALTER GROPIUS in Weimar gegründet. 1925 kam es nach Dessau, wo seine Gebäude noch heute stehen (Bild). Im **Bauhaus** wurden neue Gestaltungsformen und Lehrmethoden vertreten mit dem Ziel, die Verbindung von Kunst und Handwerk sowie von Architektur und bildender Kunst zu erreichen.

Bauhaus in Dessau

10.4.7 Leistungen in Wissenschaft und Technik

In dieser Zeit wurden in Deutschland große Fortschritte in der **Medizin,** in der **Chemie,** in der **Auto-** und **Flugzeugindustrie** und auf dem Gebiet der **Physik** gemacht.

Kennzeichnend war weiterhin der Zuwachs und die Entwicklung moderner **Massenmedien.** 1923 startete Deutschlands erster **Hörfunksender** sein Programm. 1924 hatte die Funkausstellung auf dem Berliner Messegelände Premiere. 1933 hatte jeder vierte Haushalt ein **Radio.** 1929 wurden in Deutschland fast 430 000 Plattenspieler (Grammofone) und 30 Millionen Schallplatten verkauft.

Herausragende Leistungen in Wissenschaft und Technik	
1919	Erstes **Ganzmetall-Verkehrsflugzeug** durch HUGO JUNKERS
1924	Deutsche, britische und französische Forscher entwickelten die **Quantenmechanik** und bahnten damit der Kernphysik den Weg.
1925	**Synthese** von **Kohlenwasserstoffen** für die Herstellung von Benzin, Dieselölen und Paraffinen durch FRANZ FISCHER und HANS TROPSCH
1928	Erster **Ost-West-Atlantikflug** durch HERMANN HÖHL, ERNST GÜNTER VON HÜHNEFELD und den Iren GEORGE FITZMAURICE
1929/30	Die Großproduktion **synthetischer Fasern** (Kunstseide) und der erfolgreiche Versuch zur Herstellung **künstlichen Gummis**
1931	Der **Arktisflug** mit dem **Luftschiff „Graf Zeppelin"** durch HUGO ECKENER 

Über eine halbe Million Autos und etwa 800 000 Motorräder fuhren 1930 auf Deutschlands Straßen.

10.4.8 Die Endphase der Weimarer Republik

Am Ende des Jahres 1929 erreichte die von den USA ausgehende **Weltwirtschaftskrise** auch Deutschland und nahm wegen der Abhängigkeit vom US-Kapital besondere Ausmaße an. Zahlreiche Firmen gingen bankrott. Die **Arbeitslosigkeit** stieg rasant an und erreichte 1932 die Zahl von fast 6 Millionen registrierten und 2–3 Millionen nicht registrierten Erwerbslosen.

Der Zusammenbruch der **New Yorker Börse** am 25.Oktober 1929 **(„schwarzer Freitag")** hatte die Ausweitung der zunächst primär auf die Vereinigten Staaten beschränkte Wirtschaftskrise auf große Teile der Welt zur Folge. Allein in den USA waren im Frühjahr 1933 etwas 15 Millionen Menschen arbeitslos.

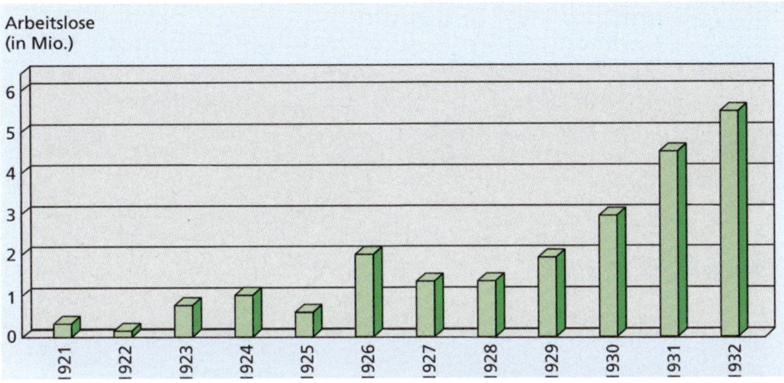

Mit den **Präsidialkabinetten** unter HEINRICH BRÜNING, FRANZ VON PAPEN und KURT VON SCHLEICHER in den Jahren 1930 bis 1932 begann der **Übergang von der parlamentarischen Demokratie zur Diktatur.**
Die Präsidialkabinette besaßen im Reichstag keine eigenen Mehrheiten. Deshalb wurden vom Reichstag abgelehnte Gesetzentwürfe immer häufiger auf der Grundlage des **Artikels 48** der Verfassung in **Notverordnungen** umgewandelt.

Jahr	Gesetze	Notverordnungen	Reichstagssitzungen
1930	98	5	94
1931	34	44	41
1932	5	60	3

1932 wurde HINDENBURG erneut zum **Reichspräsidenten** gewählt. Dieses Mal rief auch die SPD dazu auf, ihn als das kleinere Übel im Vergleich zu HITLER zu wählen. Am 20. Juli 1932 setzte VON PAPEN staatsstreichartig die preußische Regierung unter ihrem Ministerpräsidenten Braun (SPD) ab, der sogenannte „Preußen-Schlag". Ein bewaffneter Widerstand schien angesichts der Haltung der Reichswehr aussichtslos. Bei 6 Millionen Arbeitslosen wäre ein Genaralstreik kaum befolgt worden. Die Sozialdemokraten konnten sich nicht zu Aktionen aufraffen, und die KPD bekämpfte seit einer Weisung der Komintern aus em Jahre 1931 die SPD als Hauptgegner.

Die Komintern (Abk. für kommunistische Internationale) entstand 1919 in Moskau als ein Zusammenschluss aller kommunistischen Parteien. Seit 1928 benutzte sie STALIN zur Durchsetzung seiner (welt-)politischen Vorstellungen.

10.5 Nationalsozialistische Diktatur und Zweiter Weltkrieg

10.5.1 Gründe für die Machtübertragung durch HINDENBURG

Zunehmende Arbeitslosigkeit, wirtschaftliche Depression und die Hilflosigkeit der republikanischen Parteien gegenüber den anstehenden Problemen führten immer mehr Menschen zur NSDAP. Das drückt sich in den Wahlergebnissen 1932 und 1933 aus.

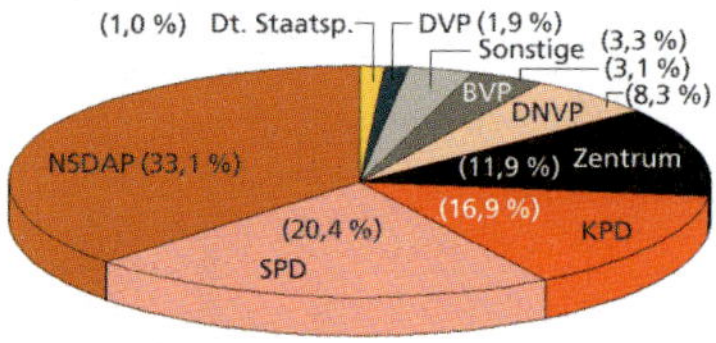

November 1932

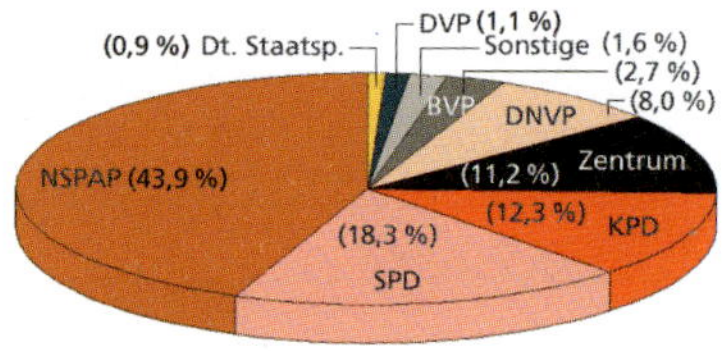

März 1933

> Am 30. Januar 1933 ernannte der Reichspräsident VON HINDENBURG ADOLF HITLER zum Reichskanzler.

Unter den 11 Ministern des Kabinetts HITLERS waren zunächst nur zwei Nationalsozialisten: FRICK (Inneres) und GÖRING (ohne Geschäftsbereich, später Luftverkehr). Am 13. März 1933 kam noch GOEBBELS hinzu (Minister für Aufklärung und Propaganda).

Er tat dies auf den Rat der Wirtschaft, d. h. von Großindustriellen, Bankiers und Großagrariern. Außerdem stimmte die **Reichswehr** der Ernennung ADOLF HITLERS zum Reichskanzler zu. Die Vertreter der Wirtschaft forderten eine **Regierung der nationalen Konzentration.** Die Annahme rechtskonservativer Politiker, unter ihnen besonders der frühere Reichskanzler VON PAPEN, dass durch die Regierungsbeteiligung deutschnationaler Minister im Kabinett HITLER gelenkt werden könnte, erwies sich als folgenschwerer Irrtum.
Vertreter des Finanz- und Industriekapitals sahen in HITLER den Garanten für ihre politischen und ökonomischen Ziele.

10.5.2 Ideologie und Machtstruktur des Nationalsozialismus

Losungen waren: „Die Juden sind an allem Schuld!"; „Ein Volk, ein Reich, ein Führer!"; „Führer befiehl, wir folgen!"

Die **NS-Ideologie** basiert auf konservativen Ideen des 19. Jh. Ihre geschichtlichen Wurzeln sind der
- **Sozialdarwinismus** – Übertragung der Lehren Charles Darwins über Verhaltensweisen und Entwicklungen im Tierreich auf die gesellschaftliche Entwicklung. Demnach würden die stärkeren Völker und Rassen im „Kampf ums Dasein" die schwächeren besiegen.
- **Antisemitismus** – ist etwa seit 1880 ein verbreiteter Begriff. Wobei bereits in der Spätantike, besonders jedoch im Spätmittelalter Diskriminierungen und Verfolgungen der Juden erfolgten. Es waren neben religiösen auch wirtschaftliche Aspekte, die die Verfolgungen auslösten.
- **Führerkult und Volksgemeinschaft** - Der Führer ADOLF HITLER stand wie ein fast übermenschliches verehrtes Wesen über einem Volk, das in allen Lebenslagen fest zusammenhielt.

- **Lebensraum-Theorie als Staatsdoktrin** – diente dem Regime dazu, das deutsche Volk für seine **Weltherrschaftspläne** vorzubereiten und zu missbrauchen. Die Forderung lautete: „Lebensraum im Osten“.

Grundlegende **Machtinstrumente** des NS-Regimes waren die diktatorisch zentral organisierten Institutionen im Aufbau des „Führerstaates“:
- die Exekutivorgane wie **Polizei** und **Justizorgane**,
- das **Heer**,
- die Verfügungsgewalt über die **Massenmedien**.

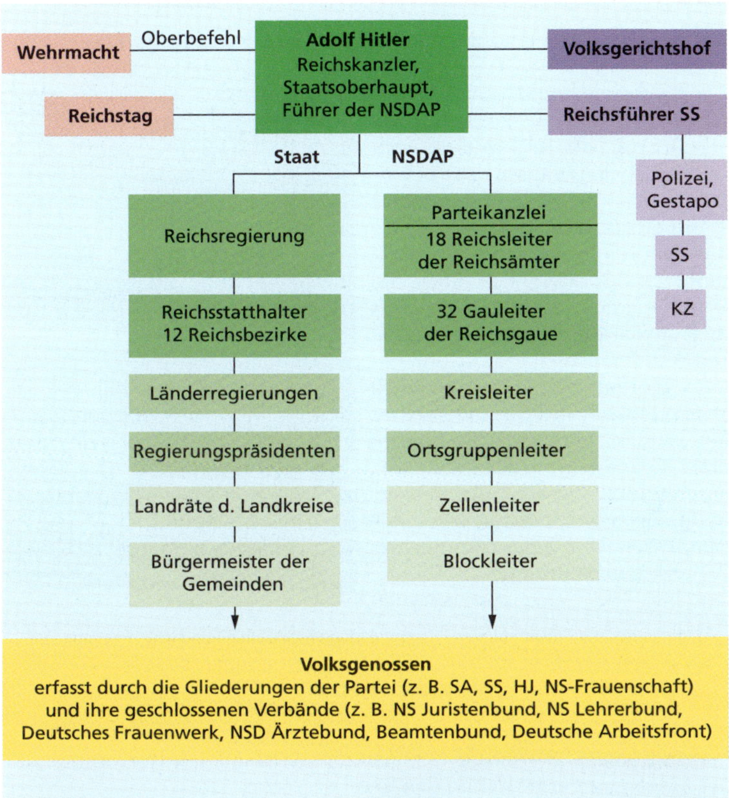

Zur **Machtausübung** baute die NS-Diktatur einen enormen **Propagandaapparat** auf. Alle Medien waren gleichgeschaltet und auf die **Massenmobilisierung** ausgerichtet. Zur Absicherung der Macht nach **außen** und **innen** trugen maßgeblich die **NSDAP** (Nationalsozialistische Deutsche Arbeiterpartei), als einzige zugelassene Partei, die **SS**

Bewachung des KZ Oranienburg

(Schutzstaffel) und die **SA** (Sturmabteilung) bei. Um jegliche **Opposition** gegen die NS-Diktatur auszuschalten, wurden bereits 1933 **Konzentrationslager** zur Inhaftierung von Regierungsgegnern errichtet. Eines der ersten Konzentrationslager war das KZ Oranienburg.

Zur Errichtung der **nationalsozialistischen Diktatur** bedienten sich die Nationalsozialisten dreier Säulen, der **Legalitätsfassade** (Akzeptanz durch Notverordnungen und Gesetze), der staatlichen und außerstaatlichen **Gewaltausübung** und der **Propaganda.**

Der Reichstagsbrand – Handhabe für das Ermächtigungsgesetz

HITLER bezeichnete den Brand als „Geschenk des Himmels".

Der **Reichstagsbrand** vom **27. Februar 1933** bot der NS-Regierung die Möglichkeit, die KPD und SPD bei den Reichstagswahlen zu behindern, um am 5. März eine absolute Mehrheit für ihre Politik zu gewinnen. Die NS-Propaganda unter Leitung von GOEBBELS ließ über die Massenmedien verkünden, dass mit dem Reichstagsbrand ein Signal zum kommunistischen Aufstand gesetzt worden sei. Mehr als **4 000 Kommunisten** und **Sozialdemokraten** wurden verhaftet. Es konnte das „Grundgesetz der Diktatur" durchgesetzt werden, **die Verordnung des Reichspräsidenten** „zur Wiederherstellung der öffentlichen Sicherheit und Ordnung".

Wichtige **Grundrechte** wie Recht auf persönliche Freiheit, Meinungs- und Pressefreiheit, Vereins- und Versammlungsfreiheit waren mit dieser Verordnung außer Kraft gesetzt.

Die SPD-Fraktion stimmte als einzige Fraktion gegen das Ermächtigungsgesetz.
Alle kommunistischen Abgeordneten waren verhaftet oder auf der Flucht.

Diese schon am 28. Februar 1933 wirksam werdenden Notverordnungen des NS-Regimes entfesselten den braunen Terror.
Am 23. März stimmte der Reichstag mit verfassungsändernder Zweidrittelmehrheit dem „Gesetz zur Behebung der Not von Volk und Staat" zu, dem **Ermächtigungsgesetz.** HITLER war nun „ermächtigt", Gesetze zu erlassen. Das Parlament als der eigentliche Gesetzgeber war damit ausgeschaltet.

Weitere Gesetze führten dazu, dass **alle demokratischen Parteien** und **Organisationen** aus dem öffentlichen Leben **ausgeschlossen** wurden und damit das **Führerprinzip** im gesamten öffentlichen Leben durchgesetzt wurde.

Das politische Leben unter der NS-Herrschaft

Wesentlicher Bestandteil der NS-Ideologie war das **Führerprinzip,** das das gesamte politische Leben durchdrang (Grafik).

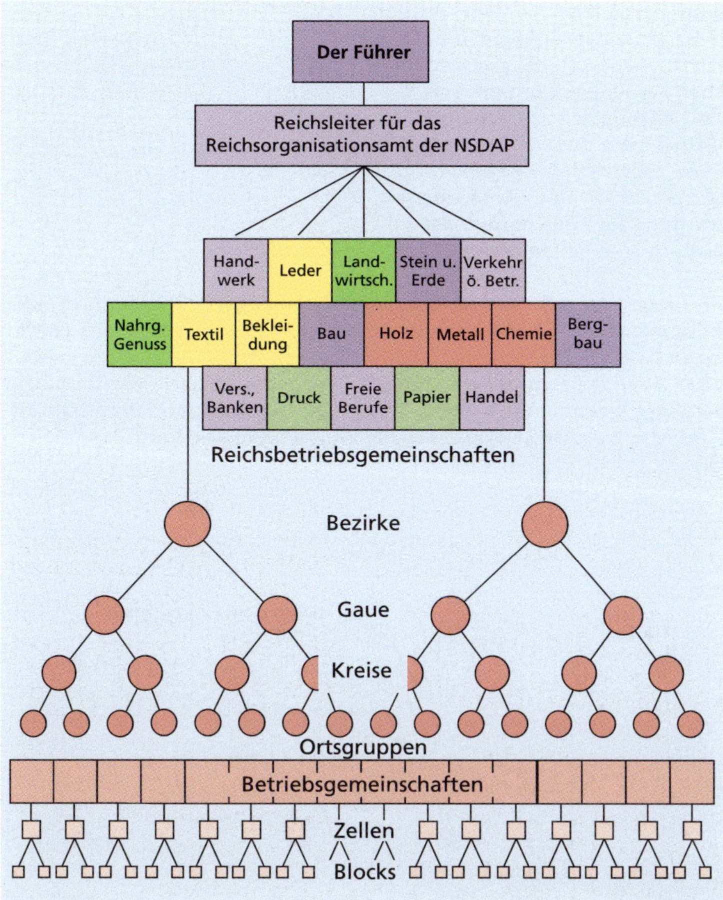

Die Betriebe wurden ebenfalls nach dem Führerprinzip geleitet. An die Stelle der verbotenen Gewerkschaften trat die **„Deutsche Arbeitsfront".** Eine Unterorganisation war die Organisation **„Kraft durch Freude",** die mit einem großen Freizeitangebot die Arbeiterinnen und Arbeiter für ihre politische Entmündigung entschädigte. Die gesamten Freizeitangebote wie preiswerte Konzerte, Filme, Fortbildungskurse und Sportveranstaltungen dienten der Absicht, die Menschen an das Regime zu binden. Um die **Arbeitslosigkeit** zu überwinden, setzte HITLER Pläne der vorangegangenen Regierungen um, wie den Bau der **„Reichsautobahn".** Bereits in den Jahren 1936/37 gab es durch die geheime Aufrüstung Mangel an Facharbeitern.

Nach 1935 wurden die gesammelten Gelder ohne Wissen der Bevölkerung auch für **Rüstungszwecke** verwendet.

Es gab drei Ordensburgen (Crössinsee, Sonthofen Vogelsang). Man könnte sie als Parteihochschulen bezeichnen, auf denen die künftige Elite des Dritten Reiches ausgebildet wurde.

Das „Winterhilfswerk" unterstützte durch groß angelegte Sammlungen die Arbeitslosen.

Entschieden abgelehnt wurde von den Nationalsozialisten die **Frauenemanzipation,** die **Gleichberechtigung** der Frauen. Frauen wurden im Bund Deutscher Mädel (BDM), in der NS-Frauenschaft und im Deutschen Frauenwerk organisiert.

Die wichtigste staatsbürgerliche Aufgabe war das Gebären von Kindern. Für kinderreiche Mütter wurde 1939 das Ehrenzeichen, **„Mutterkreuz"** geschaffen, das zum Muttertag verliehen wurde.

Im Namen
des
Deutschen Volkes
verleihe ich
Hildegard Seidel
geb. Bremuier
in Breitungen
die dritte Stufe
des
Ehrenkreuzes
der Deutschen Mutter
Berlin, den 1. Oktober 1939
Der Führer

Die **Jungen** wurden in der **Hitlerjugend** organisiert. 1933 umfasste die Hitlerjugend etwa 3 Millionen Jugendliche, 1939 waren es bereits 12 Millionen Jugendliche.

Hitler über **Erziehungsziele:** „Meine Pädagogik ist hart. Das Schwache muss weg gehämmert werden. In meinen Ordensburgen wird eine Jugend heranwachsen, vor der sich die Welt erschrecken wird …"

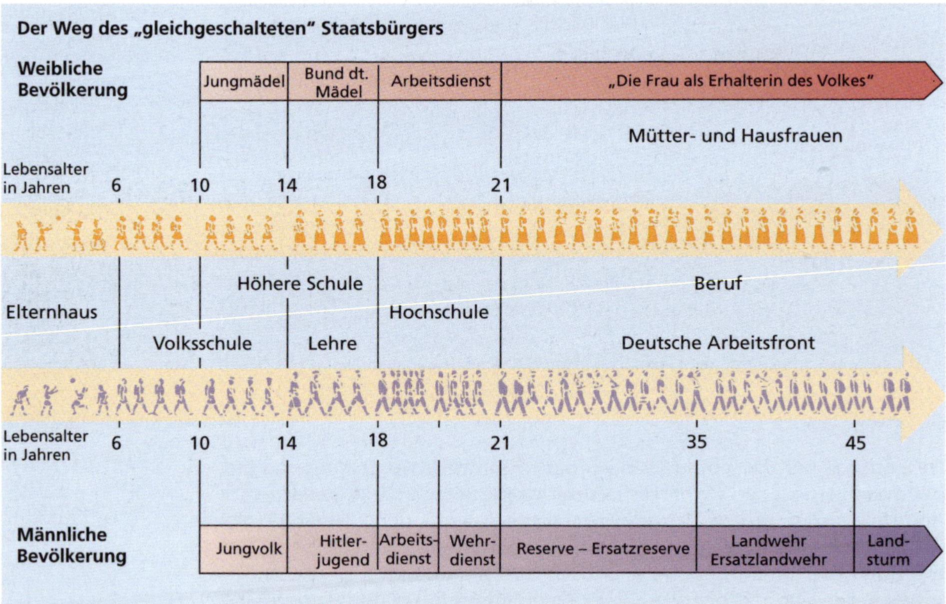

Im **Alltagsleben** realisierte der NS-Staat ein **totalitäres System,** das **alle Lebensbereiche** erfasste, kontrollierte und damit dem Nationalsozialismus dienstbar machte.

10.5.3 Innenpolitische und außenpolitische Ziele

Innenpolitische Ziele

In geheimen Gesprächen mit Führern der Reichswehr und Reichsmarine legte HITLER sein eigentliches **Regierungsprogramm** dar. Er sprach sich für die völlige Umkehrung der bisherigen innenpolitischen Zustände aus und erklärte, dass er den „Marxismus" mit „Stumpf und Stiel" ausrotten und jegliche pazifistische Betätigung unterbinden werde. Es sollte mit dieser Innenpolitik der Weg für die Wiedereinführung der allgemeinen **Wehrpflicht** vorbereitet werden.
Im Vordergrund stand die Vorbereitung zur „Eroberung neuen Lebensraumes im Osten". Diesem Ziel war die **Innenpolitik** untergeordnet.

Maßnahmen zur Errichtung der totalitären Diktatur in Deutschland	
4. Februar 1933	Verordnung des Reichspräsidenten „Zum Schutze des deutschen Volkes"
27. Februar 1933	Verordnung des Reichspräsidenten „Zum Schutz von Volk und Staat" **(Reichstagsbrandverordnung).** Sie setzte alle Grundrechte außer Kraft wie: Freiheit der Person, Meinungs-, Presse-, Vereins- und Versammlungsfreiheit sowie das Post- und Fernsprechgeheimnis, die Unverletzlichkeit von Eigentum und Wohnung. Die beginnende **„Schutzhaft"** war eine Willkürmaßnahme ohne gerichtliche Kontrolle. Die Verordnung blieb bis 1945 in Kraft und wurde Grundlage der außernormativen Gewalt von SS und Geheimer Staatspolizei.
23. März 1933	Reichstagssitzung in der von SA und SS abgeriegelten Krolloper in Berlin; alle 81 KPD und 26 SPD Abgeordnete fehlten; sie befanden sich in Schutzhaft oder waren flüchtig. Nach HITLERS Regierungserklärung und dem Widerspruch des **SPD-Fraktionsvorsitzenden OTTO WELS** zur Annahme des **Ermächtigungsgesetzes** „Zur Behebung der Not von Volk und Reich" wurde es mit Mehrheit von allen Abgeordneten außer denen von der SPD angenommen. Mit dem Gesetz konnte die Reichsregierung nun auch Gesetze mit verfassungsänderndem Inhalt erlassen.
2. Mai 1933	**Zerschlagung der Gewerkschaften** Nach dem 1. Mai 1933, der als „Feiertag der nationalen Arbeit" erstmals gesetzlicher Feiertag wurde, erfolgte einen Tag später die Besetzung der Gewerkschaftshäuser in ganz Deutschland; führende Funktionäre kamen in „Schutzhaft". Die Gewerkschaftsmitglieder wurden am 10. Mai 1933 zwangsweise in die neu gegründete nationalsozialistische „Deutsche Arbeitsfront" (DAF) eingegliedert.

„Wer sich nicht bekehren lässt, muss gebeugt werden", notierte sich ein General eine der **Maximen des Kanzlers,** Leitsätze seiner diktatorischen Politik, die HITLER nur Vertrauten mitteilte. Er kündigte auch an, dass HITLER mit dem Fallbeil gegen diejenigen vorgehen werde , die sich der „Wiedergewinnung der politischen Macht" widersetzen wollten. Darunter aber verstand HITLER nichts anderes als die wieder zu gewinnende Fähigkeit, **Krieg** zu führen.

OTTO WELS (1873–1939)

22. Juni 1933	**Verbot der SPD;** danach **Selbstauflösung** der übrigen Parteien
14. Juli 1933	„Gesetz zur Verhütung erbkranken Nachwuchses". Die **Zwangssterilisierung** wurde möglich. **Gesetz gegen die Neubildung von Parteien:** Die NSDAP war nun die einzige zugelassene Partei.
1. Dezember 1933	„Gesetz zur Sicherung der **Einheit von Partei und Staat".** Die NSDAP wurde zur „Trägerin des deutschen Staatsgedankens" erklärt.
20. Januar 1934	„Gesetz zur Ordnung der **nationalen Arbeit".** In den Betrieben wurde die Tarifautonomie der Arbeitnehmer/Arbeitgeber durch das Führerprinzip (Unternehmer als Betriebsführer) ersetzt; die Arbeiter und Angestellten konnten ihr bisheriges **Mitspracherecht nicht** mehr wahrnehmen.
30. Januar 1934	„Gesetz über den **Neuaufbau des Reiches".** Die Länderparlamente wurden beseitigt; alle Hoheitsrechte der Länder fielen an das Reich.
24. April 1934	„Gesetz zur Errichtung des **Volksgerichtshofes";** er war zuständig für Delikte des Hoch- und Landesverrates.
30. Juni 1934	**Röhm-Putsch:** Entmachtung der SA. Ihrem Stabschef, ERNST RÖHM, wurde fälschlicherweise unterstellt, er habe gegen HITLER putschen wollen. RÖHM, weitere SA-Führer und andere, auch konservative HITLER-Gegner (über 100) wurden umgebracht.
2. August 1934	Tod des Reichspräsidenten HINDENBURG. HITLER ist **Führer** und **Reichskanzler;** er wurde gleichzeitig Oberbefehlshaber; die Reichswehr wurde auf HITLER vereidigt.

Ab 1942 war ROLAND FREISLER Präsident des Volksgerichtshofes. Er ging als Blutrichter, vor allem durch die Verfolgung der Widerstandskämpfer des 20. Juli 1944, in die Geschichte ein.

Mit dem **2. August 1934** war die Errichtung der **NS-Diktatur** in ihren Grundzügen abgeschlossen.

Die Weimarer Reichsverfassung blieb als demokratische Fassade erhalten, um das In- und Ausland zu täuschen und den Anschein der Legalität des NS-Staates zu vermitteln.

Hoßbach-Protokoll: Wehrmachtsadjutant FRIEDRICH HOSSBACH führte über eine geheime Konferenz ein **Gedächtnisprotokoll.** Inhalt des Protokolls war HITLERS Vortrag, in dem er seinen Plan zur **gewaltsamen Expansion** von Deutschland in Europa darlegte. Als frühesten Kriegsbeginn erwog er 1938, als spätesten 1943–1945.

Außenpolitische Ziele

HITLERS Außenpolitik zielte zunächst auf die Errichtung eines „Großdeutschen Reiches".

Die zentrale Idee der Außenpolitik zeigt sich in der **„Eroberung neuen Lebensraumes",** wie es u. a. im **Hoßbach-Protokoll** zu lesen ist.

Deutschland erklärte in diesem Zusammenhang am **14. Oktober 1933** seinen **Austritt** aus dem **Völkerbund. 1935** wurde nach einer Volksabstimmung das Saarland wieder in das Deutsche Reich eingegliedert. Im gleichen Jahr kündigte Deutschland die aus dem **Versailler Vertrag** auferlegten Verpflichtungen wie Rüstungsbeschränkung, Reparationszahlungen, Verbot der Wehrpflicht auf.
1936 kündigte Deutschland den **Locarno-Vertrag** und marschierte mit Truppen in das entmilitarisierte **Rheinland** ein.
Am **25. Oktober 1936** schloss Deutschland mit dem faschistischen **Italien** einen **Vertrag** über Zusammenarbeit (Achse Berlin–Rom). Als Abwehr der Zweiten Kommunistischen Internationale wurde danach der **Antikominternpakt** mit **Japan** abgeschlossen, dem später **Italien** beitrat.

Die Innen- und Außenpolitik waren geprägt von Terror nach innen und Vertragsbrüchen außen.

10.5.4 Verfolgung der Juden und ihre systematische Ermordung

Die ideologische Basis der barbarischen Verfolgung deutscher und europäischer Juden bildete das Programm der NSDAP. Auch in seinem Buch „Mein Kampf", erschienen 1925, erläuterte HITLER seinen **Rassenhass.**
Im Programmpunkt „Staatspolitik" heißt es:
„Grundsatz: Das Deutsche Reich sei Heimat der Deutschen.
Nicht von Juden, Russen (Kommunisten), Sozialdemokraten, die kein Vaterland kennen, das Deutschland heißt, nicht von allen möglichen sonstigen Ausländern, die für länger oder kürzer auf deutschem Boden sich aufhalten. Hier stehen wir in einem grundsätzlichen und zutiefst einschneidenden Gegensatz zur Weimarer Verfassung, die nur „deutsche Staatsangehörige" kennt, aber nicht den Begriff „Deutsche" in völkischer, oder noch schärfer in rassischer Hinsicht kennt. ..."
Hier lag der Ausgangspunkt für die ab 1933 sich ständig verschärfenden Gesetze gegen die Juden in Deutschland und den erbarmungslosen **Holocaust** mit der Zielsetzung, alle Juden zu ermorden.
Die Judenverfolgung richtete sich zunächst gegen das deutsche Judentum, das 1933 etwa 500 000 Personen = 0,8 % der Reichsbevölkerung umfasste.

Mit den Nürnberger Gesetzen hatte die Verfolgung der deutschen Juden ihre „juristische Grundlage" erhalten.

Chronologie des Verbrechens gegen die Juden in Deutschland bis zum Beginn des Krieges	
1. April 1933	Eintägiger **Boykott** jüdischer Geschäfte, Waren, Ärzte und Rechtsanwälte in Deutschland.
7. April 1933	**Zulassungsbeschränkung** für jüdische Studenten an den Hochschulen; Gesetz zur Wiederherstellung des Berufsbeamtentums schafft die Grundlage zur Entlassung „politischer Gegner" und „Nichtarier", d. h. hier auch Personen mit einem jüdischen Großelternteil, aus dem Staatsdienst.
22. September 1933	Ausschluss der Juden aus dem gesamten Kulturleben (Literatur, Musik, bildende Künste, Funk, Theater, Film, Presse)

Mai–Juli 1935	**Wehrgesetz (21. Mai):** „arische Abstammung" Voraussetzung zum Wehrdienst. Im Juni/Juli finden vor allem in Berlin antisemitische Kundgebungen statt. Juden wird u. a. der Zutritt zum „Strandbad Wannsee" verboten. Andernorts verkünden Schilder „Juden unerwünscht".
15. September 1935	Verkündung der **„Nürnberger Gesetze"** auf dem Nürnberger Parteitag der NSDAP: „Juden wurden zu Staatsangehörigen zweiter Klasse". Weiterhin wurde verkündet: Das Reichsflaggengesetz, das Gesetz zum Schutze des deutschen Blutes und der deutschen Ehre und das Reichsbürgergesetz. Die beiden Letzteren wurden im November konkretisiert.
14. November 1935	Verordnung zum **„Reichsbürgergesetz":** Aberkennung des Wahlrechts und der öffentlichen Ämter für Juden; „Verordnung zum Gesetz zum Schutze des deutschen Blutes und der deutschen Ehre": Ehen zwischen Juden und Nichtjuden waren künftig verboten, außerehelicher Geschlechtsverkehr sollte als „Rassenschande" bestraft werden; als Juden gelten Personen mit mindestens drei jüdischen Großelternteilen oder solche, die der jüdischen Religion angehören. Juden können nur Staatsangehörige sein, nicht aber Reichsbürger.
01. April 1938	Die neue **Promotionsordnung** setzt an Universitäten und Hochschulen den „Ariernachweis" für alle Doktoranden voraus.
26. April 1938	Verordnung über die **Anmeldepflicht** aller jüdischen Vermögen über 5 000 RM. Rechtsgeschäfte von Juden mit „Ariern" unterliegen einer besonderen Genehmigungspflicht.
25. Juni 1938	Jüdische Ärzte in Deutschland dürfen nur noch jüdische Patienten behandeln.
23. Juli 1938	Einführung einer **Kennkarte** für Juden ab 23. Juli 1938. Die Karte trug ein großes „J" als besonderes Kennzeichen ab dem 15. Lebensjahr.
17. August 1938	In Deutschland müssen jüdische Männer den zusätzlichen Vornamen **„Israel",** jüdische Frauen den Vornamen **„Sara"** tragen.
Oktober 1938	Etwa 17 000 Juden polnischer Herkunft, die Polen nicht aufnehmen wollte, wurden ins Niemandsland (Grenze zwischen Deutschland und Polen) abgeschoben, darunter die Eltern von HERSCHEL GRYNSPAN.
9.–10. November 1938	Nach der Ermordung des deutschen Gesandtschaftsrats in Paris durch den 17-jährigen HERSCHEL GRYNSZPAN fand in Deutschland und Österreich ein **Judenpogrom** statt; etwa 30 000 jüdische Männer wurden in die Konzentrationslager Dachau, Buchenwald und Sachsenhausen verschleppt. Zur Wiederherstellung des Straßenbildes und der zerstörten jüdischen Geschäfte und Gebäude mussten die Juden deutscher Staatsangehörigkeit eine „Sühneleistung" von 1 Milliarde RM erbringen.
3. Dezember 1938	Juden mussten ihre Papiere für Kraftfahrzeuge abgeben. Schaffung eines **„Judenbanns"** in Berlin. Juden durften die Innenstadt und das Regierungsviertel nicht mehr betreten.

Chronologie des Verbrechens gegen die Juden in Deutschland und Europa seit Kriegsbeginn	
1. September 1939	Über die Juden in Deutschland wird eine **Ausgangssperre** verhängt; ab 20.00 Uhr dürfen sie ihre Wohnungen nicht mehr verlassen.
12. April 1940	Erklärung von HANS FRANK, verantwortlich für die Besatzungspolitik in Polen, dass Krakau bis November „judenfrei" sein muss. Ab 1940 Errichtung des jüdischen **Gettos** in **Warschau,** 1941 wurde es durch eine Mauer (Bild) abgeriegelt. Alle Juden wurden später in Vernichtungslager deportiert oder verhungerten im Getto oder starben beim Aufstand 1943 gegen die Besatzer. 
10. Januar 1941	Die deutsche Besatzungsmacht lässt alle Juden in den **Niederlanden** registrieren.
23. Juni 1941	In den besetzten Gebieten der **Sowjetunion** begannen die **Mordaktionen** der SS-Einsatzgruppen mit täglicher Berichterstattung.
1. bis 31. August 1941	Die Einsatzgruppe D, Wehrmachtseinheiten und rumänische Sondertruppen ermordeten in **Bessarabien** (Rumänien)150 000 bis 160 000 Juden.
19. September 1941	Die in Deutschland lebenden Juden müssen vom 6. Lebensjahr an in der Öffentlichkeit den **Judenstern** tragen. Die Anordnung wurde in den folgenden Jahren auf die besetzten Gebiete ausgedehnt. Mit diesem Judenstern knüpften die NS-Behörden an die mittelalterliche Kennzeichnungspflicht für Juden an, wobei als Zeichen absichtlich das nationale und religiöse Symbol des Judentums, das Hexagramm des Davidsterns, gewählt wurde. 
14. Oktober 1941	Beginn der systematischen **Deportationen** aus dem „Altreich"; zunächst sollten 50 000 Personen aus den größeren Städten „nach dem Osten" deportiert werden. Ende November gelangen die ersten Juden in das „Altersgetto" oder „Vorzugslager" Theresienstadt, ein Vorzeigegetto.
20. Januar 1942	Konferenz unter Vorsitz HEYDRICHS, Chef der Sicherheitspolizei und des SD, zur Koordinierung der **„Endlösung"** der Judenfrage in Europa **(Wannsee-Konferenz).** Es ging in der Konferenz um die Ermordung der europäischen Juden und um das künftige Schicksal der deutschen „Mischehen" und „Halbjuden". Die Entscheidung über die „Mischehen" und „Halbjuden", die sterilisiert oder in Gettos abgeschoben werden sollten, wurde auf die Zeit nach dem Kriege verschoben.

Bis zur Befreiung des **KZ Auschwitz** am 27. Januar 1945 kamen etwa **6 Millionen** jüdischer Bürger aus Deutschland, den besetzten Gebieten und den

Ländern der mit Deutschland verbündeten Staaten wie Ungarn, Rumänien und der Slowakei durch Massenerschießungen, Hungerpolitik, Vernichtung durch Arbeit, mithilfe von **Gaswagen** und -kammern in den Vernichtungslagern um. (Ca. 50 % der ermordeten Juden wurden im Gas erstickt.)

Holocaust – schematische Darstellung der Deportation

Neben den **Juden** wurden auch die **Sinti** und **Roma** als Volk durch Massenmord dezimiert. Für die Judenvernichtung im Nationalsozialismus wird heute vielfach der Begriff **Holocaust** oder **Shoa** verwendet.

Zentren des Widerstandes waren vor allem die Großstädte und Industriegebiete. Berlin, das Machtzentrum des NS-Regimes, die Schaltstelle von Terror nach innen und außen, war zugleich auch für den Widerstand ein zentraler Ort.

10.5.5 Widerstand gegen die nationalsozialistische Diktatur und Anpassung in Deutschland

Widerstand gegen das nationalsozialistische Regime leisteten Deutsche aus **politischer** oder **religiöser Überzeugung,** aus **Einsicht,** der **Unmenschlichkeit** des Regimes zu widerstehen, und aus **Zorn** und **Scham** über die **Verbrechen,** die vom deutschen Faschismus begangen wurden.

Nur eine Minderheit (etwa 2 %) Deutscher leistete von 1933 bis 1945 aktiven Widerstand durch Verbreiten illegaler Druckschriften und Flugblät-

ter, durch Aufdeckung der geheimen Rüstungsvorhaben, bei der Hilfe für verfolgte jüdische Mitbürger und während des Krieges für Zwangsarbeiter und Kriegsgefangene bis zum Attentat und Staatsstreich.
Von vornherein zum Widerstand gegen das NS-Regime entschlossen waren die **Kommunisten.**
Trotz des Terrors nach dem **Reichstagsbrand** gelang es der KPD, sich im Land zu organisieren und Widerstandaktionen durchzuführen. Bedingt durch die massive Verfolgung der NS-Diktatur, musste der Widerstand weitgehend vom Ausland gelenkt werden. Das traf auch für das illegale Wirken der **SPD** und **Gewerkschaften** zu.
Bereits in den ersten Monaten des Jahres 1933 waren zwischen 12 000 bis 15 000 Kommunisten in Haft. Tausende Sozialdemokraten, Mitglieder der Gewerkschaften und oppositionelle Frauen und Männer aus beiden kirchlichen Konfessionen und des Bürgertums folgten ihnen.

Im Dezember 1935 gelang es der **Gestapo,** eine **illegale Organisation** der **KPD** in Süddeutschland zu enttarnen, die Informationen über die Rüstungsproduktion in die Schweiz übermittelt hatte. Die fünf Angeklagten, unter ihnen LISELOTTE HERMANN (1909–1938), waren alle unter 30 Jahren. LISELOTTE HERMANN war die **erste deutsche Frau,** die trotz in- und ausländischer Proteste am 20. Juni 1938 vom NS-Regime **hingerichtet** wurde.
In den Jahren von 1933 bis 1939 gab es vielfältige Formen des Widerstehens in organisierten Gruppen, z. B. unter Leitung von HARRO SCHULZE-BOYSEN/ARVID HARNACK und ROBERT UHRIG in Berlin.
Im Rheinland gab es unter Leitung des katholischen Geistlichen Dr. JOSEPH ROSSAINT eine Aktionsfront von **Katholiken** und **Kommunisten,** daneben gab es den nichtorganisierten Widerstand der **Bekennenden Kirche** und von **Einzelpersönlichkeiten,** wie den von den Bischöfen CLEMENS AUGUST VON GALEN in Münster, KONRAD GRAF VON PREYSING und dem Dompfarrer BERNHARD LICHTENBERG aus Berlin und dem Leiter des Predigerseminars der Bekennenden Kirche DIETRICH BONHOEFFER.
Das **Attentat** auf HITLER 1939 in München, durch JOHANN ELSER ausgeführt, gehört ebenfalls zum Widerstehen wie das illegale Wirken der bürgerlichen Widerständler unter Leitung des Politikers und Schriftstellers ERNST NIEKISCH, der aus Berlin illegale Kontakte zu Gleichgesinnten in Leipzig, Dresden, Nürnberg, München und Breslau knüpfte.

DIETRICH BONHOEFFER
(1906–1945)
Er wurde wegen Tätigkeit in der Widerstandsbewegung im April1943 verhaftet und im April 1945 im KZ Flossenbürg hingerichtet.

Eine wesentliche **Ursache** für den geringen Anteil der Deutschen am Widerstand gegen die NS-Diktatur waren das ab 1934 umfassende **SS-Terrorsystem** gegen alle Gegner des Regimes und die geschickt propagierte **Gleichschaltung** des gesamten öffentlichen Lebens unter der Losung „Ein Volk, Ein Reich, Ein Führer“.

10.5.6 Der Weg in den Zweiten Weltkrieg

Hauptziel der **nationalsozialistischen Außenpolitik,** die gemeinsam mit den Militärs und den Eliten der Wirtschaft betrieben wurde, war zunächst die Schaffung eines „mitteleuropäischen Großraums" unter deutscher Führung. Diese Politik wurde nach außen als Friedenspolitik getarnt.
Die militärische Schwäche des deutschen Reiches gebot HITLER bei seinem Machtantritt vorsichtiges außenpolitisches Handeln.

Mit dem **Doppelspiel** von **Friedensbeteuerung** und geheimer **Aufrüstung** gelang es dem Regime, sich zielstrebig auf einen Krieg vorzubereiten und die Bevölkerung für die NS-Außenpolitik zu gewinnen.

1934 schloss HITLER einen **Nichtangriffspakt** mit Polen ab, um damit das französische Bündnissystem zu erschüttern. Die Rüstungsausgaben belegen die zielstrebige Vorbereitung zum Krieg.

Anteil der Rüstungsausgaben an den öffentlichen Ausgaben (Mrd. RM)

	1933	1935	1938
Gesamte öffentliche Ausgaben	10,1	16,6	31,3
Rüstungsausgaben	0,7	5,5	17,2
Anteil der Rüstung in %	6,9	33,1	55,0

Mit dem **Flottenabkommen** zwischen Deutschland und Großbritannien vom 18. Juni 1935 war der Weg frei für die **Aufrüstung zur See.**
Der Einmarsch deutscher Truppen in das entmilitarisierte Rheinland war ein offener Bruch des Versailler Vertrages, den Frankreich aus Ohnmacht und Großbritannien aus Desinteresse hinnahmen.
Die hohe Akzeptanz des Regimes nach innen und auch außen zeigte sich im Sommer **1936** während der Olympischen Spiele in Berlin. Zum gleichen Zeitpunkt unterstützte Deutschland in **Spanien** die **Putschisten** unter FRANCO, die die rechtmäßig gewählte Regierung stürzen wollten und den Spanischen Bürgerkrieg auslösten.
Die **Eingliederung Österreichs** in das Deutsche Reich am 12. März 1938 eröffnete die Phase der gewaltsamen Ausdehnung Deutschlands zum „Großdeutschen Reich". Wenige Monate später missbrauchte HITLER das Selbstbestimmungsrecht, um im **Münchener Abkommen** das Sudetengebiet aus dem tschechoslowakischen Staatsgebiet herauszulösen und Deutschland anzugliedern. Am 15. März 1939 marschierten deutsche Truppen in **Prag** ein. Das annektierte Gebiet wurde als **Reichsprotektorat Böhmen** und **Mähren** (Protektorat: Schutzherrschaft über ein Gebiet) unter deutsche Verwaltung gestellt. Damit wurde die in München festgelegte europäische Ordnung, die den Frieden garantieren sollte, zerstört.

Die Rückkehr des **Saarlandes** in das Deutsche Reich nach Volksabstimmung war ein Prestigegewinn der NS-Machthaber und zugleich ein weiterer Schritt der Kriegsvorbereitung. Dem Saarlandanschluss folgte die Wiedereinführung der **allgemeinen Wehrpflicht** und die Produktion bisher durch den Versailler Vertrag verbotener Waffensysteme.

Münchener Abkommen:
Am 29. September 1938 beschlossen die Vertragspartner Deutschland (HITLER), Großbritannien (CHAMBERLAIN), Frankreich (DADALIER) und Italien (MUSSOLINI) die Abtretung der vorwiegend von Deutschen bewohnten Randgebiete der Tschechoslowakei bei gleichzeitiger Garantie der Grenzen.
Die Tschechoslowakei als betroffener Staat war nicht an den Verhandlungen beteiligt.

10.6 Der Zweite Weltkrieg

10.6.1 Die weltpolitische Entwicklung

Von den 1919 entstandenen 27 demokratischen Staaten waren bis 1939 nur noch **12 Demokratien** übrig geblieben.
15 ehemals demokratische Staaten entwickelten sich zu **Diktaturen.**

Italien	MUSSOLINIS Regime in Italien seit 1922 wurde als **Faschismus** bezeichnet und zum Gattungsbegriff für ähnliche politische Systeme.
Polen	Seit 1926 herrschte unter General PILSUDSKI in **Polen** eine Militärdiktatur.
Österreich	In **Österreich** errichtete der dortige Bundeskanzler DOLLFUß 1933 eine Diktatur, die sich auf die „Vaterländische Front" stützte und alle anderen Parteien verbot. Bis zum gewaltsamen Anschluss an Deutschland herrschte in Österreich die als „Austrofaschismus" bezeichnete Diktatur.
Spanien	In **Spanien** begann im Juli 1936 ein dreijähriger Bürgerkrieg des Putschistengenerals FRANCO gegen die linksgerichtete Volksfrontregierung. FRANCOs Diktatur dauert bis zu seinem Tod 1975.
Portugal	In **Portugal** errichtete ANTONIO DE SALAZAR 1932 eine faschistische Diktatur.
Jugoslawien und Rumänien	In **Jugoslawien** und **Rumänien** existierten Königsdiktaturen, in denen alle Parteien verboten waren.
Griechenland, Bulgarien	In **Griechenland** entstand 1936 eine Militärdiktatur unter General METAXAS. In Bulgarien führte BORIS III. ein autokratisches Regime.
Baltische Staaten	Die baltischen Staaten **Estland, Lettland** und **Litauen** wurden diktatorisch regiert.

Die letzten **Demokratien in Europa** wie **Großbritannien, Frankreich, die Niederlande, Belgien** und die **skandinavischen Länder** gerieten in Bedrängnis beim Erhalt ihrer Herrschaftsform. Die Angst vor einem Krieg sowie eine unzureichend gerüstete Armee veranlasste vor allem Großbritannien zu einer Beschwichtigungspolitik (engl.: Appeasement[-Politik]) gegenüber der expansiven Politik des Dritten Reiches..

Die **britisch-französische Garantieerklärung für Polen** (31.3.1939) bedeutete das Ende der Anpassungspolitik.

Faschismus, lat. faces = Rutenbündel mit Pfeil als Herrschaftssymbol der römischen Konsuln und Prätoren

Am **13. März 1938** unterzeichnete der inzwischen amtierende österreichische Bundeskanzler SEYSS-INQUART ein Gesetz über den **Anschluss Österreichs** an das Deutsche Reich.

FRANCO konnte in **Spanien** sein Regime nur mit deutscher und italienischer Militärhilfe errichten. Die deutschen Truppen der **Legion Condor** erprobten in Spanien ihre neuen Waffen. Die völlige Zerstörung der baskischen Kleinstadt **Guernica** und der Tod von 1 700 Zivilisten durch Sturzkampfbomber ließ die Schrecken eines kommenden Krieges erahnen.

Nach der Zerschlagung der Tschechoslowakei im März 1939 nahmen Großbritannien und Frankreich Verhandlungen mit der Sowjetunion auf. Diese waren allerdings vom gegenseitigen Misstrauen geprägt und führten zu keinem Bündnis.

Am 23. August 1939 schlossen Deutschland und die UdSSR den deutsch-sowjetischen **Nichtangriffspakt** (Hitler-Stalin-Pakt) mit einer Geheimklausel über die Machtansprüche beider Staaten in Osteuropa. Während der UdSSR Ostpolen, Estland, Lettland, Finnland und das östliche Rumänien zugesprochen wurden, erhielt Deutschland Westpolen und Litauen.
In Asien war **Japan** seit 1927 mit seiner Aggression in China dabei, seine weit reichenden Weltherrschaftspläne zu verwirklichen.
Die **USA** betrieben unter Präsident FRANKLIN ROOSEVELT eine Politik der Nichteinmischung in Europa bis 1939/40.

10.6.2 Der Verlauf des Zweiten Weltkrieges und die Herausbildung der Antihitlerkoalition

Nach dem Münchener Abkommen konzentrierten sich HITLERS Kriegsabsichten auf Polen. Der Diktator glaubte 1938 noch daran, mit Polen gemeinsam gegen die Sowjetunion Krieg führen zu können. Polen, gestützt auf die britisch-französische Garantieerklärung, lehnte das deutsche Ansinnen ab.

Der **deutsch-sowjetische Nichtangriffspakt** half dem Aggressor bei der beabsichtigten Zerschlagung des Nachbarlandes.

Am **1. September 1939** überfiel Deutschland ohne Kriegserklärung **Polen** und entfesselte den **Zweiten Weltkrieg.**

Am **17. September 1939** rückte die Rote Armee in Ostpolen ein, das von der Sowjetunion entsprechend dem geheimen Zusatzprotokoll zum Hitler-Stalin-Pakt annektiert wurde. Die am 3. September überreichten **Kriegserklärungen** Großbritanniens und Frankreichs an Deutschland, die damit ihre Bündniszusage erfüllten, lösten Betroffenheit bei HITLER aus. Er hatte nicht mit einem **Zweifrontenkrieg** gerechnet und die Masse seiner Streitkräfte gegen Polen zum Einsatz gebracht. Trotz der Kriegserklärung verzichteten die Westmächte auf aktive Kampfhandlungen an der Westgrenze Deutschlands. So konnten die militärisch überlegenen deutschen Armeen die polnischen Streitkräfte in wenigen Wochen vernichtend schlagen und Zentralpolen mit Warschau okkupieren. Die deutsche Kriegsführung basierte auf der **Blitzkriegstrategie.**

Die **Blitzkriegstrategie** beinhaltete den massiven Einsatz aller Waffengattungen im komplexen Zusammenwirken der Boden-, Luft- und Seestreitkräfte, um den Gegner mit schnellen militärischen Schlägen zu vernichten. Die Feldzüge gegen **Polen, Dänemark** und **Norwegen, Frankreich** und die **Benelux-Staaten** sowie gegen **Griechenland** und **Jugoslawien** von **1939 bis** zum Juni **1941** waren **Blitzkriegsfeldzüge**, die weite Teile Europas HITLERS Herrschaft unterwarfen.

Der Weg der deutschen Eroberer war gekennzeichnet durch Tod und Verwüstung (Bild). Dennoch stand die militärische **Blitzkriegstrategie** auf tönernen Füßen, da Deutschland nur für **kurze Feldzüge** ausgerüstet und vorbereitet war.

Am 15. November 1940 wurde die Stadt Coventry von ca. 500 t Bomben zerstört.

Im **Luftkrieg gegen Großbritannien** gelang es Deutschland nicht, die Luftherrschaft zu erringen, daher wurde auf die geplante Invasion in England verzichtet. Im Ergebnis der Luftschlacht wurden viele englische Städte zerstört, vor allem das Zentrum Londons sowie eine Reihe mittelenglischer Industriestädte.

Der am **27. September 1940** unterzeichnete **Dreimächtepakt** zwischen **Deutschland, Italien** und **Japan** bedeutete die Schaffung eines offenen Militärbündnisses der faschistischen Staaten. Japan erkannte die Führungsrolle Deutschlands und Italiens bei der „Neuordnung" Europas an, Deutschland und Italien sprachen Japan die gleiche Rolle bei der „Neuordnung" Ostasiens zu.

Die Unterzeichner des Dreimächtepaktes (am Tisch, von links der japanische Botschafter in Berlin SABURU KURUSU, der italienische Außenminister GALEAZZO CIANO und ADOLF HITLER)

Bereits im Sommer 1940 gab HITLER dem deutschen Generalstab die Weisung, den Angriff auf die Sowjetunion vorzubereiten. Mit dem **„Fall Barbarossa"** sollte im Mai 1941 der Überfall auf die UdSSR beginnen. Der Angriffstermin musste verschoben werden. Er erfolgte am **22. Juni 1941** mit dem Ziel der Gewinnung von „Lebensraum". Nach anfänglichen militärischen Erfolgen musste die deutsche Wehrmacht in der **Schlacht vor Moskau** Ende 1941 eine Niederlage hinnehmen.

Die Behauptung, HITLER sei dem drohenden Angriff STALINS zuvorgekommen, ist historisch falsch. Für die These vom „Präventivkrieg" gibt es keine Quellenbelege.

Ein typisches Beispiel von vielen für Verstöße **gegen geltendes Kriegsrecht war der Kommissarbefehl.** Er beinhaltete die sofortige Erschießung der politischen Kommissare der Roten Armee bei ihrer Gefangennahme.

Auf der **Konferenz von Teheran** (28. November bis 1. Dezember 1943) verständigten sich STALIN, ROOSEVELT und CHURCHILL über Probleme der Nachkriegsordnung.
Auf einer weiteren Konferenz in **Jalta** (4.–11. Februar 1945) einigte man sich über Besatzungszonen in Deutschland, den Aufbau der Vereinten Nationen,
die polnische Ostgrenze ...

Am Tage des deutschen Überfalls auf die Sowjetunion erklärte der britische Premier WINSTON CHURCHILL, er sei immer ein Gegner des Kommunismus gewesen, nun aber gebe es nur ein Ziel, nämlich „Hitler und jede Spur des Naziregimes" auszumerzen.

150 000 Soldaten waren gefallen, verhungert, erfroren. 90 000 Angehörige der deutschen Wehrmacht gingen in Gefangenschaft, von denen 6 000 überlebten.

Der Krieg im Osten gegen die Sowjetunion wurde als **Weltanschauungs-** und **Vernichtungskrieg** konzipiert und geführt. Er wurde entgegen allen Prinzipien des **Völkerrechts** geführt.

Die Ausweitung zum **globalen Krieg** erfolgte am 7. Dezember 1941 durch den **japanischen Überfall** auf den amerikanischen Flottenstützpunkt **Pearl Harbor (Hawaii).** Vier Tage nach dem japanischen Überfall auf Pearl Harbor erklärte HITLER am 11. Dezember 1941 in Verkennung seiner Möglichkeiten den USA den Krieg. Der folgende **Kriegseintritt** der **USA** mit ihrem enormen Wirtschafts- und Militärpotenzial verschob das Kräfteverhältnis endgültig zuungunsten der **Achsenmächte.** Die militärische Konfrontation hatte sich zum Weltkrieg ausgeweitet. Bereits am 12. Juli 1941 hatten die Regierungen Großbritanniens und der Sowjetunion ein gemeinsames Vorgehen gegen Deutschland beschlossen. Am 24. Juli 1941 gab auch die Regierung der USA ihre Bereitschaft bekannt, die Sowjetunion zu unterstützen. Am 14. August 1941 beschlossen die USA und Großbritannien ein gemeinsames Kriegszielprogramm und einen Ausblick auf die Zukunft der Nachkriegsweltordnung.
Die Atlantikcharta wurde die Basis für das gemeinsame militärische Vorgehen der Antihitlerkoalition bis zur bedingungslosen Kapitulation Deutschlands und Japans. Eine entscheidende Wende für die Antihitlerkoalition trat mit dem Sieg der Roten Armee in der Schlacht um **Stalingrad** 1942/43 und in der Schlacht am **Kursker Bogen 1943** ein.
Auf der Konferenz von Casablanca 1943 einigten sich die **USA** und **Großbritannien** auf die bedingungslose Kapitulation der Achsenmächte.

Im Süden der UdSSR war die deutsche Wehrmacht im Januar/Februar **1943** bei **Stalingrad** in einen nicht zu durchbrechenden Kessel geraten. Nach schweren Verlusten auf beiden Seiten kapitulierte die **6. deutsche Armee.** Von da an wurde die deutsche Front von der Roten Armee ständig nach Westen zurückgedrängt.
Nach der **Landung** der **Briten** und Amerikaner in **Sizilien,** dem **Sturz** MUSSOLINIS und der Veränderung der Lage auf dem pazifischen Kriegsschauplatz begann die **alliierte Gegenoffensive im Juli 1943.**

Mit der Errichtung einer **zweiten Front** durch die Landung von britischen und amerikanischen Truppen am **6. Juni 1944 in Frankreich** und den Kampfhandlungen mit der Roten Armee bis zur **bedingungslosen Kapitulation** des Oberkommandos der Wehrmacht am 7. Mai 1945 in Reims und am 8./9. Mai 1945 in Berlin-Karlshorst realisierte die Antihitlerkoalition ihr Kriegsziel.

Generaloberst JODEL unterzeichnet die bedingungslose Kapitulation.

Im Pazifik dauerte der Krieg noch vier Monate. Nach dem Abwurf der ersten Atombomben auf Hiroshima und Nagasaki (6. und 9. August 1945) durch die amerikanische Luftwaffe bot Japan am 10. August die Kapitulation an, die am 2. September auf dem amerikanischen Schlachtschiff „Missouri" unterzeichnet wurde. Erst am 8. August war die Sowjetunion in den Krieg gegen Japan eingetreten.

10.6.3 Widerstand gegen die deutsche Besatzung und das Völkermorden

Gegen die **deutsche Besatzungsmacht** erhoben sich viele Menschen in den okkupierten Ländern. Ihr **Widerstand** reichte von Streiks und Arbeitsverweigerung über Sabotageakte und Überfälle auf die deutschen Besatzungstruppen. Es gab Attentate auf hohe SS- und Polizeifunktionäre bis hin zu bewaffneten Aufständen wie dem **Warschauer Gettoaufstand** am 19. April 1943, in dem sich jüdische Frauen und Männer gegen ihren Abtransport in die Vernichtungslager wehrten.

Teilnehmer des Warschauer Aufstandes werden in Lager deportiert.

In Frankreich, Jugoslawien und Griechenland gab es eine intensive **Partisanenbewegung,** die ständig die Besatzer in Alarmbereitschaft hielt und sie militärisch band. Sie mündete ähnlich wie in der Sowjetunion in die **Volksbefreiungsbewegung** ein und trug zur Niederschlagung des NS-Regimes bei. Ab 1943/44 wirkten auch italienische und albanische Partisanenverbände am Widerstand mit.
Norwegische Widerstandskämpfer sprengten mit englischen Spezialisten die Produktionsstätte für schweres Wasser und verhinderten mit dieser Aktion die rasche Entwicklung einer deutschen Atombombe.
Dänische Fischer retteten Tausende jüdische Mitbürger und Emigranten vor dem Tod, indem sie sie mit ihren Kuttern über die Ostsee nach Schweden brachten.
In **Deutschland** selbst gab es nach dem Kriegsausbruch 1939 Widerstand vor allem in den Großstädten wie Berlin und München.
Über 150 Angehörige aus allen Volksschichten gehörten zu dem Widerstandsnetz **„Rote Kapelle"** in Berlin. Zu den führenden Persönlichkeiten gehörten der Luftwaffenoberleutnant aus dem Reichsluftfahrtministerium **HARRO SCHULZE-BOYSEN** und der Oberregierungsrat im Reichswirtschaftsministerium **ARVID HARNACK.** Fast 60 Kampfgefährten bezahlten ihren Einsatz gegen den Krieg mit dem Leben.
Auch viele Jugendliche schlossen sich dem Widerstand an. An der Münchener Universität gründeten Studenten die Widerstandsgruppe „Weiße Rose". Auf Wandparolen und Flugblattaktionen riefen sie zum Widerstand und zu einer moralischen Erneuerung auf. Nach ihrer Entdeckung wurden die führenden Mitglieder, darunter sie Geschwister HANS und SOPHIE SCHOLL im Februar 1943 zum Tode verurteilt und hingerichtet.

Die einzelnen Widerstandsgruppen in Deutschland hatten unterschiedliche Motive und Ziele, u. a.:
Kommunistische Gruppen hatten zum Ziel die Errichtung eines sozialistischen Staates nach sowjetischen Vorbild.
Widerstandsgruppen der Offiziere richteten ihr Ziel ausschließlich auf Beendigung des Krieges und der Errichtung einer Militärdiktatur oder bürgerlich-demokratischen Republik.
Religiöse Gruppen kämpften für ein humanistisches-demokratisches Deutschland.
Allen gemein war der Sturz des Hitler-Regimes.

CLAUS GRAF SCHENK VON STAUFFENBERG (1907–1944)

Viele oppositionelle Offiziere haben anfangs den Hitler-Kurs mitgetragen und traten erst als sich die militärische Niederlage abzeichnete in den Widerstand.

Im Sommer 1944 gelang es der Gestapo, viele Angehörige der illegalen Organisationen zu verhaften. Mehr als 220 Personen wurden in Prozessen durch den Volksgerichtshof inhaftiert. 68 Frauen und Männer starben unter dem Fallbeil.

Seit Sommer 1938 sammelten sich um Generaloberst **LUDWIG BECK,** dem Chef des Generalstabes, der im gleichen Jahr aus Protest gegen die Kriegsvorbereitungen von seinem Amt zurücktrat, oppositionelle Offiziere. Nach mehreren vergeblichen Attentatsversuchen auf HITLER kam es durch CLAUS GRAF SCHENK VON STAUFFENBERG am **20. Juli 1944** zum **Attentat** auf HITLER. Hitler überlebte den Staatsstreich und rächte sich mit brutalem Terror, dem über 7 000 Menschen zum Opfer fielen.

Attentat auf HITLER am 20. Juli 1944

10.6.4 Deutschland nach der Befreiung 1945

Die Worte HITLERS „gebt mir vier Jahre Zeit und ihr werdet Deutschland nicht wiedererkennen" waren am 8. Mai 1945 eine fürchterliche Realität geworden. Das Land war in eine Trümmerwüste mit verzweifelten und entwurzelten Menschen verwandelt worden. Neben den enormen menschlichen und materiellen Verlusten waren Bürgersinn und die Menschlichkeit zerstört.

Besatzung, Teilung und **Entfremdung** bestimmten für lange Zeit das Leben der Deutschen. Auch die Nachgeborenen bleiben noch mit den Verbrechen und den **Folgen des NS-Regimes** konfrontiert, gegen das sich ihre Vorfahren zu wenig gewehrt haben.

Die **Bilanz** des Zweiten Weltkrieges ist fürchterlich. Eine genaue Zahl der Menschenverluste gibt es wegen der hohen Opfer unter der Zivilbevölkerung nicht. Schätzungen schwanken zwischen **55 bis 62 Millionen Menschen.**

Menschenopfer (etwa):
26 Mio. Sowjetbürger
15 Mio. Chinesen
7,3 Mio. Deutsche
6 Mio. Polen
6 Mio. Juden
1,8 Mio. Japaner
1,7 Mio. Jugoslawen
0,8 Mio. Franzosen
0,4 Mio. US-Amerikaner
0,4 Mio. Briten
0,3 Mio. Italiener

Die **Kriegsausgaben** der Staaten, die sich im Krieg befanden, werden mit **1 117 Milliarden Dollar** beziffert.

11 DIE WELT NACH DEM ZWEITEN WELTKRIEG

(1945 bis heute)

1945 Gründung der UNO

1948 Gründung des Staates Israel

1949 Gründung der NATO, Konstituierung der beiden deutschen Staaten

1950–53 Korea-Krieg

1955 Gründung des Warschauer Paktes

1959 Sturz der Batista-Diktatur in Kuba

11.1 Die Umgestaltung der Welt nach 1945

11.1.1 Gegensätze innerhalb der Antihitlerkoalition und der Beginn des Kalten Krieges

Mit dem Ende des Zweiten Weltkrieges begann ein Zeitabschnitt, zu dessen bestimmendem Merkmal der **Ost-West-Konflikt** wurde.

Stärker als je zuvor stellte sich nach 1945 Nationalgeschichte als Teil der **Weltgeschichte** dar. Es entstand eine **Bipolarität:** Die **USA** und **UdSSR** führten zwei Machtblöcke, die die Welt allseitig dominierten.

Der Konflikt zwischen den Siegermächten erreichte weltpolitische Dimensionen. Ausgetragen wurde er vornehmlich in Europa, insbesondere in Deutschland.

Bereits gegen Ende des Zweiten Weltkrieges wurden die Widersprüche deutlich, welche die Kriegskoalition gegen Deutschland und seine Verbündeten von Anfang an in sich getragen hatte. Über die Kriegsziele waren sich die Alliierten einig gewesen. Differenzen bestanden hinsichtlich der **Nachkriegsordnung**. Letztlich ging es um die Vorherrschaft in Europa und den künftigen Einfluss auf die Weltpolitik.

Nach Kriegsende sollte die Sowjetunion Gebiete zurückerhalten, die sie Anfang der 20er-Jahre im Bürgerkrieg verloren hatte. Polen sollte dafür im Westen auf Kosten Deutschlands entschädigt werden.

Noch bevor im Sommer 1944 die „zweite Front“ der Alliierten von der französischen Atlantikküste aus in den Krieg eingriff, zeichnete sich eine Aufteilung Europas in Einflussbereiche ab.

Auf der **Konferenz von Teheran** (28. November bis 1. Dezember 1943) diskutierten ROOSEVELT, CHURCHILL und STALIN über die weitere Kriegsführung und die Nachkriegspolitik.

Bereits im Spätsommer 1944 hatte die sowjetische Armee nahezu vollständig Osteuropa besetzt und damit politisch an Kraft gewonnen. Der sich daraus entwickelnde Konflikt mit der polnischen Exilregierung in

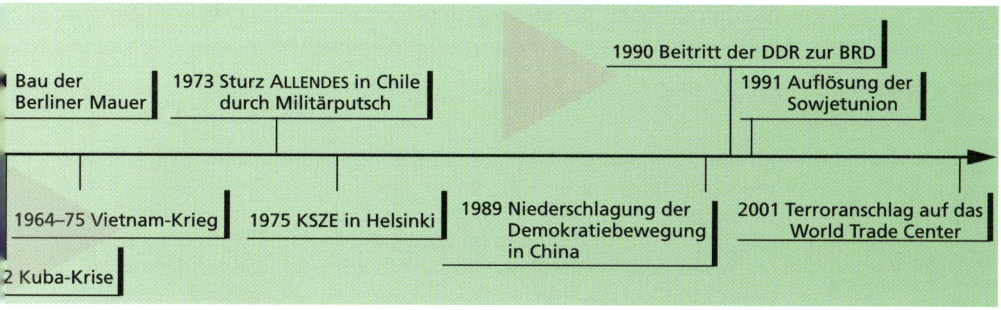

London war ein erstes Anzeichen dafür, dass eine einvernehmliche Regelung der Nachkriegsordnung gefährdet war.
Auf der **Jalta-Konferenz** (Februar 1945) schien eine Verständigung zwischen der UdSSR, den USA und Großbritannien zu gelingen. Die UdSSR unterzeichnete die **Erklärung über das befreite Europa.** Bald erwies sich jedoch, dass die Vereinbarungen grundverschieden ausgelegt wurden und eine pluralistische politische Entwicklung in Osteuropa verhindert wurde. **Die Teilung Europas in gegensätzliche Einflussbereiche nahm Gestalt an.**

Die **Jalta-Konferenz** wird auch als Krim-Konferenz bezeichnet, da sie in Jalta auf der Insel Krim stattfand.

Pläne der Siegermächte für die europäische Nachkriegsordnung	
Konferenz von Teheran 28. 11.–01. 12. 1943	Zerstückelung Deutschlands, Wiederherstellung Österreichs, Ausdehnung der Westgrenze der Sowjetunion und Westverschiebung Polens, Eröffnung der „zweiten Front" in Frankreich im Frühjahr 1944.
Konferenz von Jalta 04. 02.–11. 02. 1945	Bildung einer polnischen provisorischen Regierung unter Einbeziehung der Londoner Exilregierung, freie Wahlen und Aufbau demokratischer Strukturen in allen befreiten Ländern, Einberufung einer Konferenz zur Gründung der Vereinten Nationen
Potsdamer Konferenz 17. 07.–02. 08. 1945	Ausübung der Regierungsgewalt in Deutschland durch die Siegermächte, Einteilung in vier Besatzungszonen und Bildung eines Alliierten Kontrollrates, völlige Entmilitarisierung und Entnazifizierung Deutschlands, Demokratisierung seines staatlichen und öffentlichen Lebens, Übereinkunft über deutsche Reparationen

Die USA und die UdSSR wurden zu Hauptkonkurrenten in dem Konflikt, der sich nach dem Ende des Zweiten Weltkrieges in Europa und Asien entwickelte. Die USA waren politisch und wirtschaftlich gestärkt aus dem Krieg hervorgegangen und verfügten über das **Atomwaffenmonopol.** Die UdSSR hatte neben 20 Millionen Menschen die komplette Industrie und Infrastruktur in den vom Krieg heimgesuchten Gebieten verloren.

Als nach dem chinesischen Bürgerkrieg am 1. Oktober 1949 die Volksrepublik China gegründet wurde, verstärkte sich die Rivalität zwischen der UdSSR und den USA.

In Mitteleuropa, insbesondere in dem durch Besatzungszonen geteilten Deutschland, stießen die Einflusszonen beider Supermächte politisch und territorial direkt aufeinander. Gerade hier entstand eine strikte Trennlinie zwischen ihnen. Der damalige britische Premierminister

WINSTON CHURCHILL benutzte dafür bereits am 12. Mai 1945 in einem Telegramm an TRUMAN den Begriff vom **Eisernen Vorhang,** der vor der sowjetischen Front niedergegangen sei. Er wurde berühmt durch CHURCHILLS Rede in Fulton, Missouri, vom 5. März 1946:

WINSTON CHURCHILL (1874–1965), Premierminister 1940–1945 und 1951–1955. Er erhielt den Nobelpreis für Literatur für seine sechsbändige Darstellung „Der Zweite Weltkrieg"

CHURCHILL in der Fulton-Rede: „Von Stettin an der Ostsee bis Triest an der Adria ist ein eiserner Vorhang quer durch den Kontinent niedergegangen. Hinter dieser Linie liegen alle Hauptstädte der alten Staaten Zentral- und Osteuropas, Warschau, Berlin, Prag, Wien, Budapest, Belgrad, Bukarest und Sofia. Alle diese berühmten Städte mit ihrer Bevölkerung liegen in der sowjetischen Sphäre. Und alle sind in der einen oder anderen Form nicht nur dem sowjetischen Einfluss unterworfen, sondern in einem sehr hohen und in einigen Fällen wachsenden Grad der Kontrolle Moskaus."

Die Politik des Containment und des Rollback

Der befürchteten sowjetischen Expansion setzten die USA eine Politik der Eindämmung (Containment) entgegen. Der designierte Außenminister der USA, JOHN FOSTER DULLES, propagierte 1952 die Politik des **Rollback** mit dem Ziel, den kommunistischen Einfluss in Europa zurückzudrängen. Eine konsequente Durchsetzung dieser Politik hätte möglicherweise einen Krieg mit der Sowjetunion zur Folge gehabt, dazu waren die Vereinigten Staaten nicht bereit. Jedoch entstanden etwa 4000 Militärstützpunkte der USA in 39 Ländern. Die Differenzen hatten ein Wettrüsten zur Folge, vor allem nachdem die Sowjetunion eine eigene Atombombe entwickelt hatte und damit das Atomwaffenmonopol der USA gebrochen war. Die „Supermächte" beschuldigten einander, eine Aggression vorzubereiten. Eine heftige politische und propagandistische Auseinandersetzung war die Folge.

TRUMAN versprach am 12. März 1947 Griechenland und der Türkei Militär- und Wirtschaftshilfe, damit die beiden Staaten einem wachsenden sowjetischen Druck standhalten konnten.

TRUMAN-Doktrin und Kalter Krieg

Eine Zweiteilung der Welt in grundsätzlich unvereinbare Wirtschafts- und Gesellschaftssysteme zeichnete sich ab. In dieser Situation versprach der Präsident der USA, TRUMAN, jeder Nation, die sich für die westlich-demokratische Lebensweise entscheide, die Unterstützung durch Wirtschaftshilfe. In Europa geschah dies durch ein „Europäisches Wiederaufbauprogramm" (ERP), nach seinem Urheber auch **Marshall-Plan** genannt.

ERP = European Recovery Program

Präsident TRUMAN am 12. März 1947 vor beiden Häusern des Kongresses: „Ich glaube, es muß die Politik der Vereinigten Staaten sein, freien Völkern beizustehen, die sich der angestrebten Unterwerfung durch bewaffnete Minderheiten oder durch äußeren Druck widersetzen. Ich glaube, wir müssen allen freien Völkern helfen, damit sie ihre Geschicke auf ihre eigene Weise selbst bestimmen können. Unter einem solchen Beistand verstehe ich vor allem wirtschaftliche und finanzielle Hilfe, die die Grundlage für wirtschaftliche Stabilität und geordnete politische Verhältnisse bildet."

Die UdSSR verkündete 1947 die Theorie von den **zwei Lagern,** die sich seit Kriegsende feindlich gegenüberstünden: das imperialistische antidemokratische unter Vormacht der USA und das antiimperialistische demokratische unter der Führung der Sowjetunion.
Das war das Ende der amerikanisch-sowjetischen Zusammenarbeit aus der Kriegszeit. Die weltanschaulichen Gegensätze verfestigten sich weiter durch die Gestaltung entgegengesetzter Wirtschaftsstrukturen. Die Ost-West-Konfrontation erhielt damit eine ökonomische Dimension.
Die Ende der 1940er-Jahre entstandene Situation wurde durch Wettrüsten, Entstehung von Militärpakten und Wirtschaftsbündnissen, Embargomaßnahmen und Propagandakampagnen geprägt. Ständig bestand die Gefahr einer offenen militärischen Auseinandersetzung. Dieser Zustand wurde in der Presse und bald auch im allgemeinen Sprachgebrauch als **Kalter Krieg** bezeichnet.

27. Dezember 1945: Gründung der Weltbank und des Internationalen Währungsfonds IWF. US-Dollar als Leitwährung. Die UdSSR und später ihre Verbündeten waren nicht beteiligt. Sie gründeten 1949 den Rat für gegenseitige Wirtschaftshilfe (RGW).

Der Begriff **Kalter Krieg** charakterisierte die Spannungen zwischen den USA und der UdSSR in der Nachkriegspolitik, insbesondere gegenüber Deutschland und Ost-Mitteleuropa. Nach 1955 wurden damit die Auseinandersetzungen zwischen den Blöcken beschrieben, die häufig am Rande eines „heißen Krieges" verliefen.

Höhepunkte des Kalten Krieges

- Blockade Berlin (West) (1948/49)
- Korea-Krieg (1950–53)
- Bau der Berliner Mauer (1961)
- Kuba-Krise (1962)
- Krieg in Vietnam (1964–75)

Der Kuba-Krise ging die **Invasion in der Schweinebucht** vom 17. April 1961 voraus. Danach stationierte die Sowjetunion Raketen auf Kuba. Das bedrohte die Sicherheit der USA.

11.1.2 Neue gesellschaftliche und politische Verhältnisse

Die Gründung der Vereinten Nationen und ihr Wirken

Von den Mächten der Antihitlerkoalition wurde noch vor Kriegsende (1944) die Gründung der **Organisation der Vereinten Nationen (UNO)** vorbereitet. Die UNO wurde am 26. Juni 1945 gegründet. Sie ist die wichtigste Organisation für die weltweite internationale Zusammenarbeit. Ihre Gründungsurkunde (Charta der Vereinten Nationen) wurde von (zunächst) 51 Staaten unterzeichnet.

Die Gründungskonferenz der UNO fand in San Francisco im Opernhaus des Civic Center statt. Vor dem Eingang waren die Flaggen der 51 Teilnehmerstaaten gehisst.

Ziele der UNO:
- Wahrung des Weltfriedens und der internationalen Sicherheit,

UNO, engl. = United Nations Organization

Die **Charta der Vereinten Nationen** trat am 24. Oktober 1945 nach der Ratifizierung durch alle Mitgliedstaaten in Kraft.

- Entwicklung freundschaftlicher, auf der Achtung der Gleichberechtigung und Selbstbestimmung der Völker beruhende Beziehungen zwischen den Nationen,
- internationale Zusammenarbeit zur Lösung wirtschaftlicher, sozialer, kultureller und humanitärer Probleme zu pflegen,
- Achtung der Menschenrechte und Grundfreiheiten für alle ohne Unterschied der Rasse, des Geschlechts, der Sprache und der Religion.

Die UNO soll ein Mittelpunkt sein, in dem die Bemühungen der Nationen zur Verwirklichung dieser gemeinsamen Ziele aufeinander abgestimmt werden.

Die Bundesrepublik Deutschland war 2003–2004 nichtständiges Mitglied des Sicherheitsrates.

Vetorecht besitzen USA, Russland, Großbritannien, Frankreich und China.

Organe der UNO sind die **Generalversammlung** und der **Sicherheitsrat.** Alle Mitglieder bilden die Generalversammlung. Dem Sicherheitsrat gehören fünf ständige Mitglieder sowie zehn jeweils für zwei Jahre gewählte nichtständige Mitglieder an.
Durch das Veto einer einzelnen Großmacht kann jeder gemeinsame Beschluss des Sicherheitsrates verhindert werden. Dieser Zustand trat ein, als es seit 1946/47 in den entscheidenden Fragen der Weltpolitik kaum noch Gemeinsamkeiten zwischen den verfeindeten Lagern gab.
Die UNO wurde zum Spiegelbild der **Gegensätze in den internationalen Beziehungen.**

Das System der Vereinten Nationen

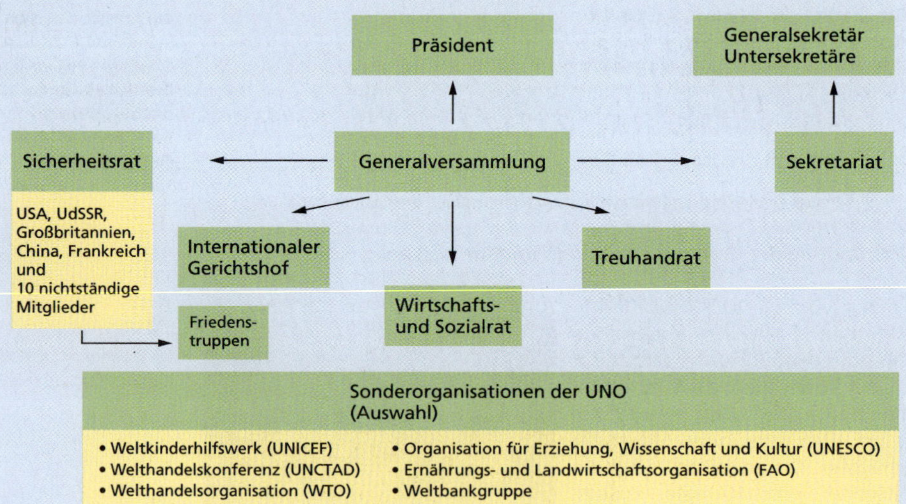

Die Herausbildung neuer Bündnissysteme

Nach dem Zweiten Weltkrieg entstanden im Rahmen des **Ost-West-Konflikts** neue politische, Wirtschafts- und Militärbündnisse mit den USA und der UdSSR als Führungsmächten. Der Einfluss der Staaten Europas in der Weltpolitik nahm erkennbar ab. Die Kriegshandlungen hatten allen europäischen Ländern materielle Schäden zugefügt. Viele litten überdies an den Folgen der Demobilisierung und den Verpflichtungen gegenüber Vertriebenen und Flüchtlingen.

Das unmittelbare Ziel des Europäischen Wiederaufbauprogramms (ERP = **Marshall-Plan**) war die Wiederherstellung und Neuordnung der wirtschaftlichen Verhältnisse in Europa. Der Marshall-Plan sollte das Nachkriegselend beseitigen, für die USA leistungsfähige Handelspartner gewinnen und das weitere Vordringen des Kommunismus verhindern. Er wurde auch den osteuropäischen Staaten angeboten.

„Nach dem Krieg neigten einige Europäer dazu, die Übertragung der Macht und der Verantwortung auf die Vereinigten Staaten und die Sowjetunion mit Resignation zu betrachten, die mit Furcht, aber auch mit Befriedigung gemischt war" (GORDON CRAIG, amerikanischer Geschichtswissenschaftler).

WINSTON CHURCHILL forderte in seiner Rede vom 19. September 1946 in Zürich, Schweiz:
„Es ist ein Heilmittel notwendig, das wie durch ein Wunder die Situation völlig ändern würde und innerhalb von wenigen Jahren Europa so frei und glücklich machen könnte, wie es heute die Schweiz ist ... Wir müssen eine Art von Vereinigten Staaten Europas schaffen."

Als Folge des Marshall-Plans entstand 1948 der Europäische Wirtschaftsrat zur Verteilung der ERP-Mittel. Aus ihm ging 1961 die **Organisation für wirtschaftliche Zusammenarbeit und Entwicklung (OECD** = Organization for Economic Cooperation and Developement) hervor.

Der Weg zur Europäischen Union	
1951 **Montanunion**	Frankreich, BRD, Italien, Belgien, Luxemburg, Niederlande. „Europäische Gemeinschaft für Kohle und Stahl" (EGKS)
1957 **Römische Verträge**	Europäische Wirtschaftsgemeinschaft (EWG) und Europäische Atomgemeinschaft (EURATOM) Schritte: Abschaffung der Binnenzölle, landwirtschaftliche Subventionen
1967 **Europäische Gemeinschaft (EG)**	Seitdem Projekt zur Wirtschafts- und Währungsunion
1968 **Zollunion** **1973–86** **Beitritte**	Zölle innerhalb der EWG werden abgeschafft 1973 Großbritannien, Irland, Dänemark; 1981 Griechenland; 1986 Portugal, Spanien
1992 **Vertrag von Maastricht**	Schaffung der Europäischen Union
1995 **Beitritte**	Beitritt von Österreich, Schweden, Finnland. Assoziierungsabkommen mit Türkei, Malta, Zypern. Beitrittskandidaten: Polen, Tschechien, Slowenien, Slowakei, Ungarn, Bulgarien, Rumänien, Litauen, Lettland, Estland

01. 01. 2002	Der Euro wird alleiniges Zahlungsmittel in zwölf teilnehmenden EU-Ländern
2004	Beitritt von Estland, Lettland, Litauen, Malta, Polen, Slowakei, Slowenien, der Tschechischen Republik, Ungarn und Zypern

Die beratende Versammlung der Parlamentarier der drei Gemeinschaften EGKS, EWG und EURATOM gab sich 1958 den Namen „Europäisches Parlament".

Ein Zusammenschluss auf Freihandelsebene ist die **Europäische Freihandelsvereinigung (EFTA,** European Free Trade Association). Sie wurde 1960 gegründet. Seit dem EU-Beitritt ihrer langjährigen Mitglieder Schweden, Finnland und Österreich (1995) setzt sie sich nur noch aus vier Ländern zusammen: Island, Liechtenstein, Schweiz und Norwegen.

Europarat, engl. = **Council of Europe,** franz. = **Conseil de l'Europe**
Sitz des Europarates ist Straßburg (Frankreich).

Der **Europarat** wurde als internationale Organisation europäischer Staaten zur Wahrung des gemeinsamen europäischen Erbes und zur Förderung des wirtschaftlichen und sozialen Fortschritts 1949 in London gegründet.

Mitglieder des Europarates sind alle europäischen Länder außer Serbien-Montenegro, das einen Sondergaststatus bei der Parlamentarischen Versammlung (seit 22. Januar 2001) besitzt.

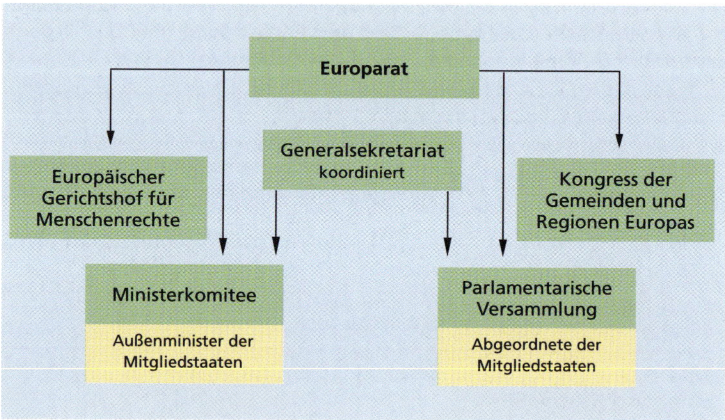

Der Europarat erlässt keine unmittelbar geltenden Rechtsakte. Seine Organe empfehlen den Mitgliedern den Abschluss von Abkommen auf wirtschaftlichem, sozialem, kulturellem und wissenschaftlichem Gebiet, die oft der Rechtsvereinheitlichung dienen.

NATO-Mitglieder:
1949: USA, Belgien, Kanada, Dänemark, Frankreich, Großbritannien, Island, Italien, Luxemburg, Niederlande, Norwegen, Portugal
1952: Griechenland, Türkei
1955: Bundesrepublik Deutschland
1987: Spanien
1999: Polen, Ungarn, Tschechische Republik
2004: Estland, Lettland, Litauen, Bulgarien, Slowenien, Slowakei, Rumänien

Die **militärische Integration Westeuropas** erfolgte durch den **Nordatlantikpakt (NATO).** Er wurde am 4. April 1949 in Washington unter dem Eindruck der Ost-West-Spannungen (gewaltsamer Machtwechsel in der Tschechoslowakei 1948 und die Blockade Berlins 1948/49) gegründet. Hauptziel war die kollektive Verteidigung der westeuropäischen Staaten. Der Pakt unterstützte die politische und wirtschaftliche Zusammenarbeit. Zugleich wurde die Präsenz und das militärische Engagement der USA in Europa gesichert.

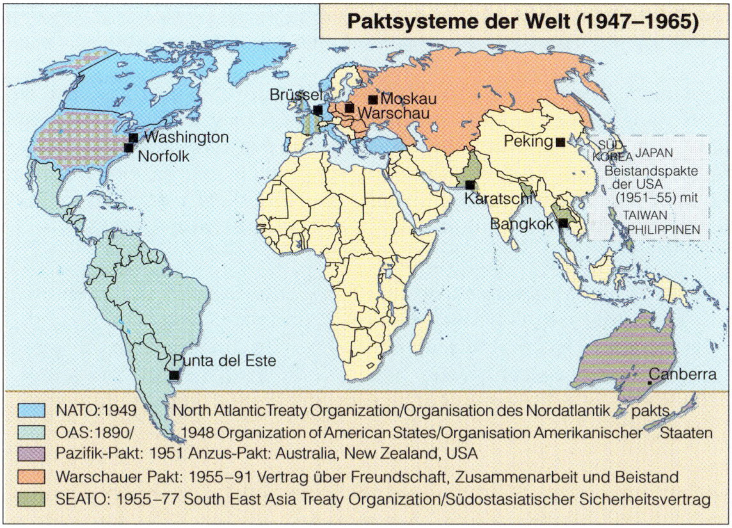

Die NATO bezieht sich auf die Satzung der Vereinten Nationen und soll dazu beitragen, die gegenseitigen Beziehungen der Mitglieder zu gestalten, mögliche Konflikte (zwischen ihnen) mit friedlichen Mitteln zu überwinden. Vor allem soll sie einen bewaffneten Angriff auf ein Land oder das gesamte Bündnis unmöglich machen, einen solchen gegebenenfalls auch mit militärischen Maßnahmen zurückzuweisen.

In den folgenden Jahrzehnten entwickelte sich, von den USA politisch geführt, die stärkste Militärmacht der Erde.

Artikel 5 des NATO-Vertrages:
„Die Vertragschließenden Parteien sind sich darüber einig, dass ein bewaffneter Angriff auf eine oder mehrere von ihnen in Europa oder Nordamerika als ein Angriff gegen sie alle betrachtet werden soll ...“

Organe der NATO sind:
- NATO-Rat unter dem Vorsitz des Generalsekretärs,
- Ausschuss für Verteidigungsplanung,
- Militärausschuss.

Durch die **Pariser Verträge** von 1954 entstand die Westeuropäische Union (WEU) als europäischer Pfeiler der NATO.

Die offizielle Auflösung des Warschauer Paktes erfolgte 1991.

Nach der Auflösung des Warschauer Paktes erfolgte eine Neuorientierung der NATO. Mit der Aufnahme von Polen, Tschechien und Ungarn am 12. März 1999 begann ihre Osterweiterung. Im Mai 2002 wurde Russland bedingt in die politischen NATO-Strukturen eingegliedert.
Der **Einfluss der UdSSR auf Osteuropa** erfolgte nach Kriegsende über die Kommunistischen Parteien, über sowjetfreundliche provisorische Regierungen, deren Landreformen und Verstaatlichungen sowie gegenüber den besiegten Ländern über Besatzungspolitik und Reparationen.
Seit 1948 wurden **„Freundschafts- und Beistandspakte“** mit der Sowjetunion und der Länder untereinander geschlossen. Die wirtschaftliche Kooperation erfolgte über den **Rat für gegenseitige Wirtschaftshilfe.**

Mit den Luftangriffen Ende März 1999 auf Jugoslawien wurde die NATO außerhalb ihres Mitgliedsbereiches tätig, ohne dass eines ihrer Mitglieder angegriffen worden war. Vorangegangen waren erfolglose Verhandlungen zur Lösung der Kosovo-Krise.

Rat für gegenseitige Wirtschaftshilfe = RGW, engl. = COMECON (Council for Mutual Economic Assistance)

Der Warschauer Vertrag wurde jedoch auch innerhalb des Bündnisses tätig. So unterbanden sowjetische Truppen 1956 einen Volksaufstand in Ungarn, und 1968 verhinderten Warschauer-Pakt-Truppen eine Liberalisierung der Gesellschaft in der ČSSR.

Das Gipfeltreffen der vier Mächte in Genf im Juli 1955 blieb ohne konkrete Ergebnisse, stand aber für eine entspanntere politische Atmosphäre und gemeinsame Verantwortung für den Frieden.

Der häufig verwendete Begriff „Nationalstaaten" ist nicht korrekt. Die Bevölkerung dieser Staaten besteht in der Regel aus Angehörigen verschiedener Nationalitäten.

Der **Warschauer Pakt** wurde am 14. Mai 1955 als „Vertrag für Freundschaft, Zusammenarbeit und gegenseitigen Beistand" gegründet. Gründungsmitglieder waren die UdSSR, Albanien (bis 1968), Bulgarien, Polen, Rumänien, Ungarn, die DDR und die ČSR. Auch das Vertragswerk des Warschauer Paktes bezog sich auf die UNO-Satzung, auch in ihm wurde das Recht auf die individuelle und kollektive Selbstverteidigung der beteiligten Staaten in den Mittelpunkt gestellt. Es wurde ein Vereintes Kommando der dem Vertrag unterstellten Streitkräfte geschaffen. Sein politisches Führungsgremium war der „Politisch-Beratende Ausschuss".

Artikel 3 des Warschauer Vertrages erlegt den Staaten auf, „sich im Interesse der Gewährleistung der gemeinsamen Verteidigung und der Erhaltung des Friedens und der Sicherheit untereinander unverzüglich jedesmal (zu) beraten, wenn ... die Gefahr eines bewaffneten Überfalls auf einen oder mehrere Teilnehmerstaaten des Vertrages entsteht."

Ein internationales **„Gleichgewicht des Schreckens"** war entstanden. Dessen Stabilität beruhte auf der gegenseitigen Abschreckung durch Atomwaffen. In einem längeren historischen Zeitabschnitt entwickelte sich eine **Entspannungspolitik.** Möglichkeiten einer **friedlichen Koexistenz** von Staaten unterschiedlicher Gesellschaftsmodelle miteinander wurden erörtert. Die Beziehungen zwischen Ost und West, insbesondere den beiden Weltmächten, sollten auf der Grundlage der bestehenden politischen Ordnungen und der geltenden Grenzen gestaltet werden.

Der Zusammenbruch der Kolonialreiche und die Entstehung unabhängiger Staaten in Asien und Afrika

Im Zweiten Weltkrieg war die Position der Kolonialmächte weitgehend geschwächt worden. Auch lehnte die öffentliche Meinung in den meisten europäischen Staaten die Kolonialherrschaft ab. Nach dem Krieg entstanden in den Gebieten der ehemaligen **Kolonien** Frankreichs, Großbritanniens und der Niederlande selbstständige Staaten.
Der Prozess der Entkolonialisierung begann in Asien. Er vollzog sich in einem Zeitraum von nur 30 Jahren.
Ursachen der Unabhängigkeitsbewegungen nach dem Zweiten Weltkrieg:
- Einige Kolonien hatten auf alliierter Seite am Zweiten Weltkrieg teilgenommen und als Sieger an Selbstbewusstsein gewonnen.
- Kolonien in Südostasien waren nach der Auseinandersetzung mit Japan, die sie z.T. mit eigenen Kampftruppen geführt hatten, nicht bereit, zum alten Kolonialstatus zurückzukehren.
- Die europäischen Großmächte waren durch beide Weltkriege geschwächt.
- Die Interessen an staatlicher Unabhängigkeit wurden mit der sozialen Frage verknüpft.

Die Prozesse zur Bildung neuer Staaten verliefen überwiegend friedlich, geordnet und konstruktiv. Kriegerisch wurden die Konflikte z. B. in Vietnam (Indochina) und Algerien ausgetragen.

Seit 1858 war Indien britische **Kronkolonie.** Eine Unabhängigkeitsbewegung entstand bereits gegen Ende des 19. Jh. Sie ist verbunden mit dem Namen **MAHATMA GANDHI** und der von ihm geführten **Kongresspartei.** GANDHI entwickelte zivilen Ungehorsam und Gewaltlosigkeit zur Form des Kampfes um die Selbstbestimmung Indiens.
Nach dem Zweiten Weltkrieg war Großbritannien außerstande, den indischen Subkontinent zu verwalten. So wurde von beiden Seiten die Unabhängigkeit vorbereitet. Jahrhundertealte Gegensätze zwischen Hindus und Moslems erwiesen sich als unüberwindbar. So wurden am 15. August 1947 die beiden Staaten **Indien** und **Pakistan** gegründet. Sie erhielten jeweils den Status eines Dominion.

MOHANDAS KARAMCHAND GANDHI (1869–1948) war seit 1915 Führer der indischen Unabhängigkeitsbewegung. Der Ehrentitel Mahatma bedeutet „große Seele".

Dominion ist ein sich selbst regierender Teil des britischen Commonwealth.

Der erste Ministerpräsident Indiens war **JAWAHARLAL NEHRU** (1889–1964). Er vertrat eine Politik der Nichtpaktgebundenheit.

Nichtpaktgebundenheit (non-alignment): Nichtbeteilung an politischen und militärischen Bündnissen

„Dies ist ein schicksalhafter Augenblick für uns in Indien, für ganz Asien und für die Welt. Ein neuer Stern, der Stern der Freiheit, steigt im Osten auf, eine neue Hoffnung wird geboren, eine lang gehegte Vision wird Wirklichkeit" (JAWAHARLAL NEHRU am 15. August 1947).

Die Unabhängigkeit Indiens wurde der Schlüssel zur Auflösung der Kolonien in Asien.
Pakistan bestand aus zwei Teilen, die durch die Indische Union voneinander getrennt waren. Ost-Pakistan erreichte die Autonomie 1971. Der neu entstandene Staat **Bangladesh** wurde 1974 durch Pakistan anerkannt.
In der Nachkriegszeit entwickelte sich **China** zu einer maßgeblichen Großmacht. Nach der Kapitulation Japans 1945 entbrannte ein Bürgerkrieg zwischen der Kuomintang (chines.: „Nationale Volkspartei") und den chinesischen Kommunisten unter MAO ZEDONG. Im Ergebnis dieses Krieges zogen sich die Kuomintang-Kräfte auf die Insel Taiwan zurück und gründeten dort die **Republik China.** In der chinesischen Hauptstadt Peking wurde dagegen am 1. Oktober 1949 die **Volksrepublik China** gegründet. Sie ist, an Stelle von Taiwan, seit 1971 ständiges Mitglied des Sicherheitsrates der Vereinten Nationen.
Das französische Kolonialreich **Indochina** in Südostasien umfasste das Territorium der heutigen Staaten Vietnam, Kambodscha und Laos. Dort bestand eine nationale Bewegung schon seit den 20er-Jahren.

MAO ZEDONG (auch MAO TSE-TUNG, 1893–1976), Mitbegründer der chinesischen Kommunistischen Partei, Gründer und erster Regierungschef der Volksrepublik China

HO CHI MINH
(d. i. „der Erleuchtete", 1890–1969) gründete 1930 die KP Indochinas; war seit 1945 Präsident der Demokratischen Republik Vietnam (Nordvietnam).

Während des Zweiten Weltkrieges hatte Japan große Teile des Gebietes besetzt. Zu dieser Zeit bildete sich die Vietnamesische Unabhängige Liga (Vietminh). Sie kämpfte gegen die japanische Besatzung und gegen die französischen Kolonialherren. Ihr Führer nannte sich **HO CHI MINH.**
Nach der Kapitulation Japans 1945 übernahm die Vietminh die Macht in Hanoi. Die **Demokratische Republik Vietnam** wurde proklamiert. Frankreich unter CHARLES DE GAULLE (1890–1970) versuchte, die koloniale Herrschaft wieder herzustellen. Ein südvietnamesischer Staat wurde gegründet, dessen Regierung im Auftrag der französischen Kolonialmacht handelte. Es kam zum Krieg, der nach acht Jahren 1954 mit der **Schlacht von Diên Biên Phu** und dem Sieg über die französischen Kolonialtruppen endete. Die **Genfer Indochina-Konferenz** besiegelte das Ende des französischen Kolonialreiches in Indochina: Die Königreiche Laos und Kambodscha wurden unabhängige Staaten. Vietnam wurde am 17. Breitengrad geteilt in die nördliche Demokratische Republik Vietnam (Hauptstadt Hanoi) und die südliche Republik Vietnam (Hauptstadt Saigon).

Am Ende des Zweiten Weltkrieges existierten in **Afrika** nur zwei unabhängige Staaten: Liberia und Äthiopien. Südafrika war englisches Dominion. Alle anderen Gebiete waren entweder Kolonien oder standen unter Mandat des Völkerbundes.
Ernsthafte Auseinandersetzungen mit der Kolonialmacht Frankreich gab es in **Algerien.** Das Land war französisches Übersee-Departement. Zahlreiche französische Siedler hatten sich dort niedergelassen. 1954 begann ein bewaffneter Aufstand der algerischen Befreiungsfront FLN, die ihre Anhänger unter den algerischen Moslems hatte. Ihr Ziel war die staatliche Selbstständigkeit. Die europäischen Siedler widersetzten sich, wussten die Kolonialmacht auf ihrer Seite. Frankreich und die FLN führten einen grausamen Krieg gegeneinander. Als Frankreichs Regierung zum Nachgeben neigte, kam es zu einem Putschversuch der Siedler und des in Algerien stationierten französischen Militärs gegen die Regierung in Paris. Im Juli 1962 erhielt Algerien die Unabhängigkeit.

FLN, franz. = Front de Libération Nationale

Ein allgemeiner, z. T. überstürzter Rückzug der europäischen Kolonialmächte fand in Afrika südlich der Sahara statt. In nahezu allen Kolonien Großbritanniens und Frankreichs entstanden selbstständige Staaten. Demgegenüber wurde Belgien vom Streben nach Unabhängigkeit der Kolonien geradezu überrollt (Kongo-Krise ab 1960).
1957 wurde **Ghana** als erster schwarzafrikanischer Staat unabhängig. 1960, im „Jahr Afrikas" entstanden in Schwarzafrika 17 selbstständige Staaten.

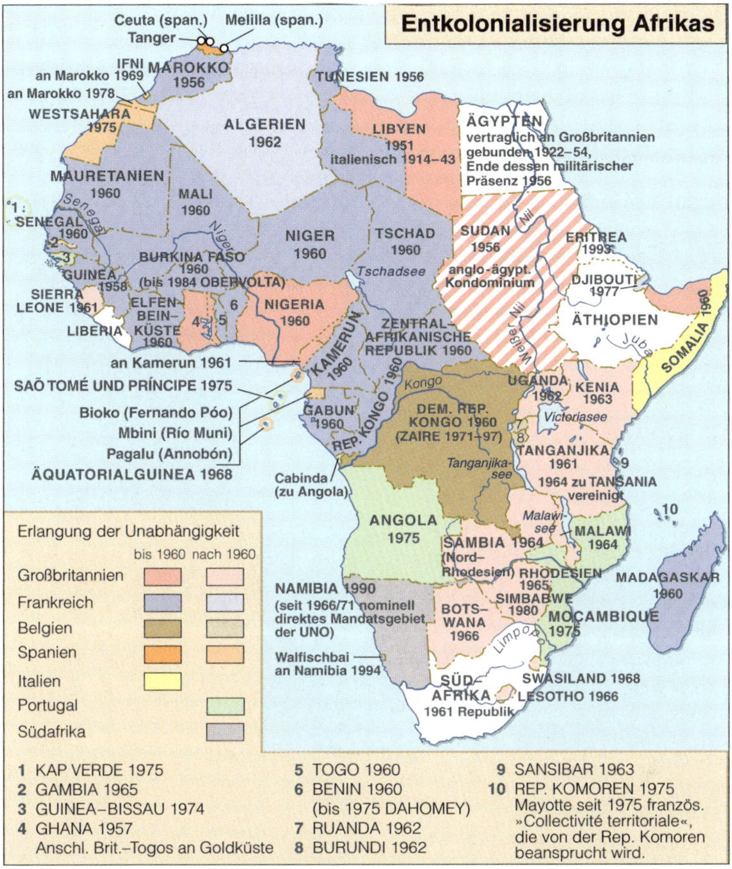

Die besondere Situation im Nahen und Mittleren Osten

Bis 1948 war **Palästina** britisches Mandatsgebiet. Bereits zu Beginn des 20. Jh. siedelten dort jüdische Einwanderer. Infolge der Judenverfolgung in Europa durch die Nationalsozialisten wuchs deren Zahl seit den 30er-Jahren, verstärkt aber nach dem Zweiten Weltkrieg an.
Am 14. Mai 1948 wurde der Staat **Israel** gegründet. Einen Tag später wurde Israel von den USA, der Sowjetunion und den Vereinten Nationen staatlich anerkannt.

In der Unabhängigkeitserklärung von 1948 heißt es, der Staat Israel „wird all seinen Bürgern ohne Unterschied von Religion, Rasse und Geschlecht soziale und politische Gleichberechtigung verbürgen. Er wird Glaubens- und Gewissensfreiheit, Freiheit der Sprache, Erziehung und Kultur gewährleisten, die Heiligen Stätten unter seinen Schutz nehmen und den Grundsätzen der Charta der Vereinten Nationen treu bleiben".

i

Die Bevölkerung und die Stammesfürsten der arabischen Gebiete hatten nach dem Ersten Weltkrieg und dem Ende der osmanischen Herrschaft auf staatliche Selbstständigkeit gehofft. Der Völkerbund unterstellte einen Teil des Gebietes unter das Mandat Großbritanniens und Frankreichs. Alle heute bekannten arabischen Staaten wurden 1945/46 von der UNO anerkannt.

Ebenfalls am 15. Mai 1948 begannen die Armeen Ägyptens, Transjordaniens, Syriens, Libanons und des Irak ihren Angriff auf den neuen Staat **(Unabhängigkeitskrieg Israels).** Dies war der erste einer Reihe von arabisch-israelischen Kriegen.

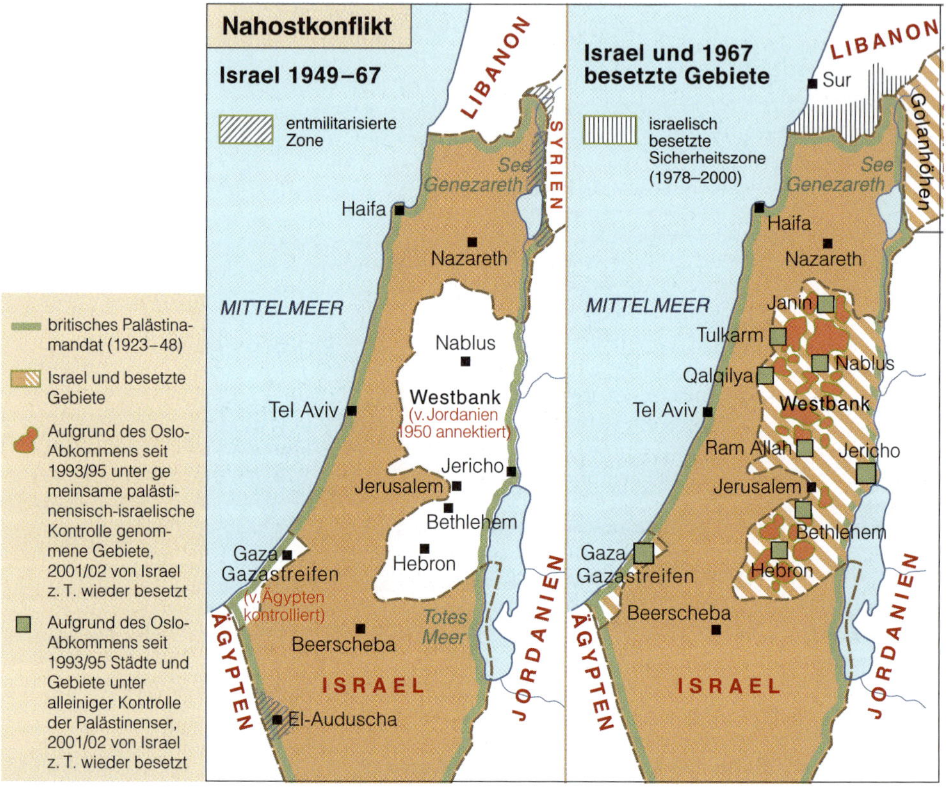

Seit dieser Zeit wurde die Stellung zu Israel Dreh- und Angelpunkt aller arabischen Politik:

Aus der Palästinensischen Nationalcharta vom 17. Juli 1968:
„Die Befreiung Palästinas ist vom arabischen Standpunkt aus nationale Pflicht. Ihr Ziel ist, der zionistischen und imperialistischen Aggression gegen die arabische Heimat zu begegnen und den Zionismus in Palästina auszutilgen."

Bündnisse zwischen arabischen Staaten richteten sich gegen Israel. Die Verhinderung eines selbstständigen jüdischen Staates war ein ausdrückliches Ziel der 1945 gegründeten **Arabischen Liga.** Im Hinblick auf Israel erreichte sie ihr Ziel nicht. In diesem wie auch in späteren Bündnissen erwiesen sich die gegensätzlichen wirtschaftlichen Interessen und politischen Ziele der arabischen Partner stärker als ihre Gemeinsamkeiten.

i

Als Interessenvertretung der Palästinenser in den von Israel beanspruchten Gebieten wurde 1964 die Palästinensische Befreiungsorganisation **PLO** gegründet. Vorsitzender des Exekutivrates der PLO war seit Februar 1969 JASIR ARAFAT (1929–2004).

Bewaffnete Auseinandersetzungen im Nahen Osten:	
1948	Unabhängigkeitskrieg Israels
1956	Eingreifen Israels in die Suezkrise
1967	Sechs-Tage-Krieg Israels gegen Ägypten und Syrien
1973	Jom-Kippur-Krieg Ägyptens und Syriens gegen Israel
1978	Eroberung des Südlibanon durch israelische Truppen
1982	Vorstoß in den Libanon bis Beirut

Israel besetzte zeitweilig größere Gebiete, die es aufgrund des Eingreifens der UNO und der Großmächte in der Regel wieder abgeben musste. Dennoch festigte es seine Macht im Nahen Osten.
Im **Ägyptisch-Israelischen Friedensvertrag** vom 26. März 1979 erkannte erstmalig ein arabischer Staat die Existenz des Staates Israel an.
Die USA unterstützten traditionell Israel, die Sowjetunion und die anderen Länder des Ostblocks hingegen die arabischen Länder und die PLO. Beide Mächte versuchten, den regionalen Konflikt zu dämpfen. Sie konnten sich dabei auf Resolutionen des Sicherheitsrates der Vereinten Nationen aus den Jahren 1967 und 1973 stützen.
Seit 1980 kam es in der **Golfregion** zu mehreren bewaffneten Auseinandersetzungen. Der erste Golfkrieg wurde 1980–1988 zwischen Irak und Iran ausgetragen, als irakische Truppen im Iran einmarschierten. Der Konflikt endete mit einem Waffenstillstand. 1990 griff Irak seinen Nachbarn Kuwait an und machte Ansprüche auf Kuwait geltend. Die irakischen Truppen wurden durch eine UNO-Armee unter dem Oberbefehl der USA zurückgedrängt. 2003 gingen die USA im dritten Golfkrieg gegen die vermeintliche „Achse des Bösen" vor, um SADDAM HUSAIN zu stürzen und ein proamerikanisches Regime im Irak zu errichten.

Seit 1967 hält Israel das Westjordanland und den Gazastreifen besetzt.

Am 1. Mai 2003 erklärte der Präsident der USA GEORGE W. BUSH die Hauptkampfhandlungen für beendet. Die Verbündeten hätten gesiegt und Irak befreit.

Krisen und soziale Bewegungen in Lateinamerika

Um seine sozialen Probleme zu bewältigen, brauchte Lateinamerika nach dem Zweiten Weltkrieg:
- Industrialisierung,
- Agrarreformen,
- Förderung des Außenhandels.

Die USA fühlten sich für die Ordnung auf ihrem „Hinterhof" zuständig. US-Einflüsse auf die Politik der Staaten entsprangen nicht nur deren beherrschender Stellung in der **Organisation Amerikanischer Staaten** OAS, sondern auch dem Umstand, dass führende Politiker in den Vereinigten Staaten ausgebildet worden waren (TRUJILLO, Dominikanische Republik, SOMOZA, Nicaragua).
Die sozialen Probleme wie auch die starke wirtschaftliche Abhängigkeit von den USA riefen Widerstand hervor. **Lateinamerika blieb ein Kontinent der Unruhe.**

OAS: Gründungsprozess 1945–1948; Beistandsverpflichtung bei Aggressionen, friedliche Schlichtung von Konflikten zwischen OAS-Mitgliedern bzw. Sanktionen. Aktionen u. a. gegen Nicaragua, Honduras, die Dominikanische Republik. Kuba wurde 1962 ausgeschlossen.

Durch Staatsstreiche stürzten Armeen zivile Regierungen. Linke und national-revolutionäre Bewegungen erreichten Erfolge oder machten auch nur von sich reden, wie die Stadtguerilla **„Tupamaros"** 1968–1972 in Uruguay. Volksführer standen im Mittelpunkt historischer Ereignisse und gerieten wieder völlig an deren Rand.
Seit 1956 waren in den Gebirgen **Kubas** Rebellengruppen aktiv. Am 1. Januar 1959 stürzten sie den Diktator BATISTA (der seit 1933 herrschte). Der bedeutendste unter den Rebellenführern war **FIDEL CASTRO.**

FIDEL CASTRO RUZ, geb. 1926. Rechtsanwalt; kubanischer Staatschef seit 1959; Erster Sekretär der Kommunistischen Partei Kubas seit 1965

Ernesto (Che) Guevara (1928–1967), argentinischer Revolutionär, nahm an der kubanischen Revolution teil, versuchte ab 1966 eine revolutionäre Bewegung in Bolivien aufzubauen, wurde gefangen genommen und sofort erschossen.

Mit dem Sturz BATISTAS wurde eine Revolution eingeleitet, die Kuba zu nationaler Selbstbestimmung, Demokratie und sozialer Befreiung führen sollte. Die eingeleiteten Reformen zum Ausbau des Sozialsystems, z. B. kostenlose medizinische Versorgung, zur Bekämpfung des Analphabetentums, die Enteignung der Großgrundbesitzer verliefen erfolgreich. Wegen der Nationalisierung amerikanischer Firmen kam es zum Konflikt mit den USA. Deren Versuch einer militärischen Intervention in der Schweinebucht (1961), vorwiegend durch Exilkubaner, scheiterte.
Angesichts der Notwendigkeit von Militär- und Wirtschaftshilfe verbündete sich Kuba mit der Sowjetunion. Infolgedessen nahmen die Veränderungen im Land immer mehr eine staatssozialistische Richtung an, CASTRO bekannte sich öffentlich zum Kommunismus. Durch ein amerikanisches Wirtschaftsembargo und seine politische Isolierung in Lateinamerika sollte Kuba zur Aufgabe seiner Positionen gezwungen werden. Mit dem Zusammenbruch des Ostblocks verschärften sich die wirtschaftlichen Probleme. Heute steht das Land vor der Notwendigkeit von Reformen und der Überwindung seiner außenpolitischen Isolation.

Kuba-Krise
↗ S. 402

SALVADOR ALLENDE mit dem chilenischen Literaturnobelpreisträger PABLO NERUDA

Bis in die 60er-Jahre zählte **Chile** zu den relativ stabilen Staaten Lateinamerikas. Doch auch hier wuchs der Reformbedarf. Bei den Präsidentschaftswahlen 1970 siegte der Kandidat der Volksfront **„Unidad Popular", SALVADOR ALLENDE.** Er versuchte, Chile auf einen **demokratischen Weg zum Sozialismus** zu führen. Es wurde damit begonnen, die Lebensbedingungen der ärmeren Gesellschaftsschichten zu verbessern. Die notwendigen Reformen schlossen die teilweise Verstaatlichung des Großgrundbesitzes und der großen, vorwiegend US-amerikanischen Unternehmen der Grundstoffindustrie ein. Boykottmaßnahmen der USA und Kapitalflucht verschärften die politische Polarisierung des Landes.
Am 11. September 1973 wurde ALLENDE durch einen **Militärputsch** unter General PINOCHET gestürzt und fand bei der Erstürmung der Moneda den Tod. Die Anhänger der Unidad Popular wurden grausam verfolgt.

SALVADOR ALLENDE GOSSENS (1908–1973) war Arzt, Mitbegründer der Sozialistischen Partei Chiles, chilenischer Staatspräsident 1970–1973.

Fünfzehn Jahre herrschte PINOCHETS Militärjunta, die durch Folterungen, Morde und andere Verletzungen der Menschenrechte berüchtigt war.

Der „Nord-Süd-Konflikt“

Häufig wird die Mehrzahl der Länder Afrikas, Asiens und Lateinamerikas **„Dritte Welt“** genannt. Diese Bezeichnung entstammt der Zeit des Ost-West-Konflikts, als unter „Erster Welt“ die westlichen Industriestaaten und unter „Zweiter Welt“ die kommunistischen Staaten des Ostblocks zusammengefasst wurden. Aus Sicht der „Dritte-Welt-Länder“ zeigte sich bereits damals ein Gefälle zwischen den Industrieländern des Nordens und den Ländern auf der südlichen Erdhälfte, das immer größer wurde.
Gesellschaftlich und wirtschaftlich sind sie **Entwicklungsländer.**
Sie sind ausnahmslos Mitglieder der Vereinten Nationen. Ihr Hauptproblem ist die Armut. Sie traten in die staatliche Selbstständigkeit ein mit einer unterentwickelten und deformierten Wirtschaft, die in der Vergangenheit häufig einseitig auf die Bedürfnisse der ehemaligen Kolonialmacht oder des Handelspartners USA ausgerichtet war.

Von der **Vierten Welt** wird gesprochen, wenn es sich um „Least Developed Countries“ (LDC, dt. = am wenigsten entwickelte Länder) handelt. Ihr Bruttosozialprodukt beträgt weniger als 355 US-$ pro Kopf und Jahr.

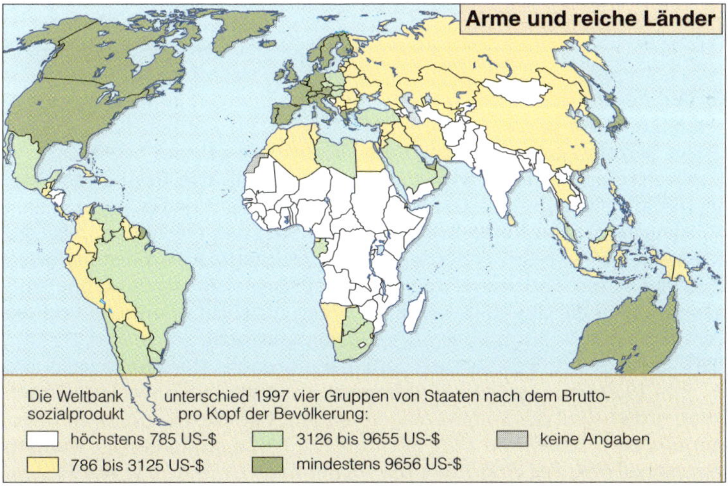

Schwellenländer – Staaten, die sich auf dem Weg zur Industrialisierung befnden (z. B. Argentinien, Brasilien).

Bis auf wenige Ausnahmen in Südamerika, Südostasien und unter den Erdöl fördernden arabischen Ländern verfügen sie über das niedrigste Pro-Kopf-Einkommen in der Welt. Innerhalb der Gesellschaft sind die Einkommen höchst ungleich verteilt. Unentwickelte Infrastruktur, Mängel in der Ausbildung, eine hohe Quote an Analphabeten ud Korruption erschweren Investitionen. Ein starkes Bevölkerungswachstum ist gepaart mit Unterernährung, Krankheiten und fehlender Gesundheitsfürsorge, vor allem für die Landbevölkerung.
In vielen Fällen scheiterte internationale Entwicklungshilfe an innenpolitischem Chaos und der Bereicherung der heimischen Eliten.
Im **Nord-Süd-Konflikt** manifestiert sich die wachsende Kluft zwischen den westlichen und östlichen Industrieländern „im Norden“ und den un-

Der mittlere jährliche Zuwachs der Bevölkerung beträgt in den Entwicklungsländern 2,1 %, bei einem Weltdurchschnitt von 1,7 %.

Einige asiatische Staaten und Territorien haben den Sprung in die Reihe der Industrieländer geschafft, z. B. Südkorea. Sie wurden gelegentlich als *„kleine Tiger"* bezeichnet.

terentwickelten Ländern im Süden. Die Entwicklungsländer kämpfen um die Verbesserung ihrer wirtschaftlichen Situation als Voraussetzung politischer Unabhängigkeit.

11.1.3 Kriege und politische Krisen im Zeichen des Kalten Krieges

Die Spannungen des Kalten Krieges führten nicht zur direkten bewaffneten Auseinandersetzung zwischen den Großmächten. Allerdings beinhalteten die veränderten politischen Verhältnisse so viel Konfliktstoff, dass ständig Kriege und bewaffnete Auseinandersetzungen stattfanden.

Bürgerkriege	Befreiungskriege	„Stellvertreterkriege"	Grenzkriege
Griechenland 1945–1949, Nigeria 1967–1970, Nordirland seit 1966, Libanon 1975–1979	Indochina 1945–1954, Kenia 1952–1956, Algerien 1954–1962, Angola 1961–1975	Koreakrieg 1950–1953, Vietnamkrieg 1965–1975	Indien – Pakistan um Kaschmir 1947–1949 und 1965, um Bangladesch 1972, China – Indien 1962

Bürgerkriege nennt man länger dauernde bewaffnete Auseinandersetzungen zwischen zwei oder mehreren politischen Gruppierungen um die Herrschaft innerhalb eines Staates. Im 20. Jh. werden auch Kriege zwischen ethnischen Gruppen als Bürgerkrieg bezeichnet.

Ein Teil der Bürgerkriege konnten nur durch internationale Interventionen beendet werden.
Einige **Befreiungskriege** waren vom West-Ost-Gegensatz beeinflusst. In „Stellvertreterkriegen" wirkten direkt die Gegensätze des Kalten Krieges. Mehrmals drohte die Gefahr eines Dritten Weltkrieges.
Ausgangspunkt des **Korea-Krieges** (1950–1953) war die Teilung des Landes nach dem Zweiten Weltkrieg am 38. Breitengrad. Aus der südlichen amerikanischen und der nördlichen sowjetischen Besatzungszone entstanden 1948 die Republik Korea im Süden (westlich orientiert) und die Demokratische Volksrepublik Korea (kommunistisch).
1949 wurden die Besatzungstruppen abgezogen. Nordkorea griff am 25. Juni 1950 überraschend Südkorea an und hatte nach wenigen Tagen einen großen Teil des Südens eingenommen. Der Westen fühlte sich herausgefordert, sodass die USA mit ihren in Japan stationierten Truppen sehr schnell in Korea eingriffen. Die Sowjetunion unterstützte Nordkorea. Nach militärischen Schlägen und Gegenschlägen, durch die fast das gesamte Territorium Koreas schwer zerstört wurde, blieb die Front dicht an der früheren Demarkationslinie stehen. Nach zweijährigen Verhandlungen wurde am 27. Juli 1953 der Waffenstillstandsvertrag von **Panmunjom** unterzeichnet: Der 38. Breitengrad wurde als Grenze zwischen Norden und Süden festgelegt, beiderseits wurde eine entmilitarisierte Zone eingerichtet und eine neutrale Überwachungskommission eingesetzt. Für Jahrzehnte war jegliche Kommunikation zwischen Nord- und Süd-Korea unterbunden. Keiner der beiden koreanischen Staaten hatte durch den Krieg einen Gewinn erzielt. Die Teilung Koreas war tiefer als zuvor.

In der **Kuba-Krise** (Oktober 1962) trafen die Interessen der beiden Supermächte unmittelbar aufeinander. Aufeinander trafen auch zwei markante

Persönlichkeiten der damaligen Zeit, John F. Kennedy und Nikita Chrustschow (1894–1971, Regierungschef der UdSSR 1958–1964).

Nachdem im Frühjahr 1961 ein von Exilkubanern unternommenes und vom Präsidenten der USA John F. Kennedy unterstütztes Landeunternehmen in der Schweinebucht auf Kuba gescheitert war, griffen die USA als nächste Maßnahme zu einem Wirtschaftsembargo. Staatschef Fidel Castro gewann die Sowjetunion als Handelspartner und politischen Verbündeten.

John Fitzgerald Kennedy (1917–1963, ermordet). Politiker der Demokratischen Partei; 35. Präsident der USA 1961–1963.

Am 14. Oktober 1962 entdeckte ein amerikanisches Aufklärungsflugzeug auf Kuba Vorbereitungen für die Stationierung sowjetischer Mittelstreckenraketen. Sie hätten die amerikanische Ostküste bis Washington bedroht. Die UdSSR deutete die entstehenden Raketenbasen als Warnung vor einer US-amerikanischen Invasion gegenüber Kuba. Die USA verhängten eine Seeblockade gegen Kuba und bestanden auf dem Abzug der Raketen.
Es begann ein heftiger Nervenkrieg mit offiziellen Beschuldigungen und Forderungen und nicht offiziellen Zugeständnissen.
Am 28. Oktober wurde die Krise gelöst durch die Zusage der UdSSR, die Raketen wieder abzuziehen, und das Versprechen der USA, Kuba nicht mehr militärisch anzugreifen und ihrerseits Mittelstreckenraketen aus der Türkei und Italien zu entfernen.

Die **Kuba-Krise** war nicht nur ein Muster für den Erfolg kurzfristigen Krisenmanagements. Sie gab – zusammen mit der Berlin-Krise 1961 und dem Mauerbau – Veranlassung zum grundsätzlichen Umdenken in der Politik: Angesichts der Bedrohung durch einen allgemeinen Atomkrieg wurde auf die Anwendung militärischer Gewalt verzichtet, wurden die gegenseitigen Einfluss-Sphären respektiert.

Ein mit Atomwaffen geführter Dritter Weltkrieg war gerade noch verhindert worden. Die Krise wurde zu einem **Höhepunkt,** aber auch zu einem **Wendepunkt im Kalten Krieg** und zum direkten Auslöser neuer Initiativen in der Rüstungskontroll- und Entspannungspolitik.

Der **Vietnamkrieg** (1964–1975) wurde zur direkten Ost-West-Auseinandersetzung und zu einem zeitweiligen Hindernis für die Entspannungspolitik.

Nach dem Genfer Indochina-Abkommen von 1954 und dem Abzug der französischen Truppen aus dem Norden war Vietnam am 17. Breitengrad geteilt. Im Genfer Abkommen vereinbarte gesamtvietnamesische Wahlen fanden nicht statt.

Nach einem noch nicht ganz geklärten Angriff auf US-Kriegsschiffe im Golf von Tonking im August 1964 erhielt der US-Präsident L. B. Johnson vom Kongress eine Generalvollmacht für den Einsatz amerikanischer Truppen in Indochina.

1957 begann die vom Norden unterstützte südvietnamesische Befreiungsfront (FNL) durch ihre Militärorganisation „Vietcong" einen Partisanenkrieg gegen die Regierung in Saigon. 1964 griffen die USA, die sich zunächst mit 20 000 Militärberatern in Südvietnam engagiert hatten, direkt in den Krieg ein. Die USA begründeten ihr Engagement in Vietnam mit ihrer fortdauernden Verantwortung für die Verteidigung der Freiheit. Sie befürchteten die Verbreitung des Kommunismus von Vietnam aus über ganz Südostasien (Domino-Theorie).

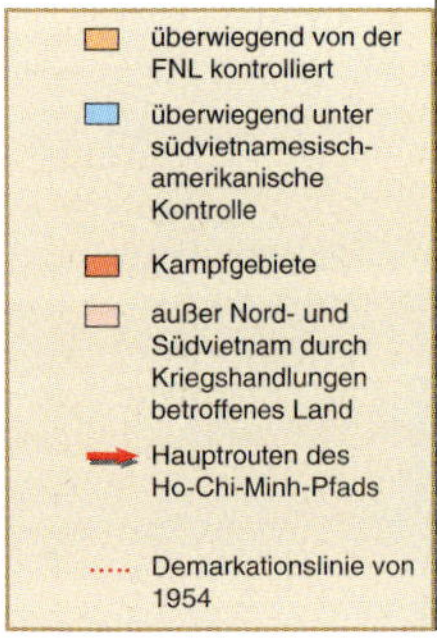

Im März 1965 begannen Flächenbombardements auf Nordvietnam. Seit 1965 nahmen die USA mit Kampfeinheiten in der Stärke bis zu einer halben Million Soldaten direkt am Krieg teil. Unmittelbar kämpften sie gegen den Vietcong, standen aber indirekt auch gegen die Sowjetunion und die Volksrepublik China, welche Nordvietnam unterstützten. Die Kampfeinheiten der USA griffen nicht nur die Nachschubwege (den sogenannten Ho-Chi-Minh-Pfad) der südvietnamesischen Befreiungsfront an und bombardierten Nordvietnam, sie benutzten Napalmbomben sowie hochgiftige Entlaubungsmittel und führten Krieg gegen die Zivilbevölkerung. Nachteilig für die USA wirkte sich aus, dass sie als Verbündeter autoritärer, reformunwilliger Politiker auftraten und dass die amerikanische Bevölkerung kein eigenes Interesse an diesem Krieg erkennen konnte. Aus der Opposition in den USA gegen den Vietnamkrieg entwickelte sich eine breite Studenten- und Friedensbewegung.

Seit 1968 wurden Waffenstillstandsverhandlungen in Paris geführt. Die Kämpfe gingen vor allem auf Drängen der Südvietnamesen jedoch weiter. Militärische Erfolge blieben aus und die Proteste wurden nachhaltiger. Henry A. Kissinger und der nordvietnamesische Beauftragte Le Duc Tho vereinbarten im Oktober 1972 einen Waffenstillstand, der aber ohne Folgen blieb. Die amerikanischen Streitkräfte zogen sich seit 1973 stufenweise aus Vietnam zurück. Die Niederlage der südvietnamesischen Armee war nicht mehr aufzuhalten.

Der Krieg in Vietnam dauerte fast zehn Jahre und endete mit der Eroberung Saigons am 30. April 1975. Der Weg zur Vereinigung des Landes nach dem Konzept der sozialistischen DRV war frei. Am 2. Juli 1976 proklamierte die neu gewählte Nationalversammlung die **Sozialistische Republik Vietnam.**

Das war die **erste militärische Niederlage** der USA, erlitten in einem Krieg, der zeitweise unter größtem Einsatz der amerikanischen Militärmacht gegen die Menschen und die Natur in Vietnam geführt wurde.

Etwa eine Million Menschen sind durch die amerikanische Kriegsführung umgekommen.
Besonders das grausame Massaker an den Einwohnern des südvietnamesischen Dorfes My Lai rief in der ganzen Welt und selbst in den USA Proteste hervor.

11.2 Die Teilung Deutschlands und ihre Überwindung

11.2.1 Gegensätzliche Entwicklungen in den Besatzungszonen

Die Entwicklung in Deutschland nach 1945 vollzog sich im Zusammenhang mit dem Ost-West-Konflikt.
Obwohl in allen Besatzungszonen Parteien und gesellschaftliche Bewegungen für die Bewahrung der Einheit Deutschlands eintraten, vollzogen sich unter dem Einfluss der Besatzungsmächte gegensätzliche Entwicklungen in den Westzonen und in der Sowjetischen Besatzungszone.

Die **Potsdamer Konferenz** (17. Juli bis 2. August 1945) war das letzte Gipfeltreffen der „großen Drei" der Antihitlerkoalition. Auf ihr sollten die politischen, territorialen und wirtschaftlichen Fragen Nachkriegseuropas geklärt sowie die Beendigung des Krieges im Fernen Osten beschleunigt werden. Sie sollte der Koordinierung der alliierten Nachkriegspolitik zur „Schaffung eines gerechten und dauerhaften Friedens" dienen. Frankreich, obwohl als vierte Siegermacht anerkannt, war auf der Potsdamer Konferenz nicht vertreten. Es stimmte am 7. August 1945 den Beschlüssen **(Potsdamer Abkommen)** zu, jedoch mit Vorbehalten vor allem gegen die Absicht, Deutschland auch in Zukunft als wirtschaftliche Einheit zu betrachten.

Die Regierungschefs der „großen Drei" auf der Potsdamer Konferenz (von links):
Großbritannien: WINSTON CHURCHILL (später CLEMENT RICHARD ATTLEE),
USA: HARRY SPENCER TRUMAN,
UdSSR: JOSEF W. STALIN

Ziele und Grundzüge der alliierten Politik gegenüber Deutschland:
- völlige Abrüstung und Entmilitarisierung,
- Ausschaltung der gesamten für Kriegsproduktion geeigneten Industrie,
- Beseitigung von wirtschaftlichen Konzentrationen und Monopolen, Auflösung aller bewaffneten Verbände sowie der militärischen Traditions- und Kriegervereine,
- Auflösung der NSDAP und ihrer angeschlossenen Gliederungen,
- Umgestaltung des politischen Lebens auf demokratischer Grundlage,
- Aufhebung von Nazi-Gesetzen,
- Verhaftung und Aburteilung der Kriegsverbrecher,
- Entfernung von Nationalsozialisten aus öffentlichen und halböffentlichen Ämtern sowie aus verantwortlichen Posten der Privatwirtschaft (Entnazifizierung),
- demokratische Erneuerung des Erziehungs- und des Gerichtswesens,
- Dezentralisierung der Verwaltung,
- Wiederherstellung der lokalen Selbstverwaltung und Zulassung demokratischer Parteien,
- Förderung von Landwirtschaft und Friedensindustrie für den deutschen Eigenbedarf.

Aus dem **„Potsdamer Abkommen"** (2. August 1945):
„Der deutsche Militarismus und Nazismus werden ausgerottet und die Alliierten treffen nach gegenseitiger Vereinbarung in der Gegenwart und in der Zukunft auch andere Maßnahmen, die notwendig sind, damit Deutschland niemals mehr seine Nachbarn oder die Erhaltung des Friedens in der ganzen Welt bedrohen kann. Es ist nicht die Absicht der Alliierten das deutsche Volk zu vernichten oder zu versklaven. Die Alliierten wollen dem deutschen Volk die Möglichkeit geben, sich darauf vorzubereiten, sein Leben auf einer demokratischen und friedlichen Grundlage von neuem wieder aufzubauen."

Potsdamer Abkommen:
die Zusammenstellung der Beschlüsse, Vereinbarungen und Absichtserklärungen der Siegermächte auf der Potsdamer Konferenz, festgehalten in einem zunächst geheim gehaltenen Protokoll, vorher in wesentlichen Teilen in einer „Mitteilung über die Dreimächtekonferenz" veröffentlicht.

Auf der Grundlage früherer Vereinbarungen und der Ergebnisse der Potsdamer Konferenz wurden Deutschland und Österreich von den Alliierten in vier **Besatzungszonen** und Berlin sowie Wien in vier Sektoren (amerikanische, britische, französische und sowjetische Zone bzw. Sektoren) aufgeteilt.

Besatzungszonen (Deutschland 1945–49/Österreich 1945–55)

Die Einbeziehung der jeweiligen Besatzungszone in das eigene Interessengebiet führte zu unterschiedlichen Entwicklungen in den einzelnen Zonen und schließlich zur Teilung Deutschlands.

Zu gegebener Zeit sollten gesamtdeutsche Zentralverwaltungen eingerichtet werden. Das Potsdamer Abkommen wurde nur bedingt Grundlage einer gemeinsamen Besatzungspolitik der Siegermächte. Sowohl in der SBZ als auch in den Westzonen legten sie es nach eigenen Vorstellungen aus und beschuldigten sich gegenseitig seiner Nichteinhaltung.

Der Alliierte Kontrollrat und sein Scheitern

Der Alliierte Kontrollrat bestand aus den militärischen Oberbefehlshabern der vier Besatzungszonen.

Mit dem **Alliierten Kontrollrat** übten die Besatzungsmächte die oberste Regierungsgewalt aus und stellten eine gewisse Einheitlichkeit des Vorgehens der Besatzungsmächte in ihren Zonen und bei der Verwaltung Deutschlands sicher. Dieses Organ mit Sitz in Berlin konnte verbindliche Beschlüsse und Entscheidungen nur einstimmig treffen. Ansonsten fällte jeder Oberbefehlshaber in seiner Besatzungszone nach eigenem Ermessen Entscheidungen. Damit hatte letztendlich jede Besatzungsmacht freie Bahn, ihren Teil Deutschlands mithilfe deutscher Antifaschisten gemäß ihren politischen Zielen und Vorstellungen zu formen.
Infolge der sich verschärfenden Konflikte zwischen den Westmächten und der UdSSR über ihre Beteiligung an der Verwaltung Gesamtdeutsch-

lands, über die Reparationen und über die innere Entwicklung und Verwaltung ihrer Zonen war der Alliierte Kontrollrat von vornherein nicht in der Lage, die wirtschaftliche und politische Auseinanderentwicklung der Ostzone und der Westzonen zu verhindern. Seine Tätigkeit endete praktisch am 20. März 1948 mit dem Auszug des sowjetischen Vertreters aus Protest gegen die von den Westmächten geplante Gründung eines westdeutschen Staates.

Die vier alliierten Oberbefehlshaber BERNARD DE MONTGOMERY, DWIGHT D. EISENHOWER. GEORGIJ KONSTANTINOWITSCH SCHUKOW, JEAN DE LATTRE DE TASSIGNY am 5. Juni 1945.

Angesichts der anfänglichen Unvereinbarkeit der britisch-amerikanischen mit der französischen, zunehmend vor allem mit der sowjetischen Deutschlandpolitik konnte der Kontrollrat seine Aufgaben nur in einem begrenzten Umfange wahrnehmen und musste schließlich scheitern.

Flucht und Vertreibung

Die **Oder-Neiße-Linie** wurde im Potsdamer Abkommen als Westgrenze Polens de facto anerkannt. Unter dem Vorbehalt einer endgültigen Regelung durch einen Friedensvertrag stimmten die USA und Großbritannien zu, dass die ostdeutschen Gebiete bis zur Oder-Neiße-Linie unter sowjetische bzw. polnische Verwaltung gestellt wurden. Gleichzeitig akzeptierten sie die Umsiedlung der Deutschen aus diesen Gebieten sowie aus Polen, Ungarn und der Tschechoslowakei. Das Abkommen legalisierte die bereits in vollem Gang befindliche Vertreibung der Deutschen aus ihren bisherigen, angestammten Siedlungsgebieten.

Aus dem „Potsdamer Abkommen" (2. August 1945): „Die drei Regierungen erkennen an, dass die Überführung der deutschen Bevölkerung oder Bestandteile derselben, die in Polen, der Tschechoslowakei und Ungarn zurückgeblieben sind, nach Deutschland durchgeführt werden muss. Sie stimmen darüber überein, dass jede derartige Überführung, die stattfinden wird, in ordnungsgemäßer und humaner Weise erfolgen soll."

Die offiziell als Aussiedlung bezeichnete **Vertreibung** erfolgte für die meisten Betroffenen in brutaler Art und Weise. Wegen der damaligen chaotischen Zustände sind die Angaben über die Menschenverluste während dieser Fluchtbewegungen und Zwangsaussiedlungen ungenau. Übereinstimmend schätzt man heute die Zahl der Toten und Vermissten auf über 2 Millionen.

Die Vertreibung der Deutschen hatte bereits vor der Potsdamer Konferenz eingesetzt. Sie folgte auf die große Flüchtlingswelle von ca. einer Million Menschen in der Endphase des Zweiten Weltkrieges, die entweder von den deutschen Behörden evakuiert wurden oder vor der herannahenden Sowjetarmee nach Westen flüchteten. Insgesamt wurden etwa 12 Millionen Deutsche aus ihrer Heimat vertrieben. Davon fanden acht Millionen in den westlichen Besatzungszonen Zuflucht.

Reparationen

Auf der Potsdamer Konferenz wurde keine einvernehmliche Regelung über die Gesamtsumme der zu leistenden Reparationen erzielt. Die Siegermächte sollten ihre Reparationsforderungen vorwiegend in Form

Die für die Sowjetunion geltende Ausnahmeregelung, Reparationen aus allen Zonen entnehmen zu können, wurde ab 1947 durch die Westmächte nicht mehr befolgt.

von Sachleistungen hauptsächlich aus ihren jeweiligen Besatzungszonen und aus dem deutschen Auslandsvermögen befriedigen.
Die angestrebte Regelung, Deutschland als wirtschaftliche Einheit zu behandeln, kam nicht zustande. Demzufolge gab es gravierende **Unterschiede bei den Reparationsentnahmen** in der Sowjetischen Besatzungszone im Vergleich zu den Westzonen.
Die **Sowjetunion,** die im Zweiten Weltkrieg besonders starke Zerstörungen erlitten hatte, entwickelte die radikalste Reparationspolitik. Bis zur Beendigung der Reparationen 1954 entnahm sie durch Demontagen von Betrieben und Anlagen (im Wesentlichen bis 1949), durch Übernahme von 213 Betrieben als Sowjetische Aktiengesellschaften (SAG) und als Lieferungen aus der laufenden Produktion Reparationen in einer Höhe von mehr als 13 Milliarden US-Dollar, nicht eingerechnet die Arbeitsleistungen deutscher Kriegsgefangener und Facharbeiter in der UdSSR. 1953 erfolgte für mehr als 2,5 Milliarden Mark ein Rückkauf der Aktiengesellschaften durch die DDR, was eine beträchtliche Erweiterung des staatlichen „volkseigenen Sektors" in der Industrie bedeutete.

Die Sowjetische Besatzungszone und die spätere DDR trugen die Hauptlast der deutschen Reparationen nach dem Zweiten Weltkrieg.

Nicht berücksichtigt sind bei den Reparationen der Nutzen aus der Offenlegung deutscher Patente, Markenzeichen und Forschungsergebnisse und die deutschen Zwangsexporte (Kohle, Holz, Schrott).

Durch die Interalliierte Reparationsagentur (1946 gegründet) erhielten die **Westmächte** (18 Länder) Reparationen im Wert von ca. 517 Millionen US-Dollar (Demontagen von Betrieben und Maschinen, Anteile aus dem deutschen Auslandsvermögen und aus dem ihnen zugeteilten Zweidrittelanteil der deutschen Hochseeflotte). Mit dem Londoner Schuldenabkommen von 1953 endeten alle Reparationsleistungen aus der BRD.
Gründe für die vor allem von den USA initiierte eher moderate Reparationspolitik in den Westzonen waren: Senkung der Besatzungskosten im Interesse der Steuerzahler in den USA, Verhinderung eines völligen Zusammenbruchs in den Westzonen und damit der möglichen Ausweitung des sowjetischen Einflussbereichs in Europa.

Bestrafung der Kriegsverbrecher – die Nürnberger Prozesse

Nürnberger Prozesse: die Gerichtsverfahren, die von 1945 bis 1949 zur Aufdeckung und Ahndung von nationalsozialistischen Untaten von einem internationalen Militärgerichtshof und von amerikanischen Militärgerichten in Nürnberg durchgeführt wurden.

Eine besondere Rolle bei der Bestrafung von Kriegsverbrechen als einem offiziellen Kriegsziel der Antihitlerkoalition spielten die **Nürnberger Prozesse.**
Auf der Grundlage entsprechender Erklärungen und Abkommen bildeten Frankreich, Großbritannien, die USA und die UdSSR einen **Internationalen Militärgerichtshof (IMG)** mit vier Richtern, vor dem der **Prozess gegen 22 Hauptkriegsverbrecher** stattfand (14. November 1945–1. Oktober 1946).
Die Hauptanklagepunkte waren:
- Verbrechen gegen den Frieden (Verschwörungen zu Handlungen gegen den Frieden, Führung eines Angriffskrieges),
- Kriegsverbrechen (im engeren Sinne, z. B. gegen Kriegsgefangene und Zivilpersonen) und gegen die Menschlichkeit (Mord, Verfolgung und unmenschliche Handlungen aus politischen, rassischen oder religiösen Gründen).

Zwölf Angeklagte wurden zum Tode und sieben zu Freiheitsstrafen zwischen zehn Jahren und lebenslänglicher Haft verurteilt. Drei von ihnen wurden freigesprochen. Von den als verbrecherisch angeklagten Gruppen und Organisationen kam es zur Verurteilung von SS, Sicherheitsdienst, Gestapo und dem Führungskorps der NSDAP, nicht jedoch von Reichsregierung, Generalsstab und Oberkommando der Wehrmacht sowie der SA.

HERMANN GÖRING, RUDOLF HESS, JOACHIM RIBBENTROP (1. Reihe von links)

Von 1946 bis 1949 fanden vor dem IMG in Nürnberg vor Militärgerichten der USA **zwölf Nachfolgeprozesse** statt. In diesen Verfahren ging es darüber hinaus um medizinische Versuche an KZ-Häftlingen und Kriegsgefangenen *(Ärzteprozess)*, rechtswidrige Verfolgungsmaßnahmen *(Juristenprozess)*, Verantwortung für Konzentrationslager *(Prozess gegen dafür verantwortliche SS-Funktionäre)*, Einsatz von Zwangsarbeitern und Raub *(Flick-Prozess, IG-Farben-Prozess, Krupp-Prozess)*, Geiselmord und Untaten der sogenannten Einsatzgruppen. Von 177 Angeklagten wurden 24 zum Tode verurteilt, 118 zu Haftstrafen. 35 wurden freigesprochen. Bis 1956 wurden in der Bundesrepublik fast alle zu Haft Verurteilten (darunter 20 zu lebenslänglich) entlassen.

Die Nürnberger Prozesse waren wegweisend für die Weiterentwicklung des Völkerrechts. In den 1990er Jahren richtetedie UNO neue internationale Strafgerichte ein, z. B. das UN-Kriegsverbrechertribunal in Den Haag.

Gemeinsamkeiten und Unterschiede zwischen den Besatzungszonen bei der Entnazifizierung – gesellschaftliche Auswirkungen

Im Potsdamer Abkommen war die Forderung nach demokratischer Umgestaltung der Gesellschaft in Deutschland mit Festlegungen zur Säuberung des öffentlichen Lebens von Anhängern des Nationalsozialismus verbunden. Im Prozess gegen die Hauptkriegsverbrecher wirkten alle Besatzungsmächte noch einträchtig zusammen. Bei der **Entnazifizierung** ihrer Zonen gingen sie jedoch eigene Wege.

Unter **Entnazifizierung** versteht man die nach dem Zweiten Weltkrieg von den Alliierten auf der Grundlage des Potsdamer Abkommens angeordnete Entfernung ehemaliger, sich schuldig gemachter Nationalsozialisten aus einflussreichen Stellungen sowie ihre Bestrafung, die demokratische Umstrukturierung der Gesellschaft und die (Um)Erziehung im Geiste der Demokratie.

Die betroffenen Personen in den **drei Westzonen** wurden in fünf Gruppen eingeteilt: Hauptschuldige, Belastete, Minderbelastete, Mitläufer,

Die **Amerikaner** mussten die Überprüfung der gesamten erwachsenen Bevölkerung erfolglos abbrechen. Briten und Franzosen ließen die meisten der kleinen Mitglieder der NSDAP ungeschoren. Die Effektivität der aufzubauenden deutschen Verwaltung hatte Vorrang vor der politischen Säuberung. Sie beschäftigte zahlreiche ehemalige Beamte des Dritten Reiches. Später gelangten ehemalige einflussreiche Angehörige der NSDAP sogar in hohe Stellungen in der Verwaltung und in der Justiz.

RUDOLF HESS starb als **letzter alliierter Gefangener** durch Selbstmord 1987 im Gefängnis Berlin-Spandau.

In den Westzonen wurde die **Entnazifizierung** 1948 im Wesentlichen abgeschlossen. 1949 wurden in allen Ländern der damaligen Bundesrepublik Deutschland Entnazifizierungs-Schlussgesetze erlassen.

Entlastete. Zuständig für die Einstufung waren mit Deutschen besetzte, im Auftrag der Militärregierung gerichtsförmig handelnde Spruchkammern und Berufungskammern. Den in die ersten drei Kategorien Eingestuften drohten Strafen von der Einweisung in ein Arbeitslager (bis zu zehn Jahren) über Berufsverbote, Amts- oder Pensionsverlust bis zur Aberkennung des aktiven und passiven Wahlrechts. Für Mitläufer waren Geldbußen vorgesehen.

In der SBZ wurde die Entnazifizierung von der Besatzungsmacht 1948 offiziell für beendet erklärt.

Bei der **Entnazifizierung** in der **SBZ** gab es eine ähnliche Einstufung der Betroffenen wie in den Westzonen. Für die Durchführung der Verfahren waren meistens von der KPD, später SED dominierte Entnazifizierungskommissionen zuständig. Die SMAD führte die Säuberungen relativ schnell und rigoros durch, indem sie alle NSDAP-Mitglieder aus dem öffentlichen Dienst (Justiz, Verwaltung, Bildungswesen) und aus den wirtschaftlichen Führungspositionen entfernte. Sie gab aber rasch der Masse der irregeleiteten Jugendlichen und den lediglich nominellen ehemaligen NSDAP-Mitgliedern die Möglichkeit aktiver Mitwirkung beim Wiederaufbau.

Insbesondere in der SBZ wurden auch Unschuldige bestraft und in Lager verschleppt, wo viele sogar zu Tode kamen.

Juni 1946: **Volksentscheid in Sachsen** über die entschädigungslose Übergabe der Betriebe von „Nazi- und Kriegsverbrechern" in „Volkseigentum". Eine große Mehrheit der wahlberechtigten Bevölkerung entschied sich für Enteignungen. Auch die anderen Landes- und Provinzialverwaltungen der SBZ erließen gleichartige Gesetze. Insgesamt wurden über 9 000 Betriebe in Volkseigentum (staatliches Eigentum) überführt.

Die Entnazifizierung in der SBZ stand in einem engen Zusammenhang mit den dort eingeleiteten Maßnahmen zur **Umgestaltung der Wirtschafts- und Gesellschaftsstruktur** (Bodenreform, Enteignungen, Verstaatlichungen der Großindustrie und der Banken, Justizreform).

Die **„Demokratische Bodenreform"** (September 1945 bis Frühjahr 1946) basierte auf Verordnungen der Landes- und Provinzialverwaltungen in der SBZ. Unter den Losungen „Junkerland in Bauernhand" und „Beseitigung der Wurzeln des Faschismus und Militarismus auf dem Lande" wurde der Großgrundbesitz über 100 ha Betriebsfläche sowie (unabhängig von der Größe) der gesamte Grundbesitz der Kriegsverbrecher entschädigungslos enteignet. Man verteilte ca. 2,2 Mio. ha Land an ehemalige Landarbeiter, landarme Bauern, Umsiedler aus den Ostgebieten und andere Bodenbewerber (559 089). So entstanden 210 276 sogenannte Neubauernwirtschaften mit einer durchschnittlichen Größe von 8,1 ha, die nicht geteilt, verkauft, verpachtet oder verpfändet werden durften. Außerdem wurde eine größere Anzahl „Volkseigener Güter" (Staatsgüter) gebildet.

Der Grundbesitz der Kirchen und wissenschaftlicher Einrichtungen wurde nicht angetastet.

Es gab auch in den **Westzonen,** insbesondere in der SPD und bei den Gewerkschaften, Forderungen, die politische Macht der Schwerindustrie wegen ihrer Unterstützung der Machtergreifung durch die Nationalsozialisten in der neu aufzubauenden Wirtschaft durch Sozialisierung und Mitbestimmung der Arbeitnehmer zu brechen. Ähnliche Ziele vertraten die Berliner Christdemokraten um JAKOB KAISER mit ihren Vorstellungen über einen „christlichen Sozialismus". Im **Ahlener Programm** der CDU der britischen Zone vom 3. Februar 1947 wurde festgestellt, dass „die Zeit der unumschränkten Herrschaft des privaten Kapitalismus vorbei" sei. Kohle- und Eisenindustrie sollten vergesellschaftet und die Großbetriebe entflochten werden. Solche und ähnliche Sozialisierungsforderungen fanden teilweise Eingang in die 1946/47 beschlossenen Länderverfassungen in den Westzonen. Ihre Verwirklichung scheiterte am Einspruch der dortigen Besatzungsmächte.

Ahlener Programm: am 3. Februar 1947 von der CDU der britischen Besatzungszone verabschiedetes wirtschaftlich-soziales Reformprogramm.

Wichtige politische Parteien – ihre Ziele und ihr Einfluss auf die Entwicklung in Ost und West

Bis 1948 entstanden in allen Besatzungszonen einige große, stabile Parteien, die im Zusammenspiel mit den Besatzungsmächten die gegensätzlichen Entwicklungen in Ost und West maßgeblich bestimmten.
Laut Potsdamer Abkommen sollten in ganz Deutschland demokratische Parteien zugelassen werden. Amerikaner und Briten genehmigten erst im August und September 1945 offiziell die Bildung von Parteien (anfänglich nur auf kommunaler und regionaler Ebene). In der SBZ konnten bereits im Juni 1945 demokratische Parteien ihre Tätigkeit aufnehmen.

KURT SCHUMACHER (1895–1952) widersetzte sich strikt der Zusammenarbeit mit der KPD.

Die **Kommunistische Partei Deutschlands (KPD)** rief am 11. Juni 1945 dazu auf, „den Weg der Aufrichtung eines antifaschistischen demokratischen Regimes, einer parlamentarisch-demokratischen Republik mit allen demokratischen Rechten und Freiheiten für das Volk" zu gehen. Der Berliner Zentralausschuss der **Sozialdemokratischen Partei Deutschlands (SPD)** forderte am 5. Juni 1945 „moralische Wiedergutmachung politischer Fehler der Vergangenheit". In Hannover hatte KURT SCHUMACHER noch vor Ende des Krieges damit begonnen, die Parteiorganisation der SPD wieder aufzubauen. Als Führer der SPD in den Westzonen lehnte er den gesamtdeutschen Führungsanspruch des (Ost-)Berliner Zentralausschusses ebenso ab wie die teilweise in den Westzonen vorhandenen Vorstellungen über eine Vereinigung von KPD und SPD. Die SPD trennte sich organisatorisch im Oktober 1945 auf ihrer Reichskonferenz mit der Vereinbarung, dass der Zentralausschuss für die Sowjetische Besatzungszone und KURT SCHUMACHER für die Westzonen zuständig sein sollten. Mit ihrem im Herbst 1959 verabschiedeten **Godesberger Programm** bekannte sie sich zur sozialen Marktwirtschaft und bald auch zur 1955 erfolgten militärischen Bindung an den Westen.

Die Vereinigung von SPD und KPD war ein höchst widerspruchsvolles Ereignis vor allem innerhalb der SPD. Kam sie doch durch massiven Druck der Sowjetischen Militäradministration in Deutschland zustande.

Am 21./22. April 1946 wurde in der SBZ die **Sozialistische Einheitspartei Deutschlands (SED)** durch die Vereinigung von KPD und SPD gegründet.
Die **Christlich-Demokratische Union (CDU)** entstand als überkonfessionelle christliche Partei. Sie existierte nach 1945 anfänglich in verschiedenen regionalen Gruppierungen mit unterschiedlichen Bezeichnungen, die sich auf einer Reichstagung im Dezember 1945 in Bad Godesberg auf den gemeinsamen Namen „Christlich-Demokratische Union" verständigten, ohne jedoch eine Gesamtorganisation zu bilden. In Abkehr von ihrem durch die Idee eines christlichen Sozialismus geprägten Ahlener Programms von 1947 bekannte sich die CDU mit ihren „Düsseldorfer Leitsätzen" von 1949 und dem Hamburger Programm von 1953 zur privatwirtschaftlichen, sozialen Marktwirtschaft, wie sie von LUDWIG ERHARD vertreten wurde. Die **Christlich-Soziale Union (CSU)** wurde im Oktober

Nach der Gründung der SED wurde die SPD in den Ländern der SBZ verboten. KPD und SPD-Mitglieder hatten keine Möglichkeit, in einer Urabstimmung eine Entscheidung für oder gegen die Vereinigung dieser zwei Parteien zu treffen.

Ab 1949 gehörten die Blockparteien dem Demokratischen Block der Parteien und Massenorganisationen der DDR an.

1945 in Bayern gegründet und war von Anfang an gegen jegliche Sozialisierung.

Die **Freie Demokratische Partei (FDP)** trat seit ihrer Gründung für eine privatwirtschaftlich geprägte Gesellschaft und gegen kirchlichen Einfluss auf den Staat ein. Eine im März 1947 gegründete lockere gesamtdeutsche Partei brach im Januar 1948 wieder auseinander. In der Sowjetischen Besatzungszone hatte sich die **Liberaldemokratische Partei Deutschlands (LDPD)** gegründet, die stark unter den Einfluss der SED geriet. Im Gegenzug schlossen sich in den Westzonen die Liberalen im Dezember 1948 zur FDP zusammen.

Die CDU und die LDPD sowie nach ihrer Gründung 1948 die **Demokratische Bauernpartei Deutschlands (DBD)** und die **National-Demokratische Partei Deutschlands (NDPD)** waren so genannte **Blockparteien** in der SBZ. Sie hatten im politischen System der DDR die Aufgabe, unter der Führung der SED bestimmte Bevölkerungsschichten für die Mitwirkung am Aufbau des Sozialismus zu aktivieren und deren Interessen dabei in einem begrenzten Umfang politisch zu vertreten. Sie bekannten sich nach teilweise heftigen Auseinandersetzungen zur Führungsrolle der SED. Die Blockparteien waren als Fraktionen in den parlamentarischen Organen aller Ebenen vertreten (aufgrund der „Wahlen" nach Einheitslisten mit festgelegter Mandatsverteilung für alle dem Demokratischen Block angehörenden Parteien und Organisationen). Sie stellten auf der obersten staatlichen Ebene die stellvertretenden Vorsitzenden des Staatsrats, die CDU zeitweilig den Präsidenten der Volkskammer (Parlament der DDR) sowie Minister und Staatssekretäre.

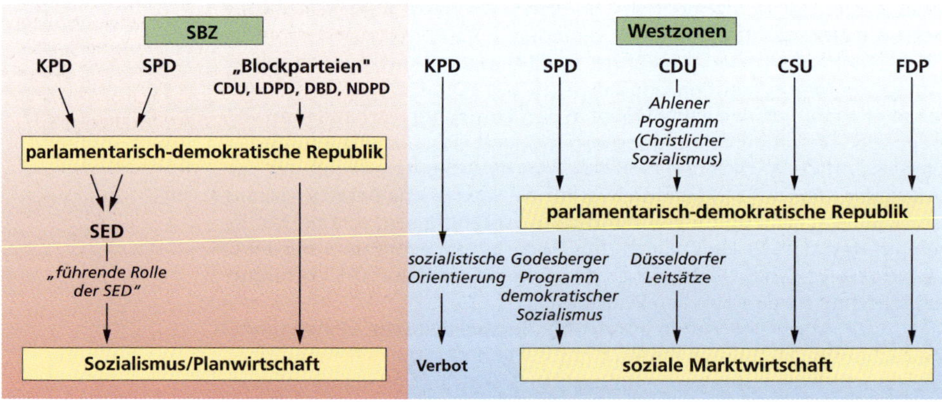

Der Weg zur deutschen Zweistaatlichkeit

Die Sowjetische und die westlichen Besatzungszonen drifteten unter dem Druck ihrer Besatzungsmächte in gesellschaftspolitischer Hinsicht immer weiter auseinander. Die zum Teil unter Beibehaltung alter Landesgrenzen von den Besatzungsmächten 1945/46 gebildeten Länder konnten daran nichts ändern. Die gewählten Landtage, die Länderregierungen und die deutschen Verwaltungen unterstützten mehr oder weniger diese gegensätzlichen Entwicklungen. Der Kalte Krieg wirkte sich immer stärker auf das geteilte Deutschland aus und führte vor allem auf Betreiben der Besatzungsmächte zur Bildung zweier deutscher Staaten.

Die Bildung der Bizone

Nach mehrfachen Versuchen der USA, für die drei Westzonen eine gemeinsame Wirtschaftsverwaltung zu errichten, denen sich vor allem Frankreich widersetzte und die von der Sowjetunion abgelehnt wurde, trat im Januar 1947 der amerikanisch-britische Vertrag über die Bildung des Vereinigten Wirtschaftsgebietes der Bizone (amerikanische und britische Zone) in Kraft. Beide Vertragspartner versprachen sich davon eine wirtschaftliche Belebung ihrer Zonen.

Unter Historikern wird die Frage diskutiert, ob nicht das deutschlandpolitische Konzept der Sowjetunion damals weniger darauf abzielte, Deutschland in den eigenen Machtbereich einzubeziehen, sondern den Anschluss Deutschlands an den kapitalistischen Westen zu verhindern und ein bürgerliches, aber neutrales, der Sowjetunion nicht feindlich gegenüberstehendes Gesamtdeutschland zu schaffen. Die amerikanische Führung meinte, vor der Alternative zu stehen, entweder ganz Deutschland an die Sowjetunion zu verlieren oder die Teilung Deutschlands durch die Errichtung eines westdeutschen Teilstaates zu betreiben.

> Die Bildung der **Bizone** war Ausdruck einer Wende in der amerikanischen und britischen Deutschlandpolitik, die nunmehr auf die Gründung eines nichtkommunistischen deutschen Staates hinauslief.

Die Sowjetunion sah in der Bizone einen Verstoß gegen die Einheit Deutschlands und verweigerte den vorgeschlagenen Beitritt ihrer Zone. Daraufhin stellten Briten und Amerikaner alle vereinbarten Reparationslieferungen ihrer Zonen an die Sowjetunion ein. Frankreich trat trotz des Drängens deutscher Politiker seiner Zone erst im April 1949 der Bizone bei, die damit zur **Trizone** wurde. Bizone und Trizone waren die Vorläufer der Bundesrepublik Deutschland.

Marshall-Plan und Währungsreform

Die wirtschaftliche Not in den europäischen Ländern und in den Besatzungszonen Deutschlands war im Verständnis der amerikanischen Regierung ein großes Hindernis bei der Eindämmung des Kommunismus. Bisherige Anleihen der USA waren nicht ausreichend, und weitere Kredite waren in der amerikanischen Öffentlichkeit nicht populär. Deshalb boten die USA im Juni 1947 allen europäischen Ländern ein nach ihrem Außenminister GEORGE C. MARSHALL benanntes Hilfsprogramm an: den Marshall-Plan (↗ S. 388, 391).

> Als **Marshall-Plan** wird ein amerikanisches Hilfsprogramm für eine planmäßige und systematische Wiederherstellung und Neuordnung der wirtschaftlichen Verhältnisse in Europa bezeichnet. Es umfasste Sachlieferungen, vor allem Lebensmittel und Rohstoffe, sowie Kredite für die Wiederbelebung und den Aufbau der Wirtschaft.

Die UdSSR und die osteuropäischen Staaten (Polen und CSR lehnten erst unter dem Druck der UdSSR die zugesagte Teilnahme ab.) lehnten eine Teilnahme an diesem Hilfsprogramm ab. Die meisten anderen europäi-

schen Staaten sowie die deutschen Westzonen wurden in den Marshall-Plan einbezogen. Bis 1957 erhielten die drei Westzonen (bzw. die BRD nach ihrer Gründung) und Berlin (West) Hilfeleistungen in Höhe von insgesamt 1,7 Milliarden Dollar. Sie ermöglichten den raschen wirtschaftlichen Aufbau und das spätere „Wirtschaftswunder".
Die politische Zielstellung des Marshall-Plans bestand in der Überwindung von Not und Hunger in Europa, der Gewinnung leistungsfähiger Handelspartner, der Vorbereitung eines geeinten Europa im Sinne des Westens und die Verhinderung eines weiteren Vordringens des Kommunismus.

Marshall-Plan und Währungsreform führten zu einem großen wirtschaftlichen Aufschwung. Die Geschäfte füllten sich mit lange entbehrten Waren. Der Schwarzmarkt verschwand spurlos.

Eine wichtige Voraussetzung für die Einbeziehung der Westzonen in den Marshall-Plan war eine **Währungsreform**, die das Missverhältnis zwischen der durch die nationalsozialistische Kriegswirtschaft aufgeblähten riesigen Geldmenge und dem geringen Warenangebot beseitigen sollte. Nachdem sie im gesamtdeutschen Maßstab nicht zustande kam, wurde sie am 20./21. Juni 1948 nur in den drei Westzonen durchgeführt.

Als Reaktion auf die Einführung der neuen DM-Währung der Westzonen durch die Westmächte auch in den Westsektoren Berlins und damit die Spaltung der Stadt in zwei Wirtschaftsgebiete verhängte die UdSSR eine Blockade über Berlin (West). Sie wollte so – entgegen dem Vier-Mächte-Status der Stadt – die westlichen Besatzungsmächte zur Aufgabe ihrer Positionen in Berlin-West zwingen. Die Amerikaner und Briten errichteten daraufhin die **Berliner Luftbrücke** zur Versorgung von Berlin-West auf dem Luftwege. Die politische Zielsetzung der UdSSR (Verhinderung der sich abzeichnenden Einbindung Westdeutschlands und Berlin-Wests in das westliche Staatenbündnis) wurde nicht erreicht.

Jeder Einwohner der Westzonen bekam eine Art Startgeld vom 40 DM. Löhne, Gehälter, Pensionen, Renten, Mieten und Pachtzinsen wurden im Verhältnis 1:1 umgetauscht, die meisten anderen Verbindlichkeiten 10:1, Sparguthaben 100:6,5. Durch die Begünstigung der Besitzer von Sachwerten wie Grund und Boden, Häusern, Betrieben usw. war mit der Währungsreform allerdings auch eine Grundentscheidung über künftige Vermögensverteilungen verbunden.

Die Münchener Ministerpräsidentenkonferenz

In den ersten Nachkriegsjahren waren deutsche Politiker in Ost und West darum bemüht, miteinander im Gespräch zu bleiben und der drohenden Teilung Deutschlands entgegenzuwirken. Nachdem es nicht gelang, auf der Ebene der politischen Parteien ein ständiges Gesprächsforum als mögliche Vorstufe zu einer gesamtdeutschen parlamentarischen Vertretung zu schaffen, nahmen die Ministerpräsidenten der Länder den Gedanken einer gesamtdeutschen Vertretung auf. Aufgrund der Einladung des bayerischen Ministerpräsidenten trafen sich am 6./7. Juni 1947 die Regierungschefs aller deutschen Länder in München. Die Ministerpräsidenten der Sowjetischen Besatzungszone reisten jedoch nach einer Vorbesprechung ohne Teilnahme an der Konferenz wieder ab, nachdem ihre

Änderungswünsche an der vorher festgelegten Tagesordnung keine Berücksichtigung fanden. Die Ursachen des Scheiterns der Münchener Ministerpräsidentenkonferenz lagen sämtlich in ihrem Vorfeld. Auf Betreiben von SCHUMACHER hatten sich die Regierungschefs der britischen Zone darauf geeinigt, dass die Konferenz sich nicht mit rein politischen Themen beschäftigen dürfe. Frankreich hatte die Ministerpräsidenten seiner Zone darauf verpflichtet, dass nur wirtschaftliche Themen zu erörtern wären. Die Ministerpräsidenten der Sowjetischen Besatzungszone waren auf Drängen WALTER ULBRICHTS mit der Weisung versehen worden, einen Tagesordnungspunkt über die Art und Weise des gemeinsamen Vorgehens zur Schaffung einer deutschen Zentralverwaltung und eines deutschen Einheitsstaates zu beantragen. Bei der Ablehnung dieses Vorschlags sollten sie die Konferenz verlassen.

WALTER ULBRICHT (1893–1973) spielte eine entscheidende Rolle bei der Errichtung des kommunistischen Gesellschaftsmodells und der Integration der DDR in den Ostblock. Er war Generalsekretär bzw. Erster Sekretär der SED (bis 1971), ab 1960 Vorsitzender des Staatsrates (Staatsoberhaupt) der DDR.

11.2.2 Die Konstituierung der beiden deutschen Staaten

Die Errichtung der Bundesrepublik Deutschland (BRD) und ihre Westintegration

Auf der **Londoner Sechsmächtekonferenz** (1948) einigten sich die Niederlande, Belgien und Luxemburg, als unmittelbare westliche Nachbarn Deutschlands, sowie Frankreich, Großbritannien und die USA auf eine gemeinsame staatliche Ordnung der westlichen Besatzungszonen. Sie verabschiedeten die Londoner Empfehlungen, die den Aufbau der politischen und wirtschaftlichen Organisation Westdeutschlands zum Gegenstand hatten und eine internationale Kontrollbehörde für das Ruhrgebiet sowie eine militärische Sicherheitsbehörde vorsahen.
In verschiedenen deutschen Gremien erfolgten auf der Grundlage der Londoner Empfehlungen und unter starker Einflussnahme der Militärgouverneure die Vorarbeiten für eine westdeutsche Verfassung. Sie erhielt nach langen, oft kontroversen Debatten im **Parlamentarischen Rat** ihre endgültige Fassung in Gestalt des Grundgesetzes für die Bundesrepublik Deutschland. Es wurde am 8. Mai 1949 gegen die Stimmen der DP, der KPD, des Zentrums und von sechs Vertretern der CSU vom Parlamentarischen Rat verabschiedet, erhielt danach mit Ausnahme Bayerns die Zustimmung aller westdeutschen Länderparlamente, wurde durch die drei Militärgouverneure genehmigt und trat einen Tag nach seiner Verkündigung am 23. Mai 1949 in Kraft.

Die Londoner Sechsmächtekonferenz fand vom 23. Februar bis 5. März und vom 20. April bis 1. Juni 1948 statt.

Parlamentarischer Rat: 65 Vertreter der westdeutschen Länder erarbeiteten ab dem 1. September 1948 in Bonn das Grundgesetz.

Die Gründung der Bundesrepublik Deutschland erfolgte am 24. Mai 1949 auf der Grundlage des Grundgesetzes.

THEODOR HEUSS (1884–1963) erster Präsident der Bundesrepublik Deutschland

Am 7. September 1949 wurde der erste deutsche Bundestag eröffnet. Die BRD besaß anfangs noch keine vollständige staatliche Handlungsfreiheit (Souveränität). Die Westmächte waren durch „Hohe Kommissare" vertreten. Mit einem Besatzungsstatut sicherten sie sich die oberste Gewalt und Kontrolle über wichtige Politikfelder (Reparationsfragen, Außenpolitik, Außenhandel, gesamtdeutsche Angelegenheiten, Verfassungsänderungen u. a.). Erst 1955 erhielt die BRD ihre Souveränität (mit Aus-

KONRAD ADENAUER (1876–1967) vertrat konsequent die Westintegration der BRD und den „Alleinvertretungsanspruch" der BRD für ganz Deutschland während der deutschen Zweistaatlichkeit. **(Hallstein-Doktrin:** Androhung von Sanktionen gegen Staaten, welche die DDR völkerrechtlich anerkennen)

ADENAUERS Politik der Westintegration und der Wiederbewaffnung war innenpolitisch heftig umstritten. Sie wurde von der SPD, Teilen der Gewerkschaften und protestantischen Kreisen abgelehnt, da eine Vertiefung der Spaltung Deutschlands befürchtet wurde.

nahme der Berlin und Deutschland als Ganzes betreffenden Fragen, die auch danach Sache der Westmächte blieben).

Der erste Bundeskanzler der BRD (1949–1963), KONRAD ADENAUER (im Bild rechts mit LUDWIG ERHARD), erfüllte mit seiner Politik der Westintegration die Erwartungen der Westmächte: die Stärkung des westlichen Lagers im Kalten Krieg.
Sein außenpolitisches Ziel war die möglichst rasche Eingliederung der Bundesrepublik in das europäisch-atlantische Bündnissystem. Davon versprach er sich Sicherheit gegenüber der Sowjetunion, eine Abschirmung vor der weiteren Ausbreitung des Kommunismus und die Herstellung der völligen Souveränität der BRD. Eine deutsche Wiedervereinigung glaubte er nur über eine Politik der wirtschaftlichen und militärischen Stärke des Westens erreichen zu können. Er vertraute auch auf die Vorbildwirkung einer wirtschaftlich erfolgreichen und im demokratischen Westen verankerten Bundesrepublik für die Menschen im Osten Deutschlands.

Grundpfeiler der Außen- und Deutschlandpolitik der BRD bis 1969:
- Westintegration vor Wiedervereinigung: Ablehnung eines neutralisierten Gesamtdeutschland, deutsch-französische Partnerschaft und europäische Integration, transatlantische Partnerschaft (Beitritt zur NATO und WEU); diese Grundsätze galten auch für die Bundesregierungen nach 1969;
- Alleinvertretungsanspruch der BRD: BRD alleiniger Rechtsnachfolger des Deutschen Reiches, Hallstein-Doktrin, Kennzeichnung der DDR als nichtdemokratischer Staat.

Stationen der Westintegration und Eigenstaatlichkeit der BRD	
September 1950	New Yorker Vereinbarung der Außenminister der drei Westmächte über die Einbeziehung der BRD in das westliche Paktsystem und die Aufhebung einiger Beschränkungen für die Industrie der BRD
1952	Inkrafttreten des Vertrages über die Europäische Gemeinschaft für Kohle und Stahl (EGKS), (wichtig für die Politik der Aussöhnung mit Frankreich)
1955	Inkrafttreten der Pariser Verträge und des Deutschlandvertrages: volle Eingliederung der BRD in das westliche Paktsystem, Recht auf Aufstellung eigener Streitkräfte, Aufnahme in die Westeuropäische Union und in die NATO; Proklamierung der (fast) völligen Souveränität der BRD
1956	Bundestagsbeschluss über die Einführung der allgemeinen Wehrpflicht
1957	Wiedereingliederung des Saarlandes in das Bundesgebiet; Unterzeichnung der Vertragswerke über den „Gemeinsamen Markt" (EWG) und die „Europäische Atomgemeinschaft"

Das Angebot STALINS vom 10. März 1952 („Stalin-Note") über die Errichtung eines neutralen Gesamtdeutschland wurde ohne wirklich gründliche Prüfung seiner Chancen und Risiken von den Westmächten und der BRD abgelehnt.

Es ist immer noch umsritten, ob das Angebot STALINS eine realistische Chance für eine Wiedervereinigung Deutschlands darstellte.

Die Gründung der Deutschen Demokratischen Republik (DDR) und ihre Einbindung in das „sozialistische Lager"

Nach der Gründung der Bundesrepublik Deutschland entstand auf dem Gebiet der SBZ mit der Verabschiedung einer Verfassung durch den 3. Deutschen Volkskongress am 7. Oktober 1949 die Deutsche Demokratische Republik.

Der im Mai 1949 aus der Volkskongressbewegung hervorgegangene 2. Deutsche Volksrat konstituierte sich am 7. Oktober 1949 als provisorische Volkskammer zum Parlament der DDR. Die fünf Länderparlamente der sowjetischen Zone bestimmten am 10. Oktober 1949 eine provisorische Länderkammer.
Am 11. Oktober 1949 wählten Volkskammer und Länderkammer einen der beiden SED-Vorsitzenden, WILHELM PIECK, zum Präsidenten der DDR. Am 12. Oktober 1949 wurde OTTO GROTEWOHL Ministerpräsident. Die ersten Volkskammerwahlen am 15. Oktober 1950 fanden auf der Grundlage einer Einheitsliste der „Nationalen Front" statt. Dieses Wahlsystem wurde bis zum Ende der DDR als ein Mittel zur Sicherung der SED-Diktatur beibehalten.

WILHELM PIECK und OTTO GROTEWOHL

WILHELM PIECK (1876–1960) war Vorsitzender der KPD anstelle des 1933 verhafteten ERNST THÄLMANN; Mitbegründer der SED und einer ihrer Vorsitzenden; 1949 bis 1960 erster und einziger Präsident der DDR

Die erste Verfassung der DDR erinnerte noch stark an die Verfassung der Weimarer Republik. Obwohl sie einen gesamtdeutschen Anspruch erhob und viele demokratische Grundsätze und Grundrechte verkündete, entfernten sich die gesellschaftlichen Verhältnisse in der DDR immer mehr vom Text der Verfassung. Die SED baute ihre Vorherrschaft mithilfe des Demokratischen Blocks der Parteien und Massenorganisationen und der Nationalen Front immer stärker aus. In der neuen Verfassung der DDR von 1968 wurde die führende Rolle (Diktatur) der Partei staatsrechtlich festgeschrieben.

Auch die DDR war mit ihrer Gründung noch kein souveräner Staat. Sie wurde erst 1954 von der UdSSR für souverän erklärt. Die oberste Gewalt übte mit ähnlichen Vorbehalten wie die Hohen Kommissare der Westmächte in der BRD eine Sowjetische Kontrollkommission aus, die an die Stelle der Sowjetischen Militäradministration getreten war. Vor der Souveränitätsübertragung wurde die Sowjetische Kontrollkommission durch einen Hohen Kommissar ersetzt.
Obwohl die DDR immer wieder zumindest verbal die Einheit Deutschlands betonte und Vorschläge zu einer Konföderation beider deutscher Staaten unterbreitete, widersprachen diesen Absichtserklärungen der

Ihre außenpolitische Isolierung konnte die DDR erst Anfang der 70er-Jahre mit dem Abgehen der BRD von der Hallstein-Doktrin im Rahmen der neuen Ostpolitik überwinden.

Umbau der Gesellschaft im Sinne des sowjetischen Sozialismusmodells und die Ostintegration als wichtigste Hauptlinie der Außenpolitik der DDR.

Bereits in seiner Regierungserklärung vom 12. Oktober 1949 hatte OTTO GROTEWOHL die **Freundschaft mit der Sowjetunion,** den **Volksdemokratien** (Ostblockstaaten, in denen ebenfalls der Sozialismus nach sowjetischem Vorbild errichtet wurde) und allen anderen friedliebenden Völkern als die bestimmende Grundlinie seiner Außenpolitik gekennzeichnet. Die Aufnahme diplomatischer Beziehungen zur Tschechoslowakei (1949) und die Anerkennung der Oder-Neiße-Linie als polnische Westgrenze im **Görlitzer Vertrag von 1950** folgten diesem außenpolitischen Programm.

OTTO GROTEWOHL (1894–1964) war 1946 bis 1954 gemeinsam mit WILHELM PIECK Vorsitzender der SED, danach Mitglied ihres höchsten Führungsgremiums; 1949 bis 1964 Ministerpräsident der DDR.

Entscheidende Stationen der Ostintegration der DDR:
- 1950 Aufnahme in den 1949 gegründeten Rat für gegenseitige Wirtschaftshilfe (RGW)
- 1955 Teilnahme an der Gründungskonferenz des Warschauer Paktes und Unterzeichnung des Vertrages über Freundschaft, Zusammenarbeit und gegenseitigen Beistand
- 1956 Gesetz über die Schaffung der Nationalen Volksarmee der DDR und Unterstellung eines großen Teils ihrer Einheiten unter den Befehl des Vereinigten Oberkommandos des Warschauer Paktes (seit 1962 Wehrpflichtarmee)

Mehrfach erneuerte zweiseitige Abkommen (Freundschaftsverträge) mit allen Ostblockstaaten (außer Albanien und Jugoslawien) über Freundschaft, gegenseitigen Beistand und Zusammenarbeit.

Nach der gescheiterten Genfer Viermächtekonferenz im Juli 1955 richteten sich beide deutsche Staaten auf den „Status quo" (gegenwärtiger gegebener Zustand) ein. Es begann eine Verfestigung der Teilung Deutschlands. Erst mit der neuen Ostpolitik der sozialliberalen Koalition in der BRD Anfang der 70er-Jahre begann eine Phase der Normalisierung der Beziehungen zwischen beiden Staaten.

11.2.3 Die Rolle Berlins in der Deutschland-Politik

Die sowjetische Armee hatte Berlin erobert und in dieser Stadt den Krieg beendet. Es war das Anliegen der Siegermächte, die Hauptstadt des besiegten Feindes gemeinsam zu besetzen.

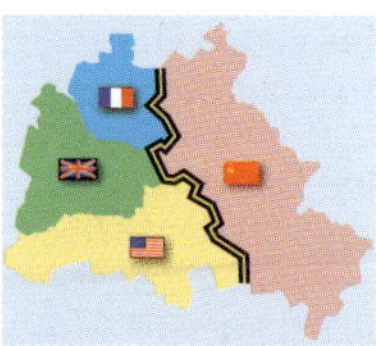

Die vier Sektoren Berlins

Auszug aus dem Abkommen (der Regierungen der vier Mächte) vom 26. Juli 1945: „Das Berliner Gebiet (...) wird gemeinsam von den bewaffneten Streitkräften der USA, Großbritanniens, der UdSSR und der Französischen Republik, die durch die entsprechenden Oberkommandierenden dazu bestimmt werden, besetzt. Zu diesem Zweck wird das Gebiet von Groß-Berlin in vier Teile eingeteilt."

Eine interalliierte Regierungsbehörde (Kommandantura), bestehend aus vier Kommandanten, die jeweils von ihren entsprechenden Oberkom-

mandierenden ernannt wurden, wurde gegründet, um eine gemeinsame Verwaltung Groß-Berlins zu errichten.
Alle Straßen, Eisenbahnlinien, Wasserwege nach Berlin verliefen durch die Sowjetische Besatzungszone, sodass die UdSSR sozusagen den Schlüssel von Berlin in der Hand hielt. Das fiel ins Gewicht, als im Kalten Krieg die Interessen der Sowjetunion und der Westmächte und ihre Vorstellungen über die politische und wirtschaftliche Entwicklung in Deutschland und Berlin immer weiter auseinandergingen.

Der erste politische Konflikt in Berlin war jedoch ein „deutscher". Da in den Westsektoren die 1946 gegründete SED weitgehend auf Ablehnung stieß, erhielt sie bei den ersten Stadtverordneten-Wahlen im Oktober 1946 nur ein Fünftel, die SPD jedoch die Hälfte der Stimmen. Diese stellte daraufhin den Oberbürgermeister, ERNST REUTER. Die UdSSR legte sofort ihr Veto ein, amtieren musste REUTERS Stellvertreterin LOUISE SCHROEDER. Die politische Lage in der Stadt wurde angespannt.
Die **Berlin-Blockade 1948/49** war die erste ernsthafte Krise im Kalten Krieg. Am 24. Juni 1948 sperrten sowjetische Streitkräfte die Zugangswege nach Berlin. Anlass dafür war die Währungsreform in den westlichen Besatzungszonen und die daraus folgende Einführung der D-Mark in den Westsektoren Berlins.

Die Antwort der westlichen Besatzungsmächte auf die Sperrung der Land- und Wasserwege nach Berlin war die **Luftbrücke.** Rund um die Uhr wurden über drei Luftkorridore Versorgungsgüter nach Berlin-West eingeflogen, alle drei Minuten landete eine Maschine.
Mit rund 213 000 Flügen wurden 1,7 Millionen Tonnen Versorgungsgüter transportiert. Nach elf Monaten, am 12. Mai 1949, wurde die Blockade aufgehoben.

Berliner Blockade: Ein von der Berliner Bevölkerung sogenannter „Rosinenbomber" im Anflug auf den Flughafen Tempelhof.
62,8 % der Fracht der „Rosinenbomber" war Kohle, 27,9 % Lebensmittel, 6,3 % Industriegüter, darunter Baumaschinen für den Aufbau des Flughafens Tegel.

Die nachhaltigste politische Folge der Blockade für Berlin war die Beendigung der gemeinsamen Verwaltung der Stadt. Berlin blieb gespalten, jedoch bei offenen Grenzen in der Stadt.
Als sich 1949 die BRD und die DDR gründeten, erhoben beide Verfassungen Anspruch auf (ganz) Berlin. In der Tat dominierte jeder Staat in einem Teil Berlins. Die DDR baute Berlin (Ost) zu ihrer Hauptstadt aus. Berlin-West wurde in das Rechts-, Finanz- und Wirtschaftssystem der Bundesrepublik eingegliedert.
Gegenseitige politische Angriffe blieben nicht aus. Berlin (West) wurde als „Stachel im Fleisch der DDR", als Schaufenster des Wirtschaftswunders gesehen.

Bereits am 16. Juni 1948 hatten die sowjetischen Vertreter die gemeinsame Kommandantur verlassen, ab September bildete sich eine selbstständige Verwaltung für Berlin(West). Die nächsten fälligen Wahlen im Dezember 1948 fanden nur in den Westsektoren statt.

Berlin-Krise: Ende der 1950er-Jahre reifte eine neue Krise heran. Unter dem Schutz des „Viermächtestatus" war Berlin eine offene Stadt geblieben. Um diesen Zustand zu beenden, stellte die UdSSR im November 1958 ein Ultimatum: Binnen sechs Monaten sollten die Westmächte ihre

Die DDR nutzte ihrerseits ihre administrativen Möglichkeiten, den Westberlinern das Leben zu erschweren. Den wirtschaftlichen Schaden durch die offene Grenze und den Geldumtausch (im Durchschnitt 1:4) konnte sie damit nicht wettmachen.

Truppen aus Berlin abziehen und der „Umwandlung Westberlins in eine selbstständige politische Einheit" zustimmen. Die Zeit verstrich und es geschah nichts. Auf eine erneute sowjetische Drohung, das „Westberlin-Problem" eigenmächtig zu lösen, antwortete der amerikanische Präsident KENNEDY mit drei „Essentials" der westlichen Berlin-Politik:
- Verteidigung der westlichen Anwesenheit,
- Wahrnehmung des Rechtes auf Zugang,
- Gewährleistung der Selbstbestimmung der Bürger von Berlin-West und der freien Wahl ihrer Lebensform.

Bauarbeiter schließen, bewacht von einem Volkspolizisten, im Mai 1962 die durch einen Sprengstoffanschlag beschädigte Mauer an der Bernauer Straße.

Mit dem Bau der **Berliner Mauer** wurden diese Grundvoraussetzungen nicht angetastet. In der Nacht zum 13. August 1961 wurden entlang der Sektorengrenze in Ostberlin militärische Sperranlagen errichtet. Die Grenzübergänge wurden geschlossen, Bahnverbindungen unterbrochen. Nach wenigen Tagen wurden die provisorischen Absperrungen durch den Bau einer Mauer ersetzt, 46 Kilometer zwischen den beiden Teilen der Stadt. Das Ziel bestand darin, Flüchtlingsströme aufzuhalten und ein wirtschaftliches „Ausbluten" der DDR zu verhindern, aber auch darin, an der direkten Berührungslinie die **Konfrontation zwischen NATO und Warschauer Vertrag** zu entschärfen.

1945–1961 hatten 2,6 Millionen Menschen die SBZ bzw. DDR in Richtung Westen verlassen.

Die „Mauer" stand symbolisch für die Unantastbarkeit der Machtsphären in Europa. Die politischen Interessen der Großmächte, vor allem der Sowjetunion, besaßen Vorrang gegenüber den Interessen der Berliner Bevölkerung. Die Berliner Mauer wurde im Laufe der Zeit in der gesamten westlichen Welt, aber auch in den Dissidentenbewegungen im Ostblock immer stärker als Symbol der Unfreiheit und der Missachtung von Bürgerrechten verstanden.

An der Mauer wurde von der Schusswaffe Gebrauch gemacht. Bis 1988 wurden 191 Tote registriert. Wieviel Tote es tatsächlich gab, ist nicht mehr feststellbar.

Nach dem Mauerbau musste sich die Politik neu orientieren. Trotz ständiger Probleme mit den Transportwegen usw. wurde für Weihnachten/Silvester 1963/64 zwischen der Regierung der DDR und dem Senat von Berlin-West das erste Passierscheinabkommen für Besucher aus Berlin-West abgeschlossen.
Entscheidend für eine Normalisierung in Berlin wurde das **Viermächteabkommen über Berlin,** unterzeichnet am 3. September 1971 von den Botschaftern der USA, der Sowjetunion, Großbritanniens und Frankreichs. In ihm wurden die Rechte der vier Mächte an Berlin bestätigt. Die Sowjetunion garantierte den zivilen Berlin-Verkehr und sicherte seine Erleichterung zu. Es gab Zusagen, Besuche von Westberlinern in Ostberlin zu erleichtern. Es wurde zugesagt, die Bindungen zwischen Berlin-West und der Bundesrepublik aufrechtzuerhalten und zu entwickeln, wobei Berlin-West kein konstitutiver Bestandteil der Bundesrepublik ist. Der

Bundesregierung wurde ermöglicht, Berlin (West) in interne Vereinbarungen einzubeziehen.

Folge des **Viermächteabkommens** und des 1972 zwischen der BRD und der DDR geschlossenen „Grundlagenvertrages" war die konsequent getrennte Entwicklung beider Teile der Stadt.

Im Zusammenhang mit diesem Abkommen und den Verhandlungen über seine Umsetzung wurden Abkommen und Vereinbarungen zwischen der Regierung der DDR und der Bundesregierung bzw. dem Senat von Berlin (West) über den Transitverkehr, Besucherregelungen und die Wiederaufnahme der Telefonverbindungen in der Stadt geschlossen. Vielerlei Möglichkeiten für eine praktische Zusammenarbeit wurden wahrgenommen.

11.2.4 Das geteilte Deutschland bis 1969

Tendenzen und Probleme in der Entwicklung der Bundesrepublik Deutschland

Die Bundesrepublik Deutschland erlebte seit den 1950er-Jahren einen enormen wirtschaftlichen Aufschwung: **das deutsche Wirtschaftswunder.** Bereits 1953 wurde der Lebensstandard der Vorkriegszeit und 1956 die Vollbeschäftigung erreicht.

Das Schlagwort jener Zeit wurde vom damaligen Wirtschaftsminister LUDWIG ERHARD geprägt und lautete: „Wohlstand für alle."
Ursachen für „das deutsche Wirtschaftswunder" waren:
- trotz der Kriegszerstörungen mittelfristig keine bedeutende Verminderung der Produktionskapazitäten in der Industrie (Lückenschließung durch stän-dige Neuinvestitionen);
- Ermöglichung des Imports modernster (vorwiegend amerikanischer) Maschinen und der Einrichtung neuer, hochproduktiver Fertigungsanlagen durch die Marshallplan-Hilfe;
- Anfängliches Überangebot guter und leistungswilliger Arbeitskräfte, seit Ende der 1950er-Jahre Ersatz fehlender Arbeitskräfte durch ausländische Arbeiter, die sogenannten „Gastarbeiter";
- glänzende Absatzmöglichkeiten für die deutsche Industrie durch die riesige weltweite Nachfrage in der Nachkriegszeit;
- sichere Gewinne für die Wirtschaft durch eine große Binnennachfrage infolge wachsender Kaufkraft und Konsumfreudigkeit nach den Entbehrungen der Kriegs- und ersten Nachkriegszeit;
- auf die konsequente Durchsetzung der sozialen Marktwirtschaft gerichtete staatliche Wirtschaftspolitik im Sinne von LUDWIG ERHARD.

LUDWIG ERHARD (1897–1977), „Vater des deutschen Wirtschaftswunders", war Bundeskanzler 1963–1966. (↗ S. 416 im Bild neben ADENAUER)

Soziale Marktwirtschaft ist ein von staatlicher Lenkung fast freier Wettbewerb privater Unternehmen. Preise, Gewinne und Löhne sollen sich aus dem Verhältnis von Angebot und Nachfrage ergeben. Gewinnung und Bewahrung des sozialen Charakters durch Unterbindung übermäßiger Marktmacht, eine gewisse Einkommensumverteilung durch Steuern, Schaffung eines sozialen Netzes zur Bewahrung vor Not von wirtschaftlich Schwächeren. Eine wesentliche Voraussetzung für das Funktionieren der sozialen Marktwirtschaft ist die Mitwirkung starker Vertretungen von Interessengruppen, insbesondere der Arbeitnehmer (Gewerkschaften).

Soziale und politische Entwicklung:

- Herausbildung einer Konsumgesellschaft, in der Gebrauchsgüter wie Fernsehgeräte, Waschmaschinen, Kühlschränke und Autos, aber auch Urlaub im Ausland bei stärker werdender Einkommens- und Eigentumsdifferenzierung zunehmend für breite Bevölkerungsschichten erschwinglich wurden;
- Entstehung eines leistungsfähigen und verhältnismäßig dichten „Sozialnetzes" (so z. B. weitestgehende Überwindung der Altersarmut durch Rentenerhöhungen und Ankopplung der Rentenbeträge an die allgemeine Einkommensentwicklung, Wohngeld für Familien mit geringem Einkommen, Stipendien oder zinslose Darlehen für Studenten bei Bedürftigkeit, Schlechtwettergeld für Bauarbeiter, Bezahlung von Erholungskuren und Zahnersatz durch die Krankenkassen, Bildungsurlaub für Arbeitnehmer und Erziehungsgeld für Eltern).
- Die Finanzierung dieses selbstverständlich gewordenen Sozialkonsums war problemlos, solange es Arbeit gab und die Einkommen wuchsen. Das änderte sich später, als in den 1970er-Jahren der weltweit lange Wirtschaftsaufschwung zu Ende ging und die Wirtschaft zu erlahmen begann.
- Möglichkeit der Aufnahme von Flüchtlingen und Vertriebenen und eines Lastenausgleichs für sie (Das Lastenausgleichsgesetz von 1952 belegte Vermögen und Grundbesitz mit einer 5%igen Abgabe, deren Raten sich auf 30 Jahre verteilten. Bis 1986 wurden 126 Milliarden DM als Entschädigung ausgezahlt.);
- Sogwirkung des wirtschaftlichen Aufschwungs auf die Bürger des anderen deutschen Staates, in dem die Zugriffsmöglichkeiten auf hochwertige Konsumgüter viel geringer waren. Das und die politischen Freiheiten in der BRD waren wesentliche Ursachen für die Abwanderungsbewegungen aus der DDR in die BRD.
- Die positive wirtschaftliche Entwicklung war neben anderen Faktoren eine wesentliche Bedingung der Stabilität des demokratischen politischen Systems der Bundesrepublik, das in der Lage war, Krisensituationen zu bewältigen. Die Anerkennung der Demokratie als nicht ersetzbarer Staatsform durch die überwältigende Mehrheit der Bevölkerung ließ sie manche Bewährungsprobe bestehen.

Auch unter den Bedingungen des Wirtschaftswunders gab es z. T. bedeutende Unterschiede in Lebensbedingungen. So lebten z. B. in den 1950er-Jahren noch mehr als 60 % der Bevölkerung in Zweizimmerwohnungen ohne Bad und Zentralheizung. Mit der staatlichen Bauförderung, die jährlich die Errichtung einer halben Million Wohnungen vorsah, wurde versucht, das Problem zu lösen.

Die Demokratie in der BRD – Entwicklung und Bewährungssituationen

Die Demokratie fand sowohl institutionell als auch im Alltagsbewusstsein der Mehrheit der Bürger der BRD eine feste Verwurzelung.

Die lang wirkenden Ursachen dafür waren vor allem:
- die verheerenden Negativerfahrungen mit der nationalsozialistischen Diktatur, insbesondere mit ihren Folgen im Krieg und in der ersten Nachkriegszeit;
- die hohe Wertschätzung der westlichen Staats- und Gesellschaftsform als Reaktion auf die Zeit des Nationalsozialismus, aber auch auf andere Diktaturen in der Welt;
- die Stärkung des Vertrauens in die demokratische Staatsordnung durch die Zunahme von wirtschaftlichem Wohlstand und sozialer Si-

cherheit trotz einiger zeitlich begrenzten Krisen (z. B. die Rezession Mitte der 1960er-Jahre);
- die intensiven Bemühungen um eine demokratische Erziehung.

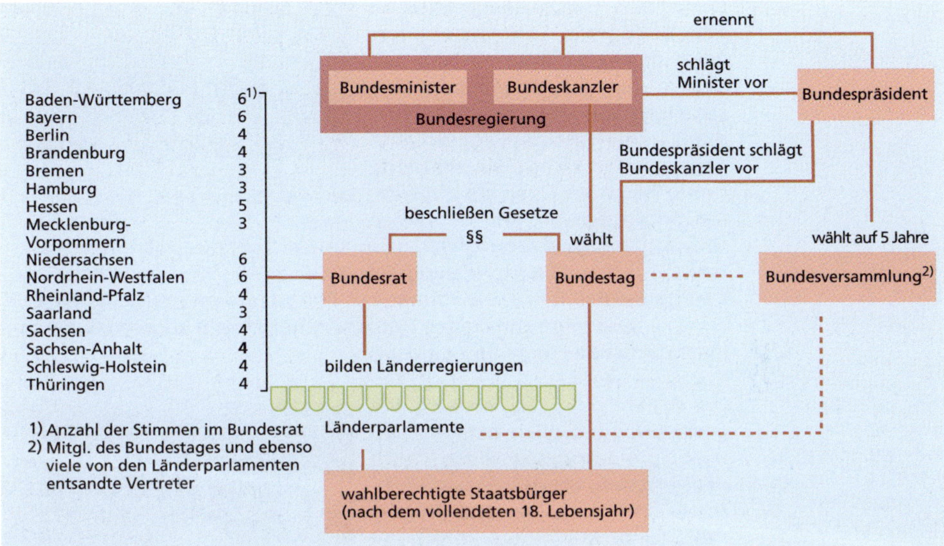

1) Anzahl der Stimmen im Bundesrat
2) Mitgl. des Bundestages und ebenso viele von den Länderparlamenten entsandte Vertreter

Bei aller Einsicht, dass selbstständige und konkurrierende Parteien für ein demokratisches Gemeinwesen unentbehrlich sind, wurde und wird das **Parteienmonopol** bemängelt. Man befürchtete und befürchtet dadurch die Einschränkung der Mitbestimmung in Staat und Gesellschaft von unten. Viele Menschen arbeiteten und arbeiten auch deshalb in nicht parteigebundenen politischen Organisationen oder Interessenvertretungen mit oder reagieren durch ihr Wahlverhalten auf die Leistungen oder Fehlleistungen der politischen Parteien. Die Demokratie in der BRD ermöglicht eine solche Einflussnahme auf das Wirken von Parteien.

Unter **Parteienmonopol** versteht man, dass die Parteien alle Zuständigkeiten an sich ziehen und ohne ihre Zustimmung kaum ein öffentliches Amt zu besetzen ist.

Bis 1983 teilten die Macht auf Bundesebene entsprechend den Wahlergebnissen unter sich auf: die **CDU** und die **SPD,** die bayerische **CSU,** die im Bundestag stets eine Fraktion mit der CDU bildet, und die **FDP.** Nach heftigen innerparteilichen Auseinandersetzungen über ihr Demokratieverständnis, die Handhabung des staatlichen Gewaltmonopols, den Charakter der Partei und ihre Organisationsformen sowie über die einzuschlagende Strategie setzte sich bei den **Grünen** der realpolitische Flügel (sogenannte Realos) durch. 1983 gelang den Grünen der Einzug in den Bundestag.
Innenpolitisch heftig umstritten war die Verabschiedung der **Notstandsgesetze** 1968 durch den Bundestag. Die Notstandsgesetze erweckten die Befürchtung der Rückkehr antidemokratischer Verhaltensweisen in der politischen Kultur der BRD. Außerdem führten das Fehlen einer starken Opposition gegen die große Koalition von CDU/CSU und SPD im Bundestag und die von den USA ausgehende Protestwelle gegen den Vietnam-

Die **Notstandsgesetze** erlauben es der Bundesregierung, im Falle des inneren Notstandes bzw. im Katastrophen- oder Verteidigungsfall bestimmte Artikel des Grundgesetzes außer Kraft zu setzen. Die demokratische Kontrolle soll in dieser Zeit über ein stark verkleinertes Notparlament erfolgen.

krieg zu einer vor allem von Studenten, aber auch anderen Intellektuellen getragenen linken Protestbewegung: der **Außerparlamentarischen Opposition (APO).** Diese auch als **68er-Bewegung** gekennzeichnete Form der Opposition richtete sich gegen das kapitalistische Wirtschaftssystem und das „Establishment" (herrschende konservative Gesellschaftsschicht). Sie kritisierte heftig Missstände wie die autoritären Strukturen an den deutschen Universitäten und propagierte neue, freiere Lebensformen. Der Protest weitete sich zu einer fundamentalen Kritik an der westdeutschen Nachkriegsgesellschaft aus. Die Formen des Protests waren vielfältig und wurden z. T. auch in gewalttätigen Demonstrationen und anderen außerparlamentarischen Formen ausgetragen.

Demonstration der APO

Mitte der 1960er-Jahre gab es aus der Befürchtung heraus, dass die Bundesrepublik wegen ihrer Probleme im Bildungsbereich den steigenden Anforderungen des weltweiten wirtschaftlichen und wissenschaftlich-technologischen Wettbewerbs nicht gewachsen sein könnte, verstärkte Anstrengungen zur Entwicklung des Bildungswesens. Es wurden unzweifelhaft auch Erfolge erzielt. Es kam jedoch nicht zu einer grundlegenden Bildungsreform.

Die direkte politische Wirkung der 68er-Bewegung blieb begrenzt. Einige Splittergruppen glitten nach dem Scheitern der APO in den Terrorismus ab (Baader-Meinhof-Gruppe, RAF). Langfristig jedoch führte die 68er-Bewegung zu einer **Liberalisierung des politischen, gesellschaftlichen und kulturellen Klimas.** Bislang betrachtete man die Demokratie vornehmlich als eine Staats- und Regierungsform. Es entstanden in der Folgezeit in vermehrtem Umfang Bürgerinitiativen, soziale und andere Protestbewegungen: für die Rechte der Frauen, gegen Umweltzerstörung, gegen Kernkraftwerke und Aufrüstung. Millionen von Menschen nahmen nunmehr auf diese Weise ihre demokratischen Mitwirkungsrechte in Anspruch.

Tendenzen und Probleme der Entwicklung in der DDR

In der DDR wurde der höchste Lebensstandard in den Ländern des Ostblocks erarbeitet. Er erreichte jedoch in keiner Entwicklungsphase den der BRD. Vorbildliches konnte auf sozialem Gebiet erzielt werden.

Bedingungen der Wirtschaftsentwicklung waren:
- ausgeprägte Disproportionen zwischen einer traditionsreichen, hoch entwickelten Fertigungsindustrie (Maschinen- und Fahrzeugbau, optische und chemische Industrie, Instrumentenbau) und einer extremen Rohstoffarmut (außer Braunkohle keine nennenswerten Bodenschätze) sowie gering entwickelter Grundstoffindustrie;
- durch die Teilung Deutschlands und den Verlust der Ostgebiete von vormaligen Zentren der Schwerindustrie abgeschnittene Wirtschaft; Aufbau einer eigenen Schwerindustrie (z. B. großes Eisen- und Stahl-

werk in Eisenhüttenstadt) erforderte riesige Investitionen, die an anderer Stelle, vor allem für die Versorgung der Bevölkerung mit Konsumgütern, fehlten;
- kaum Möglichkeit von Westimporten infolge des Kalten Krieges (Embargobestimmungen) und chronischen Devisenmangels;
- keine oder nur geringe Hilfe aus der zerstörten Sowjetunion;
- hohe Reparationsleistungen durch Demontagen und Entnahmen aus der laufenden Produktion;
- bis weit in die 1950er-Jahre hohe Besatzungskosten für die in der DDR stationierten sowjetischen Truppen;
- oft ungünstiger Handelsaustausch mit den vergleichsweise weniger entwickelten Ostblockstaaten und Anpassung auf Zulieferungsfunktionen für die Sowjetunion im Rahmen des RGW (ca. 45 % des Außenhandelsvolumens der DDR);
- relativ früher Arbeitskräftemangel durch die Abwanderung vor allem jüngerer Arbeitskräfte, deren Erfahrungen und Fähigkeiten der DDR-Volkswirtschaft verlorengingen.

Trotz der Anstrengungen und Leistungen der gut ausgebildeten Arbeitskräfte gelang es nicht, die negativen Bedingungen der Wirtschaftsentwicklung in der DDR zu kompensieren.

Auch bei ungünstigen Ausgangspositionen konnten in der DDR auf einigen Gebieten beachtliche wirtschaftliche Leistungen erzielt werden, so z. B. beim Aufbau der chemischen und einer eigenen Schwerindustrie sowie der Steigerung der Energieproduktion. Das Wort vom „zweiten deutschen Wirtschaftswunder" machte die Runde. Bei allen Fortschritten auch in der materiellen Lebenslage blieben jedoch Mangelerscheinungen unterschiedlichen Ausmaßes. Während z. B. die Versorgung mit Waschmaschinen, Radios und Fernsehern im Laufe der Zeit nahezu „westliches Niveau" erreichte, blieben die begehrten Automobile (jahrelange Wartezeiten auf die Lieferung) und andere hochwertige Konsumgüter rare Artikel. Das führte zu einer mehr oder weniger starken Unzufriedenheit bei vielen Menschen, besonders bei denen, die nicht die nötigen Mittel hatten, um in den später eingerichteten **Intershops, Delikat- und Exquisitläden** einkaufen zu können. Hinzu kamen Schwierigkeiten mit Handwerkern und Dienstleistungen.

Intershop: Geschäfte, in denen man mit frei konvertierbarer Währung (z. B. DM, Dollar) Lebens- und Genussmittel sowie technische Artikel aus westlicher Produktion kaufen konnte.
Delikat- und Exquisitläden:
Geschäfte mit einem Angebot hochwertiger Lebensmittel oder Bekleidung (in der Regel für den Export bestimmt) zu höheren Preisen.

Die Unzufriedenheit mit diesen nach einem Aufschwung in den frühen 1970er-Jahren sich in den letzten Jahren der DDR wieder verstärkenden Mangelerscheinungen wurden letztlich auch nicht wettgemacht durch die Fortschritte, die es besonders in der Ära HONECKER nach 1971 im sozialen Bereich zweifellos gab, zumal sie ähnlich wie in der BRD zu Selbstverständlichkeiten geworden waren: fast keine Arbeitslosigkeit, hoher Grad an sozialer Sicherheit, niedrige Kriminalitätsrate, Gleichberechtigung der Geschlechter, gut entwickeltes Gesundheitswesen mit nahezu kostenloser Behandlung und Gesundheitsfürsorge, abgesehen von der politisch-ideologischen Indoktrination ein mit wenigem Aufwand für die Eltern verbundenes Bildungs- und Schulsystem mit auch international beachteten Leistungen besonders in der mathematisch-naturwissenschaftlichen und polytechnischen Bildung, für alle Kinder Möglichkeit des Besuchs von Vorschuleinrichtungen bei niedrigen Kosten für die Erziehungsberechtigten, sportliche Erfolge, die aufhorchen ließen, u. a. m. Das Ausmaß der sozialen Leistungen überforderte auf Dauer die wirtschaftliche und finanzielle Leistungsfähigkeit der DDR, förderte Tendenzen der Gleichmacherei und führte teilweise zum Nachlassen eigener Anstrengungen zur Vorsorge

(Versorgungsmentalität). Mangelerscheinungen und mit geringen Kosten für die Bürger verbundene Sozialleistungen führten teilweise auch zu einem Nachlassen der Leistungsbereitschaft in der beruflichen Tätigkeit. Symptomatisch für eine solche Einstellung war die häufig gebrauchte Redewendung: „Es geht alles seinen sozialistischen Gang."

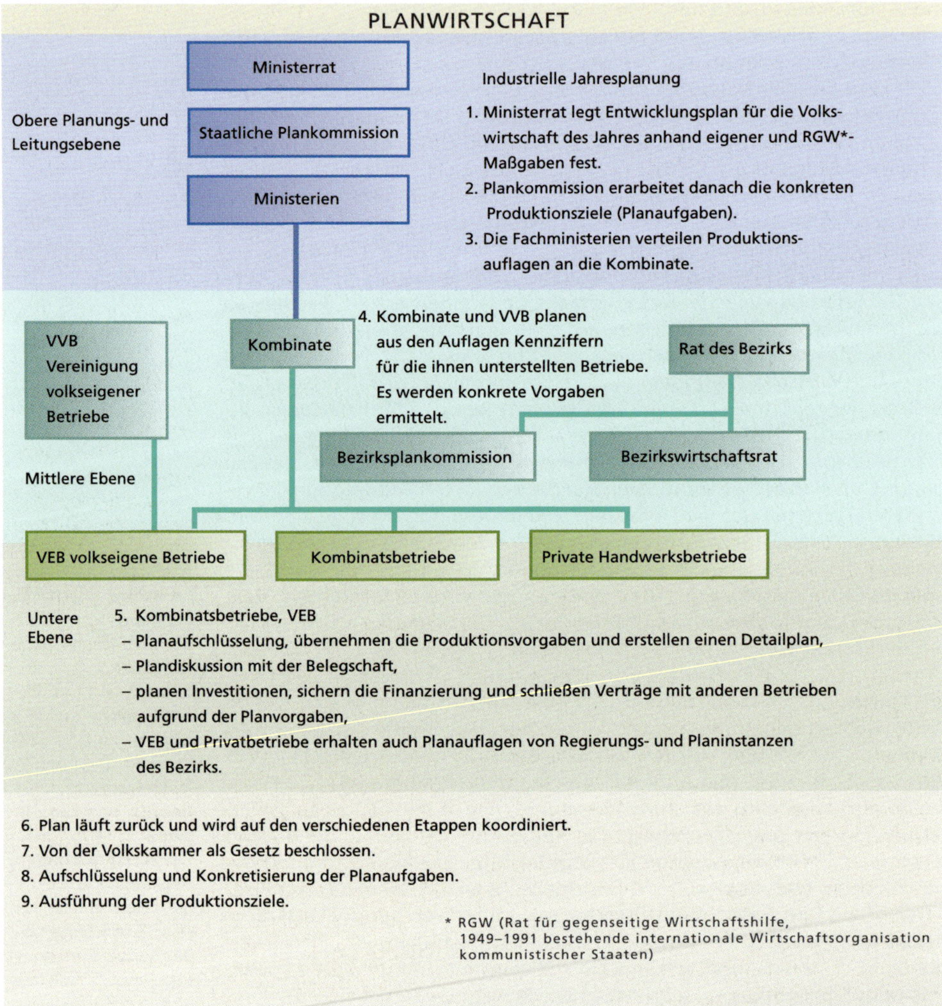

Die entscheidende **Ursache** für das wirtschaftliche Zurückbleiben der DDR im Verhältnis zu den entwickelten Industriestaaten des Westens war die Durchsetzung einer **Zentralverwaltungswirtschaft** nach sowjetischem Vorbild mit ihren strukturellen Mängeln (Kommandowirtschaft). Ihre Einführung begann mit dem 1. Fünfjahrplan 1950.

Es wurde immer deutlicher, dass dieses Wirtschaftssystem nicht geeignet war, einen so komplexen Organismus, wie ihn die Gesamtwirtschaft mit ihren komplizierten Abläufen und Zusammenhängen darstellt, optimal zu gestalten. Man versuchte 1963, mit einer vor allem von WALTER ULBRICHT betriebenen Wirtschaftsreform (NÖP) besonders störende Mängel des Systems der Zentralverwaltungswirtschaft abzustellen (Reduzierung der zentralen Planpositionen, mehr Handlungsspielraum für die Betriebe, Zuwendungen an Betriebe nach Maßgabe ihrer Wirtschaftlichkeit u. a. m.). Die Reform scheiterte, weil sie nicht konsequent auf die Überwindung der strukturellen Fehler des Systems ausgerichtet war. Die Rückkehr zur alten Art und Weise der Zentralverwaltungswirtschaft erfolgte nicht zuletzt deshalb, weil die Sowjetunion ihr Planungsmodell nicht verändern wollte und sie wie auch Mitglieder der DDR-Führung negative Auswirkungen auf das politische System mit dem Machtanspruch der Partei befürchteten.

NÖP: das „Neue Ökonomische System der Planung und Leitung der Volkswirtschaft"

Die **Zentralverwaltungswirtschaft** war die in der Sowjetunion und in den anderen Staaten, die dem RGW angehörten, praktizierte Planwirtschaft. Wesentlichstes Merkmal und zugleich entscheidender Nachteil der Zentralverwaltungswirtschaft gegenüber der Marktwirtschaft waren die Freiheits- und Handlungsbeeinträchtigungen der wirtschaftlich Handelnden, die zu *Objekten* zentraler staatlicher Planung und Führung werden.

Höhepunkt der weitgehend unter politischem Druck erfolgenden Eingliederung der bäuerlichen Einzelbetriebe in „landwirtschaftliche Produktionsgenossenschaften" (LPG) war das Frühjahr 1960. Viele Bauern verließen die DDR. Für die Besitzer vor allem kleiner Höfe brachten die LPGs einige Vorteile. Die Zusammenlegung von Acker-, Weideflächen und Viehbeständen gestattete oft eine rentablere Produktion. Viele Genossenschaftsbauern lernten die Vorteile geregelter Arbeits- und Urlaubszeiten sowie die gemeinsame Bewältigung wirtschaftlicher Risiken schätzen. Andererseits waren die Bevormundung durch die SED und staatliche Stellen, die Experimente in Bezug auf Größe und Produktionsspezialisierung der Genossenschaften sowie die Einengung persönlichen Gewinnstrebens Faktoren, die sich negativ auf deren Leistungsfähigkeit auswirkten.

Gesellschaftspolitische Veränderungen

Bis Ende der 60er-Jahre wurde in der DDR das sowjetische Sozialismusmodell komplex durchgesetzt. Zweifellos vorhandene Unterschiede zwischen der DDR und der UdSSR änderten nichts an der Wesensgleichheit der gesellschaftspolitischen Verhältnisse in beiden Staaten.

Nach dem Scheitern der deutschlandpolitischen Initiativen der Sowjetunion im Frühjahr 1952 (↗ S. 417) beschloss die SED auf ihrer 2. Parteikonferenz im Juli 1952 den Aufbau der Grundlagen des Sozialismus. Damit setzte sie den bereits früher begonnenen gesellschaftlichen und politischen Umgestaltungsprozess in der DDR im Sinne des sowjetischen Sozialismusmodells mit verstärkter Intensität fort. Das bedeutete die endgültige Abkehr von den gesellschaftlichen Verhältnissen in Deutschland und die weitere Angleichung an die Sowjetunion. Damit entstand auch ein neues innenpolitisches Bedingungsgefüge für eine Wiedervereinigung Deutschlands.

Wesentliche Merkmale dieser Entwicklung waren:
– die Vergrößerung des sogenannten sozialistischen Sektors der Volkswirtschaft (weitere Verstaatlichung von Betrieben, Überführung bäuerlicher Einzelwirtschaften und von Handwerksbetrieben in Genossen-

schaften (LPG, PGH), staatlicher und genossenschaftlicher Einzelhandel) bis zur absoluten Vorherrschaft seiner Eigentumsformen;
- immer stärkere Zentralisierung im Staatsaufbau, vor allem durch die als Verwaltungsreform gekennzeichnete Beseitigung der föderalen Struktur der DDR 1952 (Abschaffung der Länder der DDR und der Länderkammer [dem Bundesrat der BRD vergleichbare Institution], Einrichtung von 14 Bezirken und territoriale Neuordnung der Kreise, verhältnismäßig straffe Führung der Bezirke durch die Zentralregierung in Berlin);
- immer stärkere Durchsetzung der „führenden Rolle der Arbeiterklasse und ihrer Partei". Mit der neuen Verfassung der DDR von 1968 wurde die Rolle der Partei staatsrechtlich festgeschrieben, Parteitagsbeschlüsse und Beschlüsse des Politbüros hatten für alle Staatsorgane verbindlichen Charakter;
- programmatische und statuarische Anerkennung der führenden Rolle der SED durch alle Blockparteien und Massenorganisationen;
- keine freien Wahlen, sondern nur die Möglichkeit einer Abstimmung über eine Einheitsliste der Nationalen Front mit vorheriger Festlegung der Fraktionsgrößen in der Volkskammer, wobei die Mehrzahl der Mitglieder der im obersten Parlament vertretenen Massenorganisationen Mitglieder der SED waren;
- weitere Verwandlung der SED in ein handlungsfähiges Instrument des Politbüros durch Parteiüberprüfungen, Verstärkung der Parteikontrollkommissionen und eine straffe organisatorische und ideologische Führung;
- Ausdehnung des Ministeriums für Staatssicherheit weit über das für das Sicherheitsbedürfnis eines Staates normale Maß durch immer mehr Einrichtungen, offizielle und inoffizielle Mitarbeiter (IM) sowie die Übernahme von Aufgaben, die eigentlich in die Kompetenz anderer staatlicher Organe gehörten – Tendenz der Verselbstständigung dieser Behörde.

Die Staatssicherheit besaß 1989 ca. zwischen 80 000 bis 100 000 offizielle und ca. 100 000 inoffizielle Mitarbeiter. Sie erzeugte ein Klima der Angst und des Misstrauens.

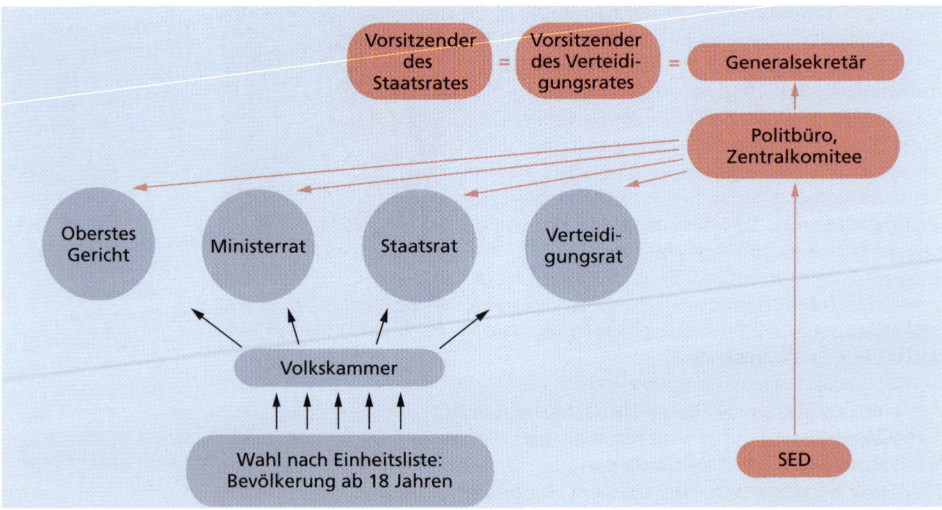

Im Zusammenhang mit dem geplanten Übergang zum beschleunigten Aufbau des Sozialismus in der DDR beschlossen das Politbüro und der Ministerrat der DDR im Mai 1953 einige Maßnahmen, die das Lebensniveau der Bevölkerung z. T. empfindlich verschlechterten: zur Steigerung der Produktion eine 10%ige Erhöhung der Arbeitsnormen ohne Lohnausgleich; zur Entlastung des öffentlichen Haushalts Erhöhung der Preise für einige Lebensmittel, Wegfall verbilligter Fahrkarten, Entziehung der Lebensmittelkarten für Gewerbetreibende, die in den staatlichen Läden (HO) einkaufen sollten, in denen die Preise höher waren als in anderen Geschäften, Verstärkung des politischen Drucks auf Andersdenkende, z. B. die „Junge Gemeinde". Zur Beruhigung der dadurch angespannten Lage verkündete der Ministerrat der DDR auf sowjetischen Druck am 9. Juni einen „Neuen Kurs", der die Rücknahme repressiver politischer Maßnahmen und der Preiserhöhungen sowie eine Verbesserung der Lebenslage vorsah. Die Normerhöhungen wurden jedoch nicht zurückgenommen. Insbesondere Letzteres führte zu Arbeitsniederlegungen und Demonstrationen am **17. Juni 1953.** Dieser landesweite, große **soziale Protest** verband sich stellenweise mit **politischen Forderungen** nach Rücktritt der Regierung und freien Wahlen, die teilweise Aufstandscharakter annahmen. Schließlich konnte nur durch die Verhängung des Belagerungszustandes und das gewaltsame Eingreifen sowjetischer Besatzungstruppen die öffentliche Ordnung wiederhergestellt und das System erhalten werden. Die Anführer des politisch-sozialen Protests wurden streng bestraft. Der „Neue Kurs" wurde fortgeführt, im Lauf der Zeit aber nach und nach abgeschwächt.

In rund 250 Orten legten zwischen 300 000 und 500 000 Beschäftigte die Arbeit nieder und beteiligten sich an Demonstrationen.

Trotz einer vorübergehenden Stabilisierung der DDR, einschließlich einer Verbesserung der Lebenslage der Bevölkerung, setzte sich infolge der Gesamtpolitik der Durchsetzung des sowjetischen Gesellschaftsmodells die Abwanderungsbewegung aus der DDR fort und schwoll im 1. Halbjahr 1961 wieder an. Von 1949 bis 1961 verließen insgesamt 2,7 Millionen DDR-Bürger ihren Staat (↗ S. 420).

Einsatz sowjetischer Panzer während des Belagerungszustandes

Um vor allem die drohende Ausblutung der DDR (aber auch die weitere Ausnutzung der offenen Grenze zwischen den beiden Weltsystemen im Kalten Krieg) zu verhindern, beschlossen, vor allem auf Betreiben der DDR, die Regierungen der Warschauer Vertragsstaaten und im Anschluss daran die Regierung der DDR die **Sperrung der Grenze** zu Berlin (West) und zur Bundesrepublik. Sie erfolgte für die Weltöffentlichkeit überraschend am **13. August 1961.**

Der Mauerbau war ein schmerzlicher Einschnitt in das Leben vieler Bürger der DDR und der BRD, der durch spätere Maßnahmen im Prozess der Normalisierung der Beziehungen zwischen den beiden deutschen Staaten lediglich gemildert werden konnte. Die westlichen Verbündeten der BRD unternahmen im Prinzip außer verbalen Protesten und der Gewährleistung der Freiheit Berlin-Wests nichts gegen den Mauerbau. In der DDR begann nach dem Mauerbau eine Phase der politischen Entspannung und der wirtschaftlichen und sozialen Konsolidierung. Die wichtigsten ihrer sozialen Fortschritte (↗ S. 425) erfolgten nach dem Mauerbau. Viele ihrer Bürger arrangierten sich nunmehr auf unterschiedliche Weise mit dem bestehenden System und gestalteten einfallsreich ihr Leben unter den gegebenen Bedingungen.

Die DDR zahlte an Israel keine Wiedergutmachung, da sie sich nicht als Rechtsnachfolgerin des ohnehin untergegangenen Deutschen Reiches betrachtete.

Internationale Beziehungen der beiden deutschen Staaten und ihr gegenseitiges Verhältnis

Die BRD und die DDR gehörten bis 1973 nicht zur UNO. Während die BRD zu nahezu allen Staaten der Erde diplomatische Beziehungen aufnehmen konnte und Mitglied vieler internationaler Organisationen staatlichen und nichtstaatlichen Charakters war, hatte die DDR diplomatische Beziehungen nur zu den Ländern des Ostblocks und zu wenigen Entwicklungsländern. Sie arbeitete aber in einer ganzen Reihe internationaler Organisationen mit. Beim weiteren Ausbau ihrer Westintegration war die BRD weiterhin besonders um die deutsch-französische Aussöhnung und die Entwicklung der Beziehungen zu Frankreich erfolgreich bemüht. Mit Israel wurden 1952 umfangreiche Wiedergutmachungsleistungen vereinbart; 1965 wurden diplomatische Beziehungen aufgenommen.
Die DDR verfolgte in dieser Zeit die weitere Integration in den Ostblock. Die frostigen Beziehungen zwischen der BRD und der DDR wie auch die zwischen der BRD und den anderen Ostblockstaaten wurden nicht aufgetaut. Die BRD verharrte weiterhin auf dem Alleinvertretungsanspruch und auf dem Anspruch eines Deutschland in den Grenzen von 1937. Die Beibehaltung der Hallstein-Doktrin machte die BRD insofern zum Gefangenen ihrer eigenen Politik, als sie diplomatische Beziehungen zu den Ländern des Ostblocks (außer der Sowjetunion) verhinderte.

Die maßgeblichen Politiker der BRD mussten nach dem Mauerbau erkennen, dass die Welt sich mit der Existenz zweier deutscher Staaten abzufinden begann.

11.2.5 Die Überwindung der deutschen Zweistaatlichkeit

Von der Abgrenzung zum geregelten Miteinander

WILLY BRANDT (1913–1992), deutscher Politiker (SPD), Regierender Bürgermeister von Berlin (West) (1957–1966), Außenminister (1966–1969), Bundeskanzler (1969–1974)
WALTER SCHEEL (geb. 1919), deutscher Politiker (FDP), Bundesminister für wirtschaftliche Zusammenarbeit (1961–1966), Bundesaußenminister und Vizekanzler (1969–1974), Bundespräsident der Bundesrepublik Deutschland (1974–1979)

Die Erstarrung im Verhältnis zwischen der BRD und der DDR löste sich erst mit der Bildung der sozialliberalen Regierung BRANDT/SCHEEL in der BRD 1969 und dem Amtsantritt ERICH HONECKERS 1971 als Generalsekretär der SED und nachfolgend als Staatratsvorsitzender der DDR. An die Stelle der gegenseitigen Ab- und Ausgrenzung trat bis zur Wiedervereinigung fast eine Normalisierung der Beziehungen.
Die sozial-liberale Regierung unter WILLY BRANDT leitete bei großem Widerstand der CDU/CSU einen

grundlegenden Richtungswechsel in der Deutschland- und Ostpolitik der BRD ein. Ziel war sowohl die Verbesserung der Beziehungen zwischen der BRD und der DDR, um den Zusammenhalt der Nation zu wahren, als auch die Normalisierung des Verhältnisses zu den anderen Staaten des Ostblocks. Sie ordnete sich in die gleichzeitig stattfindende internationale Entspannungspolitik ein und wurde ihrerseits eines ihrer wichtigen Bestandteile. Politische Kräfte im Westen gingen davon aus, durch die Kooperation mit den Ländern des Ostblocks dort in einem längeren Zeitraum eine Veränderung in Richtung freiheitlicherer Verhältnisse anstoßen zu können („Wandel durch Annäherung").

Besonders umstritten war in der BRD die Notwendigkeit der Abkehr vom Alleinvertretungsanspruch und die Anerkennung der DDR als Verhandlungspartner.

Stationen zum geregelten Miteinander	
Moskauer Vertrag (12. 08. 1970)	Anerkennung der Unverletzlichkeit aller in Europa bestehenden Grenzen einschließlich der polnischen Westgrenze und der innerdeutschen Grenze durch die BRD, Gewaltverzicht zwischen der BRD und der UdSSR, Einverständnis der Sowjetunion mit dem Abschluss weiterer Verträge der BRD mit anderen Staaten des Ostblocks und mit einer vertraglichen Lösung der Berlin-Frage
Warschauer Vertrag (07. 12. 1970)	Normalisierung der Beziehungen und Anerkennung der Oder-Neiße-Linie als polnischer Westgrenze
Viermächteabkommen über Berlin (03. 09. 1971)	Dieses Abkommen und 1971/1972 in eigener Verantwortung ausgehandelte **deutsch-deutsche Abkommen** regelten den ungehinderten Transitverkehr von und nach Berlin (West) sowie Reisen in die DDR und nach Berlin (Ost) (↗ Abschnitt 11.2.3).
Prager Vertrag (11. 12. 1973)	Normalisierung der Beziehungen und Anerkennung der gemeinsamen Grenzen. Die BRD und die ČSSR einigten sich darauf, das Münchner Abkommen „als nichtig" zu betrachten.
Grundlagenvertrag (21. 12. 1972)	Grundsätzliche Regelung des Verhältnisses zwischen der BRD und der DDR: gegenseitige Anerkennung der Unverletzlichkeit ihrer Grenzen, Beschränkung der Hoheitsgewalt auf das jeweilige Staatsgebiet, Vereinbarung über den Austausch „ständiger Vertreter", Intensivierung des innerdeutschen Handels, Antrag beider Staaten auf Mitgliedschaft in der UNO

Der Grundlagenvertrag bedeutete die Aufgabe des Alleinvertretungsanspruchs der BRD und die Bereitschaft der DDR, mit der BRD geregelte Beziehungen aufzunehmen.

In den folgenden Jahren gab es zwischen der BRD und der DDR eine Reihe von Nachfolgeabkommen, die das geregelte Nebeneinander ausfüllten: Kooperationsabkommen für Wirtschaft, Post, Verkehr, Kultur, Sport u. a. m.

Wichtige Folgen des Grundlagenvertrages:

- Für die **DDR internationale Anerkennung** (bis zum Ende der DDR diplomatische Beziehungen zu mehr als 100 Staaten), hohe D-Mark-Zahlungen und Kredite durch die BRD, aber auch mit Argwohn betrachtete vermehrte Reisen westdeutscher Besucher und westlicher Journalisten in die DDR, verbunden mit einer Durchlöcherung der Ab-

HELMUT KOHL (geb. 1930), sechster Bundeskanzler der Bundesrepublik Deutschland (1982–1998)

Das Verhältnis zwischen BRD und DDR wurde immer wieder belastet durch Zwischenfälle an der Mauer und durch den Zwangsumtausch für Reisen von Berlin-West und von Westdeutschen in die DDR.

schottung der DDR und des Medien- und Propagandamonopols der SED.
- Für die **BRD Möglichkeit einer aktiven Ostpolitik** und Vermehrung des Austauschs privater menschlicher Beziehungen in Deutschland.

Die deutsche Frage war nun kein ernsthaftes Hindernis mehr für die internationale Entspannungspolitik.

In der **Deutschlandpolitik** gab es nach dem Rücktritt WILLY BRANDTS 1974, ausgelöst durch eine von der DDR ausgehende Spionageaffäre, unter seinen Nachfolgern HELMUT SCHMIDT (SPD) und HELMUT KOHL (CDU) keine prinzipiellen Änderungen. Es gab Treffen zwischen SCHMIDT und HONECKER, 1987 einen Staatsbesuch HONECKERS in der BRD. Ferner zahlreiche Besuche von Politikern der BRD bei HONECKER. Beide Staaten erwarben sich nicht unwesentliche Verdienste in der Friedensfrage insbesondere in der Zeit der Abkühlung des Ost-West-Verhältnisses Mitte der 70er-Jahre. **Innenpolitisch** ging es unter HELMUT SCHMIDT vor allem um die konjunkturelle Wiederbelebung der Wirtschaft sowie um die Bekämpfung des Linksterrorismus der RAF, während HELMUT KOHL versuchte, durch eine stärker angebotsorientierte Wirtschaftspolitik die damalige Wirtschaftskrise zu überwinden.

Vom geregelten Nebeneinander zur deutschen Einheit

Unter den Bedingungen einer erneuten internationalen Entspannung seit dem Amtsantritt GORBATSCHOWS als Generalsekretär der KPdSU (1985) führte die friedliche Revolution in der DDR von 1989 zum Zusammenbruch der SED-Herrschaft und ebnete den Weg zur deutsch-deutschen Vereinigung.

ERICH HONECKER (1912–1994), deutscher Politiker (KPD/SED), Erster, später Generalsekretär des ZK der SED (1971–1989) und Vorsitzender des Staatsrates der DDR (1976–1989)

Nach erfolgreichen Jahren einer Konsolidierung in der Anfangszeit der Führung von Partei und Staat durch ERICH HONECKER entwickelte sich in der DDR seit der zweiten Hälfte der 1970er-Jahre eine sich vertiefende, dieses Mal nicht mehr zu beherrschende Krise, die im Endergebnis zu einer friedlichen Revolution und zum Zusammenbruch des Staatssystems und damit seiner gesellschaftspolitischen Ordnung führte.

Wesentliche Ursachen der Krise:
- Überforderung der wirtschaftlichen und finanziellen Möglichkeiten der DDR durch extensiven Ausbau der Sozialleistungen und das Festhalten an volkswirtschaftlich nicht länger vertretbaren Preisen und Tarifen;
- starres Festhalten am System der Zentralverwaltungswirtschaft und ungenügende Ressourcen sowie Flexibilität beim notwendigen Reagieren auf Preisentwicklungen und andere Veränderungen in der Weltwirtschaft;
- negative Auswirkungen der westlichen Embargobestimmungen;
- besonders seit Ende der 70er-Jahre zunehmende Mangelerscheinungen bei der Versorgung der Bevölkerung mit hochwertigen Konsum-

gütern, zeitweilig auch mit besseren Nahrungsmitteln und – trotz der Fortschritte im Wohnungsbauprogramm – mit Wohnungen;
- Nichtgewährung oder Einschränkung grundlegender politischer Menschenrechte, wie sie in der auch von der DDR unterzeichneten Schlussakte der Konferenz von Helsinki 1975 aufgelistet waren;
- Widerspruch der Dialogbereitschaft nach außen und der Beibehaltung politischer Repression nach innen;
- keine Bereitschaft zu Reformen, auch nicht nach dem Machtantritt GORBATSCHOWS in der Sowjetunion, obwohl auch große Teile der SED-Basis den Verhältnissen in der DDR entsprechende Reformen forderten;
- Beibehaltung des Regimes an der Mauer und die für die Masse fehlenden Reisemöglichkeiten für die Überwiegende Mehrheit der Bevölkerung) in den Westen;
- verfehlte Informationspolitik mit ihrer z. T. desinformierenden Darstellung der Wirklichkeit in der DDR und der Entwicklungen in der Welt.

Ausschlaggebend für den offenen Ausbruch der Krise im Herbst 1989 und der als friedliche Revolution in die Geschichte eingegangenen Wende in der DDR waren vor allem: die Öffnung der ungarischen Grenze und der damit verbundene Flüchtlingsstrom aus der DDR; die Wahlfälschungen bei den Kommunalwahlen im Frühjahr 1989; der beim Besuch GORBATSCHOWS zum 40. Jahrestag der DDR offen zutage getretene Widerspruch zwischen ihm und dem harten Kern der DDR-Führung und die Veränderungen in anderen Staaten des Ostblocks, die nach der Ablösung der BRESHNEW-Doktrin begannen, ihre inneren Verhältnisse nach ihrem Ermessen frei zu gestalten.

Die Opposition in der DDR wurde zu einer Massenbewegung, in der innerhalb weniger Wochen die Kräfte, die nicht auf eine demokratische Veränderung der DDR aus waren, sondern auf ihren Beitritt zur Bundesrepublik Deutschland, die Oberhand gewannen. Charakteristisch dafür war der Wandel der Losungen auf den Leipziger Montagsdemonstrationen: Von „Wir bleiben hier!" und „Wir sind das Volk!" zu „Wir sind ein Volk!"

von links: HANS-DIETRICH GENSCHER (Außenminister), MICHAIL GORBATSCHOW (Präsident der Sowjetunion/Generalsekretär der KPdSU) und HELMUT KOHL (Bundeskanzler) auf der Krim

Zehn-Punkte-Plan für die deutsche Einheit: Entwicklung konföderativer Strukturen zwischen der BRD und der DDR mit dem Ziel der Erreichung der deutschen Einheit; Einbettung des Vereinigungsprozesses in die europäischen Sicherheitsstrukturen unter Abstimmung mit den USA, der UdSSR und den Nachbarstaaten Deutschlands; unumkehrbarer Wandel des Systems in der DDR als Bedingung der Realisierung des Plans.

Die Herstellung der deutschen Einheit

Für das Ausland und selbst für die BRD kam die Entwicklung in der DDR überraschend. Bundeskanzler KOHL nutzte die Gunst der Stunde und legte am 28. November 1989 ein **Zehn-Punkte-Programm** für die Gewinnung der deutschen Einheit vor. Mit diesem Plan setzte **KOHL** die Deutschlandfrage auf die Tagesordnung der internationalen Politik und der Bevölkerung in beiden Teilen Deutschlands. Er war für die Wiedervereinigung und stellte einen möglichen Weg dahin vor. Angesichts des sich abzeichnenden Zerfalls des Ostblocks und der Unwägbarkeiten in der Deutschlandpolitik der UdSSR stellte seinerseits der neue Ministerpräsident der DDR, HANS MODROW, seine Variante der Einheit unter der Überschrift „Deutschland einig Vaterland" vor.

In der DDR entstand im Ergebnis der ersten freien Wahlen zur Volkskammer eine pluralistische Parteienlandschaft, die sich schnell an das Parteienspektrum der BRD anpasste.

Ergebnis der Volkskammerwahlen am 18. März 1990:

- **Allianz für Deutschland: 47,8 %**
  (Wahlbündnis, das für die sofortige Einführung der sozialen Marktwirtschaft und die schnelle Wiedervereinigung eintrat, bestehend aus der CDU, der DSU [Deutsche Soziale Union – Neugründung], dem Demokratischen Aufbruch [ebenfalls Neugründung])
- **SPD: 21,8 %** (Sie hatte Bedenken gegen eine zu schnelle Vereinigung.)
- **PDS: 16,3 %** (Nachfolgepartei der SED)
- **Bündnis 90: nur 2,9 %** (Zusammenschluss von Bürgerbewegungen, welche die Wende vor allem angestoßen und die Hauptlast der Opposition gegen die SED getragen hatten)

LOTHAR DE MAIZIÈRE (geb. 1940) letzter Ministerpräsident der DDR von März 1990 bis 3. Oktober 1990

Die ersten freien Volkskammerwahlen ergaben die Chance für einen schnellen Beitritt der DDR in die BRD.

Ministerpräsident der aus den Wahlen hervorgegangenen Regierung einer großen Koalition (Allianz für Deutschland; SPD und liberale Parteien) wurde LOTHAR DE MAIZIÈRE (CDU), der die schnelle Vereinigung Deutschlands und die Schaffung der rechtlichen Voraussetzungen für die Einführung der Marktwirtschaft zu Zielen seiner Regierung machte.

Entscheidende Wegmarken auf dem nunmehr unwiderruflichen Weg zur deutschen Einheit waren:

- das Treuhandgesetz der Volkskammer mit der Errichtung der Treuhandanstalt und ihrer Aufgabenstellung der Privatisierung der ostdeutschen Wirtschaft;
- der Beschluss der Volkskammer über die Wiederherstellung der 1952 aufgelösten ostdeutschen Länder (Mecklenburg-Vorpommern, Brandenburg, Sachsen-Anhalt, Sachsen und Thüringen);
- der Staatsvertrag zur Wirtschafts-, Währungs- und Sozialunion zwischen der BRD und der DDR, der am 1. Juli 1990 in Kraft trat (Übertragung des Wirtschafts-, Währungs- und Sozialsystems der BRD auf die DDR und Einführung der D-Mark als Währung in der DDR – Umtausch der Löhne, Gehälter, Renten und kleineren Sparguthaben im Verhältnis 1:1, größere Sparguthaben, Lebensversicherungen und Kredite 2:1);
- die Ratifizierung des Einigungsvertrages durch Bundestag und Volkskammer am 20. September 1990 und Vollzug des Beitritts der DDR zur BRD gemäß diesem Vertrag am 3. Oktober 1990.

Unterzeichnung des Staatsvertrages am 18. Mai 1990 durch THEO WAIGEL für die BRD und WALTER ROMBERG für die DDR

Über die Frage, ob sich die Einheit über den Beitritt der DDR zur BRD nach Artikel 23 des Grundgesetzes oder ihr **Zusammenschluss nach Artikel 146** vollziehen sollte, gab es in der Volkskammer und auch in der Öffentlichkeit der DDR lebhafte Diskussionen. Der Beitritt der DDR zur BRD bedeutete: keine Veränderung der Ordnung der BRD, stattdessen mit wenigen Ausnahmen Übernahme des rechtlichen und politischen Systems der BRD durch die ostdeutschen Länder; keine neue Verfassung Gesamtdeutschlands durch eine freie Entscheidung aller seiner Bürger wie es Artikel 146 des Grundgesetzes vorsieht, sondern Ausdehnung des Grundgesetzes auf die neuen, beigetretenen Länder (Artikel 23). (Die Diskussion über eine neue Verfassung der DDR und über die Notwendigkeit einer neuen deutschen Verfassung war von einer Mehrheit von Abgeordneten der Volkskammer bereits im Vorfeld der Verhandlungen über die Einheit abgelehnt worden.)
Nach anfänglichem Widerstand besonders durch die UdSSR, aber auch durch Großbritannien und Frankreich, doch bei Unterstützung durch die USA von Anfang an, erklärten sich die Siegermächte des Zweiten Weltkrieges, die Mitspracherechte in gesamtdeutschen Fragen hatten, schließlich mit der deutschen Vereinigung einverstanden. Von besonderer Bedeutung dabei war die prinzipielle Anerkennung des Rechts der Deutschen auf Vereinigung durch GORBATSCHOW und das Einverständnis der UdSSR zur Eingliederung des vereinigten Deutschlands in die NATO.

Der Zwei-plus-Vier-Vertrag vom 12. September 1990 zwischen beiden deutschen Staaten und den Siegermächten beendete deren Rechte hinsichtlich der deutschen Frage und schuf die formalen Voraussetzungen für die staatliche Vereinigung der Deutschen.

5. Mai 1955: Abschluss der Pariser Verträge; Aufnahme der BRD in die NATO
14. Mai 1955: Abschluss des Warschauer Vertrages

11.3 Die Welt nach der Auflösung der Blöcke

11.3.1 Die Veränderung ökonomischer und politischer Verhältnisse

Als Beginn der **Entspannung** gelten die Jahre nach der Kuba-Krise 1962. Seit 1953 gab es immer wieder Ansätze zur einvernehmlichen Regelung von Konflikten. Gleichzeitig sicherten beide Lager ihre Machtbereiche. Die Stabilität innerhalb der Blöcke galt in Ost und West als Vorbedingung für eine Entspannung zwischen den Blöcken.
Nach 1962 traten die beiden Supermächte und Systeme (NATO und Warschauer Pakt) in Abrüstungsverhandlungen ein und leiteten bei Aufrechterhaltung des ideologischen Gegensatzes über zur Entspannungspolitik der 1970er-Jahre. In den folgenden Jahrzehnten entstand ein Wechselspiel zwischen Verständigungs- und Entspannungsmaßnahmen, Rüstungskontrolle einerseits und andererseits einer Anhäufung von Massenvernichtungswaffen, insbesondere Atom- und Wasserstoffbomben und deren Trägern, zur „gegenseitigen Abschreckung".

„Entspannungspolitik": eine Politik, die auf den Abbau von politischen und militärischen Spannungen zwischen Staaten und Machtblöcken abzielt

Eine gezielte **Entspannungspolitik** begann Ende der 1960er-Jahre. Die Mächte waren bemüht, durch
- Verbesserung der politischen Atmosphäre im Ost-West-Verhältnis,
- Abrüstungsvereinbarungen und größere Transparenz der Rüstung,
- verstärkte Zusammenarbeit in den Bereichen der Wirtschaft, Wissenschaft und Kultur,
- Erleichterungen im humanitären Bereich, mehr Freizügigkeit für Menschen, für Informationen und Meinungen

zur Entschärfung der gespannten internationalen Beziehungen beizutragen.

Als erste weitreichende internationale Vereinbarung wurde im Juni 1968 der **Atomwaffensperrvertrag** von der UNO-Generalversammlung verabschiedet. Ausgearbeitet von den Atommächten USA, UdSSR und Großbritannien und von 40 weiteren Staaten unterzeichnet, trat er am 5. März 1970 in Kraft und wurde 1995 von 178 Staaten unbefristet verlängert. Er verpflichtete die offiziellen Besitzer von Kernwaffen (zusätzlich Frankreich und China), diese gegen Unterzeichner nicht anzuwenden und nicht weiterzugeben. Nichtbesitzer von Kernwaffen verpflichteten sich, keine Kernwaffen herzustellen oder zu erlangen. Kontrollorgan war die Internationale Atomenergie-Organisation.

SALT = Strategic Arms Limitation Talks (Gespräch über die Begrenzung strategischer Waffen)

ABM-Vertrag = Anti Ballistic Missile Treaty

Ergebnisse der Abrüstungsgespräche	
1972	Abkommen zwischen USA und UdSSR über die Begrenzung strategischer Waffensysteme – SALT-I, ABM-Vertrag (Rüstungsbeschränkungen für 5 Jahre)
1979	Unterzeichnung des SALT-II-Abkommens zwischen USA und UdSSR (nicht ratifiziert wegen des Einmarsches sowjetischer Truppen in Afghanistan)

1987	USA und Sowjetunion schließen einen Vertrag über den vollständigen Abbau von Kernwaffen mittlerer Reichweite (500–5 500 km).
1991	Nach Gesprächen über die Verringerung strategischer Waffen (START) mit einer Reichweite über 5 500 km vereinbarten beide Mächte im START-I-Vertrag die Verminderung ihrer strategischen Kernwaffenpotenziale.
1993	Abschluss des amerikanisch-russischen START-II-Vertrages, der eine entscheidende Verringerung der Anzahl der nuklearstrategischen Waffen vorsieht
1992	Weltweites Verbot von Chemiewaffen
2002	Amerikanisch-russischer Vertrag über weitere Reduktion der nuklearen Sprengköpfe auf jeweils 2 200

Die ungeklärte Situation in Deutschland, die sich auch auf die Beziehungen zur Sowjetunion, zu Polen und der Tschechoslowakei auswirkte, hatte sich als Hindernis im Entspannungsprozess erwiesen.

Einen wesentlichen Beitrag zur internationalen Entspannung leistete die **neue Ostpolitik** der Bundesrepublik Deutschland.
Nach der Bundestagswahl 1969 entstand unter Bundeskanzler **WILLY BRANDT** eine sozial-liberale Koalitionsregierung (aus SPD und FDP), welche die Ansätze früherer Regierungen zu geregelten Beziehungen mit den Staaten des Ostblocks entschlossen fortsetzte. Die sozialliberale Koalition anerkannte den **Status quo** in Europa.

„Status quo" heißt „gegenwärtiger Zustand", das bedeutet: Verhältnisse so anzunehmen, wie sie sind.

Schwerpunkte der neuen Ostpolitik waren die Beziehungen zur Sowjetunion, zur DDR, zu Polen und der Tschechoslowakei. Neben der Verbesserung der politischen und der Wirtschaftsbeziehungen waren vor allem viele praktische Probleme der Menschen zu klären. Kern der Sache waren der Gewaltverzicht in den Beziehungen zueinander und die Anerkennung der bestehenden Grenzen in Europa, auch der polnischen Westgrenze an Oder und Neiße.
Im Ergebnis der Verhandlungen wurden diverse Verträge abgeschlossen (↗ S. 431). Politisch verknüpft war mit den Verhandlungen das Viermächteabkommen über Berlin, das am 3. September 1971 durch die vier Siegermächte des Zweiten Weltkrieges unterzeichnet und mit dem der politische Status Berlins (West) und der ungehinderte Verkehr auf den Transitstrecken gesichert wurde.

Der KSZE-Prozess stellte einen großen Erfolg der Entspannungsbemühungen in den 1970er-Jahren dar.
Die **Konferenz über Sicherheit und Zusammenarbeit in Europa** begann 1973 mit einer Reihe internationaler Tagungen und Verhandlungen. Sie endete am 1. August 1975 mit

Unterzeichner waren 33 europäische Staaten, die USA und Kanada.
Es trafen sich Mitglieder der NATO, des Warschauer Paktes und neutrale Staaten.

der Unterzeichnung der **Schlussakte von Helsinki.** Das Ziel der Verhandlungen bestand darin, die Sicherheit und Zusammenarbeit in Europa zu verbessern, indem das festgeschrieben wurde, was praktisch möglich war. Es gelang, zwischen eigentlich unvereinbaren politischen Ansichten und Interessen einen Ausgleich zu finden. Die vorher bereits geschlossenen Abkommen erleichterten dies.

In der Schlussakte wurden die Nachkriegsgrenzen bestätigt, die Achtung der Menschenrechte deklariert und die Bereitschaft ausgedrückt, eine blockübergreifende wissenschaftliche, kulturelle, wirtschaftliche und technische Zusammenarbeit voranzubringen.

Aus der weltpolitischen Konstellation ergab sich, dass die Unterzeichner der Schlussakte die **unterschiedlichen Aspekte** dieser Erklärung ihrer weiteren Politik zugrunde legten:

- Die USA, unter Präsident CARTER, stellten die Menschenrechte in den Vordergrund.
- Die Sowjetunion war zufrieden mit der Anerkennung der Nachkriegsverhältnisse und somit der Einflussbereiche in Europa.

HELMUT SCHMIDT (geb. 1918) Bundeskanzler von 1974 bis 1982

Abgesehen davon setzten beide Blöcke die Aufrüstung fort. Die Widersprüche zwischen den Weltmächten blieben erhalten. Das Kriegsrisiko wurde durch Verträge gesenkt. Das Wettrüsten wurde dadurch jedoch nicht verhindert.

In den 1970er-Jahren verbesserte die Sowjetunion ihre militärische Position, indem sie

- eine neue Generation von Interkontinentalraketen schuf,
- weitere 49 Atom-U-Boote in Dienst stellte,
- mit der Aufstellung von SS-20-Mittelstreckenraketen und
- dem Aufbau von sechs Hochseeflotten begann.

Die Steigerung des sowjetischen Nuklearpotenzials (SS-20-Raketen) führte im Bereich der NATO zu Nachrüstungsbeschlüssen, die mit Vorschlägen zur Abrüstung verbunden wurden. In den USA wurde der Verteidigungshaushalt erhöht. Das Drängen ihrer europäischen Verbündeten, namentlich von Bundeskanzler HELMUT SCHMIDT, nach westlicher Nachrüstung, führte zum **„NATO-Doppelbeschluss" vom 12.12.1979.**

Sein Inhalt: Um der anwachsenden Überlegenheit des Warschauer Paktes im Bereich der nuklearen Mittelstreckenraketen - hervorgerufen v. a. durch die Stationierung der SS-20-Raketen ab Mitte der 1970er-Jahre - eine glaubhafte Abschreckungs- und Verteidigungsfähigkeit zu erhalten, fasste die NATO 1979 den NATO-Doppelbeschluss, der die Aufstellung neuer bodengestützter nuklearer Mittelstreckenwaffen (Pershing-II-Raketen und Cruise Missiles) bei einem gleichzeitigen Angebot an die UdSSR zu Abrüstungsverhandlungen vorsah.

Schon die beabsichtigte Stationierung von amerikanischen Pershing-II-Raketen in der Bundesrepublik Deutschland (wie hier in Mutlangen bei Schwäbisch-Gmünd) führte zu einem Erstarken der Friedensbewegung, die vielfältige Formen des Protestes einsetzte.

1987 war schließlich ein Zustand erreicht, in dem in der Welt 930 Milliarden Dollar für die Rüstung ausgegeben wurden. Das waren 1,8 Millionen Dollar pro Minute. Ein einziges amerikanisches „Trident"-U-Boot, bestückt mit 24 Nuklearraketen, besaß das Achtfache der Zerstörungskraft aller im Zweiten Weltkrieg eingesetzten Bomben und Granaten.

Der Krieg in Afghanistan (1979/80–1989)

Der Krieg in Afghanistan war gleichzeitig ein Bürgerkrieg und – durch das Eingreifen sowjetischer Truppen in innere Unruhen – eine internationale Angelegenheit.
Seit den 50er-Jahren des 20. Jh. zählte Afghanistan zu den blockfreien Staaten. Innenpolitisch war es geprägt durch einen starken Einfluss der Mullahs (islamische Geistliche) und der Stammesführer.
Die UdSSR leistete als Nachbarland Entwicklungshilfe und bildete Offiziere aus (Vertrag über Beistand und Militärhilfe 1955). Aus deren Reihen wurde die Monarchie gestürzt (1973) und 1978 ein sogenanntes Zwischenregime errichtet. Diese Kräfte, die sich als Sozialisten verstanden, wollten das Land modernisieren. Gegen Reformen in dem streng muslimischen Land entstand eine Widerstandsbewegung, mit der die Zentralregierung in Kabul nicht fertig wurde. Der damalige Regierungschef rief im Dezember 1979 sowjetische Truppen zu Hilfe.
Der Einmarsch 1979/80 verschärfte den inneren Widerstand: mit amerikanischen Waffen ausgerüstete Freiheitskämpfer **(Mudschaheddin)** begannen den „heiligen Krieg" Djihad. Fünf Millionen Menschen flüchteten nach Pakistan und Iran.

US-Präsident CARTER: ... „die schwerste Bedrohung des Friedens seit 1945".

Als Staat hatte Afghanistan sich erst im 19. Jh. national konstituiert. Es verteidigte seine Unabhängigkeit und Neutralität.

Der sowjetische Einmarsch in Afghanistan am 27. Dezember 1979 bedrohte die Politik der friedlichen Koexistenz und der Entspannung. Er galt als Versuch, die internationalen Einfluss-Sphären zu verschieben. Dieser Krieg war ein Rückschlag im Entspannungsprozess und ein Beweis dafür, dass in Zeiten der Entspannung die internationale Konfrontation fortbestand.

Sowjetischer Einmarsch in Kabul

Sofort wurden internationale Sanktionen gegen die Sowjetunion eingeleitet: amerikanisches Exportverbot für Weizen und Produkte der Hochtechnologie, Boykott der Olympischen Sommerspiele in Moskau usw. Es war abzusehen, dass neben dem **internationalen Vertrauensschwund** eine Krise in der Sowjetunion selbst und in der Sozialistischen Staatengemeinschaft heranreifte. Die UdSSR beendete ihre erfolglose Militäraktion 1988/89. Demoralisiert zogen die sowjetischen Truppen ab. Die Kämpfe zwischen den afghanischen Regierungstruppen und den Mudschaheddin setzten sich bis zum Sturz der Regierung 1992 fort. Auch danach dauerten Chaos und Bürgerkrieg an. 1995 übernahmen die **Taliban** (Koranschüler, islamische Fundamentalisten) die Kontrolle über die Hauptstadt Kabul und etwa ein Drittel des Landes.
Die Sowjetunion erlebte in Afghanistan ein militärisches und politisches Debakel, das neben der Verschärfung der Ost-West-Konfrontation auch zu wirtschaftlichen und sozialen Problemen in der UdSSR führte.

Die mit den sowjetischen Abrüstungsinitiativen verbundene Reformpolitik scheiterte jedoch im Sinne einer Erneuerung der sowjetischen Gesellschaft und löste stattdessen den Zerfall des Ostblocks und der UdSSR aus.

Eine Rückkehr zu Entspannung und realer Abrüstung war dringend geboten. Die Abrüstungsvorschläge des sowjetischen Generalsekretärs MICHAIL GORBATSCHOW förderten seit Mitte der 80er-Jahre eine allseitige Verhandlungsbereitschaft und führten zu einer spürbaren Verminderung des beiderseitigen Nuklearpotenzials.

11.3.2 Der Zerfall des Ostblocks und die Folgen

1989 brach der Ostblock zusammen. Das Ende des Staatssozialismus erfolgte unverhofft und weitgehend gewaltfrei.

Auf Kuba, in China und auch in Vietnam und Nordkorea wird der Versuch einer sozialistischen Gesellschaft bis in die Gegenwart aufrechterhalten.

Politische Ursache für den Zusammenbruch war der Mangel an Demokratie und politischer Freiheit. Das Herrschaftssystem war nicht durch freie Wahlen legitimiert. Die Sowjetunion galt als „Grundmodell" der politischen Machtausübung und staatlichen Verwaltung.

Wirtschaftliche Hauptursache war das Scheitern der sozialistischen Planwirtschaft. Sie war eine Zentralverwaltungswirtschaft und hemmte letztendlich die Entwicklung der Produktivkräfte.
Reformversuche in den verschiedenen Ländern wurden eingestellt oder vereitelt, weil sie das System gefährdeten. Das Wettrüsten zwischen NATO und Warschauer Pakt mit modernen Technologien wirkte sich ruinös auf die Volkswirtschaften aus.

Mit dem Abzug der erfolglosen sowjetischen Truppen wurde das Scheitern der sozialistischen Militärmacht weltöffentlich.

Als **militärische Ursache** erwies sich der sowjetische Misserfolg in Afghanistan. Beide Blöcke hatten ihre direkten militärischen Aktionen auf „Nebenkriegsschauplätze" verlagert.

MICHAIL SERGEJEWITSCH GORBATSCHOW (geb. 1931); sowjetischer Politiker, Generalsekretär der KPdSU 1985–1991, Staatspräsident der UdSSR 1990–1991

Als Sprengstoff erwiesen sich die **nationalen Widersprüche** innerhalb der Staaten (Sowjetunion, Jugoslawien). Ihr Ursprung liegt in der Vergangenheit. Während der sozialistischen Ära waren keine Lösungen für sie gefunden worden. Beim Zusammenbruch der Staaten war die Folge eine Entsolidarisierung der Völker bis hin zum Bürgerkrieg.

Zu den **internationalen Ursachen** zählte offensichtlich der **Wandel durch Annäherung.** Der von den sozialistischen Staaten selbst vorangetriebene Prozess der Sicherheit und Zusammenarbeit in Europa (KSZE) wirkte destabilisierend auf sie zurück.

In den 1980er-Jahren zeigte sich zunehmend eine Führungsschwäche an der Spitze der Staaten und der regierenden Parteien. Ein rascher Verschleiß an Führungspersonal sowie ein Mangel an Konzeptionen paralysierten die sowjetische Gesellschaft. Der 1985 ins Amt gelangte Generalsekretär des ZK der KPdSU, MICHAIL SERGEJEWITSCH **GORBATSCHOW,** trat an mit dem Versuch einer Umgestaltung der Gesellschaft: „Perestroika".

Tatsächlich beschleunigte dieser den Zusammenbruch des gesellschaftlichen und wirtschaftlichen Systems der Sowjetunion und des Staates, der von diesem System getragen worden war. Unter dem zunehmend stärker werdenden öffentlichen Druck gab in den osteuropäischen Ländern eine Partei- und Staatsführung nach der anderen zuerst den Führungsanspruch und schließlich die Macht auf. Die Beziehungen zwischen den Mitgliedern des Warschauer Paktes und des Rates für gegenseitige Wirtschaftshilfe zerbrachen, ihre internationalen Organisationen lösten sich auf. Der Ost-West-Konflikt schien somit beendet.

Die Folgen des Zerfalls des sozialistischen Staatensystems

Mit der Auflösung des Warschauer Paktes und dem Zerfall der Sowjetunion in Einzelstaaten war zunächst das internationale Gleichgewicht gestört worden. In der bis dahin bipolaren Welt hatten die USA und die UdSSR ihre Vorherrschaft **gegeneinander** behauptet. Nunmehr waren die Beziehungen der Staaten zueinander neu zu regeln und die Positionen der zwischenstaatlichen Organisationen neu zu ordnen. Für Europa stellte sich das Ziel, Sicherheit nunmehr miteinander zu erreichen statt gegeneinander.
Die Gefahr, dass das östliche **Mitteleuropa instabil** werden würde, war erkennbar.

Es waren Arbeiter- und Volksbewegungen, die zum Zerfall der Machtstrukturen in den Ländern des Ostblocks beitrugen.

- Die **wirtschaftliche Schwäche**
  Die zentral verwaltete Planwirtschaft war zur **Marktwirtschaft** zu transformieren. Außenhandelspartnerschaften und Wirtschaftsbeziehungen zwischen den vormaligen RGW-Ländern und zwischen den Unionsrepubliken der Sowjetunion waren zerbrochen. Durch die harte Konfrontation mit den internationalen Märkten traten technologische Rückständigkeit und ökologische „Sünden" zu Tage. Die Entwicklung der Infrastruktur krankte am Kapitalmangel.
  Die Bevölkerung litt unter den sozialen Folgen des wirtschaftlichen Umbruchs wie Arbeitslosigkeit, Zusammenbruch der Sozialsysteme usw.

Am Ende der Blockkonfrontation entstand keine „heile Welt". Die Ursachen für Kriege und Verelendung bestehen fort.

- Die **politische Schwäche**
  Der Übergang zur **parlamentarischen Demokratie** war zu vollziehen. Die früheren Bürgerrechtler fanden in der Regel nicht den erhofften Zuspruch. Die politischen Optionen der Bevölkerung reichten von konservativen (sogar monarchistischen) bis zu extrem linken Positionen. Zudem änderten sie sich rasch. Es gab zunächst kaum Verständnis für die Beziehungen zwischen Regierung und Opposition und keine Erfahrungen, politische Konflikte mit friedlichen Mitteln auf rechtsstaatlichem Wege auszutragen.

- **Ethnische Gegensätze**
  Unter der zentralistischen Staatsmacht waren Widersprüche zwischen den Nationen und Völkerschaften teils verdrängt, teils massiv unterdrückt worden. Sie bestanden fort und drängten sofort an die Oberfläche, als der äußere Druck schwand. Das zeigte sich im Kaukasus, auf dem Balkan und in anderen Regionen.

Kriterien für eine Mitgliedschaft in der EU (1993): „Als Voraussetzung für die Mitgliedschaft muß der Beitrittskandidat eine institutionelle Stabilität als Garantie für demokratische und rechtsstaatliche Ordnung, für die Wahrung der Menschenrechte sowie die Achtung und den Schutz von Minderheiten verwirklicht haben; sie erfordert ferner eine funktionsfähige Marktwirtschaft sowie die Fähigkeit, dem Wettbewerbsdruck und den Marktkräften innerhalb der Union standzuhalten. Die Mitgliedschaft setzt ferner voraus, dass die einzelnen Beitrittskandidaten die aus einer Mitgliedschaft erwachsenden Verpflichtungen übernehmen und sich auch die Ziele der Politischen Union sowie der Wirtschafts- und Währungsunion zu eigen machen können." (EU-Journal Nr.1/Juli 1994)

Lösungen für die aufgetretenen Defizite wurden gesucht mit der Einbindung der Länder des östlichen Mitteleuropa in bestehende **Bündnissysteme.** Als erste von ihnen wurden Polen, Tschechien und Ungarn 1999 Mitglieder der NATO. Die Liste der Anwärter auf eine Mitgliedschaft in der Europäischen Union ist lang.

Perspektiven der europäischen Integration

Mit dem Beginn der 90er-Jahre begann in Europa ein Prozess des historischen Umbruchs. Seine Merkmale sind die Auflösung der früheren Sowjetunion, die Wiedervereinigung Deutschlands, der Zerfall Jugoslawiens und die Anerkennung der neuen Republiken im östlichen Mitteleuropa und auf dem Territorium der ehemaligen UdSSR. Die Entwicklung und Gestaltung Europas und seiner Institutionen musste diesem Prozess Rechnung tragen. Von der bestehenden Europäischen Gemeinschaft war die Vertiefung der Integration nach innen und die Stärkung der Handlungsfähigkeit nach außen gefordert. Am 7. Februar 1992 wurde mit den Unterschriften der Vertreter von **12 europäischen Staaten unter den Vertrag von Maastricht die Europäische Union (EU)** gegründet.

Mitte der 1990er-Jahre war die EU zum größten geschlossenen Handelsblock geworden, dem inzwischen 25 europäische Staaten angehören. Mit dem **Schengener Abkommen** 1995 wurden die Grenzen für den Personen- und Güterverkehr zwischen den Mitgliedstaaten geöffnet.

Die „vier Freiheiten" des EG-Binnenmarktes

Freier Personenverkehr	Freier Dienstleistungsverkehr
• Wegfall von Grenzkontrollen • Harmonisierung der Einreise-, Asyl-, Waffen-, Drogengesetze • Niederlassungs- und Beschäftigungsfreiheit für EU-Bürger • verstärkte Außenkontrollen	• Liberalisierung der Finanzdienste • Harmonisierung der Banken- und Versicherungsaufsicht • Öffnung der Transport- und Telekommunikationsmärkte
Freier Warenverkehr	**Freier Kapitalverkehr**
• Wegfall von Grenzkontrollen • Harmonisierung oder gegenseitige Anerkennung von Normen und Vorschriften • Steuerharmonisierung	• Größere Freizügigkeit für Geld- und Kapitalbewegungen • Schritte zu einem gemeinsamen Markt für Finanzleistungen • Liberalisierung des Wertpapierverkehrs

Entsprechend der Wirtschafts- und Währungsunion von 1991 wurde eine gemeinsame Währung geschaffen und 2002 der **EURO** als Bargeld in 12 EU-Ländern eingeführt. Eine politische Union ist ins Auge gefasst. Neben den Gemeinsamkeiten mehren sich jedoch auch Besorgnisse darüber, dass mit der politischen Ausgestaltung der Union zu viel nationale Souveränität an die Kommission in Brüssel abgegeben werden soll.

ANHANG A

Register

12 Artikel 244
2. Parteikonferenz 427
3. Stand 297
6. deutsche Armee 382
95 Thesen 237

A
Abbasiden 154, 155
ABBU L-ABBAS 154
Abendland, christliches 215
Aberville 32
Ablass 235, 236
ABM-Vertrag 436
ABRAHAM 71
Abrüstungsgespräche 436
Abschaffung des Zunftzwanges 306
Absolutismus 271, 275, 277, 279, 299
– aufgeklärter 275
ABU BEKR 153
ABUBAKARI II. 217
Abwanderungsbewegung 429
Abwassersysteme 93
Achsenmächte 382
Achtstundentag 352
Ackerbau 34
Ackerbau und Viehzucht 34, 85, 92
Ackerbaukultur 36
Ackergesetze 123
Adelsherrschaft 44
ADENAUER, KONRAD 416
Afghanistan-Krieg 439
Afrika 214, 215, 337, 396, 397
– Ostküste 218
– Westküste 215
Afrikaroute 221
Afrika-Umseglung 215
Agadir 343
Agrarreform 336
Ägypten 57, 59, 60, 67, 111
Ägyptisch-Israelischer Friedensvertrag 399
Ahlener Programm 410
Ahnenkult 37
AISCHYLOS 110
Akademie 270
Akkad 50
Akropolis 98, 109
Aksum 219
aktive Projektforschung 19
ALARICH 142
Alaska 231
Albuquerque 220
Alderleute 201
Alemannen 144
ALEXANDER DER GROSSE 87, 110 ff., 121
ALEXANDER I. 305
ALEXANDER II. 335
ALEXANDER III. 185, 335
ALEXANDER VI. 221
Alexandria 111
ALFONS VON KASTILIEN 197
ALFONSO I. 219
Algerien 396
ALI 154
Aljubarrota 220
ALKUIN 165
Alleinvertretungsanspruch 416, 430
ALLENDE, SALVADOR 400
allgemeine Schulpflicht 274
Allgemeiner Deutscher Arbeiterverein 324, 330
Alliierter Kontrollrat 406
Allmende 243
Allod 158
Alltagsbewusstsein 422
Alltagsleben 363, 370
Altes Testament 15
Alt-Simbabwe 219
Altsteinzeit 30, 31, 33, 92
AMENOPHIS IV. 65
Amerika 213, 223
– lateinisches 232
– spanisches 232
amerikanisch-britischer Vertrag 413
Amtssprache 112
Analyse 19
– von Bildern 19
– von Fotos 19
– von Texten 20
Anatolien 41
Andersdenkende 429
Angeln 145
Annalen 16
– erzählende Quellen 16
Annexion 344
ANNO VON KÖLN 199
Anpassungspolitik 379
Antihitlerkoalition 380, 382, 386
Antike 140, 210
– klassische 110
Antikominternpakt 373
Antikriegsaktionen 348
Antikriegskundgebung 348
Antisemitismus 366
ANTONIUS, MARCUS 126
Apostel 137
Appeasement-Politik 379
Aquädukt 132
Äquator 216
Arabische Liga 398
ARAFAT, JASIR 398
Arbeiter- und Soldatenräte 352
Arbeiteraufstand 359
Arbeiterbewegung 330, 340
Arbeiterrat 349
Arbeits- und Kündigungsschutzgesetz 362
Arbeitsämter 362
Arbeitsgerichte 362
Arbeitskräftemangel 425
Arbeitslosenversicherung 362
Arbeitslosigkeit 362, 365, 366
Arbeitsniederlegungen 429
Arbeitsnormen 429
Arbeitsorganisation 336
Arbeitsteilung 36, 41
ARCHIMEDES 114
Architektur 109, 364
Archont 98, 107
Areopag 98, 107
Arianismus 142
ARISTARCH 114
Aristokratie 98
ARISTOPHANES 110
ARISTOTELES 109, 156
Arktis 227
Arktisflug 364
Armer Konrad 244
ARNULF VON KÄRNTEN 167
ARP, HANS 363
ASHOKA 87, 88

Asien 212, 213, 214
Assur 51, 52, 74
Assyrien 51
Astrolabium 213
ATAHUALPA 226, 227
Athen 98, 99, 105 f.
Athene 98
Äthiopien 219
Atman 87
Atomwaffen 383
Atomwaffenmonopol 387
Atomwaffensperrvertrag 436
Atomzeitalter 383
Attentat 377, 383, 384
ATTILA 140
Aufbau des Sozialismus 429
Aufklärer 269
Aufklärung 268, 312
Aufrüstung 378
Aufstand 105
Augenzeuge 23
Augsburger Bekenntnis 240
– Confessio Augustana 240, 248
Augsburger Interim 249
Augsburger Religionsfriede 249, 251, 262
AUGUST DER STARKE 281
Augustbeschlüsse 297, 298
AUGUSTUS 127 f., 131
Ausbeutung
– koloniale 217
Ausgangssperre 375
Ausgrabungsfunde 43, 92
Außenpolitik 360
– nationalsozialistische 378
Außerparlamentarische Opposition (APO) 424
Australien 231
Australopithecus 28
AVERROES 156
Azoren 216
Azteken 226

B

Babenberger 185
Babylon 46, 52, 53, 55, 56, 74
BACON, FRANCIS 268
BADEN, MAX VON 349
BALBOA, VASCO NÚÑEZ DE 223
Balkan 345, 353
Bangladesh 395
Bankwesen 269
Bann 180
BARENTS, WILLEM 227
BARLACH, ERNST 363
Barock 283
BARRETO, FRANCISCO 219
Barrikadenkampf 318, 319
Bartholomäusnacht 252, 255
Bassinbewässerung 59
Bastille 294, 297
BÄSTLEIN, BERNHARD 383
BATISTA Y ZALDÍVAR, FULGENCIO 400
Bauernbefreiung 305
Bauernbewegung 246
Bauernkrieg 242, 244
– deutscher 243
Bauernrepublik 245
Bauhaus 364
Baukunst 110
Bauwerke 18
Beamtenadel 150
Beamter 128
BEBEL, AUGUST 325
BECK, LUDWIG 384
BECKMANN, MAX 363
Befreiung 384
Befreiungsfront, südvietnamesische (FNL) 404
Befreiungskrieg 305
Belgien 360
BELISAR 144
BENEDIKT VON NURSIA 182
Benediktinerorden 182
Bergpredigt 246
Bergwerke 44
Berichte 17
BERING, VITUS JONASSEN 230, 231
Beringmeer 230
Beringstraße 231
Berlin 418
Berlin-Blockade 419
Berliner Luftbrücke 414
Berliner Mauer 420
Berliner Musikbühnen 363
Berlin-Krise 419
Berlin-West 419
Berufseid 109
Berufsheer 124, 133
Besatzung 384
Besatzungskosten 425
Besatzungsmacht 406
– deutsche 383
Besatzungsstatut 415
Besatzungszone 406
Bessarabien 375
Bestattungsritus 38
Bestattungszeremonie 33, 39, 40
Betriebsrätegesetz 362
Bewässerungsbau 85
Bibel-Übersetzung 214
Bilderchronik 227
Bilderschrift 225
Bilderstreit 149
Bilderverehrung 242
Bildhauerei 109, 363
Bildhauerkunst 218
Bildsprache 20
Bildung 108
Bildungspolitik 362
Bildungsreform 306
Bildungssystem 425
Bill of Rights 288
Biografie 17
Bipolarität 386
Bischof 169
BISMARCK, OTTO VON 322, 325, 326, 327, 328, 329, 330, 331, 332, 340
Bizone 413
Blauer Reiter 363
BLECH, LEO 363
Blitzkriegstrategie 380
Blockade 414
Blockparteien 412
BLUM, ROBERT 321
Blüte der Kultur 107
BOCKELSON, JAN 246
BOCSKAY, STEFAN 257
Bodenbearbeitung 35
Böhmen 378
BOLÍVAR, SIMÓN 232
Bolschewiki 350
Bombay 220
BONHOEFFER, DIETRICH 377
BONIFATIUS 159
BORA, KATHARINA VON 240
Boxeraufstand 338

Boykott 373
Brahmane 86, 87
Brahmanismus 86
BRANDENBURG, ALBRECHT VON 237
BRANDT, WILLY 430, 432, 437
Brasilien 220
BRECHT, BERTOLT 363
Breshnew-Doktrin 433
BRIAND, ARISTIDE 361
Briand-Kellogg-Pakt 361
Brief 17
britisch-chinesischer Konflikt 312
britisch-französische Garantieerklärung 379
British Empire 334
Bronze 38, 42
Bronzezeit 30, 37
BRÜNING, HEINRICH 365
BRUNO, GIORDANO 253
Buchdruck 239
Bücherverbrennung 226
Buddha
- BHAGAVAT TATHAGATA BUDDHA 87
- GAUTAMA SIDDHARTA 87
Buddhismus 87, 88, 151
Bundesgenossen 121, 125
Bundeskanzler 416
Bundeskasse 106
Bundeslade 72
Bundesrepublik Deutschland 413, 415
Bundesstaat 354
Bundesverfassung 290
Bündnissysteme 390, 442
Bundschuh 244
Burenkrieg 338
Burg 18, 174, 175, 176
Bürger CAPET 301
Bürgerheer 124
Bürgerinitiativen 424
Bürgerkrieg 286, 290, 439
- chinesischer 387
bürgerlich-demokratische Revolution 318, 322
Bürgerliches Gesetzbuch (BGB) 303, 340
Bürgerrecht 98, 100, 121, 203, 292, 420, 441
Burgfrieden 347
Burgunder 143
Byzantinisches Reich 138, 147, 242
Byzanz 137, 149

C

CABRAL, PEDRO ÁLVAREZ 217, 220, 221
CÀDAMOSTO, LUIGI DA 216
CAECUS, APPIUS CLAUDIUS 130
CAESAR, JULIUS 24, 44, 123 ff.
Calicut 220
CALVIN, JOHANNES 253, 254
Calvinisten 251
CAMPHAUSEN, LUDOLF 319
Canossa 181
Capua 129
CÃO, DIOGO 216, 219
CAPRIVI, LEO GRAF VON 340
CARNOT, LAZARE 301
CARTER, JIMMY 438, 439
CARTIER, JACQUES 229
Casablanca 382
CASTRO RUZ, FIDEL 400, 403
Ceuta 216, 220
Ceylon 220, 223
CHAMPLAIN, SAMUEL DE 229
CHAMPOLLION, JEAN-FRANÇOIS 66
Charidschiten 154
CHAUNU, PIERRE 223
Chauvinismus 366
CHILDERICH I. 157
CHILDERICH III. 161
Chile 400
China 214, 218, 220, 395
- Dynastien 76
- Opferhandlung 78
CHLODWIG 159
CHLODWIG I. 143, 144, 145, 157
CHLOTHAR I. 159
Christentum 137, 151, 159, 219
CHRISTIAN IV. 258
Christenverfolgung 137
Christianisierung 159
Christlich-Demokratische Union 411, 423
Christlich-Soziale Union 423
Chronik 17, 226
Chronologie des Verbrechens 373
CHRUSTSCHOW, NIKITA 403
CHURCHILL, WINSTON 382, 388
Circus Maximus 132
Code civil 303
Code Napoléon 303, 340
Codex Hammurapi 46, 53, 54, 55
COLBERT, JEAN BAPTISTE 266
CONÇALVES, ANTÃO 216
concilium plebis 119
Confessio Gallicana 254
Containment 388
COOK, JAMES 231
CÓRDOBA, FRANCISCO HERNÁN DE 225
Corneille 264
CORTÉS, HERNAN 225, 226, 312
COUBERTIN, PIERRE DE 96
COVILHÃO, PEDRO DE 219
CRANACH DER ÄLTERE, LUCAS 240
CRANACH DER JÜNGERE, LUCAS 240
CRASSUS, LUCIUS LUCINIUS 125, 129
CROMWELL, OLIVER 287
Cruise Missiles-Marschflugkörper 438
CUNO, WILHELM 360

D

D' ALEMBERT, JEAN-LE-ROND 269
D'ALMEIDA, FRANCISCO 224
D'AVEIRO, ALFONSO 218
DA GAMA, VASCO 215, 217, 220
DA VINCI, LEONARDO 211
Dakota-Sioux 292
Dampfdreschmaschine 316
Dampflokomotive 316
Dampfmaschine 315
Dampfpflug 316
DANTON, GEORGES 295, 301
DAREIOS 111
DARWIN, CHARLES 232, 366
Datum 24
Datumsgrenze 223
DAVID 69, 72
DAVIS, JEFFERSON 314

Dawes-Plan 360, 361
DE MAIZIÈRE, LOTHAR 434
Declaration of Rights 288
Dekret über den Frieden 350
Delikatläden 425
Delphi 95
Demokratie 102, 107, 354, 355, 422
- parlamentarische 355, 441
- repräsentative parlamentarische 354
Demokratien 379
Demokratische Bauernpartei Deutschlands 412
Demokratische Bodenreform 410
demokratische Rechte 318
Demokratische Republik Vietnam 396
Demos 98
Deportation 375, 376
Depression 366
- wirtschaftliche 366
DESCARTES, RENÉ 268
Deutsch-Dänischer Krieg 1864 322
Deutsche Arbeitsfront 369, 371
Deutsche Demokratische Partei 356
Deutsche Demokratische Republik 417, 424
Deutsche Nationalversammlung 355
Deutsche Volkspartei 355
Deutscher Bund 322
Deutscher Krieg 1866 322
Deutscher Orden 189, 190
Deutscher Volksrat 417
Deutscher Zollverein 309
Deutsches Kaiserreich 328
deutsches Parlament 319
Deutsches Reich 177, 205, 207, 326, 329
Deutsch-Französischer Krieg 326
Deutschlandpolitik 416, 418, 431, 432
Deutschnationale Volkspartei 355
Deutsch-Südwestafrika 339
Diadochen 113
Diadochenreiche 114
Diaspora 74
DIAZ, BARTOLOMEU 215, 216
Dictatus Papae 180
DIDEROT, DENIS 269
Diktator 125
Diktatur 358, 365
- nationalsozialistische 368, 372, 377
DIOKLETIAN 136
DIONYSOS 110
diplomatische Beziehungen 430
Direktorialverfassung 301, 302
Direktorium 295
DISRAELI, BENJAMIN 334
Diu 220
DIX, OTTO 363
DM-Währung 414
DÖBLIN, ALFRED 362
Dolchstoßlegende 358
Domänen 60, 61
Domestikation 35
- Wolf 35
Dominat 136
Dominikanerorden 183
Doppelherrschaft 350
Doppelschlacht bei Jena und Auerstedt 304
Dorer 94
DRAKE, FRANCIS 228
DRAKON 100
Dreibund 339
Dreifelderwirtschaft 194, 195
Dreigroschenoper 363
Dreimächtepakt 381
Dreißigjähriger Krieg 251, 256, 258, 260, 262
Dresdner Codex 225
dritte Republik in Frankreich 327
Dritte Welt 401
Druiden 44
Dschihad 152
DULLES, JOHN FOSTER 388
Duma 336
DÜRER, ALBRECHT 212, 240
Dynastien 76, 267
- Han-Dynastie 81
- Qin-Dynastie 76, 80
- Shang-Dynastie 77
- Xia-Dynastie 76, 77
- Zhou-Dynastie 76

E

EANES, GIL 216
EBERT, FRIEDRICH 351, 355
ECHNATON (TUT-ENCH-AMUN) 65
Edikt von Fontainebleau 255
Edikt von Nantes 255
Edikt von Nikaia 147
EG-Binnenmarkt 442
Eheverbot 118
Einbaum 34
Eingliederung Österreichs 378
EINHARD 164, 165
Einheitsliste 428
Einigung von oben 322
Einigungsvertrag 435
Einzelpersönlichkeiten 377
Eisen 41, 42
Eisenacher Programm 325
Eisenbahnbau 336
Eisenbahnzeitalter 316
Eisenhütten 41
Eisenproduktion 42, 43
Eisenverhüttung 43
Eisenvorkommen 41
Eisenzeit 30, 38, 41
ELCANO, JUAN SEBASTIAN DE 224
ELISABETH I. 254, 282, 285, 289
Elsass-Lothringen 345
ELSER, JOHANN 377
Embargobestimmungen 432
Empirismus 268
Emser Depesche 326
Endlösung 375
England 228
- viktorianisches 334
Englische Revolution 285
Englisch-Moskowitische Handelskompagnie 229
Entdeckungen 223
- geografische 213, 221
Entdeckungsfahrten 215
Entdeckungsreisen 210
- wissenschaftliche 232

Enteignung 351
Entente 343, 349
Entente cordiale 339
Ententemächte 345, 347
Entfremdung 384
Entkolonialisierung 394, 397
Entnazifizierung 409, 410
Entspannung 436
Entspannungspolitik 394
Entspannungsprozess 439
Entwicklungsländer 401
Entwicklungslinien 26
Enzyklopädie 269
EPHIALTES 107
ERASISTRATOS 114
ERATOSTHENES 114, 223
Erbmonarchie 186
Erdbeschreibung, physische 232
Erdumseglung 224
Eretria 105
Erfahrungsgeschichte 20
Erfurter Parteitag 332
Erfurter Programm 341
ERHARD, LUDWIG 421
Erkenntnisprozess 10, 11
Erklärung der Menschen- und Bürgerrechte 294, 297, 302
Erlitou-Kultur 77
Ermächtigungsgesetz 368, 371
ERNST, MAX 363
Eroberungszüge 112
Erster Weltkrieg 344, 345
Erzämter 168
ERZBERGER, MATTHIAS 359
Erziehungsziele 370
Erzverarbeitung 38
ESKENDER 219
Etrusker 116, 120
EUKLID 114
Eulen, athenische 108
EURIPIDES 110
EURO 442
Europa 210, 219, 353
Europäische Freihandelsvereinigung (EFTA) 392
Europäische Gemeinschaft (EG) 391
Europäische Union (EU) 391, 442
Europäischer Wirtschaftsrat 391
Europäisches Parlament 392
Europäisches Wiederaufbauprogramm 388, 391
Europarat 392
Evolution 27
- biologische 27
- kulturelle 27
Evolutionstheorie 232
Ewiger Landfrieden 208
Exarchate 148
Exekutive 300, 314
Exil, babylonisches 69, 74
Expansion 122
- europäische 212
- überseeische 212
Expansionspolitik 335, 336
Expedition 215, 227
Expressionismus 363
Exquisitläden 425

F
Fall Barbarossa 381
Familie 31
Faschismus 379
Faustkeil 31, 32
Februarrevolution 318, 346, 348, 349
- russische 349
Fehde 242
FELIPE HUAMAN POMA DE AYALA 227
Femegerichte 207
FERDINAND 221, 248, 250, 259
FERDINAND I. 256
FERDINAND II. 256, 258, 260
FERDINAND III. 256
FERDINAND VII. 312
FERDINAND, ERZHERZOG FRANZ 344
Fernhandel 36, 43
Festung Rastatt 320
FEUCHTWANGER, LION 362
feudalabhängige Bauern 158
Feudaladel 158
feudale Abhängigkeit 153
Feudalherrschaft 303
Feudalismus 171
feudum 171
Feuerland 224
FICHTE, JOHANN GOTTLIEB 310
FISCHER, JOHANNES 231
Fischfang 34
Fischsymbol 137
FITZMAURICE, GEORGE 364
Fließbandsystem 336
Florenz 211
Flottenabkommen 378
Flottenrüstung 341
Flugapparat 211
Föderaten 144
Forderungen, politische 429
Forschungszentrum 215
FORSTER, JOHANN GEORG 231
Fortschritt, sozialer 430
Forum Romanum 130
Fossilfunde 26
FRANCO BAHAMONDE, FRANCISCO 378, 379
Franken 145
Frankenreich 157, 160, 171 ff.,
Frankenreich der Merowinger 145
Frankreich 177, 339, 360, 396
FRANZ I. 241, 247
FRANZ II. 303, 309
Franziskanerorden 183
FRANZISKUS VON ASSISI 183
Französische Revolution 231, 294, 302
französische Revolutionskriege 294
Frauenemanzipation 370
Frauenfigürchen 33
Frauenwahlrecht 352
Freibeuter 228
Freie Demokratische Partei 412, 423
Freies Deutschland 383
Freiheit, politische 422
Freikorps 352
Freikorpseinheit 358
Fremdherrschaft 230, 335 ff.,
French and Indian War 292
Freundschafts- und Beistandspakte 393
Freundschaftsvertrag 229, 418
Frieden von Hubertusburg 276, 282
Frieden von Lübeck 259

Frieden von Prag 260
Frieden von Tilsit 304, 305
Frieden von Versailles 290
Friedensbedingungen 346
Friedensbewegung 343, 404
Friedensvertrag 346, 357, 407
Friedensvertrag zu Adrianopel 313
FRIEDRICH DER WEISE 238, 240
FRIEDRICH I. BARBAROSSA 170, 184, 185, 186
FRIEDRICH I., KÖNIG IN PREUẞEN 272
FRIEDRICH II. 269, 273, 275
FRIEDRICH II. (FEDERICO SECONDO) 156, 187
FRIEDRICH III. 272
FRIEDRICH V. 258
FRIEDRICH WILHELM 271, 277
FRIEDRICH WILHELM I. 272
FRIEDRICH WILHELM III. 305, 307
FRIEDRICH WILHELM IV. 22, 319, 320
Fronarbeit 153
Fronarbeiter 61
Frondienst 172, 192
Frondienste 73, 243
Fronhof 193
Fruchtbarer Halbmond 34
Fruchtbarkeit 33
Frühgeschichte 30
Frühkapitalismus 317
Frühmittelalter 145, 146
FUGGER 237, 241
Führerprinzip 368, 369
Fulton-Rede 388
Fundbeschreibungen 18
Fünf Pfeiler des Islam 152
Fünfmächtekonferenz, Londener 312
Fürst LWOW, GEORG 350
Fürstenpredigt 245
Fürstenrevolution 250

G

Gaffel 200
GAISMAIR, MICHAEL 245
Galeere 212
GALEN, CLEMENS AUGUST VON 377
Galeone 213
GALERIUS 138
GALILEI, GALILEO 212, 214
Gambia 216
Gana 217
GANDHI, MAHATMA 395
Gang nach Canossa 180
Ganzmetall-Verkehrsflugzeug 364
Garantiemächte 361
Gasangriff 345
Gaswagen 376
Gaugamela 111
GAULLE, CHARLES DE 396
Geburt Christi 24
Gegenkaiser 136
Gegenkönig 187, 197, 206
Gegenoffensive, alliierte 382
Gegenreformation 251, 252
Geldverkehr 269
Gemeinschaftserziehung 104
Generaldirektorium 273
Generalstaaten 228, 255
Generalstände 297
Generalstreik 358, 365
Generalversammlung 390
Genfer Indochina-Abkommen 403
Genfer Indochina-Konferenz 396
Genfer Viermächtekonferenz 418
GENSCHER, HANS-DIETRICH 433
Geografie 232
GEORG VON SACHSEN 244
Gerichtsbarkeit 192, 193
Germanen 134, 141
Germanenreiche 142
gesamtdeutsche Fragen 435
Geschichte 10, 11, 12, 13
– im engeren Sinne 10
– im weitesten Sinne 10
– Merkmal 13
Geschichtsauffassung 12
Geschichtsbetrachtung 13
Geschichtsphilosophie 12
Geschichtsquellen 14
– Primärquellen 14
– Sekundärquellen 14
– Traditionen 14
– Überreste 14
Geschichtsschreibung 10, 12, 17, 109
Geschichtsunterricht 19
– Methoden und Arbeitsweisen 19
Geschichtswissenschaft 10, 12
– Aufgliederung 12
– Gegenstand 12
– Spezialisierung 12
– Ziel 12
Gesellschaftsvertrag 269
Gesetz zur Krankenversicherung 332
Gesetze 16
– als Druckerzeugnisse 16
– als Inschrift 16
– als Niederschrift 16
– zur Alters- und Invalidenversicherung 332
Gestapo 377
Gesundheitswesen 425
Getto 203, 375
– Warschauer Getto 375
Gewerbefreiheit 306, 324
Gewerkschaft 335, 371, 377
Gewürzinseln 220, 224
GEYER, FLORIAN 245
Ghana 396
Gilde 199
Gilgamesch-Epos 33
Gipfeltreffen 394
Glashandwerk 43
Gleichberechtigung 425
Gleichschaltung 377
Glockenbecher-Kultur 38
Glorious Revolution 287
Glorreiche Revolution 288, 290
GMELIN, JOHANN GEORG 231
Goa 220
Godesberger Programm 411
GOEBBELS, JOSEPH 368
GOETHE, JOHANN WOLFGANG VON 231, 245
Goldene Bulle 205, 206, 250
Goldene Zwanziger 361, 362
Goldfelder 219
Goldland 217
Golfkrieg 399
Golfregion 399
GORBATSCHOW, MICHAIL 432,

433, 435, 440
Görlitzer Vertrag von 1950 418
Goten 157
Gothaer Kongress (1875) 325
GÖTZ VON BERLICHINGEN 245
GRACCHUS, GAIUS 123
GRACCHUS, TIBERIUS 123
Graf 169
Grafik 363
GREGOR VII. 180
GREGOR XII. 24
Grenzsicherung 133
Grenzübergänge 420
Griechenland 91, 379
– klassisches 97
GRIMMELSHAUSEN, JOHANN JAKOB CHRISTOFFEL VON 261
GROPIUS, WALTER 364
Großbritannien 334, 338
Großbürgertum 299, 321, 327
großdeutsche Lösung 320
Große Nordische Expedition 231
Großfamilien 36
Großfürstentum, russisches 230
Großgrundbesitz 410
großösterreichische Lösung 320
Großkönig DAREIOS I. 105
Groß-Simbabwe 218
GROSZ, GEORGE 363
GROTEWOHL, OTTO 417, 418
Grundgesetz der Bundesrepublik Deutschland 415, 435
Grundherr 192, 193
Grundherrschaft 153, 172, 191, 192, 193, 196
Grundlagenvertrag 431
Grundrechte 368
Grüne, die 423
GRYNSPAN, HERSCHEL 374
Guernica 379
GUEVARA, ERNESTO (CHE) 400
GUISE, FRANZ VON 254
GUSTAV ADOLF 260
GUSTAV II. ADOLF 259
Gutenberg-Bibel 239
Gütertausch 39
Gymnasium 109

H
Habeas-Corpus-Akte 287
Habsburger 207, 275
Hadrianswall 134
Hallstattzeit 42
Hallstein-Doktrin 416, 430
Hambacher Fest 310
HAMMURAPI 46, 50, 53, 54, 55
Handel 36, 92, 108
Handelsaustausch 425
Handelsbeziehungen 215, 218
Handelsdominanz 213
Handelsflotte 345
Handelsgüter 43
Handelsmacht 220
Handelspolitik 340
Handelswege 44, 219
Handwerk 36, 92, 129
HANNIBAL 121
Hanse 201, 202
HANSEMANN, DAVID 319
Harappa-Kultur 77, 82, 83, 84
HARDENBERG, KARL AUGUST VON 305
Häretiker 234
HARNACK, ARVID 377, 383
HARUN AR-RASCHID 155
Hauptkriegsverbrecher 408
Hausmachtkönig 197, 204
Hausmachtkönigtum 198, 205
Hausmeier 160
HAWKINS, JOHN 228
Heerbann 51
Heereswesen 133
Heilige Allianz 309, 312
Heiliges Römisches Reich Deutscher Nation 262
HEINRICH 216
HEINRICH DER LÖWE 185, 186, 196, 198
HEINRICH DER SEEFAHRER 215
HEINRICH II. 254
HEINRICH III. 252
HEINRICH IV. 180, 181, 199, 255
HEINRICH V. 183
HEINRICH VI. 186
HEINRICH VII. 204, 205
HEINRICH VON BRAUNSCHWEIG 249
Hellas 95
Hellenischer Bund 111
Hellenismus 110, 113
Heloten 102, 104
Hemudu-Kultur 77
HERBERSTEIN, SIEGMUND FREIHERR VON 230
HERDER, JOHANN GOTTLIEB VON 231, 310
Hereroaufstand 339
HERODOT 11, 58, 68, 109
Heroen 95
HEROPHILOS 114
Herrenhausrede 330
HERMANN, LISELOTTE 377
Herrschaft
– Alleinherrschaft 126
– indirekte 121
– koloniale 213
Herrschaftssicherung 112
HERZOG ALBA 255
HERZOG VON WELLINGTON 308
HESS, RUDOLF 409
HEUSS, THEODOR 415
Hexen 234
Hexenverbrennungen 261
Hexenverfolgung 234
Hexenwahn 235
HEYDRICH, REINHARD 375
HEYERDAHL, THOR 223
Hieroglyphen 57, 61, 66
Hieroglypheninschriften 225
Hilfswissenschaften
– Chronologie 14
– historische Geografie 14
– Numismatik 14
– Urkundenlehre 14
HINDENBURG, PAUL VON 349, 366, 372
Hinduismus 84, 86, 151
HIPPOKRATES 109
Hispaniola 222
historische Quellen 12
HITLER, ADOLF 359, 365, 366, 369, 370, 371, 372, 373, 378, 384
Hitlerjugend 370
Hitler-Putsch 359

Hitler-Stalin-Pakt 380
HO CHI MINH 396
Hochkulturen 37, 47, 48, 57, 223, 226
– ägyptische 62
– altamerikanische 225
– antike 223
– europäische 92
– minoische 92
– städtische 37
Hochmittelalter 145, 146
Hofkapelle 169
Hohe Kommissare 415
Hohenzollern 271, 272
HÖHL, HERMANN 364
Höhlenmalereien 32, 33
– von Lascaux 33
Holländer 227
Holocaust 373, 376
HÖLZ, MAX 359
HOMER 95
Homo-erectus-Gruppe 29
Homo-habilis-Gruppe 28
Homo-sapiens-Gruppe 29
HONECKER, ERICH 425, 430, 432
Hopliten 99
Horde 31, 36
Hörfunksender 364
Hörige 61, 171, 191, 192, 193
Hörigkeit 149
Hormuz 220
Horus 64
Hoßbach-Protokoll 372
Hottentottenaufstand 339
House of Commons 285
House of Lords 285
HOUTMANN, CORNELIUS 228
HUANG-DI 80
HUDSON, HENRY 229
Hügelgrab 38
Hugenotten 252, 254, 255, 267, 271, 277
HUGO VON CLUNY 180, 181
HÜHNEFELD, ERNST GÜNTER VON 364
Humanismus 140, 210, 211, 213, 268
HUMBOLDT, ALEXANDER VON 231, 232
HUMBOLDT, WILHELM VON 306
Hundert Schulen 79
Hungersnöte 296, 316
Hunnen 138, 140
HUSAIN, SADDAM 399

I
Iberische Halbinsel 221
Idee eines Nationalstaates 320
Ideologie 366
IG Farbenindustrie AG 361
Imperialismus 334
– britischer 334
– informeller 336
Index librorum prohibitorum 253
Indianer 291, 292
Indianerland 229
Indianervölker 291
Indien 214, 215, 222, 224, 228, 395
Indischer Ozean 217
Indochina 395
Indonesien 228
Indus-Kultur 82, 85
Industrialisierung 306, 316, 317, 335, 336
industrielle Revolution 315 f.
Inflation 359
Inka 226, 227
Innenpolitik 371
INNOZENZ VIII. 234
Innung 200
Inquisition 211, 253
Issos 111
Integration Westeuropas, militärische 392
Internationale Sozialistenkongresse 343
– Basel (1912) 343
– Stuttgart (1907 343
Internationaler Militärgerichtshof (IMG) 408
Interpretation 19
– von Bildern 19
– von Fotos 19
– von Texten 20
Interregnum 197
Intershops 425
Interview 19
Investitionen 425
Investiturstreit 179, 180, 181, 188, 234
Ironsides 286
ISAAK 71
ISABELLA I. 222
Islam 151
Israel 69, 70, 71, 73, 74, 397, 399, 430
Italien 211
IWAN III. 230, 277
IWAN IV. 230

J
JACOB, FRANZ 383
Jagd 31, 32
Jagdkultur 32
Jagdzauber 33
Jäger 34
Jahr Afrikas 396
Jahwe 72, 73, 74
Jahwe-Kult 70
JAKOB 71
JAKOB II. 287
Jakobiner 300
Jakobinerherrschaft 295, 301
jakobinischer Terror 302
Jakobsstab 213
Jalta-Konferenz 387
Japan 380
JEDIGER 230
JEFFERSON, THOMAS 290
Jericho 37
JESSNER, LEOPOLD 363
Jesuitenorden 253
JESUS 24
JESUS VON NAZARETH 137
JOÃO II. 221
JOHANN FRIEDRICH I. 248, 249
JOHANNES XII. 178
JOSEPH II. 277
Juda 73
Juden 74, 137, 203, 204, 271, 373, 376
Judenbann 374
Judenpogrom 203, 374
Judenstern 375
Judentum 151
Judenverfolgungen 204, 261
Judikative 302
Jugoslawien 379
Jungsteinzeit 30, 34, 37, 38
Juniaufstand 321

JUSTINIAN I. 144, 147, 148
Justizorgane 367
Jüten 145

K
KAISER, JAKOB 410
Kaiserkrönung 164
Kaiserreich
- deutsches 340
- der Quin 79
- chinesische 338
Kaisertum 338
Kaiserzeit, römische 127
Kalender 24, 225
- islamischer 24
- jüdischer 24
- julianische 24
- römische 24
Kalifat 153, 155
Kalifen 153
Kalliasfrieden 106
Kalter Krieg 386, 388, 389, 402, 403, 412, 416, 419, 425
KAMBYSES 105
Kanaan 70, 74, 75
Kanaren 216
KANDINSKY, WASSILI 363
Kanonenboot „Panther" 343
KANT, IMMANUEL 270
Kap Blanco 216
Kap Bojador 216
Kap der Guten Hoffnung 215, 216, 217, 220, 228
Kap Nun 216
Kap Verde 216
Kapitalismus 317
Kapitulation, bedingungslose 382
KAPP, WOLFGANG 358
Kapp-Putschisten 358
Kapverden 216
Karacke 212
Karavelle 212
KARL DER GROSSE 149, 162, 163, 164, 165, 169, 170
KARL DER KAHLE 166, 167
KARL I. 285, 286, 287, 288
KARL II. 287
KARL IV. 204, 205
KARL MARTELL 161
KARL V. 225, 230, 237, 238, 241, 247, 249, 250, 256
KARL VI. 275, 276, 281
KARL XII. 281
KARLMANN 163
KARLSTADT, ANDREAS VON BODENSTEIN 242
karolingische Renaissance 165
Karten 213, 215
Karthago 121
Kastell 135
Kastilien 220
KÄSTNER, ERICH 362
KATHARINA II. 280
Katholiken 251, 254, 377
katholische Kirche 283
katholische Reform 251
Katholizismus 259
KAUTSKY, KARL 341
Keilschrift 46, 49, 52
KELLOGG, FRANK B. 361
Kelten 42, 43
Keltengräber 18
KENNEDY, JOHN F. 403, 420
Kennkarte 374
KEPLER, JOHANNES 212
Keramik 38
KERENSKI, ALEXANDER F. 350
Ketzer 234
Kirche
- anglikanische 286
- bekennende 377
- katholische 214
- Missstände 214
Kirchenregiment 247
Kirchenstaat 238
KISSINGER, HENRY A. 404
KITCHENER, HERBERT 338
KLEE, PAUL 363
KLEIBER, ERICH 363
Kleinasien 34, 92
kleindeutsche Lösung 320
Kleinstaaten 97
KLEISTHENES 101, 107
KLEMPERER, OTTO 363
KLEOPATRA 126 f.
Knappe 174
Knickpyramide 60
Knossos 93
Koalitionskriege 300
Koexistenz, friedliche 394
Kogge 212
KOHL, HELMUT 432, 433
Kohorten 134
KOLLWITZ, KÄTHE 363
Kolonialbesitz 338
Kolonialgeschichte 337
Kolonialherrschaft 228
Kolonialmächte 337
Kolonialpolitik 289
- europäische 337
Kolonialreich
- portugisisches 221
- spanisches 221
Kolonialreiche 394
Kolonialsystem 232
Kolonialwirtschaft 289
Kolonie 97, 121, 289, 337, 394
- englische 229
- britische 334
- französische 343
Kolonisation, griechische 96 ff.
Kolosseum 131
Kronkolonie, britische 395
KOLUMBUS, CHRISTOPH 221, 222, 224
Kommissarbefehl 381
Kommunalwahlen 433
Kommunisten 368, 377
Kommunistische Partei Deutschlands 352, 355, 411
Komnenen 150
Konferenz in Jalta 382
Konferenz über Sicherheit und Zusammenarbeit in Europa 437
Konferenz von Helsinki 433
Konferenz von Teheran 382, 386
Konföderation 226, 417
Konföderierte Staaten von Amerika 314
Konfuzianismus 81, 82
KONFUZIUS 79
Kongo 216, 219
Kongo-Kolonie 343
Kongresspartei 395
Königreich Granada 221
Königreich Kongo 219

Königreich Kukia 219
Königsbote 169
Königtum 49
KONRAD III. 184
KONRADIN 187
KONSTANTIN I. 137
KONSTANTIN DER GROSSE 147
Konstantinopel 137 f.
Konsul 120, 125, 127
Konsulat 118
Konsumgesellschaft 422
Konsumgüter 361
Konterrevolution 320
Kontinentalkongress
- Erster 290
- Zweiter 290
Konvent 302
Konvention von Tauroggen 307
Konzentrationslager 368
- Auschwitz 375
Konzentrationsprozess 336
Konzil von Trient 249, 252
Konziliarismus 234
KOPERNIKUS, NIKOLAUS 214
Korea-Krieg 402
Körperbau 28, 29
Kosaken 279, 280
KOSSUTH, LAJOS 318, 321
Kraft durch Freude 369
KRASCHENNIKOW, S. P. 231
Kreta 38, 92
Kreuzzug 188, 189
Krieg 382
- Bundesgenossen-krieg 124
- Bürgerkrieg 125, 127
- globaler 382
- Grenzkrieg 402
- Peloponnesischer 110
- drei punische 121 ff.
- Stellvertreterkrieg 402
Kriegerstaat 103
Kriegsausgaben 384
Kriegsbegeisterung 347
Kriegsdienst 105
Kriegserklärung 380
Kriegsflotte 336, 341, 342
Kriegskredite 348
Kriegsrecht 381
Kriegsschauplätze 345
Kriegsschuldartikel 231 357
Kriegsschulden 359
Kriegszielforderungen 344
Krim-Konferenz 387
Krimkrieg 322
Kronvasallen 172, 181
KSZE 440
Kuba 222, 400
Kuba-Krise 389, 402, 403, 436
Kulthandlung 32, 138
Kultur 27, 38, 109, 211, 217, 362
- frühkapitalistische 211
- griechische 94
- hellenistische 114
- keltische 42
- kretisch-minoische 93
- muslimische 155
- politische 423
Kulturen
- altamerikanische 223
- Aunjetitzer 38
- Hügelgräber-Kultur 39
- Nordischer Kreis 40
- Urnenfelder-Kultur 39 f.
Kulturgroßräume 38
Kulturkampf 330
Kulturkreise 41
Kulturpflanzen 35
Kunst 109
Kupferzeit 30
Kurfürsten 184, 197 f., 204 ff.
Kursker Bogen 382
Kuschan-Reich 88
KYRILLOS und METHODIOS 149
KYROS 105

L

L'OUVERTURE, TOUSSAINT 311
LANDA, DIEGO DE 226
Länderregierungen 412
Landesausbau, innerer 196
Landesherrschaften 182
Landfrieden 205
Landrecht 274
- allgemeines 274
Landtage 412
Landwirtschaft 43, 278, 316
Langobarden 143, 161, 162
LAOZI (LAOTSE) 79
LAS CASAS, BARTOLOMÉ DE 222
LASSALLE, FERDINAND 324, 325, 330
Lastenausgleich 422
Lateinamerika 399
La-Tène-Kultur 42
LE DUC THO 404
Lebensraum-Theorie 367
Lebensstandard 424
Lebensweise 28, 29, 34, 37
Legion 133
Legislative 302
Lehen 171, 172, 204
Lehnsherr 171
Lehnspyramide 172
Lehnswesen 158, 171
Leibeigenschaft 244, 275, 277, 279, 335
Leistungen, soziale 425
LENIN, WLADIMIR ILJITSCH 335, 350
LEO X. 237
LEPIDUS, MARCUS AEMILIUS 126 f.
LESSING, GOTTHOLD EPHRAIM 273
Lettland 379
Lex Salica 158
Lex Saxonum 163
Liberaldemokratische Partei Deutschlands 412
Liberalisierung 424
LICHTENBERG, BERNHARD 377
LIEBIG, JUSTUS VON 316
LIEBKNECHT, KARL 348, 352, 355
LIEBKNECHT, WILHELM 325
Liga von Cognac 247
Limes 134
LINCOLN, ABRAHAM 314
LISLE DE LA CROYÈRE, LOUIS DE 231
Litauen 379
Literaturwissenschaft 10
Locarno 361
Locarno-Vertrag 373
Lohnarbeiter 317
Lokator 196
Lombardischer Städtebund 185
Londoner Schulden-abkommen 408

Londoner Sechsmächtekonferenz 415
Lordprotektor 287
LOTHAR I. 166, 167
LOTHAR III. VON SUPPLINBURG 183, 184
Löwentor 94
LOYOLA, IGNATIUS VON 253
LUDENDORFF, ERICH 349
LUDWIG DER BAYER 205
LUDWIG DER DEUTSCHE 166, 167
LUDWIG DER FROMME 164, 165, 166
LUDWIG XIII. 255
LUDWIG XIV. 255, 264, 265, 266, 267, 272, 281, 283
LUDWIG XVI. 294, 295, 299, 300, 301
LUDWIG XVIII. 308
Luftbrücke 419
Luftkrieg 380
Luftschiff 364
LUTHER, MARTIN 24, 235, 236, 240, 246, 248, 249, 251, 252, 254
LÜTTWITZ, WALTHER FREIHERR VON 358
LUXEMBURG, ROSA 348, 352
Luxemburger 205, 207

M

Maat 63, 67
Machtausübung 367
Machtinstrumente 367
Machtstruktur 366
Machtübertragung 366
Madeira 216
Madrid 220
Madrider Codex 225
MAGALHÃES, FERNÃO DE 223, 224
Magistrat 118
Magna Charta 285, 288
Mähmaschine 316
Mähren 378
Mailänder Toleranzedikt 138
Majestätsbrief 257
Makedonien 110, 112
Makkabäer 74
Malakka 220
Malerei 93, 363
Mali 217
MANN, HEINRICH 362
MANN, THOMAS 11, 362
Mansa Musa 217
MANUEL, DON 224
Manufaktur 129, 266, 271, 278
MAO ZEDONG 395
Marburger Religionsgespräch 254
MARI DJATA 217
MARIA THERESIA 276, 282
MARIUS, GAIUS 123
Markgrafen 170
Markomannen 144
Marktwirtschaft 441
Marne-Schlacht 345
Marokko 343
Marokko-Konferenz 343
Marokko-Krisen 343
MARSHALL, GEORGE C. 413
Marshall-Plan 388, 391, 413, 414
MARX, KARL 229, 330
Märzgefallene 319
Märzminister 319
Märzrevolutionen 318
Maschinenwebstuhl 315
Massaker 339
Massenmedien 367
Massenmobilisierung 367
Massot 75
MATHILDE VON TUSZIEN 180, 181
Matrosenaufstand 346
MATTHIAS 256, 257, 258
Mauerbau 429, 430
Mauretanien 217
Maurya-Reich 87
MAXIMIAN 137
MAXIMILIAN I. 230, 238
MAXIMILIAN I. VON BAYERN 257, 258
MAXIMILIAN II. 256
Maya 225
Maya-Kloster 226
MEDICI, KATHARINA VON 254
MELANCHTHON, PHILIPP 240, 242
Menschenbild 210
Menschenopfer 384
Menschenrechte 433
Menschwerdung 26, 27, 28
Merkantilismus 266, 274
Merowinger 157, 160
Mesopotamien 37, 38, 47, 48, 50, 54
Metallverarbeitung 38
Metallzeitalter 30
Metöken 101
METTERNICH, FÜRST KLEMENS 309, 313, 318, 319
Metternich-System 309, 310
Mexiko 225
Mexitli 226
Mietshaus 133
Mikrolithen 32
Militärbündnis 339
Militärdienst 349
Militärputsch 400
Militärregierung 410
Ministeriale 173
Ministerium für Staatssicherheit 428
Ministerpräsident 352
Missionar 137
Mitbestimmung 423
Mitspracherecht 372
Mittelalter 17, 140, 210, 211, 234
Mittelamerika 232
Mitteldeutscher Handelsverein 309
Mittlere Steinzeit 34, 37
Moçambique 217
MODROW, HANS 434
MOHAMMED 151
Mohenjo-Daro 77, 82, 83
Molukken 220
Monarchia Universalis 250
Monarchie 98, 113, 127, 186, 288, 300
– konstitutionelle 288, 297, 299, 300, 315
Mönch 182
Monotheismus 74, 75, 137, 151
MONROE, JAMES 311
Monroe-Doktrin 311
Montagsdemonstrationen 433
Montanunion 391
MONTEJO, FRANCISCO DE 225

MONTESQUIEU, CHARLES 269
MONTEZUMA II. 226
Montreal 229
Mordaktionen 375
Morgenland, islamisches 215
MORITZ VON SACHSEN 250
Mose 70
Moskauer Vertrag 431
MSPD 352
Mudschaheddin 439
MÜLLER, G. F. 231
Mumien 65
Münchener Abkommen 378, 380
Münchener Ministerpräsidentenkonferenz 414, 415
MÜNTZER, THOMAS 244, 245
Münzen 108
Münzprägung 99
Musikszene 363
MUSSOLINI, BENITO 379, 382
MUTAPA, MWENI 219
Mutterkreuz 370
Mutterland 105
Mutterstädte 96
Mykene 92, 93
Mythen 32

N

Nachfolgeprozesse 409
Nachfolgestaaten 353
Nachkriegsgesellschaft 424
Nachkriegsordnung 386, 387
Naher Osten 399
Nama 339
NAPOLEON BONAPARTE 294, 295, 302, 303, 304, 305, 307, 308
NAPOLEON III. 323, 326
napoleonische Kriege 294
napoleonische Vorherrschaft in Europa 304
Nation 310
Nationalcharta, palästinensische 398
National-Demokratische Partei Deutschlands 412
Nationale Front 417
Nationalkirche 266
Nationalkonvent 295, 300 f.
Nationalsozialismus 366 ff.
Nationalsozialistische Deutsche Arbeiterpartei 355, 366
Nationalstaat 322, 326
Nationalstaaten 394
Nationalversammlung 297, 298, 299, 310, 318, 319, 320, 321, 327, 351, 352, 354, 355
NATO 392, 393, 420, 435, 436, 437, 440, 442
– Mitglieder 392
NATO-Doppelbeschluss 438
Naturbeobachtungen 211
Naturvölker 33
Naue 213
Navigationsgeräte 213
Nebenkriegsschauplätze 440
NEBUKADNEZAR 46, 55
Necho 215
NEHRU, JAWAHARLAL 395
Neolithikum 35
Nepotismus 235
Neubauernwirtschaften 410
neue europäische Staaten 353
neue Ostpolitik 437
Neu-England 229
Neues Testament 214
Neuseeland 231
Neuzeit 210
New Yorker Börse 365
Nichtangriffspakt 378, 380
– deutsch-sowjetischer 380
Nichtpaktgebundenheit 395
Niederlande 227, 228
Niederländische Vereinigte Ostindische Kompanie 228
Nika-Aufstand 148
NIKOLAUS II. 336, 346, 350
Nobilität 118
NOFRETETE 65
Nordamerika 228
Norddeutscher Bund 323, 324
Nordische Expedition 231
Nordischer Krieg 280, 281
Nördliches Eismeer 227
Nordstaaten 290, 314
Nord-Süd-Konflikt 401
Nordvietnam 404
Normerhöhungen 429
Notstandsgesetze 423
Notverordnungen 365
Novemberrevolution in Deutschland 351
Nowaja Semlja 227, 229
NS-Ideologie 366
Nubien 219
Nürnberger Gesetze 374
Nürnberger Prozesse 408, 409
Nürnberger Religionsfriede 249

O

Oberste Heeresleitung 349
Objektivität 12
OCTAVIUS, GAIUS 126
Oder-Neiße-Linie 407
ODOAKER 138, 141
Oktoberedikt 305
Oktoberrevolution in Russland 35
Olymp 95
Olympiade 96, 378
Omaijaden 154
OMAR 153
Opiumkrieg 312
Oppidum 43
Opposition 285, 358, 368
Opposition in der DDR 43
Optimaten 123
Orakel von Delphi 96
Orakelknochen 77
Oral History 20
Organisation 377
– illegale 377
Organisation Amerikanischer Staaten (OAS) 399
Organisation der Vereinten Nationen 389, 390
Organisation für wirtschaftliche Zusammenarbeit und Entwicklung (OECD) 391
Osiris 63, 64
Ostafrika 217
Ost-Berlin 419
Ostblock 433
Ostblockstaaten 418
Österreich 275, 277, 379
Österreich-Ungarn 344
Ostgoten 140, 141
Ostindien 228

Ostintegration 418
Ostkolonisation 189, 195, 196
Ostpolitik 431
Ostpreußen 345
Ostsiedlung 196
Ost-West-Atlantikflug 364
Ost-West-Konflikt 386, 390, 405, 441
Ost-West-Konfrontation 389
Ost-West-Verhältnis 432
Ostzone 407
Ottawa 230
OTTO I. 177, 178, 181
OTTO IV. 186, 187
Ottonen 168
Ozeanien 231

P
Pakistan 395
Paktsysteme 393
Palailogen 150
Palästina 137, 397
Palästinensische Befreiungsorganisation PLO 398
Palastwirtschaft 53, 94
Palatin 116
Panama 223
Pantheon 133
Panzerreiter 171
PAPEN, FRANZ von 365, 366
Pariser Codex 225
Pariser Kommune 327
Pariser Verträge 393
Parlament 285, 336, 350
Parlamentarischer Rat 415
Partei 340, 355
- demokratische 411
- politische 414
- sozialdemokratische 340
Parteienmonopol 423
Parteienspektrum 355
Parteitag in Erfurt 34
Parthenon 109
Partikulargewalt 206
Partisanenbewegung 383
Passierscheinabkommen 420
pater familias 116
Patrizier 116, 199, 200, 204
Patron 116
PAUL III. 252, 253
Paulskirche 319
Pazifischer Ozean 223
Pearl Harbor 382
PEISISTRATOS 101
Peleponnes 94
Peloponnesischer Bund 103, 110
PENN, WILLIAM 229
Pennsylvania 229
Perestroika 440
PERIKLES 107
Periöken 102
Perserkrieg 105 ff.
Pershing-II-Raketen 438
Pessach 75
Pest 202, 204, 207, 261
PETER I., DER GROSSE 230, 278, 279, 280, 281, 282
PETER III. 280, 282
Petition of Rights 286
Petrograd 350
Pfalzgrafen 169
Pflanzengeografie 232
Phalanx 117
Pharao 59, 62, 63
Pharos 114
PHIDIAS 109
Philadelphia-Konvention 313
PHILIPP 250
PHILIPP II. 111, 228, 254, 255
PHILIPP III. 227
PHILIPP VON HESSEN 244, 247
PHILIPP VON SCHWABEN 186
PHILIPPE, LOUIS 318
Philister 72
Philosophie 109
Phylenordnung 101
PICO DELLA MIRANDOLA, GIOVANNI 210
PIECK, WILHELM 417
PIGAFETTA, ANTONIO 223
PINOCHET, AUGUSTO 400
PINZÓN, MARTIN ALONSO 222
PIPPIN 162
PIPPIN I., DER ÄLTERE 160
PIPPIN II., DER MITTLERE 160
PIPPIN III., DER JÜNGERE 161, 169
pippinsche Schenkung 162
PISCATOR, ERWIN 363
PIZARRO, FRANCISCO 225, 227
PLATON 109
Plebejer 116 f.
Polen 282, 379
- Teilung 282, 283
Polis 94, 96, 97 ff., 103
Politik
- alliierte 405
- der friedlichen Koexistenz 439
Polizei 367
Polynesien 231
Polytheismus 94, 137
POMPEIUS 126
Pontiac 230
Popularen 123
Poros 112
Portugal 212, 215, 220, 221, 379
Potsdamer Abkommen 405, 406, 409, 411
Potsdamer Konferenz 405
Prädestinationslehre 254
Prager Fenstersturz 257, 258
Prager Frieden 262
Prager Vertrag 431
Prärie 229
Präsidialkabinett 357, 365
Prätor 120
Preise 429
Preiserhöhungen 429
Presse- und Versammlungsfreiheit 318, 319
Preußen 271, 272, 275, 277
Preußische Nationalversammlung 22
preußische Reformen 306
PREYSING, KONRAD GRAF VON 377
Priester 44
Priesterkönig 78, 83
PRINCIP, GAVRILO 344
Prinzip der Gewaltenteilung 301
Prinzipat 127, 136
Programm 341
Proklamation 355
Proletariat 123
Promotionsordnung 374
Propagandaapparat 367
Propheten 7
Proskriptionslisten 125
Protest, sozialer 429
Protestanten 248, 251

Protestantismus 246, 256
Protestbewegungen 424
Provinz 122
Provisorische Regierung 350
Prügelstrafe 362
PTOLEMÄUS 214
Punier 121
Puritaner 229, 286
Putschregierung 358
Pyramiden 67, 223
PYRRHUS VON EPIRUS 121
Pyrrhussiege 121

Q
Quadranten 213
Quäkersekte 229
Quantenmechanik 364
Quellen 14, 20
Quellenkritik 19, 21
- Bildausschnitt einer Fotografie 21
- Fotografie 21
- Karikatur 22
- Manipulation 21
- Propaganda 21
- Text 22
- Wahrheitsgehalt 21

Quellenkunde 17
QUIN SHI HUANG-DI 80, 81

R
RACINE, JEAN 264
Radio 364
RAF 432
RALEIGH, WALTER 289
Rapallo-Vertrag 360
Rassenhass 373
Rat der Volksbeauftragten 351
Rat für gegenseitige Wirtschaftshilfe 393, 441
RATHENAU, WALTHER 359, 360
Rationalismus 268
Rationierung 347
Ravenna 138
Reallöhne 348
Rechtfertigungslehre 236, 248
Rechtsstaat 340, 354
Reconquista 212, 221
Reformation 140, 246
- reformatorische Lehren 247

Reformen 341
- des DIOKLETIAN 136
- des SOLON 100
- des KLEISTHENES 101 f.
- Heeresreform 123
- innenpolitische 347
- von oben 305
- Währungsreform 136

Regensburger Kurfürstentag 259
Regierung 355
Regierung der nationalen Konzentration 366
Regierungsmehrheit 358
Regierungsprogramm 371
Regierungssystem 341
Regierungstruppen 352
Regierungszeit 356
Regime, national-sozialistisches 384
Reich
- Altes Reich 57
- Mittleres Reich 57
- Neues Reich 57, 60

Reich Äthiopien 219
Reich Benin 218
Reich der Merowinger 157, 158
Reich der Mitte 80
Reich Gana 217
Reich Kongo 219
Reich Mali 217
Reichsautobahn 369
Reichsbürgergesetz 374
Reichsfürstenstand 182
- jüngerer Reichsfürstenstand 186

Reichsgrenzen 136
Reichsgrundschulgesetz 362
Reichskanzler 331
Reichskirchensystem 178, 179
Reichspräsident 352, 354, 355, 357, 365, 366
Reichsprotektorat 378
Reichsreform 207
Reichsregierung 354
Reichsstände 207
Reichstag 237, 249, 320, 340
- geharnischter 249

Reichstag zu Augsburg 240, 250
Reichstag zu Worms 237, 238, 244
Reichstagsbrand 368, 377
Reichstagsbrandverordnung 371
Reichstagswahlen 340
Reichsverfassung 320, 321, 328, 329
Reichsverwaltung 112
Reichswehr 359, 366
REINHARDT, MAX 363
Reisebericht 227
Reisekönigtum 170
Rekatholisierung 256
Religion 32, 33, 39, 41, 64, 137
Religionsfreiheit 257
Remus 116
Renaissance 211, 215, 268
Renaissance-Humanismus 211
Renovatio Romanorum Imperii 164
Rentenmark 360
Reparationen 359, 360, 407, 408
Reparationsleistungen 360
Republik 127, 354
- Adelsrepublik 127
- parlamentarische 355
- sozialistische 355

Republik China 395
Republik Vietnam 396
Reservate 292
Restitutionsedikt 259
REUCHLIN, JOHANNES 240
REUTER, ERNST 419
Revolution 22, 286, 300, 321, 336, 346, 352
Revolution von oben 328
Revolution, neolithische 35
Revolutionsregierung 351
RGW-Ländern 441
Rheinbund 303
RICHARD VON CORNWALL 197
RICHELIEU, A. J. 260
RINGMANN, MATTHIAS 223
Rio de Ouro 216

Ritter 173, 174, 176, 188, 191, 207, 241, 242
Raubritter 176, 207, 242
Ritterdienst 174
Ritterstand 128, 174
Ritteraufstände 241
Ritual/Ritus 32
ROBESPIERRE, MAXIMILIAN 295, 301
Rocket 316
Röhm-Putsch 372
Rokoko 284
Rolandsstatue 202
Rollback 388
Rom 129
– Gründung 116
Roma 376
Romanisierung 135
Römische Verträge 391
Römisches Reich 41, 115, 120, 140, 141, 147
– Weströmisches Reich 138
– Oströmisches Reich 138
ROOSEVELT, FRANKLIN D. 380, 382
ROOSEVELT, THEODORE 336
Rote Kapelle 383
Rote Ruhrarmee 359
ROTTERDAM, ERASMUS VON 214, 235, 253
ROUSSEAU, JEAN-JACQUES 269
RUDOLF VON HABSBURG 198, 204
RUDOLF II. 256, 257
Ruhrbesetzung 360
Rumänien 379
Rumilier 116
Russland 230, 335, 339, 344
Russlanddeutsche 280
Rüstungsausgaben 378

S
SA (Sturmabteilung) 368
Saalburg 134
Saarland 378
Sachsen 145
Sachsenkriege 163
Sachüberreste 18
SAEFKOW, ANTON 383
Sagres 215
Sahelzone 219
SAINT-JUST, LOUIS 301
Säkularisation 242
Salamis 105
SALOMO 69, 73
SALT-I-Abkommen 436
SALT-II-Abkommen 436
Sammler 34
Santa Maria 222
São Tomé 216
Sarazenen 143
SARGON 46, 50, 51, 53
Satrapen 105
SAUL 69, 71, 72
SBZ 410
Schamanismus 33
SCHARNHORST, GERHARD JOHANN DAVID VON 306
SCHEEL, WALTER 430
SCHEIDEMANN, PHILIPP 352, 355
Schengener Abkommen 442
Scherbengericht 102
Schiffstyp 212
Schiiten 154
SCHILLER, FRIEDRICH 231, 260
Schisma 234
Schlacht am Weißen Berg 258, 259
Schlacht an der Somme 346
Schlacht bei Cannae 121
Schlacht bei Königgrätz 322
Schlacht bei Mühlberg 249
Schlacht bei Sedan 326
Schlacht von Diên Biên Phu 396
Schlacht von Platäa 105
Schlacht von Tannenberg 190, 345
Schlacht vor Moskau 381
Schlachtschiff „Prinzregent Luitpold“ 341
SCHLEICHER, KURT VON 365
Schlesischer Weberaufstand 317
SCHLICHTER, RUDOLF 363
SCHLIEFFEN, ALFRED GRAF VON 342
Schlieffen-Plan 342, 345
SCHLIEMANN, HEINRICH 92
Schlussakte von Helsinki 438
Schmalkaldischer Bund 248 f.
Schmalkaldischer Krieg 249
SCHMIDT, HELMUT 432, 438
Scholastik 156
Schrift
– satirische 214
– griechische 95
schriftliche Überreste 15
Schriftsystem 225
SCHROEDER, LOUISE 419
Schuldknechtschaft 98, 100
Schuldsklaven 100
Schule 214
Schulpflicht 108
Schulpolitik 362
Schulsystem 425
SCHULZE-BOYSEN, HARRO 377, 383
SCHUMACHER, KURT 411, 415
Schutzgelder 271
Schutzhaft 371
Schweden 281
Schweinebucht 400
SED-Diktatur 417
Seeblockade 403
Seebundflotte 108
Seefahrer, phönizische 215
Seefahrernation 212
Seehandel 92, 211
Seekarten 213
Seeschlacht bei Actium 127
Seeschlacht im Skagerrak 346
Seeweg 214, 223
Seeweg, direkter 212
SEGHERS, ANNA 362
Selbstverwaltungsrechte 334
Selektionstheorie 232
Senat 116, 120
Senatsadel 128
Senatsherrschaft 125
Senegal 216
septem artes liberales 165
Sesshaftwerdung 34, 36, 37
Sezessionskrieg 314
Shavuot 75
Shoa 376
Sibirien 231
Sicherheit, soziale 425
Sicherheitsrat 390
SICKINGEN, FRANZ VON 242

Siebenjähriger Krieg 282
Siedlung 36, 37, 43
- dörfliche 37
- Gemeinschaftssiedlung 97
- städtische 37
Siedlungsform 39, 40, 41
Siegermächte 357
Silbenschrift 94
Simbabwe 218
Sinti 376
Sippe 31
Sitte 18
SITTING BULL 292
Sizilianische Vesper 187
Sklaven 61, 129
Sklavenaufstand 129
Sklavenhandel 211
Sklavenhändler 228
Sklaverei 289, 290, 291
SOKRATES 96, 109
Soldatenkaiser 136
Songhai-Reich 219
Sonnenkult 39
SOPHOKLES 110
Sowjetische Besatzungszone 419
Sowjetische Kontroll-kommission 417
Sowjetrepublik 351
Sowjetunion 375, 408, 427
Sozialdarwinismus 366
Sozialdemokraten 365, 368
Sozialdemokratische Arbeiterpartei (SDAP) 325
Sozialdemokratische Partei Deutschlands 331, 341, 355, 377, 411, 423
soziale Frage 317
soziale Marktwirtschaft 421
soziale Maßnahmen 362
Sozialgesetze 362
Sozialisierungsforderungen 411
Sozialismusmodell, sowjetisches 427
Sozialistengesetz 331, 340
Sozialistische Arbeiterpartei Deutschlands 325, 331
Sozialistische Einheitspartei Deutschlands 411
sozialistische Planwirtschaft 440
Sozialistische Republik Vietnam 404
Sozialistische Arbeiter-partei (SAP) 330
Sozialleistungen 426
sozial-liberale Koalition 437
Sozialnetz 422
Sozialpolitik 340
Spanien 221, 336, 378, 379
Spanischer Erbfolgekrieg 266, 281
Sparta 98, 102 ff.
- Bevölkerungsstruktur 103
SPARTACUS 129
Spätmittelalter 145, 146
Sperrung der Grenze 429
Spezialisierung 36, 129
Spiegelsaal 265
Spinnmaschine 315
SS (Schutzstaffel) 367
SS-20-Raketen 438
SS-Terrorsystem 377
Staatsaufbau 119
Staatsdoktrin 367
Staatsrat 412
Staatsreligion 88, 137, 234
Staatssozialismus 440
Staatsstreich 384
Staatsvertrag 435
Staatswirtschaft 59
Stadtanlagen 37
Städte 211
Städtebund
- Rheinischer Städtebund 200
- Schwäbischer Städtebund 200
Stadtherr 198, 199
Stadtkultur 55
- mittelalterliche 198
Stadtrechte 198
Stadtstaat 94, 97, 121
- Benin 218
Stadtverordneten-Wahlen 419
Stadtvillen 133
STALIN, JOSEF W. 381, 382
Stalingrad 382
Stalin-Note 417
Stamm 31, 121
Stammbaumschema 26
Stammesgemeinschaften 44
Stammeszentren 44
Ständekapf 117
START-I-Vertrag 437
START-II-Vertrag 437
Statthalter 122, 128
Status quo 437
Staufer 183, 184, 186, 187, 197, 198
STAUFFENBERG, CLAUS GRAF SCHENK VON 383, 384
STEPHAN V. 166
Stein von Rosetta 66
STEIN, KARL FREIHERR VOM UND ZUM 305
Steinwerkzeuge 34
Steinzeitalter 30, 31
Stellungskrieg 346, 347
STEPHENSON, GEORGE 316
Steuerfreiheit 271
Steuerzahlung 122
Straßburger Eide 166
Straßennetz 112, 130
Stratioten 149
Streik 349, 350
streitende Reiche 79
Streitkräfte 348
STRESEMANN, GUSTAV 360, 361
STROGANOW, G. F. 230
Sturm auf die Tuilerien 295, 300
Stützpunkte, militärische 121
Südamerika 224, 232
Südasien 217
Südatlantik 221
Südstaaten 290
Südvietnam 404
Sukkoth 75
SULLA, LUCIUS CORNELIUS 125
Sumer 48, 49, 51
Sündenablass 188
SUNDJATA 217
Sunniten 154
Supermächte 436
SUTTNER, BERTHA VON 343
System 370
- totalitäres 370

T
Tagebücher 17
Taliban 439
TAQUINIUS SUPERBUS 116
Tarent 121
Tarifautonomie 372
TASMAN, ABEL JANSZOON 228
Tasmanien 228
Täufer 246, 251
Technik 364
Teilung 384
Tempel 95
Tempelbau 69
Tempelwirtschaft 49
Tenochtitlán 226
Terrorherrschaft der Jakobiner 301
Terrorismus 424
Testakte 287
TETZEL, JOHANNES 237
Textilproduktion 43
Timokratie 101
THÄLMANN, ERNST 365
Theater 110
- Theaterszene 363
Themen 148
Themenadel 149
Themenordnung 148
THEODERICH 141, 142
THEODOSIUS 96, 138
Therme 131
Thermophyle 105
THUKYDIDES 109
TILLY, JOHANNES T. 259, 260
Tiryns 92
TITUS 132
Tochterstädte 96
Toleranz 214, 215, 276, 277
Toleranzgedanke 274
Töpferei 43
Tories 288
Totemismus 33
Totenkult 62
Traditionen 27
TRAJAN 135
Treuhandanstalt 435
Treuhandgesetz 435
Tributskomitien 118
Trichterbecherkultur 36
Tridentinum 252
Trident-U-Boot 438
Tripel-Entente 339
TRISTÃO, NUNO 216
Triumphbogen 132
Triumvirat 125
Trizone 413
Troja 92
Truman-Doktrin 388
Trust 336
Tupamaros 400
TUT-ENCH-AMUN 65
Tyrannis 101

U
Überreste, abstrakte 18
überseeische Gebiete 337
U-Boot-Krieg 345
UHRIG, ROBERT 377
ULBRICHT, WALTER 415, 427
Unabhängige Sozialdemokratische Partei (USPD) 348, 352, 355
Unabhängigkeitsbewegungen 394
Unabhängigkeitserklärung 397
Unabhängigkeitskrieg 398
- Israelischer 398
Unidad Popular 400
United States of America 290
Universum Film AG 363
Unterernährung 348
Untersuchen 19
Urkunde 15
Uruk 48
US-Anleihen 361
Utrecht Frieden 281

V
Valmy 300
VAN DER HAGEN, STEVEN 228
Vasall 171, 181
Vasallenstaat 344
Veden 84, 85
VENTRIS 94
Venus von Willendorf 33
Verdun 346
Vereinigte Staaten von Amerika 285, 290, 291, 336, 380, 382
Vereinigte Stahlwerke AG 361
Verfassung 22, 101 f., 297 ff., 324, 329
- amerikanische 313
- römische 118, 123
- solonische 100
- Weimarer 354 ff., 372
- westdeutsche 415
Verfassung der DDR 428, 435
Verfassungsreform 107
Vermögensklassen 101
Vernichtungskrieg 382
Versailler Vertrag 356, 357, 358, 373
Versailles 265, 327
Versorgung 348
Vertrag 224, 373
- von Alcacovas 220
- von Maastricht 391, 442
- von Tordesillas 220 f.
- von Verdun 166
Vertriebene 422
VESALIUS, ANDREAS 211
VESPUCCI, AMERIGO 223
Veteran 124, 128
Via Appia 130
Viehzucht 34
Vielparteiennationalversammlung 356
Vielreligionenreich 137
Viermächteabkommen 421, 437
Viermächteabkommen über Berlin 420, 431
Vier-Mächte-Status 414, 419
Vierständegesellschaft 84
Vietnamkrieg 403, 404
VIKTOR IV. 185
VIKTORIA 334
Virginia Bill of Rights 290, 291
Völkerbund 357, 361, 373
Völkerbundsmandat 353
Völkerrecht 382
Völkerschlacht bei Leipzig 307
Völkerwanderung 138, 140
Volksaufstand 297
Volksbefreiungsbewegung 383
Volksbewegung 351
- spontane 351

Volksbildung 275
Volksdemokratien 418
Volksfrontregierung 379
Volksgericht 101
Volksgerichtshof 372
Volkskammer 412, 417, 434 f.
Volkskongress 417
Volksrepublik China 387, 395
Volkstribun 118, 123, 127
Volksversammlung 44, 101, 118
Voltaire 268
Vorderindien 217
Vorfahren 26
Vorgeschichte 30
Vorherrschaft 336
– wirtschaftliche 336
Vormachtstellung 217, 334
– industrielle 334
Vorparlament 319
Vorschuleinrichtungen 425

W

Waffen 34
Waffenstillstand 227, 349, 350, 404
Waffenstillstandsvertrag 346
Waffenstillstandsvertrag von Panmunjom 402
Wahl 352, 355
– allgemeine, gleiche, unmittelbare 354
– geheime 355
Wahlergebnisse 366
Wahlfälschung 433
Wahlkapitulation 241
Wahlmonarchie 186
Wahlrecht 355
Währung 361
Währungsreform 414, 419
Waldseemüller, Martin 223
Wallenstein, Albrecht von 259, 260
Wandalen 144
Wanderungsbewegung 93, 94
Wannsee-Konferenz 375
Warschauer Gettoaufstand 383
Warschauer Pakt 393, 394, 436, 437, 440, 441
– Gründungsmitglieder 394
Warschauer Vertrag 420, 431
Wartburg 242
Wartburgfest 310
Wartenburg, York von 306, 307
Warwijck, Wybrant von 228
Wasserleitung 132
Wassilij III. 230
Waterloo 308
Watt, James 315
Weert, Sebald de 228
Wehrgesetz 374
Wehrpflicht 371, 378
– allgemeine 378
Weill, Kurt 363
Weimarer Nationalversammlung 354 ff.
Weimarer Reichsverfassung 372
Weimarer Republik 352, 354, 355, 358, 363
Weimarer Verfassung 354
Welfen 184, 186
Weltanschauungskrieg 382
Weltbild 210
– geozentrisches 213, 214
– heliozentrisches 214
– neues 210
Weltfilmkunst 363
Weltgeschichte 386
Weltherrschaft 112
Weltherrschaftspläne 367
Weltindustrieproduktion 334
Weltkarte 223, 224
Weltreich 112, 215, 336
– amerikanisches 336
– portugiesisches 219
Weltrevolution 351
Weltumseglung 231
Weltwirtschaftskrise 365
Weltwunder 114
Werkzeuge 34
Wesir 63, 155
Westafrika 217
Westfälischer Frieden 267
Westgoten 142, 143
West-Indien 222
Westintegration 416, 430
Westmächte 408
Weströmisches Reich 145
Westzonen 407, 409, 410
Wettrüsten 388, 440
Whigs 288
Widerstand 360, 376, 377, 383
– passiver 360
Widerstandsgruppen 383
Widukind 163
Wiedergutmachungsleistungen 430
Wiedertäufer 246
Wiener Frieden 257
Wiener Kongress 255, 305, 308, 309, 311
Wilhelm I. 311, 326, 328
Wilhelm I. von Oranien 255
Wilhelm II. 338, 339, 341, 347, 351
Wilhelm III. von Oranien 288
Wilhelm von Oranien 281
Wilson, Thomas Woodrow 349
Windischgrätz, Alfred Fürst zu 321
Winterhilfswerk 370
Wirtschaft 35, 36, 39, 40, 129
– aneignende 35, 36
– arbeitsteilige 43
– erzeugende 35, 36
Wirtschafts- und Währungsunion 442
Wirtschaftsaufschwung 361
Wirtschaftsblockade 347
Wirtschaftsembargo 400, 403
Wirtschaftsexpansion 336
Wirtschaftskonferenz in Rapallo 360
Wirtschaftsreform (NÖP) 427
Wirtschaftssystem 427
Wirtschaftswachstum 362
Wirtschaftswunder 414, 421
Wissenschaft 109, 211, 364
Wittelsbacher 186, 204, 205
Wohlfahrtsausschuss 295
Wohnverhältnisse 133
Wormser Edikt 238, 239, 248
Wormser Konkordat 181
Wright, Orville 13
Wright, Wilbur 13
Wüstungen 207

X
XERXES 105

Y
YÁÑEZ, VINCENTE 222
Yoruba 218
Young-Plan 361

Z
Zähmung 35
Zehn-Punkte-Programm 433
Zehnt 192
Zeitalter 30
– dunkles 94
– perikleisches 108
Zeitrechnung 24
Zeitzeugen 20
Zensor 127
zentrale Verwaltung 273
Zentralgewalt 197, 206, 207
Zentralisierung 428
Zentralverwaltung, deutsche 415
Zentralverwaltungswirtschaft 426, 427, 432
Zenturiatskomitien 118
Zenturio 134
Zerfall der Sowjetunion 441
zhongren 78, 81
Zhou 78, 79
Zikkurat 48, 56
ZILLE, HEINRICH 363
Zisterzienserorden 183
Zölibat 235
Zollunion 391
Zollverein 309
Zuckerbrot und Peitsche 328
Zulassungsbeschränkung 373
Zunft 200
Zusammenschluss (nach Artikel 146) 435
Zwangsstaat 136
Zwangssterilisierung 372
Zwangsumtausch 432
Zwanzigersystem 225
Zweifelderwirtschaft 194
Zweifrontenkrieg 380
ZWEIG, ARNOLD 362
Zwei-plus-Vier-Vertrag 435
Zweistromland 34
zweite Front 382
Zweite Internationale 341
Zweiter Weltkrieg 378, 379, 380, 383, 384, 437
ZWINGLI, HULDRYCH 253, 254
Zwölf Artikel 243, 246
Zwölftafelgesetz 118

Bildquellenverzeichnis

H. O. Adam,. Böhmfeld: 40/1; AdsD der Friedrich-Ebert-Stiftung: 371; aisa, Archivo iconográfico, Barcelona: 9, 25, 45, 73/1, 89, 103, 152/1, 209, 211/1, 212/2, 218/2, 233, 260, 277/1, 333, 396, 430; akg-images: 114, 141/2, 155/2, 157, 161, 166, 180/2, 191, 196, 212/1, 212/3, 213/1, 213/2, 215, 223/1, 227, 231, 232/2, 246/2, 267, 273/1, 311/2, 316, 319/1, 328, 345/2, 350/1, 351/1, 354, 360/2, 364/2, 375/1, 375/2, 383/1, 384/2, 386; akg-images/Gérard Degeorge: 83/2; akg-images/Erich Lessing: 49/2, 67/1, 68/1, 217, 321; akg-images/Nimatallah: 11, 99/2; akg-images/Bildarchiv Monheim: 36; Bertelsmann Chronik Verlag, Gütersloh: 380, 381; Bettmann/Corbis/Picture Press, Hamburg: 361/3; M. Biber, Istanbul: 152/2; Bibliographisches Institut & F. A. Brockhaus, Mannheim: 22, 64/3, 77/1, 80, 95/1, 104, 111/2, 126/2, 126/3, 131, 135/2, 142, 148/1, 148/2, 154/1, 154/2, 155/1, 178, 180/1, 188, 204, 211/2, 214/2, 222, 224, 226, 229/1, 229/2, 232/1, 238/1, 239/1, 240/3, 240/4, 242, 250, 253/1, 253/2, 254, 258/2, 259/1, 259/2, 261, 264, 266, 268, 269/1, 269/2, 272, 273/2, 276, 278/1, 280, 281, 285/1, 285/2, 287, 288, 290, 301/1, 301/2, 303, 304, 305/1, 305/2, 306/1, 306/2, 307, 308, 311/1, 322, 324, 325/1, 325/2, 335/1, 335/2, 336/1, 338/1, 340, 341/2, 344, 345/1, 350/2, 355/1, 355/2, 359/2, 360/1, 361/1, 361/4, 377/2, 395/2; Bildlexikon antiker Personen: 443; Farb- und Schwarzweiß-Fotografie E. Böhm, Mainz: 48/2, 185/1; Informations- und Medienzentrale der Bundeswehr, Sankt Augustin: 438/1; A. Burkatovski, Rheinböllen: 293, 295, 335/2; © CORBIS/Royalty-Free: 67/2, 265, 409; Corel Photos Inc.: 21/1, 33/1, 35/1, 37/2, 42/2, 64/1, 88/2, 96, 99/1, 109, 110, 127, 132/1, 132/2, 132/3, 132/4, 133, 137, 223/2; Deutsches Historisches Museum, Berlin: 359/1, 410, 427; Dietz Verlag Berlin1989: 299; Directmedia Publishing GmbH Berlin: 319/2; DUDEN PAETEC GmbH: 214/1, 309; C. Eisler, Historisches Farbarchiv, Norderney: 49/1, 66; F. und K. Eschen, Berlin: 363/2; Fotoarchiv free: 107/1; Fotoarchiv Panorama: 13/1, 236/1, 237/2, 244/2, 245/2, 363/1, 363/3; H. Fromm, Wiesbaden: 180/3; Gedenkstätte deutscher Widerstand: 377/1; Dr. Georg Gerster, Zumikon, Schweiz: 219; Heimatmuseum, Berlin-Köpenick: 15/1; G. Helmes, Aachen: 83/1; Hessen Touristik Service e.V., Wiesbaden: 18/3, 44; IFA-Bilderteam, Ottobrunn: 81; Institut Amatller d'Art Hispànic, Barcelona: 179; A. Kalenberg, Berlin: 385; Kantonale Denkmalpflege Aargau, Aarau, Schweiz: 139, 183; Bildkunstverlag G. W. Klammet+, Ohlstadt: 248/2; Prof. Dr. H. Klengel, Berlin: 47, 48/1; Kloster Müstair: 163; Prof. Dr. H. Koch/H. Hinz, Marburg: 105; R. Langenhan, Berlin: 92/1, 93/1, 94/1, 94/2, 95/2; D. Langermann, Berlin: 144, 173, 176/1, 201, 202/2, 364/1, 414/2; Bernd Liermann - www.antikefan.de: 130; F. K. Frhr. von Linden (†): 247/1, 263; Lotos-Film, Kaufbeuren: 73/2, 116, 125, 147; Lutherstadt Wittenberg/P. Kühn, Dessau: 240/2; MEV Verlag, Augsburg: 278/2, 284/1; Museum für Regionalgeschichte und Volkskunde Gotha: 30/3, 39/2; NASA: 13/2; National Geographic: 27; W. Neumeister (†), München: 190; PAETEC Bildarchiv: 16/2, 17/1, 17/2, 17/3, 31/1, 32/3; L. Pedicini, Archivio dell'arte, Neapel: 127/2; Pfalzmuseum, Forchheim: 38/1; Photo Digital, München: 175/3, 248/3; picture-alliance/akg-images, Frankfurt am Main: 16/1, 30/1, 50, 52, 54, 64/2, 65/2, 71, 111/1, 113, 126/1, 134, 136, 140, 151, 159, 161/2, 170, 181, 185/2, 193, 206, 210, 213/3, 218/1, 223/3, 225, 235, 237/1, 238/2, 239/2, 239/3, 240/1,

243, 244/1, 246/1, 248/1, 252, 255, 258/1, 271, 292, 297/1, 297/2, 298/1, 300/1, 300/2, 310, 317, 326, 336/2, 338/2, 339, 346, 347/2, 349/1, 349/2, 350/3, 357, 358, 363/4, 363/5, 368, 382/1, 384/1, 389, 395/1, 400/2, 405, 407/1, 407/2, 414/1, 415, 417, 419, 424/1, 425/1, 429, 432/1. 437/2, 438/2; picture-alliance/akg-images/Werner Forman: 147; picture-alliance/akg-images/Erich Lessing: 42/1; picture alliance/akg-images/Jean-Louis Nou: 88/1; picture-alliance/dpa, Frankfurt am Main: 65/1, 236/2, 341/1, 382/2, 383/2, 400/1, 416, 420, 424/2, 433, 434/1, 434/2, 437/1, 439, 440/1, 440/2; thepicturedesk, London: 312; Politische Ikonographie und Projekt Regierungsbank, Hamburg: 347/1; Presse- und Informationsamt des Landes Berlin/Landesbildstelle, Berlin: 329; Public Domain: 341/3, 343/1; Römisch-Germanisches Zentrum, Mainz: 30/4; D. Ruhmke, Berlin: 18/1, 18/2, 37/1, 274, 432/2; St. Ruhmke, Berlin: 176/2; Schlossmuseum, Jagsthausen: 245/1; Ch. Seidel, Berlin: 370; Stadtarchiv, Weißenburg in Bayern: 135/1; A. Plotnikow/Stadtverwaltung Brandenburg an der Havel: 202/1; Stadtverwaltung Mettmann: 247/2; S. Storch, Berlin: 32/2, 34/1; Thüringisches Landesamt für Archäologie: 32/1; Tourismus & Congress Service, Coburg: 284/2; Touristenzentrum, Frankfurt am Main: 39/1; Touristikverband, Brühl: 283; ullstein bild, Berlin: 348, 435; ullstein bild/Archiv Gerstenberg, Berlin: 351/2; U. S. Information Service, Bonn: 361/2, 403/1, 403/2; G. Wehner, Berlin: 362, 367; www.moneymuseum.com: 30/2, 108; Zalf,1998; 15/2;

Bildquellenverzeichnis Verwertungsgesellschaften

© VG Bild-Kunst, Bonn: 2007: 363/4, 400/1